解説
独占禁止法

波光　巖・栗田　誠［編］

青林書院

はしがき

　本書は，平成25年（2013年）改正後の独占禁止法（私的独占の禁止及び公正取引の確保に関する法律）について，実務的観点を取り入れつつ詳細に解説するものである。我が国における経済活動に関する基本法である独占禁止法のほか，その特別法としての下請法（下請代金支払遅延等防止法）及び消費者法として位置付けられるものの関連が深い景品表示法（不当景品類及び不当表示防止法）についても簡潔な解説を加えている。執筆者は，いずれも，独占禁止法の運用機関である公正取引委員会において長年同法の運用実務に携わった経験を有する研究者であり，行政実務の経験と大学における教育・研究の成果を活かして論述したものである。

　本書の前身は，丁度20年前，編著者らの公正取引委員会における先輩諸氏が学部学生向けの分かり易い解説書として刊行された『テキスト独占禁止法』である。同書は，学部学生だけでなく多くの社会人からも支持を得て版を重ねてきたが，その間，編者や執筆者も順次交代し，質的にも量的にも内容を拡充してきており，今回の改訂を機に，書名を『解説独占禁止法』に改めることとしたものである。

　平成に入ってからの独占禁止法は，違反に対する措置や執行手続を中心に，幾度となく重要な改正を経てきた。平成3年（1991年）の課徴金制度の強化及び平成4年（1992年）の刑事罰の強化から始まり，平成9年（1997年）の持株会社の解禁，平成10年（1998年）の企業結合規制手続の効率化，平成12年（2000年）の不公正な取引方法に係る差止請求制度の導入，平成14年（2002年）の刑事罰の強化と域外送達手続の整備が順次行われた。次いで，平成17年（2005年）には，課徴金制度の強化と支配型私的独占への拡大，課徴金減免制度の導入，犯則調査手続の導入，審判手続の事後化という大きな改正が行われ，さらに，平成21年（2009年）には，課徴金制度の排除型私的独占及び一部の不公正な取引方法への拡大並びに企業結合事前届出制度の整備が行われた。そして，平成25年（2013年）には，審判制度を廃止するとともに命令前の意見聴取手続を整備

するという手続の大幅な改正が行われた。公正取引委員会のこの四半世紀は，こうした法改正を立案し，改正内容を円滑に施行することに腐心してきた歴史であると言ってよいであろう。

こうした累次の法改正とその運用により，競争制限行為に対する独占禁止法規制はその実効性が増大し，我が国経済の発展や国民生活の向上に寄与するものとなっていることは疑いない。反面，独占禁止法制度が複雑化してきたとの意見があったり，あるいは裁量型課徴金制度の導入や審査手続上の問題など，様々な課題を抱えていることは否定すべくもない。また，法適用事例に乏しく，取扱いが確立されていない行為類型も依然として残されており，経済実態の変化に対応した制度・運用の見直しが必要になっている分野もある。それは，本書の執筆者らが実務家として，また，研究者として，日々実感してきていることである。

そうした中で，執筆者らは，独占禁止法の現在の姿を忠実に描こうとした。公正取引委員会の現行実務と判例について，行政実務経験を有する研究者の視点から詳細に解説することを目指した。その成果が本書である。

独占禁止法の優れた概説書は少なくないが，本書には次のような特徴があると考えている。

第1に，公正取引委員会における実務経験と大学における教育・研究の経験を活かし，公正取引委員会や裁判所の実務を精確に，かつ，平易に紹介することを旨とし，加えて，現行実務に対する批判的視点をも織り込んでいる。

第2に，多くの具体的事例の紹介を行っている。これは，違反事件における審判決のみならず，企業結合における許容事例等についても行われている。これにより，実務における法解釈と運用の実態を正しく把握することができる。

第3に，独占禁止法の実体規定に関する解説が中心になることは言うまでもないが，そのエンフォースメントに関わる解説において類書に比して大きな比重を置いている。公的・私的な執行に関する第8章や違反に対する措置体系に関する第9章がそれである。

第4に，現下の独占禁止法執行上の重要課題である知的財産権，政府規制及び国際取引との関係についてはそれぞれ独立の章を設けて詳述するとともに，

米国及びEUを中心とする海外競争法に関する章も加えて，特に企業法務・法曹実務の便に資するようにしている。

　これにより，本書は，大学学部や法科大学院における「経済法」「独占禁止法」の授業はもとより，企業法務・法曹実務の現場においても利用できるものになっていると考えている。

　出版事情の厳しい中，青林書院には引き続き本書の刊行を引き受けていただいた。特に，編集部の高橋広範氏には，企画段階から多大なご支援を賜り，また，目配りの利いた編集作業をしていただいた。編者として篤くお礼申し上げる。

　平成25年改正はこの4月に施行されるが，特に審判手続廃止後の東京地方裁判所における命令取消訴訟の審埋がどのように行われるのかが注目されている。そうした時期に，独占禁止法の最新の解説書を公刊できることに編著者一同深い喜びを感じている。本書が江湖に広く受け入れられ，活用されることを通して独占禁止法についての理解が深まることに役立つならば，望外の喜びである。

平成27年（2015年）3月

編者　波光　巖
同　　栗田　誠

編者・執筆者紹介

●編者紹介

波 光 巌（弁護士）

1962年中央大学卒業。1964年公正取引委員会事務局審査部，1977年同第一審査監査室長，以後審判官室長，景品表示指導課長，名古屋地方事務所長，団体課長，審判官を経て，1988年香川大学法学部教授，1995年関東学園大学法学部教授，2005年弁護士登録，同年神奈川大学法学部兼法科大学院教授，2008年より現職。

栗 田 誠（千葉大学大学院専門法務研究科教授）

1977年東京大学卒業。1977年公正取引委員会事務局入局，在米国大使館一等書記官，公正取引委員会事務局官房総務課渉外室長，審査部監査室長，通商産業省産業政策局物価対策課長，公正取引委員会事務総局経済取引局調整課長，審判官を経て，2001年より千葉大学法経学部教授，2004年より現職。

●執筆者紹介

松 山 隆 英（同志社大学法科大学院教授・TMI 総合法律事務所顧問）

1975年横浜国立大学卒業。1975年公正取引委員会事務局入局，1988年経済部経済法令調査官以後，関東信越国税局徴収部次長，札幌国税局徴収部長，公正取引委員会事務局審査部第5審査長，同第1審査長，事務総局審査局特別審査部第1特別審査長，官房庶務課長，官房人事課長，官房総務課長，経済取引局取引部長，審査局特別審査部長，審査局長，経済取引局長，事務総長を経て，2011年4月より同志社大学法科大学院教授，同年8月TMI 総合法律事務所顧問。

横 田 直 和（関西大学教授）

1977年京都大学卒業。1977年公正取引委員会事務局入局，審査部監査室長，取引部景品表示監視課長，企業取引課長，経済部調査課長，審査局第二審査長，管理企画課長，審査管理官，近畿中国四国事務所長等を経て，2005年公正取引委員会事務総局退職。名城大学法学部教授を経て，2010年より現職。

中 出 孝 典（富山大学教授）

1979年神戸大学卒業。1979年公正取引委員会事務局取引部，1992年同審決訟務室長，以後国際経済室長，監査室長，九州事務所長，第三審査長，審判官を経て，2010年より富山大学経済学部教授。

波 光 巌（上掲）

鈴 木 恭 蔵（東海大学法科大学院教授）

1971年慶應義塾大学卒業。1971年公正取引委員会事務局入局，公正取引委員会・通商産業省勤務，特別審査部長を経て，1999年東海大学法学部教授，2004年より現職。

編者・執筆者紹介　*v*

滝 川 敏 明（関西大学教授）
1971年京都大学卒業。1971年公正取引委員会事務局入局，1976年カリフォルニア大学（バークレー）経営大学院卒業（MBA），OECD日本政府代表部一等書記官，公正取引委員会審判官室長，産業調査室長，渉外室長等を経て，1990年より富山大学経済学部教授，2001年より関西大学法学部教授，2004年より2013年まで法科大学院教授，2014年より法学部教授。

栗 田　　誠（上掲）

鵜 瀞 惠 子（東洋学園大学教授）
1977年東京大学卒業。1977年公正取引委員会事務局入局，審査部考査室長，経済部産業調査室長，取引部景品表示監視課長，公正取引委員会事務総局経済取引局企業結合課長，官房国際課長，審査局管理企画課長，中部事務所長，審判官，首席審判官，取引部長，官房総括審議官，経済取引局長を経て，2012年公正取引委員会事務総局退職。2013年より現職。

〔執筆順，肩書は2015年2月現在〕

● 本書の執筆分担

第1章，第4章第1節	松 山 隆 英
第2章第1節・第3節	横 田 直 和
第2章第2節・第4節，第4章第4節～第8節	中 出 孝 典
第3章，第9章	波 光　　巌
第4章第2節・第3節	鈴 木 恭 蔵
第5章，第11章	滝 川 敏 明
第6章，第7章，第10章	栗 田　　誠
第8章	鵜 瀞 惠 子

目　次

はしがき

編者・執筆者紹介

第❶章　独占禁止法の目的・沿革・構成 ················· 3

　　　　　　　　　　この章のポイント

第1節　独占禁止法の目的 ································· 5
　1　競争法・競争政策の意義　5
　2　目的規定の意義　8

第2節　独占禁止法の沿革 ································ 13
　1　原始独占禁止法の制定とその後の改正経緯　13
　　(1)　第2次大戦以前の経済法制等の状況(13)　(2)　財閥解体と経済民主化措置，原始独占禁止法の制定(13)　(3)　緩和改正・運用の後退(14)　(4)　高度経済成長と消費者問題，大型合併問題(15)　(5)　石油危機，狂乱物価問題と昭和52年強化改正(16)
　2　経済のグローバル化時代と運用の新展開　17
　　(1)　政府規制の緩和と建設談合問題(17)　(2)　日米構造問題協議と独占禁止法の強化改正・運用強化(17)　(3)　持株会社の解禁，適用除外制度の見直し(18)
　3　新しい時代状況に即した独占禁止法の整備　18
　　(1)　小泉政権の発足と独占禁止法の運用強化(18)　(2)　平成17年強化改正，平成21年強化改正(19)　(3)　平成25年改正(20)

第3節　独占禁止法の構成 ································ 21
　1　独占禁止法の実体規定等の体系　22
　2　独占禁止法の執行体制・執行手続及び措置の体系　23
　3　公的執行における措置の体系　25

第4節　基礎概念 ······································· 26

1　違反行為の要件　*26*
　2　事業者及び事業者団体　*27*
　　(1)　事業者(*27*)　(2)　事業者団体(*28*)
　3　行為類型　*29*
　　(1)　私的独占(*29*)　(2)　不当な取引制限(*31*)
　4　一定の取引分野における競争の実質的制限　*34*
　　(1)　一定の取引分野(*34*)　(2)　競争の実質的制限(*36*)
　5　公正な競争を阻害するおそれ　*39*
　6　公共の利益に反して　*41*

第❷章　不当な取引制限（カルテル）の禁止 …………… *45*

　　　　　　　　この章のポイント

　第1節　不当な取引制限（カルテル）の禁止 ……………… *47*
　1　不当な取引制限（カルテル）とは何か　*47*
　2　不当な取引制限の要件　*49*
　　(1)　行為主体(*49*)　(2)　行為内容(*52*)　(3)　市場効果(1)──一定の取引分野(*59*)　(4)　市場効果(2)──競争の実質的制限(*63*)　(5)　公共の利益(*66*)
　3　カルテルの成立と終了　*67*
　　(1)　カルテルの成立時期(*67*)　(2)　カルテルの終了時期(*69*)
　4　カルテルの種類　*70*
　　(1)　カルテルの分類(*70*)　(2)　価格カルテル(*71*)　(3)　数量カルテル(*73*)　(4)　入札談合(*74*)
　5　入札談合等関与行為防止法の運用　*82*
　　(1)　入札談合等関与行為防止法における発注機関の義務(*82*)　(2)　入札談合等関与行為防止法の運用状況(*84*)
　6　行政指導・適用除外カルテル　*87*
　　(1)　行政指導とカルテル(*87*)　(2)　適用除外カルテル(*88*)

　第2節　事業者団体によるカルテルの禁止 ………………… *89*
　1　事業者団体に対する規制の概要　*89*

(1)　規制の趣旨(89)　(2)　事業者団体の行為(90)
　2　事業者団体によるカルテルの規制　91
　3　事業者団体によるその他の競争制限に対する規制　96
　　(1)　一定の事業分野における事業者の数の制限(96)　(2)　構成事業者の機能又は活動の制限(98)
　4　協同組合に対する適用除外　101
第3節　非ハードコア・カルテル……………………………………………103
　1　主要な類型　103
　2　情報交換活動　106
　3　共同研究開発　107
　4　共同生産・共同販売・共同購入などの業務提携　109
　5　規格設定・標準化　112
　6　社会公共目的の共同行為　112
第4節　国際カルテルへの参加の禁止………………………………………113
　1　国際カルテルに対する規制　113
　2　国際カルテルの規制事例　114

第❸章　私的独占（独占行為）の規制……………………………………117

　　　　　　　この章のポイント

第1節　私的独占（独占行為）の意義…………………………………………119
　1　私的独占（独占行為）と市場支配力の濫用　119
　2　競争の実質的制限　120
第2節　私的独占（独占行為）の行為態様……………………………………122
　1　単独行為と共同行為　122
　　(1)　単独行為(122)　(2)　共同行為(123)
　2　排除行為と支配行為　123
　　(1)　排除行為(124)　(2)　支配行為(125)
第3節　違反事件における排除・支配行為……………………………………127

目次 ix

第❹章　不公正な取引方法の規制 …………………………………………… 133

> この章のポイント

第1節　不公正な取引方法の意義と性格 …………………………………… 136

1　規制の概要　*136*

(1) 禁止規定(*136*)　(2) 定義規定と昭和28年改正(*136*)　(3) 指定制度（一般指定と特殊指定）と平成21年改正(*138*)　(4) 排除措置等(*140*)　(5) 課徴金制度(*140*)　(6) 私的独占及び不当な取引制限との関係(*142*)

2　「公正競争阻害性」に関わる文言　*144*

3　公正競争阻害性の具体的内容　*145*

(1) 自由競争減殺効果(*145*)　(2) 競争手段の不公正さ(*148*)　(3) 自由競争基盤の侵害(*150*)

第2節　市場からの排除効果・市場への参入阻止効果を有する諸類型 …… 152

1　はじめに　*152*

2　共同の取引拒絶　*153*

(1) 概説(*153*)　(2) 公正競争阻害性(*154*)　(3) 主な事例(*154*)　(4) 正当化事由(*155*)　(5) 課徴金の賦課(*156*)

3　単独の取引拒絶　*156*

(1) 概説(*156*)　(2) 公正競争阻害性(*157*)　(3) 主な事例(*158*)

4　差別行為　*158*

(1) 差別対価(*158*)　(2) 取引条件等の差別的取扱い(*161*)　(3) 事業者団体の内部における差別的取扱い(*163*)

5　不当な価格による取引　*164*

(1) 不当廉売(*164*)　(2) 不当高価購入(*168*)

6　取引強制　*168*

(1) 取引強制の形態(*168*)　(2) 抱き合わせ販売等(*170*)　(3) 相互取引（互恵取引）(*172*)

7　排他条件付取引　*173*

(1) 概説(*173*)　(2) 公正競争阻害性(*175*)　(3) 主な事例(*176*)

第3節　取引の相手方の事業活動の拘束 …………………………………… 179

1 はじめに　*179*
2 再販売価格維持行為　*179*
  (1) 概説(*179*)　(2) 行為要件等(*180*)　(3) 公正競争阻害性(*181*)　(4) 主な事例(*183*)　(5) 課徴金の賦課(*187*)　(6) 適用除外制度(*187*)
3 価格以外の事業活動の拘束　*190*
  (1) 概説(*190*)　(2) 行為形態と公正競争阻害性(*191*)　(3) 主な事例(*194*)

第4節　不当な競争手段となる諸類型 ……………………………… *199*
  1 不当顧客誘引行為　*199*
    (1) ぎまん的な顧客の誘引(*199*)　(2) 不当な利益の供与(*200*)
  2 不当な取引妨害　*201*
    (1) 概説(*201*)　(2) 競争者に対する取引妨害(*203*)　(3) 輸入総代理店と並行輸入(*205*)　(4) 競争会社に対する内部干渉(*209*)

第5節　取引上の優越的地位の濫用となる諸類型 ……………………… *210*
  1 規制の意義　*210*
  2 ガイドラインと規制事例　*212*
    (1) ガイドライン(*212*)　(2) 規制事例(*213*)

第6節　下請代金支払遅延等防止法 ………………………………… *216*
  1 規制の趣旨　*216*
  2 適用範囲　*217*
    (1) 取引内容(*217*)　(2) 取引当事者の資本金等(*218*)
  3 親事業者の義務と禁止行為　*219*
    (1) 親事業者の義務(*219*)　(2) 親事業者の禁止行為(*220*)
  4 規制手続　*222*
    (1) 立入検査等（下請法9条）(*222*)　(2) 勧告等（下請法7条）(*222*)　(3) 罰則（下請法10条〜12条）(*222*)　(4) 中小企業庁長官の措置請求（下請法6条）(*222*)

第7節　不当景品類及び不当表示防止法 ……………………………… *224*
  1 規制の趣旨　*224*
  2 過大な景品類の提供に対する規制　*226*
    (1) 懸賞による景品類の提供に関する事項の制限（懸賞制限告示)(*226*)　(2)

目　次　xi

　　　　一般消費者に対する景品類の提供に関する事項の制限（総付景品制限告示）
　　　　(227)
　　3　不当表示に対する規制　229
　　　(1)　表示と表示主体(229)　(2)　不当表示(230)
　　4　協定又は規約制度　234
　　5　規制手続　234
　　　(1)　消費者庁等による執行(234)　(2)　都道府県知事による執行(235)　(3)　資格消費者団体による差止請求(235)

　第8節　消費税転嫁対策特別措置法……………………………………235
　　1　本法の趣旨と概要　235
　　2　消費税の転嫁拒否　236
　　　(1)　事業者の遵守事項（特措法3条）(236)　(2)　転嫁拒否等の行為に対する検査，指導等(236)
　　3　消費税の転嫁を阻害する表示　236
　　4　転嫁カルテル・表示カルテル　237
　　　(1)　転嫁カルテル(237)　(2)　表示カルテル(237)
　　5　運用状況　237

第❺章　企業結合の規制……………………………………239

　　　　　　　この章のポイント

　第1節　合併（企業結合）による市場支配力形成の「事前規制」……………241
　　1　規制対象とする企業結合の種類　242
　　　(1)　合併（狭義）に対する企業結合規制――15条規制(242)　(2)　株式取得に対する企業結合規制――10条規制(242)　(3)　役員兼任に対する企業結合規制――13条規制(244)　(4)　事業譲渡に対する企業結合規制――16条規制(245)
　　　(5)　共同の会社分割と吸収分割に対する企業結合規制(245)
　　2　合併の形態――水平・垂直・混合　246
　　3　市場（一定の取引分野）の画定　250
　　　(1)　市場画定の理論(250)　(2)　市場画定の実践――企業結合ガイドラインと

審査事例(253)

　　4　セーフハーバー（安全圏）　260

第2節　市場支配力を形成する合併（企業結合）の阻止……………………261

　　1　「競争を実質的に制限することとなる」の意味　261

　　2　合併企業単独あるいは他企業との協調による市場支配力の阻止　263

　　　(1)　単独効果による市場支配力(264)　(2)　協調効果による市場支配力(266)

　　3　合併がもたらす効率性に対する配慮　271

　　4　破綻（不振）会社の取扱い　272

第3節　企業結合審査の手続……………………………………………………273

　　1　企業結合の事前届出　273

　　　(1)　届出義務がある「企業結合集団」の売上額(274)　(2)　企業結合の待機期間と「届出前相談」(274)

　　2　「第1次審査」と「第2次審査」　276

　　3　問題解消措置と排除措置　277

第4節　企業結合による一般集中の規制…………………………………………279

　　1　一般集中規制の意義と種類　279

　　2　「事業支配力の過度集中」の禁止（9条規制）　281

　　3　金融会社の株式取得規制（11条規制）　282

　　　(1)　11条規制の意義と内容(282)　(2)　11条ガイドライン(283)

第5節　独占的状態の規制………………………………………………………283

第6章　知的財産権と独占禁止法 …………………………287

　　　　　　　　　　この章のポイント

第1節　知的財産権の行使と独占禁止法………………………………………288

　　1　知的財産制度と競争政策　288

　　2　独占禁止法21条の解釈論と実務上の意義　292

第2節　知的財産に関わる独占禁止法ガイドライン……………………………296

　　1　知的財産に関わるガイドラインの概要　296

　　　(1)　知的財産に関わるガイドラインの歴史(296)　(2)　知的財産に関わるその

他のガイドライン(296)

　　2　知的財産ガイドライン　297

　　　(1)　知的財産ガイドライン作成の経緯(297)　(2)　知的財産ガイドラインの構成(298)　(3)　知的財産ガイドラインの特徴（平成11年ガイドラインとの相違点）(299)

第3節　知的財産権が関わる独占禁止法違反事例等……………………………304

　　1　知的財産権が関わる独占禁止法問題　304

　　2　水平的制限行為　305

　　　(1)　法的措置事件(305)　(2)　警告事件(306)

　　3　共同ボイコット　306

　　　(1)　法的措置事件(306)　(2)　警告事件(307)

　　4　排除型私的独占　308

　　　(1)　法的措置事件(308)　(2)　警告等事件(309)　(3)　民事事件(310)

　　5　排除型の不公正な取引方法　311

　　　(1)　法的措置事件(311)　(2)　警告等事件(312)

　　6　競争回避型の不公正な取引方法　313

　　　(1)　法的措置事件(313)　(2)　警告事件(314)

　　7　ライセンスに伴うその他の制限　314

　　　(1)　国際取引に係る6条適用事件(314)　(2)　国際取引に係る19条適用事件(315)　(3)　グローバル企業によるライセンス条件に係る19条適用事件(315)

第4節　知的財産権に関わる独占禁止法上の課題……………………………316

　　1　知的財産ガイドラインと予測可能性　316

　　2　研究開発の阻害につながる制限行為　317

　　3　水平的な競争回避効果を有する制限行為　318

　　4　優越的地位の濫用の観点からの知的財産取引規制　318

第❼章　政府規制と独占禁止法……………………………327

　　　　　　　　　　　　この章のポイント

第1節　政府規制と競争政策……………………………328

1　政府規制の役割と弊害　*328*
2　規制改革と競争政策の展開　*329*
3　競争唱導　*331*

第2節　規制法と競争法の関係 …………………………………… *332*

1　規制法・政策と競争法・政策　*332*
(1) 規制改革による規制法と競争法との関係の変化(*332*)　(2) 規制法・政策（規制当局）と競争法・政策（競争当局）との「相互浸透」(*332*)

2　独占禁止法適用除外制度と独占禁止法　*334*
(1) 独占禁止法適用除外制度の概要(*334*)　(2) 適用除外カルテルとその例外(*335*)　(3) 適用除外カルテルに該当しない行為(*336*)

3　事業法規制と独占禁止法　*336*
(1) 事業法と独占禁止法の関係(*336*)　(2) 事業法と独占禁止法の関係に係る先例(*337*)

第3節　政府規制分野における独占禁止法の適用 …………………… *339*

1　政府規制分野における不当な取引制限・事業者団体活動規制　*339*
(1) 料金規制の下における価格カルテル(*339*)　(2) 行政指導により誘発されたカルテル(*341*)　(3) 規制産業における共同事業・自主規制活動(*343*)

2　政府規制分野における私的独占・不公正な取引方法規制　*345*
(1) 規制産業における競争者排除問題(*345*)　(2) 支配的事業者による排除型行為(*345*)　(3) 国内航空(*347*)　(4) 電気通信(*349*)　(5) 電気事業(*351*)

3　規制産業における企業結合規制　*354*
(1) 規制産業における企業結合規制(*354*)　(2) 規制産業における企業結合事例(*354*)

第8章　公正取引委員会による執行及び私人による執行 …………… *357*

― この章のポイント ―

第1節　公正取引委員会の組織と権限 ……………………………… *358*

1　公正取引委員会の組織　*358*
(1) 公正取引委員会の設置(*358*)　(2) 公正取引委員会の役割と位置付け(*359*)

(3)　委員長及び委員の任免と規律(360)　(4)　事務総局(361)
　2　公正取引委員会の権限　361
　　　(1)　違反事件に関する権限(361)　(2)　その他の調査権限(362)　(3)　コミュニケーションに係る権限(362)　(4)　規則制定権及び不公正な取引方法の指定(363)

第2節　公正取引委員会による法執行..................364
　1　手続の概要　364
　　　(1)　法執行手続の近時の変遷(364)　(2)　調査・処分の流れ(366)　(3)　一般の行政処分に係る手続との異同(367)　(4)　審査規則(368)
　2　違反事件調査手続　368
　　　(1)　端緒(368)　(2)　審査(369)　(3)　審査報告・処分案の決定(371)
　3　意見聴取手続　372
　　　(1)　意見聴取手続の趣旨(372)　(2)　事前通知(372)　(3)　証拠の閲覧・謄写(373)　(4)　意見聴取期日(374)　(5)　調書及び報告書(375)
　4　排除措置命令・課徴金納付命令　376
　　　(1)　意思決定(376)　(2)　形式(376)　(3)　効力(376)　(4)　執行力(377)
　5　司法審査　377
　　　(1)　排除措置命令・課徴金納付命令に対する不服審査(377)　(2)　原告・被告(378)　(3)　管轄(378)　(4)　出訴期間(379)　(5)　請求の併合(379)　(6)　審理(379)　(7)　判決(380)　(8)　執行停止(381)
　6　緊急停止命令　381
　　　(1)　趣旨(381)　(2)　対象(382)　(3)　申立て(382)　(4)　管轄(382)　(5)　効力(382)　(6)　執行力(382)

第3節　私人による独占禁止法の執行..................384
　1　独占禁止法以外の手続の活用　384
　　　(1)　抑止力としての私人の役割(384)　(2)　民法上の請求(385)　(3)　住民訴訟(387)　(4)　株主代表訴訟(388)　(5)　公正取引委員会の訴訟支援（資料提供）(389)
　2　不公正な取引方法の差止請求訴訟制度　389
　　　(1)　趣旨(389)　(2)　対象(390)　(3)　要件(391)　(4)　内容(391)　(5)　管轄(392)

(6) 公正取引委員会への通知・求意見(392) (7) 担保の提供(392) (8) 書類提出命令(393) (9) 秘密保持命令(393)
　3　無過失損害賠償請求制度　394
　　　(1) 趣旨(394) (2) 対象(394) (3) 裁判上の主張の制限(395) (4) 消滅時効(396) (5) 管轄(396) (6) 公正取引委員会への求意見(396) (7) 損害額の考え方(396)

第❾章　独占禁止法違反に対する措置体系 ……399
この章のポイント

第1節　行政上の排除措置 ……400
　1　不当な取引制限（カルテル）　400
　　　(1) 現に行われているカルテルに対する排除措置(400) (2) 既往の違反行為に対する措置(402)
　2　私的独占　404
　3　不公正な取引方法　406

第2節　行政上の課徴金の賦課 ……408
　1　課徴金制度の趣旨　408
　2　課徴金の賦課対象及び算定方法　412
　　　(1) カルテルを行った場合(412) (2) 私的独占を行った場合(419) (3) 不公正な取引方法を行った場合(422)
　3　課徴金の軽減措置及び加算措置　427
　　　(1) 違反行為を早期にやめた場合の軽減措置(427) (2) 違反行為を繰り返し行った場合の加算措置(428) (3) カルテルの主導的事業者に対する加算措置(429) (4) カルテルにおいて違反行為を繰り返し行った者が主導者であった場合(430)
　4　課徴金減免制度　430
　5　罰金額との調整　436
　6　課徴金の賦課手続　438

第3節　犯則調査・刑事告発と罰則の賦課 ……439

目　次　xvii

　　1　専属告発と告発の実施　*439*
　　　(1)　専属告発制度(*439*)　(2)　刑事告発に関する方針(*440*)　(3)　犯則調査権限(*441*)
　　2　罰則規定の概要　*443*
　　3　告発事例　*445*

第❿章　独占禁止法の国際的執行　*451*

　　　　　この章のポイント

第1節　競争法の域外適用の理論と実務　*453*
　　1　域外適用を巡る考え方の変遷と現状　*453*
　　　(1)　概要(*453*)　(2)　属地主義と効果主義(*453*)　(3)　効果主義と国際礼譲(*455*)
　　　(4)　競争法の目的と「自国所在需要者」への着目(*456*)
　　2　手続規定の整備　*457*
　　　(1)　概要(*457*)　(2)　外国送達規定の整備(*458*)

第2節　競争当局間の競争法執行協力　*458*
　　1　国際執行協力の概要　*458*
　　2　わが国の二国間協力協定　*459*
　　　(1)　経緯と現状(*459*)　(2)　二国間協力協定の内容(*460*)　(3)　外国競争当局との情報交換に関する法令上の根拠(*461*)　(4)　競争当局間の情報共有(*461*)
　　3　第二世代協定及び司法共助　*462*

第3節　国際的事案に対する独占禁止法の適用　*463*
　　1　国際的事案に対する独占禁止法適用の概要　*463*
　　2　国際カルテル　*463*
　　　(1)　概要(*463*)　(2)　独占禁止法6条の適用事例(*463*)　(3)　不当な取引制限としての規制の試み(*464*)　(4)　国際カルテル事例(*464*)
　　3　外国の支配的事業者による単独行為　*466*
　　　(1)　概要(*466*)　(2)　個別事例(*466*)
　　4　国際的企業結合　*467*
　　　(1)　概要(*467*)　(2)　国際的企業結合に対する取組(*467*)　(3)　国境を越える市場画定(*468*)

第 4 節 競争法分野の国際協力················469
1 国際協力の現状と課題 469
(1) 概要(469) (2) 競争法分野における国際協力の手法(470)
2 競争法整備支援と地域協力 473
(1) 競争法の国際ルールと法整備支援(473) (2) 途上国における競争法整備の目的と支援の在り方(473) (3) 東アジア地域統合とわが国の競争法整備支援(475) (4) 東アジア地域の競争法の現状と課題(476)

第⓫章 独占禁止法運用のアメリカ・EUとの比較················481

この章のポイント

第1節 競争法の規制目的と規制制度················482
1 競争維持による消費者利益目的と公共政策目的の対立 482
2 競争法の施行制度の比較 484
第2節 行為類型別の規制基準の比較················485
1 水平的制限(水平的協調)の規制 485
(1) ハードコア・カルテルとその他の協調の区分(485) (2)「合意」の認定方法——並行価格の取扱い(488) (3) 制裁の役割(489)
2 垂直的制限の規制 491
3 排他行為(単独行為)の規制 493
(1) 市場支配的企業による排他行為の規制(493) (2) 独占に対する「構造規制」(494) (3) 排他行為規制の支配的地位企業以外への拡大(495) (4) 支配的企業による「搾取」行為の規制(495)
4 合併(企業結合)規制 496

コラム
- ●「市場メカニズム」について 10
- ●「市場の失敗」と独占禁止法制 12
- ●刑事告発事案における相互拘束と共同遂行の取扱い 58
- ●入札談合をめぐる業界等の動き 80

目　次　xix

- ●政府規制とカルテル——大阪バス協会事件　94
- ●運輸業における業態間競争に対応するための共同行為　104
- ●パテントプール　126
- ●「流通・取引慣行ガイドライン」　150
- ●流通の系列化・生産の系列化　198
- ●ニセ牛缶事件　225
- ●「仮定独占者テスト」における「クリティカル・ロス（臨界損失）」　253
- ●知的財産権と独占禁止法についての誤解　290
- ●特許と競争法を巡るグローバルな課題　320
- ●行政委員会と審判制度　363
- ●行政手続という側面から見た独占禁止法　383
- ●独占禁止法違反行為の私法上の効力　397
- ●「構造的排除措置について」　405
- ●オイルショックと石油価格カルテル刑事事件　449
- ●国際競争ネットワーク（International Competition Network：ICN）　471
- ●国際的関心を集める中国の独占禁止法　478
- ●シャーマン法の成立と進化　484
- ●アメリカ反トラスト法と経済学　492
- ●欧州統合とEU競争法　497

資　料

- ■不公正な取引方法の行為類型　500
- ■独占禁止法の運用ガイドライン等の一覧　504
- ■経済法・独占禁止法の主要参考文献　507

判審決等索引　511
事項索引　521

解説 **独占禁止法**

# 第1章

独占禁止法の目的・沿革・構成

この章のポイント

　「私的独占の禁止及び公正取引の確保に関する法律」(昭和22年法律第54号)いわゆる「独占禁止法」(以下「独禁法」ともいう)は，いうまでもなく独占禁止政策ないしは競争政策を実施するための法律である。わが国においては，内閣総理大臣の「所轄」に属する独立行政委員会である公正取引委員会が，ほぼ一元的にこの法律を運用する体制をとっており，これによって競争制限行為を排除しつつ，自由で競争的な市場経済体制の維持を図っている。

　この法律は，アメリカの「反トラスト法」と略称される独禁法を母法として，昭和22年に，わが国に導入されたものである。この法律が目指す独占禁止政策ないしは競争政策の実施は，民主主義による政治体制を整える戦後わが国における新憲法の制定・実施と並んで，戦前にみられた戦時統制経済体制を払拭して民主的な市場経済体制を確立する上では，極めて大きな意義を有していたのである。

　戦後の世界においては，一方では資本主義対社会主義の東西冷戦も激しかったものの，多くの諸国が市場経済体制をとるに至り，欧州諸国やEU (欧州連合)等においても，競争政策のための法制が次々に制定されていった。戦後60有余年を経て21世紀の初頭を迎えた今日では，社会主義体制下にあった諸国も，25年前のベルリンの壁の崩壊に始まる歴史的な大変革を経て，ほとんどの国が市場経済体制に移行している。現在の大小の国家のうち，160か国・地域が自由な貿易体制の維持促進を目指すWTO (世界貿易機関)に加盟しており，

国連に加盟している193か国中のほとんどの国が，グローバル化した自由貿易体制の下で，その経済活動を展開している。

市場経済諸国においては，独禁法（より一般的には「競争法」）を制定・実施していることが多く，先進諸国等のクラブともいわれるOECD（経済協力開発機構）の加盟国たる34か国のほか，地域国家連合たるEUも，設立条約中に競争法条項を有している。またその他の諸国や発展途上国においても，1991年制定のロシア，2007年制定の中国をはじめ，今日では，世界全体で110以上の国・地域において競争法が制定・実施されており，競争当局間での連絡協調活動も盛んである。

本章第1節においては，独禁法の背景にある経済政策としての独占禁止政策の意義について，経済学的な考え方をも参照しながら考察する。経済学的な考察が，経済法ないしは独禁法を学ぶ場合には極めて有益であるからである。次いで，この考察結果をも踏まえつつ，独禁法1条に規定する同法の目的規定の意義について簡潔に考察する。

第2節においては，独禁法の制定から，その後の時宜に応じた改正を繰り返した歴史を概観し，外圧にも影響されて今日の新しい時代に即応した競争法体系が確立されてきた経緯を概観する。

第3節においては，目的規定においても簡潔にふれられていた独禁法による規制体系について，諸外国の競争法の標準的な体系構造との比較をも意識しつつ，いわゆる「行為規制」の3本柱，すなわち不当な取引制限（カルテル），私的独占（独占行為）及び不公正な取引方法の禁止並びに「構造規制」たる企業結合の規制（市場集中の規制）からなる独禁法規制の中核である実体規定の体系をまずは整理する。次に，公正取引委員会等による規制体制及び規制手続の内容を把握したのち，違反に対して執られる措置の体系について把握する。

次いで第4節においては，独禁法の規制体系を理解した上で，中核である規制において共通する主体要件，行為要件，効果要件について重要なポイントについてあらかじめ解説する。これによって，第2章以降の理解に役立つと考えるからである。なお，各要件の解説は，各章における記述と多少重複する部分がある。

第1節　独占禁止法の目的

1　競争法・競争政策の意義

(1)　独占禁止法の正式名称は，「私的独占の禁止及び公正取引の確保に関する法律」といい，第2次大戦終了後2年経過した昭和22年に，制定されたものである。戦後の経済改革の大きな柱が，経済の民主化措置であったが，農地改革などと並んで，財閥の解体と過度経済力集中排除法による独占的大企業の分割などが行われた。そうした臨時的な経済民主化措置によって実現した経済の競争状態を維持するための恒久法として独占禁止法が制定されたのである。

　独占禁止法は，公正かつ自由な競争を促進することを直接の目的とし，競争制限行為を規制する法律であり，同様の法律について，国際的には「競争法」(competition law)という呼び方が一般的なものとなっている。「競争」という言葉は，幕末に徳川幕府の翻訳方として活躍していた明治の啓蒙思想家である福澤諭吉が「competition」を翻訳したものである。この訳語を見た幕府勘定方の役人が，「競争」に「争」という字が含まれていることから，「争いごと好ましからず」と指摘し，結局，諭吉がその部分を墨で塗りつぶしたという逸話が『福翁自伝』に残されている。「競争」という言葉は，「競う」という字と「争う」という字の2つの文字から構成されているが，それぞれの意味はかなり異なっている。「競う」という字は，100メートル競走というような言葉から連想されるように，同一方向に向かって一斉に走って順番を競い合う競技などに用いられる。一方，「争う」という字は，「戦争」とか「闘争」という言葉から連想されるように，対立する相手方が向かい合って勝ち負けの決着をつけようとするものに用いられる。幕閣が諭吉にいったといわれる「争いごと好ましからず」との指摘は，この後者の意味での争いごとに焦点を当てているものである。しかし，「競争」の意義を考えてみると，「競い合い」にその本質があることは容易に理解できる。企業が自由経済主義体制下において，公正かつ自由な競争を行うということは，事業者が創意工夫を行って自らの企業努力によってより良質で安価な商品・サービスの提供を行うことを意味している。このこと

は，能率競争と呼ばれているが，同じ競争条件の下で，数多くの競争事業者が効率性を達成するように企業努力を行うということは，まさに同一の目標に向かって公正な条件で競い合うことである。結果として，勝者と敗者が生じ得ることのみに着目すると，「競い合い」も「争いごと」も同様に思われるが，その両者が決定的に違う点がある。それは，ゼロサムゲームか，成長可能性があるかの違いである。「争いごと」によって勝敗を決めるのみであれば，じゃんけんのように勝者と敗者が1人ずつ誕生するだけであり，その限りではゼロサムゲームである。しかし，「競い合い」は，100メートル競走であれマラソンであれ，参加者の努力によって記録が進歩するものであり，企業活動においては，自らの企業努力によって，より効率性を達成した企業が勝者になるものであり，技術革新を実現し，新しい商品やサービスの市場が誕生し，産業及び国民経済全体が成長することの源泉となるものである。「競争なければ成長なし」ということがいわれるのは，まさにこのことを意味している。

(2) 競争には，2つの側面があり，時間的要素を含めない短期的な市場競争である静態的競争と，時間的要素を含めた中長期の市場競争である動態的競争がある。

競争政策の理論的裏付けは，アダム・スミス以降の近代経済学者によって構築されたミクロ経済学と呼ばれる分野で，市場メカニズムの働きを解明したことによるものである。さらに，第2次大戦後のアメリカの反トラスト政策は，産業組織論という応用経済学の分野で，産業ごとの競争の状況を，市場構造 (structure)，市場行動 (conduct)，市場成果 (performance) という枠組みで分析 (SCP分析といわれる) し，理論的な競争政策の方向性を示したことを背景に発展してきたものである。こうした分析において，市場成果などを評価する際には，当然静態的な競争だけではなく，中長期の技術改革や投資を踏まえた動態的競争を評価する必要がある。ただし，留意しなければいけないことは，中長期の競争状況というのは，予見可能性に不確実性を伴うことである。したがって，実際の違反事件や企業結合事例を審査するに際してもこの点を慎重に判断する必要がある。

(3) わが国の歴史において，競争政策を実施した最初の例は，織田信長が実施したことで有名になった「楽市楽座」といわれている。それまでの中世にお

いては，同業者組合である「座」に属さなければ商工業活動ができなかったり，封建領主に税を納めて，領主からの許可を得なければ「市」での商業活動が制限されていたわけであるが，織田信長をはじめとする一部の戦国大名は，自領の城下町において既得権者集団である座を解散させたり，市への参入の規制を自由化させた結果，規制がある他国から意欲のある新興商業者などが大量に流入して，自領の城下町が大いに繁栄し，他領へも波及していったものである。競争政策という場合，狭義では，独占禁止法のように民間企業のカルテルやトラストなどの独占禁止法違反行為を規制する独占禁止政策を意味するが，広義では，政府規制を緩和し，規制改革によって民間企業を活性化させ，競争を積極的に促進する政策も含むものである。

　OECD（経済協力開発機構）の理事会において，加盟各国に政府規制を見直し緩和することを勧告したのは，1979年のことであり，先進諸国は規制緩和に取り組むことになり，特にアメリカのレーガン政権やイギリスのサッチャー政権は大胆な政府規制の緩和を進めることになった。公正取引委員会では，16の規制業種の実態調査を行ったり，研究会を立ち上げたりして規制緩和に向けての提言なども行ってきたが，政府全体の方針として取り上げられることにはならなかった。しかし，平成元年以降，「日米構造問題協議」が開始され，わが国の経済構造が輸出依存型で内需拡大が不十分なこと，外国企業の参入に対する非関税障壁が存在し，その象徴として各種政府規制制度の存在と流通構造の閉鎖性や国内企業の排他的行動が外国企業の参入の最大の障害であるとされ，日米政府の合意として，日本の各種政府規制制度を緩和し，独占禁止法制を強化改正し，積極的な競争政策の推進に努めることになった。それ以降の歴代政権では，政府規制の改革を進めることが重要な政権の方針とされるようになり，規制改革の基本方針を閣議決定の形で明示するようになった。平成24年に発足した第2次安倍政権においては，デフレからの脱却を旗印に大胆な金融緩和を進める政策（第1の矢）と機動的な財政政策（第2の矢）によって景気回復に努めてきたが，アベノミクスといわれる経済政策の成否は，規制改革によって民間投資を喚起する成長戦略が第3の矢として持続的な経済成長を実現できるかどうかにかかっていると評価されている。このように，規制改革を進めることによって民間活力を活用する広義の競争政策は，現在の経済政策の中でも経済

成長を実現するために最も重要な役割を担うようになっている。

2　目的規定の意義

　独占禁止法の目的は，1条において，「①私的独占，不当な取引制限及び不公正な取引方法を禁止し，②事業支配力の過度の集中を防止して，③結合，協定等の方法による生産，販売，価格，技術等の不当な制限その他一切の事業活動の不当な拘束を排除することにより，④公正且つ自由な競争を促進し，⑤事業者の創意を発揮させ，事業活動を盛んにし，⑥雇傭及び国民実所得の水準を高め，以て，⑦一般消費者の利益を確保するとともに，⑧国民経済の民主的で健全な発達を促進することを目的とする」と規定されている。

　①の「私的独占，不当な取引制限及び不公正な取引方法を禁止し」の部分は，禁止規定の3本柱を明示して，この法律のエッセンスを示している。

　②の「事業支配力の過度の集中を防止して」の部分は，独占禁止法第4章に規定される株式保有や合併などの企業結合規制の根拠となるもので，一定の取引分野における競争を実質的に制限することとなる企業結合を規制する「市場集中規制」，事業支配力が過度に集中することとなる会社の設立等を制限する9条及び銀行や保険会社の議決権保有を制限する11条に規定される「一般集中規制」，さらに，「純粋市場構造規制」といわれる独占的状態に対する措置を規定する8条の4の3つの規制内容を含む文言と理解されている。

　③の「結合，協定等の方法による生産，販売，価格，技術等の不当な制限その他一切の事業活動の不当な拘束を排除することにより」の部分は，①及び②の規制手段を網羅的に表現したものである。この①から③までの1条の冒頭部分が独占禁止法がその目的を達成するために用いている手段を定めている。

　④の「公正且つ自由な競争を促進すること」は，この法律の直接の保護法益とされており，競争政策の意義で述べた市場メカニズムを機能させることが，この法律の最大の法益であることを明確化し宣言したものである。

　⑤の「事業者の創意を発揮させ，事業活動を盛んにし」の部分は，競争のメリットである「競い合い」がどのような成果，効果に結びつくかを説明したものである。

　⑥の「雇傭及び国民実所得の水準を高め」の部分は，「競争なければ成長な

し」の言葉どおり，競争が経済成長の源泉であることを意味しているものである。

⑦の「一般消費者の利益を確保するとともに」の部分は，次の⑧と合わせてこの法律の究極の目的を示しており，競争政策の最大の意義が消費者利益の確保であるという国際的なコンセンサス及び経済学的理論を確認したものといえる。

⑧の「国民経済の民主的で健全な発達を促進すること」の部分は，競争政策の目的が市場メカニズムを十全に機能させることにあり，国民経済を支える企業や消費者の経済主体の自由な意思決定が民主的に確保されていることによって，経済全体の効率性を高めて経済成長に結びついていくという基本的な考え方を示している。

以上のように「公正且つ自由な競争を促進すること」がこの法律の直接的目的である。公正かつ自由な競争は，市場参入の自由，取引の相手方選択の自由，取引条件の設定の自由が保障されなければならない。経済取引社会において行われる競争は，価格・品質・サービスにおいて有効に行われることが望ましく，有効に行われる場合が「有効競争」といわれるものである。公正かつ自由な競争は，①〜③により実現される。その結果，⑤〜⑧が実現される。

この点についてやや敷衍すると，次のとおりとなる。

（ⅰ）経済の発展に寄与する。

事業者は，価格・品質・サービス競争に勝ち残るため，技術革新を行う。その結果，製品の改良・新製品の開発が行われる。家電・自動車・情報機器・情報サービス等の産業分野を見れば一目瞭然である。廉価を実現するためコスト削減を行う。このためには，「規模の経済性」(economy of scale) や「多品種の経済性」あるいは「範囲の経済性」(economy of scope)（インプットを同じくするが，アウトプットを多品種とすることにより効率化を図る）を実現するため，オートメーションシステム，ロボット等を導入する。セルフサービスや製販提携によるプライベートブランドの開発，流通経路の短縮等により流通の合理化等を行う。これがまさに付加価値を高め，経済を発展させることとなるのである。

（ⅱ）経済の効率性を高める（＝資源の適正配分）。

市場経済の下においては，市場（価格）メカニズムの機能が発揮される。す

なわち，需要が供給より多く価格が上昇する場合には，国民のニーズが事業者の供給より多いことを意味し，そうした事業分野においては，事業者は供給を増加させるため，資源（モノ），労働力（ヒト），資金（カネ）を投入する。逆に，需要が供給より少なく価格が下落する場合には，国民のニーズが事業者の供給より少ないことを意味し，そうした事業分野においては，事業者は供給を他の効率的な事業分野に転換させるために，資源等を撤退させる。このことは，資源等が国民にとって最も効率的に運用されることを意味する。

(iii) 一般消費者の利益となる。

生産段階での生産性の向上・コストの削減の利益は，活発な競争の下で価格の低落を通じて流通業者，さらには需要者・一般消費者に還元され，それらの利益に資する。輸入物資が下落した場合にも，競争により需要者・一般消費者に対する価格下落が実現する。

> **コラム** 「市場メカニズム」について
>
> 　経済学の父とも称されるアダム・スミスは，その著『国富論』（1776年）第4編第2章において，「生産物が最大の価値を持つように産業を運営するのは，自分自身の利益のためなのである。だが，こうすることによって，かれは，……見えざる手に導かれて，自分では意図していなかった一目的（筆者注，「社会公共の利益」の増進を指している）を促進することになる」（大河内一男監訳，中央公論社，1988年）といい，有名な「見えざる手（invisible hand）」という用語を用いて，「市場メカニズム」を説明している。
>
> 　各自が自己に有利になるように考えて最善の経済行動をすれば，「市場」が自然に需給の自動調整作用を営み，需給が均衡に向かうことになるのである。自由な競争市場におけるすばらしい自動調整の機能を彼はいわば発見し，これを「見えざる手」と表現したのである。自生的に人間の社会に生まれている「市場」は，たくまずして限られた資源の適正配分に資することになるのであり，これが「予定調和説」ともいわれる所以である。
>
> 　しかしながらスミスは，一面では「道徳哲学」の一環として，当時盛んな経済政策であった重商主義を批判しつつ，国富の源泉の追求論として「労働価値論」と「市場メカニズム」の問題を論じていた。現代経済の中に生きる我々も，経済

第 1 節　独占禁止法の目的

社会の倫理面にも配慮することが重要であると考えられる。競争手段等の面でも公正な競争をするのでなければ，我々の社会は，弱肉強食的な潤いのない社会となってしまうおそれが多分にあるからである。現代社会にあてはめれば，例えば消費者の利益を確保する各種の消費者法制の整備や，世界同時不況の原因ともなった金融業における短期利益の追求行動に関する規制の強化等が求められる所以である。

　「市場メカニズム」は自生的なものであるから，江戸時代（大阪の堂島では，米の先物取引市場までも存在していた）やそれ以前においても，限られた場面ではそれ相応に機能していたのであり，明治維新期に，にわかにそれが導入されて，わが国が急に変化したというわけのものではない。

　このようにして「市場」は，各経済主体による情報発信の自発機能を内包したメカニズムとして，社会の中に以前から埋もれていたものが，産業革命や労働者層の出現を経た世界で，全面的に開花したものなのである。これによって，経済社会のあたかも細胞であるかの如くに，個々の「市場」の連鎖構造が形成され，いわば"人々の分業による共生の実現"をたくまずしてもたらしているのである。

　独禁法制を中心とする経済法の考え方を理解する上においては，ミクロ経済学等の多様な経済学説の説くところが，極めて参考になる。周知のとおり，戦後のアメリカ反トラスト法の運用においては，産業組織論等の多彩な経済学説が大きな影響を及ぼし，また今日でも及ぼし続けている。わが国においても，平成12年に公正取引委員会の中に「競争政策研究センター（CPRC）」が設立され，公正取引委員会と経済学の研究者との協力関係の下，経済学的な考え方を基礎に据えた競争政策の学際的な研究が鋭意進められるようになってきており，今後の研究成果が大いに期待される。

　今日世界をほぼ覆っている市場経済の世界においては，企業による大量生産と消費者による大量消費，それを仲介する流通網・物流網の発達，IT革命といわれる通信技術の著しい発達が，グローバルなネットワーク経済の社会を出現させている。21世紀を迎えた今日では，グローバル化した世界経済の中で，金融経済の巨大化とその及ぼす影響の世界同時性があり，1929年恐慌当時の状況とは異なる不況が襲っている。さらには地球環境問題等々の問題が，深刻な課題として立ちはだかっている。

市場経済システムには，それがはらむ一面での問題性はあっても，当面のところ，これに替わる，より優れたシステムも見当たらない。そうであるとすれば，我々は，このシステムの足らざる部分を，政府活動や政府規制によって補いながら，このシステムを相応に乗りこなしていく他に，有効な手だてはないと考えられるのである。

コラム 「市場の失敗」と独占禁止法制

「市場」の自動調整機能は，経済学のモデル理論の世界では完全に機能する。しかしながら現実の経済社会においては，市場機能が不完全にしか機能しない，いわゆる「市場の失敗（market failure）」と称される場合も存在する。「市場」は万能ではなく，政府規制によって補完される必要がある。「市場」対「国家」の図式において，力点の置きどころが時代によって変化しつつも，そのバランスが欠かせないのである。

具体的には，「公共財（道路・公園等）」は政府・地方自治体が主になって供給し，「準公共財（教育・医療等のサービスの供給）」は，民間の供給を官が補うほかはない。電気・ガス・水道等の財の供給も公共性を有し，公共料金としての認可等の規制が行われる。企業と消費者間の「情報の非対称性」の問題もあり，安全面・表示面等の規制における消費者庁の新設に見られるような消費者支援政策の実施が不可欠である。市場競争社会における安全ネットたる各種の社会保障制度（医療・介護・年金等はもとより，格差・貧困等に対処する諸制度）の整備・充実や市場メカニズムが機能しにくい環境問題への対処等が，「市場の失敗」を補う諸施策として行われざるを得ないのである。

これに対して独禁法制の実施は，本質的な意味での「市場の失敗」への不可欠な対処策である。市場経済においては，独占企業や寡占市場も出現する。何よりも，カルテルや談合行為のような意図的な競争制限行為も後を絶たない。独禁法ないしは競争法は，こうした諸事態に対して規制を加えることにより，企業による自由な経済活動並びに選択の自由の確保による一般消費者の利益の確保を行いつつ，市場経済システムの根幹を維持するための必要不可欠な政府規制法制として位置付け得る。このゆえに独禁法は，市場経済社会における「基本法」として

の性格を有し，アメリカにおいて「自由の憲章」と，また，わが国において「経済憲法」と称されることがある所以である。

第2節　独占禁止法の沿革

1　原始独占禁止法の制定とその後の改正経緯

(1)　第2次大戦以前の経済法制等の状況

　第2次大戦以前のわが国においては，独占禁止法制は存在していなかった。明治維新以降，欧米の経済制度を導入し，民法や商法などの法制度を整備するとともに，富国強兵，殖産興業を旗印に国力の増強に努めていたが，清国（中国），インドをはじめとする他のアジア諸国が欧米列強諸国から植民地化される状況が進行する過程において，欧米列強に侵略されないような経済力，軍事力をつけることが国策の最優先事項となっていたことによるものである。日清戦争，日露戦争の勝利もあったが，大正期を通じて，軍事費の増大は一貫して財政の圧迫要因となっており，軍部と政党内閣の間において，軍事費の抑制をめぐっての政争が継続していた。昭和初期になると，アメリカの大恐慌から始まった世界的大不況，軍部によるクーデター事件の続出と満州事変の勃発などによって，戦時経済へと移行することになり，重要産業統制法や業種ごとの各種カルテル助成法が制定され，産業界にはカルテルが蔓延し，トラストによる企業合同が進行した。さらに，日中戦争への突入，国家総動員法の制定，太平洋戦争の開戦によって，全面的に戦時統制経済体制に至った。

(2)　財閥解体と経済民主化措置，原始独占禁止法の制定

　昭和20年8月のポツダム宣言の受諾によって，わが国は連合国に対して無条件降伏することとなった。その後は，連合軍総司令部（GHQ）の指揮の下で，日本国憲法の制定をはじめとする一連の民主化措置が行われることとなった。経済の民主化措置としては，農地解放，労働法制の制定と並んで財閥解体と独占禁止法の制定が行われた。財閥は，明治維新以降の官営事業払下げの受け手

となるなどして，産業資本家，金融資本家として成長してきた三井，岩崎（三菱），住友，安田などの政商的役割を担った一族が持株会社によるコンツェルンとしての形態を整えて，わが国の重化学工業や金融業に大きな割合を占めるようになっていたものである。昭和20年11月のGHQ覚書「持株会社の解体に関する件」によって，4大財閥及びその他中小財閥の解体，恒久法としての独占禁止法の制定が指示された。昭和21年4月に公布された「持株会社整理委員会令」に基づき発足した持株会社整理委員会によって，財閥本社等の指定が行われ，その持株の譲渡と公開処分が行われ，財閥家族の追放処分が行われた。さらに，財閥解体後の個別巨大企業が独占的支配力を保有し続けることを防止する目的で，「過度経済力集中排除法」が昭和22年に制定された。当初325社が分割対象として指定されたが，最終的には実質的に18社のみの企業分割が行われた。

　そして，こうした措置の効果を恒久化するための独占禁止法の制定に向けて，昭和21年8月にGHQの反トラスト・カルテル課員のカイム判事による「カイム試案」が提示され，この案を土台に独占禁止法案の作成作業が行われ，昭和22年3月31日の最後の帝国議会において可決成立し，同年4月14日に公布，7月1日に施行された。成立した原始独占禁止法は，アメリカの反トラスト法制のほとんどを網羅しているのみならず，アメリカの反トラスト法学者や実務家の理想主義的改善提案に基づく規定まで含めた極めて厳格な法律であった。さらに，戦前の経済統制下，カルテル助成法等に基づき，数多くの産業団体がカルテル機関としての役割を果たしていたことを踏まえて，独占禁止法によるカルテル禁止規定の補完的，予防的役割を果たす特別法として，「事業者団体法」が昭和23年7月に制定された。

(3) 緩和改正・運用の後退

　原始独占禁止法には，①カルテル的共同行為の原則禁止規定（旧4条），一手買取機関・販売機関の禁止（旧5条），②事業者間の不当な事業能力の格差がある場合の格差の排除（旧8条），③会社による株式保有の原則禁止，競争会社間の役員兼任の原則禁止（旧10条・旧13条），④会社の合併の認可制（旧15条），国際契約の認可制（旧6条）などアメリカ法より厳格な規定が含まれていたため，規制の緩和を求める要望が産業界から出されるようになっていた。

昭和24年には，原始独占禁止法の改正が行われ，会社による株式保有の禁止について，財閥解体によって政府が保有する株式の処分や会社の株式発行による資金調達を容易にするため，競争を実質的に制限又は減殺する場合に改められ，合併の認可制は，合併を容易にするため事前届出制に，国際契約は事後届出制に改められた。

昭和26年にはサンフランシスコ講和条約が締結され，昭和27年にわが国は独立を取り戻し，GHQ の占領は終了した。そして，昭和28年には，独立国として占領中の政策について独自の立場から自由に修正・整備を行えるようになったことから，独占禁止法の大幅緩和改正が行われた。旧4条，旧5条，旧8条などの規定は削除され，事業者団体法が廃止されて，独占禁止法8条に吸収されることとなった。会社の合併や株式保有等の規制基準も，「競争を実質的に制限することとなる場合」に禁止するという現行の基準に改められ，さらに，再販売価格維持契約や不況カルテル・合理化カルテルなどを一定の条件で認める適用除外制度が新設された（旧24条の2・旧24条の3・旧24条の4）。また，「取引上の地位の不当利用」を規制対象に含めるために，「不公正な競争方法」の文言が「不公正な取引方法」に改められ，「不公正な取引方法」の具体的な内容は，公正取引委員会が指定するものにするとの委任立法の方式がとられ，「一般指定」が制定された。

さらに，朝鮮戦争終了後の構造的不況によって，中小企業は資金繰りなどで大きな影響を受けることになったが，特に下請企業に対する下請代金の支払を遅延するような行為が横行したことなどから，こうした行為への規制を求める声が強くなり，不公正な取引方法の「取引上の地位の不当利用」の典型的類型である「優越的地位の濫用」規制の特別法として，昭和31年に「下請代金支払遅延等防止法」（下請法）が制定された。

しかし，1950年代後半から1960年前後にかけては，様々な政策目的から独占禁止法の適用を除外する制度が様々な個別法令に定められ，また，違反行為に対する法的措置件数も一桁になるなど，法執行面の運用状況は停滞・後退期を迎えることになった。

(4) 高度経済成長と消費者問題，大型合併問題

昭和35年に成立した池田内閣の高度経済成長路線（所得倍増計画）によって，

わが国は高い経済成長を実現し，1960年代後半には，世界第2位となる国内総生産（GDP）を有する経済大国となった。この時期には，製造業者・販売業者による広告宣伝活動が活発に展開されるようになるに伴って，消費者問題が社会の関心を集めるようになり，「ニセ牛缶事件」をきっかけに，不公正な取引方法の不当顧客誘引行為の規制のための特別法として，昭和37年に「不当景品類及び不当表示防止法」（景品表示法）が制定された。また，同年，わが国は，OECD（経済協力開発機構）に加盟して先進国の仲間入りを果たしたが，貿易の自由化，資本の自由化が進行したのもこの時期の特徴であった。外国企業のわが国市場への参入に対処するとともに国際競争力を強化するため，大型合併が活発に行われ，1960年代末期には，八幡・富士の合併による新日本製鉄誕生をめぐって緊急停止命令の申立て，委員会審判が行われ，同意審決が行われるという象徴的な事件があった。

(5) **石油危機，狂乱物価問題と昭和52年強化改正**

1970年代に入ると，アメリカが金本位制から離脱するニクソンショック，さらに，原油価格が数倍に値上がりする第1次オイルショックが発生し，物価が毎年10％以上高騰する狂乱物価と呼ばれる状況が継続した。原材料価格のコスト増を理由に製品価格を引き上げるカルテル事件が年間数十件も公正取引委員会から摘発され，また，総合商社などの買占め売惜しみ行動がマスコミの注目，批判を浴びる事態が生じた。特に，石油元売業界の石油価格カルテル及び生産制限カルテルに対して，公正取引委員会は昭和48年に，カルテル事件として初めての刑事告発を「一罰百戒」として行った。こうした状況を踏まえて，やみカルテルのやり得問題，寡占的大企業の同調値上げ問題，企業集団内の株式相互持合い問題などへ対処するための独占禁止法の強化改正が大きな政治課題となった。昭和50年に三木内閣の下で独占禁止法改正法案が国会に提出され，昭和52年に福田内閣の下で初めての独占禁止法の強化改正が実現した。改正の内容は，①カルテル規制における課徴金制度の新設，②寡占業界の同調的価格引上げの報告徴収制度の新設，③独占的状態に対する競争状態回復措置制度（企業分割制度）の新設，④大規模会社の株式所有の総額規制制度の新設，⑤金融会社の株式保有比率の引下げなどであった。以上の改正事項の中で，その後の競争政策の進展に最も大きな影響を及ぼすことになったのは，違反行為の

抑止を図るための①の課徴金制度の新設であった。

2　経済のグローバル化時代と運用の新展開

(1)　政府規制の緩和と建設談合問題

　1979年，OECDの理事会勧告により，加盟各国に政府規制の緩和，見直しが求められた。公正取引委員会は，16の規制業種の実態調査を行い，政府規制等に関する研究会を立ち上げて，報告書を公表した。その後も，継続的に政府規制緩和問題へ積極的に取り組み，継続的に報告書などを公表し，電力，ガス，電気通信などの分野においては，事業所管官庁と共同で独占禁止法の運用に関する指針（ガイドライン）を作成することなどを行うようになった。

　昭和57年には，静岡県で建設業の入札談合事件が発生し，このことから建設業における入札談合行為への独占禁止法の適用が政治問題化し，運用の考え方をガイドラインで示すことで決着した。建設業の入札をめぐって，独占禁止法上適法に実施できる情報交換活動の範囲を示すものであったが，平成6年に公共入札に係る独占禁止法ガイドラインが作成され，建設業ガイドラインは廃止された。

(2)　日米構造問題協議と独占禁止法の強化改正・運用強化

　1980年代に入ると，経済の国際化，グローバル化は，一層進展したが，1960年代から生じていた繊維業をはじめ，1970年代以降，家電，工作機械，半導体，自動車などの各分野で日米間の貿易摩擦問題が深刻化する状況が生じていた。当初は，わが国に対して輸出自主規制を求め，あるいはダンピング輸出があるとしてダンピング課税を行う動きが中心であったが，平成元年以降，「日米構造問題協議」が開始され，わが国の経済構造が，輸出促進型で内需拡大が不十分なこと，外国企業の参入に対する非関税障壁が存在し，その象徴として各種政府規制制度の存在と流通構造の閉鎖性や国内企業による排他的行動が外国企業の参入の最大の障害であるとされ，外交上の大きな問題となった。流通構造の閉鎖性や排他的行動に関しては，独占禁止法の法制度・運用の不十分さが大きな要因であるとして，その強化を図ることが不可欠であると指摘された。こうした日米間での合意を踏まえ，公正取引委員会は，平成2年に刑事告発を積極化するとの方針を公表し，平成3年には，「流通・取引慣行に関する

独占禁止法上の指針」(流通・取引慣行ガイドライン)を公表した。また，同年には，カルテルに対する課徴金の原則的な算定率を従来の4倍の6％に引き上げる法改正が行われ，平成4年には，法人への罰金額の上限を500万円から1億円に引き上げる法改正が行われた。そして，公正取引委員会は，平成3年にストレッチフィルム価格カルテル事件で約20年ぶりに刑事告発を行い，その後も下水道事業団事件，水道メーター事件など概ね2年に1度のペースで刑事告発を行うようになった。

(3) 持株会社の解禁，適用除外制度の見直し

平成8年には，公正取引委員会の組織を強化するため，「事務局3部体制」であったものを「事務総局2局2部体制」にする法改正が実現した。また，平成9年には，原始独占禁止法制定以来，財閥の復活の可能性を生じさせないための象徴的規定であった純粋持株会社の設立禁止規定(9条)を大幅に緩和した。これは，企業規模が大型化してきたこと等から，子会社へ権限を移譲することにより迅速・柔軟に事業展開を図り，新規事業の立ち上げを容易にし，さらに持株会社を核とする経営統合が容易に行えるようにするために，事業支配力の過度集中になる持株会社の設立禁止規定に改め，全面禁止から原則自由化への改正が行われた。また，昭和28年以降独占禁止法の適用除外制度が数多く設けられてきたが，独占禁止法適用除外制度の見直しが行われ，平成10年及び平成12年に大幅な整理，縮小をする法改正が行われた。

3 新しい時代状況に即した独占禁止法の整備

(1) 小泉政権の発足と独占禁止法の運用強化

平成12年には，不公正な取引方法に対する差止請求制度創設の法改正が行われ，私人による独占禁止法の執行への道が開かれることになった。さらに，21世紀を迎えた競争政策の新しい展開に向けての報告書が公表され，「競争政策のグランドデザイン」も公表された。

平成13年に発足した小泉内閣は，「聖域なき構造改革」を旗印に，郵政民営化等の経済構造改革に積極的に取り組むとともに，就任後の年頭の所信表明演説において，「競争政策の番人としての公正取引委員会を強化すること」を明らかにした。また，この時期には，大型入札談合事件，カルテル事件などが数

多く発生したが，公正取引委員会の審査活動に対し，被審人である大企業が全面的に争う否認事件が続出し，審判事件が激増する事態が生じた。

(2) 平成17年強化改正，平成21年強化改正

平成14年に公正取引委員会は，上記のように違反事件が後を絶たず，審判事件が激増する事態の改善を図るために，グローバルな競争政策の水準と比較してわが国の独占禁止法を遜色ないものとすることが喫緊の課題であるとして法改正に取り組むこととした。平成17年に実現した強化改正では，支配型私的独占への課徴金の導入，課徴金の算定率の原則6％から10％への引上げ等により課徴金制度を強化させ，併せて課徴金減免制度を導入するとともに，公正取引委員会に犯則調査権限が付与された。また，手続面でも，原始独占禁止法制定以来の審判制度は，公正取引委員会が排除措置や課徴金納付などの法的措置を命じる前の事前手続として位置付けられていたが，この改正により，公正取引委員会が行う原処分に不服がある者から審判請求があった場合に行う不服審査という位置付けに変更された。これは，審判手続が行われている期間中に継続している違反行為への対処手段が限られることから，迅速な競争回復手段を講じる必要があること等を考慮したものであった。また，この改正において，排除措置に関する審判手続が開始されたときには，当該審判手続が終了した後でなければ課徴金の納付が命じられないという旧制度を改正し，排除措置と課徴金納付を同時期に命じられるようにし，それぞれの審判手続を併合審理できるようにした。これらの法改正によって，審判開始請求件数は大幅に減少し，処分の迅速化が図られるようになった。この時期は，大型事件も相次ぎ，橋梁談合刑事事件，し尿処理施設談合刑事事件，名古屋市営地下鉄ゼネコン談合刑事事件などが摘発された。

さらに，平成21年の改正では，排除型私的独占を課徴金の対象とし，優越的地位の濫用などの一部の不公正な取引方法も課徴金の対象とすることとされた。また，企業結合規制の株式保有規制について，事後報告制であったものを国際的なスタンダードである事前届出制に改めることとした。また，違反行為が終了してから公正取引委員会が法的措置を採ることができる除斥期間を5年間に延長し，不当な取引制限などの個人に対する刑事罰である懲役刑の上限を5年に延長することも行われた。これらの改正も，国際的なスタンダードに近

付けるための法改正であった。

(3) 平成25年改正

　平成17年法改正の附則において,「この法律の施行後2年以内に,……審判手続の在り方等について検討を加え,その結果に基づいて所要の措置を講ずるものとする」と規定されたことから,内閣府に,「独占禁止法基本問題懇談会」(座長,塩野宏東京大学名誉教授)が設置され,平成17年7月から平成19年6月まで2年間にわたって検討が加えられた。その報告書では,「一定の条件が整った段階で,事前審査型審判制度を改めて採用する」ことを前提に,「不服審査型審判方式は,……当面は,これを維持することが適当である」とする審判制度存置の結論が示された。これに対し,経済界からは強い反対意見が示され,公正取引委員会の審判は中立性・公平性に欠けるので,審判制度を廃止すべきであるとの強い意見が示された。平成21年改正法の附則においては,「政府は,……審判手続に係る規定について,全面にわたって見直すものとし,平成21年度中に検討を加え,その結果に基づいて所要の措置を講ずるものとする」と規定され,さらに,国会の附帯決議において,「審判手続に係る規定については,……検討の結果として,現行の審判制度を現状のまま存続することや,平成17年改正以前の事前審判制度へ戻すことのないよう,審判制度の抜本的な制度変更を行うこと」が示されたことから,独占禁止法基本問題懇談会報告書の結論を維持することが困難になった。そして,民主党政権下の平成22年,審判制度の公正さの外観に対する経済界の不信感を払拭する観点から,審判制度を廃止し,処分(排除措置命令・課徴金納付命令)に対する不服審査は抗告訴訟として東京地裁において行うとする独占禁止法改正法案が国会に提出された。その後同法案は,閉会中審査とされ,平成24年に廃案となったが,平成25年5月に平成22年改正法案とほぼ同内容の法案が国会に提出され,同年12月7日に成立し,同月13日に公布された(施行は平成27年4月1日)。平成25年改正法は,次の3点を内容とするものである。

　① 公正取引委員会が行う審判制度を廃止するとともに,公正取引委員会が行う審決に係る取消訴訟の第一審裁判権が東京高等裁判所に属するとの規定を廃止する。

　② 裁判所における専門性の確保等を図る観点から,独占禁止法違反に対す

る排除措置命令等に係る取消訴訟については，東京地方裁判所の専属管轄とするとともに，東京地方裁判所においては，3人又は5人の裁判官の合議体により審理及び裁判を行うこととする。

③　処分前手続の一層の充実を図る観点から，排除措置命令等に係る意見聴取手続について，その主宰者，予定される排除措置命令の内容等の説明，公正取引委員会が認定した事実を立証する証拠の閲覧・謄写に係る規定等を整備する。

第3節　独占禁止法の構成

独占禁止法の構成は，以下のようになっている。

第1章	総則（第1条〔目的〕，第2条〔定義〕）
第2章	私的独占及び不当な取引制限（第3条，第6条，第7条，第7条の2）
第3章	事業者団体（第8条～第8条の3）
第3章の2	独占的状態（第8条の4）
第4章	株式の保有，役員の兼任，合併，分割，株式移転及び事業の譲受け（第9条～第18条）
第5章	不公正な取引方法（第19条～第20条の7）
第6章	適用除外（第21条～第23条）
第7章	差止請求及び損害賠償（第24条～第26条）
第8章	公正取引委員会（第27条～第76条）
第9章	訴訟（第77条～第88条）
第10章	雑則（第88条の2）
第11章	罰則（第89条～第100条）
第12章	犯則事件の調査等（第101条～第118条）

独占禁止法の実体規定等は，第1章から第6章までに規定され，独占禁止法の規制のための公正取引委員会の組織，執行手続，私人による執行，罰則等に関する規定は，第7章から第12章までに規定されている。

1 独占禁止法の実体規定等の体系

　独占禁止法の規制を，産業組織論で論じられている行為規制，構造規制，状態規制の視点から整理すると，次のようになる。この中で，私的独占の禁止，不当な取引制限の禁止及び不公正な取引方法の禁止並びに企業結合規制（市場集中規制に係るもの）が中核となって構成され，いずれも競争を制限・阻害する行為に対する規制である。それ以外の規制としては，一般集中規制に係る企業結合規制と「独占的状態」に対する規制がある。

Ⅰ　競争を制限・阻害する行為の規制（行為規制）
　(1)　不当な取引制限（カルテル）の禁止（定義規定（2条6項））
　　　①事業者（定義規定（2条1項））間のカルテルの禁止……………3条後段
　　　②事業者団体（定義規定（2条2項））によるカルテルの禁止
　　　　　……………………………………8条1号・4号
　　　③国際カルテルの禁止……………………6条
　(2)　私的独占の禁止（定義規定（2条5項））…3条前段
　　　①排除型私的独占
　　　②支配型私的独占
　(3)　不公正な取引方法の禁止（定義規定（2条9項））
　　　①事業者が用いることの禁止………………19条
　　　②事業者団体が事業者に該当する行為をさせるようにすること
　　　　　……………………………………8条5号
　　　③国際的協定又は国際的契約の禁止…………6条
　　　④企業結合の際に用いられることの禁止……10条〜17条

Ⅱ　経済力の過度集中の防止に関する規制（構造規制）
　(1)　企業結合による市場集中規制
　　　①会社の株式保有の制限……………………10条1項
　　　②会社の役員兼任の制限……………………13条1項
　　　③会社以外の者による株式保有の制限………14条
　　　④会社の合併の制限…………………………15条1項

⑤会社の新設分割及び吸収分割の制限………15条の2第1項
⑥会社の共同株式移転の制限……………15条の3第1項
⑦会社の事業の譲受け等の制限………………16条1項
⑧脱法行為の禁止…………………………17条
(2) 企業結合による一般集中規制
①事業支配力が過度に集中することとなる会社の設立等の制限
…………………………………… 9条
②銀行又は保険会社の議決権保有の制限……11条1項

Ⅲ　独占的状態に対する規制（状態規制）
独占的状態の規制（定義規定（2条7項））
独占的状態に対する措置……………… 8条の4

Ⅳ　適用除外規定
(1) 知的財産権の行使と認められる行為………21条
(2) 一定の要件を満たす組合の行為……………22条
(3) 著作物等に関する再販売価格維持契約……23条

2　独占禁止法の執行体制・執行手続及び措置の体系

　独占禁止法違反行為に対する私人による執行（差止請求，損害賠償請求）に関する規定は，第7章において定められており，独占禁止法の規制のための公正取引委員会の組織や執行手続，罰則等に関する規定等は，第8章から第12章において定められている。

Ⅰ　公的執行体制及び執行手続
(1) 公正取引委員会の組織規定・権限等
①公正取引委員会の設置，任務及び所掌事務並びに組織等（第8章第1節）
………………………………27条～44条
　（注）　平成25年改正により，審判制度の廃止に伴い，事務総局に審判官を設置する規定等が削除された（旧35条7項～9項）。

②告示制定権等‥‥‥‥‥‥‥‥‥‥‥‥‥‥71条，72条，88条の2

③規則の制定権‥‥‥‥‥‥‥‥‥‥‥‥‥‥76条，88条の2

④事件の処理等に関する事項の政令への委任

‥‥‥‥‥‥‥‥‥‥‥‥‥‥‥‥‥‥‥‥70条の10

⑤行政手続法の公正取引委員会の処分への適用除外

‥‥‥‥‥‥‥‥‥‥‥‥‥‥‥‥‥‥‥‥70条の11

(2) 行政上の執行手続（第8章第2節）

①審査手続‥‥‥‥‥‥‥‥‥‥‥‥‥‥‥‥45条，47条，48条

②排除措置命令等に係る意見聴取手続‥‥‥‥49条～61条

　　(注)　平成25年改正により，審判制度の廃止に伴い，審判・審決手続等に関する規定が削除され（旧52条～旧70条の4），指定職員が主宰する意見聴取手続の制度が整備され，証拠の閲覧・謄写に関する規定（52条）が整備された。

③課徴金の納付命令手続‥‥‥‥‥‥‥‥‥‥62条，63条，69条，70条

④書類の送付・送達手続‥‥‥‥‥‥‥‥‥‥70条の6～70条の9

(3) 公正取引委員会への届出・報告・認可手続

①指定再販の契約の届出‥‥‥‥‥‥‥‥‥‥23条6項

②企業結合関連の届出及び認可・通知‥‥‥‥9条4項，10条2項，11条2項，15条2項，15条の2第2項・3項，15条の3第2項，16条2項

③独占的状態関連‥‥‥‥‥‥‥‥‥‥‥‥‥8条の4，46条

(4) 裁判所への訴訟手続等

①緊急停止命令の申立て‥‥‥‥‥‥‥‥‥‥70条の4，70条の5

②排除措置命令等に係る訴訟手続‥‥‥‥‥‥77条，85条～88条

　　(注)　平成25年改正により，審判制度の廃止に伴い，審決取消訴訟に関する規定が削除され（旧77条～旧83条），実質的証拠法則（旧80条）及び新証拠提出制限（旧81条）が廃止された。また，審決取消訴訟等に係る東京高裁の専属管轄に関する規定が削除され（旧85条～旧87条），東京地裁への管轄集中（専属管轄）と慎重審理確保のための合議体審理が規定された。

③合併等の無効の訴え‥‥‥‥‥‥‥‥‥‥‥18条

Ⅱ　独占禁止法違反行為への私人による執行
(1)　不公正な取引方法への差止請求訴訟………24条，78条〜83条，84条の2
(2)　無過失損害賠償請求訴訟………………25条，26条，84条

3　公的執行における措置の体系

　独占禁止法に基づく公的執行である排除措置命令，課徴金の納付命令という行政上の措置に関する規定は，第2章から第5章までの禁止規定等に続いて定められており，刑事罰については第11章において罰則が規定され，第12章において犯則事件の調査等が規定されている。

Ⅰ　排除措置命令等
(1)　禁止規定違反行為への排除措置
　　①私的独占及び不当な取引制限……………… 7条
　　②事業者団体………………………………… 8条の2
　　③不公正な取引方法……………………………20条
　　④企業結合規制………………………………17条の2
(2)　独占的状態に対する競争回復措置……………… 8条の4

Ⅱ　課徴金納付命令等
(1)　課徴金納付命令
　　①私的独占及び不当な取引制限……………… 7条の2
　　②事業者団体（8条1号違反で不当な取引制限に相当するもの）
　　　　………………………………………………… 8条の3
　　③不公正な取引方法…………………………20条の2〜20条の6
　　（注）　課徴金の算定率（違反行為の実行期間又は違反行為期間における売上額等に乗ずるもの）は，以下のとおり。
　　　　　①不当な取引制限（対価に係るもの，供給量等を制限することにより，対価に影響することとなるもの）…………10%（小売業3%，卸売業2%）
　　　　　②支配型私的独占（対価に係るもの，供給量等を制限することにより，対価に影響

することとなるもの）............10％（小売業3％，卸売業2％）
③排除型私的独占..................6％（小売業2％，卸売業1％）
④共同供給拒絶，差別対価，不当廉売，再販売価格の拘束（過去10年以内に違反行為を繰り返した場合に限る）...3％（小売業2％，卸売業1％）
⑤優越的地位の濫用..................1％

(2) 課徴金減免制度...7条の2第10項〜18項，8条の3

Ⅲ 刑事罰の賦課

(1) 公正取引委員会による検事総長への告発...74条，96条
(2) 犯則事件の調査等.................................101条〜118条
(3) 罰則...89条〜100条

第4節 基礎概念

1 違反行為の要件

　独占禁止法の規制の中核は，前節で体系化したように，私的独占，不当な取引制限及び不公正な取引方法の各禁止並びに企業結合規制（市場集中規制に係るもの）である。行為規制の禁止規定は，「主体要件」，「行為要件」，「効果要件」によって構成されている。

　まず，「主体要件」については，「事業者」（2条1項）と「事業者団体」（同条2項）が規制の中心となっており，私的独占の禁止（3条前段），不当な取引制限の禁止（同条後段），不公正な取引方法の禁止（19条）では，「事業者」が規制される主体であり，これらの行為に相当する行為を「事業者団体」が行うことは8条で規制されている。また，企業結合規制については，「会社」が規制の対象になっており，13条1項では「会社の役員又は従業員」が，14条では「会社以外の者」が規制の対象になっている。

　「行為要件」は，私的独占では「他の事業者の事業活動を排除し，又は支配すること」であり，不当な取引制限では「他の事業者と共同して対価を決定

し，維持し，若しくは引き上げ，又は数量，技術，製品，設備若しくは取引の相手方を制限する等相互にその事業活動を拘束し，又は遂行すること」である。不公正な取引方法は，2条9項1号から5号までの「共同の供給拒絶」，「差別対価」，「不当廉売」，「再販売価格の拘束」，「優越的地位の濫用」と，6号のイからへまでの「いずれかに該当する行為であって，……公正取引委員会が指定するもの」であり，企業結合規制は，「株式保有」，「役員兼任」，「合併」，「分割」，「共同株式移転」，「事業の譲受け等」などの行為について規制されている。

「効果要件」は，市場における競争に与える影響によって違法性を判断するもので，私的独占，不当な取引制限，企業結合に共通するのが「一定の取引分野における競争を実質的に制限すること」であり，不公正な取引方法については，「公正な競争を阻害するおそれ」という要件である。

2 事業者及び事業者団体

(1) 事業者

「主体要件」の「事業者」については，2条1項において，「商業，工業，金融業その他の事業を行う者」と定義されている。法人格を有する「会社」が規制対象のほとんどすべてを占めているが，法人格を有しない個人事業主なども規制対象になる。この点について，都営芝浦と畜場事件（平成元・12・14最判・審決集36巻570頁）において，「事業は，なんらかの経済的利益の供給に対応し反対給付を反復継続して受ける経済活動を指し，その主体の法的性格は問うところではない」と判示されており，「法的性格」のほかに，「対価」性と，「反復継続」性についての考え方を示している。反対給付を反復継続して受ける経済活動ということから，「対価」を受け取る経済事業であることが要件になっており，対価を受け取らない事業，例えば慈善事業や社会奉仕事業，ボランティア事業を行う者が事業者に該当することはない。また，「反復継続」性も要件となっており，1回限りの取引，例えば個人が自己の居住用住宅やマンションを売却する行為などは，通常は反復継続要件を満たさないことから，事業者に該当することはない。経済事業であることは要件であるが，「営利性」は要件ではない。したがって，営利を目的としない国や地方自治体，公営企業などが

経済事業を行う場合も，独占禁止法の「事業者」に該当することになる。前述の都営芝浦と畜場事件では，地方自治体である東京都が「事業者」に該当すると判示され，お年玉付き年賀はがき事件（平成10・12・18最判・審決集45巻467頁）では，年賀はがきを発行する国（郵政省）が「事業者」に該当すると判示された。

「事業者」についての論点としては，自由業である医師，弁護士，公認会計士，建築士などの専門性の高い職業の者が「事業者」に該当するのかという問題がある。公正取引委員会は，昭和50年代に日本建築家協会事件（昭和54・9・19審判審決・審決集26巻25頁）で1級建築士を構成員とする事業者団体に独占禁止法を適用し，その後，開業医の団体（医師会）の活動にも観音寺市三豊郡医師会事件（平成13・2・16東京高判・審決集47巻545頁）で独占禁止法を適用し，裁判所もそうした公正取引委員会の判断を認めている。この点に関しては，「医師会の活動に関する独占禁止法上の指針」（昭和56・8・8公取委）や「資格者団体の活動に関する独占禁止法上の考え方」（平成13・10・24公取委事務局）が公表されている。また，教育事業に独占禁止法が適用できるかについては，違反事例（法的措置）はないものの学校法人などが教育事業を行う場合であっても，経済事業に該当する限り，「事業者」に該当すると考えられている。さらに，プロスポーツ選手などが「事業者」に該当するかという問題もある。スポーツの種目，契約形態による違いもあるが，労働者として評価できるものに該当しない場合には「事業者」に該当することになる。

(2) **事業者団体**

もう一つの「行為主体」である「事業者団体」については，2条2項において「事業者としての共通の利益を増進することを主たる目的とする2以上の事業者の結合体又はその連合体」と定義されている。いわゆる業界団体といわれるものが事業者団体に該当し，××工業会，△△商業組合，○○団体，××協会，○○協議会などの同業者団体が典型的なものである。「事業者としての共通の利益」とは，団体を構成する事業者の事業上の利益をいい，販売促進活動や広告宣伝活動をはじめ，行政からの情報の伝達，統計データの集計，調査・研究などの活動を行うことを目的とする団体は，「事業者団体」に該当することになる。

事業者団体の規制は，独占禁止法8条によるが，これは昭和28年以降であって，それ以前は，昭和23年に制定された事業者団体法という個別立法によって規制されていたものを，昭和28年の改正によって独占禁止法と統合して現行8条に規定されたものである。公正取引委員会によって取り上げられてきたカルテル事件の相当部分は，事業者団体によるものであって，カルテルに課徴金制度が導入された昭和52年頃までは，不当な取引制限（3条後段）による違反事件数より，事業者団体による8条1号違反事件数が多い状況であった。

　事業者団体を違反行為の主体として認定するためには，団体名，所在地，代表者，意思決定機関，定款などの規約などを特定することが必要となっている。これは，排除措置などを命じ，そうした措置を執行するために不可欠であるためである。

3　行為類型

(1)　私的独占

　私的独占には，他の事業者の事業活動を「排除」することを行為要件とするものと，他の事業者の事業活動を「支配」することを行為要件とするものがある。

ア　排除行為

　「排除」とは，他の事業者の事業活動の継続を困難にすることをいい，態様としては，既存事業者を排除する場合と，新規参入を困難にする場合に分かれる。また，排除の程度については，当該取引分野から完全に駆逐したり，新規参入を完全に阻止したりすることまでは要しないとされている。正常な競争活動とは，顧客の獲得を目指して企業努力を行って，競争業者より良質で安価な商品，サービスを提供することにより，競争業者に打ち勝とうとする活動であり，そうした活動自体は必然的に競争業者を市場から排除することにつながるものである。そうした行為を私的独占の「排除」として違法とすることは，公正かつ自由な競争の促進を目的とする独占禁止法の解釈としてはあり得ない。すなわち，私的独占の「排除」とは，正常な競争活動とは評価できない行為であって，「何らかの人為的な反競争性がある行為」をいうものと解されている。この反競争性とは何をいうか，正常な競争活動と「排除」行為とをどう区

別するかは難しい問題であるが，一般的には，効率性によらないものであること，合理性のある正当な理由がある行為とはみなされないものであること，特定事業者を狙い撃ちして排除する意図を有していると客観的に認められる行為であるかなどが判断の要素になる。過去の違反事例の大部分は，不公正な取引方法に該当する行為類型を手段とするものが占めており，それ以外の類型としては，医療用食品の製造業及び販売業の分野に対する参入を制限するための認定制度・登録制度などの私的統制行為（日本医療食協会事件・平成8・5・8勧告審決・審決集43巻209頁），都立病院の競争入札の発注担当者に働きかけて自社製品のみが納入可能になるように仕様書を作成させた行為（パラマウントベッド事件・平成10・3・31勧告審決・審決集44巻362頁），自らが使用する予定がないにもかかわらず函館地区の地方新聞が使いそうな商標を多数登録出願する行為（北海道新聞社事件・平成12・2・28同意審決・審決集46巻144頁）などがある。なお，「排除型私的独占に係る独占禁止法上の指針」（排除型私的独占ガイドライン）（平成21・10・28公取委）では，典型的行為類型として，(1)商品を供給しなければ発生しない費用を下回る対価設定（不当廉売），(2)排他的取引，(3)抱き合わせ，(4)供給拒絶・差別的取扱いの4類型が取り上げられている。

イ 支配行為

「支配」とは，他の事業者の事業活動における意思決定を拘束し，自己の意思に従わせることをいうものと解されている。態様としては，直接支配と間接支配に分かれる。被支配者の意思については，一方的に支配されている場合だけでなく，自ら進んで支配を受け入れている場合も「支配」に該当すると解されている。私的独占の「支配」が認定されている事件は，少なく，違反行為が認定された事件は，①野田醤油事件（昭和32・12・25東京高判・審決集9巻57頁），②東洋製罐事件（昭和47・9・18勧告審決・審決集19巻87頁），③日本医療食協会事件（前掲平成8・5・8勧告審決），④パラマウントベッド事件（前掲平成10・3・31勧告審決），⑤福井県経済農業協同組合連合会事件（平成27・1・16排除措置命令・審決集61巻登載予定）の5件のみである（①及び⑤以外の3件では，排除行為も行われていた）。

①では，野田醤油が自ら販売する醤油の再販売価格を拘束し小売価格を斉一化させた行為が，市場の特殊性から競争業者が小売価格を同一に決定し，再販売価格を拘束せざるを得ないように追随させたことが競争業者の事業活動の間

接的な「支配」に該当するとされた。

②では，競争会社の株式の保有，役員兼任などの企業結合行為が「支配」に該当するとされた。

③では，医療用食品の製造業者の販売先，販売業者の仕入先，販売先，販売価格，販売地域などを制限した行為が「支配」に該当するとされた。

④では，都立病院の発注する医療用ベッドの競争入札に参加するパラマウントベッドが製造する医療用ベッドの販売業者に対し，入札価格を指示して，自ら落札予定者及び落札予定価格を決定し，当該落札予定者が当該落札予定価格で落札できるようにさせた行為が「支配」に該当するとされた。

⑤では，穀物の乾燥・調整・貯蔵施設の製造請負工事等について，受注予定者及び受注予定価格を決定し，入札参加者が入札する価格を指示した行為が「支配」に該当するとされた。

(2) 不当な取引制限

不当な取引制限は，「他の事業者と共同して」と規定されており，「共同行為」であることが本質である。「対価を決定し，維持し，若しくは引き上げ，又は数量，技術，製品，設備若しくは取引の相手方を制限する等」と例示されており，販売価格を決定，維持，引き上げるカルテルや生産・販売数量を制限するカルテル，競争入札において受注予定者を決定するいわゆる入札談合行為などが代表的なものである。そして，こうした共同行為により，「相互にその事業活動を拘束し，又は遂行すること」が不当な取引制限の行為要件である。

ア　共同行為の主体

共同行為における事業者と他の事業者の関係については，新聞販路協定事件（昭和28・3・9東京高判・審決集4巻145頁）において，「ここでいう事業者とは，相互に競争関係にある独立の事業者と解するのを相当とする。共同行為はかかる事業者が共同して相互に一定の制限を課し，その自由な事業活動を拘束するところに成立するものであって，その各当事者に一定の事業活動の制限を共通に設定することを本質とするものである」と判示され，取引段階を異にする垂直的取引関係にある事業者間の契約などのいわゆる「縦のカルテル」に対しても不当な取引制限を適用していた昭和20年代の公正取引委員会の実務運用は否定された。しかし，その後，社会保険庁発注シール入札談合刑事事件（平成5・

12・14東京高判・審決集40巻776頁）において，「同質的競争関係にある者に限るとか，取引段階を同じくする者であることが必要不可欠であるとする考えには賛成できない」と判示しつつ，入札参加事業者と入札参加資格を有しないが実際に入札談合に参加していた事業者とが実質的に競争関係にあったことを認定し，新聞販路協定事件の射程の範囲を限定した考え方を明らかにしている。

イ　意思の連絡

不当な取引制限における共同性を認定するためには，共同行為の当事者である各事業者の販売価格や生産数量などに関するカルテル的合意が成立していること，すなわち，事業者間の「意思の連絡」を立証することが必要である。この点に関しては，東芝ケミカル事件（平成7・9・25東京高判・審決集42巻393頁）において，「『意思の連絡』とは，複数事業者間で相互に同内容又は同種の対価の引上げを実施することを認識ないし予測し，これと歩調をそろえる意思があることを意味し，一方の対価引上げを他方が単に認識，認容するのみでは足りないが，事業者相互で拘束し合うことを明示して合意することまでは必要でなく，相互に他の事業者の対価の引上げを認識して，暗黙のうちに認容することで足りると解するのが相当である」と判示され，さらに，「特定の事業者が，他の事業者との間で対価引上げ行為に関する情報交換をして，同一又はこれに準ずる行動に出たような場合には，右行動が他の事業者の行動と無関係に，取引市場における対価の競争に耐え得るとの独自の判断によって行われたことを示す特段の事情が認められない限り，これらの事業者の間に，協調的行動をとることを期待し合う関係があり，右の『意思の連絡』があるものと推認されるのもやむを得ないというべきである」と判示されている。

ウ　相互拘束

不当な取引制限の行為態様は，「相互にその事業活動を拘束し，又は遂行すること」である。この「相互拘束」については，前述の新聞販路協定事件において「共同行為はかかる事業者が共同して相互に一定の制限を課し，その自由な事業活動を拘束するところに成立するものであって，その各当事者に一定の事業活動の制限を共通に設定することを本質とするものである。従って当事者の一方だけにその制限を課するような行為は，その事情によって私的独占又は不公正な競争方法にあたる場合があるとしても，ここにいう共同行為にあては

まらない」と判示されたことから，①拘束の相互性，②拘束の共通性の2つの要件を満たすことが必要と解されてきた。①拘束の相互性については，前述の垂直的取引制限協定などを，一方的制限に該当するものとして「相互拘束」から除外するとともに，共同行為の当事者が，相互に制限内容を遵守し合う関係にあれば，拘束の相互性は満たされると解されている。また，②拘束の共通性については，制限内容が全く同一である必要があるという考え方は狭きに失するものと考えられており，共通の目的の達成のためのものであれば足りるという考え方が一般化している（流通・取引慣行ガイドラインの「共同ボイコット」の項参照）。

前述のとおり，不当な取引制限における「共同性」を認定するためには，カルテル的合意，すなわち「意思の連絡」を立証することが必要であるが，カルテル的合意とは，価格競争などを回避する目的での合意であることが一般的であり，こうした合意の存在すなわち「意思の連絡」が認定される場合には，その合意内容から「相互拘束」の①拘束の相互性，②拘束の共通性の2つの要件は，通常は満たされているものと解されている。

エ 共同遂行

「相互にその事業活動を拘束し，又は遂行する」と規定されていることから，この「遂行」（「相互遂行」では意味をなさないから，「共同遂行」といわれる）についても，「相互拘束」と並ぶ，独立した行為態様を規定しているように文理上は解釈できる。この解釈に従って，昭和20年代前半の公正取引委員会の実務運用においては，一方的な制限行為に対しても不当な取引制限を適用していたが，前述の新聞販路協定事件に続いて出された東宝・新東宝事件（昭和28・12・7東京高判・審決集5巻118頁）において，「原告〔東宝〕は，……もって新東宝の映画の販路及び顧客を制限するものであって，この制限は新東宝にのみ課せられた一方的な制限であって，両者に共通した制限ではない。また被告〔公正取引委員会〕は原告と新東宝とが原協定の趣旨に則って共同して事業を遂行するというけれども，本来かかるものを共同と呼び得るかどうかは別としてもこの共同遂行にはなんら相互拘束を伴っていないのであって，このような共同遂行というのは法第2条第4項〔現2条6項の不当な取引制限の定義規定〕のそれには当らないというべきである」と判示した。その結果，「共同遂行」という概念

は,「相互拘束」に従属した概念であるという解釈が通説となり,相互拘束なき共同遂行は,不当な取引制限を構成しないと解する実務が定着するようになった。

現在では,この「遂行」という用語は,専ら不当な取引制限に係る刑事事件において用いられるようになっている。特に,入札談合に関する不当な取引制限の罪に係る刑事事件においては,基本合意及びそれを確認する行為を「相互拘束」に該当するとし,基本合意に基づく個別受注調整行為を「共同遂行」に該当するものとする法律構成が採られるようになっている。

4　一定の取引分野における競争の実質的制限

効果要件で最も重要なものは,「一定の取引分野における競争の実質的制限」である。

私的独占及び不当な取引制限の定義規定（2条5項・6項）においては,効果要件として,「一定の取引分野における競争を実質的に制限すること」と規定されており,事業者団体が「一定の取引分野における競争を実質的に制限すること」に該当する行為を行うことは,8条1号で禁止されている。

また,企業結合規制（市場集中規制に係るもの）においては,「一定の取引分野における競争を実質的に制限することとなる場合」における「株式取得及び所有」,「役員兼任」,「合併」,「共同新設分割及び吸収分割」,「共同株式移転」,「事業の譲受け等」が禁止されている（10条・13条・14条・15条・15条の2・15条の3・16条）。

(1)　一定の取引分野

「一定の取引分野」は,経済学でいう「市場」概念と同義であると解されており,「市場」とは,特定の商品又はサービスについて,需要者群と供給者群が相対して取引する場を表すものと考えられている。「企業結合審査に関する独占禁止法の運用指針」（企業結合ガイドライン）（平成16・5・31公取委）においては,「一定の取引分野は,企業結合により競争が制限されることとなるか否かを判断するための範囲を示すものであり,一定の取引の対象となる商品の範囲（役務を含む。以下同じ。）,取引の地域の範囲（以下「地理的範囲」という。）等に関して,基本的には,需要者にとっての代替性という観点から判断され

る。また，必要に応じて供給者にとっての代替性という観点も考慮される」。さらに，「需要者にとっての代替性をみるに当たっては，ある地域において，ある事業者が，ある商品を独占して供給しているという仮定の下で，当該独占事業者が利潤最大化を図る目的で，小幅ではあるが，実質的かつ一時的ではない価格引上げをした場合に，当該商品及び地域について，需要者が当該商品の購入を他の商品又は地域に振り替える程度を考慮する。他の商品又は地域への振替の程度が小さいために，当該独占事業者が価格引上げにより利潤を拡大できるような場合には，その範囲をもって，当該企業結合によって競争上何らかの影響が及び得る範囲ということとなる」と記載されている。この考え方は，SSNIP（small but significant and nontransitory increase in price）テスト（仮想的独占者テストともいわれる）と呼ばれており，平成19年の企業結合ガイドラインの改定で明確化されたもので，アメリカやEUの企業結合ガイドラインと同様の考え方によって，市場を画定するということを明らかにしたものである。

　「一定の取引分野」という用語は，独占禁止法上すべて「競争を実質的に制限する」という文言と一体として用いられており，「競争の実質的制限」を判断するための範囲を画定するものであるが，企業結合ガイドラインによれば，「一定の取引分野は，取引実態に応じ，ある商品の範囲（又は地理的範囲等）について成立すると同時に，それより広い（又は狭い）商品の範囲（又は地理的範囲等）についても成立するというように，重層的に成立することがある」とされている。「競争の実質的制限」の最重要の考慮要素は市場占拠率（シェア）であるが，一般的に，一定の取引分野を広くとれば，当事会社グループのシェアは低くなり，一定の取引分野を狭くとれば，当事会社グループのシェアは高くなる。このことから個別の企業結合事案においては，企業結合を行う当事会社グループは，一定の取引分野の範囲を広くとることを主張することが多い。また，私的独占事件であるNTT東日本事件（平成21・5・29東京高判・審決集56巻第2分冊262頁）においては，「東日本地区における戸建て住宅向けFTTHサービス市場」として捉えているところ，原告が，ADSLやCATVを含むより広い「ブロードバンドサービス市場」を「一定の取引分野」とすべきであると主張したことに対し，「ブロードバンドサービス市場という広い市場での中で競争が行われていることは，原告の指摘するとおりである。しかし，より広い市

場において競争が行われていると認められる場合においても，同時に，その市場内において細分化された市場を一定の取引分野として確定することは可能であると解される。……ブロードバンドサービスの中のFTTHサービス，ADSL，CATVインターネットは，それぞれのサービスの内容及び料金等に応じて需要者層を異にし，また，通信設備の違い等により各サービスを提供する事業者もそれぞれのサービスごとに異なるものであるといえるから，ブロードバンドサービス市場の中でも，ブロードサービス事業のひとつであるFTTHサービス事業の分野について独立の市場を観念することができるものというべきである。また，家庭向けFTTHサービスには戸建て住宅向けFTTHサービスと集合住宅向けFTTHサービスがあり，両サービスには加入者光ファイバの設備形態及びネットワークに違いがあり，ユーザーにとっても，FTTHサービスを提供する事業者にとっても，両サービスの間での代替性は限定されているから，両サービスのそれぞれにおいて一定の市場を確定することができる」と判示した。

(2) 競争の実質的制限

「競争の実質的制限」については，東宝・スバル事件（昭和26・9・19東京高判・審決集3巻166頁）及び東宝・新東宝事件（前掲昭和28・12・7東京高判）において，「競争自体が減少して，特定の事業者または事業者集団が，その意思で，ある程度自由に，価格，品質，数量，その他各般の条件を左右することによって，市場を支配することができる形態が現われているか，または少なくとも現われようとする程度に至っている状態をいう」と判示されている。この内容は，市場支配力を形成・維持・強化することをいうものと解されており，前述のNTT東日本事件の上告審（平成22・12・17最判・審決集57巻第2分冊213頁）において，「本件行為により，同項にいう『競争を実質的に制限すること』，すなわち市場支配力の形成，維持ないし強化という結果が生じていたものというべきである」と判示されている。また，不当な取引制限に係る最近の最高裁判例である多摩入札談合（新井組ほか）事件（平成24・2・20最判・審決集58巻第2分冊148頁）においては，「法2条6項にいう『一定の取引分野における競争を実質的に制限する』とは，当該取引に係る市場が有する競争機能を損なうことをいい，本件基本合意のような一定の入札市場における受注調整の基本的な方法や

手順を取り決める行為によって競争制限が行われる場合には，当該取決めによって，その当事者である事業者らがその意思で当該入札市場における落札者及び落札価格をある程度自由に左右することができる状態をもたらすことをいうものと解される」と判示しており，この基本的な考え方が，企業結合事案，私的独占事案のみならず，不当な取引制限事案においても共通するものであることを明確化したものと考えられる。

　この市場支配の内容については，統合型市場支配と閉鎖型市場支配に分けて理解する考え方がある。「統合型市場支配」とは，価格等の取引条件を左右することのできることを意味し，「閉鎖型市場支配」とは，市場への新規参入を排除する行為それ自体も市場支配と捉えるというものである。しかし，判例や公正取引委員会の実務，ガイドラインにおいては，この2つを区別していないと理解されている。「競争の実質的制限」の内容である価格等の取引条件を左右する市場支配力の意味を，具体的に価格を引き上げる力と限定的に解する必要はなく，競争者を駆逐したり，新規参入者を排除したりできる力は市場におけるプレーヤーを限定することになるものであり，競争の基本的条件を左右することにほかならないものであることから，市場支配力を形成・維持・強化する行為に該当すると解することに問題はなく，統合型と閉鎖型とを区別する実益はないとの考え方も十分説得力を持つものと考えられる。

　「競争の実質的制限」の有無を判断するに当たって，実務上の最大の考慮要素は，前述したとおりシェアである。私的独占事件においては，過去の違反事例の行為者のシェアは2分の1を大幅に超える事案がほとんどであり，排除型私的独占ガイドラインにおいては，「行為者が供給する商品のシェアが大きいほど，問題となる排除行為の実効性が高まりやすく，一定の取引分野における競争を実質的に制限することとなりやすいといえる」として，公正取引委員会の執行方針として，「行為者が供給する商品のシェアがおおむね2分の1を超える事案であって，……国民生活に与える影響が大きいと考えられるものについて，優先的に審査を行う」ことを明らかにしている。不当な取引制限事件においても，行為者のシェアは必ず認定されており，共同行為を行う行為主体の合計シェアが「すべて」，「ほとんどすべて」，「ほとんど」，「大部分」を占めていたと認定されている。行為者のシェアが2分の1を超えない事案について不

当な取引制限の違反とされた事例はないことから，不当な取引制限事件においても，シェアが2分の1を超えることは，共同行為（意思の連絡としてのカルテル合意）の実効性が認められることとあわせ，効果要件である「競争の実質的制限」の充足を推認できるものと考えられる。この点に関するボーダーラインの事件として，中央食品ほか6名事件（昭和43・11・29勧告審決・審決集15巻135頁）がある。この事件では，高松市内の豆腐類の卸売価格の引上げ決定を行った行為者である中央食品ほか6名の事業者の合計シェアは，ほとんど半ばを占めていると認定されているが，中央食品のシェアが約30％に達しており，中央食品ほか6名が高松市内の製造販売業者のほとんどである37名を組合員とする豆腐組合の組合長，副組合長を含む主要な役員で，業界において指導的な立場にあることが認定され，さらに，他の製造販売業者のほとんどが家族労働を主とする小規模事業者で，豆腐類の製造販売を積極的に拡張し難い状況にあること，実際にも中央食品ほか6名の卸売価格の引上げにその他の豆腐類製造販売業者も追随して卸売価格を引き上げたことが認定されている。

　以上の私的独占事件や不当な取引制限事件は，違反行為の実施期日後に公正取引委員会が調査を行って違反であるかを判断することになることが一般的であるため，競争制限効果に関する具体的証拠（私的独占事案における排除効果の実効性や価格カルテル事件における価格引上げの実施状況，入札談合事件における個別受注調整行為の実施状況など）を入手することが可能な場合が多い。これに対し，企業結合事案の審査は，一定規模以上の企業結合が行われる前に公正取引委員会への届出を義務付け，実行前に審査して判断しなければならない点に特徴がある。企業結合を規制している独占禁止法第4章の規定では，「一定の取引分野における競争を実質的に制限することとなる」場合の企業結合を禁止している。企業結合ガイドラインによれば，「この『こととなる』とは，企業結合により，競争の実質的制限が必然ではないが容易に現出し得る状況がもたらされることで足りるとする蓋然性を意味するものである。したがって，法第4章では，企業結合により市場構造が非競争的に変化して，当事会社が単独で又は他の会社と協調的行動をとることによって，ある程度自由に価格，品質，数量，その他各般の条件を左右することができる状態が容易に現出し得るとみられる場合には，一定の取引分野における競争を実質的に制限することとなり，禁止

される」とされている。企業結合ガイドラインでは，競争の実質的制限の判断要素について，①当事会社グループの市場シェア，順位などの地位及び競争者の市場シェアとの格差，競争者の供給余力及び差別化の程度などの状況，②輸入，③参入，④隣接市場からの競争圧力，⑤需要者からの競争圧力，⑥総合的な事業能力，⑦効率性，⑧当事会社グループの経営状況などを列挙しており，当事会社グループの単独行動による競争の実質的制限と協調的行動による競争の実質的制限の2つの観点から判断することが示されている。

5　公正な競争を阻害するおそれ

不公正な取引方法については，「公正な競争を阻害するおそれ」（一般的に「公正競争阻害性」といわれている）が効果要件であり，その実質的な内容は，公正取引委員会の実務や通説では，次の3つの観点から説明されている。

第1は，「自由競争減殺」の観点であり，不公正な取引方法として規制されている行為類型の大部分（不公正な取引方法の法定条項の2条9項1号から4号である「共同の供給拒絶」，「差別対価」，「不当廉売」，「再販売価格の拘束」などを含む）についてこの観点から公正競争阻害性が説明されている。その内容は，「競争の実質的制限」と質的には同一で，不当な取引制限における競争回避効果と私的独占における競争排除効果などであり，また，量的には「競争の実質的制限」に至る前段階での競争に有意な影響が出ている段階を意味するものである。前記東宝・スバル事件の東京高裁判決において，「競争の実質的制限」とは，「競争自体が減少して，特定の事業者または事業者集団が，その意思で，ある程度自由に，価格，品質，数量，その他各般の条件を左右することによって，市場を支配することができる形態が現われているか，または少なくとも現われようとする程度に至っている状態をいう」と判示され，これは「市場支配力の形成・維持・強化」をいうものと解されているが，その状態に至る前段階，市場支配力が形成される萌芽の状態，あるいはそのおそれがある状態をいうものと解されている。「競争の実質的制限」を判断するに当たって，実務上の最大の考慮要素は，前述したとおりシェアであるが，不公正な取引方法の「自由競争減殺」にはどの程度のシェアが必要であると解されているのかといえば，平成3年公表の流通・取引慣行ガイドラインによれば，第2部の「流通分野における取引

に関する独占禁止法上の指針」の第二の非価格制限行為において，多くの類型について「有力なメーカー」が行うことが違法となる場合の判断基準として示されており，そこでは，シェアが10％以上又はその順位が上位3位以内であることが一応の目安となるとされている。ただし，この目安は，これを満たさない事業者にあっては違法と判断されることは想定し難いというセーフハーバーとして設定されているものと理解すべきである。さらに，平成19年公表の「知的財産の利用に関する独占禁止法上の指針」(知的財産ガイドライン)においては，競争減殺効果が軽微な場合の例として，販売価格，販売数量，販売シェアなどを制限する場合を除き，「制限行為の対象となる技術を用いて事業活動を行っている事業者の製品市場におけるシェアの合計が20％以下である場合には，原則として競争減殺効果は軽微であると考えられる」とされている。いずれも，再販売価格の拘束など直接的に価格制限を行う場合を除いての考え方である点に留意する必要はあるものの，自由競争に有意な影響が生じる場合についての考え方を示したもので，「競争の実質的制限」の前段階の「自由競争減殺」の水準についての目安として参考になるものである。

　第2は，「競争手段の不公正さ」の観点である。独占禁止法の直接の保護目的である「公正かつ自由な競争の促進」における公正な競争とは，価格・品質・サービスによる能率競争を指していると考えられており，こうした競争を阻害する競争手段自体に着目して規制しようとするものである。例えば，正しい情報に基づいて顧客が商品やサービスを選択することは能率競争が成立する前提になるものであるが，誇大広告や虚偽表示によって顧客を誤認させて自己と取引するように誘引する行為は，ぎまん的顧客誘引行為として，不公正な取引方法の一般指定8項に規定されており，公正な競争を阻害する不公正な競争手段の典型的なものと考えられている。そのほかに，「抱き合わせ販売」や「取引妨害」を含む。

　第3は，「自由競争基盤の侵害」の観点である。ここでいう「自由競争基盤」とは，取引の主体が，取引する，しないの自由があること，取引条件を自主的に決定できることを指しており，自己の取引上の地位が相手方に優越している一方の当事者が，取引の相手方に対し，その地位を利用して，正常な商慣習に照らして不当に不利益を与えることは，不公正な取引方法の法定条項2条9項

5号の優越的地位の濫用に該当するものと規定されており，本来機能すべき自由競争基盤を侵害する行為と解されている。

　これらの公正競争阻害性に係る3つの観点は，相互に排他的なものではない。例えば，再販売価格の拘束行為は，行為者による拘束を受ける取引先事業者間の競争を回避させるものとして，主として自由競争減殺の観点から公正競争阻害性が認められるが，取引先事業者の自主的な価格設定を制約し，自由競争基盤を侵害するという観点からも説明することができる。

6　公共の利益に反して

　「公共の利益に反して」は，私的独占と不当な取引制限の定義規定において，「一定の取引分野における競争を実質的に制限すること」とセットで規定されているものであるが，事業者団体による「一定の取引分野における競争を実質的に制限すること」を禁止している独占禁止法8条1号においては，この要件は規定されていない。また，「一定の取引分野における競争を実質的に制限することとなる」企業結合を禁止している企業結合規制においても，不公正な取引方法に関する規定においてもこの要件は規定されていない。

　「公共の利益に反して」の解釈については，長年にわたって学説上の対立があったが，石油価格カルテル刑事事件（昭和59・2・24最判・審決集30巻237頁・244頁）において，「原則としては同法の直接の保護法益である自由競争経済秩序に反することを指すが，現に行われた行為が形式的に右に該当する場合であっても，右法益と当該行為によって守られる利益とを比較衡量して，『一般消費者の利益を確保するとともに，国民経済の民主的で健全な発達を促進する』という同法の究極の目的に実質的に反しないと認められる例外的な場合を右規定にいう『不当な取引制限』行為から除外する趣旨と解すべきであ（る）」（1条参照）と判示した。この判決は，通説であった自由競争経済秩序侵害説（訓示的宣言説）を原則的に是認しつつ，形式的に違反となる場合であっても実質的に違法とならない「例外的な場合」があり得るとの解釈を示した点に特徴があり，違法性阻却事由説を採用したものといえる。しかし，「例外的な場合」とはどういう場合を指すのかは不明確な状況にあり，判決後長期にわたり例外的な場合に該当するという具体的事例が発生していないこともあって，当該規定

の実務に与える影響は限定的なものであった。その後，この判決でいうところの「一般消費者の利益を確保するとともに，国民経済の民主的で健全な発達を促進する」という同法の究極の目的に実質的に反しないと認められる例外的な場合については，「競争の実質的制限」や「公正な競争を阻害するおそれ」という効果要件の判断において実質的に考慮されていると理解できる事例が，次のように，安全の確保や資源の再利用等に関する相談事例において生じている。

ア　事業者団体によるリサイクルシステムの構築（平成22・7公取委事務総局「独占禁止法に関する相談事例集」平成21年度・32頁）

防災用品の製造業者の団体が，その再資源化の促進及び廃品による事故の防止のためにリサイクルシステムを構築することは，その社会公共的目的からの必要性，製品市場・リサイクル市場における競争秩序に及ぼす影響を考慮して，必要性及び合理性があると認められると回答した。

イ　最低販売数量の割当て（平成24・7公取委事務総局・同・平成23年度・19頁）

大規模災害の被災地に短期間に約5万戸の仮設住宅を建設することとされているところ，それに設置する住宅設備に必要な部品を製造する工場が被災したため仮設住宅向け当該住宅設備の供給がとどこおることを回避するため，当該住宅設備の製造業者の団体が，前年度の出荷シェアに基づいて会員各社に最低販売数量を割り当てることは，当該住宅設備の供給を円滑に行うためのものであること，会員は割り当てられた最低販売数量を超えて販売することが可能であること等を前提とすると独禁法上問題となるものではないと回答した。

ウ　事業者団体による火気器具の消耗品の使用制限の設定（平成26・6公取委事務総局・同・平成25年度・37頁）

火気器具の製造業者等の団体が火気器具に用いる消耗品の経年劣化による事故を防ぐため，当該消耗品の使用期限を設定することは，一般消費者の安全を確保するために合理的に必要とされる範囲内のものであって，会員に遵守を強制しない限り独禁法上問題となるものではないと回答した。

また，排除型私的独占ガイドラインにおいて，「消費者利益の確保に関する特段の事情」として，「問題となる行為が，安全，健康，その他の正当な理由に基づき，一般消費者の利益を確保するとともに，国民経済の民主的で健全な

発達を促進するものである場合には，例外的に，競争の実質的制限の判断に際してこのような事情が考慮されることがある。すなわち，独占禁止法第1条に記載された，公正かつ自由な競争を促進し，もって，一般消費者の利益を確保するとともに，国民経済の民主的で健全な発達を促進するという目的から首肯され得るような特段の事情がある場合には，当該行為が『競争を実質的に制限すること』という要件に該当しないこともあり得る」と記載されている。

　このような実務が最高裁判決でいう「公共の利益に反して」の例外的な場合の根拠を1条の目的の解釈に求め，「競争の実質的制限」や「公正な競争を阻害するおそれ」という効果要件の段階で考慮することとしたことは，独占禁止法全体の解釈の基準が示されたものと理解することができる。すなわち，事業者団体規制，企業結合規制及び公正な取引方法に関する規制においても，前記独占禁止法の究極の目的に実質的に反しないと認められる例外的な場合には，これを違法としないものと解釈することができる。また，「私的独占」と「不当な取引制限」のみに「公共の利益に反して」の文言が存在している反面，事業者団体規制，企業結合規制及び不公正な取引方法に関する規制にそのような規定が存在していないこととの不整合性を解決できるものと考えられる。

第2章

不当な取引制限（カルテル）の禁止

この章のポイント

　カルテルとは，事業者間で価格や数量等について話し合うなどして競争を行わないようにする行為をいう。市場経済の下においては，市場に多数の事業者が存在し，これらの事業者間において活発な競争が行われることにより，市場の機能が十全に発揮されることになる。市場においては，できるだけ良質廉価な商品（サービスを含む）を提供できる事業者が同業者間の競争に打ち勝って発展していくのに対し，競争に負けた事業者は市場から撤退せざるを得ない。このように事業者間の競争は厳しいので，各事業者が競争に負けるのでないかと懸念したり厳しい競争を避けたいと考えたとすると，カルテルが行われることがある。カルテルが行われた場合，事業者にとっては，顧客を獲得するために低価格で販売する必要がなくなり，商品の品質を向上させたり新商品を開発する努力もそがれることとなろう。しかし，消費者や需要者にとっては，購入する商品の価格が上昇したり，品質が低下するなどの不利益を受けることとなる。また，経済活動が非効率的なものとなり，技術開発が停滞するなど経済社会全体の利益も損なわれることとなる。さらに，他の業界において技術開発が進み代替的な新商品が開発されたとすると，カルテルに頼って技術開発を怠っていた既存の業界全体が衰退してしまうおそれもある。

　かつての資本主義と社会主義が対立していた時代にあっては，市場メカニズム（市場原理）により事業者の活動を規律することは適当ではないとする考え方もあったが，社会主義経済が崩壊して経済の国際化が進展するとともに，市

場メカニズムによる規律が重視されるようになり，カルテルは市場メカニズムの機能を制限するものとして各国で厳しく規制されるようになっている。わが国においても，平成元年から翌年にかけて行われた日米構造問題協議を契機としてカルテルは厳しく規制されるようになり，また，課徴金制度や刑事罰も強化されている。

独占禁止法においては，カルテルを禁止する規定として3条，6条及び8条が設けられているが，カルテル規制の中心は事業者間で行われるカルテルである「不当な取引制限」を禁止する3条であり（3条では私的独占も禁止されているため，不当な取引制限の禁止のみを指す場合には「3条後段」と称されている），不当な取引制限は2条6項で定義されている。

カルテルは，事業者間だけではなく事業者団体によって行われることがある。事業者団体はカルテルの温床になりやすく，また，事業者団体によるカルテルを不当な取引制限として規制できない場合があるため，3条後段とは別に8条1号の規定が設けられている。さらに，事業者団体の多くは同業者による団体であって構成事業者の活動を制限するなど市場の機能を阻害するような行為が行われがちであるため，8条には3号から5号の規定が設けられている。

また，カルテルは国内の事業者間で行われるだけでなく，国内の事業者と海外の事業者との間でも行われることがある。このような国際カルテルが行われた場合，海外の事業者に対し公正取引委員会が独占禁止法を直接的に適用して規制できるかなどの問題があったため6条及び8条2号の規定が設けられているが，現在では，国内の市場に悪影響を及ぼす限り国外の事業者に対しても独占禁止法で規制できると解されており，国内外の事業者に3条後段が適用されるのが通例となっている。

なお，これら事業者間の競争を制限する行為のほか，生産・販売活動の合理化などのために事業者間で行われる業務提携などの事業活動の共同化についてもカルテルといわれることがあり，この業務提携などが競争事業者間で行われる場合は3条後段や8条の観点から問題となることがあり得る。

本章では，独占禁止法の規定に即して，禁止される行為の要件とその具体的な内容について，適用事例を踏まえて説明する。

第1節　不当な取引制限（カルテル）の禁止

1　不当な取引制限（カルテル）とは何か

「カルテル」とは，事業者間で話し合うなどして競争を制限・回避する事業者間の共同行為（協定）をいい，事業者団体により行われるものを含め，これまでに最も多く独占禁止法違反とされている行為類型である。

事業者間の競争を制限する共同行為について，独占禁止法上は「不当な取引制限」として規制している。この「不当な取引制限」との用語はアメリカの反トラスト法（シャーマン法1条）上の「取引制限（restraints of trade）」にならったものであるが，カルテルは保護貿易政策がとられていた19世紀後半のドイツで特に発展したため，ドイツ語の「Kartell」との表現（英語では「cartel」）が一般的なものとなっている。

事業者の活動が国際化する一方，世界各国が市場経済をベースとする経済運営を行うようになったが，市場経済は事業者が積極的に競争を行うことを前提とするものであるのに対し，カルテルは事業者が競争を回避するものであって市場経済の運営システムである市場メカニズムを否定するものであるので，世界各国の競争法において厳しく規制されている。

事業者間で何らかの共同行為が行われた場合，当該共同行為の当事者間の競争は制限されることになるが，当該共同行為により市場における競争が制限されることになるかどうかについては，事業者間で何についてどのような内容の共同行為が行われるかによって異なっている。例えば，事業者間で各社の販売価格を統一するような共同行為が行われれば，市場における最も重要な競争手段である価格についての競争が消滅するので市場における競争に及ぼす悪影響は極めて大きいが，DVDなどの記憶媒体の規格を統一するような共同行為が行われた場合には，製品の互換性が高まり競争が促進される効果も期待できる。

わが国においては市場における競争を制限するような事業者間の共同行為を「カルテル」ということが多いが，アメリカにおける場合と同様に，事業者間

の共同行為を広く「カルテル」ということもある。このように広い意味でカルテルという場合，そのカルテルが事業者のどのような活動を制限するものであるのかにより市場の競争に及ぼす影響は異なることになる。そして，アメリカにおいては，販売価格や生産・販売数量などを制限するカルテルは，市場での競争を回避することを目的とし，競争を制限することが明白なものとして，「ハードコア（hard-core）・カルテル」と呼ばれており，カルテル参加事業者の市場シェア合計やカルテルが市場における競争に及ぼす影響を具体的に明らかにするまでもなく，当然に反トラスト法に違反するもの（当然違法・per se illegal）と取り扱われている。一方，その他のカルテルについては「非ハードコア（non-hard-core）・カルテル」と呼ばれており，いわゆる「合理の原則（rule of reason）」が適用され，具体的に市場における競争にどのような影響が及ぼされているかを踏まえ，反トラスト法に違反するか否かの判断が行われている。

　このハードコア・カルテルと非ハードコア・カルテルとの区別については，世界各国が価格協定などに対し厳しく対応するようになったことにつれ，また，事業者間で規格の統一や共同研究開発など非ハードコア・カルテルに該当する活動が活発に行われるようになるにつれ，EUなどでも受け入れられるようになり，わが国においても，ハードコア・カルテルと非ハードコア・カルテルを区別して議論がなされることも多くなっており，例えば，価格協定は独占禁止法に当然に違反するといわれることもある。

　しかし，わが国においては，ハードコア・カルテルといわれる価格協定であっても「一定の取引分野における競争を実質的に制限すること」が違法要件とされているので，価格協定などが当然に独占禁止法に違反すると解釈されているわけではない。そして，わが国においても価格協定を当然違法的に取り扱ってよいと考えられることがあるのは，通常の価格協定事案にあっては，市場における大部分の事業者により行われ，これらの事業者が協定内容に従った事業活動を開始した後に公正取引委員会による調査が行われていることから，実際に問題となった価格協定事案で「一定の取引分野における競争の実質的制限」が認められないものはほとんどないという事情によるものである。

2 不当な取引制限の要件

独占禁止法2条6項では、不当な取引制限を「事業者が、契約、協定その他何らの名義をもつてするかを問わず、他の事業者と共同して対価を決定し、維持し、若しくは引き上げ、又は数量、技術、製品、設備若しくは取引の相手方を制限する等相互にその事業活動を拘束し、又は遂行することにより、公共の利益に反して、一定の取引分野における競争を実質的に制限すること」と定義している。このうち、他の事業者との共同行為（事業者が他の事業者と共同して、相互にその事業活動を拘束し又は遂行すること）がどのような形で行われるかについては「何らの名義をもつてするかを問わず」とされ、共同行為で何を定めるかについては「対価を決定し、……取引の相手方を制限する等」として対価の決定などは「その事業活動を拘束し、又は遂行すること」の例示となっているので、不当な取引制限の行為主体及び違反となる要件は「事業者が、他の事業者と共同して相互にその事業活動を拘束し、又は遂行することにより、公共の利益に反して、一定の取引分野における競争を実質的に制限すること」となる。

このように不当な取引制限は、事業者間の共同行為であって、公共の利益に反し、一定の取引分野における競争を実質的に制限するとの市場効果を有するものをいい、以下では、この不当な取引制限の行為主体及び違反となる要件における主要な概念について説明する。

(1) **行為主体**

ア　事　業　者

不当な取引制限は、事業者が他の事業者と行う共同行為を規制対象とするものであるので、その行為主体は複数の事業者である。

「事業者」は、独占禁止法2条1項で定義されており、その一般的な説明は**第1章第4節2**のとおりであって、一般に「企業」と称される経済主体が事業者に該当することは当然である。一般の企業には株式会社など法人組織のものと個人が事業主となっている個人事業者があるが、法人組織の企業は法人が事業者であって、他の企業との会合に出席するなどしている役員・従業員の行為が当該法人の行為とされる。

また、一般の企業のほか、医師や弁護士などのいわゆる専門職・自由業者、

地方公共団体などの公的法人が事業者に該当するとして法適用がなされることもある。専門職・自由業者については，その団体が独占禁止法8条違反とされたことはあるが，現在までのところ不当な取引制限として同法3条後段違反とされた審判決例はない。公的法人のうち地方公共団体について独占禁止法3条後段違反とされたものとして，千葉県の研究所が動物用医薬品のカルテルの当事者とされた事例がある（動物用生物学的製剤価格協定事件・昭和50・10・27勧告審決・審決集22巻73頁等。ただし，審決名宛人は千葉県自体ではなく千葉県血清研究所とされている）。

イ 共同行為を行う他の事業者との関係

不当な取引制限は，事業者が他の事業者と共同して競争を回避するものである。このため，この「事業者」と「他の事業者」との関係については，後述の「相互拘束」と「共同遂行」の要件とも関係するものであって，お互いに競争関係にある同業者であるのが通常である。しかし，競争関係にある事業者の取引先事業者が関与することによって競争者間のカルテルが行われることがある。一般に「カルテル」という場合は競争関係にある事業者間で行われる「横のカルテル」を意味するが，製造業者と流通業者など複数の取引段階に属する事業者間で行われるカルテルは「縦のカルテル」と呼ばれている。

この縦のカルテルが行われた場合，競争関係にない取引先事業者も不当な取引制限の違反行為者となるかについては，古くから議論がなされている。独占禁止法制定当初の公正取引委員会の法運用においては，アメリカの反トラスト法における取扱いと同様に縦のカルテルも不当な取引制限に該当し，取引先事業者も違反行為者となると解されていたが，新聞発行本社と新聞販売店との間で行われた新聞販売店の販売地域の分割協定が4条（3条後段の予防的規定で特定の共同行為を禁止していたが，昭和28年の法改正で削除）違反に問われた新聞販路協定事件東京高裁判決（昭和28・3・9・審決集4巻145頁）は，次のように述べて，縦のカルテルが不当な取引制限に該当することを否定した。

「独占禁止法第4条にいわゆる共同行為は，事業者が共同して同条第1項各号の行為をすることをいうのであるが，（中略）不当な取引制限に進むおそれのある行為として，すでにその段階においてこれを禁止するものである。共同行為と不当な取引制限とはその程度段階において差異はあるけれどもその行為の

本質は同一に帰着すべきものである。この点から考えてここにいう事業者とは法律の規定の文言の上ではなんらの限定はないけれども，相互に競争関係にある独立の事業者と解するのを相当とする。共同行為はかかる事業者が共同して相互に一定の制限を課し，その自由な事業活動を拘束するところに成立するものであつて，その各当事者に一定の事業活動の制限を共通に設定することを本質とするものである。従つて当事者の一方だけにその制限を課するような行為は，（中略）ここにいう共同行為にあてはまらない。また一群の事業者が相集つて契約協定等の方法によつて事業活動に一定の制限を設定する場合であつて，その中に異種又は取引段階を異にする事業者を含む場合においても，これらの者のうち自己の事業活動の制限を共通に受ける者の間にのみ共同行為が成立するものといわなければならない。」

　この東京高裁判決以降，公正取引委員会は競争関係にある事業者間の共同行為のみが不当な取引制限に該当するとして法運用を行ってきたが，平成3年7月に公表された「流通・取引慣行に関する独占禁止法上の指針」（流通・取引慣行ガイドライン）において法運用の方針を変更し，「ここ（引用者注—不当な取引制限の要件）でいう事業活動の拘束は，その内容が行為者（例えば，製造業者と販売業者）すべてに同一である必要はなく，行為者のそれぞれの事業活動を制約するものであって，特定の事業者を排除する等共通の目的の達成に向けられたものであれば足りる」として，事業者が取引先事業者等と共同して他の事業者との取引を拒絶すること（共同ボイコット）によって競争の実質的制限がもたらされる場合は不当な取引制限に該当するとするなど，縦のカルテルが不当な取引制限に該当する場合がある旨を明らかにしている。ただし，その後においても，縦のカルテルに対し公正取引委員会が排除措置命令等の法的措置を講じた事例はない。

　また，不当な取引制限の行為主体である事業者と他の事業者はお互いに競争関係にあるのが通常であるが，この競争関係については潜在的な競争関係を含む実質的なものを意味し，これら事業者間でその競争を回避することとなれば不当な取引制限として問題とされ得る。

　例えば，社会保険庁発注のシール入札談合刑事事件東京高裁判決（平成5・12・14・審決集40巻776頁）では，同庁の行う指名競争入札において指名業者（ビ

ーエフ）に代わって入札談合に加わった事業者（日立情報）について「指名業者であるビーエフに代わって談合に参加し，指名業者3社もそれを認め共同して談合を繰り返していたもので，日立情報の同意なくしては本件入札の談合が成立しない関係にあったのであるから，日立情報もその限りでは他の指名業者3社と実質的には競争関係にあったのであり，立場の相違があったとしてもここにいう『事業者』というに差し支えがない。この『事業者』を同質的競争関係にある者に限るとか，取引段階を同じくする者であることが必要不可欠であるとする考えには賛成できない」としている。

また，日本道路公団四国支社発注の道路保全工事入札談合事件（平成14・12・4勧告審決・審決集49巻243頁）では，四国支社から道路保全工事を継続的に受注している四国ロードサービスが，同公団中国支社からの受注実績があるものの四国支社からの受注実績がない事業者3社に四国支社の入札に参加するよう依頼した上で，これらの事業者との間で入札談合を行ったことについて，四国支社発注の一定の取引分野における競争を実質的に制限したものとされている。この事件では，中国地区の3社は四国支社から実際に受注して道路保全工事を行おうとして入札に参加していたのではないので，四国地区においては潜在的な競争事業者にとどまっていたと考えられる。

(2) 行為内容
ア 共同行為

不当な取引制限は，まず複数の事業者が「共同して」行うものである。不当な取引制限は，競争関係にある複数の事業者が販売価格等を話し合って決めるといった行為により市場における競争が制限されることを問題とするものであり，話合いが行われるなどの共同性が認められる必要がある。

複数の事業者が共同して行ったかどうかについては，これら複数の事業者間で共同して行うことを決定し合意した上で各事業者により行われた場合には，これら事業者間の共同性が認められることは明らかである。

事業者間の合意内容が文書化されていれば合意が存在すると容易に判断できるが，不当な取引制限は事業者間で秘密裡に行われるのが通常であり，話し合った内容が文書として取りまとめられないことも多く，特に事業者に独占禁止法に違反するとの認識がある場合には，話合いに係る文書を残さないよう細心

の注意を払うのが常である。また、会合が行われた場合であっても、話合いで合意した内容を確認した上で決定がなされるとは限らず、出席者からの意見が出尽くした時点で話合いが終了し、表面上は出席者間で合意や決定がなされたとはみられないこともあり得る。しかし、合意内容が文書化されているか否かは合意がなされたか否かと関係がなく、また、意見が出尽くした時点で結論につき確認がなされないとしても話合いにより一定の結論が得られたと各事業者が認識しているのであれば、事業者間で合意や決定が行われたと取り扱われるのは当然であろう。

　一方、事業者間で話合いが行われた場合であっても、一定の結論を得ることを目的としない情報交換にとどまることもあり、また、話合いの内容についても事業者間で腹の探り合いがなされる程度のものから結論が得られる直前のものまで様々なものがあり得る。このような話合いが行われた場合、その後の各事業者の行動に何らかの影響を与えることとなるが、話合いが行われた後に各事業者の行動が同様のものとなったとすると、事業者間で共同行為が行われたのではないかとの問題が生ずる。このように事業者間で明示的な合意や決定がなされたとまでは認定できない場合に、どのような事実が認められれば共同行為が存在するといえるかについては、独占禁止法の制定直後から問題となり、湯浅木材工業ほか合板製造業者による入札価格協定事件審決（昭和24・8・30審判審決・審決集1巻63頁）で示されたとおり、①事業者間で事前に情報交換などの連絡交渉が行われていること、②その連絡交渉の内容が各事業者の行動の一致をもたらすようなものであること、及び③結果として各事業者の行為が一致することといった事情が認められれば、共同行為につき事業者間で合意（いわゆる暗黙の合意）がなされたものと取り扱われている。そして、このような取扱いは、東芝ケミカル事件東京高裁判決においても認められている。

〔事例〕**東芝ケミカル事件**（平成7・9・25差戻審東京高判・審決集42巻393頁）

　本件では、テレビ等のプリント配線板の基材として使用される紙基材合成樹脂銅張積層板の製造販売業者8社が共同して価格を引き上げたことが問題とされたが、東芝ケミカルは、他の7社との会合に出席はしたものの、同社が株式上場を計画していること及び東芝グループ内の東芝機械がココム規制違反で社会問題となったことから法令遵守に努めており、他の7社の行動を容認したこ

とはなく，また，他の7社も同社のこのような事情を承知していたため，同社の価格引上げは独自の判断によるものであって，他の7社との間で協調的行動をとったものではないと主張した。

これに対し，東京高裁は，「法3条において禁止されている『不当な取引制限』（中略）にいう『共同して』に該当するというためには，複数事業者が対価を引き上げるに当たって，相互の間に『意思の連絡』があったと認められることが必要であると解される。しかし，ここにいう『意思の連絡』とは，複数事業者間で相互に同内容又は同種の対価の引上げを実施することを認識ないし予測し，これと歩調をそろえる意思があることを意味し，一方の対価引上げを他方が単に認識，認容するのみでは足りないが，事業者間相互で拘束し合うことを明示して合意することまでは必要でなく，相互に他の事業者の対価の引上げ行為を認識して，暗黙のうちに認容することで足りると解するのが相当である（黙示による『意思の連絡』といわれるのがこれに当たる。）。もともと『不当な取引制限』とされるような合意については，これを外部に明らかになるような形で形成することは避けようとの配慮が働くのがむしろ通常であり，外部的にも明らかな形による合意が認められなければならないと解すると，法の規制を容易に潜脱することを許す結果になるのは見易い道理であるから，このような解釈では実情に対応し得ないことは明らかである。したがって，対価引上げがなされるに至った前後の諸事情を勘案して事業者の認識及び意思がどのようなものであったかを検討し，事業者相互間に共同の認識，認容があるかどうかを判断すべきである。そして，右のような観点からすると，特定の事業者が，他の事業者との間で対価引上げ行為に関する情報交換をして，同一又はこれに準ずる行動に出たような場合には，右行動が他の事業者の行動と無関係に，取引市場における対価の競争に耐え得るとの独自の判断によって行われたことを示す特段の事情が認められない限り，これらの事業者の間に，協調的行動をとることを期待し合う関係があり，右の『意思の連絡』があるものと推認されるのもやむを得ないというべきである」とした上で，①8社が事前に情報交換，意見交換の会合を行っていたこと，②交換された情報，意見の内容が紙基材合成樹脂銅張積層板の価格引上げに関するものであったこと，③その結果としての販売価格引上げに向けて一致した行動がとられたことが認められるとして，

東芝ケミカルと他の7社との間に「意思の連絡」による共同行為が存在していたと判示している。

イ　相互拘束と共同遂行

　不当な取引制限は，事業者が他の事業者と「共同して……相互にその事業活動を拘束し，又は遂行する」ことを違法行為要件としており，この相互に事業活動を拘束し又は遂行することとは，事業者間で形成された合意に基づき，自己が当該合意に従った事業活動を行えば他の事業者も当該合意に従った事業活動を行うであろうとの期待の下に，各事業者が当該合意に従った事業活動を行うことをいうものとされている。事業者が他の事業者と共同して各事業者の事業活動を斉一化するような合意を行った場合，各事業者は当該合意を遵守するように行動するのが通常であろうから，事業者が他の事業者と「共同して」との共同性の要件が満たされれば「相互にその事業活動を拘束し，又は遂行する」との要件も満たされることとなり，これらの要件は相互に関連したものであって，厳密に区分することはできない。

　この「相互にその事業活動を拘束し，又は遂行する」との要件は，拘束することと遂行することが「又は」でつながっているので，法文上は「相互にその事業活動を拘束すること（相互拘束）」と「相互にその事業活動を遂行すること」に分けられるが，「相互に遂行すること」では意味をなさないので，遂行については，共同性の要件と関連付けて「共同して事業活動を遂行すること（共同遂行）」として理解されている。この共同遂行は各事業者の行動が同様のものとなっていることを意味するが，各事業者間で活発な競争が行われている場合であっても各事業者の販売価格が同一水準のものとなる（例えば，経済学でいう完全競争下では各事業者の販売価格は需給均衡価格として同一のものとなる）ことがあるように，各事業者の企業行動が同様のものとなっていること自体を独占禁止法上問題とすることは適当ではない。このため，東宝・新東宝事件東京高裁判決（昭和28・12・7・審決集5巻118頁）で判示されているとおり，共同遂行は相互拘束から独立した別の要件ではなく，相互拘束を伴わない共同遂行は不当な取引制限の行為要件に該当せず，共同遂行は相互拘束の意味を補完するために設けられたものと解されており，事業者が他の事業者と共同することによって相互拘束がもたらされたか否かが不当な取引制限の行為要件の中心的な問題とされ

ている。

ウ 拘束の意味

　不当な取引制限は，共同行為における合意内容に拘束されて各事業者が事業活動を行うことを問題とするものであるが，事業者間の合意に拘束力があるか否かについては，前記イのとおり，自己が当該合意に従った事業活動を行えば他の事業者も当該合意に従った事業活動を行うであろうとの期待の下に，各事業者が当該合意に従った事業活動を行っていれば足りると解されている。事業者間で共同行為に係る合意がなされる場合には，各事業者は自己がこれを遵守することを前提に当該合意を行うのが通常であるので，石油カルテル（価格協定）刑事事件最高裁判決（昭和59・2・24・審決集30巻237頁）においても，各事業者に共同行為に係る合意を遵守させるための措置（例えば，当該合意に従わなかった者に対するペナルティなどの制裁措置）が設けられている必要はなく，共同行為に係る合意が形成されれば，この拘束力が存在するものとされている。

　そもそも不当な取引制限に該当する共同行為は独占禁止法に違反するものであり，基本的には他の事業者も合意に従うであろうとの期待の下に各事業者が合意に従った事業活動を行うといった，いわば紳士協定のような性格のものにとどまらざるを得ないので，合意に従うことを強制するような制裁措置についても併せて合意されることはあまり多くはない。また，共同行為に係る合意内容として制裁措置も設けなければならないのは，共同行為の参加事業者の中に合意内容を遵守しない者がいると想定されるからであって，そのような合意の拘束力は制裁措置が設けられていない合意に係るものよりも弱いと考えることもできよう。ただし，各事業者が合意を履行していることを確認することができるような措置を設けたり，カルテル破りを探知し相互牽制を行う事例は少なくなく，この場合には，これらにより合意の存在が推認され，あるいは補強されることとなる。

　さらに，不当な取引制限が行われている場合であっても，共同行為で合意された内容がどの程度実現できるかは取引先との交渉いかんによるので，生産資材など事業者向けの販売に係る共同行為においては，需要者側の交渉力が強いため，共同行為参加者間で合意した内容が実現できないことも多い。このような場合でも，各事業者が共同行為に従っていないとされるものではなく，各事

業者が共同行為の合意内容を実現しようとして事業活動を行っている限り，共同行為による拘束は実際に機能していることとなる。

エ　相互拘束の内容

相互拘束は，共同行為に参加する複数の事業者の間において互いの事業活動を拘束し合うものであるので，各事業者の事業活動がそれぞれ拘束されている必要があるが，それぞれの事業者が拘束される具体的内容も同一でなければならないかについては，前記(1)イのとおり共同行為を行う事業者の関係と関連して議論が行われている。

東宝・新東宝事件東京高裁判決において，不当な取引制限は「相互に競争関係にある独立の事業者が共同して相互に一定の制限を課し，その自由な事業活動を拘束するところに成立し，その各当事者に一定の事業活動の制限を共通に設定することを本質とする」と判示されているように，共同行為に参加している各事業者が相互に制限を課しているだけでなく，その制限が各事業者に共通に設定されていなければならないこととされている。

この拘束内容の共通性については，これを厳格に取り扱うと，各事業者が同一の価格で販売することを合意するような場合しか該当しないこととなるが，事業者間の競争を回避するための方策として事業者間で具体的に遵守すべき内容が異なる場合もあり得る。流通・取引慣行ガイドラインにおいて事業活動の制限の内容が行為者すべてに同一である必要はないとされているとおり（前記(1)イ参照），共同行為に参加する事業者ごとに遵守すべき具体的な内容や行動基準が異なっていたとしても事業活動の相互拘束に該当するものとして取り扱われている。例えば，入札談合事件にあっては，指名競争入札において指名業者と入札に参加できない指名業者以外の事業者との間で共同行為が行われたものとして社会保険庁発注のシール入札談合事件があり，共同行為の参加事業者のうち特定の事業者が常に受注予定者となり，その他の事業者は当該特定事業者の下請業者となるなどの合意がなされたものの例として，建設工事に係る入札談合事件では奥村組土木興業ほかによる舗装工事入札談合事件（平成16・5・18勧告審決・審決集51巻433頁），物品調達に係る入札談合事件では弘善商会ほかによる石油製品入札談合事件（昭和59・8・20勧告審決・審決集31巻22頁）がある。さらに，日本道路公団四国支社発注の道路保全工事入札談合事件においては，中国

地区の道路保全工事業者3社は，四国ロードサービスが同公団中国支社の行う入札に参加しないことを期待して同公団四国支社発注工事について同社に協力を行っている。このような事案にあっては，共同行為の参加事業者間で行うべき行為の内容が異なることとなるが，潜在的な関係を含め競争関係にある事業者間で競争を回避する合意がなされたことにより一定の取引分野における競争の実質的制限がもたらされている以上，不当な取引制限として問擬できることになる。

　　コラム　刑事告発事案における相互拘束と共同遂行の取扱い

　不当な取引制限に対する刑事責任が積極的に追及されるようになるにつれ，刑事処分の対象となる違反行為（独占禁止法上の不当な取引制限の罪に係る実行行為）は何かという観点から，相互拘束と共同遂行について排除措置命令等の行政処分が行われる場合と同様に取り扱ってよいかどうかが議論されている。
　例えば価格協定事件において，まず各社の担当役員や営業部長などの営業責任者間で価格について取決めが行われ，次に各社の営業担当者が取引先企業と価格交渉などの営業活動を行った場合に，営業責任者や営業担当者のどのような行為が犯罪としての独占禁止法違反行為に該当するかが問題となる。
　一般に犯罪は状態犯と継続犯に大別され，逮捕監禁罪のような場合を除き，通常の犯罪は犯罪が既遂に達すると同時に終了し，犯罪によって法益侵害状態（例えば，窃盗罪において被害者が盗まれた物品を使用できない状態）が継続していたとしても，それ自体は犯罪に該当しないとする状態犯と解されているので，不当な取引制限の罪を状態犯と解すると，「一定の取引分野における競争の実質的制限」をもたらすような合意形成に関与した営業責任者のみが犯罪の実行者となり，この合意に基づく事業活動を行った営業担当者には刑事責任は生じないこととなる。また，営業責任者間で合意が形成された時点から公訴時効が進行することとなるので，長期間実施されているカルテルにおいては時効により刑事訴追ができないおそれもある。
　これに対し，排除措置命令を行う際に事業者が合意に基づく事業活動を行っている限り違反行為が存在すると解されているのと同様に，事業者間の合意形成時に不当な取引制限の罪が既遂となるものの，合意に基づく事業活動の遂行行為

（共同遂行に該当する行為）も不当な取引制限の罪の実行行為に含まれるとして，不当な取引制限の罪を継続犯と解すると，営業担当者の刑事責任の追及も可能となり，公訴時効の開始も遅くなることとなる。

　不当な取引制限の罪を状態犯と継続犯のいずれと解するかについては，経済法研究者においては継続犯説が有力となっているが，刑事法研究者では状態犯説が有力となっている。

　この点について第1次東京都発注水道メーター入札談合刑事事件東京高裁判決（平成9・12・24・審決集44巻753頁）では，「不当な取引制限の罪は，（中略）一定の取引分野における競争を実質的に制限することとなる事業活動の相互拘束行為とその遂行行為とを共に実行行為と定めている。（中略）その罪は，右のような相互拘束行為等が行われて競争が実質的に制限されることにより既遂となるが，その時点では終了せず，競争が実質的に制限されているという行為の結果が消滅するまでは継続して成立し」として，遂行行為も犯罪の実行行為に該当する旨及び不当な取引制限の罪は継続犯である旨が示されている。しかし，この事件においては長期間実施されてきた受注調整（入札談合）行為のうち3年度間のものが刑事訴追の対象となり，同判決では，この3年度の各年度における受注調整の方法は当該年度のみを対象としたものとして年度ごとに別個の罪を構成するとしているので，各年度における合意形成により犯罪構成要件が充足されると解されるのであれば，状態犯説によっても結論は変わらないこととなる。現在までの刑事告発事件について見ると，継続犯とするものであっても，入札談合事件では各年度ごとに，価格カルテル事件では状況の変化を踏まえて協定価格を改定するごとに，それぞれ別個の罪が成立するとされ，また，平成21年法改正前の公訴時効である起訴前3年以内の行為につき訴追がなされているので，継続犯説と状態犯説のいずれによっても結論が変わるものではない。

(3)　**市場効果(1)──一定の取引分野**
ア　一定の取引分野の意味・規定趣旨
　独占禁止法は，事業者間の共同行為により「一定の取引分野における」競争の実質的制限がもたらされる場合に3条後段違反として禁止している。

この「一定の取引分野」については，一般には，経済学でいう「市場」を意味するものと解されている。経済学でいう市場とは，取引対象商品について一群の供給者と一群の需要者が相対して取引が行われ，供給者間又は需要者間で競争が行われる場であって，この競争を通じて，当該商品の価格，取引の相手方，取引数量などが決定され，経済社会における生産から消費までの経済活動が円滑に営まれる機能を有するものをいう。

事業者間で共同行為が行われれば，その事業者間における競争が消滅することとなるが，共同行為に参加している事業者間の競争が消滅したとしても「一定の取引分野における競争の実質的制限」がもたらされるとは限らない。例えば，ある「一定の取引分野」に属する多数の事業者のうち少数の事業者の間で販売価格を同一にするなどの共同行為が行われた場合（市場における少数の事業者間のみで販売価格を同一にしたとすると他の事業者との競争上不利となり得ることなどから，このような共同行為が行われることは少ないが，例えば，販売経費の節減等のために少数の事業者間で共同販売事業が行われる際には，販売価格も統一されることになる）には，当該少数の事業者間での価格競争が消滅することとなるが，当該「一定の取引分野」全体での競争が消滅するとまでは評価できないこともあり得る。このように，事業者間で共同行為が行われた場合に，当該共同行為が「一定の取引分野」である市場全体の競争にどのような影響を及ぼすかとの観点から評価して競争を実質的に制限するときに限り独占禁止法違反とされるとの趣旨で「一定の取引分野における」との要件が設けられていると解される。

一定の取引分野は，供給者間又は需要者間で競争が行われ，経済社会における経済活動が円滑に営まれることとなる機能を有する場であって，このような場としての一定の取引分野は現実の経済社会の中で多数存在する。しかし，一定の取引分野は「一定の取引分野における競争の実質的制限」として競争の実質的制限と関連付けられているので，独占禁止法上の問題を検討する際には，経済社会の中に多数存在する一定の取引分野のそれぞれを取り上げるのではなく，独占禁止法違反の有無を検討すべき事業者の具体的な行為によって競争の実質的制限がもたらされる一定の取引分野だけを取り上げれば足りることとなる。

このような意味での一定の取引分野の範囲は，通常，①取引の対象とされて

いる商品，②取引の相手方，③取引の行われている地域，④取引の段階の4つの要素により検討され画定されるものと解されている。なお，事業者をめぐる競争関係は供給面と需要面の双方のものがある（2条4項参照）が，需要者としての事業者の行為がカルテルとして問題とされるケースは少ないので，カルテルの場合における一定の取引分野の範囲について議論を行う際には，主として事業者が供給者である場合のものが前提とされている。

イ　不当な取引制限における一定の取引分野の画定

　事業者間の共同行為が不当な取引制限として独占禁止法に違反するとされるためには，それが「一定の取引分野における競争の実質的制限」をもたらすものでなければならない。この一定の取引分野がどのような範囲で画定されるかについては，例えば企業結合事案にあっては，東宝・スバル事件（昭和26・9・19東京高判・審決集3巻166頁）のように，その認定につき争いがあったり，また，公正取引委員会の「企業結合審査に関する独占禁止法の運用指針」（企業結合ガイドライン）で，一定の取引の対象となる商品の範囲，取引の地域等に関し，基本的には需要者にとっての代替性という観点から判断されるとして，「小幅ではあるが，実質的かつ一時的ではない価格引上げ」（small but significant and non-transitory increase in price）をした場合に需要者が当該商品を他の商品に振り替える程度などを考慮するとするSSNIPテストを採用しているように，その画定は必ずしも容易なものとはいえない。

　しかし，価格協定などのカルテル事案にあっては，一般に，現実に実施されているカルテルの内容及び範囲を明らかにすることによって「一定の取引分野」が画定されると解されている。カルテル事案の場合にこのような取扱いが可能であるのは，①各事業者は一定の取引分野における競争に日々直面しているので，自己と競争関係にある事業者がどこか（すなわち「一定の取引分野」の範囲）を熟知していること，②各事業者は，自己の競争事業者の企業行動をある程度承知しており，カルテルを成功させるためにはどの事業者を参加させる必要があるかも承知していること（市場シェアが低くカルテルに追随するような事業者は参加させる必要はないが，市場シェアが高く競争的な行動を行う事業者については，これをカルテルに参加させなければ，カルテルが成功する可能性は少ない。そして，このような競争的な事業者を参加させないままカルテルを行えば顧客を奪われるなどの不利益を被るお

それがあるので，このような事業者が参加して初めてカルテルが実施されることになる），③公正取引委員会の調査が開始されるのは，カルテルが成功した後であるのが通常であること，といった事情によるものである。すなわち，公正取引委員会が独占禁止法の規定に基づき立入検査などの調査を行う事案にあっては，調査開始前の段階でカルテルが実際に実施されており，カルテルが成功裡に実施されているのであれば「一定の取引分野における競争の実質的制限」が存在し，競争の実質的制限がもたらされている範囲を一定の取引分野と認定しても問題はないこととなる。ただし，多摩入札談合（新井組ほか）事件（平成24・2・20最判・審決集58巻第2分冊148頁）に係る最高裁調査官解説（古田孝夫・ジュリスト1448号94頁）においては，共同行為の対象とされ競争が実質的に制限されている範囲をもって一定の取引分野を画定するという取扱い（例えば，社会保険庁シール談合刑事事件（平成5・12・14東京高判・審決集40巻793～794頁）参照）は，本来，一定の取引分野の画定が市場において競争が実質的に制限されているか否かを判定するための前提として行われるものであることから，論理が逆であるとされている。

〔事例〕 石油カルテル（生産調整）刑事事件（昭和55・9・26東京高判・審決集28巻別冊179頁）

本件は，第1次石油危機時に石油連盟が会員（構成事業者）である石油精製会社の原油処理量の制限を行ったことが問題とされた事業者団体によるカルテル事件である。

本件においては，現実に実施されているカルテルの内容を踏まえ，起訴状（勧告審決でも同じ）では，「わが国の原油処理に関する取引分野」における競争を実質的に制限したとされている。また，公判において検察官は，石油業界においては原油処理量の拡大をめぐり激しい競争が行われていたのであって，競争の行われている一つの場として原油処理の分野が存在したから，この分野が競争の行われている市場である「一定の取引分野」に当たると主張した。一方，石油連盟側は，原油処理は石油製品製造過程の一工程にすぎず，取引市場を形成するようなものではないから，「原油処理の取引分野」といったものは存在せず，石油業界に存在する取引分野は，各石油製品ごと，地域別に，各取引段階で形成される市場だけであると主張した。

これに対し，東京高裁は，原油処理は原油を精製するため蒸留装置にかける

ことであるので，原油処理そのものの取引分野は観念できないが，原油処理は商品である石油製品の生産を目的として行われるので，生産された石油製品は精製業者から元売業者を通じて販売され，元売業者間には販売競争が行われ，その競争が行われる市場が形成されているとした。また，元売業者間で販売競争が行われている市場としては，石油連盟側が主張する石油製品の種類ごとなどに細分化されたもののほか，国内の元売業者間の販売競争が行われる全体としての石油製品市場も存在し，石油連盟の原油処理量の制限行為はこの全体としての石油製品市場における競争を実質的に制限したものと認められるので，これが本件における「一定の取引分野」に該当すると解するのが相当であるとした。

このように，カルテルの内容そのものを「一定の取引分野」と認定することが適当でない場合もあるが，カルテルによって競争が実質的に制限されている範囲を「一定の取引分野」と認識することが可能であると取り扱われている。

(4) 市場効果(2)——競争の実質的制限

ア 競争の実質的制限の意味・規定趣旨

事業者間の共同行為が一定の取引分野における「競争を実質的に制限する」場合に，不当な取引制限として独占禁止法3条後段違反となる。

この「競争の実質的制限」の意味については，**第1章第4節4**のとおり，不当な取引制限事案にあっても，一般には東宝・新東宝事件東京高裁判決で「競争を実質的に制限するとは，競争自体が減少して，特定の事業者又は事業者集団がその意思で，ある程度自由に，価格，品質，数量，その他各般の条件を左右することによって，市場を支配することができる状態をもたらすことをいう」（審決集5巻118頁）と判示されているとおり，「市場支配力を形成・維持・強化すること」と解されている。

この東宝・新東宝事件はカルテル事案に係るものではないが，その東京高裁判決の考え方については，日本石油ほかによる石油製品価格協定事件（昭和31・11・9東京高判・審決集8巻65頁）をはじめ，その後のカルテル事案に係る東京高裁判決でも基本的に踏襲されている。なお，入札談合事件における競争の実質的制限につき判示した多摩入札談合（新井組ほか）事件最高裁判決においては，後記「事例」で紹介するとおり，「『一定の取引分野における競争を実質的

に制限する』とは，当該取引に係る市場が有する競争機能を損なうことをいい」，入札談合に係る事業者間の取決めによって「その当事者である事業者らがその意思で当該入札市場における落札者及び落札価格をある程度自由に左右することができる状態をもたらすことをいうものと解される」とされている。

また，カルテル事案において東京高裁が東宝・新東宝事件と異なる判示を行っているものとして，石油カルテル刑事事件に係るものがあり，石油連盟の行為が問題となった生産調整事件（昭和55・9・26東京高判・審決集28巻別冊273頁）では「事業活動を拘束する行為のもつ効果としての競争の実質的制限とは，一定の取引分野における競争を全体として見て，その取引分野における有効な競争を期待することがほとんど不可能な状態をもたらすことをいうものと解するのが相当である」と判示されており，この判示内容は「有効な競争が期待できない状態の形成」と略することができる。

〔事例〕 **日本石油ほかによる石油製品価格協定事件**（昭和31・11・9東京高判・審決集8巻65頁）

本件は，石油元売業者10社が警察予備隊，中央気象台などの大口需要者向けの石油製品について価格協定を行ったことが問題となったものであり，一般の市場のほか大口需要者向けのみで「一定の取引分野」が成立することを認めた判例として重要視されているが，不当な取引制限における競争の実質的制限の判断につき判示した判例としても重要である。

東京高裁では，競争の実質的制限の意味として東宝・新東宝事件東京高裁判決を引用した上で，「原告らは日本における石油製品販売量の大部分を販売する元売業者であり，これが審決認定のような価格協定を結び，特に大口需要者に対する直接の販売につきその協定に従い事業活動に従事するときは，大口需要者に対する元売業者の直接販売という一定の取引分野において，原告ら競争者相互間の競争は，少なくとも価格の面において全く抑圧せられ，これによってこの市場を支配し得る状態はすでにもたらされているものというべきことは明らかである」としている。すなわち，競争の実質的制限を市場支配力の形成等と解する場合でも，市場における大部分の事業者が合意内容を実現するための事業活動を行えば，それにより競争の実質的制限がもたらされていると判断できることになる。

イ　不当な取引制限における競争の実質的制限の認定

　事業者間において価格カルテルなど不当な取引制限として問擬される行為が行われた場合，当該行為により競争の実質的制限がもたらされたことについては，①問擬の対象となった事業者の特定商品に係る市場シェアの合計が市場の大部分を占めること，②当該事業者間で特定商品の価格を引き上げるなどの合意がなされたこと，③実際に合意されたような価格引上げなどが実現されていること，といった事実から認定されるのが通常であり，このような事実から競争の実質的制限の存在が認定できることについては，前記の日本石油ほかによる石油製品価格協定事件東京高裁判決からも是認される。

　しかし，需給ギャップが大きく供給過剰となっている場合や需要者側の価格交渉力が強い場合には，供給者が価格カルテルを行い合意した価格引上げが実現できるよう懸命に価格交渉等を行ったにもかかわらず，合意された価格引上げがほとんど実現できないこともあり，また，需要者側から価格引下げを強く要求され，それに対抗するために値下げ幅を制限するような合意がなされるような場合もある。例えば，任天堂液晶モジュール価格協定事件（平成20・12・18排除措置命令・審決集55巻704頁。なお，1社につき平成25・7・29審判請求棄却審決・審決集60巻登載予定）においては，液晶ディスプレイモジュール製造販売業者2社が，任天堂から価格引下げを求められたのに対し同社渡し価格の低落を防止する必要があるとの共通の認識の下に同社と価格交渉を行ったことが問題とされている。

　生産資材など需要者の価格交渉力が大きい商品について，需要者側から価格引下げを求められたのに対し，供給者がカルテルによって対抗した場合，カルテルによって値下げ幅が縮小したとして，供給者側に市場支配力が形成されたと判断することも可能であろうが，供給者側としては，市場支配力（価格支配力）を有するのは需要者側であって，カルテルによって市場支配力を有するに至ったとは認識しないであろう。このような場合であっても，カルテル参加事業者がカルテル対象商品につき市場の全部又は大部分のシェアを占めるようなときは，市場での競争が回避されたものとして「一定の取引分野における競争の実質的制限」に該当すると取り扱われるが，このような場合の競争の実質的制限の意味としては，市場支配力の形成・維持・強化といったことではなく，

石油カルテル（生産調整）刑事事件東京高裁判決におけるもののように，有効な競争が期待できない状態の形成と解するのが適当であろう。

また，入札談合事件の場合においても，問擬の対象となる市場における全部又は大部分の事業者（入札談合の対象となる官公庁から受注をしたいとして具体的な受注活動を行っている事業者の全部又は大部分の者）によって入札談合を行うことの基本合意がなされ，個々の発注物件に係る競争入札に当たり各事業者が当該基本合意に従った行動を行っていることを認定することにより，競争の実質的制限が認定されるのが通常である。

一方，市場における一部の事業者の間でのみ行われた価格カルテルが不当な取引制限に当たるとされたものもあるが，このような場合に一部事業者間の行為により直ちに一定の取引分野における競争が実質的に制限されたと判断できない場合もあるので，当該行為が市場における競争にどのような影響を及ぼしたかを踏まえて「競争の実質的制限」が認定されている。例えば，中央食品ほか6名事件（昭和43・11・29勧告審決・審決集15巻135頁）では，違反行為者である7社のシェアは市場の約半分であるものの，これら7社が業界の指導的地位にあること，他の30社以上は家族経営の小規模事業者であって7社の値上げ後に同様に値上げを行っていることなどの事情が認定されている。

(5) 公共の利益

不当な取引制限の定義規定である独占禁止法2条6項においては，「公共の利益に反して」との文言が設けられている。

この「公共の利益に反して」との文言をどのように解釈するかについては，かつては産業所管官庁による競争制限的な行政指導を契機として事業者間で共同行為が行われたことなど（後記6参照）から，種々の議論がなされてきたが，**第1章**第4節6のとおり，石油カルテル（価格協定）刑事事件（昭和59・2・24最判・審決集30巻237頁）においては違法性阻却事由説が採用されている。

違法性阻却事由説によれば，「一定の取引分野における競争を実質的に制限する」との市場効果要件を充足する共同行為でも，例外的に反公共性の要件に該当しない場合は不当な取引制限とならないことになるため，どのような事情があれば反公益性の要件に該当しないこととなるかが問題となる。

しかし，現在では，不当な取引制限に該当するかどうかが問題となる実際の

事例において公共の利益に反しないとされるような例外的な事情は想定しがたいとされているので，価格カルテル等の不当な取引制限との関係でこの反公益性の要件が問題とされることはほとんどなくなっている。

なお，安全性の確保や環境保全などが重視されるにつれ，このような社会公共目的のための共同行為を競争事業者間や事業者団体で行っても問題ない場合があると考えられるようになっている。このような社会公共目的の共同行為については，違法性阻却事由説の立場から公共の利益に反しないとする見解もあるが，**第1章**第4節6の相談事例にあるように，「競争の実質的制限」との市場効果要件の問題として処理されるのが通常である。

3 カルテルの成立と終了

(1) カルテルの成立時期

事業者間で共同行為が行われる場合の各事業者の行動を，事業者向けの商品につき値上げカルテルが行われる場合を例として時系列で見ると，①各事業者内で値上げについて他社への働き掛けの要否を検討→②値上げの必要性や値上げ幅・実施時期について事業者間で情報交換→③事業者間で値上げについて合意→④各事業者内で合意内容について周知→⑤各事業者が取引先と値上げについて交渉→⑥取引先に受け入れられれば値上げが実現，という流れとなる。このいずれの段階で不当な取引制限として3条後段違反が成立するかについては，③の時点とする合意時説，④又は⑤の時点とする着手時説，⑥の時点とする実施時説があったが，石油カルテル（価格協定）刑事事件最高裁判決においては，「事業者が他の事業者と共同して対価を協議・決定する等相互にその事業活動を拘束すべき合意をした場合において，右合意により，公共の利益に反して，一定の取引分野における競争が実質的に制限されたものと認められるときは，独禁法89条1項1号の罪は直ちに既遂に達し，右決定された内容が各事業者によって実施に移されることや決定された実施時期が現実に到来することなどは，同罪の成立に必要でないと解すべきである」として，合意時説が採用されている。

一定の取引分野における競争を実質的に制限することができるような事業者間において，値上げを行うことが合意された場合は，その時点で各事業者の事

業活動が値上げに向けて斉一化されることとなる。このため，この時点で，カルテルに参加する事業者集団に市場支配力が生じたとか，各事業者の行動が人為的に同一のものとなって競争が消滅することとなるので有効な競争が期待できない状態が形成されたと解することもできる。

このように不当な取引制限の成立時期は事業者間で合意がなされた時点であるが，独占禁止法3条後段違反となる合意は市場効果要件を満たすものでなければならないので，審決・排除措置命令においては，事業者間で合意がなされたことだけでなく，その合意が競争制限をもたらすものであったとの事情を説明するなどの趣旨でカルテルの実施状況に係る事実も認定されるのが通例である。

なお，事業者間の競争制限行為の実施以前に公正取引委員会の調査が開始されるなどにより実施されなかった場合は，合意を行った事業者の市場シェア合計や合意の具体的内容，当該合意を実施するための各事業者の行為のほか，当該各事業者の過去の競争制限的行動の状況などを踏まえて市場効果要件に該当するか否か判断されることになろう。

〔事例〕**岡山市立中学校修学旅行代金協定事件**（平成21・7・10排除措置命令・審決集56巻第2分冊48頁）

岡山市の市立中学校が3学年に実施する修学旅行については，各中学校による旅行業者の選定は実施年度の前々年度の秋頃に，各中学校と旅行業者との間の契約は修学旅行が実施される約1か月前に行われている。

本件では，各中学校から旅行業者選定のために旅行代金の見積依頼がなされる前の時期において，旅行業者5社の間で，貸切バスの代金額，宿泊費額，企画料金の料率など旅行代金の最低額について合意がなされ，当該合意に基づき各社は中学校に見積りを提出している。しかし，その後，この旅行業者5社間の合意が外部に漏れたため，3社が当該合意から離脱することとして，その旨を各社に伝えたことから，中学校と旅行業者が契約を行う前に，当該合意は事実上消滅したものとされている。

本件では，違反行為の存続期間中には中学校と旅行業者との契約が締結されておらず，合意内容は確定的なものとして実現されてはいないが，各中学校は各旅行業者から提出された見積代金を踏まえて発注先を決定しているので，合

意による競争制限効果は明らかに存在したと評価できよう。

(2) カルテルの終了時期

　事業者間でカルテルが行われているとして独占禁止法の規定に基づき公正取引委員会の立入検査等が実施された場合には，その時点でカルテルが終了したと認定されるのが通常である。

　昭和52年の独占禁止法改正前の事案であるが，公正取引委員会の調査が開始され，勧告が応諾されなかったため審判が開始された事業者団体によるカルテル事件について，「事業者団体がその構成員である事業者の発意に基づき各事業者の従うべき基準価格を団体の意思として協議決定した場合においては，(中略)当該事業者団体がその行った基準価格の決定を明瞭に破棄したと認められるような特段の事情がない限り（中略）独占禁止法8条1項1号にいう競争の制限が消滅したものとすることは許されない」として，審判開始決定時においてもカルテルは終了していないとする最高裁判決（第1次石油連盟事件・昭和57・3・9・審決集28巻165頁）もあり，昭和52年改正後しばらくの間はカルテルの破棄時点がいつであるかが問題とされたこともあった。しかし，この判決は既往の違反行為に対する措置規定が設けられておらず，違反行為が現存していなければ勧告等を行えなかった時期のものであり，課徴金制度の導入に伴い公正取引委員会の調査開始時点で事業者はカルテルに従った事業活動（例えば，価格カルテルでは合意内容に従った価格行動，入札談合事案では個別物件に係る受注調整）は行わないこととするのが通常となったことから，同委員会の調査開始後における事業者の具体的行動からカルテルが中止されていないとされる場合もあるものの，同委員会の調査開始時点でカルテルが終了したとして取り扱われるのが通例である。

　また，公正取引委員会の調査開始前において，事業者が独自の判断でカルテルから離脱することもある。このような事業者が離脱の意思を他のカルテル参加者に明示的に伝達して独自の事業活動を行っていれば離脱したと認められることは当然であるが，カルテルから離脱したとされるためには，当該事業者が社内で離脱したことを決定・周知するだけでは足りず，少なくとも会合に出席しなくなるなど当該事業者の行動等から他のカルテル参加者が離脱の事実を窺い知るに十分な事情が認められなければならないとされている（岡崎管工事件・

平成15・3・7東京高判・審決集49巻624頁)。なお，課徴金減免制度においては公正取引委員会の調査開始日以後に違反行為をしていないことが課徴金の減免の対象となる要件とされており（7条の2第11項4号・12項2号），この違反行為をしていないことにつき，同委員会では，取締役会等で当該違反行為を行わない旨の意思決定を行い，違反行為に関与した営業部門に周知徹底した上で，同委員会に課徴金減免の報告等を行えばよいとしている（同委員会のホームページ上のQ&A参照)。

さらに，カルテルからの離脱者が出たためにカルテルを継続できないようになった場合は，カルテルが終了したものと取り扱われている。

4 カルテルの種類

(1) カルテルの分類

事業者間の共同行為により市場での競争を制限するカルテルについては，国際カルテルを別としても，いくつかの観点から分類することができる。

まず，事業者をめぐる競争関係は，商品の販売面のものと購入面のものに分けられる。通常行われるカルテルは商品の販売面におけるものであるが，購入面でカルテルが行われることもあり，このようなカルテルは「購入カルテル」と呼ばれている。

カルテルの分類としては，価格についての事業活動を制限するものを「価格カルテル（価格協定)｣，生産数量など数量についての事業活動を制限するものを「数量カルテル（数量協定)」と呼ぶなど，事業活動の制限内容（カルテルの行為類型）により分類するのが通常である。

カルテルにおける事業活動の制限内容については，独占禁止法2条6項で「対価を決定し，維持し，若しくは引き上げ，又は数量，技術，製品，設備若しくは取引の相手方を制限する等」として例示されている。この例示は，昭和28年の独占禁止法改正により旧4条が廃止された際に，同条の規定を参考として2条6項に追加されたものであるが，不当な取引制限として実際に問題となる事業活動の制限内容はこれらに限られない。

近年の不当な取引制限事件について見ると，価格カルテル事件及び入札談合事件が大部分となっているが，入札談合については，独占禁止法2条6項の事

第1節　不当な取引制限（カルテル）の禁止　71

業活動の制限内容としては直接的には規定されていない。入札談合について，あえて2条6項の例示を当てはめると，入札談合行為の具体的な態様により，対価の決定，取引の相手方の制限，数量の制限などに該当することとなろうが，課徴金との関係では7条の2第1項1号の「商品又は役務の対価に係るもの」に該当すると解されている。

　ここでは，事業活動の制限内容により分類したカルテルのうち，市場における競争を制限する効果が大きく，独占禁止法違反事例が多いものについて概説する。

　なお，これらはいわゆるハードコア・カルテルに該当するものであり，ハードコア・カルテルといわれるものとしては，他に市場分割協定を含む取引先制限カルテルなどがある。

　(ア)　**価格カルテル**

　価格は，顧客が商品の購入先を決定する際に最も重視しているものであるので，事業者間の競争手段として最も重要なものである。このように価格が競争手段として最も重要なものであること，また，各事業者の実際の販売価格をお互いに把握するのが比較的容易であるため各事業者がカルテルを遵守しているかどうかの確認もしやすいことから，不当な取引制限に係る違反事件としては，価格カルテルが最も多くなっている。

　価格カルテルは，需給関係を反映した価格が形成されることにより各経済主体（事業者及び消費者）の行動を規律するという市場の機能を直接的に侵害するので，市場における多数の事業者間で価格につき合意がなされた場合は，不当な取引制限として常に独占禁止法に違反すると取り扱われている。

　価格カルテルの対象となる商品が，製造業者→流通業者→需要者（消費者）と流通する場合，製造業者間で価格引上げなどを合意する際に対象となる価格は，通常は製造業者の販売価格（メーカー出荷価格）となろう。しかし，流通業者間の競争が厳しい場合や需要者側の価格交渉力が強い場合など，流通業者が需要者に販売する価格を引き上げなければメーカー出荷価格を引き上げるのは困難であるような事情がある場合は，製造業者が需要者渡し価格（小売価格）の引上げを合意の対象とすることもある。特に対象商品が生産資材である場合は，当該資材の大口需要者に対して流通業者を通じて販売しているときであっ

ても，製造業者が直接的に当該大口需要者に営業活動を行うことも多く，製造業者間で大口需要者向けの販売価格が合意されるといった対応が行われることもある。

　価格カルテルで合意される価格の内容としては，具体的な販売価格の額，値上げの額や率，販売価格の基準となる額，現状の価格を維持することなどがあるが，そのいずれの場合であっても独占禁止法上同様に問題となる。また，事業者間で共同販売組織を設立する場合には，各事業者の販売価格が統一化されるので，価格カルテルの観点からも問題となる。

　具体的な販売価格の額や値上げ額を合意した場合，各事業者が合意内容に従った事業活動を行ったとしても，実際には合意された額での販売や値上げが実現しないこともあり得るが，事業者が合意内容に従った事業活動を行っている限り，当該合意は拘束力があるものとして独占禁止法に違反することとなる。価格カルテルを実施したとしても，カルテルで合意された販売価格が実現するかどうかは，需要者との価格交渉の結果いかんによることとなり，カルテル参加者が同一の価格行動をとったとしても合意された価格が実現するとは限らないので（なお，需要者側の価格交渉力を無視できない場合は，実際の取引価格が需要者への提示価格から引き下げられることを見込んだ上で合意がなされる），カルテル参加者の価格行動が斉一化されていれば競争の実質的制限が存在すると判断される。

　なお，価格カルテルであっても，最高額を合意するものや値下げを合意するものについては，需要者の利益を損なわないので，独占禁止法上問題とならないのではないかとの意見もあり得よう。しかし，そのようなものであっても，需給状況を反映して競争により値下がりするものより値下げ幅を少なくするなど事業者にとって利益となるものであるからこそ合意がなされるのであって，各事業者の価格に関する事業活動を拘束するものであるので，独占禁止法上問題となることに変わりはない。この値下げについても独占禁止法に違反するとした事例として，事業者団体による事案であるが，仕入価格の変動に応じて販売価格の引上げ，維持又は引下げを繰り返していた東京都エルピーガススタンド協会事件（平成9・9・31課徴金納付命令・審決集43巻447頁）がある。

〔事例〕**元詰種子価格カルテル事件**（平成20・4・4東京高判・審決集55巻791頁）
　本件は，野菜種子の生産販売業者（元詰業者）32社が，白菜など4種類の交

配種の種子について各社が販売価格を決める際の基準となる価格を決定したことが不当な取引制限として問題となった事件である。

審決取消訴訟において，事業者側が，本件合意のみでは具体的な販売価格を設定することができないから，相互拘束性を欠くと主張したが，東京高裁は，次のように判示してこの主張を退けている。

「本来，商品・役務の価格は，市場において，公正かつ自由な競争の結果決定されるべきものであるから，具体的な販売価格の設定が可能となるような合意をしていなくとも，4種類の元詰種子について，いずれも9割以上のシェアを有する32社の元詰業者らが，本来，公正かつ自由な競争により決定されるべき価格表価格（引用者注―取引先に配布する価格表に記載された価格で，これに一定率を乗じたものが実際の販売価格となる）及び販売価格を，継続的に，同業者団体である日種協元詰部会の討議研究会において決定した基準価格に基づいて定めると合意すること自体が競争を制限する行為にほかならないものというべきである。すなわち，価格の設定に当たっては，本来，各社が自ら市場動向に関する情報を収集し，競合他社の販売状況や需要者の動向を判断して，判断の結果としてのリスクを負担すべきであるところ，本件合意の存在により，自社の価格表価格を基準価格に基づいて定めるものとし，他の事業者も同様の方法で価格表価格を定めることを認識し得るのであるから，基準価格に基づいて自社の価格表価格及び販売価格を定めても競争上不利となることがないものとして価格設定に係るリスクを回避し，減少させることができるものといえ，これをもって価格表価格及び販売価格の設定に係る事業者間の競争が弱められているといえるのである。」

(3) 数量カルテル

数量カルテルは，生産数量や販売数量などを制限するカルテルであり，市場へ供給する数量を減少させることにより価格を引き上げる効果があるので，独占禁止法上は価格カルテルと同様に競争制限効果が大きいものと取り扱われている。数量カルテルが生産数量や販売数量を制限するとの意味は，市場に供給される全体の数量を制限する目的で，各事業者の生産・販売数量に上限を設けることである。そして，各事業者が市場に供給できる数量を制限することにより市場全体に供給される数量が制限され，需給関係を通じて価格に影響を与え

ることになる。

　生産資材などの取引においては，需要者側が複数の事業者を競合させて自社にとって有利な価格で購入しようとするので，各事業者の供給数量に上限を設けることは，この競合関係を弱めるものであって，需要者との価格交渉において供給側事業者が有利になることを通じて価格が上昇することとなる。このような各事業者の供給可能量を制限するという効果は，生産・販売数量を制限する場合だけでなく，生産・販売シェアを制限する場合にも同様に認められるため，いわゆるシェアカルテルも広義には数量カルテルに含まれることになる。

　しかし，カルテルで数量を制限したとしても事業者間の競争回避効果が価格カルテルほど直接的ではないこと，他の事業者がカルテルを遵守しているかの確認があまり容易ではないことなどから，実際には，数量の制限のみを合意した不当な取引制限事件は少ない。価格カルテルを実施した場合であっても，各社の生産数量などを制限しなければ価格引下げ圧力が弱くならないので，数量の制限については，価格カルテルと併せて行われることが多くなっている。

　不当な取引制限事件で数量に関する合意のみが行われたものとしては，トラックについて各社の販売割合を定めた上で，当該販売割合を基に販売台数の上限を取り決めたトラック販売数量協定事件（平成12・7・17勧告審決・審決集47巻300頁）がある。

(4) 入札談合

ア　入札談合と官公庁等の発注方法

　入札談合とは，官公庁等が物品を購入したり建設工事などを発注する際に契約の相手方及び契約価格を決定するために実施する競争入札（見積り合わせを含む）において，入札に参加する事業者間で話合いを行うなどにより，あらかじめ当該入札において受注すべき者（受注予定者）を決定し，受注予定者が定めた価格で受注できるように受注予定者以外の入札参加者が協力（受注予定者が定めた価格を上回る価格で入札）する行為である。なお，官公庁等が物品を売却する際にも入札談合が行われることがある（例えば，溶解メタル購入カルテル事件（平成20・10・17排除措置命令・審決集55巻692頁））。

　官公庁が売買，賃借，請負その他の契約を行う際には，国にあっては会計法（同法29条の3，予算決算及び会計令），普通地方公共団体にあっては地方自治法（同

第1節　不当な取引制限（カルテル）の禁止　75

法234条，同法施行令）の規定により，一般競争入札の方法によることが原則とされており，一般競争入札によりがたい事情がある場合などに指名競争入札により，これら競争入札によりがたい事情がある場合などに随意契約によることとなる。一般競争入札にあっては，発注者である官公庁に登録される（通常，事業者の規模などに従いＡ，Ｂ…などにランク付けされて登録され，このランクにより入札に参加できる事業の規模も異なる）などにより入札参加資格があると認められる事業者であれば誰でも入札に参加できるのに対し，指名競争入札にあっては，登録業者の中から発注者に指名された事業者のみが入札に参加できるとの相違がある。官公庁の事業者登録はかなり形式的な要件で行われるので，かつては，受注者となっても問題がないと官公庁が認めた事業者のみを指名する指名競争入札が一般的な発注方法であったが，指名競争入札では入札参加者が固定化され入札談合が行われやすいとの批判を受けて，現在では一般競争入札によるものが増加している。なお，WTOの政府調達協定においても，予定価格が一定金額以上のものは内外無差別の観点から外国事業者を含む一般競争入札によることとされている。

　また，独立行政法人や国等からの補助事業により民間の事業者や団体が発注を行う際にも，その業務方法書や補助金交付要綱などで原則として競争入札の方法によることとされている場合があり，このような場合の独占禁止法上の取扱いは官公庁が発注する場合と同様となる。

　競争入札が行われる場合には，発注者である官公庁等が定めた予定価格以下の価格で入札を行った事業者のうち最も低い価格で入札を行った者が落札者となるので，入札参加者間で受注予定者とされた者の入札価格を最も低いものとなるようにすれば，その者が落札者となることが制度的に保証されていることとなる（ただし，入札価格が著しく低く当該価格によっては契約の内容に適合した履行がなされないおそれがあるときは，当該価格での入札者を失格とすることができる低入札価格調査制度が設けられており，さらに普通地方公共団体においては，一定金額未満での入札をすべて失格とする最低制限価格制度を設けることができる）。

　さらに，民間の事業者が生産設備や生産資材を発注する際に，複数の事業者から見積書を提出させて，その見積価格も考慮して発注先事業者を決定することがある。このような相見積りが行われた際に，見積書を提出する事業者間で

話合いを行うなどにより，発注元事業者と取引する者を決定するような行為が行われることがある。このような行為は「民需向けの入札談合」と呼ばれることもあるが，最も低い見積価格を提示した事業者が受注できるとの制度的保証がないので，厳密には入札談合には該当せず，事業者間の受注競争を回避して高い価格で販売できるようにすることを内容とする価格カルテルと評価されることが多い。なお，最近において自動車メーカーが部品を調達するに当たってコンペを実施する際に，部品メーカー間の受注調整行為が数多く問題とされた（例えば，自動車用ヘッドランプ等受注調整事件（平成25・3・22排除措置命令・審決集59巻第1分冊262頁等））が，これらは購入者がコンペという競争入札類似の手続により発注先事業者を決定するものであるので，入札談合により近いものと評価されよう。

イ　入札談合に対する独占禁止法の適用

競争入札は，入札参加者間における競争を通じて，官公庁等ができるだけ低い価格で物品等を調達しようとするシステムであるが，入札談合は，入札参加者間で競争を回避することによりこのシステムを否定するものであるので，それ自体が発注者から問題とされたり，刑法上の談合罪（同法96条の6第2項）として問題となる可能性がある。

独占禁止法上の不当な取引制限として規制する場合は，入札談合行為によって「一定の取引分野における競争の実質的制限」がもたらされることが要件となる。事業者間で継続的に入札談合行為が行われる場合には，特定の官公庁等が発注する物品等について入札談合を行うこととする旨の合意（基本合意）がなされた上で，官公庁等が個々の物件を発注するために競争入札を実施する際に，事業者間の話合い等により受注予定者を決定し，当該受注予定者が落札者となるように入札に臨むとの個別調整が行われることとなる。

このように，入札談合事件にあっては事業者間における競争回避行為が基本合意の形成時と個別調整時に行われることとなるので，入札談合は2段階のカルテルと称されることがある。これを価格カルテルの場合と比較すると，基本合意の形成行為が価格カルテルにおいて価格を合意する行為に相当するが，入札談合を行うことにつき事業者間で特段の決定等が行われていないとしても，個々の物件が発注される際に事業者間で個別調整行為が繰り返される中で，受

注調整の対象となる物件や受注調整を行う際の方法などが各事業者に共通のものとして認識され，それによって実際に個別調整が行われているのであれば，入札談合に係る基本合意が形成されているものと取り扱われている。また，個別調整行為は価格カルテルにおいて合意した価格で事業活動を実施する行為に相当するので，個々の発注物件の中に個別調整が行われなかった物件があったとしても（ただし，個別調整が行われない物件が多数に上れば，基本合意の拘束力に疑義が生ずることになる），基本合意が形成されていれば独占禁止法に違反することになる。この点について，ごみ処理施設入札談合事件東京高裁判決（平成20・9・26・審決集55巻910頁）においては，入札談合に係る基本合意が存在し，事業者がそれに基づいて受注予定者を決定し，受注予定者が受注できるようにしていたことが当該事件の主要事実であるのは明らかであり，個別物件についての受注調整行為は間接事実にすぎない旨を判示している。

　入札談合については，平成元年から翌年にかけて実施された日米構造問題協議等においてわが国市場の閉鎖性・非競争的体質の象徴とされ，公正取引委員会によって重点的に規制されることになったため，平成2年以降，多くの事案につき審決・排除措置命令（及び課徴金納付命令）がなされるようになっており，刑事告発が行われたものも少なくない。

ウ　基本合意における受注調整ルール

　入札談合が行われる際の基本合意における受注予定者の決定に係るルールについては，基本合意の形成時に事業者間の話合い等により決定されることになるが，これを大別すると，①個別物件が発注される際に入札参加者間で特に調整を行わなくとも受注予定者が自動的に決定されるもの，②個別物件が発注される際に，基本合意に基づき入札参加者で話合い等が行われて，受注予定者が決定されるもの，③入札談合の参加事業者のうち特定の者又は特定の第三者の判断により受注予定者が決定されるものがある。

　この①に該当する受注調整ルールとしては，入札談合参加事業者が順番に受注予定者となるもの，過去の受注実績が最も少ない者が受注予定者となるもの，指名されたものの受注できなかった件数を点数化して点数が最も大きい事業者が受注予定者となるもの（受注予定者となった事業者が実際に受注できれば，当該事業者の持ち点をゼロにするなどの点数調整が行われる），庁舎の清掃作業など同様の

業務が毎年度同じ官公庁から発注される場合は現に当該業務を受注している事業者が受注予定者となるものなどがある。

　次に，この②に該当する受注調整ルールとしては，競争入札が行われる際に，受注を希望する事業者は他の入札参加者に受注を希望する旨を表明し，受注希望者が1社であればその者が受注予定者となるが，これが2社以上であれば，過去の受注物件との関連性（過去に受注希望者が受注した工事の追加工事であるかなど），過去の受注実績（受注希望者間で受注実績を均等化させるなど），発注者に対する営業活動の状況（受注希望者が発注者に対して行った提案が発注者から示された仕様書の中にどの程度反映されているか，発注物件に関する情報を事前にどの程度入手しているか，発注者側の職員が受注希望者をどのように評価しているかなどの状況）を踏まえて受注希望者間で話し合ったり，他の入札参加者の意見を聞くなどによって受注予定者を決定するものがある。

　さらに，この③に該当する受注調整ルールとしては，入札談合参加事業者の中から選出された幹事社や業界の有力者等が種々の事情を踏まえ受注希望者の中から受注予定者を指名するもののほか，発注者側から受注予定者についての意向が示されるもの（いわゆる官製談合）がある。

〔事例〕**多摩入札談合（新井組ほか）事件**（平成24・2・20最判・審決集58巻第2分冊148頁）

　本件は，東京都新都市建設公社が指名競争入札（工事希望票を提出したAランク業者の中から指名業者を選定する受注希望型指名競争入札）の方法により発注する下水道工事等の入札において，33社の広域総合建設業者（ゼネコン）が，同公社において同じAランク業者として格付けされているその他のゼネコン47社及び地元業者74社の協力を得るなどして，受注調整を行い，同公社発注の特定土木工事（2社以上のゼネコンを指名業者に含む工事）に係る取引分野における競争を実質的に制限し，課徴金算定期間中に受注していたことにつき課徴金の納付を命ずる審決を受けたことに関するものである。なお，本件では，公正取引委員会の調査が長引き調査開始後1年を経過したため当時の排除措置に係る措置である勧告は行われていない。

　この審決を受けたゼネコンのうち25社が審決取消請求訴訟を提起したが，東京高裁では5つの第3特別部で審理を行い，それぞれ判決を行っている。この5つの判決のうち公正取引委員会の審決を取り消したのが本件最高裁判決の原

第1節　不当な取引制限（カルテル）の禁止　79

審であり，同委員会が上告受理申立てを行ったものである。

　審判及び審決取消請求訴訟においては，①33社で入札談合に係る基本合意につき明示的な決定等はなされておらず，33社が受注調整の内容を相互に認識・容認して，相互に同内容の認識をもって拘束する意思を形成していたことから，基本合意の存在が認定されたこと，②33社が公社のAランクの指名業者となり得る者の一部にすぎないこと，③課徴金算定期間中に公社が発注したAランク以上（Aランクの建設業者を構成員とする共同企業体（JV）に発注したものを含む）の工事72の物件のうち33社が受注調整により落札したのが31件（件数比で約43.1％，落札金額比では約56.3％）にとどまることから，33社間に入札談合に係る基本合意が存在するかとか，33社の行為により「一定の取引分野における競争の実質的制限」がもたらされたと認定できるかなどの点が主な争点となった。

　まず，33社間において基本合意の形成が認められるかについては，原審である東京高裁判決（平成22・3・19・審決集56巻第2分冊567頁）が，①審決で認定された本件基本合意とは，33社において，公社の発注するAランク以上の土木工事は受注希望を有する者が受注すればよい，②受注希望者が複数いれば受注希望者間で話し合えばよい，③その他の者は受注希望者から工事希望票の提出依頼や入札価格の連絡等がされた場合は，これに従い受注希望者の落札を妨害する行為はしない，という共通認識があったという程度にすぎず，この程度の認識を有していることをもって自由で自主的な営業活動上の意思決定を拘束するほどの合意の成立があったとすることはできないと判断したのに対し，最高裁は，審決は審判で取り調べられた証拠により少なくとも33社が本件基本合意をしていた旨を認定したものとして合理的であるとして，原審の判断は是認できないと判示している。

　また，33社の行為により「一定の取引分野における競争の実質的制限」がもたらされたと認定できるかとの点については，最高裁は，「法2条6項にいう『一定の取引分野における競争を実質的に制限する』とは，当該取引に係る市場が有する競争機能を損なうことをいい，本件基本合意のような一定の入札市場における受注調整の基本的な方法や手順等を取り決める行為によって競争制限が行われる場合には，当該取決めによって，その当事者である事業者らがその意思で当該入札市場における落札者及び落札価格をある程度自由に左右する

ことができる状態をもたらすことをいうものと解される。そして，（中略）Ａランク以上の土木工事については，入札参加を希望する事業者ランクがＡの事業者の中でも，本件33社及びその他47社が指名業者に選定される可能性が高かったものと認められることに加え，本件基本合意に基づく個別の受注調整においては，（中略）その他47社からの協力が一般的に期待でき，地元業者の協力又は競争回避行動も相応に期待できる状況にあったものということができる。しかも，（中略）本件対象期間中に発注された公社発注の特定土木工事のうち相当数の工事において本件基本合意に基づく個別の調整が現に行われ，そのほとんど全ての工事において受注予定者とされた社又はJVが落札し，その大部分における落札率も97％を超える極めて高いものであったことからすると，本件基本合意は，本件対象期間中，公社発注の特定土木工事を含むＡランク以上の土木工事に係る入札市場の相当部分において，事実上の拘束力をもって有効に機能し，上記の状態をもたらしたものということができる。そうすると，本件合意は，法２条６項にいう『一定の取引分野における競争を実質的に制限する』の要件を充足するものというべきである。」と判示している。

コラム　入札談合をめぐる業界等の動き

　官公庁等が物品等を調達する際に行う競争入札において，入札参加者間であらかじめ受注すべき者（受注予定者）を決定し，受注予定者が定めた価格で契約ができるよう受注予定者以外の者が協力する入札談合については，古くから半ば公然と行われていたといわれている。特に建設業界においては，かつては入札談合は必要悪といわれ，公正取引委員会が建設工事における入札談合について初めて立入検査を行った昭和56年の静岡建設談合事件（昭和57・９・８勧告審決・審決集29巻66頁等）の際には，国会で種々の審議が行われ，関係官庁や建設業団体で改善策の検討が行われたり，また，建設業団体などからは公共工事の入札における調整行為は独占禁止法に違反しないとか，建設業を独占禁止法の適用除外とすべきとの意見も出された。

　建設業界などで入札談合が半ば公然と行われていたことについては，業界内で利益を分け合おうとする事業者側の事情だけでなく，発注者側の担当者が入札談合に寛容であったことも，その理由として挙げられている。

発注者側の担当者が入札談合を問題視してこなかった理由としては，①発注者にコスト意識が少なく，できるだけ低い費用で調達することより，高価格であっても品質面で問題のないものを調達しがちであること（建設工事にあっても発注者による検査が実施されるので，発注価格いかんと工事の品質は関係がないとされているが，仮に低価格で発注した工事に品質面で問題がある場合には，発注者側の職員の責任がより強く問われることになる），②適正に予定価格を設定している限り，入札談合が行われたとしても不当な高価格とならないと受け取られていたこと，③低い費用で調達して予算が余った場合は，次年度の予算要求やその査定の際に不利になりかねないこと，④発注しようとする内容から受注できる事業者が１社に限られるような場合であっても，随意契約で発注すれば，当該事業者に発注した理由等を会計検査部署から厳しく問われることがあること，⑤地方公共団体の場合には，地元業者を育成するため発注工事は地元業者が平等に受注すべきとの意識があることなどが挙げられている。さらに，官製談合が行われる場合のように，官公庁の退職者の再就職対策として退職者を受け入れた事業者を優遇したり，首長などの政治家の意向があれば特定の事業者を優遇せざるを得ないことも関係していたといわれている。

　しかし，①日米構造問題協議を契機として入札談合に対する独占禁止法の適用が積極的に行われるようになったこと，②国民・住民の納税者意識が高まって高価格での発注が批判されるようになったこと（入札談合が行われた場合は，地方自治法旧242条の２の規定に基づく住民代位訴訟により事業者に対する損害賠償請求が行われるようになり，また，同条の改正後は事業者に対する損害賠償請求をすることを地方公共団体の長に求める住民訴訟が行われている），③国・地方公共団体の財政状況が悪化したため予算の効率的使用が求められるようになり，警察・検察当局による刑法上の談合罪の適用も活発化したことなどから，入札談合は社会的に許されないものであるとの認識が一般化するようになった。また，このような状況の変化や入札談合等関与行為防止法が制定されることによって，発注者である官公庁においても，指名競争入札ではなく一般競争入札による発注を原則としたり，一般競争入札であっても入札参加資格につき事後審査方式（官公庁に事前に業者登録をする必要はなく，入札実施後に官公庁が落札者について審査し，入札参加条件を満たしている場合に，当該落札者を受注者とするもの）を

採用するなど入札談合を防止するための措置を積極的に講じるようになっており，入札談合を行った事業者に対し発注者が損害賠償請求を行うことも一般的なものとなっている。

　このような入札談合に対する経済社会一般の認識の変化を受け，また，公共工事予算が減少を続けたため入札談合によって業界内で仕事を分け合うのが困難になったことにより，建設業界においても入札談合によらずに受注活動を行おうとする動きがみられるようになっている。平成17年12月には大手建設業者5社（鹿島建設，清水建設，大林組，大成建設，竹中工務店）によって談合決別宣言が行われたとされ，平成19年2月に公正取引委員会が刑事告発を行った名古屋市地下鉄入札談合事件において，ハザマが同委員会の調査開始前に課徴金の減免を申請するなど，脱談合の動きが広まっている。建設業界においては，地方の中小建設業者によるものを中心に依然として入札談合事件は発生しているものの，発注者である官公庁の姿勢の変化や刑法上の公契約関係競売等妨害罪（同法96条の6）の適用を含め，入札談合に対する規制が強化されてきているので，建設業者としても入札談合に頼った事業活動は行いにくくなっていくことが想定される。

　なお，近年においても入札談合事件が表面化することが多いが，これは，入札談合に対する規制が強化されたことのほか，発注が減少して業界内での利益調整がうまくいかず，入札談合による物件の配分に不満を持つ者が多くなったことが背景にあると考えられるものであって，実際に入札談合が増加したわけではない。

5　入札談合等関与行為防止法の運用

(1)　入札談合等関与行為防止法における発注機関の義務

　入札談合等関与行為防止法（入札談合等関与行為の排除及び防止並びに職員による入札等の公正を害すべき行為の処罰に関する法律。「官製談合防止法」と称されることも多い）は，北海道上川支庁発注の農業土木工事入札談合事件（平成12・6・16勧告審決・審決集47巻273頁等）を直接のきっかけとして，いわゆる官製談合に対する批判が強まったことを受けて，事業者側の入札談合行為につき独占禁止法違反であるとして公正取引委員会が法的措置を講ずる際に，当該入札談合行為に関与し

た発注者（官公庁）に対しても公正取引委員会が改善措置要求をできるようにするため，議員立法により平成14年に制定されたものである。また，入札談合等関与行為防止法の施行後においても官製談合が多数みられたことから，平成18年の法改正で入札等の妨害を行った職員を処罰するための規定（同法8条）が追加され，法律名も現在のものに改められている。この職員の処罰に係る規定については，事業者側の入札談合行為につき独占禁止法違反とされる場合だけでなく，事業者側の入札談合行為を伴わない場合であっても適用され得るものとなっており，実際にも，そのような運用がなされ職員に刑事罰が科された例もある。

入札談合等関与行為防止法の対象となる発注機関は，国，地方公共団体及びこれらが資本金の2分の1以上出資している法人である（同法2条1項・2項）。また，入札談合等関与行為との関係で問題とされる入札談合は独占禁止法3条後段又は8条1号に該当するものに限られている（入札談合等関与行為防止法2条4項）ものの，発注機関の職員に入札談合等関与行為がある場合に，公正取引委員会が発注機関の長に対し改善措置を要求できることとされている（同法3条1項・2項）。

入札談合等関与行為防止法で入札談合等関与行為とされているものは，次のとおりである。

① 事業者又は事業者団体に入札談合等を行わせること（同法2条5項1号）
② 契約の相手方となるべき者（受注予定者）をあらかじめ指名するなど，受注予定者となるべき者についての意向をあらかじめ教示・示唆すること（同項2号）
③ 入札談合を行いやすくする情報であって秘密として管理されているものを，特定の者に対して教示・示唆すること（同項3号）
④ 入札談合等を容易にする目的で，職務に反し，入札に参加する者を指名するなどして，入札談合等を幇助すること（同項4号）

この改善措置要求を受けた場合，発注機関は必要な調査を行った上で入札談合等関与行為を排除するなど必要な改善措置を講じ（同条4項），これを公表するとともに公正取引委員会に通知しなければならないこととされている（同条6項）。

また，発注機関が公正取引委員会から改善措置要求を受けた場合には，入札談合等関与行為によって発注機関に損害が生じたかどうか，当該行為を行った職員に損害賠償責任があるかどうかなどを調査し，その調査結果を公表するとともに，当該職員に故意又は重大な過失があったときは損害賠償を求めなければならないものとされている（同法4条）。ただし，この職員に対する損害賠償請求の根拠法規については，入札談合等関与行為防止法ではなく，予算執行職員等の責任に関する法律（当該職員が国・公庫の予算執行職員等の場合），地方自治法（当該職員が地方公共団体の予算執行職員等の場合）及び民法（当該職員が前2法の対象とならない場合）となっている。

さらに，入札談合等関与行為防止法においては，発注機関が入札談合等関与行為を行った職員に係る懲戒事由の調査等に関する規定（同法5条）も設けられている。

(2) 入札談合等関与行為防止法の運用状況

公正取引委員会が違反事業者に対し排除措置命令等の法的措置を行った際に，入札談合等関与行為防止法に基づき改善措置要求を行った事例として，次のものがある。

番号	改善措置要求日（平成）	発注者	競争入札対象工事等	関与行為の該当条項	備考
1	15・1・30	北海道岩見沢市	同市発注の建設工事	2条5項1号，2号及び3号	
2	16・7・28	新潟市	同市発注の建設工事	2条5項3号	同市が，関与職員（元職員）4名に対し，違反事業者との連帯債務として総額7430万円の損害賠償請求
3	17・9・29	日本道路公団	同公団発注の鋼橋上部工事	2条5項1号及び2号	同公団が，関与職員11名に対し停職（3月など）又は減給（1月）。また，同公団の元副総裁及び元理事に対し，違反事業者との連帯債務として総額86億8300万円（違反事業者の支払済み額を除く）の損害賠償請求。なお，公正取引委員会が，独占禁止法違反・同幇助として，違反事業者・同従業員のほか，同公団の副総裁及び理事（当時）に対し刑事告発。元副総裁につき懲役2年6月，元理事につき懲役2年（いずれも執行猶予付き）

第1節　不当な取引制限（カルテル）の禁止　85

4	19・3・8	国土交通省	同省発注の水門設備工事	2条5項2号	同省が，関与職員1名に対し停職（2月）。また，関与職員（元職員）2名に対し，違反事業者及び同省OB3名との連帯債務として総額7億8636万円の損害賠償請求
5	20・10・29	札幌市	同市発注の電気設備工事	2条5項1号及び2号	
6	21・6・23	国土交通省	同省北海道開発局が発注する車両管理業務	2条5項3号	
7	22・3・30	防衛省	同省航空自衛隊発注の什器類	2条5項1号及び2号	同省が，関与職員19名に対し停職（30日など）又は減給（2月）。また，関与職員等8名に対し，違反事業者との連帯債務として総額1億7045万円の損害賠償請求
8	22・4・22	青森市	同市発注の土木工事	2条5項4号	同市が，関与職員（元職員）1名及びその上司等3名に対し，違反事業者との連帯債務として総額16億6545万円の損害賠償請求
9	23・8・4	茨城県	同県発注の土木工事及び舗装工事	土木工事につき2条5項1号及び2号，舗装工事につき同項4号	同県が，関与職員19名に対し停職（1月）又は減給（6月など）。また，関与職員等12名に対し，違反事業者との連帯債務として総額9200万円の損害賠償請求
10	24・10・17	国土交通省	同省四国地方整備局（土佐国道事務所等）が発注する土木工事	2条5項3号	同省が，関与職員7名に対し懲戒免職，3名に対し停職（6月）。入札談合等関与行為防止法違反の罪で，元土佐国道事務所副所長及び元高知河川国道事務所副所長の2名に対し，懲役1年6月〜10月（執行猶予付き）
11	26・3・19	独立行政法人鉄道建設・運輸施設整備支援機構	同機構発注の北陸新幹線融雪基地等機械設備工事	2条5項3号	同機構が，関与職員1名に対し懲戒免職，2名に対し停職（3月及び1月）。入札談合等関与行為防止法上の罪で，同支援機構東京支社の元部長に対し懲役1年2月（執行猶予付き），同支社の課長に対し罰金100万円の略式命令。なお，公正取引委員会が，独占禁止法違反として，違反事業者・同従業員につき刑事告発

　このほか，緑資源機構が発注する林道調査設計業務に係る入札談合事件（平成19・12・25排除措置命令・審決集54巻506頁）においても入札談合関与行為があったとされたが，同機構が平成19年度限りで廃止されること等を考慮して改善措

置要求はなされていない。

　また，入札談合等関与行為防止法の適用対象とならない発注者について入札談合等関与行為と同様の行為が行われた場合や，同法の対象となる発注者であっても同法上の入札談合等関与行為に該当しない入札談合の誘発・助長行為がなされた場合にあっても，公正取引委員会から発注者に対し適切な措置をとるよう要請がなされている。

　なお，入札談合等関与行為防止法制定当時においては，同法2条5項3号の「入札談合等を行うことが容易となる情報であって秘密として管理されているもの」の例として予定価格が想定されていた。しかし，多くの地方公共団体にあっては競争入札前に予定価格を公表するようになっており，このような地方公共団体の対応は，入札談合等関与行為防止法が制定されたことに伴い発注業務担当職員が事業者との対応に苦慮しないようにしたものと考えられ，予定価格が事前に公表されている場合に職員が予定価格を教示することは入札談合等関与行為に当たらないこととなる。一方，国にあっては予定価格は現在でも事前に公表されておらず，事業者側の入札談合を伴わない場合のものであっても，予定価格等を教示したことが問題とされ有罪となった事例もある。

〔事例〕　岩見沢市入札談合事件（平成15・3・11勧告審決・審決集49巻285頁等）

　岩見沢市が指名競争入札の方法により発注する建設工事（建築工事，管工事，舗装工事，電気工事ごと）について，発注業務担当職員は，

① 　同市の幹部の承認又は示唆の下に，各事業者の過去の受注金額を基にして，各事業者別の当該年度における受注目標額を設定し，これが達成できるよう，個別発注物件ごとに落札予定者を選定する

② 　個別発注物件ごとに，岩見沢建設協会の事務局長等の連絡役に対し，落札予定者及び設計金額の概数を伝える

との行為を行っていた。これを受けて，事業者間では，連絡役から落札予定者となった旨を伝えられた者を受注予定者とすること，受注すべき価格は連絡役から伝えられた金額を基に受注予定者が定め，受注予定者以外の者は受注予定者がその価格で受注できるようにしていた。

　公正取引委員会は，発注業務担当職員が，反復・継続して上記①及び②の行為を行うことにより，入札参加者に入札談合を行わせていたことは入札談合等

関与行為防止法2条5項1号に，上記①のうち落札予定者を伝えていたことは同項2号に，上記②のうち設計金額の概数を伝えていたことは同項3号に該当するとして，平成15年1月30日に事業者に対し勧告を行うとともに岩見沢市長に対し改善措置要求を行った。

これに対し，岩見沢市では，「談合を誘発しないためのマニュアル」の作成，指名停止基準の強化，発注関係部署への事業者の出入りの制限，一般競争入札の拡大，入札等管理組織の設置などの措置を講じている。ただし，入札談合等関与行為を行った職員に対する損害賠償請求や懲戒処分は行われていない。

なお，この事件では，岩見沢市がかなり組織的に入札談合等関与行為を行っていたため，事業者が同市の発注業務担当職員の意向に反した行動をとることは難しかったと思われるが，発注の方法として競争入札が採用されている以上，法律上の取扱いとしては事業者は競争入札を前提として行動することが求められることとなる。

6 行政指導・適用除外カルテル

(1) 行政指導とカルテル

行政指導は，行政機関がその任務又は所掌事務の範囲内において一定の行政目的を実現するために事業者等に一定の作為又は不作為を求めるものであって，行政処分に該当しないものをいう（行政手続法2条6号）。行政指導は，法的な強制力を持つものではなく，あくまでもこれを受けた者が任意に協力することが前提となる（行政手続法32条）。

かつては，通商産業省などの産業所管官庁によって競争制限的な行政指導が行われ，この行政指導を受けて共同行為を行った事業者や事業者団体が独占禁止法上どのように取り扱われるかといった問題が提起されていた。

行政指導と独占禁止法との関係については，石油カルテル刑事事件においても問題とされたが，現在では，仮に行政指導に基づくものであっても事業者又は事業者団体によりカルテルが行われた場合は当該事業者又は事業者団体が独占禁止法に違反することとなるとの点で異論は見られない。また，石油カルテル刑事事件東京高裁判決における判断も踏まえ，公正取引委員会により行政指

導ガイドラインが策定されており（同判決の判示内容を整理したガイドラインが昭和56年に公表されたが，その後の公正取引委員会と関係行政機関との調整事例などを踏まえたガイドラインとして「行政指導に関する独占禁止法上の考え方」（平成6・6・30公取委）が策定されている），産業所管官庁等が競争秩序に影響を及ぼすおそれのある行政指導を行う際には事前に公正取引委員会と調整を行うのが通例となるなど，行政指導と独占禁止法の関係が問題とされることは少なくなっている。

(2) 適用除外カルテル

カルテルは独占禁止法に違反するものとして禁止されているが，戦後の経済復興期から高度経済成長期においては，カルテルによるものであっても事業者の経営が安定化することは経済成長に資するなどわが国経済にとって好ましいとして，独占禁止法においても不況カルテル制度（旧24条の3）などが導入されるとともに，中小企業団体の組織に関する法律に基づくものなど個別立法により多くの適用除外カルテル制度が導入された。これらの適用除外カルテル制度には，価格カルテルなど適用除外規定がなければ当然に独占禁止法に違反することになるものを是認するためのものだけでなく，共同行為が独占禁止法に違反しないことを確認するためのものもあるが，これらの制度に基づき実施された適用除外カルテルの件数（公正取引委員会が認可したり，協議を受けるなどにより把握していたものに限る）は，昭和41年度末には1079件に上っていたが，その後，独占禁止法上の不況カルテル制度を含め多くの適用除外カルテル規定が廃止され，平成24年度末の適用除外カルテル法は，道路運送法，保険業法など10法律にまで縮減され，適用除外カルテルの件数も28件にまで減少している。なお，平成26年の消費税率引上げに伴い，平成25年に消費税の転嫁・表示カルテルが導入され，平成26年4月から平成29年3月末までの間は，これらのカルテルを行うことが認められている。

なお，適用除外カルテルが認められている場合でも，適用除外となる範囲を超えてカルテルが行われるときなどに独占禁止法の適用が除外されないのは当然であり，例えば，平成26年3月18日に排除措置命令（審決集60巻登載予定）が行われた北米航路等4航路に係る自動車運送業務の運賃等協定事件では，これらの航路において海上運送法に基づく適用除外カルテルの届出が国土交通省になされているものの，問擬の対象となった運賃等の協定が届出がなされている

ものと異なるため独占禁止法の適用が除外されず，同法に違反するものとされている。なお，この事件では総額227億1848万円の課徴金納付命令がなされるとともに，届出がなされている海上運送法上の適用除外カルテルが適用除外の要件に適合しないおそれがあるとして，公正取引委員会から国土交通省に対し当該適用除外カルテルの廃止等の要請がなされている。

第2節　事業者団体によるカルテルの禁止

1　事業者団体に対する規制の概要

(1)　規制の趣旨

カルテルは，事業者間の共同行為として行われるほか，事業者団体によって行われることもある。事業者団体は，通常，一定の組織を有し，当該業界の事業者の大部分が参加する団体である。その活動は，一般に，対内的には，構成事業者（事業者団体の構成員である事業者をいう）に対する指導，教育，情報提供などから，対外的には，国会，行政庁等に対する要望，意見表明，広報，宣伝活動等にまで広く及んでいる。このため，事業者団体の影響力は大きく，また，団体としての統制力を利用して，構成事業者の自由な事業活動に対する制約や，価格カルテル等の競争制限行為が行われやすい。さらに，事業者団体がアウトサイダーや新規参入者を排除するような行動を行うこともある。特に，わが国では，戦前各事業分野に多くの統制団体が設立され，その統制の下に構成事業者の活動を制限してきた経緯があるため，なおさらである。したがって，カルテル規制の万全を期し，競争の維持・促進を図っていくには，事業者間のカルテルのほか，事業者団体によるカルテルも規制しなければならない。

ところで，カルテルを禁止する独占禁止法3条後段の規定は，事業者に対して適用されるものであり，カルテルが事業者団体により行われた場合にこれを規制するには，別個の規定を置く必要がある。このため，独占禁止法は，8条において事業者団体の特定の行為を禁止し，これにより，事業者について禁止される不当な取引制限及び私的独占に対応する行為が禁止される（1号）ほか，競争の実質的制限に至らない事業者の数の制限（3号）と構成事業者の機能活

動の制限（4号）も禁止され，さらに不公正な取引方法の強制・勧奨も禁止されている（5号）。

独占禁止法8条は，事業者団体の次の行為を禁止する。
① 一定の取引分野における競争を実質的に制限すること（1号）
② 不当な取引制限又は不公正な取引方法に該当する事項を内容とする国際的協定又は国際的契約をすること（2号）
③ 一定の事業分野における現在又は将来の事業者の数を制限すること（3号）
④ 構成事業者の機能又は活動を不当に制限すること（4号）
⑤ 事業者に不公正な取引方法に該当する行為をさせるようにすること（5号）

なお，独占禁止法8条は，2項から4項までに，事業者団体の届出制度を定めていたが，情報化の進展により，事業者団体の設立等について届出を求める必要性がなくなってきていた。このため，同制度は，平成21年法改正により廃止された。

わが国では，これまで事業者団体による独占禁止法違反事件が多く，しかも，その活動を規制する独占禁止法8条の規定は抽象的であり，事業者団体のどのような行為が法に違反するのかあらかじめ判断しにくい場合もみられた。このため，公正取引委員会は，事業者団体の違反行為の防止と適正な活動に資するよう「事業者団体の活動に関する独占禁止法上の指針」（事業者団体ガイドライン）を作成し，公表している（平成7・10・30, 最新改定平成22・1・1）。これは，事業者団体の行為を12の類型に分け，それぞれについて独占禁止法との関係及び考え方を，実際の活動に即して示したものである。

このほか，特定の業種又は行為についての事業者団体のガイドラインとして，「医師会の活動に関する独占禁止法上の指針」（昭和56・8・7），「公共的な入札に係る事業者及び事業者団体の活動に関する独占禁止法上の指針」（平成6・7・5），「リサイクル等に係る共同の取組に関する独占禁止法上の指針」（平成13・6・26）及び「資格者団体の活動に関する独占禁止法上の考え方」（平成13・10・24）がある。

(2) **事業者団体の行為**

事業者団体の行為であるというためには，団体としての意思決定があり，それが構成事業者に遵守すべきものとして認識されていなければならない。しかし，団体としての意思決定は，必ずしも総会，理事会等定款・規則上の機関の決定による必要はないのであり，構成事業者にとり，当該決定内容が従来の慣行，経緯等からみて団体の意思であり，これを遵守すべきものと理解されていれば足りる。

2　事業者団体によるカルテルの規制

事業者団体は，「一定の取引分野における競争を実質的に制限すること」に該当する行為をしてはならない（8条1号）。

これは，事業者団体がカルテル等を行うことを禁止した規定である。カルテルは，事業者間の共同行為（2条6項）として行われるほか，事業者団体によっても行われる。したがって，事業者団体のカルテルを禁止する本号は，事業者間のカルテルである不当な取引制限の定義規定（2条6項）及びその禁止規定（3条後段）に対応する。不当な取引制限の定義規定が「対価を決定し，維持し，若しくは引き上げ，又は数量，技術，製品，設備若しくは取引の相手方を制限する等」と行為類型を具体的に例示するのに対し，本号は，規制対象となる行為類型について特に規定していない。したがって，事業者団体が構成事業者の事業活動に係る対価の決定・維持・引上げ，数量・技術・規格・設備・取引の相手方の制限，原料の割当て，出荷比率の決定等を行い，それにより一定の取引分野における競争が実質的に制限される場合には，すべて本号に違反する。しかし，不当な取引制限における各行為類型の例示は，共同行為の内容を限定するものではないから，本号の行為類型との間に実質的な差異はない。事実，事業者間のカルテルにおいても，事業者団体のカルテルにおいても，同様の行為が行われている。また，不当な取引制限においては，「公共の利益に反して」が要件とされるのに対し，本号にこの要件はない。しかし，本号の競争の実質的制限の解釈として不当な取引制限の「公共の利益に反して」という要件と実質的に同一の取扱いがなされているから，この点においても，事業者間のカルテルと事業者団体のカルテルとの間に実質的に差異はない。したがって，両者の最も大きな違いは，行為主体を事業者とするか，又は事業者団体と

するかの点にある。このほか，本号は，単に「一定の取引分野における競争を実質的に制限すること」と規定するのみであるから，事業者団体の構成事業者が属さない取引分野（例えば，取引先事業者の取引分野）における競争を実質的に制限する場合や，取引段階を異にする事業者から成る事業者団体の行為であっても違反となる。

　さらに，本号は規制対象となる行為類型を限定しておらず，事業者団体が私的独占の要件である他の事業者の事業活動の排除又は支配に相当する行為を行うことも本号の対象になる。

　事業者団体のカルテルといえども，団体を構成するのは事業者であるから，あるカルテルが行われた場合，それが事業者団体の行為であるか，又は，事業者間の共同行為であるかについて，明確に峻別できる場合はむしろ少ないといえよう。このため，あるカルテルに対し，独占禁止法3条後段を適用するか，又は，本号を適用するかについて，判断の分かれる場合も起こり得る。この点につき，最高裁は，石油価格カルテル刑事事件（昭和59・2・24最判・審決集30巻244頁）においてではあるが，「不当な取引制限行為が事業者団体によって行われた場合であっても，これが同時に右事業者団体を構成する各事業者の従業者等によりその業務に関して行われたと観念しうる事情のあるときは，右行為を行ったことの刑責を事業者団体のほか各事業者に対して問うことも許され，そのいずれに対し刑責を問うかは，公取委ないし検察官の合理的裁量に委ねられている」と判示している。

　公正取引委員会は，カルテルに対し，昭和47年頃までこれを事業者団体の違反行為として本号を適用する例が多かったが，その後は事業者間の不当な取引制限として独占禁止法3条後段を多く適用している。一般に，事業者団体において構成事業者の数が多い場合は，意思決定が団体の機関により行われることが多く，このようなときには，事業者団体の違反行為とみる方が妥当であることが多いであろう。これに対し，寡占業界における事業者団体のように，構成事業者の数が少ない場合は，たとえ団体の意思であるかのような体裁をとっていても，実態は各事業者の主体性が強く反映し，これら事業者間の共同行為とみるべき場合も少なくない。このような場合は，むしろ独占禁止法3条後段の適用が妥当であると考えられる。

本号違反の行為としては，これまで対価の決定・引上げに係るカルテル及び受注予定者の決定（いわゆる入札談合）に係るものがほとんどである（沖縄県ビルメンテナンス協会事件（平成5・5・14勧告審決・審決集40巻95頁），全国モザイクタイル工業組合事件（平成6・5・30勧告審決・審決集41巻183頁），日本機械保険連盟事件（平成9・2・5勧告審決・審決集43巻339頁））。このほか，数量の制限に係る事件，取引先の制限に係る事件，共同販売又は一手購入に係る事件も発生している。また，事業者団体が構成事業者の取引先卸売業者に対し小売業者にアウトサイダーからの仕入れを中止させた共同ボイコットを独占禁止法8条1項5号（現8条5号）及び本号違反とした裁判例がある（日本遊戯銃協同組合事件・平成9・4・9東京地判・審決集44巻635頁）。事業者団体の情報交換活動については，それが構成事業者に正確で豊富な情報を与え，その事業活動をより合理的にする限りでは，競争に好ましい効果をもたらすものといえる。しかし，その一方で，事業者団体における情報交換活動は，価格，数量等のカルテルに利用されやすく，特に寡占業界においてその傾向は強い。このような行為により価格，数量等についての制限が生じ，市場の競争が実質的に制限されるならば，本号に違反する。

　事業者団体ガイドラインは，事業者団体のカルテルについて，次のとおりの考え方を示している。

①　事業者団体が，事業者に係る価格，数量，顧客・販路，設備等重要な競争手段である事項について制限することや新たな事業者の参入を制限すること等は，原則として本号に違反する。

②　事業者団体が，商品又は役務の種類，品質，規格等や営業の種類，内容，方法等について制限することは，主として本号以外の独占禁止法8条各号の規定との関係が問題となるが，これらの行為により市場における競争が実質的に制限されることもあり，その場合には，本号に違反する。

③　事業者団体の行う情報活動，経営指導及び共同事業のなかには，独占禁止法上の問題を特段生じさせないものも多いが，その活動のいかんによっては，本号に違反する場合もあり得る。

　次に，事業者団体が独占禁止法8条の規定に違反したときは，公正取引委員

会は，当該事業者団体に対し，違反行為の差止め等の措置を命ずることとなる（8条の2第1項）。

また，独占禁止法8条1号の規定に違反するカルテルのうち対価に係るもの等については，公正取引委員会は，当該事業者団体の構成事業者に対して，課徴金の納付を命ずることとなる（8条の3）。

〔事例〕広島県石油商業組合広島市連合会事件（平成9・6・24審判審決・審決集44巻3頁）

広島県石油商業組合広島市連合会（市連合会）は，広島県石油商業組合（県石商）の広島市及びその周辺地区に所在する支部の連合体であり，これらの地区で石油製品の販売業を営む者を会員としている。市連合会は，県石商とは別に規約を定め，独自の活動を行っている。市連合会は，平成4年春以降の普通揮発油の仕切価格の上昇分を小売価格に転嫁するため，会員の小売価格を引き上げ，周知徹底を図ることを決定し，実施した。これに対して，審決は，市連合会は事業者団体に該当するところ，会員の普通揮発油の小売価格の引上げを決定することにより，広島地区の普通揮発油の小売分野における競争を実質的に制限しているものであって，独占禁止法8条1項1号（現8条1号）の規定に違反するとした。

コラム 政府規制とカルテル──大阪バス協会事件

政府規制を内容とする事業法は，自由競争を標榜する独占禁止法との間で，その内容において，時には抵触関係を生じさせることがないではない。このように，2つの法制度が抵触するような場合に，いずれの法原理を優先させるべきか，ないしはいかに法令を適用すべきかは，重要な問題である。

例えば，事業法が運賃認可制をとる場合において，事業者ないし事業者団体が共同して認可申請するときの両法の適用関係などがこれに当たる。

まず，個別申請・個別認可制をとる制度の下で，認可申請を制限するカルテルが8条4号違反となることについては異論がない（群馬県ハイヤー協会事件・昭和57・12・17勧告審決・審決集29巻82頁）。

また，一定の金額幅での認可制をとるいわゆる幅運賃制の下で，運賃競争を制限するカルテルは8条1号違反となる（三重県バス協会事件・平成2・2・2勧

告審決・審決集36巻35頁)。

　それでは，実勢価格が認可幅の下限価格を下回る状況下で，この下限価格を下回る額のカルテルが行われた場合は，どうであろうか。この点が争われたのが大阪バス協会事件（平成7・7・10審判審決・審決集42巻3頁）である。

　同事件において，被審人は，道路運送法と独占禁止法とは特別法・一般法の関係に立ち，前者が自由な競争の余地を否定している範囲においては，後者の適用はなく，したがって，幅運賃の下限価格を下回る額（道路運送法上違法な取引条件）のカルテルをしたとしても，それは，道路運送法上自由な競争の余地を否定している範囲での問題であり，独占禁止法の適用はないと主張した。

　これに対して，審決は，次の考え方により，被審人の主張を退けている。

　まず，審決は，運賃等の認可は，私人間の個別的契約締結行為を前提に，これを補充してその法律上の効果を完成させる補充行為と呼ばれる行政行為であって，一般統治権に基づく下命と呼ばれる行政行為とは異なるとし，認可制度により法律的な秩序そのものが形成されることはなく，同制度が独占禁止法の規律する競争秩序を規定，拘束することはないという意味において，これら2つの法律間に特別法・一般法の関係はないとした。

　審決のこのような考え方からすれば，本件カルテルにつき適用除外規定がない以上，直ちに違反とされるかとも思えるが，そうではなく，審決は，さらに次のように続けている。

　すなわち，その価格協定が制限しようとしている競争が刑事法典，事業法等他の法律により刑事罰等をもって禁止される違法な取引（阿片煙の取引等）又は違法な取引条件（本件のような法定幅・認可幅を外れている場合）に係るものであるときは，特段の事情がない限り，排除措置を講じて自由な競争をもたらしてみても，独占禁止法の目的に沿うものではなく，したがって，2条6項，8条1項1号（現8条1号）の「競争を実質的に制限すること」との構成要件に当たらず，排除措置の対象とはならないとした。

　そして，特段の事情として，(i)当該取引を禁止する法律が確定した司法部の判断等により法規範性を喪失しているとき，及び(ii)(a)事業法等他の法律の禁止規定にかかわらず，これと乖離する実勢価格による取引，競争が継続して平穏公然と行われており，かつ，(b)その実勢価格による競争の実態が，独占禁止法の目的に

照らし，排除措置を命ずることを容認し得る程度にまで肯定的に評価されるときを挙げている。

本件については，上記(ii)の場合に当たり，(a)の要件は満たすものの，(b)の要件については，審査官の立証不足を理由に排除措置を命ずることを肯定し得ないとした。(b)の要件について，審決は，仮に，運輸省（当時）が単なる行政指導の域を超えて，事業法に基づく事業改善命令，免許取消し等の行政処分や刑事告発など，法律上の効果をもたらす権限を行使したことが全くなかったとの事実が証明されておれば，同要件を満たしていたであろうとしている。

本件は，規制緩和が進む中で，政府規制分野における独占禁止法適用のあり方について，公正取引委員会の考え方を示すものとして，関係者の注目を集めた事件であった。

3 事業者団体によるその他の競争制限に対する規制

事業者団体の独占禁止法違反行為は，その多くが競争を実質的に制限するカルテル（8条1号）であるが，その他の違反行為も少なくない。

ここでは，これらのうち，事業者団体による事業者の数の制限（同条3号）及び構成事業者の機能又は活動の制限（同条4号）について述べることとする。

なお，事業者団体による不当な国際的協定等の締結（同条2号）については，これまで適用例はないので，ここでの言及は省略する。また，事業者に対する不公正な取引方法の勧奨，強制（同条5号）については，生コンクリートの事業者団体が構成事業者を組合員とする協同組合をして取引先に対しアウトサイダーと取引しないことを条件として取引させるようにした後記滋賀県生コンクリート工業組合事件や前記日本遊戯銃協同組合事件のように事業者団体がアウトサイダーを排除しようとする行為が本号違反とされることがある。本号違反事件については，**第4章**での叙述に譲ることとする。

(1) 一定の事業分野における事業者の数の制限

事業者団体は，「一定の事業分野における現在又は将来の事業者の数を制限すること」に該当する行為をしてはならない（8条3号）。

本号は，事業者団体が一定の事業分野に新たに事業者が参入してくるのを阻止したり，既存の事業者を排除することにより，当該事業分野における事業者の数を制限することを禁止する。このような行為は，既存の事業者の権益を擁護するために多く行われる。

　ここにいう「一定の事業分野」とは，競争関係にある一群の事業者の活動範囲をいい，主として供給者側又は需要者側のいずれかに着目した概念である。「事業者」は，当該事業者団体の構成事業者と同一の事業分野に属する者であるか否かを問わない。「現在の……事業者の数を制限する」とは，事業者の数を現状に固定したり，現存する特定の事業者を排除することであり，これは当然に「将来」の事業者の数の制限とも関連する。「将来の事業者の数を制限する」とは，新規参入を妨げることであり，そのための手段として，事業者団体への加入阻止が多く使われる。事業者の数を制限する方法・手段は問わない。一般に，数の制限は，既存業者の休廃業の強制，新規業者の開業の妨害となって現れ，その手段として事業者団体への加入制限が用いられることもある。

　事業者団体ガイドラインは，事業者団体が参入制限等に関する行為を行うことは，本号など独占禁止法8条各号のいずれかの規定に違反することを明らかにしている。

　本号違反の事例は，その多くが当該事業者団体へ加入していなければ事業を行うことが困難な状況を利用して，同団体への加入を拒否又は制限することにより，事業者の数を制限したものである。千葉市医師会開業制限事件（昭和55・6・19勧告審決・審決集27巻39頁）では，地区医師会の非会員は業務上必要な便宜を受けられない状況の下で，千葉市医師会が病院の開設等に制限を加えることにより医師の開業を困難にしていることが本号に違反するとされた（同種事件，観音寺市三豊郡医師会事件（平成13・2・16東京高判・審決集47巻545頁））。また，大阪兵庫生コンクリート工業組合事件（昭和59・6・4同意審決・審決集31巻7頁）では，大阪府及び兵庫県において大阪兵庫生コンクリート工業組合の組合員が総販売量の大部分を占めている状況の下で，同組合が原料の供給者であるセメントメーカーの協力を得る等して，非組合員による生コンクリートの製造設備の新増設を阻止していることが本号に違反するとされた（同種事件，滋賀県生コンクリート工業組合事件（平成5・11・18勧告審決・審決集40巻171頁））。

(2) 構成事業者の機能又は活動の制限

事業者団体は,「構成事業者……の機能又は活動を不当に制限すること」に該当する行為をしてはならない（8条4号）。

本号は,事業者団体が構成事業者の機能又は活動,すなわち,構成事業者の事業上の組織,規模又は価格の決定,生産・販売数量の決定,取引先の選択等一切の事業活動に対し,何らかの制限を加える場合を規制の対象とする。事業者団体の活動自体は,構成事業者に当然に一定の制限を課すこととなるが,本号はこれをすべて否定するのではなく,それが「不当」である場合に違法とする。ここに「不当」とは,公正かつ自由な競争の維持・促進の観点から判断される。一般に,本号違反の行為は,事業者団体が構成事業者に対して課す価格,数量,設備,製品,技術,取引方法,営業方法等についての制限である。

なお,事業者団体がこれらの制限を課すことにより,「一定の取引分野における競争を実質的に制限する」場合は,独占禁止法8条1号が適用される。したがって,本号は,一定の取引分野における競争を実質的に制限するに至らないまでも,競争に無視し得ない影響を与える場合を規制の対象とし,1号の補完規定ともなっている。このため,事業者団体ガイドラインは,事業者団体が行う価格,数量,顧客・販路,設備等及び参入等に関する制限行為について,これらが独占禁止法8条1号に違反するに至らない場合であっても,原則として本号に違反することを示している。これは,これらの行為類型について,事業者団体の構成事業者のシェアの合計が高く,また,価格のように競争の重要な要素に対する制限が行われた場合のように,競争制限の程度が高いときには1号が,そうでないときには4号が適用されることを意味している。

本号違反の審決例を,主な態様別に挙げれば次のとおりである。

ア 価格の制限

①事業者団体の構成事業者のシェアの合計が低い場合　　岡山県被服工業組合事件（昭和48・6・29勧告審決・審決集20巻41頁）

本件では,同組合の全国市場におけるシェアが,男子少年用学校制服及びスポーツ服については50％以上,作業服,婦人少女用学校制服,男子少年用ズボン等については約13％から約27％の間にあるところ,これらの製品の販売価格引上げ決定は,男子少年用学校制服及びスポーツ服については独占禁止法8条

1項1号（現8条1号），その他の製品については4号にそれぞれ違反するとされた。

②特定のメーカーの販売店のみによる価格制限の場合　大阪キッコーマン会事件（昭和43・8・10勧告審決・審決集15巻40頁）

本件は，キッコーマン醤油の販売店で構成する大阪キッコーマン会の価格決定事件であり，同会員の大阪府内におけるシェアの合計は約31％にすぎず，価格の制限ではあるが，独占禁止法8条1項1号（現8条1号）ではなく，4号が適用された。

③届出料金の引上げを契機に実勢料金引上げに努力しようとする決定は認められるものの，それが実勢料金に影響を及ぼし，競争の実質的制限が生じたとまでは認められない場合　日本冷蔵倉庫協会事件（平成12・4・19審判審決・審決集47巻3頁）

イ　取引条件の制限

大阪東丸会事件（昭和43・8・10勧告審決・審決集15巻45頁）

本件では，販売価格の決定とリベート額の決定が行われた。

ウ　設備の新増設等の制限

構成事業者の製造設備の新設，病院の増床等を制限又は禁止すること等がこれに当たる。

日本ポリオレフィンフィルム工業組合事件（昭和50・3・7勧告審決・審決集21巻255頁），観音寺市三豊郡医師会事件（前掲），四日市医師会事件（平成16・7・27勧告審決・審決集51巻471頁）

エ　店舗の開設・移転等の制限

構成事業者の店舗の開設・移転，病院の診療科目の追加等を制限又は禁止すること等がこれに当たる。

東京都電機小売商業組合玉川支部事件（昭和51・1・16勧告審決・審決集22巻121頁），観音寺市三豊郡医師会事件（前掲），四日市医師会事件（前掲）

オ　顧客争奪の制限

関東地区登録衛生検査所協会事件（昭和56・3・17同意審決・審決集27巻116頁），東日本おしぼり協同組合事件（平成7・4・24勧告審決・審決集42巻119頁），三重県社会保険労務士会事件（平成16・7・12勧告審決・審決集51巻468頁）

カ　営業方法の制限

安売り広告の禁止，広告活動の制限等がこれに当たる。

大牟田薬業組合事件（昭和40・10・5勧告審決・審決集13巻84頁），浜北市医師会事件（平成11・1・25勧告審決・審決集45巻185頁），石川県理容環境衛生同業組合金沢支部事件（平成12・4・26勧告審決・審決集47巻259頁），三重県社会保険労務士会事件（前掲），滋賀県薬剤師会事件（平成19・6・18排除措置命令・審決集54巻474頁）

キ　原材料の購入先の制限

西日本特殊ゴム製版工業組合事件（昭和43・5・11勧告審決・審決集15巻15頁）

本件では，非組合員の進出阻止と価格維持を図るため，組合員の購入先を組合のみとし，組合の購入先を指定代理店とすること等を決定した。

ク　規格の制限

教科書協会事件（平成11・11・2勧告審決・審決集46巻347頁）

ケ　販売地域の制限

全国病院用食材卸売業協同組合事件（平成15・4・9勧告審決・審決集50巻335頁）

コ　輸入品の販売の制限

東京都自動車硝子部会事件（平成12・2・2勧告審決・審決集46巻390頁）

さらに，事業者団体が，商品・役務の種類，品質，規格等又は営業の種類，内容，方法等に関連して，自主基準を設定し，また，自主規制を行う場合がある。事業者団体ガイドラインによれば，このような活動については，次のように考えられている。まず，このような活動は独占禁止法上の問題を特段生じないものが多いが，活動の内容，態様等によっては，多様な商品・役務の開発・供給等又は多様な営業の種類，内容，方法等に係る競争を阻害することとなる場合もあり，独占禁止法8条4号に違反するかどうかが問題となることもある。自主規制等の競争阻害性の有無は，①競争手段を制限し需要者の利益を不当に害するものではないか及び②事業者間で不当に差別的なものでないかの判断基準に照らし，③社会公共的な目的等正当な目的に基づいて合理的に必要とされる範囲内のものかの要素を勘案しつつ判断される。事業者団体が自主規制等の利用・遵守を構成事業者に強制することは，一般的には独占禁止法上問題となるおそれがある。

4　協同組合に対する適用除外

　中小企業者や消費者は，大企業と比較して経済力が劣るため，中小企業者らが市場における有効な競争単位となるためには，これらを組織化することにより，実質的に経営規模を拡充し，競争力を強化する必要がある（中小企業等協同組合法1条参照）。このため，中小企業者らに対して，それらがある程度共同行為を行うことを認める必要がある。

　独占禁止法22条は，次の各号の要件を備え，かつ，法律の規定に基づいて設立された組合の行為には，独占禁止法を適用しないことを定めている。

① 小規模の事業者又は消費者の相互扶助を目的とすること
② 任意に設立され，かつ，組合員が任意に加入し，又は脱退することができること
③ 各組合員が平等の議決権を有すること
④ 組合員に対する利益分配を行う場合には，その限度が法令又は定款に定められていること

　前記①の「小規模の事業者」に当たるか否かについては，法律によって具体的に定められており，例えば，中小企業等協同組合法（同法7条）では，資本金3億円（小売業・サービス業にあっては5000万円，卸売業にあっては1億円）以下又は従業員数300人（小売業にあっては50人，卸売業又はサービス業にあっては100人）以下の者は，小規模の事業者として取り扱うことになっている。ただし，従業員数が前記の人数以下の中小企業であっても，大企業の子会社であるなど実質的に小規模の事業者でないと認められる場合があることから，同法107条は，公正取引委員会は従業員数が100人を超える者が実質的に小規模の事業者でないと認めるときは，その者を組合から脱退させることができることを規定している。この規定に基づき中小企業等協同組合から脱退が命じられた事件として次のようなものがある。

　アサノコンクリートは，日本セメントの全額出資の子会社で，従業員数235名であるところ，同社は東京都西部及び埼玉県南部の地域で生コンの共同販売事業を行っている協同組合に加入していた。審決は，協同組合に「大規模セメント業者の子会社であって，実質的に小規模な事業者でない者が加入している

ことは，そもそも，独占禁止法が中小規模の事業者の相互扶助を目的とする事業協同組合の行為を適用除外しているという趣旨にもとる」として，同社に対し，各生コン協同組合からの脱退を命じた（昭和50・1・21勧告審決・審決集21巻329頁）。

前記①から④までの要件を備え，かつ，法律の規定に基づいて設立された組合としては，中小企業等協同組合法，農業協同組合法，水産業協同組合法，消費生活協同組合法等に基づく組合を挙げることができる。適用除外される「組合の行為」は，各協同組合法が定める「組合に固有な行為」のみを指す。したがって，組合がこれらの法律に基づいて，「生産，加工，販売，購買，保管，運送，検査その他組合員の事業に関する共同事業（旧規定では「共同施設」）」（中小企業等協同組合法9条の2第1項1号参照）（共同経済事業）を行う場合には，独占禁止法は適用されない。

網走管内コンクリート製品協同組合は，中小企業等協同組合法に基づいて設立された事業協同組合であるものの，特定コンクリート2次製品について，需要者ごとに契約予定者として組合員等のうち1社を割り当て，その販売価格に係る設計価格からの値引き率を10％以内とすることを決定した。この決定は，同協同組合の実施する販売について定めたものではなく，組合員等の需要者に対する特定コンクリート2次製品の販売について取引の相手方及び対価を制限することを定めたものであって，22条に規定する組合の行為に該当せず，独占禁止法の適用を受け，8条1号に違反する（平成27・1・14排除措置命令・審決集61巻登載予定）。

また，前記①から④までの要件を備えていることが独占禁止法適用除外の必要条件であるから，農業協同組合法（同法9条）や水産業協同組合法（同法7条）のように，「組合は，独占禁止法の適用については，これを同法22条1号及び3号に掲げる要件を備える組合とみなす」というような規定がある場合は別として，同要件を備えていない場合には適用除外にならないことはいうまでもない。例えば，小規模の事業者以外の者が加入していた関西板硝子卸商協同組合が板ガラスの卸売価格を協定した事件に対して，独占禁止法8条1項1号（現8条1号）が適用されており（昭和46・6・9勧告審決・審決集18巻26頁），また，加入の自由を制限していた富山県呉西魚商業協同組合が組合員の店舗の開設を制限していた事件に対しては，独占禁止法8条1項4号（現8条4号）が適用され

ている（昭和43・5・10勧告審決・審決集15巻11頁）。

　独占禁止法22条各号の要件を備え，かつ，法律の規定に基づいて設立された組合の行為であっても，「不公正な取引方法を用いる場合又は一定の取引分野における競争を実質的に制限することにより不当に対価を引き上げることとなる場合」は，適用除外とはならない（22条ただし書）。不公正な取引方法を用いることは競争力を強化する方法としては公正なものではないし，また，価格の不当な引上げは共同行為を認めた趣旨を逸脱し弊害があるとの考え方に基づくものである。

第3節　非ハードコア・カルテル

1　主要な類型

　事業者は，市場経済の下で，他の事業者とかかわりなく事業活動を行っているわけではない。事業者が取引先事業者に働き掛けを行うだけでなく，競争事業者に働き掛けることもある。事業者が競争事業者に働き掛けを行う場合，市場における競争を回避するために行われることも多いが，市場における競争に打ち勝つために行われることもある。

　事業者が市場における競争を回避するために競争事業者に働き掛ける代表的な例は，不当な取引制限となる価格カルテルが行われる場合であり，価格について明示的な合意がなされないとしても，競争を回避するために行われる競争事業者間の価格に関する情報交換が不当な取引制限として問題とされることもある。一方，事業者は競争を行うためにも情報収集を行っており，その情報収集活動の一環として競争事業者と情報交換を行うこともある。このように事業者が競争事業者との間で種々の活動を実施しても独占禁止法上問題ない場合があることは，多くの業界において事業者団体が設けられ，業界全体の課題の解決や業界の発展を図るための活動が行われていることからも明らかである。

　また，事業者が市場における競争に打ち勝つため（ないし競争に負けないようにするため）に競争事業者に働き掛ける代表的な例は，合併の申出である。事業者が合併を行う際には独占禁止法15条の対象となるが，合併するに至らないま

でも生産・販売活動や研究開発活動などについて共同で事業活動を行うこともあり，このような事業活動の共同化は一般に「業務提携」とか「事業提携」などと呼ばれている。

　第1節1で説明したとおり，市場における競争を制限すること自体を目的としていないため原則的には独占禁止法上問題とならないものの，競争秩序に及ぼす影響いかんによって独占禁止法上問題となることがあるような競争事業者間の共同行為は，非ハードコア・カルテルと呼ばれることがある。

　この非ハードコア・カルテルといわれる共同行為の具体的な内容は多様であって，その中には，規格の統一など業界全体で取り組まなければ十分な効果が期待できないため，業界全体で実施するのが望ましいとされるものもある。一方，市場における競争力を強化するために実施される業務提携等は，他の競争事業者に対抗するためのものであるので，市場における一部の事業者間で行われることが多い。この業務提携等は合併より弱い事業者間の結合であって，その競争秩序に及ぼす影響も合併などの企業結合事案の場合より小さいものとなる。このため，この業務提携等の当事者の市場シェア合計などから，仮に当事者間で合併が行われたとしても独占禁止法上問題とならないことが企業結合ガイドラインから判断できるようなものであれば，当該業務提携等も独占禁止法上問題ないと判断してよいと考えられる。

　なお，公正取引委員会では，非ハードコア・カルテルに該当するような共同行為を行おうとする事業者からの事前相談に応じており，その主要な事例について，「独占禁止法に関する相談事例集」として取りまとめるなどして，同委員会のホームページ上などで公表している。

　ここでは，非ハードコア・カルテルといわれることがある事業者間の共同行為のうち主要なものについて概説する。

コラム　運輸業における業態間競争に対応するための共同行為

　異なる鉄道事業者間における旅客列車の直通運転や高速バスなどの共同運行など，運輸業界においては同業者間の業務提携などの共同行為が数多く行われている。

　鉄道の直通運転については，乗換えをなくすことによる所要時間の短縮や駅な

どの混雑緩和といった利用者の利便を向上させるだけでなく，他の鉄道事業者の路線を含め競合する交通機関に対する競争力を高めることにより乗客を増加させる効果がある。そして，直通運転を行う鉄道事業者の路線間には競合関係がないのが通常であるため，これが独占禁止法上問題となることはないと考えられる。

一方，高速バスの共同運行については，発着地を同じくする鉄道路線などとの競争関係は維持されるものの，物理的には単独での運行が可能であるバス事業者間において行われるものであるので，当該高速バスが運行されている路線における競争が減少することとなる。

しかし，高速バスを単独のバス事業者が運行しようとすると，着地が当該バス事業者の通常の営業区域外にある路線では円滑な事業活動に支障が生じたり，各バス事業者が乗客の多い時間帯を中心に運行するため採算面で事業継続が困難となったり，運行ダイヤ面で乗客の利便を損なうおそれもあるため，高速バスについて単独のバス事業者では運行が難しい場合には，バス事業者間の共同運行を認めることが競争政策上も好ましいものとなる。

高速バスの共同運行に係る独占禁止法上の取扱いについては，公正取引委員会は，平成9年に，「事業者が単独で参入しにくい場合において，新規路線を開設するために行われる共同経営に関する協定は，路線分割，市場分割を行う協定を除き，原則として独占禁止法上問題とはならない」などとする考え方を示している。さらに，平成15年に東北地区で高速バスを共同運行していた事業者に係る独占禁止法違反被疑事件を処理したことを踏まえ，公正取引委員会は，平成16年に，このような高速バスの共同運行について原則として独占禁止法上問題とならない場合を明確化した「高速バスの共同運行に係る独占禁止法上の考え方」（平成16・2・24）を公表している。

また，国内の長距離間の旅客運送に係る業態間の競争として新幹線と航空便の例があるが，同じ航路で航空便を運航する全航空会社が新幹線に対抗するために協調した事例として，平成12年7月から運航が開始された東京（羽田・成田）－大阪（伊丹・関西国際・神戸）線におけるシャトル便がある。シャトル便に係る航空3社間の提携内容は次のとおりであるが，シャトル便が新幹線のダイヤ編成などにも大きな影響を与えたといわれている。

東京－大阪線におけるシャトル便は，大都市間を高頻度・低運賃で結び，事前

予約なしで搭乗できる航空便として米国で発達したシャトル便にならって，当時，東京－大阪線で航空便を運航していたJAL，ANA及びJAS 3社で運航ダイヤを調整するとともに，空席案内や予約などが行える3社共同のホームページを開設するなどして利用者の利便を図り，いずれかの航空会社の東京－大阪線の往復チケットを購入すれば，帰りの航空便については他の航空会社のものでも利用できるものであった。なお，シャトル便では運賃の共通化などが実施されたが，これについては「独占禁止法に抵触するのではないか」との指摘もなされた（堀内重人『新幹線vs航空機』（東京堂出版，2012年）174頁）。

シャトル便の発足当初における東京－新大阪間の新幹線の運航ダイヤは，ひかり・こだま中心のものであって，のぞみの本数も比較的少なく，また，のぞみの運賃・料金とシャトル便の運賃がほぼ同様であったこともあって，ビジネス客を中心としてシャトル便の利用者が増加した。

しかし，その後，新幹線側ではエクスプレス予約の開始（平成13年9月），品川駅開業（平成15年10月）に伴う大規模なダイヤ改正時に，のぞみについて大幅増発，自由席の導入，特急料金の値下げなどが行われ，新幹線の利便性が向上したことから，東京－大阪間のビジネス需要におけるシャトル便の優位性が低下している。さらに，平成16年のJALとJASが経営統合後にJALとANAとの間の協調関係が低下したこと，規制緩和により低運賃の新規航空事業者が参入したことなどにより，現在でもJAL及びANAはシャトル便往復割引制度を存続させているが，シャトル便の積極的な販売活動などは行われなくなっている。

2　情報交換活動

　事業者が何らかの意思決定を行う際には，まず，必要な情報を収集することになるが，この情報収集活動の一環として競争事業者との間で情報交換を行うこともあろう。

　事業者間で情報交換が行われる目的や交換される具体的な情報には様々なものがあり，そのため，情報交換活動が競争秩序に及ぼす影響も区々であり，競争事業者間の情報交換活動について独占禁止法上一般的に評価をすることはで

きない。

　しかし，情報交換を行うに当たってもそれなりのコストを要するので，競争事業者間で情報交換活動が継続的に行われる場合には，そのコストを上回る利益が各事業者に生じているものと考えられる。競争事業者間で行われる情報交換活動で各事業者にとって利益が大きいものは，各事業者の販売価格や取引先に係るものなど，本来は企業秘密として社外には開示されないようなものであり，このようなものにつき継続的に情報交換が行われているとすると，実質的には価格カルテルなど独占禁止法に違反するものと評価される可能性が高いと考えられる。例えば，一般競争入札が行われる場合に各事業者の受注意欲（どの発注物件につき受注しようとして応札するか）につき情報交換をすることは入札談合につながるものであり，独占禁止法上問題となる可能性が高く，指名競争入札が一般的であった時代に作成・公表された「公共的な入札に係る事業者及び事業者団体の活動に関する独占禁止法上の指針」（公共入札ガイドライン）第二の１(2)の留意事項１－１－１でも同趣旨の説明がなされている。

　なお，業界全体の統計データや顧客の信用情報など事業活動を行う際に有益な情報を収集し，各事業者に提供するといった情報収集・情報提供については業界団体の活動として行われることが多いが，その独占禁止法上の取扱いについては事業者団体ガイドライン第二の９で明らかにされている。

　さらに，例えば，メーカーと流通業者との間で商品の売れ行き情報につき情報交換がなされる場合など，競争事業者間ではなく，取引関係のある事業者間で情報交換が行われることもあるが，このような情報交換は通常の取引関係の一環として行われることが多く，独占禁止法上の問題となることは少ないと考えられる。

3　共同研究開発

　事業者が新技術や新製品を開発する際に，各事業者の有する技術の相互利用や研究開発に要するコストの削減などを目的として，共同研究開発が行われることがある。

　この共同研究開発の当事者となる事業者間の関係は様々であり，各事業者の販売商品につき競争関係にある事業者だけでなく，取引関係にある事業者間で

行われることもあり，さらに，関連する技術を有しているものの販売商品につき競争関係も取引関係もない事業者間で行われることもある。

共同研究開発が独占禁止法上問題となるのは「一定の取引分野における競争の実質的制限」となる場合であるが，「一定の取引分野」は商品が取引される場（市場）であるので，一般的なメーカー間の共同研究活動が市場における競争に影響を及ぼすこととなるのは，研究開発活動により新技術が開発され，当該新技術により新しい製品が製造・販売されてからになり，共同研究開発が競争秩序に及ぼす影響は間接的なものとなる。また，共同研究開発の当事者であるメーカーが共同研究開発の成果である新技術を外部に販売（譲渡・利用許諾）することもあるので，技術の市場との関係で見れば共同研究開発は技術の生産活動を共同化するものとなる。さらに，共同研究開発の対象となる技術や研究が基礎的なものか製品化に直結する応用的なものかという相違があったり，一つの技術が多くの製品の製造に利用されたり，また，同一の用途に用いられる製品が異なった技術を用いて製造されることもあるので，共同研究開発とこれにより影響を受ける市場との関係はかなり複雑なものとなる。

共同研究開発については，公正取引委員会が「共同研究開発に関する独占禁止法上の指針」（共同研究開発ガイドライン）を作成・公表しており，不当な取引制限の観点だけでなく，私的独占や不公正な取引方法の観点を含め，独占禁止法上の考え方が明らかにされている。

この共同研究開発ガイドラインにおいて，不当な取引制限との関係では，まず，共同研究開発は多くの場合には少数の事業者間で行われているので，独占禁止法上問題となるものは多くはないとされている。そして，共同研究開発が例外的に不当な取引制限として問題となるケースとして，寡占産業における複数の事業者や製品市場における競争事業者の大部分の事業者が，各事業者が単独でも行い得るにもかかわらず，当該製品の改良又は代替品の開発について，これを共同で行うことにより参加事業者間で共同研究開発活動を制限し，技術市場又は製品市場における競争が実質的に制限される場合が挙げられている。

〔事例〕**主要な輸送機械メーカー5社による環境対応技術に関する共同研究について独占禁止法上問題ないと判断された事例**（平成26・6・18独占禁止法に関する相談事例集（平成25年度））

輸送機械メーカーの業界においては，地球温暖化防止の観点から輸送機械Ａのエンジンについて温室効果ガスの排出量を低減する新技術の開発が求められているところ，新技術を開発するには，輸送機械Ａに搭載するすべてのエンジン作動時に発生する窒素酸化物の発生等の現象が生じるメカニズム等の基本的な原理を解明することが必要とされている。

本件は，この現象の研究（以下「現象研究」という）に取り組むためには膨大な時間と費用を要することから，輸送機械メーカー各社が独自に取り組むことが困難な状況にあるため，輸送機械Ａのメーカー５社が，共同して，現象研究を大学又は研究機関に委託し，その研究成果を共有するといった取組（以下「本件共同研究」という）を行うことを検討し，公正取引委員会に相談を行ったものである。

輸送機械Ａの製造販売分野における５社の市場シェア合計は約90％であり，本件共同研究の具体的内容は，次のとおりである。

① 本件共同研究の対象は，輸送機械Ａのエンジンに係る現象研究に限られ，エンジンに関する新技術の研究や新技術を利用したエンジンの開発及び研究は各社が独自に行う。

② 本件共同研究の期間は，３年を上限とする。

これら５社からの相談に対し，公正取引委員会は，共同研究開発ガイドラインにおける考え方を踏まえ，市場シェア合計が約90％となる５社による共同研究であるが，上記①及び②を踏まえると，輸送機械Ａ及びそのエンジンにおける製造販売市場及び技術市場の競争に与える影響は小さいと考えられ，独占禁止法上問題となるものではないとの回答を行っている。

4　共同生産・共同販売・共同購入などの業務提携

カルテルは，通常，市場の大部分のシェアを占めるような多くの事業者間で行われるが，少数の事業者間で生産や輸送などにつき共同行為が行われることがある。このような共同行為は，事務の共通化や規模の経済性を実現して経費節減などによる参加各事業者の経営合理化を図ることにより競争力を強化しようとするものであって，一般には「業務提携」などと呼ばれている。このような共同行為の具体的な内容としては，生産，販売，購入，物流の共同化や，生

産の受委託，製品の相互融通など多様なものがあり，また，その競争秩序に及ぼす影響も区々である。

また，業務提携を円滑に実施するため，共同出資会社を設立したり，株式の持合いが行われることもあるなど，その形態も多様なものとなっている。業務提携の際に，共同出資会社の設立や株式取得により企業結合関係が生じるようなものであれば独占禁止法第4章の規制対象となるが，企業結合関係を伴わない業務提携は，不当な取引制限規制の対象となる。

これらの業務提携に係る独占禁止法上の取扱いについては，当事者である事業者の市場における地位や業務提携の具体的内容によって異なり，例えば，市場における競争事業者の全部又は大部分の事業者で，生産面や販売面など競争に大きな影響を及ぼすような業務提携が行われる場合には，通常の生産カルテルや価格カルテルと同様に評価されることになるが，物流の共通化や製品差別化の少ない製品についての相互融通など販売面での競争に及ぼす影響が間接的なものとなる業務提携の場合には，市場シェア合計が比較的高い事業者間で行われるときであっても問題ないとされることもある。

一般的には，多くの業務提携については，①2社間など少数の事業者によって行われるものであること，②市場における競争回避ではなく業務提携当事者の競争力強化を目的として行われるものであること，③業務提携を行う際に当事者から公表されることもあり，業務提携を行っていることが競争事業者などにも明らかになっていることから，それが市場における競争秩序に及ぼす影響を評価する際には，企業結合規制に準じた評価枠組みで検討がなされている。すなわち，業務提携は企業結合のように固い結合ではないが，業務提携に関する事業について関係事業者が一体となって活動を行うものと評価される。このため，当該事業提携が企業結合によるものであっても独占禁止法上問題ないとされるのであれば，企業結合関係を伴わない業務提携は当然に問題とならない。一方，企業結合による場合に独占禁止法上問題となるのであれば，企業結合関係を伴わない業務提携は不当な取引制限として独占禁止法上問題となり得るが，業務提携の場合は関係事業者の一部の事業についてのみ提携がなされるなど競争秩序に及ぼす影響は企業結合の場合より弱いので，具体的な事情を踏まえ独占禁止法上の問題はないと判断されることも多い。

なお，例えば生コン協同組合による生コンクリートの共同販売事業や農業協同組合による農産物の共同販売事業などのように，事業者間の共同販売，共同購入などが協同組合の事業として行われることがあるが，このような協同組合の行為については，独占禁止法22条により原則的に独占禁止法の適用が除外されている。

〔事例〕**市場シェア合計が高い事業者間の生産の受委託について独占禁止法上問題ないと判断された事例**（平成23・6・22独占禁止法に関する相談事例集（平成22年度））

本件は，検査機器Aの市場シェアが10％である検査機器の総合メーカーであるX社が，同機器の生産を中止し，同機器の市場シェア90％の競争事業者Y社に生産を委託してOEM供給を受けること（Y社がX社向けの検査機器Aを製造し，X社はY社から供給を受けた同機器を自社ブランドの商品として販売）を計画して，公正取引委員会に相談したものである。

X社がY社からOEM供給を受けることとしたのは，検査機器Bの有力なメーカーであるZ社が検査機器Aの分野にも新規参入したことにより，販売数量が年々低下している検査機器Aの分野から撤退することも検討したが，検査機器の総合メーカーとしての品揃えを確保する上で検査機器Aの販売を維持することが重要であるとの判断に基づくものである。そして，OEM供給を受ける際には，両社間で秘密保持契約を締結し，両社が独自に販売活動を行い，お互いの販売価格や販売先には一切関与しないこととされている。

このX社からの相談に対し，公正取引委員会は，わが国の検査機器Aの販売市場における市場シェア合計がほぼ100％となる事業者間で生産の受委託がなされるものであるが，①X社は，検査機器Aの製造から撤退せざるを得ないとしていること，②OEM供給によりX社の検査機器の品揃えが充実すれば，2社間の販売活動が活発化することが期待できること，③2社は，お互いの販売価格，販売先等に一切関与せず，それぞれが独自に販売活動を行うとしていること，④Z社が検査機器Aの分野に新規参入したことにより，今後は3社による活発な競争が期待されることとの事情からみて，わが国の検査機器Aの販売市場における競争を実質的に制限するものではなく，独占禁止法上問題となるものではないとの回答を行っている。

5 規格設定・標準化

　事業者が生産することができる製品を一定の基準・規格に合致するものに限定する規格設定・標準化を内容とするカルテルは，各事業者が生産する製品の互換性を確保するものであって，当該製品を供給し得る事業者の範囲を拡大することにより競争が活発化することが期待でき，また，消費者等の需要者の利便に資するものである。

　このような規格設定・標準化のメリットがもたらされるためには，できるだけ多くの事業者が参加することが望ましいが，一方で，その内容が事業者だけでなく需要者にとっても妥当なものであるだけでなく，日々進歩する技術を反映した新たな規格設定や標準化の動きを妨げるようなものであってはならないと考えられる。

　なお，情報通信分野など技術革新が著しい分野において，関連する事業者が共同で規格を策定し，広く普及を進める活動が活発に行われるようになっており，このような標準化活動を推進するに当たって，規格技術に関する特許権者が共同でパテントプールを形成し，必要な特許を一括してライセンスを受けるようになってきたことから，公正取引委員会ではガイドライン（「標準化に伴うパテントプールの形成等に関する独占禁止法上の考え方」）を作成・公表している。そして，このガイドラインでは，標準化活動自体は独占禁止法上直ちに問題となるものではないが，販売価格等の取決め，競合規格の排除などの制限が課されることにより競争が実質的に制限される場合などは独占禁止法上問題となるとの考え方が示されている。

6 社会公共目的の共同行為

　近年においては，安全性の確保や環境保全の観点から規格の統一化や基準の設定を図る動きがあり，このような観点から規格の統一化等が必要であれば本来は公的な規制によるべきであろうが，事業者間又は事業者団体における自主基準による場合でも，一定の取引分野における競争を実質的に制限することは少ないものと考えられている。

　このような社会公共目的の共同行為自体が独占禁止法上問題ないとされる根

拠としては，同法2条6項の「公共の利益に反して」に該当しないためであるとの説明がなされることもあるが，第1節2(5)のとおり，一般には「一定の取引分野における競争の実質的制限」に該当しないためと理解されており，このような共同行為が代表的な非ハードコア・カルテルであるといわれることもある。

なお，社会公共目的の共同行為として挙げられるものとしてリサイクル活動に係るものがあり，このリサイクル活動に係る共同行為の独占禁止法上の取扱いについては，「リサイクル等に係る共同の取組に関する独占禁止法上の指針」(リサイクル等ガイドライン) が作成・公表されている。また，事業者団体に係るものではあるが，事業者団体ガイドライン第二の8(2)においても社会公共目的のための自主規制に係る独占禁止法の考え方が示されている。

第4節　国際カルテルへの参加の禁止

1　国際カルテルに対する規制

経済の国際化がますます進展するに伴い，企業の国際的取引及び外国企業との競争は，より一層活発となってきている。これとともに，外国企業との間のカルテル，いわゆる国際カルテルも生じやすくなる。

国際カルテルとは，第1に，カルテルの当事者に外国の事業者又は事業者団体が参加し，第2に，国際取引の分野における競争を実質的に制限するものをいう。したがって，カルテルの当事者が国内の事業者のみである場合には，たとえそれが国際取引の分野における競争を制限するものであるとしても，国際カルテルとはいわない。

わが国独占禁止法6条は，「事業者は，不当な取引制限……に該当する事項を内容とする国際的協定又は国際的契約をしてはならない」と定め，また，独占禁止法8条2号は，「第6条に規定する国際的協定又は国際的契約をすること」を，事業者団体の禁止行為の一つとして挙げている。これらの規定により，わが国の事業者又は事業者団体が国際カルテルに参加することが禁止されている。また，国際カルテルが独占禁止法2条6項の要件を満たす場合には，

独占禁止法3条後段の規定により規制することも可能である。一方，国際カルテルとは別に，国際取引の分野における競争を実質的に制限するカルテルが，わが国の事業者のみにより行われる場合には，独占禁止法3条後段の適用を受ける。

国際カルテルとは，前述のとおり，わが国独占禁止法上「不当な取引制限……に該当する事項を内容とする国際的協定又は国際的契約」であるから，この場合における「不当な取引制限」の要件である「一定の取引分野」をいかに画定するかが問題となる。国際カルテルの性格上，一定の取引分野を国内市場のみに限定するのは妥当ではないが，一方，これにより競争が制限される国際市場全体とすることも，独占禁止法1条が定める「国民経済の民主的で健全な発達」という目的の範囲を超えているといわなければならない。したがって，一定の取引分野は，国内市場のみに限定せず，わが国の輸出競争に関係する限りにおいて国外市場を含むとするのが妥当である。わが国からの輸出取引の分野が一定の取引分野となることもある。

なお，国際カルテルは，わが国の事業者（団体）と外国の事業者（団体）の間で行われるものであるから，これに参加した国内事業者が複数であることは独占禁止法6条適用の要件とはならない（油井管国際カルテル事件・昭和46・9・14公取委警告・昭和46年年次報告145頁）。

国際カルテルの行為類型としては，国際的な価格協定，生産数量制限，市場分割協定などがあるが，これまで市場分割協定事件が多く発生している。市場分割は，わが国の事業者と外国の事業者との間で国際市場の分割を行うものであり，具体的には，相手方の本国市場や一定地域への輸出の自粛を定めたり，輸出限度量を協定したりするなどの形態をとる（レーヨン糸事件（後掲2）ほか）。

2　国際カルテルの規制事例

国際カルテルを規制した過去の事例として，レーヨン糸事件（化合繊国際カルテル事件・昭和47・12・27勧告審決・審決集19巻124頁）について，その内容をみることとする。

旭化成工業ほか2名は，わが国レーヨン糸の輸出量のほとんどすべてを占めているところ，これら3名は，西欧におけるレーヨン糸の大部分を製造してい

る外国の事業者らとの間で，
　① それぞれ相手方の本国市場に対して輸出しないこと
　② それぞれの本国市場及び米国市場を除く地域を共通市場とした上で，双方の輸出数量に限度を設け，地域別に最低販売価格を定めること
を申し合わせ，実施した。審決は，レーヨン糸の米国の地域を除く地域向けの輸出取引の分野を一定の取引分野とした上で，日本側3社は外国の事業者との間で当該取引分野における競争を実質的に制限しているものであり，これは不当な取引制限に該当する事項を内容とする国際的協定を締結しているものであって，独占禁止法6条1項（平成9年法改正前）の規定に違反するとしている。

　これに対し，近時の公正取引委員会は，国際カルテルについて，外国事業者を含めて不当な取引制限として法適用している。このような事件として，マリンホース事件（平成20・2・20排除措置命令・審決集54巻512頁）及びテレビ用ブラウン管事件（平成21・10・7排除措置命令・審決集56巻第2分冊71頁）がある。これらの事例については，**第10章**で詳述している。

　マリンホース事件は，ブリヂストンほか計4か国の7社が，タンカーと石油備蓄基地施設との間の送油に用いられるマリンホースについて，日本，イギリス，フランス及びイタリアの4か国をマリンホースの使用地とする場合には，使用地となる国に本店を置く者を受注予定者とし，本店所在国以外を使用地とする場合には，あらかじめ各社が受注すべきマリンホースの割合を決め，選定業務を委任された者が受注予定者を選定していたものである。

　また，テレビ用ブラウン管事件は，MT映像ディスプレイほか計6か国の10社が，わが国のブラウン管テレビ製造販売業者が東南アジア地域の製造子会社等に購入させるテレビ用ブラウン管の価格について，共同してこれを決定していたものである。

第3章

私的独占（独占行為）の規制

この章のポイント

　私的独占は，不当な取引制限，不公正な取引方法とともに，独占禁止法が禁止する行為の3本柱の1つである。私的独占は，不当な取引制限と合わせて3条で禁止されている。また，私的独占と不当な取引制限とは，ともに，「公共の利益に反して，一定の取引分野における競争を実質的に制限すること」を違法要件としているほか，事業者団体としての違法行為（8条1号），排除措置（7条），損害賠償（25条），罰則（89条）等の適用について全く同一に取り扱われている。

　それにもかかわらず，私的独占違反事件は，不当な取引制限のそれに比べて圧倒的に少ない。平成8年の日本医療食協会事件まで，私的独占違反事件は，僅か6件にすぎなかった。しかもそのうち，初期の2件（賠償施設梱包運輸組合事件・昭和23・3・27同意審決・審決集1巻10頁，木村利三郎ほか16名事件・昭和23・3・27同意審決・審決集1巻13頁）は，独占禁止法3条前段（私的独占）及び後段（不当な取引制限）が同時に適用されている事件であり，これら事件の被疑行為がなぜ3条前段に該当する行為に当たるのか疑問であるとされており，先例としての意味を持たないといわれているものである。したがって，この2件を除くと，埼玉銀行・丸佐生糸事件（昭和25・7・13同意審決・審決集2巻74頁），野田醤油事件（昭和32・12・25東京高判・審決集9巻57頁），雪印乳業・農林中金事件（昭和31・7・28審判審決・審決集8巻12頁），及び東洋製罐事件（昭和47・9・18勧告審決・審決集19巻87頁）の4件にすぎない。私的独占の規制が不当な取引制限や不公正

な取引方法の規制に比べて不十分であったという指摘は的確なものである。しかし，平成8年に，24年ぶりに日本医療食協会事件について私的独占違反とする審決が出されたことをきっかけとして，私的独占違反事件は増えはじめた。

　このような私的独占違反事件の増加は規制緩和の流れと無関係ではない。そもそも政府規制は行政機関の許認可を通じて，新規事業者の市場参入等を制限するものである。規制緩和は，それとは逆に新規事業者の市場参入を自由にすることによって市場における競争の活発化を図ろうとするものである。にもかかわらず，人為的に市場に障壁等を構築することによって，既存事業者が新規事業者の市場参入を妨げたり，あるいは人為的に既存事業者を市場から撤退を余儀なくさせる行為は，規制緩和の流れに逆行するものである。私的独占は後で詳しく述べるように，その定義規定によれば，「他の事業者の事業活動を排除し，又は支配」することであるから，人為的に市場アクセスを阻止する行為に対して適用するのに適した規定であり，このことから同規定の適用が活発化してきているといえるし，またこの面での法運用は今後とも重視されていかなければならない。

　私的独占違反事件の増加は別の新しい問題を提起した。その1は，刑事告発との関連である。既に触れたように独占禁止法の体系上，不当な取引制限も私的独占も競争の実質的制限をもたらす違法行為であり，刑事手続上の規定においても何の差もない。ところで平成2年6月に，公正取引委員会は刑事告発方針を公表した（**第9章**第3節1(2)参照）。この方針で告発対象として例示されている行為はすべて不当な取引制限行為であり，私的独占行為は含まれていなかった。当時の事情からすれば告発が不当な取引制限に限定されたとしても無理からぬことであったが，私的独占違反事件が増加してきたため平成21年上記方針の改正で私的独占行為を行った場合も告発対象とされることとなった。

　その2は，課徴金制度との関連である。不当な取引制限及び私的独占といった競争制限行為に対しては，サンクション（広義の制裁的措置のこと。刑事罰や課徴金等が含まれる）を強化することによって，その抑止を図るのが世界的な傾向であるといってよい。わが国では，平成17年法改正までは，課徴金が賦課されるのは，価格及び価格に関連する不当な取引制限だけであって，私的独占には課徴金は賦課されていなかった。不当な取引制限と私的独占はともに競争の実

質的制限をもたらす違法行為であるだけに，課徴金賦課について両者の間で不均衡であるという問題があった。しかし，法改正によって，私的独占のうち，支配行為は平成17年に，排除行為は平成21年にそれぞれ課徴金の対象となった。

本章では，私的独占が，**第2章**で学んだ不当な取引制限とどこが異なり，どこが同じなのかといった問題意識を持ちながら学ぶ。

第1節　私的独占（独占行為）の意義

1　私的独占（独占行為）と市場支配力の濫用

独占とは，経済学上の概念としては，単独のあるいは極めて少数の大企業が市場を支配をしているという存在あるいは状態を意味するものである。英語では，monopoly に当たる。これに対し，独占禁止法2条5項では，私的独占について次のように定義している。「この法律において『私的独占』とは，事業者が，……他の事業者の事業活動を排除し，又は支配することにより，公共の利益に反して，一定の取引分野における競争を実質的に制限することをいう。」

ここで私的独占とは，公的独占と対比して用いられる用語である。国や地方公共団体は一般的には事業者とはいえず，経済的事業を行う範囲（2条1項参照）でのみ事業者として取り扱われるとしても，行政的行為に対して独占禁止法の適用がないので，これらが除かれるという意味で私的独占という用語が用いられたのであって，特に「私的」に意味があるわけではない。

前記定義規定にもあるように，独占禁止法でいう私的独占とは，単に独占の存在とか状態をいうのではなく，そうした存在とか状態を作り出したり維持したりする行為を指している。英語でいえば monopolization がこれに当たる（本章表題がわざわざ括弧書で，（独占行為）と補ったのも，ここに由来する）。すなわち，市場構造が独占であるかどうかが問題とされるのではなく，市場行動として独占となるような行為が問題とされる。例えば，あるフィルム製造会社が1社でフィルム市場の60％を占めているとか，あるウィスキー製造会社が1社でウィスキー市場の70％を占めているからといって，直ちに「私的独占」に該当するということではない。企業が競争の結果，その地位を築き上げたという場合に

は，私的独占には該当しない（ただし，8条の4〔独占的状態に対する措置〕の適用の問題は残る）。私的独占として問題となるのは，そういった独占的立場を，何らかの人為的な手段（ここでは「排除行為」又は「支配行為」）をもって獲得したり維持・強化しようとすることである。

私的独占をこのようにわが国の独占禁止法が規定することは，母法であるアメリカのシャーマン法2条にほぼ対応している。わが国の私的独占は，排除行為及び支配行為を禁止しているのに対し，シャーマン法は手段行為については何らの明示をしていない。このため一見シャーマン法の方が規制の範囲が広そうだが，シャーマン法でも判例法上，独占行為があるというためには，市場支配力の存在を前提として，独占力を獲得し，使用し又は維持するための意図的行為が必要であるとされており，その手段行為は実際には排除行為か支配行為に当てはまるとみられるので，両法の規制の間には実質的には広狭はないとみられている。

EUその他のヨーロッパの競争法では「市場支配的地位の濫用行為」が違法とされる。例えば，EUではEU機能条約102条で，市場支配的地位にある事業者の適用行為，具体的には，①不公正な価格又は取引条件，②需要者に不利となる生産，販売又は技術開発の制限，③差別的取扱い，④抱き合わせ契約等を違法とする。

これに対して，わが国の私的独占は，事業者の市場支配力の形成や維持・強化を問題とするのであり，また，行為も，排除行為又は支配行為に該当すればよく，一定の行為に限定されない点でも異なる。しかし，市場支配的地位といっても独占力といっても，市場において相当程度の力を有していることが必須なところから，ある程度の市場占拠率を占めていることは当然必要である。私的独占の場合の市場占拠率については後述する。

2 競争の実質的制限

私的独占は，「事業者が，単独に，又は他の事業者と結合し，若しくは通謀し，その他いかなる方法をもってするかを問わず，他の事業者の事業活動を排除し，又は支配することにより，公共の利益に反して，一定の取引分野における競争を実質的に制限すること」（2条5項）をいい，これに該当する行為を行

った場合には，3条違反となる。また，事業者団体がこれに相当する行為を行った場合には，8条1号違反となる。

　上記の私的独占の定義でいう「公共の利益」，「一定の取引分野」の意義は，不当な取引制限における要件と全く同一である。ただ，「競争の実質的制限」については，意義は同じであるが，それがもたらされる手段行為とのかかわりで特に不公正な取引方法との関係が問題となる。

　私的独占は，他の事業者の事業活動を排除又は支配することにより成立するが，その事業活動の排除・支配の方法については，「いかなる方法をもってするかを問わず」であるから，不公正な取引方法を用いる場合に限定されない。しかし，不公正な取引方法が用いられる場合には，その行為の態様等，すなわち，行為の意図・目的，行為が行われた期間，市場条件，競争制限効果等により，当該行為によってもたらされる市場への影響が，単なる「公正競争阻害性」にとどまるものではなく，「一定の取引分野における競争の実質的制限」への広がり・程度にまで達しているものは，私的独占に該当する。

　つまり，「公正競争阻害性」と「競争の実質的制限」の差は，競争制限効果の程度の差であると理解されている。審決においても，旧2条6項5号の不公正な競争方法の解釈として示されたものであるが，「その競争制限が，一定の取引分野における競争を実質的に制限すると認められる程度のものである必要はなく，ある程度において公正な自由競争を妨げるものと認められる場合で足りる」（第1次大正製薬事件・昭和28・3・28審判審決・審決集4巻119頁）と述べている。また，「流通・取引慣行に関する独占禁止法上の指針」（平成3・7・11公取委事務局）第二の2(2)は，共同ボイコットについて，「競争関係にある事業者が共同して，上記(1)[1]～[4]のような行為を行うことは，これによって市場における競争が実質的に制限されるまでには至らない場合であっても，原則として不公正な取引方法に該当し，違法となる」と述べている。さらに，「排除型私的独占に係る独占禁止法上の指針」（排除型私的独占ガイドライン）（平成21・10・28公取委）は，第1において，「問題となる事案について排除型私的独占に係る事件として審査した結果，それが排除型私的独占に該当すると認められない場合であっても，独占禁止法第2条第9項に規定する不公正な取引方法その他の独占禁止法の規定に違反する行為として問題となり得ることはいうまでもない」

と述べている。

不公正な取引方法の規制が，私的独占又は不当な取引制限の規制の予防的補完的機能を果たすといわれるゆえんである。

第2節　私的独占（独占行為）の行為態様

1　単独行為と共同行為

私的独占の行為主体は事業者である。事業者は，国内事業者に限られない。外国事業者であってもよい。ノーディオン事件（第3節(7)参照）のように，外国事業者によっても私的独占は成立する。

私的独占は，行為主体である事業者が，他の事業者の事業活動を排除し又は支配する行為を手段とするものであるが，その排除行為又は支配行為を行う際の方法には，「単独に，又は他の事業者と結合し，若しくは通謀し，その他いかなる方法」であってもよい。したがって，行為主体は，単独の場合もあるし，複数の場合もある。この点が複数の事業者の共同行為であることを必須の要件とする不当な取引制限とは異なる。

(1)　単独行為

東洋製罐事件，パラマウントベッド事件，ノーディオン事件，北海道新聞社事件，インテル事件，ニプロ事件，NTT東日本事件等はそれぞれ単独企業が私的独占とされた事件である。東洋製罐の国内食缶供給の市場占拠率が約56％であること，パラマウント社が国等が発注する病院向け医療用ベッドの市場のほとんどすべてを，ノーディオン社が販売市場の100％を，北海道新聞社が函館地区における一般日刊新聞の市場の大部分を，インテル社が国内市場の約89％を，ニプロが西日本地区市場のすべてを，また，NTT東日本が東日本地区市場の70％以上を占めており，それらが排除行為又は支配行為を行ったところ，それぞれ単独で私的独占を行ったとされた（第3節(3)，(6)～(8)，(10)～(12)，(15)，(17)参照）。このように，私的独占は，事業者の市場支配力が掠奪的に用いられて他の事業者の事業活動を排除したり，支配したりするとき成立するのであるから，ある程度の市場占拠率を占めることが前提となる。

(2) 共同行為

　ここで共同行為といっても，不当な取引制限でいう共同行為ではなく，「他の事業者と結合し，若しくは通謀し，その他いかなる方法」によってもよい。すなわち，複数の事業者の力を結集することによってその事業能力を増大させ市場支配力を得ることをいう。共同行為の場合には，共同行為に参加する各事業者を合わせた市場支配力が問題となり，その合計の市場占拠率はある程度に達することが必要である。ぱちんこ機特許プール事件では10社が市場のほとんどすべてを占めていた (第3節(5)参照)。

　「結合」とは，合併，事業譲受けのほか他の会社の株式の保有や，役員の兼任のように組織的に結びつくことによって関係を密接にした場合であり，「通謀」とは，暗黙の合意とか紳士協定といったことを含めて，意思の連絡のある場合を広く指す。しかし，結合とか通謀とかは，よく行われることの多い方法についての例示にすぎないのであって，「いかなる方法をもってするかを問わ」ないのであるから，結合と通謀の区別を論じることは意味がない。また，結合又は通謀には，競争者間の水平的なもの，売り手と買い手のように取引段階を異にするもの，及び競争関係も取引関係もないコングロマリット的なものすべてが含まれる。

　日本医療食協会事件では日本医療食協会と日清医療食品が「通謀して」，ぱちんこ機特許プール事件ではメーカー10社と特許連盟が「結合及び通謀して」，また，有線ブロードネットワークス事件では，同社とその代理店である日本ネットワークヴィジョンが「通謀して」に当たるとされた (第3節(4)，(5)，(9)，(16)参照)。

2　排除行為と支配行為

　市場支配の手段としては，他の事業者の事業活動を排除したり，支配する行為が行われることが必要である。違法となるのは，市場において排除や支配の手段となる行為が行われる場合であって，市場支配の状態そのものが違法となるものではない。例えば，市場支配の象徴として，事業者の行為によって，競争者の市場参入が妨げられているとか，競争者に対して自己の価格決定に服させるという意味での価格支配などが行われる場合であり，当該市場における客

観的事情を媒介として間接的に支配が行われるという場合もあり得るとする考え方がある（間接支配）。この見解に立つ場合でも，そうした状態を作り出す蓋然性のある具体的な行為が行われない限り問題となることはない。具体的な排除行為又は支配行為によって，例えば価格支配であるとか競争者の排除であるといった状態が作り出されれば，私的独占として違反とされる。

(1) 排除行為

排除行為とは，既存の他の事業者の事業活動の継続を困難ならしめることや新規業者の参入を阻止することをいう。その手段としては，例えば，ダンピングなどの方法による直接的な攻撃とか排他的特約店契約による競争者の市場からの排除など不公正な取引方法が用いられる場合があるが，その手段方法は「いかなる方法をもってするかを問わ」ないのであるから，不公正な取引方法が用いられる場合に限られない。

排除型私的独占ガイドラインの第2では，排除行為の典型として問題となりやすい行為として，不公正な取引方法のうち不当廉売，排他条件付取引，抱き合わせ販売，供給拒絶・差別取扱いについて詳述し，また，そのような行為以外の行為として，技術の利用に係る制限行為やノウハウの供与先に対し，その秘密性を保護するためとして，原材料・部品の購入先や商品の販売先等を制限する等の行為が排除行為に当たる場合があることを指摘する。過去の排除型私的独占事件においていかなる行為が用いられているかについては，第3節(1)～(13)を参照。

また，排除行為は他の事業者の事業活動の継続を困難ならしめること等をいうが，ここでいう排除される「他の事業者」は，行為者の競争者とは限らない。競争者以外の事業者を排除する場合であっても，それによって当該事業者が属する市場において競争の実質的制限がもたらされれば，排除行為に該当する。

排除行為については，正当な事業活動の結果として競争者が競争に敗れ，淘汰される場合があることから，通常の事業活動の結果として他の事業者の事業活動が排除されるに至った場合と排除行為が行われた場合とを区別しなければならない。排除行為は，能率競争によらず非難に値する方法を用いた場合にのみ違法性を有することになる。

排除型私的独占ガイドラインの第1では，公正取引委員会が排除型私的独占

事件として優先的に取り上げる事案としては,「行為開始後における行為者が供給する商品のシェアがおおむね2分の1を超える事案であって,市場規模,行為者による事業活動の範囲,商品の特性等を総合的に判断すると,国民生活に与える影響が大きいと考えられるものについて,優先的に審査を行う。ただし,行為の態様,市場の状況,競争者の地位等によっては,これらの基準に合致しない事案であっても,排除型私的独占として事件の審査を行う場合がある」とされ,「シェア2分の1基準」が示されている。

排除型私的独占で,供給に係るものをしたときは(購入に係るものは含まれない),課徴金の対象となる(7条の2第4項)。

(2) 支配行為

支配行為とは,他の事業者の事業活動を自己の意思に従わせることをいう。支配行為は必ずしも他の事業者の事業活動の全部に及ぶ必要はなく,相当重要な部分,例えば価格の支配とか販路の支配だけでも差し支えない。支配行為の中には,合併,株式保有,役員兼任など企業結合の方法による場合も含まれる。支配行為として,株式保有や役員兼任などによる直接支配のほかに,当該市場における客観的な事情を媒介とする間接支配(後述の野田醤油事件のような場合)も含まれるとする見解もあるが,その後の審決では採られていないし,この考え方は有力であるとはいえない。

また,支配行為が他の事業者にとって不利益になることばかりとは限らず,また,その事業活動について意思決定の自由は奪われてはいるものの,その事業活動は従来どおり存続することが認められている場合でも,支配行為は認定し得る。要は,事業活動における意思決定の自由が奪われているかどうかがポイントになり,事業の継続ができない状態に追い込まれたり,市場から駆逐されることまでは必ずしも必要ではない。

支配行為は,「いかなる方法をもってするかを問わ」ないのであり,各事件においていかなる行為が用いられているかについては,第3節(14)〜(17)を参照。

支配行為については,被支配事業者が供給する商品又は役務について,その対価に係るもの,又は(i)供給量,(ii)市場占有率,(iii)取引の相手方のいずれかを実質的に制限することによりその対価に影響することとなるものをしたときは,課徴金の対象となる(7条の2第2項)。購入に係るものについては,課徴

金の対象とはならない。

> **コラム　パテントプール**
>
> 　パテントプールとは特許，実用新案やノウハウ等の複数の権利者が，それぞれの所有する特許等やそれらのライセンスをする権限を一定の企業や組織（様々な形態があり，また，新たに設立することも既存のものを利用する場合もある）に集中させ，この企業や組織を通じてその構成員や第三者が必要な権利のライセンスを受けるという仕組みである。
>
> 　パテントプール自体は，複数の権利者が所有する特許等を相互に利用することが可能となり，取引費用を節減し特許紛争を回避することに役立つとともに，特許等の利用価値も高まり，技術交流にも役立つなど競争を促進する効果をもつものであり，有用な方策であるといえる。しかし，特許等の権利が集中することから，一定の製品分野や技術市場における競争が実質的に制限されることもありうる。
>
> 　パテントプールは，ライセンサーや複数のライセンシーが相互に制限を受ける点に着目すれば，不当な取引制限（3条後段）に該当しうるし，複数の権利者が新規参入者や特定の既存事業者の事業活動を阻害するという点を重視すれば，私的独占（3条前段）に該当しうる。「知的財産の利用に関する独占禁止法上の指針」（平成19・9・28公取委）も両方のケースがあるとして具体例を示している。ぱちんこ機特許プール事件は典型的なパテントプール事件であり，私的独占違反として処理された。当時は私的独占に対する課徴金制度がなかったため，課徴金賦課は行われなかった。しかし，仮にこの事件をその背後にいる複数のメーカーの共同行為に焦点を当てて法律構成すると不当な取引制限該当行為とすることも可能であるとする説がある。仮にそうした場合は，当然課徴金賦課の問題も生ずる。不当な取引制限と私的独占の要件が類似しているだけに，事実関係によっては現実に生起した事実を法律的に構成する段階で，いずれにでも構成できるということがありうる。かつてのように，違反行為に対する措置が排除措置だけというのであれば，適用法条の違いはさほどの問題は生じないが，課徴金賦課の有無ということになると，結果に大きな差が生じることになる。ただし，平成17年及び平成21年の法改正により，私的独占の支配行為及び排除行為も課徴金の対象と

されることになった。

第3節　違反事件における排除・支配行為

　既に述べたように，私的独占違反事件はそれほど多くはない。以下，私的独占事件において，排除行為及び支配行為がどのように行われたかの概要を紹介する。

〔排除行為〕

　(1)　**埼玉銀行・丸佐生糸事件**（昭和25・7・13同意審決・審決集2巻74頁）

　埼玉銀行は，自己の支配し得る輸出生糸問屋を設立し，同問屋とともに，融資先である生糸製糸業者12社に対し，輸出生糸を同問屋に出荷させることにより，他の輸出生糸問屋の事業活動を排除した（また，埼玉銀行の役職員等16名は不当な株式保有を行った）。

　(2)　**雪印乳業・農林中金事件**（昭和31・7・28審判審決・審決集8巻12頁）

　雪印乳業及び北海道バターは，両社で北海道における全生産乳の合計約80％の集乳量を占めているところ，農林中金等との了解の下に，両者に生産乳を供給することを条件として酪農家に融資させ，他の乳業者と取引するものには融資させず，また，雪印乳業は，他の乳業者と取引している酪農家に対し，農林中金等からの融資の斡旋を条件に自己と取引するよう誘引することにより，他の乳業者の集乳活動を排除した（農林中金等2名は不公正な取引方法〔取引拒絶，拘束条件付取引〕を行ったとされた）。

　(3)　**東洋製罐事件**（昭和47・9・18勧告審決・審決集19巻87頁）

　東洋製罐は，わが国における食缶の製造業者の総供給量の約56％を占め，株式保有，役員兼任等により支配している食缶製造業者4社の供給量を合わせると合計約74％に達するところ，自家製缶の実施を企図する缶詰製造業者に対し，自家製缶することのできない食缶の供給を停止する等により自家製缶の開始を阻止した。

　(4)　**日本医療食協会事件**（平成8・5・8勧告審決・審決集43巻209頁）

日本医療食協会及び日清医療食品は，日清医療食品がわが国における医療機関向け医療食品のほとんどすべてを供給する1次卸売業者であるところ，共同して，医療用食品の登録制度，製造工場認定制度，販売業者認定制度を実施し，これらの事業を行う者を制限することにより，他の医療用食品の製造業者及び販売業者の事業活動を排除した。

(5) **ぱちんこ機特許プール事件**（平成9・8・6勧告審決・審決集44巻238頁）

ぱちんこ機製造業者10社及び日本遊技機特許連盟は，10社が国内において供給されるぱちんこ機のほとんどすべてを供給しており，また，連盟は10社が所有するぱちんこ機の製造に関する特許権等の管理の委託を受けており，これらの特許権等の実施許諾を受けることなく法令に適合するぱちんこ機を製造することは困難な状況にあるところ，共同して同連盟が所有又は管理する特許権等の実施許諾を特定のものに限定することにより，それ以外のもののぱちんこ機の製造の事業活動を排除した。

(6) **パラマウントベッド事件**（平成10・3・31勧告審決・審決集44巻362頁）

パラマウントベッドは，国及び地方公共団体が発注する病院向け医療用ベッドのほとんどすべてを製造販売しているところ，東京都財務局発注の特定医療用ベッドの指名競争入札等に当たり，都立病院の入札事務担当者に対し，同社が工業所有権を有している構造であることを伏せて，同社の医療用ベッドのみが適合する仕様書の作成を働きかけることよって，同社の医療用ベッドのみが納入できる仕様書とさせることにより，他の医療用ベッド製造業者の事業活動を排除した。

(7) **ノーディオン事件**（平成10・9・3勧告審決・審決集45巻148頁）

カナダのエム・ディ・エス・ノーディオンは，世界におけるモリブデン99の生産数量の過半を占め，かつ，販売数量の大部分を占めており，モリブデン99を原料とする製剤を製造販売するわが国の事業者は2社のみであるところ，2社との間の取引契約において，10年間その取得・使用・消費・加工する同原料の全量を同社から購入することを義務付けることにより，他のモリブデン99の製造販売業者の事業活動を排除した。

(8) **北海道新聞社事件**（平成12・2・28同意審決・審決集46巻144頁）

北海道新聞社は，その発行する一般日刊新聞の朝刊の北海道地区における発

行部数は同地区で発行される一般日刊新聞の朝刊の発行部数の過半を占め，また，函館地区においては朝夕刊ともに大部分を占めているところ，①自ら使用する具体的な計画がないにもかかわらず，9つの新聞題字の商標登録出願を行い，夕刊を発行する函館新聞社に対し，商標登録出願中の新聞題字の使用中止を求める文書を送付し，②時事通信社に対し函館新聞社からの配信要請に応じないよう暗に求め，③函館新聞社の広告集稿活動を困難にさせる意図の下に，同社の広告集稿対象と目される事業者を対象として営業広告料金の大幅割引を行い，④同社の系列テレビ会社であるテレビ北海道に対し函館新聞社発刊のコマーシャル放映の申込みに応じないよう要請するという一連の行為により，函館新聞社の事業活動を排除した。

(9) **有線ブロードネットワークス事件**（平成16・10・13勧告審決・審決集51巻518頁）

　有線ブロードネットワークス及び日本ネットワークヴィジョンは，有線ブロードが国内における業務店向け音楽放送の受信契約件数において約72％を占め，日本ネットワークは有線ブロードの代理店であるところ，通謀して，業務店向け音楽放送の提供に当たって，特定他社の顧客に限って，有線ブロードへの切替契約の条件として3675円を下回る月額聴取料又はチューナー設置月を含めて3か月を超える月額聴取料の無料期間を提示することにより（差別対価又は差別的取扱い），当該他社の顧客を奪取し，その事業活動を排除した。

(10) **インテル事件**（平成17・4・13勧告審決・審決集52巻341頁）

　インテルは，パソコンに搭載するCPUの国内総販売数量の約89％を占めているところ，国内の有力PCメーカー5社に対し，CPUの自社からの購入割合を100％，90％以上等とすることを条件に割戻金又は特別資金を提供することを約することにより，同製品の他の製造販売業者の事業活動を排除した。

(11) **ニプロ事件**（平成18・6・5審判審決・審決集53巻195頁）

　ニプロは，わが国唯一の生地管の製造業者である日本電気硝子から西日本地区において生地管の供給を一手に受け，これをアンプル加工業者に販売しているところ，取引先とのアンプル生地管の取引に関し，取引先事業者による輸入生地管の取扱いをやめさせるため，輸入生地管を取り扱っている取引先に対する販売価格の引上げ・手形サイトの引上げ，輸入品と同品種のものの受注拒

絶，代金債務に対する担保差入れ又は現金決済の要請を行うことにより，当該事業者の生地管輸入に係る事業活動を排除するとともに，外国生地管メーカーの事業活動を排除した。

(12) **NTT 東日本事件**（平成19・3・26審判審決・審決集53巻776頁）

NTT 東日本は，その保有する加入者光ファイバーが FTTH サービス事業者の保有する加入者光ファイバー全体に占める割合は回線数で70％以上を占めているところ，FTTH サービスの提供に当たって，他の電気通信事業者から接続を求められる第1種指定電気通信設備の接続料金を自社の顧客への料金よりも高く設定する等により，FTTH サービスを提供しようとする他の電気通信事業者の事業活動を排除した。

(13) **日本音楽著作権協会事件**（平成21・2・27排除措置命令・審決集55巻712頁，平成24・6・12審判審決・審決集59巻第1分冊59頁，平成25・11・1東京高判・公取委 HP）

日本音楽著作権協会は，音楽著作物の管理楽曲の利用許諾の事業についてわが国においてほとんどすべてを占めているところ，利用許諾に当たって，放送事業者が支払う放送等使用料について包括徴収の方法を採用する（放送事業者が利用した管理楽曲の割合が反映されないため，放送事業者が同協会以外の管理業者の管理楽曲を利用しその放送等使用料を支払う場合には，当該放送事業者が負担する放送等使用料の総額がその分だけ増加する）ことにより，他の音楽著作物の管理事業を行う事業者の事業活動を排除したと認定されて，排除措置命令が行われた。しかし，同協会が公正取引委員会へ審判手続の請求を行い，審判の結果，排除措置命令を取り消すとの審決が行われた。このため，協会の行為によって音楽著作物の管理事業から排除されたと主張するイーライセンスが東京高裁に審決取消訴訟を提起した。東京高裁は，公正取引委員会の審決を取り消すとの判決を行った。公正取引委員会は，平成25年11月13日最高裁へ上告受理を申し立てた。

〔支配行為〕

(14) **野田醤油事件**（昭和32・12・25東京高判・審決集9巻57頁）

しょう油の製造業者は全国に多数存在し，しょう油は最上・次最上・極上等の格付けがなされており，野田醤油の製造するキッコーマンしょう油は最上に格付けされ，最上に格付けされているものは他に3印があるところ，全国における出荷量は4印合計で23.3％であるが，うちキッコーマンしょう油は14％で

2位以下はこれに遠く及ばない（他の3印合計で9.3％）。また，東京都内における出荷量は4印合計で68.5％であるが，うちキッコーマンしょう油は36.7％，他の3印は合計して31.7％である。このような状況の下で，野田醬油は，キッコーマンしょう油の再販売価格維持行為を行うことにより，他のしょう油生産者の価格決定を支配した。判決は，「他の事業者の事業活動を支配するとは，何らかの意味において他の事業者に制約を加えてその事業活動における自由な決定を奪うことをいうものと解し，一定の客観的条件が存在するため，ある事業者の行為が結果として他の事業者の事業活動を制約することとなる場合はすべてここにいう支配に当たらないとすることは狭きに失する」，「しょう油業界には，しょう油の格付け及びそれに基づくマーク・バリュー，品質，価格の一体関係から，他の生産者が原告の定めた価格に追随せざるを得ない市場条件が存在する」旨を述べ審決を支持した。

(15) **東洋製罐事件**（昭和47・9・18勧告審決・審決集19巻87頁）

東洋製罐は，わが国における食缶の製造業者の総供給量の約56％を占め，株式保有・役員兼任等により支配している食缶製造業者4社の供給量を合わせると合計約74％に達するところ，本州製罐，四国製罐，北海製罐及び三国金属の株式を保有し，及び役員を兼任することにより，また，北海製罐については，その販売地域を原則として北海道に限定する等により，これらの事業活動を支配した。

(16) **日本医療食協会事件**（平成8・5・8勧告審決・審決集43巻209頁）

日本医療食協会及び日清医療食品は，日清医療食品がわが国における医療機関向け医療食品のほとんどすべてを供給する1次卸売業者であるところ，共同して，医療用食品の他の1次卸売業者の営業地域を制限し，及び販売業者の仕入先・販売先・販売価格等を制限し，これらの事業活動を支配した。

(17) **パラマウントベッド事件**（平成10・3・31勧告審決・審決集44巻362頁）

パラマウントベッドは，国及び地方公共団体が発注する病院向け医療用ベッドのほとんどすべてを製造販売しているところ，東京都財務局発注の同社製の特定医療用ベッドの指名競争入札等に参加する販売業者に対し，指名競争入札等における落札予定者及び落札価格を定めてこれに従わせ，これらの事業活動を支配した。

第 4 章

不公正な取引方法の規制

この章のポイント

　平成21年に,「不公正な取引方法」の主要な行為類型についても，課徴金を賦課する制度が設けられた。これに伴って独占禁止法2条9項の「不公正な取引方法」の定義規定が改正されている。すなわち，同項1号から5号において，「不公正な取引方法」である主要な行為類型として，①供給に係る共同の取引拒絶，②供給に係る継続的な差別対価，③継続的な不当廉売，④再販売価格維持行為，⑤取引上の優越的地位の濫用行為の5つの類型を整理して構成し直した上で，定義規定上において直接に法定された。これは，これらが課徴金対象行為とされたためである。

　その上で，独占禁止法20条に規定する排除措置に関する規定のほかに，20条の2以下に課徴金の賦課に関する規定が追加され，上記①～④の行為の「10年以内における再度の違反」に対して（20条の2～20条の5），また，⑤の行為の「継続してするもの」に対して（20条の6），課徴金を賦課する制度が新設された。

　また，2条9項6号に基づき公正取引委員会に不公正な取引方法の措置権限が与えられており，「前一般指定」（昭和57年公取委告示第15号）が27年ぶりに改正されている。すなわち，2条9項6号に基づく平成21年版の新しい「一般指定」（平成21年公取委告示第18号）（以下「一般指定」という）が内容が整理されて15項目の規定で制定された。

　こうして，「不公正な取引方法」は，「私的独占」及び「不当な取引制限（カ

ルテル）」の規制に対する予防的・補完的な規制であるとの色彩を帯びた状態から，ある意味において脱却し，主要な行為類型に関しては，その規制が強化されたことを意味する。ただし，法定の5類型と一般指定上の類型とを合わせれば，改正前の一般指定の規制範囲と全く同一である。なお，一般指定の15項目の中には，過去において規制事例がわずか1件のみの類型（5項の事業者団体における差別取扱い），規制事例が全くない類型（7項の不当高価購入及び15項の競争会社に対する内部干渉）も存在する。

　本章第1節では，第1に，主要国の競争法には例のない豊富な規制内容が盛り込まれているわが国に特有の「不公正な取引方法」の規制の概要について，私的独占及び不当な取引制限との関係等についてできるだけ分かりやすく説明する。第2には，「不公正な取引方法」の鍵となる重要な違法構成要素である「公正な競争を阻害するおそれ（＝公正競争阻害性）」の意義について，「私的独占」及び「不当な取引制限」の規制における「競争の実質的制限」の要件を意識しながら，考え方を整理して説明する。

　第2節以下では，「不公正な取引方法」の個別の行為類型についての各論としての解説であり，「不公正な取引方法」全体の体系構造に従って順次に解説を加えている。

　まず第2節においては，「共同の取引拒絶」以下この節の表題に示すとおりに，「市場からの排除効果を有する諸類型」について，一括して解説している。

　(i) 2条9項1号及び一般指定1項にいう「共同の取引拒絶」は，「不当な取引制限（カルテル・談合等）」の規制（アメリカのシャーマン法1条にいう「restraint of trade」に対応する）の系ともいうべき，競争者間の共同行為による特定の競争者に対する排除行為（アメリカにおいていわゆる「グループ・ボイコット（group boycott）」）である。「競争の実質的制限」となれば「私的独占」又は「不当な取引制限」としての違反，単なる「公正競争の阻害」としての違反であれば「不公正な取引方法」としての違反となる（わが国においては，これまで後者の法適用がほとんどであった）。

　(ii) 「不公正な取引方法」の「私的独占」との関係では，一般指定2項の「その他の取引拒絶（単独の取引拒絶）」以下，2条9項2号及び一般指定3項の「差別対価」，2条9項3号及び一般指定6項の「不当廉売」，一般指定10項の

「抱き合わせ販売等」，一般指定11項の「排他条件付取引」の諸類型は，競争者に対する排除効果を有する行為類型であって，「私的独占」違反ともなり得るものである。「私的独占」と「不公正な取引方法」のいずれかを規制する場合については，課徴金の算定率に差異があること等からも，「私的独占」と「不公正な取引方法」との要件の相違を意識しつつ，両者が使い分けられることになってくるものと思われる。

(iii) 第3節で取り扱う「垂直的取引制限行為」たる「再販売価格の拘束」及び「拘束条件付取引」の規制は，取引の相手方に対する価格・非価格の事業活動の拘束を対象としている。「不公正な取引方法」中のこの部分は，事件数からみても，「不公正な取引方法」規制の中心部分であるといっても過言ではない。垂直的取引制限は，アメリカやEUの競争法（**第11章参照**）の体系においては，一般に＜縦のカルテル＞として観念されることが多いが，わが国では，一般に＜取引の相手方への一方的な拘束行為＞として観念されている点が異なる。

(iv) 第4節では，わが国において公正競争阻害性の一つの要素であるとされる「不当な競争手段」としての性格を有するとみられる行為類型について解説している。また，独占禁止法の補完法であった「不当景品類及び不当表示防止法（景品表示法）」（昭和37年制定）は，いうまでもなく「不当な競争手段」たる不当顧客誘引の規制の範疇に属する法律であったが，平成21年9月に，消費者法の施行体制の強化・整備に伴って新設された消費者庁へと移管され，規制目的も，「公正な競争」の確保から「一般消費者の自主的かつ合理的な選択」の確保へと改められている。しかし，公正取引委員会による長年の運用経験によって，実務的にも多くのノウハウが蓄積されている法律でもあるため，特に第7節を設けて解説を加えている。

(v) 第5節においては，「取引上の優越的地位の濫用」の規制を取り扱っている。ひところまでは，生産系列・流通系列等の系列構造が大宗を占めていたわが国においては，大規模製造業者・大規模小売業者等による取引先への圧迫行為等の規制が，中小企業の保護政策的な意味合いをも含みつつ，重要な意義を有するものとして実施されてきている。また，昭和57年の三越事件以降，大規模小売業者による納入業者に対する購入強制，協賛金等の提供要請，手伝い

店員の派遣要請等の事件が多く取り上げられている。2条9項5号に規定されている優越的地位の濫用は、他の類型とは異なり、1回目の違反から課徴金対象とされている行為類型である。

この規制の補完法として、大規模製造業者による下請部品製造業者・修理業者等に対する規制としての「下請代金支払遅延等防止法（下請法）」（昭和31年制定）があり、平成16年の改正により、適用範囲が情報成果物作成委託や役務提供委託に拡大されている。企業規模等に応じて類型化された中小企業保護法的な簡易な手続による規制法となっており、公正取引委員会と中小企業庁が業務を分担しつつ運用されている。本書では、特に第6節を設けて、この法律の具体的な内容と公正取引委員会及び中小企業庁による実務上の運用状況について解説している。

第1節　不公正な取引方法の意義と性格

1　規制の概要

(1)　禁止規定

不公正な取引方法については、独占禁止法上、①事業者が、「不公正な取引方法」を用いること（19条）、②事業者団体が、その構成事業者やその取引先などの事業者に「不公正な取引方法」に該当する行為をさせるようにすること（8条5号）、③会社等が「不公正な取引方法」により、株式取得等、役員兼任等の強制、合併、分割、共同株式移転、事業譲受け等などの企業結合行為を行うこと（10条・13条・14条・15条・15条の2・15条の3・16条）、④事業者が「不公正な取引方法」に該当する事項を内容とする国際的協定又は国際的契約を行うこと（6条）が禁止されている。

(2)　定義規定と昭和28年改正

不公正な取引方法の定義は、独占禁止法2条9項に規定されており、「不公正な取引方法」とは、2条9項1号から5号までの「共同の供給拒絶」、「差別対価」、「不当廉売」、「再販売価格の拘束」及び「優越的地位の濫用」（これを「法定類型」と呼ぶことができる）と、「〔2条9項6号のイからヘ（差別的取扱い、不当対

価取引，不当顧客誘引・強制，拘束条件付取引，取引上の地位の不当利用，競争会社等の取引妨害・内部攪乱）〕に該当する行為であって，公正な競争を阻害するおそれがあるもののうち，公正取引委員会が指定するもの」（これを「指定類型」と呼ぶことができる）である。このように規定されたのは，平成21年法改正によって，不公正な取引方法のうち上記法定の5類型については課徴金の対象にすることとなり，課徴金の対象となる不公正な取引方法の類型を法定化することが必要になったことによるものである。

原始独占禁止法においては，「不公正な競争方法」として2条6項に規定されていたもので，①取引拒絶，②差別対価，③不当廉売，④不当顧客勧誘・強制，⑤排他条件付取引，⑥拘束条件付取引の法定競争手段と，⑦公共の利益に反する競争手段であって，公正取引委員会の指定するものという7類型が規定されており，法形式としては，法定条項とそれ以外の公正取引委員会の追加指定条項の組合せという現行法に近似したものとなっていた。

昭和28年の法改正によって，「不公正な競争方法」から「不公正な取引方法」に名称が変更されたが，これは「取引上の地位の不当利用」の規定を追加して，直ちに競争手段とはいい得ないものも規制する必要が生じたためと説明されている。さらに，法定条項と指定条項の組合せという形式を改め，2条7項1号から6号の「左の各号の一に該当する行為であって，公正な競争を阻害するおそれがあるもののうち，公正取引委員会が指定する」とされた。これは，従来から問題視されていた委任立法的な追加指定制度を改め，不公正な取引方法の範囲を2条7項1号から6号に法定し，かつ，公正取引委員会の指定があって初めて法的効力が発生するとの構成をとったものである。また，社会経済情勢の変化などにも，公正取引委員会が柔軟に対処できるように指定制度がとられたということも説明されている。2条7項の1号から4号は，旧2条6項の前記①から⑥の類型をすべて包含するとともに，整理して想定できるものを追加して規定したものであった。2条7項1号の「差別的取扱い」は，旧2条6項の前記①の取引拒絶と②の差別対価をはじめとして特定事業者を不当に差別的に取り扱うことを網羅的に規定したものであり，2号の「不当対価取引」は，③の不当廉売のほか「不当高価購入」も対象に含められるようにしたものであり，3号の「不当顧客誘引・強制」は，④の不当顧客勧誘・強制と同趣旨

であり，4号の「拘束条件付取引」は，⑤の排他条件付取引と⑥の拘束条件付取引とを整理統合したものである。また，2条7項5号は，「取引上の地位の不当利用」であり，昭和28年法改正の目玉である。旧8条にあった「不当な事業能力の較差の排除」の規定が削除されたことに対処して，大企業による中小企業に対する優越的地位の濫用行為を規制するために追加して規定されたものである。6号は，「競争者に対する取引妨害・競争会社の内部攪乱」であるが，この規定も，昭和28年法改正によって競争会社間の株式保有，役員兼任が原則違反でなくなったことに対処するために設けられたものである。

(3) 指定制度（一般指定と特殊指定）と平成21年改正

昭和28年法改正によって，不公正な取引方法に対する規制は，すべて公正取引委員会の指定制になり，あらゆる業界一般に適用される「一般指定」の指定が行われるとともに，特定の事業分野における特定の不公正な取引方法である「特殊指定」の指定も行われた。「しょう油」「みそ」「ソース及びカレー粉」「こしょう」の4業種においては，饗応や景品付き販売を総称した特売行為が「不公正な競争方法」として指定されており，また，「海運」についても「不公正な競争方法」として指定されていたものが「特定の不公正な取引方法」として指定替えされた。なお，海運業においては，定期船航路における極東運賃同盟による契約荷主に対する契約運賃制（二重運賃制）が独占禁止法違反事件として昭和24年に審判開始決定されていたが，昭和25年に審判手続を中断する条件として提示されていた海運5原則が業界慣行となったことによって昭和34年に審判手続が打ち切られているが，この海運5原則を踏まえての規制の考え方は，昭和28年に「海運業における特定の不公正な取引方法」として指定されていた。

昭和28年の「一般指定」においては，①取引拒絶，②取引条件等の差別取扱い，③事業者団体等への加入脱退における差別取扱い，④差別対価，⑤不当廉売及び不当高価購入，⑥不当顧客誘引・取引強制，⑦排他条件付取引，⑧拘束条件付取引，⑨役員選任における不当干渉，⑩優越的地位の濫用，⑪競争者に対する取引妨害，⑫競争会社に対する内部干渉の12の行為類型が指定された。この昭和28年一般指定は，その後，ほぼ30年間にわたって運用されてきたが，昭和57年に整理見直しが行われ，独占禁止法研究会の報告書に基づき，①共同

の取引拒絶，②その他の取引拒絶，③差別対価，④取引条件等の差別取扱い，⑤事業者団体における差別取扱い等，⑥不当廉売，⑦不当高価購入，⑧ぎまん的顧客誘引，⑨不当な利益による顧客誘引，⑩抱き合わせ販売等，⑪排他条件付取引，⑫再販売価格の拘束，⑬拘束条件付取引，⑭優越的地位の濫用，⑮競争者に対する取引妨害，⑯競争会社に対する内部干渉の16行為類型に改正された。

　この昭和57年一般指定（以下「前一般指定」という）については，平成21年の法改正によって，課徴金の対象とする類型が2条9項1号から5号までに法定されたことから，法定5類型を除いた類型が，平成21年に現在の一般指定に改正された。したがって，現在の法定条項と一般指定と合わせたものは，前一般指定の16行為類型と同一の内容となっている。2条9項1号は，共同の供給拒絶を規定し，一般指定1項では共同で供給を受けることの拒絶を規定しており，それを合わせた内容が，前一般指定1項の共同の取引拒絶と一致する。2条9項2号は，差別対価のうち「継続して」「他の事業者の事業活動を困難にさせるおそれがあるもの」という要件を加重し，供給する場合のみを規定しており，一般指定3項では，法定条項以外の差別対価で，供給を受ける場合も規定しており，それを合わせた内容は，前一般指定3項の差別対価と一致する。2条9項3号は，前一般指定6項の不当廉売の前段部分を規定したものであり，一般指定6項では，前一般指定6項の後段部分を規定している。2条9項4号は，前一般指定12項の再販売価格の拘束と同一内容であり，現在の一般指定では，項目自体が削除されている。2条9項5号のイとロは，前一般指定14項の優越的地位の濫用の規定のうちの1号と2号の内容を規定したものであり，ハは，前一般指定14項の3号と4号の内容を整理統合し，下請法の禁止規定を参考に行為類型の例示を追加して規定したものである。一般指定13項の取引の相手方の役員選任への不当干渉は，前一般指定14項5号の内容を規定したものである。

　特殊指定については，整理・縮小され，現在存続しているのは，「新聞業」「特定荷主が物品の運送又は保管を委託する場合」「大規模小売業」の3業種のみとなっている。一般指定と特殊指定の関係については，一般法と特別法の関係にあって，特殊指定が優先的に適用されると説明されてきた。平成21年の法

改正によって法定条項が設けられたことから，法定条項と特殊指定の優先的適用関係があらためて問題となったが，法定条項該当行為については課徴金の対象になることもあって，法定条項を優先的に適用することになるものと考えられる。具体的には，平成22年以降，大規模小売業における優越的地位の濫用事件については，特殊指定該当行為に対してすべて法定条項が適用され，課徴金の納付が命じられている。

(4) 排除措置等

事業者が不公正な取引方法を用いる場合には，公正取引委員会は，当該行為の差止め，契約条項の削除等違反行為を排除するために必要な措置を命ずることができる（20条）。事業者団体がその構成事業者やその取引先などの事業者に不公正な取引方法に該当する行為をさせるようにする場合には，当該行為の差止め，当該団体の解散等違反行為を排除するために必要な措置を命ずることができる（8条の2）。会社等が不公正な取引方法により企業結合行為を行う場合には，株式の処分又は事業の譲渡等違反行為を排除するために必要な措置を命ずることができる（17条の2）。事業者が不公正な取引方法に該当する事項を内容とする国際的協定等を行う場合には，当該行為の差止め，事業の譲渡等違反行為を排除するために必要な措置を命ずることができる（7条）。

このほか，公正取引委員会による公的執行のほかに，不公正な取引方法に該当する行為によって「その利益を侵害され，又は侵害されるおそれがある者は，これにより著しい損害を生じ，又は生じるおそれがあるときは，その利益を侵害する事業者若しくは事業者団体又は侵害するおそれがある事業者若しくは事業者団体に対し，その侵害の停止又は予防を請求することができる」という差止請求制度が，平成12年の法改正によって24条に新設され，私人が裁判所に直接訴えることが可能になった。

(5) 課徴金制度

前述のとおり，平成21年法改正によって，不公正な取引方法の一部が課徴金の対象になったが，その経緯は以下のとおりである。平成17年改正法の附則13条により，「政府は，この法律の施行後2年以内に，新法の施行の状況，社会経済情勢の変化等を勘案し，課徴金に係る制度の在り方，違反行為を排除するために必要な措置を命ずるための手続の在り方，審判手続の在り方等について

検討を加え，その結果に基づいて所要の措置を講ずるものとする。」との規定が置かれたことから，同年夏，内閣府に「独占禁止法基本問題懇談会」（座長塩野東大名誉教授）が設置され，2年間にわたって精力的な議論が行われ，平成19年6月に報告書がまとめられた。その報告書においては，排除型私的独占を課徴金の対象にすること，さらに，不公正な取引方法の中の優越的地位の濫用及び景品表示法の不当表示については課徴金の対象にすることが考えられるとしたものの，その他の不公正な取引方法については，課徴金の対象にすることは時機尚早であるという結論であった。そうした結論を踏まえて作成された改正法案の原案が与党内で検討調整される過程において，優越的地位の濫用以外の不公正な取引方法の一部についても課徴金の対象にすべきであるという考え方から修正が行われた。不公正な取引方法のうちのどの類型を課徴金の対象にするかについては，違法性が比較的に明確なものに限定すべきではないかと考えられたことから，前一般指定の16行為類型の中で，原則違法とされる類型について用いられている「正当な理由がないのに」との文言がついている類型に限定し，前一般指定1項の「共同取引拒絶」，6項前段の「供給に要する費用を著しく下回る対価での継続的な不当廉売」，12項の「再販売価格の拘束」が候補になり，さらに不当廉売と一体として行われる可能性が高い類型ということで3項の「差別対価」に継続性と事業活動困難のおそれという不当廉売と同様の要件を加重したものも対象に含めることとされたものである。しかしながら，こうした4類型は，平成21年法改正で初めて課徴金の対象になる排除型私的独占の予防規定としても位置付けられており，市場の競争に与える効果要件である「自由競争減殺効果」（後記3(1)参照）は，排除型私的独占の「競争の実質的制限」よりは低いレベルであり，市場支配力形成の萌芽の状態で規制するものと考えられていることから，一律に課徴金の対象にすることには慎重であるべきと考えられたことから，過去10年以内に排除措置命令等を受けたことのある違反行為を繰り返した事業者に限定して課徴金の対象にすることにしたものである。課徴金の算定は，当該行為の違反行為期間において，当該行為において当該事業者が供給した商品等の売上額に3％を乗じる方式が原則であるが，共同の供給拒絶については，当該行為による売上額が存在しないことになるので，供給拒絶を行った事業者の被拒絶事業者の競争者に対する売上額が基

準になる。算定率の3％については，過去において違反行為を行った事業者の売上高営業利益率などを参考にしたものである（20条の2〜20条の5）。

これに対し，優越的地位の濫用に対する課徴金は，過去10年以内に排除措置命令等を受けた違反行為を繰り返した事業者に限定するというような配慮は必要ないことから，初めて2条9項5号該当行為を継続して行った事業者に対しても課徴金が課されることになる。課徴金の算定は，当該行為を行った取引の相手方との売上額又は購入額に1％を乗じた額という方式になっている。算定率の1％については，過去の違反事件における不当な協賛金の額が当該事業者との取引額の1％前後となっていたことなどを参考にしたものである（20条の6）。

なお，景品表示法の不当表示に対する課徴金は，平成20年に，独占禁止法及び景品表示法の改正法案として国会に提出されたが，審議未了で廃案となり，平成21年に再度改正法案を国会提出する時点までに景品表示法の所管を公正取引委員会から新設される消費者庁に移管することが決まっていたことから，独占禁止法の改正法案からは削除されることになったものである。その後，消費者庁における検討を経て，平成26年11月27日に課徴金導入のための景品表示法改正が成立した。

(6) 私的独占及び不当な取引制限との関係

不公正な取引方法は，原始独占禁止法制定時から，私的独占及び不当な取引制限と並んで禁止規定の3本柱と呼ばれており，この3本柱によって「公正かつ自由な競争の促進」という同法の直接目的を実現するものと考えられてきた。そして，不公正な取引方法は，私的独占及び不当な取引制限の予防規定として説明することが通例であった。それは，わが国独占禁止法の母法であるアメリカの反トラスト法制定の歴史において，1890年にわが国の私的独占及び不当な取引制限のモデルとなった同様の規制内容を有するシャーマン法が制定された後，当該規定の違反により市場支配状態に至る前段階で一定の行為を規制するための予防規定として，1914年にクレイトン法及び連邦取引委員会法が制定されており，わが国の不公正な取引方法の規制はこれらの法律の規制を引き継ぐ形で設けられたことによるものであった。

不公正な取引方法の効果要件である「公正競争阻害性」の内容は，「自由競

争減殺効果」,「競争手段の不公正さ」,「自由競争基盤の侵害」の3つに整理されていることは, **第1章**第4節において述べたとおりである。このうちの「自由競争減殺効果」は,「競争の実質的制限」と質的には同一内容で,不当な取引制限における競争回避効果と私的独占における競争排除効果などであり,量的には「競争の実質的制限」に至る前段階での競争に有意な影響が出ることを意味する。

「競争の実質的制限」とは,市場支配力の形成・維持・強化をいうと解されているが,「自由競争減殺効果」は,市場支配力が形成される萌芽の状態,あるいはそのおそれがある状態をいう。したがって,「自由競争減殺効果」で説明される不公正な取引方法の類型(法2条9項1号～4号,一般指定1項～7項・10項～12項・14項)は,私的独占と不当な取引制限の予防規定という位置付けになるものと考えられている。不当な取引制限は,共同行為という行為類型の特性があり,不公正な取引方法のうち,競合・重複関係が生じてくるものは,共同の取引拒絶(法2条9項1号,一般指定1項)のみである。しかし,単独行為で「自由競争減殺効果」で説明される不公正な取引方法も,効果要件が「競争の実質的制限」の段階に至れば,私的独占の要件を満たすことになるものであり,刑事罰の対象になっていること,課徴金の算定率からも私的独占規定が優先的に適用されることになる。このことは,私的独占が適用された過去の違反事例を見ても,排除型私的独占事件の多くは,不公正な取引方法に該当する行為を排除行為と認定しており,支配型私的独占事件でも,再販売価格の拘束や拘束条件付取引に該当する行為を支配行為と認定している。こうしたことから「排除型私的独占に係る独占禁止法上の指針」(排除型私的独占ガイドライン)(平成21・10・28公取委)においても,典型的な排除行為の類型として,(1)不当廉売,(2)排他的取引,(3)抱き合わせ,(4)供給拒絶・差別的取扱いの不公正な取引方法に該当する4類型が取り上げられている。

以上の「自由競争減殺効果」で説明される行為類型以外の不公正な取引方法については,その効果が「競争の実質的制限」の段階に至ることはあり得ないものであって,その意味で,私的独占や不当な取引制限の予防規定と位置付けることは困難なものといってよい。これらの類型は,私的独占や不当な取引制限が禁止しようとする「競争の実質的制限」とは別の観点からの規制というこ

とから,「公正な競争」の確保のための規制と考えられる。具体的には,「公正な競争」とは,価格・品質・サービスによる競争である能率競争のことを指すと考えられているが,「不公正な競争手段」の典型的なものと考えられている一般指定8項に規定されているぎまん的顧客誘引は,誇大広告や虚偽表示によって,顧客を誤認させて自己と取引するように誘引する行為をいい,正しい情報に基づいて顧客が商品やサービスを選択するという能率競争の前提を阻害するものである。また,「自由競争基盤の侵害」の典型的なものである2条9項5号の優越的地位の濫用は,取引の主体が,取引するしないの自由,取引条件を決定できる自由が存在することを意味する「自由競争基盤」を侵害するものである。これらはいずれも,「競争の実質的制限」に至る類型ではないものの,公正かつ自由な競争が行われることの前提や基盤を維持,確保するための規制といえるものであって,私的独占や不当な取引制限との関係では,補完規定として位置付けるべきものと考えられる。

2 「公正競争阻害性」に関わる文言

　独占禁止法2条9項1号から5号に規定する「不公正な取引方法」の法定類型及び同項6号に基づく「不公正な取引方法」の一般指定の各項にいう「正当な理由がないのに」,「不当に」,「不当な」,「正常な商慣習に照らして不当に」の文言は,いずれも定義規定2条9項6号の「公正な競争を阻害するおそれ（＝公正競争阻害性）」と同じ意義を有していると解されており,不公正な取引方法の「効果要件」,すなわち市場における競争に与える影響によって違法性を判断する基準を示している。これらの用語法は,昭和57年に不公正な取引方法の一般指定の全面的な見直しが行われた際に開催された独占禁止法研究会における検討の結果を踏まえて整理されたものである。「正当な理由がないのに」という文言は,行為の外形から原則的に公正競争阻害性が認められる類型に用いられ,「不当に」「不当な」「正常な商慣習に照らして不当に」という文言は,行為の外形から直ちに公正競争阻害性は認められないが,市場に与える影響を判断してケースバイケースで公正競争阻害性が認められる類型に用いられるというように整理された。こうした整理方法は,アメリカ法における「当然違法（per se illegal）」と「合理の原則（rule of reason）」の区分に類似した整理方

法であるが、わが国の独占禁止法運用の特徴として、アメリカの判例理論のような当然違法の法理はとられていないことに留意する必要がある。これは、当然違法原則が用いられる典型であるハードコア・カルテルに対しても、わが国においては「一定の取引分野における競争の実質的制限」という効果要件を満たすことが違反成立の要件となっていることからも明らかであり、原則違法というべき考え方がとられているものであり、競争に与える影響が軽微な場合や正当化事由がある場合は公正競争阻害性が認められないとして適法になる余地がある。しかし、合理の原則の判断の枠組みである競争促進効果と競争阻害効果を比較衡量して違法性を判断するという考え方は、わが国の「不当に」「不当な」「正常な商慣習に照らして不当に」という文言がついている類型において個別事案ごとに公正競争阻害性を判断するという考え方と共通するところが大きい。

なお、「正常な商慣習に照らして不当に（な）」という文言がついている類型（優越的地位の濫用や不当な利益による顧客誘引）は、違法性を判断するに当たって、「正常な商慣習」を考慮することを明確化したものであるが、ここでいう「正常な商慣習」とは公正な競争秩序維持の観点から是認されるものをいうのであって、現存する商慣習に合致しているからといって、すべて正当化されることにはならないものであり、現存する商慣習は、公正な競争秩序維持の観点から批判的に検討されることを意味する。

3　公正競争阻害性の具体的内容

不公正な取引方法の効果要件である「公正競争阻害性」の内容は、「自由競争減殺効果」、「競争手段の不公正さ」及び「自由競争基盤の侵害」の3つに整理されていることは、**第1章第4節**において述べたとおりであるが、ここで具体的事例を挙げつつ詳述する。

(1) 自由競争減殺効果

内容は、「競争の実質的制限」と質的には同一で、不当な取引制限における競争回避効果と私的独占における競争排除効果などであり、量的には「競争の実質的制限」に至る前段階での競争に有意な影響が出ることを意味する。すなわち、「競争の実質的制限」とは、「市場支配力の形成・維持・強化」をいうも

のと解されているが，その状態に至る前段階において，市場支配力が形成される萌芽の状態，あるいはそのおそれがある状態をいう。

　競争の実質的制限が生じる典型的類型である不当な取引制限と私的独占では，市場支配力の表れ方に違いがある。不当な取引制限では，競争業者間の共同行為であることから，その競争制限効果は，価格カルテルに見られるように「競争回避効果」として表れることが一般的である。これに対し，私的独占のうちの排除型私的独占では，排除行為によって競争業者を市場から駆逐したり，新規参入業者の参入を阻止することによって競争者等の他の事業者を排除する「競争排除効果」として表れることになる。支配型私的独占では，企業結合行為などによって，他の事業者を自らの意思に従わせ，支配下に置く場合は「競争排除効果」として表れることもあるが，支配下に置いた事業者に競争回避行為を行わせるような場合（パラマウントベッド事件や日本医療食協会事件）には，「競争回避効果」として市場支配力が表れる。

　それでは，不公正な取引方法における自由競争減殺効果は，どのような形で表れるのであろうか。

　まず，独占禁止法2条9項1号から3号までの「共同供給拒絶」「差別対価」「不当廉売」においては，供給の拒絶を受け，差別を受けた事業者あるいは廉売行為により顧客を奪われた事業者の事業活動を困難にすることによって，「競争排除効果」として競争減殺効果が表れる。これに対応する一般指定の1項から7項までも，同様に「競争排除効果」として競争減殺効果が表れる。

　次に，独占禁止法2条9項4号の「再販売価格の拘束」と一般指定12項の「拘束条件付取引」においては，流通業者間の価格競争や，販売先，販売地域及び販売方法に関する競争を制限するもので，「競争回避効果」として競争減殺効果が表れることが一般的である。他方，一般指定11項の「排他条件付取引」は，自己の競争者と取引させないことにより，自己の競争者の代替的取引先の確保が困難になるもので，「競争排除効果」として競争減殺効果が表れる。それに関連して，一般指定12項の「拘束条件付取引」の中には，特定の競争者と取引しないことを条件に取引するような場合，「排他条件付取引」と同様に，「競争排除効果」として競争減殺効果が表れるものもある。

　そのほか，自由競争減殺効果で説明される不公正な取引方法の類型として

は，一般指定10項の「抱き合わせ販売等」と14項の「競争者に対する取引妨害」がある。これらの規定は，昭和57年に前一般指定が制定されたときの立案担当者による解説書などにおいては，主として，「競争手段の不公正さ」に重点を置いて公正競争阻害性を説明していたものである。ただし，「抱き合わせ販売」は，当時からアメリカにおける典型的な抱き合わせ販売について主たる商品の市場力を背景に従たる市場の競争者の商品を排除する点に着目して当然違法の扱いがなされていることを踏まえ，競争減殺効果の側面があることが説明されている。また，「競争者に対する取引妨害」については，民法，商法，不正競争防止法によって規制されているものや，刑法の対象になるものであっても，これらによっては有効な解決が図られないものについて，公正な競争秩序維持の観点から行政的な手続によって解決を図っていこうとしたものであるとの説明が行われている。それは昭和57年当時までの違反事件が，熊本魚事件（昭和35・2・9勧告審決・審決集10巻17頁）のように物理的障壁によるセリへの参加を妨害する行為や，東京重機工業事件（昭和38・1・9勧告審決・審決集11巻41頁）のように他社と予約販売をしている顧客に対し，解約金を支払って契約を破棄させる行為など，社会的倫理的な観点から商道徳のマナーに反するような行為を念頭に置いていたものと思われる。また，抱き合わせ販売についても，昭和57年時点まで，違反事件としては長野県教科書供給所事件（昭和39・2・11同意審決・審決集12巻100頁）の1件のみであり，長野県における唯一の教科書卸売業者が教科書の供給に関連して一定量の普通図書の購入を強制したもので，典型的な不要商品購入強制行為であった。

　しかしながら，その後の約30年間の独占禁止法の運用において，自由競争減殺効果で説明すべき違反事件が数多く出現するようになった。「抱き合わせ販売」では，日本マイクロソフト社抱き合わせ事件（平成10・12・14勧告審決・審決集45巻153頁）において，主たる商品である「エクセル」（表計算ソフト）の供給に併せて，従たる商品の「ワード」（ワープロソフト）や「アウトルック」（スケジュール管理ソフト）を購入させる抱き合わせ行為が問題になったが，従たる市場であるワープロソフトとスケジュール管理ソフトの市場において，マイクロソフトが競争者の市場における第1位の地位を奪ったことが認定されており，競争者排除タイプの自由競争減殺型事件であると評価される。また，東芝昇降機サ

ービス事件（平成5・7・30大阪高判・審決集40巻651頁）においては，東芝製エレベータの保守部品の独占販売業者が，取替え調整工事込みでないと部品の販売に応じないという抱き合わせ販売の方針（甲事件）が前一般指定10項に該当するとともに，自己の競争者である独立系保守業者に対しては調整工事込みであっても手持ち部品の供給納期を3か月先としていた行為（乙事件）が前一般指定15項（現14項）に該当するとされた。保守サービスの市場において，独立系保守業者を排除する効果を有するもので，不公正な競争手段というとらえ方も可能ではあるものの，競争排除効果を有する自由競争減殺効果から説明できる事案である。さらに，不当な取引妨害事件としては，東急パーキングシステムズ事件（平成16・4・12勧告審決・審決集51巻401頁）では，独立系保守業者への部品の販売納期の遅延，販売価格の差別などの行為が前一般指定15項（現14項）に該当するとされたが，本件については，競争手段の不公正さという面より，駐車装置の保守サービス市場における競争者たる独立系保守業者を排除するという自由競争減殺効果に着目して公正競争阻害性が説明されている。

(2) 競争手段の不公正さ

競争手段の不公正さについては，「公正かつ自由な競争」は，価格・品質・サービスによる競争である能率競争によって秩序付けられることが必要であると考えられることから，かかる観点から不公正な競争手段を規制しようとするものである。すなわち，顧客の勧誘・争奪は自由競争の本質であり，様々な競争手段によって顧客争奪が行われるが，全くの自由放任に委ねてしまうと，価格・品質・サービスによる競争を展開する能率競争の観点から優位に立つはずの事業者が，不公正な手段を用いる事業者に打ち負かされてしまい，正常な市場メカニズムの働きを歪める結果になりかねない場合がある。その典型としては，誇大広告や虚偽表示によって，顧客を誤認させて自己と取引するように誘引するぎまん的顧客誘引行為（一般指定8項），過大景品付き販売や，接待・饗応によって顧客を誘引する不当利益顧客誘引（一般指定9項）が挙げられる。これらの競争手段は，伝播性，波及性，昂進性があるものであり，特定の事業者が行うと，競争者が対抗的に同様の競争手段を用いる傾向があり，誇大広告競争や過大景品付き競争に陥って，能率競争が実現しようとする正常な市場メカニズムの機能が大きく歪められる結果となりがちである。なお，景品表示法

は，昭和37年に独占禁止法の特別法として立法されたものであるが，平成21年に新設された消費者庁に移管されたことにより，法律の目的も，従前の公正な競争を阻害する行為を規制することから，消費者の適正な商品選択を確保することに改正され，独占禁止法の特別法から消費者法へとその性格が変化している。

一般指定10項の「抱き合わせ販売等」については，前記(1)のとおり，自由競争減殺効果で説明できるほか，藤田屋事件（平成4・2・28審判審決・審決集38巻41頁）では，人気ゲームソフトであるドラクエⅣと売れ残り不人気ソフトを抱き合わせた行為が問題になり，不要商品の購入を強制し，買い手の商品選択の自由を妨げ，卸売業者間の能率競争を侵害し，競争手段として公正さを欠くものと判断された。

一般指定14項の「競争者に対する取引妨害」については，前記(1)のように自由競争減殺効果で説明される事件も発生しているが，平成21年に審判審決が行われた第一興商事件（平成21・2・16審判審決・審決集55巻500頁）では，通信カラオケ機器製造販売業第1位の事業者が，自己の子会社であるレコード会社2社が有する管理楽曲について，通信カラオケ機器製造販売分野に新規参入した競争業者に対する使用許諾契約の更新を拒絶させた行為などが不当な取引妨害に該当するとされた。当該行為の動機としては，新規参入した競争業者が，被審人に対し以前特許権侵害訴訟を提起して和解の申出にも応じなかったことへの「意趣返し」として行われたものであり，行為の目的も考慮して，価格・品質による公正な競争手段とは認められないと判断された事件である。この事件では，審決時点までに取引妨害の原因，影響も消滅していたとして，違法宣言審決が行われ，排除措置は命じられなかった。

一般指定15項の「競争会社に対する内部干渉」については，内部干渉の手段として，株主権の行使，株式の譲渡，秘密の漏えいを例示しており，いわゆる産業スパイ行為などが該当することになる。顧客リストや顧客情報の持ち出しなどの行為は，雇用契約や就業規則で厳禁されている場合が多いと思われ，USBなどでの情報の持ち出しや流出に対しては刑法や不正競争防止法の適用もあり得ると思われるが，公正な競争手段とは認められないものである。独占禁止法違反事件として，この規定が適用されたことはない。

(3) 自由競争基盤の侵害

　自由競争基盤の侵害でいう「自由競争基盤」とは、取引の主体が、取引するしないの自由があること、取引条件を自由に決定できることを指している。自己の取引上の地位が相手方に優越している一方の当事者が、取引の相手方に対し、その地位を利用して、正常な商慣習に照らして不当に不利益を与えることは、不公正な取引方法の独占禁止法2条9項5号の優越的な地位の濫用に該当するものであり、本来機能すべき自由競争基盤を侵害する行為と解されている。こうした行為は、市場における競争を直接制限したり減殺するものではないが、当該取引の相手方の自主的な競争機能の発揮の妨げとなる。さらに、当該取引の相手方はその競争者との関係において競争上不利となる一方で、行為者はその競争者との関係において競争上優位に立つこととなるおそれがある。公正競争阻害性の判断に当たっては、問題となる不利益の程度、行為の広がり等を考慮して、個別事案ごとに判断することになるとされ、①行為者が多数の取引の相手方に対して組織的に不利益を与える場合、②特定の相手方にしか不利益を与えていない場合であっても、その不利益の程度が強く、又はその行為を放置すれば他に波及するおそれがあるときには、公正競争阻害性が認められやすい。

　一般指定13項の「取引の相手方の役員選任への不当干渉」は、前一般指定14項5号を独立させたものであるが、昭和30年前後に金融機関が融資に当たって役員選任について自己の指示に従わせる行為が問題となった事件が2件ほど発生した（日本興業銀行事件（昭和28・11・6勧告審決・審決集5巻61頁）、三菱銀行事件（昭和32・6・3勧告審決・審決集9巻1頁））が、その後同様の違反事件は取り上げられていない。

コラム　「流通・取引慣行ガイドライン」

　「流通・取引慣行ガイドライン」は、**第1章**第2節2(2)「日米構造問題協議と独占禁止法の強化改正・運用強化」で述べたとおり、わが国における流通が閉鎖的であるとのアメリカからの指摘もあり、1989年9月から1990年6月にかけて行われた日米構造問題協議における政府間合意に基づき、わが国の流通・取引慣行についてどのような行為が独占禁止法に違反するのかを明らかにするため作成され

たものであり，3部構成となっている。第1部では，主として生産財・資本財の生産者と需要者との間の取引を念頭に置いた事業者間の取引の継続性・排他性に関する独占禁止法上の指針となっており，(1)顧客獲得競争の制限，(2)共同ボイコット，(3)単独の直接取引拒絶，(4)取引先事業者に対する自己の競争者との取引の制限，(5)不当な相互取引（互恵取引），(6)対抗的価格改定・優越的地位の濫用，(7)取引先事業者の株式取得・所有と競争阻害などの行為についての考え方を示している。第2部では，主として消費財が消費者の手元に渡るまでの流通取引を念頭に置いた流通分野における取引に関する独占禁止法上の指針となっており，内容としては，(1)再販売価格維持行為，(2)非価格制限行為（競争品の取扱いの制限，販売地域の制限，取引先に関する制限，小売業者の販売方法に関する制限），(3)リベートの供与，(4)流通業者の経営に関する関与，(5)小売業者による優越的地位の濫用行為についての考え方から構成されている。第3部では，財の性格にかかわらず国内市場全域を対象とする総代理店に関する独占禁止法上の指針となっており，(1)競争者間の総代理店契約，(2)総代理店契約における再販売価格，競争品の取扱い，販売地域，取引先，販売方法に関する制限，(3)並行輸入の不当阻害についての考え方から構成されている。

このガイドラインについては，平成3年の策定から既に四半世紀が経過し，その間，流通構造や取引実態も大きく変化してきている中で，特に第2部の内容が流通実態に合致していないとして，見直しを求める声が経済界から出ていたところ，「規制改革実施計画」（平成26・6・24閣議決定）において，ガイドラインの見直し等が以下のように記載されている。

「垂直的制限行為については，競争制限効果を生じることもあれば，競争促進効果を生じることもある等の指摘を踏まえ，『流通・取引慣行に関するガイドライン』について，流通分野における垂直的制限行為に関する事業者の予見可能性を高めるため，「価格が維持されるおそれ」等の垂直的制限行為に係る適法・違法性判断基準を明確にするとともに，次の点について明確化する。

　A．垂直的制限行為については，競争制限効果を生じることもあれば，競争促進効果を生じることもあり得ること，及び競争促進効果の考慮についての考え方

　B．メーカーが単に実際の流通価格や販売先等を調査すること（「流通調査」）は，独占禁止法に違反しないこと

C．売手が一定の基準に基づき選択した流通業者にのみ，直接又は間接的に商品やサービスを販売し，一定の基準に基づき選択された流通業者は，売手が決めた地域においては，認定されていない流通業者に対し，当該商品やサービスを提供しない義務を負う流通制度（いわゆる「選択的流通」）についての具体的な適法・違法性判断基準」，「再販売価格維持行為規制における「正当な理由」について，所要の明確化を行う」

　以上の内容については，公正取引委員会において，平成26年度に措置することになっている。また，「いわゆるセーフ・ハーバーに関する基準や要件等について，所要の検討を行う」の事項は，平成26年度に検討を開始することになっている。

第2節　市場からの排除効果・市場への参入阻止効果を有する諸類型

1　はじめに

　本節の行為類型は，競争者や取引の相手方を市場から排除したり，市場への参入を阻止する効果を有するものであるが，これらは，独占禁止法2条5項の「私的独占」の「排除」行為に該当する場合がある（なお，「共同の取引拒絶」は後記のとおり，「不当な取引制限」（2条6項）に該当する場合もある）。私的独占の「排除行為」には多様なものがあるが，これまでに私的独占の「排除」行為とされた事例の多くは本節の行為類型にも該当すると考えられる。

　不公正な取引方法に該当する行為が私的独占に該当するか否かは，私的独占の要件の一つである「一定の取引分野における競争の実質的制限」に該当するか否かによる。すなわち不公正な取引方法は，「公正な競争を阻害する『おそれ』」により成立するのに対し，私的独占は，「競争を実質的に制限する」に至った場合に成立する。このため，例えば，行為者の市場シェアが低く，競争を実質的に制限する程度に至らない場合には，私的独占には該当しないものの，不公正な取引方法には該当するとされ，あるいは，逆に，潜在的競争者を排除

したり，有力な事業者を排除し，「競争を阻害する」というより「競争を実質的に制限する」と評価できる場合には，不公正な取引方法としてではなく私的独占として規制されることとなる。

以下，これらの点に留意しつつ，本節の各行為類型につき検討する。

2 共同の取引拒絶

(1) 概　　説

ア　独占禁止法2条9項1号及び一般指定1項は，共同の取引拒絶，いわゆるボイコット（boycott）を，「正当な理由がないのに」行う場合，不公正な取引方法に該当すると規定して，原則違法な行為としている。すなわち，2条9項1号は，「正当な理由がないのに，競争者と共同して，次のいずれかに該当する行為をすること。
　イ　ある事業者に対し，供給を拒絶し，又は供給に係る商品若しくは役務の
　　数量若しくは内容を制限すること。
　ロ　他の事業者に，ある事業者に対する供給を拒絶させ，又は供給に係る商
　　品若しくは役務の数量若しくは内容を制限させること」
と規定し，
　一般指定1項は，「正当な理由がないのに，自己と競争関係にある他の事業者（以下「競争者」という。）と共同して，次の各号のいずれかに掲げる行為をすること。
　一　ある事業者から商品若しくは役務の供給を受けることを拒絶し，又は供
　　給を受ける商品若しくは役務の数量若しくは内容を制限すること。
　二　他の事業者に，ある事業者から商品若しくは役務の供給を受けることを
　　拒絶させ，又は供給を受ける商品若しくは役務の数量若しくは内容を制
　　限させること」
と規定する。

　独占禁止法2条9項1号は，前一般指定1項（共同の取引拒絶）の規定をベースにしつつ，「供給の拒絶」のみに限定し，一般指定1項は「供給を受けることの拒絶」を対象とする（取引の全部を拒絶することだけでなく，数量や内容を制限することを含む）。

イ ボイコットの形態には2種の類型がある。①ある業界の製造業者の申合せ（共同行為）により，ある卸売業者をボイコットするような場合（共同の直接ボイコットないし1次的ボイコット）と，②卸売業者の団体が，競争関係にあるアウトサイダーたる卸売業者に対して出荷しないよう製造業者に要請して，その結果，当該製造業者がボイコットを行うような場合（共同の間接ボイコットないし2次的ボイコット）である。

(2) 公正競争阻害性

共同の取引拒絶の公正競争阻害性は，独占禁止法2条9項1号及び一般指定1項とも，他の事業者を排除し，その事業活動を困難にすることに求められる。これは，「共同の取引拒絶」が，他者を排除することを問題としているためである。このため，行為として共同の取引拒絶に該当する場合であっても，他者排除の目的と無関係であるならば「共同の取引拒絶」には該当しない。

ボイコットされる事業者が，既存の事業者であれ，新規参入を図りつつある事業者（「競争関係にある他の事業者」には，顕在的競争者も潜在的競争者もともに含まれる）であれ，当該業界における事業活動から排除され，事業活動が困難となる場合が問題となる。ボイコットをする事業者が属する市場における自由な事業活動や，ボイコットされる業者の属する市場における自由な参入行動が妨げられる結果，締め出された事業者が多大な影響を受けることになり，これによって，当該市場全体において「競争の減殺」がもたらされるからである。このように，ボイコットは，一見して明らかに公正競争阻害性を有する行為であるから，原則違法な行為とされるのである。

(3) 主な事例

ア 「直接ボイコット」のリーディングケースとしては，千葉新聞不買事件（昭和30・4・6東京高決・審決集7巻163頁）がある。この事件は，地方紙である千葉新聞が新規参入した際に，朝日・毎日・読売の3大紙が，千葉県下の新聞販売店との間において，他紙を取り扱わないとの排他条件付契約を実施していたことも背景事情となって，新聞販売店が千葉新聞の取扱いをボイコットした事例である。最近の事例としては以下のものがある。

① ロックマン工法事件（平成12・10・31勧告審決・審決集47巻317頁）では，特定タイプの下水道管渠敷設工法（ロックマン工法）に不可欠な専用機械の独占的

販売業者Aと，Aからこの機械を購入している施工業者17社が相互に協力し，(i)17社は彼ら以外のものに上記機械を貸与，転売することを共同して拒絶し，(ii)Aは17社以外の者に上記機械の販売，貸与を拒絶したとして，(i)の部分が前一般指定1項1号（現2条9項1号イ）に該当するとされた。

② 着うたに関する原盤権の共同ライセンス拒絶事件（平成20・7・24審判審決・審決集55巻294頁）では，携帯電話の着メロの原盤権（著作権法により，原盤に録音されたメロディーを送信可能化する権利）を有するソニー・ミュージックエンタテインメント等5社が，レコード製作会社の優位性を発揮するサービスの提供のため，共同出資会社を設立して，着うたの提供業務を委託し，それ以外の着うたの提供業者には，5社の原盤権のライセンスを共同して拒絶したことが，前一般指定1項1号に該当するとされた。

イ 間接ボイコットについては，わが国では，流通業者の団体がそのアウトサイダーの廉売の阻止や新規参入の阻止の目的により，メーカーに取引拒絶を働きかけるような「間接ボイコット」の事例が典型的である。例えば，家庭電機器具市場安定協議会ほか1名事件（昭和32・10・31勧告審決・審決集9巻11頁）では，家電小売業者，卸売業者の大部分を会員とする全国ラジオ電気組合連合会が，家電メーカーの団体（市安協）を通じ，その会員の家電メーカーに対し，家電メーカーの指示する小売価格を下回って販売する家電販売業者に出荷停止をするよう申し入れ，これを実施させたことが，事業者団体が旧一般指定1にいう共同の取引拒絶（ボイコット）を他の事業者にさせるようにしているものであり，独占禁止法前8条1項5号（現8条5号）に違反するとされた。

また，最近の例として，事業者団体の行為ではないが，新潟タクシー共通乗車券事件（平成19・6・25排除措置命令・審決集54巻485頁）がある。新潟交通圏におけるタクシー事業者21社が，低額タクシー事業者3社が共通乗車券契約を締結できないようにすることを目的として，従来の共通乗車券センターを解散し，新たに，共通乗車券事業者3社を設立し，当該3社が低額タクシー事業者3社と共通乗車券事業契約を締結させないようにしていたことが前一般指定1項2号に該当するとされた。

(4) **正当化事由**

ボイコットでも，例外的に「正当な理由」（＝正当化事由）がある場合もあり

得る。例えば，合理的な内容の倫理綱領に反する広告の掲載を新聞業界が自主規制しているときに，それに照らして掲載を拒絶することになる場合などが考えられる。このような場合は，公正な競争秩序の維持の観点から見ても，それへの影響はないといってよい。なお，日本遊戯銃協同組合事件（平成9・4・9東京地判・審決集44巻635頁）では，エアーソフトガンの安全確保のための自主基準を同協同組合が設定して，自主基準に反する非組合員の商品を取り扱わないよう組合員の取引先に要請していた行為が問題となった。判決は，「正当な理由」が認められる場合の判断基準として，当該行為の目的・内容の合理性，実施方法の相当性を挙げ，本件では，自主基準の目的・内容は合理的なものではあるが，実施方法が相当でないとして，独占禁止法前8条1項5号（現8条5号）に違反するとした。

(5) 課徴金の賦課

共同の取引拒絶のうち，独占禁止法2条9項1号に該当する行為は，独占禁止法20条の2により，10年以内に再び同様の違反行為を行った場合に課徴金の対象となる。この場合，課徴金額は，対象となる商品・役務の違反行為期間（最長3年間）における売上額に，原則として3％，小売業の場合は2％，卸売業の場合は1％の算定率を乗ずることにより算出する。対象商品・役務とは，①共同の直接の取引拒絶の場合は，当該違反行為者が，被拒絶者（ボイコットされた者）の競争者に供給した「同一の商品・役務」であり，②共同の間接の取引拒絶の場合は，(i)当該違反行為者から要請されて拒絶する者に対し，当該違反行為者が供給した「同一の商品・役務」，(ii)被拒絶者の競争者に対し当該違反行為者が供給した「同一の商品・役務」，(iii)当該違反行為者から要請を受けた拒絶者が，当該違反行為者に対して供給した「同一の商品・役務」の合計である。

3 単独の取引拒絶

(1) 概　説

一般指定2項（単独の取引拒絶）は，「不当に，ある事業者に対し取引を拒絶し若しくは取引に係る商品若しくは役務の数量若しくは内容を制限し，又は他の事業者にこれらに該当する行為をさせること」と規定している。前記のボイ

コット（2条9項1号，一般指定1項）が競争関係にある事業者が共同して行う取引拒絶を対象としているのに対し，本項は単独（正確には競争関係にない者が共同して行う場合も含む）の取引拒絶を対象とする。この場合にも，ボイコットの場合と同様に，取引の全部拒絶と取引数量等を限定する場合とが含まれているし，行為形態としては，直接の取引拒絶と間接の取引拒絶とが含まれている。

契約の自由の大原則の下では，取引先の選択は原則として自由であり，取引交渉の結果，取引条件が折り合わない場合に取引を拒絶することは，通常のことであって，問題となるものではない。この意味において，単独の取引拒絶は，原則違法ではなく「不当」と評価される場合にのみ違反となる。

(2) 公正競争阻害性

単独の取引拒絶の公正競争阻害性は，①市場における有力な事業者が，合理的な理由もなく取引を拒絶し，又は拒絶させて，取引を拒絶された事業者が，代替取引先を容易には見い出し得ず，拒絶された事業者の事業活動が困難となるおそれがある場合，又は，②市場における有力な事業者が，独占禁止法上，違法・不当な目的を達成するための手段として用いる場合とされているが，両者を厳密に区別することができないことが多い。このうち，①の場合は，私的独占の排除行為にもなり得る。また②の場合，例えば，再販売価格維持行為のような違法な行為を行う際，その実効性を確保するために，相手方が再販売価格の指示を守らないときに出荷停止等の取引拒絶をする場合，実効確保手段としての当該取引拒絶行為自体が一般指定2項に該当する。

なお，「流通・取引慣行に関する独占禁止法上の指針」（流通・取引慣行ガイドライン）（平成3・7・11公取委事務局）によれば，市場における有力な事業者（シェア10％以上又は順位が上位3位以内である場合であるとされる）が競争者を市場から排除するなどの不当な目的を達成するための手段として取引拒絶を行って，拒絶された事業者の通常の事業活動が困難となるおそれがある場合には原則として一般指定2項違反となるとの考え方が示されている。

単独の取引拒絶は，現実に取引を行っている事業者との取引を拒絶する場合と，現在取引を行っていない事業者との取引を開始しない場合とがあるが，取引先選択の自由の原則の下では，後者は原則として問題となるとは考えられない。ただし，前記②の場合で，例えば，相手方に再販売価格維持行為のような

違法な行為を行うことを取引の条件として示し，これを受け入れない事業者との取引を開始しないような場合は，問題となり得る。また，流通・取引慣行ガイドラインで示されている場合は，現実に取引を行っている事業者との取引を拒絶する場合に限られると解すべきであろう。

(3) **主な事例**

主な例として，①全国農業協同組合連合会事件（平成2・2・20勧告審決・審決集36巻53頁）がある。全農は，組合員に青果物用段ボール箱を供給する等，多くの経済事業を実施しており，青果物の段ボール箱の東日本の販売市場においては，約6割（全国では約5割）のシェアを占める有力な事業者である。この供給ルート（系統ルート）の一層の拡大を図るため，系統ルート外で段ボール箱の製造・販売を開始しようとした事業者に，全農の指定メーカーが段ボール・シートを供給しないように要請するなどして，段ボール箱の製造・販売を中止させ，前一般指定2項に該当するとされた。また，最近の事件例として，②松下電器産業事件（平成13・7・27勧告審決・審決集48巻187頁）がある。松下電器産業（多くの家電製品の販売分野において，シェア第1位）は，販社と一体となって，系列店ではない小売業者が同社の製品を廉売しているとの苦情を受けて，その流通経路を調査し，取引先卸売業者及び小売業者に対し，廉売小売業者に対する同社製品の販売を拒絶させていたことが，前一般指定2項に該当するとされた。

なお，取引上の約定に反するような行為に出た流通業者に対して，民事上の債務不履行の理由により，継続的な取引契約の解除を行うことの是非が問題になることがある。例えば化粧品の販売においてしばしば見られるように（資生堂東京販売事件等の後述の最高裁判決，ノエビア事件・平成14・12・5東京高判・判時1814号82頁，マックスファクター事件・平成14・9・17神戸地判・審決集49巻766頁等参照），再販売価格維持行為や拘束条件付取引等の独占禁止法上の不公正な取引方法違反の成否とも絡みつつ，民事上の契約解除の効力が争われる事例も多く見られる。

4 差別行為

(1) **差別対価**

ア　概　説

(ア)　不当な差別取扱いの一つの形態である差別対価について，独占禁止法2条9項2号は，「不当に，地域又は相手方により差別的な対価をもつて，商品又は役務を継続して供給することであつて，他の事業者の事業活動を困難にさせるおそれがあるもの」と規定し，一般指定3項は，「(法)第2条第9項第2号に該当する行為のほか，不当に，地域又は相手方により差別的な対価をもつて，商品若しくは役務を供給し，又はこれらの供給を受けること」と規定している。

両者は，前一般指定3項（差別対価）をベースにして，独占禁止法2条9項2号は「差別的対価をもって継続して供給する」場合のみに限定し，一般指定3項は差別的対価で「供給を受ける」場合を含む2条9項2号以外のものを対象としている。

取引先との合理的な取引条件の相違（例えば，取引数量の多寡や配送費用の相違等）によって，価格に合理的な差があるのであれば，その差の反映である異なる価格には何ら問題がないことはいうまでもない。しかしながら，不合理な差別対価であれば，取引先又は競争者を有利又は不利にして，その競争行動に影響を与える。

(イ)　差別対価は，独占禁止法2条9項2号，一般指定3項のいずれにおいても，差別的対価の相手方を事業者に限定していない（一般指定4項は相手方を事業者に限定している）。これは，差別対価が，行為者の競争相手に対し影響を与える場合を問題にするためである。

また，独占禁止法2条9項2号では，「他の事業者の事業活動を困難にさせるおそれがある」という要件を掲げているが，一般指定3項にはこれが掲げられていない。しかし，前一般指定3項には，この文言がなくとも，その公正競争阻害性（後記）の解釈において，実際には同じ解釈がされており，独占禁止法2条9項2号はそれを明確化したものである。

イ　公正競争阻害性

差別対価の公正競争阻害性は，①市場における有力な事業者が，合理的な理由なく，差別的な対価をもって相手方と取引する（供給し又は供給を受ける）ことにより，(i)自己の競争者の事業活動を困難にし，市場から排除する場合，若し

くは(ⅱ)取引の相手方の事業活動を困難にし，競争上不利にする場合，又は，②市場における有力な事業者が，独占禁止法上違法・不当な目的を達成するための手段として用いる場合である。

上記①の(ⅰ)の類型は，行為者の競争者が不利になることを問題とするものであり，不当廉売型差別対価と称され，①の(ⅱ)及び②の類型は，不利な対価で取引する相手方が競争上不利になることを問題とするものであり，取引拒絶型差別対価と称される。

なお，不当廉売型差別対価については，公正競争阻害性を判断する際，不当な差別対価かどうかは原価割れの有無がその要素とされる（日本瓦斯事件・平成17・5・31東京高判・審決集52巻818頁）。

ウ　主な事例

(ア)　不当廉売型差別対価の事例として，第2次北国新聞社事件（昭和32・3・18，緊急停止命令の申立てに対する東京高決・審決集8巻82頁）では，石川県における有力な地方紙である北国新聞が，隣接する富山県において富山新聞（新聞の建頁・紙面の内容・編集体制等から見て北国新聞と同種・同等の新聞であると認定された）と題する新聞を販売するに際して，北国新聞は月極め代金330円のところ，富山新聞は50円低額の280円で販売したため，富山県における北日本新聞等の競争紙が多大な影響をうける結果となった。北国新聞のこの行為が，「新聞業の特殊指定」（地域又は相手方によって異なる定価を付すことや値引販売することを禁止する条項を含んでいる。新聞業の特殊性を考慮して一般指定の場合よりも規制がより厳格である。しかしながら，公正取引委員会は，平成11年7月にこれを改正して，学校教育の教材である場合，大量一括購入の場合等，合理的な理由がある場合の値引きを認めた）にいう差別対価に該当するとされた。

また，私的独占に該当するとされた有線ブロードネットワークス事件（平成16・10・13勧告審決・審決集51巻518頁）においては，競争者排除の目的で差別的価格設定を行ったことを私的独占の排除行為としたが，不公正な取引方法の差別対価にも該当すると考えられる。

(イ)　取引拒絶型差別対価の事例としてはビニルタイル事件（昭和55・2・7勧告審決・審決集26巻85頁）がある。同事件では，ビニルタイルの製造業者である東洋リノリュームほか3社が，市況品の値下がりに対処して価格引上げカルテ

ルを実施していた上に（3条違反），工事店を組合員とする協同組合の販売ルートを優遇して，同組合のアウトサイダーと組合員との間で，ビニルタイル1枚当たり4円程度の価格差を設け，また組合員には1枚当たり1円50銭程度の割戻しを行って，取引先を有利又は不利に取り扱っていた。この事件では，価格維持の目的によって差別対価が行われ，カルテルの実効確保手段ともなっていたケースであって，正当な理由は何ら見当たらず，旧一般指定4（前一般指定3項）に該当するとされた。

エ　課徴金の賦課

差別対価のうち，独占禁止法2条9項2号に該当する行為は，独占禁止法20条の3により10年以内に再び同様の違反行為を行った場合に違反課徴金の対象となる。課徴金の額は，当該行為において当該事業者が供給した商品・役務であり，その違反行為期間（最長3年間）における売上額に，原則として3％，小売業の場合は2％，卸売業の場合は1％を乗じて算定される。

(2)　取引条件等の差別的取扱い

ア　概　　説

一般指定4項は，価格以外の取引条件の差別取扱いについて「不当に，ある事業者に対し取引の条件又は実施について有利な又は不利な取扱いをすること」と規定する。前記の差別対価の場合と比較すると，「事業者に対し」との限定が付されている。対消費者の取引をも含む差別対価の場合とは，この点が異なっている。

価格以外の「取引条件」としては，品質・内容・規格・数量・支払や引渡しの条件・リベート等の支給条件等がある。また「取引の実施」には，例えば配送の順序・情報上の差別等があり得る。価格以外の取引条件の場合にも，それをどのように決定するかは，基本的に当事者の自由に属することは勿論である。この場合にもその内容に応じて，合理的な差が生じ得ることはいうまでもない。

イ　公正競争阻害性

取引条件の差別的取扱いの公正競争阻害性は前記差別対価の場合と同じであり，①競争事業者や差別された事業者が市場から排除されるおそれが生じ，競争が減殺される場合，又は②独占禁止法上違法・不当な目的を達成するための

手段として用いられる場合である。

ウ　主な事例

前記①の事例として，除虫菊需要者団体協議会事件（昭和39・1・16勧告審決・審決集12巻73頁）がある。殺虫剤の原料となる除虫菊の生産者が参加する農業経済連等を構成員とする生産者団体連合協議会（国産除虫菊の生産量の約80％を占める）と，殺虫剤のメーカーを会員とする需要者団体協議会（除虫菊購入量の93％を占める）が，国産除虫菊の取引方法について協議し，需要者団体協議会の会員は農業経済連から購入し，不足分を輸入することにした。この場合，農業経済連以外の集荷業者とは，時期遅れになる8月末日までは取引しないこと（取引条件の一つである取引時期の差別取扱い）及び農業経済連からの購入価格よりもキログラム当たり2円安く購入すること（購入における差別対価）を取り決めた。これを会員に実施させたため，農業経済連以外の集荷業者が排除されるおそれが生じた。これは旧一般指定2の差別的取扱い（前一般指定3項・4項）を，事業者団体が事業者にさせるようにしているものであり，独占禁止法8条1項5号（現8条5号）に違反するものとされた。

また，②他の違法行為や不当な目的の達成行為の手段として，取引条件の差別的取扱いの事例としては，第2次大正製薬事件（昭和30・12・10勧告審決・審決集7巻99頁）がある。第1次大正製薬事件（昭和28・3・28審判審決・審決集4巻119頁）において大正チェーン店に対する排他条件付取引等が違反として排除措置がとられた後も，顧客が大正以外の製品を名指しで買いに来た場合のほかは大正製品を専ら販売する努力をする義務があるとして，他の商品の販売を禁止し（排他条件付取引），他のチェーンに加入したときは取引を中止したり（不当な取引拒絶），リベートを支給しなかったり（旧一般指定2（前一般指定4項）の不当な差別取扱い），約定書を一方的に解釈して取引保証金を没収する（旧一般指定10（前一般指定14項）の優越的地位の濫用）等を行った。ここには排他条件付取引の実効確保手段の一つに，リベートの差別的取扱いが含まれている。

最近の事例としてオートグラス東日本事件（平成12・2・2勧告審決・審決集46巻394頁）では，関東地方以北の最大手の自動車用補修ガラスの卸売業者であるオートグラス東日本が国内の補修用ガラスの製造業者が自社製品として製造販売する社外品の売上げと卸売価格の維持のため，輸入品を取り扱っている取引

先ガラス販売業者に対し，社外品の卸売価格を引き上げ，配送回数を減らした行為が取引条件の差別的取扱い（前一般指定4項）に該当するとされた。

(3) 事業者団体の内部における差別的取扱い

ア 概 説

　事業者団体の内部において，その構成員に対して不当な差別的取扱いをすることに関しても，一般指定5項は，「事業者団体若しくは共同行為からある事業者を不当に排斥し，又は事業者団体の内部若しくは共同行為においてある事業者を不当に差別的に取り扱い，その事業者の事業活動を困難にさせること」を禁止している。

　この規定は，中小企業等協同組合法等により，独占禁止法の適用除外とされる共同行為を実施する場合に，ある事業者を差別して取り扱うこと（中小企業等協同組合法自体にも差別してはならないとの規定はある）や，事業者団体の活動上，ある事業者を差別的に取り扱うことが，当該事業者の事業活動を困難にさせる場合に適用される。独占禁止法8条の事業者団体の禁止規定には，これに当たる規制が不備のため，これを補う意味を持つ特別な規定であるとされている。「不公正な取引方法」の違反主体は「事業者」であるが（19条），事業者団体が事業者でもある場合には，本項のように独占禁止法19条も適用できるのである。

イ 主な事例

　これまでの運用上，本項に関しては次の1件の事例が見られるのみである。すなわち，浜中村主畜農業協同組合事件（昭和32・3・7勧告審決・審決集8巻54頁）では，同組合の組合長が北海道バターの取締役及び北海道信用農協連の理事を兼ねている状況の下，組合員は，生産した生乳を農協への販売委託によって，牛乳生産者に販売していた。北海道バターの一工場への生乳の出荷価格よりも明治乳業の一工場への出荷価格が有利であったため，北海道バターへの出荷に不満を抱いた一部の組合員が明治乳業への出荷をしたところ，当該農協は，当該一部の組合員との委託取引について，従来と相違してすべて現金取引とする，組合員からの資金の借入申込みには応じない，当該一部の組合員の主張する一元集荷多元販売の申入れにも応じない上，当該農協からの脱退勧告を行う等の差別行動をとることを決定し，実施した。この行為が旧一般指定3

(前一般指定5項)に該当し,独占禁止法19条に違反するとされた。

5　不当な価格による取引

(1)　不当廉売

ア　概　説

(ア)　市場経済においては,事業者がコスト努力によって競争者よりも低い価格で商品・役務を供給することは価格競争そのものであって,何ら問題とすべきことではない。しかしながら,合理的なものでない原価割れを含む低価格で販売すること(いわゆる不当廉売)は,公正かつ自由な競争秩序に反する価格行動であり,競争者を市場から排除するおそれがあり,競争を減殺する効果をもたらすことになる。そこで不当廉売について独占禁止法2条9項3号は,「正当な理由がないのに,商品又は役務をその供給に要する費用を著しく下回る対価で継続して供給することであつて,他の事業者の事業活動を困難にさせるおそれがあるもの」と,一般指定6項は,「法第2条第9項第3号に該当する行為のほか,不当に商品又役務を低い対価で供給し,他の事業者の事業活動を困難にさせるおそれがあること」と規定する。

これは,前一般指定6項のうち前段部分を独占禁止法2条9項3号に規定し,後段部分を一般指定6項に残したものである。独占禁止法2条9項3号は,ⓐ供給費用を著しく下回る対価であること,ⓑその対価で継続して供給すること,ⓒそれによって他の事業者の事業活動を困難にさせるおそれがあることの3つの要件が,一般指定6項は,ⓐ低い対価であること,ⓑその対価で供給すること,ⓒそれによって他の事業者の事業活動を困難にさせるおそれがあることの3つの要件を必要とする。

(イ)　低い対価で供給を受ける相手方(一般消費者を含む)には,何ら経済的被害は及んでいないかに見えるが,不当廉売によって競争者が排除されることになれば,独占的な地位に就くに至った当該事業者は,将来的には高い価格の設定が可能になり,廉売による一時的な損失を回復することが可能になる。したがって,2条9項3号の場合には,「正当な理由がないのに」との,原則違法と評価する文言が用いられている。継続企業の活動上赤字覚悟の不当廉売が継続的に行われることは,強い違法性を帯びていることを示している。

(ウ) 不当廉売の行為要件については以下のとおりである。
① 「供給に要する費用」（2条9項3号）につき、「不当廉売に関する独占禁止法上の考え方」（不当廉売ガイドライン）（平成21・12・18公取委）は総販売原価（仕入原価若しくは製造原価に販売費・一般管理費を加えたもの）を指すとしている。仕入原価とは仕入価格に仕入費用を加えたものであり、これは変動費である。製造原価は、製造直接費（直接材料費・直接労務費・直接経費）と製造間接費（間接材料費・間接労務費・間接経費）とに分かれ、一般に、前者は変動費、後者は固定費と呼ばれる。この総販売原価とは当該事業者のものであり、業界の平均的・標準的なものではない。
　また、内部補助、すなわち他部門から廉売対象部門への資金投入等により費用を低くすることは認められず、内部補助がない場合の廉売対象の商品・役務の費用を問題とする。
② 総販売原価を「著しく下回る対価」であるかどうかは、廉売対象商品を供給することによって発生する費用（変動費）を下回る収入しか得られないような価格であるかどうかという観点から算定される。すなわち、仕入原価又は製造原価のうち製造直接費を下回る価格は、「供給に要する費用を著しく下回る対価」であると推定される。これに該当しない場合でも、総販売原価を下回る価格である場合は、一般指定6項の規制対象となる。
(エ) なお、「おとり廉売」は、顧客誘引の手段として多種類の商品を販売しているスーパー等の流通業者等により、目玉商品としての廉売が行われる場合などに見られるが、不当廉売と同じ基準で判断される。特定の業種における不当廉売の判断基準として、「酒類の流通における不当廉売、差別対価等への対応について」（酒類ガイドライン）（平成21・12・18公取委），「ガソリン等の流通における不当廉売、差別対価等への対応について」（ガソリンガイドライン）（平成21・12・18公取委），「家庭用電気製品の流通における不当廉売、差別対価等への対応について」（家電製品ガイドライン）（平成21・12・18公取委）が設けられている。

イ　公正競争阻害性
(ア) 不当廉売は、それ自体が競争手段として不公正なものであるために規制されるのではなく、不当に人為的に低い価格を設定して他の事業者の事業活動を困難にし、市場支配力を形成・強化したり（略奪的価格設定），独占・寡占的

な状態を維持するために人為的に低い価格で対抗し新規参入を阻止したりするものであることから規制される。不当廉売の公正競争阻害性は正にこの点にある。

独占禁止法2条9項3号の行為類型はこの典型的なものであり，また，これ以外にも多様な行為類型があり得るため，それらを一般指定6項で規定している。

(イ)　なお，廉売が競争上「正当な目的」を有していたり，競争に与える影響が小さい等により，公正な競争を阻害するおそれがない場合には認められることがある。例えば，①当該商品の市場性が失われたため，仕入価格を下回って販売するとき，②市場の需給関係に対応しているにすぎないときである（不当廉売ガイドライン）。売れ残り商品の見切り販売や瑕疵ある商品の処分等がこれに当たる。

ウ　主な事例

不当廉売についての主な事例は以下のとおりである。

①　中部読売新聞社事件（昭和50・4・30東京高決・審決集22巻301頁）では，読売新聞社との業務提携によって東海3県への新規参入を図った中部読売新聞社が，販売開始後6か月間に50万部の販売目標の下，原価812円と認定される新聞1月1部の代金を500円（競争紙は朝日新聞等の全国紙で1700円，地方紙で1000〜1200円）で販売していた。この行為が，旧一般指定5号（前一般指定6項）に該当するとされ，独占禁止法67条（現70条の13）による緊急停止命令の申立てが認められた。東京高裁の決定によれば，中部読売新聞及び読売新聞との特殊な関係における中部読売新聞への支援は考慮の外において，通常の競争市場において得られるべき通常の広告収入，編集費・工務費・広告費・販売費・減価償却費等，損益計算書の費目によって原価計算を行い，前記の認定を行った。

②　有力なスーパー2社牛乳不当廉売事件（昭和57・5・28勧告審決・審決集29巻13頁）がある。この事件では，昭和56年7月から11月上旬にかけて，スーパーマルエツの上本郷店（松戸市）が，牛乳の仕入原価を割って販売し，スーパーハローマートのハローエース上本郷店（同じく松戸市）もこれに対抗して同様に廉売し，相互に値下げをしていった。この結果，周辺の牛乳専門小売店が多大な影響をこうむったとして，両社が旧一般指定5（前一般指定6項）に該当す

るとされた。
　最近の事例としては次のものがある。
　③　濱口石油不当廉売事件（平成18・5・16排除措置命令・審決集53巻867頁）では，和歌山県，三重県で14の石油給油所を設置している有力な石油販売業者である濱口石油が，和歌山県田辺地区に新たに2つの給油所を新規開店した際，この2店が田辺地区で最安値となるような販売価格を設定した。1店は，普通揮発油を仕入価格に販売経費を加えた価格を下回る価格で106日間販売し，そのうち80日間は仕入価格を下回る価格であり，他の1店は，仕入価格に販売経費を加えた価格を下回る価格で43日間販売し，そのうち30日間は仕入価格を下回るものであった。周辺地区のほとんどの石油小売業者は田辺地区以外には給油所を設置しておらず，濱口石油は上記行為により，平成18年1月の同地区での普通揮発油の販売量で1位となった。同社は上記行為により生じる損失を，同社の他地区の給油所の利益により補填し，同地区の他の石油小売業者は，効率的な事業者であったとしても同社の上記廉売に対抗することができず，普通揮発油の販売価格の引下げを余儀なくされ，それらの販売量は前年同期に比し減少したとして，濱口石油の行為は前一般指定6項に該当するとされた。
　④　シンエネ・東日本宇佐美不当廉売事件（平成19・11・27排除措置命令・審決集54巻502頁・504頁）では，栃木県小山市において石油製品の小売業者であるシンエネコーポレーション（栃木県・茨城県に14給油所を，うち小山市内には3店運営。同市内で29％のシェア）と東日本宇佐美（全国で199の給油所を，うち小山市内には3店運営。同市内で12％のシェア）間の廉売合戦が問題とされた事案である。シンエネは小山市内の3店のいずれかの販売価格が，同市内で「最も低い価格」となるように販売価格を設定し，東日本宇佐美は3店のいずれかの販売価格が市内における「最も低い価格よりも1円程度高い価格」となるように設定した。ところが，東日本宇佐美がシンエネの販売価格と同額に引き下げたことを契機として両社の販売価格引下げ競争が行われ，その結果，シンエネは37日間，仕入価格を最大で10円以上下回る価格で販売し，東日本宇佐美は36〜37日間，仕入価格を最大で10円以上下回る価格で販売した。小山市内の他の石油製品販売業者は通常の企業努力によっては両社の行為に対抗することができず，その販売シェアは前期に比し減少したとして，両社の行為はそれぞれ前一般指定6項に該

当するとされた。

エ　課徴金の賦課

　独占禁止法2条9項3号に該当する行為は、独占禁止法20条の4により、10年以内に再び同様の違反行為を行った場合に課徴金の対象となる。課徴金額は当該事業者が供給した商品・役務の違反行為期間（最長3年間）における売上額に、原則として3％、小売業の場合は2％、卸売業の場合は1％の算定率を乗じて算出される。

(2)　**不当高価購入**

ア　概　　説

　不当な価格による取引のもう一つの行為類型として不当高価購入がある。すなわち一般指定7項は、「不当に商品又は役務を高い対価で購入し、他の事業者の事業活動を困難にさせるおそれがあること」と規定する。

　この場合の、不当に「高い対価」とは、他の競争者がこれに対抗する場合にも、採算に合わない程度の高価格であることを要し、他の事業者の事業活動が困難になるおそれがあるような場合である。すなわち、行為者にとってはその購入自体は不要な（又は不利益となる）採算を度外視したものである。

イ　公正競争阻害性

　通常の合理的な原材料・部品等の購入や製品の仕入れ競争は、競争そのものであり問題とするに足りない。しかし、有力な事業者が、通常の市場価格とはかけ離れた高価格で、例えば稀少な原材料や部品等を買い占める行為が行われれば、競争相手がその事業活動に必要な原材料等を購入できなくなり、その原材料等の購入競争における購入事業者を需要市場から排除する効果を持つことになる。そしてこのことは、当該原材料等を使用して製品を供給する市場での競争にも大きな影響を及ぼすことになる。「不当高価購入」の公正競争阻害性はこの点に求められる。

ウ　本項の趣旨・内容は以上であるが、これまでのところ違反事例は存在しない。

6　取引強制

(1)　取引強制の形態

第2節　市場からの排除効果・市場への参入阻止効果を有する諸類型　169

取引強制には以下のとおり多様な形態がある。

①　商品aを販売する事業者Aが，商品aの販売に際し，相手方Bに対し，Aが販売する他の商品a′を自己から購入するように強制する行為。この変型として，商品a′に代えてAが指定する事業者Cが販売する商品cを購入させる場合がある（**図表4－1**〔Ⅰ〕）。この形態が抱き合わせ販売である。

②　複数の商品を販売する事業者Aが，相手方であるBに対し，Aの供給する全種類の商品を購入するように強制する行為（**図表4－1**〔Ⅱ〕）。全量購入条件付取引ともいう。

③　事業者Aが商品aの販売に際し，相手方Bに対し，Bの販売する商品bをA（又はAの指定する事業者C）に販売するように強制する行為（**図表4－1**〔Ⅲ〕）。

④　事業者Aが相手方Bからその販売する商品bを購入する際に，Bに対し，自己の供給する商品a（又はAの指定する事業者Cの販売する商品c）を購入するように強制する行為（**図表4－1**〔Ⅳ〕）（③，④は相互取引ともいわれる）。

図表4－1　取引強制の形態

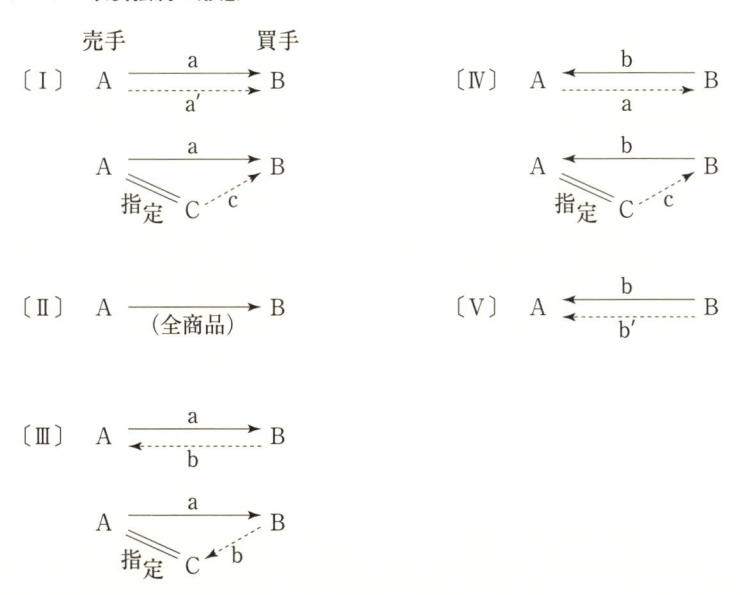

```
           売手         買手
    〔Ⅰ〕  A ────a────▶ B              〔Ⅳ〕  A ◀───b──── B
             ┈┈┈a′┈┈▶                          ────a────▶

          A ────a────▶ B                       A ◀───b──── B
           ╲╲      ┈c┈▶                         ╲╲      ┈c┈▶
            指定 C                                 指定 C

    〔Ⅱ〕  A ──────────▶ B              〔Ⅴ〕  A ◀───b──── B
             （全商品）                            ┈┈┈b′┈┈▶

    〔Ⅲ〕  A ────a────▶ B
             ◀───b────

          A ────a────▶ B
           ╲╲      ┈b┈▶
            指定 C
```

⑤　事業者Ａが相手方Ｂからその供給する商品ｂを購入する際に，Ｂの販売する他の商品ｂ′を自己に販売するように強制する行為（図表４－１〔Ｖ〕）。①の逆の形態である。

①の行為が一般指定10項前段の「抱き合わせ販売」であり，②ないし⑤の各行為は，一般指定10項後段で規定する取引強制であるが，場合によっては独占禁止法２条９項５号（優越的地位の濫用），一般指定11項（排他条件付取引），同12項（拘束条件付取引）とされることもある。

(2) 抱き合わせ販売等

ア　概　説

一般指定10項は，抱き合わせ販売等について，「相手方に対し，不当に，商品又は役務の供給に併せて他の商品又は役務を自己又は自己の指定する事業者から購入させ，その他自己又は自己の指定する事業者と取引するように強制すること」と規定する。本項の前段が抱き合わせ販売であり，後段が取引強制についての規定である。

抱き合わせ販売が成立するためには，①抱き合わす商品（主たる商品）と抱き合わされる商品（従たる商品）が別個の商品であること，②従たる商品を「購入させる」という強制があること，③公正な競争を阻害するおそれが必要である。

イ　行為要件等

(ア)　「商品又は役務」と「他の商品又は役務」

抱き合わせには商品と商品とを抱き合わせるだけでなく，商品と役務，役務と役務とを抱き合わせる場合も対象となる。

抱き合わせ販売は，主たる商品・役務と従たる商品・役務とが別個の独立した商品・役務であることを要する。この商品・役務を組み合わせて１つの商品・役務として販売する場合は抱き合わせ販売にはならない。例えば，歯ブラシと歯みがきとをセットにして「旅行用」として販売したり，異なった商品を１つのケースに組み入れる中元セット等の場合である。組合せによって内容・機能が実質的に変わって別の商品・役務になったか否かを考慮して判断される。

(イ)　「相手方」とは，差別対価（２条９項２号，一般指定３項）の場合と同じく，

事業者だけでなく，一般消費者も含まれる。

(ウ) 「購入させる」ことに該当するか否かは，個々の取引の相手方が主観的に強制されたか否かではなく，客観的に見て購入を「余儀なくされている」か否かによって判断される。

このため，主たる商品・役務と従たる商品・役務とを併せて販売していても，相手方がそれぞれ別々に購入できれば「併せて購入させる」ことには該当しない。

ウ　公正競争阻害性

抱き合わせ販売の公正競争阻害性には2つの種類がある。一つは，当該抱き合わせ販売行為が顧客の商品・役務の選択の自由を妨げるおそれのある競争手段であり，価格・品質・サービスを中心とする能率競争を損なうことにあるとするものである（競争手段の不公正さ）。

他は，主たる商品・役務の市場において有力な事業者が，従たる商品・役務を抱き合わせることにより，従たる商品・役務の市場における自由な競争を減殺させることにあるとするものである（自由競争の減殺）。

個々の事案において両者を明確に区別することはできないものの，能率競争の面からは当該行為の反復継続性，伝播性等の行為の広がりが考慮され，自由競争の減殺の面からは，主たる商品・役務の市場における行為者の地位，従たる商品・役務市場における競争者の状況等により判断される。

エ　主な事例

(ア)　能率競争阻害の事例

①　長野県内の唯一の教科書卸売業者である長野県教科書供給所が，普通図書の販売を拡充するため，普通図書の販売を兼ねている取次店に対し，教科書取扱額の3分の1以上の額の普通図書を購入すること，購入する教科書及び普通図書の合計額の最小目標を定め，これに達しない取次店を整理・統合する旨を取次店に了承させた長野県教科書供給所事件（昭和39・2・11同意審決・審決集12巻100頁）。

②　家庭用テレビゲーム機用ゲームソフトの2次卸売業者である藤田屋が，人気ソフトであるドラゴンクエストⅣの販売に当たり，取引先小売業者に対し，1次卸売業者から仕入れた当該ソフトのうち94％は従前の取引実績に応じ

て配分するが，それ以上の配分を希望する小売業者に対しては，在庫となっているゲームソフト 3 本を購入することを条件に，当該ソフトを販売する旨通知し，この販売条件に応じて購入を希望した小売業者に対し，当該ソフトと在庫になっている他のゲームソフトを抱き合わせて購入させた藤田屋事件（平成 4・2・28審判審決・審決集38巻41頁）。

③　エレベータメーカーの100％子会社で，親会社製造のエレベータの保守・点検を業とし，保守部品も一手販売している東芝エレベータテクノスが，独立系保守業者と保守契約を締結していたビル所有者（ビルに設置されているのは東芝製エレベータである）からエレベータが故障したため部品を至急納入するよう依頼を受けたが，取替え調整工事込みでないと部品の納入には応じられない，しかも納期は 3 か月後だと回答したことが抱き合わせとされた東芝昇降機サービス事件（平成 5・7・30大阪高判・審決集40巻651頁。なお，本件の公正競争阻害性を後記(ｲ)の自由競争減殺の事例と見ることもできる）。

なお，③と類似の事件として，三菱電機ビルテクノサービス事件（平成14・7・26勧告審決・審決集49巻168頁）と東急パーキングシステムズ事件（平成16・4・12勧告審決・審決集51巻401頁）の 2 件があるが，両件とも前一般指定15項（現一般指定14項）（取引妨害）が適用されている。これは両事件とも相手方が，エレベータや駐車装置の保有者ではない独立系保守業者であったためと考えられる。

(ｲ)　自由競争減殺の事例

④　パソコン用ソフトウェアの開発及びライセンスの供与の事業を営む日本マイクロソフト社が，取引先であるパソコン製造販売業者に対し，「エクセル」（シェア第 1 位）と称する表計算ソフトをパソコン本体に搭載等して出荷する権利を許諾する際に，不当に「ワード」と称するワープロソフトを併せて搭載等させ，さらに「エクセル」及び「ワード」をパソコン本体に搭載等して出荷する権利を許諾する際に，不当に「アウトルック」と称するスケジュール管理ソフトを併せて搭載等させ，この結果，「ワード」及び「アウトルック」のシェアも第 1 位となった日本マイクロソフト社抱き合わせ事件（平成10・12・14勧告審決・審決集45巻153頁）。

(3)　相互取引（互恵取引）

ア　概　　説

「相互取引」とは，取引の相手方からの商品又は役務の購入と，相手方への自己の商品又は役務の販売が関連付けられている取引をいい（流通・取引慣行ガイドライン第1部・第五），互恵取引と呼ばれることもある。事業者間では，このような相互取引は広く行われており，特にいわゆる企業集団に属する企業間においては，所属企業間相互の取引が見受けられるが，独占禁止法上問題とされるのは次のような場合であって，それにより当該行為者の競争者や相互取引に応じられない相手方の取引の機会が減少し，代替的な取引先を容易に見出すことができなくなるおそれがあるときである。

すなわち，①事業者Aがある商品・役務を供給する際に，相手方Bに，そのBの商品・役務を自己に供給させる場合，又は，②事業者Cが，相手方から商品・役務を購入する際に，自己の商品・役務を購入させる場合である。

このうち，上記②は購買力を有する買い手が売り手に対し取引を強制すること（いわゆる押し付け販売）であり，購買力の濫用として，独占禁止法2条9項5号（優越的地位の濫用）に該当するとして規制されることがある。

また，上記①については，例えば金融機関が融資に当たって，相手方に自己又は自己の指定する者に相手方の商品・役務を供給するよう強制することが考えられ，一般指定10項の後段に該当する行為ともいえるが，この場合も独占禁止法2条9項5号（優越的地位の濫用）に該当することがある。

イ　主な事例

相互取引につき，上記②の購買力濫用の行為については優越的地位の濫用として多くの事例がある（第5節の取引上の優越的地位の濫用となる諸類型の項参照）。他方，①の行為については，一般指定10項後段に該当するとされた事例はない。

7　排他条件付取引

(1)　概　　説

ア　一般指定11項は，排他条件付取引について，「不当に，相手方が競争者と取引しないことを条件として当該相手方と取引し，競争者の取引の機会を減少させるおそれがあること」と規定する。

イ　排他条件付取引は，取引の相手方に対し，自己の競争者と取引しないこ

とを条件として取引を行うことであるが、その形態は行為者が売り手か買い手かによって、次のように分けられる。

図表4－2　排他的供給契約

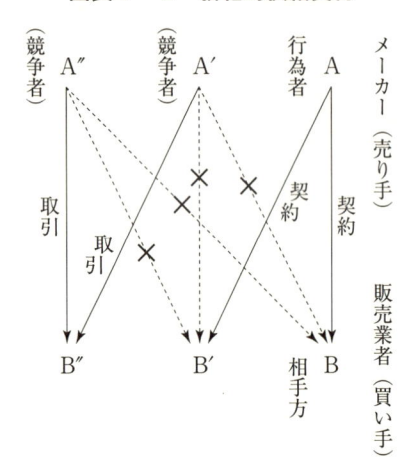

図表4－3　排他的受入契約

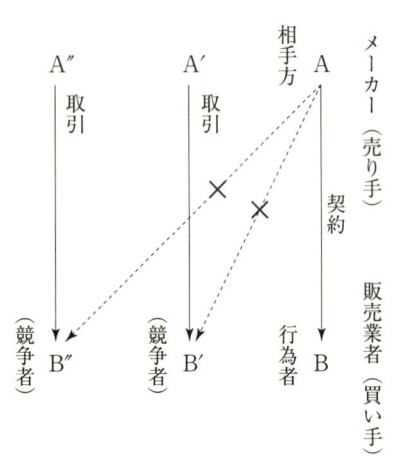

① 排他的供給契約（行為者が売り手の場合）
買い手に対し、自己の競争者から商品・役務の供給を受けないことを条件とするものである。
例えば、メーカーが販売業者に対し、自己の商品のみを取り扱い、他社の競合品を取り扱わないという条件を付すものである。専売店契約、排他的特約店契約ともいわれ、**図表4－2**の場合である。
② 排他的受入契約（行為者が買い手の場合）
売り手に対し、自己の競争者に商品・役務を供給しないことを条件とするものである。
例えば、販売業者がメーカーから商品を購入する場合に、当該メーカーが自己の競争者である他の販売業者には当該商品を供給しないという条件を付すものであり、一手販売契約ともいう。**図表4－3**の場合である。

　ウ　行為要件等
「競争者の取引の機会を減少させる」とは、競争者の取引の機会が減少し、

他に代わり得る取引先を容易に見出すことができなくなるおそれがある場合とされ，当該行為による競争者排除的「効果」を問題とする。

「他に代わり得る取引先を容易に見出すことができなくなる」とは，競争者から見てアクセスできる市場部分が，行為者の当該行為によって閉鎖される「市場閉鎖効果」を有する場合である。

全量購入契約（需要者が当該商品・役務を購入する場合に，必要量のすべてを購入させる）も競争者の取引の機会を排除又は制限するため，排他条件付取引に該当する。

(2) 公正競争阻害性

ア 事業者が，排他条件付取引を行う動機は様々である。事業者間の取引は1回限りではなく，継続的に行われている。そのため，メーカーとしては販売業者に対し，できるだけ自社の製品を優先して扱って，売上げを伸ばしてほしいと考える。このため，メーカーは販売業者に対し，自己の競争者と取引することを禁止する等様々の拘束を加えることがある。特に，いわゆる流通系列化（第3節のコラム「流通の系列化・生産の系列化」参照）の過程でよく見受けられる。また，販売業者としても，自社のみが特定のメーカーの製品を扱うことができれば，営業上有利であると考えることもあるであろう。また，特定のメーカーの製品のみを取り扱うことは，取引が安定する，専門的能力が発揮される等の経済的合理性が認められることもある。

イ 排他条件付取引が行われても，行為者の競争者が直ちにこれに代わるべき取引の相手方を見出すことができる限り，それ自体は公正な競争を阻害するものとは認められない。排他条件付取引が独占禁止法上問題とされるのは，市場における有力な事業者が行うと，競争者の取引機会を排除する効果が大きくなるとともに新規参入も困難となり，当該市場における公正な競争が阻害されるおそれがあるからである。

すなわち，排他条件付取引の公正競争阻害性は，市場において有力な事業者（シェア10％以上又はその順位が上位3位以内であることが一応の目安）が，取引先事業者に対し自己又は自己と密接な関係にある事業者の競争者と取引しないよう拘束する条件を付けて取引する行為又は取引先事業者に自己又は自己と密接な関係にある事業者の競争者との取引を拒絶させる行為を行い，これによって競争

者の取引の機会が減少し，他に代わり得る取引先を容易に見出すことができなくなるおそれがある場合に認められる。

ウ　「競争者にとって，他に代わり得る取引先を容易に見出すことができなくなる」かどうかは，対象商品の市場全体の状況（市場集中度，商品特性，製品差別化の程度，流通経路，新規参入の難易性等），当該制限を実施するメーカーの市場における地位，制限の対象となる流通業者の数・市場における地位，当該制限が流通業者の事業活動に及ぼす影響（制限の程度・態様等）を考慮して判断される。

エ　排他条件付取引に該当する場合，競争者を排除する効果を有するため，私的独占（2条5項）の「排除」行為にも該当する場合が多い。実際，過去の私的独占の排除行為とされた事案の中には，一般指定11項にも該当すると考えられるものがある（例えば，ノーディオン事件）。

また，複数の事業者がそれぞれその取引先と並行的に排他条件付取引を行っていた場合にも代替的な流通経路を容易に確保することができなくなるおそれが強いとして一般指定11項に該当するとされ得る（後記，東洋精米機事件・昭和59・2・17東京高判・審決集35巻15頁は販売業者がメーカーごとに系列化されていれば公正競争阻害性が認められないかのような判示をしたが，これに対しては学説上強い異論が出されている）。

(3) 主な事例

ア　排他的供給契約の事例としては，初期には，

①　併売店を専売店に切り替えさせた北海道新聞社事件（昭和28・5・18審判審決・審決集5巻5頁，昭和36・1・26最判・審決集10巻97頁）などがあったが，その後，

②　製図機械の販売において総販売量の3分の2を占めている武藤工業が，取引先の卸売業者及び小売業者に対し，競合する他社製品を取り扱わないように指示し又はそれを条件として売買契約を締結し，指示に違反した業者との取引を中止した武藤工業事件（昭和49・11・22勧告審決・審決集21巻148頁）

③　育児用品の有力な総合メーカーであるピジョン（ほ乳ビンにおいて約80％（1位），紙おむつにおいて約35％（2位），ベビーパウダーにおいて約10％のシェアを占める）が，代理店との間に競合品の取扱い制限等について定めた契約を締結して

第 2 節　市場からの排除効果・市場への参入阻止効果を有する諸類型　177

いたピジョン事件（昭和51・1・7勧告審決・審決集22巻115頁）

　④　ベッドの販売において総販売量の40％を占めているフランスベッドが同社と一定額以上の取引をしている有力小売業者との間に自社製ベッドに類似する他社製ベッドの取扱いを禁止する旨の条項を規定した「フランスベッド専売店取引協定書」と題する契約を逐次締結し、この条項の違反者には特典を喪失せしめ、他社製ベッドを取り扱わせないようにしていたフランスベッド事件（昭和51・2・20勧告審決・審決集22巻127頁）

　⑤　訪問販売商品の有力な販売業者である学習研究社が、学習参考書、学習百科事典、保育用品等の販売に当たり、取引先訪問販売業者による競争者の商品の取扱いが増加してきたので、取引先訪問販売業者に対して、(i)他社の商品を一切取り扱わないこと、(ii)これに違反した場合には、即時解約されても異議を申し立てないことを内容とする念書を提出させて取引していた学習研究社事件（昭和54・12・20同意審決・審決集26巻74頁）

　⑥　精米機、混米機、石抜選穀機などの食糧加工機において高い市場シェアを有する東洋精米機が、全国の取引先販売店との間で、競合品を取り扱わない等を内容とする特約店契約を締結し取引していた東洋精米機事件（昭和63・5・17同意審決・審決集35巻15頁）

がある。

　最近の事例としては、

　⑦　インターネットのホームページを閲覧するためには、「ブラウザーソフト」を使用する必要があるが、わが国ではブラウザーソフトの供給業者の一つである米国マイクロソフト社が、パソコン製造業者に競争者のブラウザーを取り外すことを条件として基本ソフトウェアである「ウインドウズ」のライセンス料を引き下げ、また、わが国の大手ISP（インターネット接続事業者）11社との間で、会員獲得サービスを提供することと引換えに、競合ブラウザーの配布宣伝等を制限することを内容とする契約を締結していたことについて警告を受けた米国マイクロソフト社事件（平成10・11・20公取委警告）

　⑧　電力会社と大口需要家との長期契約において、大口需要家が途中解約し、新規参入者等当該電力会社の競争者に契約を切り替えた場合には、電力会社が高額の違約金を課すことを定めていることについて、排他条件付取引に該

当し，私的独占の疑いがあるとし警告を受けた北海道電力事件（平成14・6・28公取委警告）
などがある。

　イ　排他的受入契約の事例としては，

　①　全国の米麦の集荷について独占的地位を占めている全国販売農業協同組合連合会が，米麦用新麻袋のメーカー4社に対して，(i)全国販売農業協同組合連合会系統の機関の購入する麻袋は全国販売農業協同組合連合会を通じて供給すること，(ii)全国販売農業協同組合連合会以外に麻袋を供給する場合には全国販売農業協同組合連合会の事前了解を得ること等の内容の契約を締結していた全国販売農業協同組合連合会事件（昭和38・12・4勧告審決・審決集12巻39頁）

　最近の事例として，

　②　八代地域農業協同組合（JAやつしろ）が，自らが事業主体となって行ってきた地域農業基盤確立農業構造改善事業又は経営構造対策事業に基づく複合経営促進施設リース事業において，リース先の生産管理組合（組合員がリースを受けるために3戸以上で結成したもの）及びJAやつしろの組合員に対し，(i)使用する肥料，農薬その他の生産資材をJAやつしろから購入すること，(ii)農産物をJAやつしろへ出荷することを義務付けることにより，JAやつしろの競争者の取引機会を減少させるおそれを生じさせた疑いがあるとして警告を受けたJAやつしろ事件（平成17・3・1公取委警告）

　③　全量購入条件付取引の例として，大分県内で生産される牛乳の90％を集荷し，これを県内の乳業業者に販売している（シェア90％）大分県酪農業協同組合が，県内の乳業業者と，乳業業者の取り扱う牛乳の全量を同組合を通じて受け入れるものとする契約を結んでいた大分県酪農業協同組合事件（昭和56・7・7勧告審決・審決集28巻56頁）

などがある。

第3節　取引の相手方の事業活動の拘束

1　はじめに

　取引の相手方の事業活動の拘束には，拘束の内容から，取引先を制限する前記排他条件付取引のほかに，価格を制限する行為と価格以外の事項を制限する行為とがある。このうち，価格を制限する行為には自己の供給する商品の再販売価格を拘束する行為とそれ以外の価格を制限する行為とがあり，前者を再販売価格維持行為と称し，独占禁止法2条9項4号の対象とされ，それ以外の価格制限行為が一般指定12項の対象とされる。また，非価格制限行為の内容には，取引先，販売方法，販売地域，広告表示等に係る事業活動の制限があり，いずれも，一般指定12項の対象とされる。

2　再販売価格維持行為

(1)　概　　説

　独占禁止法2条9項4号は，再販売価格の拘束について，「自己の供給する商品を購入する相手方に，正当な理由がないのに，次のいずれかに掲げる拘束の条件を付けて，当該商品を供給すること。
　イ　相手方に対しその販売する当該商品の販売価格を定めてこれを維持させることその他相手方の当該商品の販売価格の自由な決定を拘束すること。
　ロ　相手方の販売する当該商品を購入する事業者の当該商品の販売価格を定めて相手方をして当該事業者にこれを維持させることその他相手方をして当該事業者の当該商品の販売価格の自由な決定を拘束させること」と規定する。
　すなわち，再販売価格の拘束とは，典型的にはメーカーが自己の商品を取り扱う卸売業者，小売業者に対し，卸売業者の販売価格，小売業者の販売価格を指示し，これを維持させる行為である。4号イは，例えば，メーカーが取引先卸売業者の販売価格を拘束する行為，同号ロは，取引先卸売業者を介して小売業者の販売価格を拘束する行為である。

(2) 行為要件等

ア 独占禁止法2条9項4号は「商品」の再販売価格のみを対象とし，いわゆる役務の再販売価格は一般指定12項（後記）が適用される。

例えば，パーマネント原液の販売に関し，その原液を使用するパーマ料金を拘束する場合（小林コーセー事件・昭和58・7・6勧告審決・審決集30巻47頁）や，役務の事例として映画配給会社が映画上映者に映画を配給するに際して，入場料金を拘束する場合（20世紀フォックス事件・平成15・11・25勧告審決・審決集50巻389頁）である。また，流通段階で加工された商品の販売価格を拘束する場合（ヤクルト本社事件・昭和40・9・13勧告審決・審決集13巻72頁）も同様である。

イ 「販売価格を定める」とは，確定価格を定めることだけでなく，メーカー希望価格の○％引き以内の価格，○円以上□円以下といった一定の範囲以内の価格，近隣店の価格を下回らない価格も含まれる。

ウ 「これを維持させる」とは，契約書に明文化されている必要はなく，事実上，相手方に「拘束」として機能していれば足りる。

エ 「拘束」がある場合とは，流通・取引慣行ガイドラインは次のような場合を挙げている。

① 文書によるか口頭によるかを問わず，メーカーと流通業者の間の合意によって，メーカーの示した価格で販売するようにさせている場合（例えば，メーカーの示した価格で販売することが文書又は口頭による契約において定められていたり，流通業者に同意書を提出させていたり，メーカーの示した価格で販売することを取引の条件として提示し，条件を受諾した流通業者とのみ取引したり，メーカーの示した価格で販売し，売れ残った商品は値引販売せず，メーカーが買い戻すことを取引の条件とする等）。

② メーカーの示した価格で販売しない場合に，経済上の不利益又は利益を課し，又は課すことを示唆する等，何らかの人為的手段を用いることによって，当該価格で販売するようにさせている場合（例えば，メーカーの示した価格で販売しない場合に，出荷停止等の経済上の不利益（出荷量の削減，出荷価格の引上げ，リベートの削減，他の製品の供給拒絶等を含む）を課し，又は課す旨を流通業者に対し通知・示唆する場合，メーカーの示した価格で販売した場合にリベート等の経済上の利益（出荷価格の引下げ，他の製品の供給等を含む）を供与し，又は供与する旨を流通業者に対し通知・示唆する場合，メーカーの示した価格で販売しているかどうかを調べるため，販売価格の報告

徴収，店頭でのパトロール，派遣店員による価格監視，帳簿等の書類閲覧等の行為を行ったり，商品に秘密番号を付すなどによって，安売りを行っている流通業者への流通ルートを突き止め，当該流通業者に販売した流通業者に対し，安売り業者に販売しないよう要請したりする場合がある。また，安売りを行っている流通業者の商品を買い上げ，当該商品を当該流通業者又はその仕入先である流通業者に対して買い取らせ，又は買上げ費用を請求したり，安売りを行っている流通業者に対

図表4-4　再販売価格の拘束

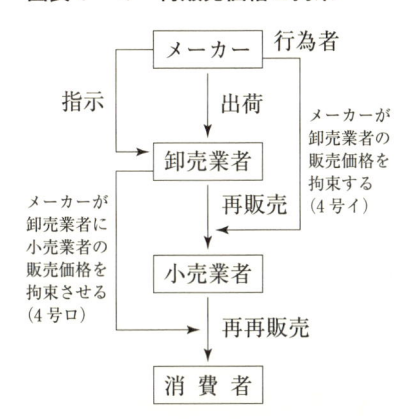

```
                  ┌─────────┐  行為者
         指示   →  │ メーカー │
                  └─────────┘
                       │出荷
                       ↓                    メーカーが
                  ┌─────────┐                卸売業者の
                  │ 卸売業者 │                販売価格を
                  └─────────┘                拘束する
     メーカーが        │再販売              （4号イ）
     卸売業者に         ↓
     小売業者の    ┌─────────┐
     販売価格を    │ 小売業者 │
     拘束させる    └─────────┘
     （4号ロ）          │再再販売
                       ↓
                  ┌─────────┐
                  │ 消費者  │
                  └─────────┘
```

し，安売りについての近隣の流通業者の苦情を取り次ぎ，安売りを行わないように要請したりする等を行う場合）。

　拘束の手段としては，これらのほかに価格以外の事業活動の拘束手段が併せ用いられることも多い（3「価格以外の事業活動の拘束」参照）。

　オ　拘束を受ける相手方

　独占禁止法2条9項4号にいう再販売価格の拘束とは，**図表4-4**にあるとおり，メーカーがその供給する商品を取り扱う卸売業者の販売価格を拘束する場合及びメーカーが卸売業者を介して小売業者の販売価格を拘束する場合であり，いずれも，拘束者と被拘束者との間に取引関係があることが前提となっているように見える。しかし，従来の審決例の中には，例えば小売業者は卸売業者から仕入れているものの，価格拘束の申入れ等はメーカーから小売業者に直接なされている場合にも，すなわち間接的な取引の相手方に価格拘束をした場合にも2条9項4号を適用している例が見られる（日産化学工業事件・平成18・5・22排除措置命令・審決集53巻869頁，ハマナカ事件・平成22・6・9審判審決・審決集57巻28頁，同審決取消事件・平成23・4・22東京高判・審決集58巻第2分冊1頁）。これは，商品の流通経路は多様であり，同一商品における拘束であっても形態が多様になり得るためとされている。

　(3)　公正競争阻害性

　ア　独占禁止法2条9項4号は，「正当な理由がないのに」と規定してお

り，再販売価格の拘束は原則として公正競争阻害性があり，違法とされている。再販売価格の拘束の公正競争阻害性については2つの考えがある。

一つは，商品の価格は，市場で需要と供給によって，つまり事業者間の自由な競争の下で決定される。事業者が市場の状況に応じて自らの販売価格を自主的に決定することは，事業者の事業活動において最も基本的な事項であり，かつ，これによって事業者間の競争と消費者の選択が確保される。再販売価格維持行為は販売業者の事業活動において最も基本的な事項である販売価格の自由な決定に介入し，これを拘束するものであり，この結果，販売業者間の価格競争を消滅させる効果・影響を有している。このため，再販売価格維持行為は公正な競争を阻害するおそれが最も強いものとして，原則として公正競争阻害性があり，違法とされている。

再販売価格の拘束行為の公正競争阻害性のもう一つの考えは，こうした行為はメーカーが販売業者の自由な価格決定を制限し，当該メーカーの特定商品についての価格競争（ブランド内競争）を消滅させるものであり，それによって，メーカー間の同種の商品の価格競争（ブランド間競争）を減殺することになるとするものである。

イ 再販売価格の拘束行為は原則として公正競争阻害性を有する行為であるが，「正当な理由」があれば公正競争阻害性は認められず，違法とはされない。「正当な理由」について，第1次育児用粉ミルク事件（和光堂）では，商品の性格から一定の価格で安定的に供給する必要があるとの主張に対し，最高裁は，「事業経営上必要あるいは合理的というだけでは，右の『正当な理由』があるとすることはできない」とした（昭和50・7・10最判・審決集22巻173頁）。

ウ 委託販売等との関係

再販売価格の拘束は原則として違法であるが，真正の委託販売（メーカーが商品を出荷する場合に売買の形式をとらず，販売業者が需要者に販売するまで商品の所有権をメーカーが留保しているもの。メーカーは，所有権を根拠として販売業者に対し，販売価格などを指示できる）の場合であって，受託者が，受託商品の保管，代金回収等についての善良な管理者としての注意義務の範囲を超えて，商品が滅失・毀損した場合や商品が売れ残った場合の危険負担を負うことはないなど，当該取引が委託者の危険負担と計算において行われている場合，メーカーが需要者との交

渉で販売価格を決定している場合に，卸売業者がメーカーの指示に基づきその価格で販売するような単なる取次ぎとして機能している場合，又はメーカーが100％子会社に対しその販売価格を指示するような場合には，商品の「再販売」には該当せず，あるいは「正当な理由」があり公正競争阻害性が認められないと考えられる。

委託販売制が問疑された森永乳業事件では，①卸売業者は，森永乳業に対し，小売業者からの代金回収とは無関係に販売済委託商品の代金支払義務を負い，かつ，小売業者からの代金回収が不能である場合の危険を負担し，②販売済委託商品の所有権は，森永乳業から直接小売業者へ移転するのではなく，いったん卸売業者に帰属した上，卸売業者から小売業者へ移転するものと認められるので，本件委託販売制は真正の委託販売とは認められないとされた（昭和52・11・28審判審決・審決集24巻106頁）。

(4) 主な事例

再販売価格維持の事件は多数に及ぶので，主要事例を審決日順に示すと以下のとおりである。

① 家電メーカーである松下電器産業が，ナショナル製品の小売価格の維持を図るため，昭和39年9月頃から，代理店に対し，(ア)家電製品を廉売する販売業者に対してはナショナル製品を販売してはならない，(イ)その取引先販売業者に廉売業者に販売させないようにしなければならない旨を指示し，昭和40年2月頃，代理店に対しナショナル製品のうち，季節的製品を除く大部分の製品について，(ア)同社が定める卸価格でその取引先販売業者に販売しなければならない旨，(イ)同社が定める基準による以外の独自のリベートを支払ってはならない旨を指示し，これらを実施させて代理店と取引していた松下電器再販売価格維持事件（昭和46・3・12同意審決・審決集17巻187頁）。

② ドリンク剤類似の清涼飲料水であるオロナミンを販売している大塚製薬が，小売業者向け及び消費者向けの標準価格を1本当たりそれぞれ75円及び100円と定め，これを維持するよう各支店を指導しているところ，代理店及び特約店に対し，同社の定めた小売業者向けの標準価格で販売すること，添付値引きはもちろん，いかなる類似行為も行わない，これらに違反した場合は，ペナルティを受けるとした文書に署名させるとともにこれを遵守するように指示

し，遵守しない代理店及び特約店に対して，警告，リベートの削減，出荷停止等の措置を講じていた大塚製薬事件（昭和58・3・31勧告審決・審決集29巻96頁）。

③　電子玩具の製造販売メーカーである任天堂が新たに電子玩具を発売するに際し，取引先卸売業者に対して，小売店の電子玩具の販売価格は同社の定めた標準小売価格とし，小売店にこの価格を下回って販売させない旨を指示し，電子玩具の化粧箱に流通番号を付し，小売店において標準小売価格を下回って電子玩具が販売された場合には，前記流通番号により安売りルートを解明し，当該小売店に電子玩具を販売した卸売業者を追及し，当該卸売業者に当該電子玩具を買い取らせたり，出荷停止の措置を講じさせていた任天堂事件（昭和58・4・20勧告審決・審決集30巻3頁）。

④　乳業メーカーであるグリコ協同乳業が，同社製品のうち，品質を考慮して選定した飲用牛乳，容器入りのプリン及びゼリー，はっ酵乳，乳飲料等を特選商品と称し，その販売促進を図っていたところ，これらについては特約店に対し，同社が定めた標準卸売価格で小売業者に販売する旨の販売方針を決定し，特約店に対しその販売方針を遵守するよう指示するとともに，販売方針に従わない場合には，新発売の特選商品を供給しない旨を通知し，さらに標準小売価格を遵守しない小売業者には新発売の特選商品を供給しないよう指示したグリコ協同乳業事件（昭和59・2・29勧告審決・審決集30巻68頁）。

⑤　天然型ビタミンE剤の製造販売メーカーであるエーザイが，取扱小売業者に対し，同社の定めたメーカー希望小売価格で販売すること及び業者間の転売を行わないことを指示し，全国一斉に試買を行ったり，包装箱に流通ロット番号や取扱い小売業者名及び電話番号を付す等して取扱い小売業者の営業活動を監視し，これをおおむね遵守させていたエーザイ事件（平成3・8・5勧告審決・審決集38巻70頁）。

近年に至っても再販の違反事件は，多くを数え，次のような事件がある。

⑥　化粧品等の製造販売メーカーである資生堂が，㈠平成5年4月1日からの指定再販商品の縮小などを契機に大手量販店の一部が非再販商品について，割引販売を企図し，また，有力な取引先小売業者の一部が大幅な割引販売を企図して，これらが他の取引先小売業者に拡大することが懸念されたことから，割引販売を企図した大手量販店に対しその割引販売の申入れを断った上，メー

カー希望小売価格を下回る価格での販売を行わないよう要請し，販売促進の支援（サンプルの添付）を行うことなどの方法により，メーカー希望小売価格で販売するようにさせていた．(イ)独占禁止法前24条の2（現23条）第5項により再販商品については生協と再販契約を締結することができないことから，販社を通じて，生協の役員等の個人又は関連法人を名義人として，実質的に当該生協と再販契約を締結することにより，当該生協に対し再販商品を再販売価格で販売するようにさせていた資生堂事件（平成7・11・30同意審決・審決集42巻97頁）．

⑦　関東地区の携帯電話事業者であるエヌ・ティ・ティ移動通信網（「NTTドコモ」）が，平成6年4月から従来の方法（レンタル）による携帯電話機の提供に加え，携帯電話機の販売を開始するに当たり，ドコモブランド電話機の市場価格の安定を図るため，ドコモブランド電話機の一般消費者に対する販売価格はドコモ直営店の販売価格と同一にすべきであるとの方針に基づき，1次代理店に対し，直営店を下回る価格で一般消費者に販売しないよう，さらに2次代理店に対して，その旨指導するよう要請し，その実効を確保するため，2次代理店等が直営店価格を下回る価格で一般消費者に販売していることが判明した場合には，2次代理店等に安売りを中止させるほか直営店価格で販売させることを約す旨等の文書を1次代理店に提出させたり，1次代理店に対し出荷を停止する等の措置を講じて，直営店価格で一般消費者に販売させていたNTTドコモ事件（本件と同時に東京デジタルホン及びツーカーセルラー東京の2社に対しても同様の審決が行われた）（平成9・12・16勧告審決・審決集44巻294頁）．

⑧　ナイキブランドのスポーツシューズの製造販売を行っているナイキジャパンが，ナイキシューズの小売価格の水準を維持するため，展示受注会等の際に，自ら又は卸売業者を通じて小売業者に対して，希望小売価格で販売すること，並行輸入品を取り扱わないこと，希望小売価格を下回る価格を表示した新聞折り込み広告等を行わないことを要請するとともに，小売業者を同社の方針に従う「キーアカウント」とそれ以外の一般店に選別し，「キーアカウント」に対してはトップモデルの製品の販売等で有利に扱い，また同社の要請に従わないディスカウント業者等は登録する対象外とし取引を中止する等して，小売価格の維持を図っていたナイキジャパン事件（平成10・7・28勧告審決・審決集45巻130頁）．

⑨　食肉加工品（ハム・ソーセージ類）等の製造販売を業とする日本ハムが，「シャウエッセン」の商標を付したウィンナーソーセージの販売に関し，自ら，あるいは製造販売会社及び販売会社を通じて，取引先小売業者に対し，日本ハムの定めた販売価格以上の価格で販売するように要請し，このため取引先小売業者が希望売価を下回る価格でシャウエッセンを販売しようとしたときは当該小売業者に対し希望売価以上で販売する，シャウエッセンの廉売についての新聞折り込み広告をやめるよう要請し，これらの要請に応じなかった取引先小売業者に対して，シャウエッセンの出荷を制限し，卸売価格を引き上げ，又は廉売されているシャウエッセンを買い占める等して小売価格の維持を図っていた日本ハム事件（平成11・2・24勧告審決・審決集45巻191頁）。

⑩　プレイステーションと称する家庭用ゲーム機器・ソフト・周辺機器（PS製品）の製造販売等を行っているソニー・コンピュータエンタテインメント（SCE）が，流通政策として，PS製品について直接小売業者と取引し，これら小売業者が一般消費者に販売する「直取引」を基本とし，PSソフトについて「値引販売禁止」，「中古品取扱い禁止」，「横流し禁止」の3つの販売方針を採用し，これらの条件を受け入れた小売業者とのみ取引していたところ，「値引販売禁止」については，公取委の立入検査等もあって，小売業者への価格介入を取り止めた。これらに対し公取委は，審判手続を経てSCEに対し，「値引販売」についてはPSソフトの再販売価格維持行為を取り止めていることの確認，「直取引」については販売先を制限する条件を付してPSソフトを供給しているもので拘束条件付取引であるとし，「中古品取扱い禁止」については，新品PSソフトの再販売価格の拘束行為の実効確保に寄与しているから，再販売価格の拘束行為に包含され，「横流し禁止」については販売段階での競争を制限する（この部分は一般指定12項（前一般指定13項）に該当）として，いずれも公正競争阻害性が認められるとしたソニー・コンピュータエンタテインメント（SCE）事件（平成13・8・1審判審決・審決集48巻3頁）。

⑪　手芸手編み毛糸を他の事業者に委託して製造させ，自ら又は卸売業者を通して小売業者に販売しているハマナカは，ハマナカ毛糸の販売に関し，自らが定めた値引き限度価格を下回る価格で販売していた小売業者に対し，値引き限度価格以上の価格で販売するようにさせていたハマナカ事件（平成23・4・22

東京高判・審決集58巻第2分冊1頁)。

⑫　トレーニングシューズのメーカーであるアディダスジャパンは，自己ブランドのトレーニングシューズ（イージートーン）の販売に関し，自らが定めた値引き限度価格を下回る価格で販売していた小売業者に対し，自ら又は当該取引先卸売業者をして，値引き限度価格以上の価格で販売するようにさせていたアディダスジャパン事件（平成24・3・2排除措置命令・審決集58巻第1分冊284頁)。

(5) 課徴金の賦課

独占禁止法2条9項4号に該当する行為は，独占禁止法20条の5により，10年以内に再び同様の違反行為を行った場合に課徴金の対象となる。課徴金額は，当該行為において当該事業者が供給した商品の違反行為期間（最長3年間）における売上額に，原則として3％，小売業の場合は2％，卸売業の場合は1％の算定率を乗じて算出される。

(6) 適用除外制度

ア　製造業者等がいったん販売業者に売り渡した商品について，その販売価格を拘束する再販売価格維持行為は，独占禁止法2条9項4号に該当し，原則として違法である。しかし，大量生産される消費物資が製造業者等の商標を付して，大規模な広告宣伝の下に販売されるような場合には，そのような商品は「おとり廉売」の対象として利用されることがあり，このため小売業者は激しい販売競争により，その利益が侵害される危険性がある。したがって，このような商品については，例外的に再販売価格維持行為を認めることが考えられる。また，書籍，雑誌，新聞などは，文化的な価値を有する特殊な商品であって定価販売が慣行的に行われていることから，同様に再販売価格維持行為を容認することが考えられる。

独占禁止法23条は，以上のような考え方に基づき，「公正取引委員会の指定する商品であつて，その品質が一様であることを容易に識別することができるもの」（同条1項）及び「著作物」（同条4項）について，例外的に再販売価格維持行為ができることを規定している。

イ　公正取引委員会が指定することができる要件としては，第1に，当該商品が一般消費者により日常使用されるものであること，第2に，当該商品について自由な競争が行われていることである（23条2項）。第1の要件は，そのよ

うな商品は，おとり廉売の対象として利用されるおそれがあるからであり，第2の要件は，再販売価格維持行為が行われても，自由な競争が行われていれば，価格維持による弊害が少ないと考えられるからである。「その品質が一様であることを容易に識別することができるもの」には，商標品などが含まれる。

「指定商品」には，昭和40年までは，化粧品，歯みがき，家庭用石けん・洗剤，雑酒，キャラメル，医薬品，カメラ，既製エリ付きワイシャツがあったが，価格維持による物価の引上げという弊害が指摘されるようになったため，昭和41年以降徐々に縮小の方向をたどり，平成9年3月末限りですべて取り消され，現在「指定商品」は存在しない。

「著作物」には，書籍，雑誌，新聞，レコード盤及び音楽用テープ・音楽用CDが含まれると解されている（いわゆる電子書籍は商品でないことから，独占禁止法23条の適用除外の対象とはならない）。

「指定商品」と「著作物」については，「再販売価格を決定し，これを維持するためにする正当な行為」に対し独占禁止法は適用されない。したがって，これらの商品について，再販売価格を決定・維持するために，販売の相手方と再販売価格維持契約を締結し，契約に違反した者から違約金を徴収したり，取引を停止したりすることも可能となる。なお，販売業者が再販売価格維持行為を行う場合には，当該商品の製造業者の意に反してはならない（23条1項ただし書）。

　ウ　公正取引委員会は，「著作物」の再販売価格維持行為の適用除外について見直しを行うことを表明し，平成9年2月，有識者による「再販問題検討のための政府規制等と競争政策に関する研究会」を設け，その検討作業を行った。その結果，公正取引委員会は，平成10年1月，同研究会から，「①競争政策の観点からは，現時点で著作物再販制度を維持すべき理由に乏しく基本的には廃止の方向で検討されるべきものと考えられる。②本来的対応とはいえないが，間接的にではあれ，著作物再販制度によってこれまで著作権者等の保護や著作物の伝播に携わる者を保護する役割が担われてきているという点については，文化・公共的な観点から配慮する必要があり，したがって著作物再販制度を直ちに廃止することには問題があると考えられる」との提言を受け，一定期

間経過後に制度自体の存廃についての結論を得るのが適当であるとし，関係業界に対し，消費者利益の確保の観点から，特に次のような点について是正措置を求めていくこととした。①時限再販・部分再販等再販制度の運用の弾力化，②各種割引き制度の導入等価格設定の多様化，③再販制度の利用・態様についての発行者の自主性の確保，④サービス券の提供等小売業者の消費者に対する販売促進手段の確保，⑤通信販売，直販等流通ルートの多様化及びこれに対応した価格設定の多様化，⑥円滑・合理的な流通を図るための取引関係の明確化・透明化その他取引慣行上の弊害の是正。

その後，関係業界の実態調査，関係各方面からの意見聴取等を行い，平成13年3月に「著作物再販制度の取扱いについて」を公表した。その要旨は，①著作物の再販適用除外制度については，競争政策の観点からは廃止すべきと考えるが，廃止に向けた国民的合意が形成されるに至っていない状況にあり，当面存置することが相当である，②現行制度の下で可能な限り運用の弾力化等の取組が進められ，消費者利益の向上が図られる必要があるというものである。

これを受けて，公正取引委員会，関係事業者，消費者，学識経験者等を構成員とする著作物再販協議会が設けられ，会合を開催しその取組方を検証している。

ここ数年，著作物の業界はインターネットを利用した通信販売の増加，絶えざる技術進歩によるMD等の新しい媒体の登場，若者の書籍・新聞離れ等により大きな変革の波におおわれており，著作物再販制度も新しい対応策を求めて徐々にではあるが変化の兆しがみられるところである。

エ 適用除外となる再販売価格維持行為を行う場合には一定の制約がある。第1に，農業協同組合法，消費生活協同組合法，労働組合法，中小企業等協同組合法等の法律に基づいて設立された団体とは再販売価格維持契約を締結することができない（23条5項）。このような団体は，組合員の生活に必要な物資を供給する福利厚生事業を行うために設立されたものであるから，このような団体を再販売価格維持契約の相手方とすることは，団体設立の目的に反するからである。第2に，再販売価格維持行為によって，「一般消費者の利益を不当に害すること」となってはならないということである（同条1項ただし書）。再販売価格維持制度を利用することによって，過大なマージン・リベートを確保

し，販売価格を不当に高く引き上げる行為は，これに該当すると考えられており，公正取引委員会は，特に指定商品については，再販売価格維持契約が届出制となっているため（同条6項），契約届出の際に過大なマージン・リベートなどについてチェックし，その是正指導を行っていた。

3 価格以外の事業活動の拘束

(1) 概　説

ア　価格以外の事業活動（商品の再販売価格以外の価格の拘束を含む）の拘束について，一般指定12項は，拘束条件付取引として，「法第2条第9項第4号又は前項（引用者注―排他条件付取引）に該当する行為のほか，相手方とその取引の相手方との取引その他相手方の事業活動を不当に拘束する条件をつけて，当該相手方と取引すること」と規定する。

イ　メーカーは，マーケティングの一環として各種の手段，例えば，専売店制度，流通業者の取扱い商品の制限，販売地域の制限，取引先の制限，広告活動の制限，販売方法の制限等をとったり，また，リベートを流通業者の事業活動に対する制限の手段として用いることもある。これらの制限行為は，「非価格制限行為」と呼ばれる。

価格以外の事業活動の拘束とは，相手方の事業活動を拘束する条件を付けて取引する行為であり，相手方と第三者との取引に関する拘束と第三者との取引にかかわらない相手方の事業活動に対する拘束に区分でき，さらに行為者が売り手か買い手かによっても区分できる。

流通・取引慣行ガイドラインは，非価格制限行為の問題点を次のように指摘する。すなわち，メーカーは，直接の取引先のみならず末端の小売段階に至るまで，自社商品を取り扱う流通業者に対して，各種のマーケティングを行う場合があり，メーカーの流通業者に対するこのようなマーケティングについては，各種の経営上の利点が指摘されているが，メーカーがマーケティングの手段として流通業者の取扱い商品，販売地域，取引先等の制限をする場合には次のような問題を生ずる場合がある。①流通業者の創意・工夫による事業活動を妨げる，②流通業者のメーカーに対する依存性を高め，流通業者がメーカーと協調的行動をとることによって末端価格が維持される，③いわゆるブランド間

競争（メーカー間の競争及び異なるブランドの商品を取り扱う流通業者間の競争）やブランド内競争（同一ブランドの商品を取り扱う流通業者間の競争）が減少・消滅する，④メーカーや流通業者が新規に参入しようとする場合の障壁が高くなる，⑤消費者の商品選択が狭められる。

(2) **行為形態と公正競争阻害性**

非価格制限行為の公正競争阻害性については，行為の形態や拘束の程度も様々であり，影響も異なる。すなわち，公正競争阻害性の内容，判断基準も行為形態ごとに異なっており，行為類型のみから違法と判断されるのではなく個々のケースに応じて，当該行為を行うメーカーの市場における地位等から，①商品の価格が維持されるおそれがあるか否か，又は②競争者等の取引の機会が減少し，他に代わり得る取引先を容易に見出すことができなくなるおそれがあるか否かによって違法性が判断される。

ア 価格（商品の再販売価格以外）の拘束

相手方の商品の再販売価格を拘束することは独占禁止法2条9項4号の対象となるが，①供給した商品を相手方が加工して販売する場合の価格を制限する場合，②相手方の役務の販売価格（料金）を制限する場合は，一般指定12項に該当する。この場合の公正競争阻害性は，再販売価格の拘束の場合と同様，当該商品をめぐる販売業者間の価格競争の減殺に求められ，原則違法である。

イ 取引先の制限

取引の相手方に対する拘束には，様々な形態があるが，流通・取引慣行ガイドラインは，次の3つの類型を挙げている。

(ｱ) 帳合取引の義務付け（メーカーが卸売業者に対して，その販売先である小売業者を特定させ，小売業者が特定の卸売業者としか取引できないようにすること。一店一帳合制ともいう）。これを図示すると**図表4－5**のとおりである。これによって当該商品の価格が維持されるおそれがある場合には，違法とされる。当該商品の価格が維持されるおそれがあるかについては，対象商品のブランド間競争の状況及びブランド内競争の状況，制限の対象となる流通業者の数及び市場における地位，当該制限が流通業者の事業活動に及ぼす影響を総合的に考慮して判断される。

(ｲ) 仲間取引の禁止（メーカーが流通業者に対して商品の横流しをしないように指示

図表4－5　帳合取引の義務付け

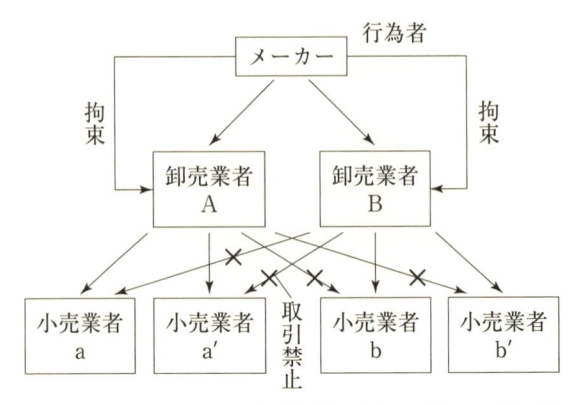

```
            メーカー  行為者
         ↙         ↘
    拘束              拘束
    ↓               ↓
  卸売業者 A       卸売業者 B
  ↓  ↓ ✗ ✗ ✗ ✗ ↓  ↓
          取引禁止
  小売業者 小売業者 小売業者 小売業者
    a      a'      b      b'
```

Aはa, a'とのみ取引し, b, b'との取引はできない。他方, Bはb, b'とのみ取引し, a, a'との取引はできない。

図表4－6　仲間取引の禁止

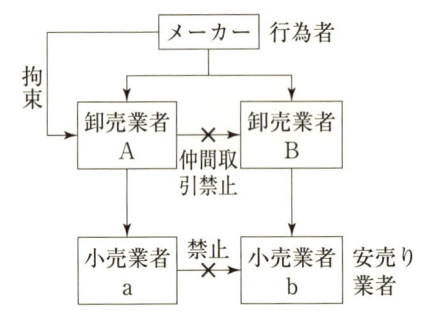

```
        メーカー  行為者
      ↙      ↘
   拘束
    ↓
  卸売業者 A ✗ 卸売業者 B
           仲間取引禁止
    ↓           ↓
  小売業者 禁止 小売業者  安売り
    a    ✗   b        業者
```

bはB以外から供給を受けることができない。

図表4－7　廉売業者への販売禁止

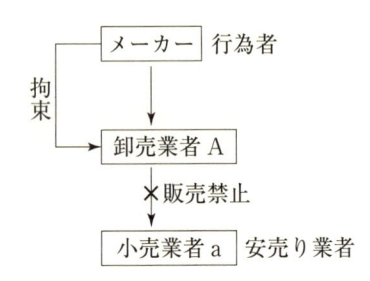

```
    メーカー  行為者
     ↓
  拘束
     ↓
  卸売業者 A
     ↓ ✗ 販売禁止
  小売業者 a  安売り業者
```

メーカーがAに対し, 安売りを行っているaに対して商品を販売することを禁止する。

すること)。図示すると**図表4－6**のとおりである。

　これによって当該商品の価格が維持されるおそれがある場合には，違法とされる。

　(ウ)　廉売業者への販売禁止（メーカーが卸売業者に対して，安売りを行う小売業者への販売を禁止すること)。図示すると**図表4－7**のとおりである。

　廉売業者への販売禁止は，これによって当該商品の価格が維持されるおそれがあり，原則として違法とされる。

ウ　販売地域の制限・広告活動の制限・販売方法の制限

㈎　取引の相手方の販売地域（あるいは営業地域）を拘束することはテリトリー制と呼ばれ，様々な形態がある。

①　責任地域制（メーカーが，流通業者に対して，一定の地域を主たる責任販売地域として定め，当該地域内において，積極的な販売活動を行うことを義務付けること）

②　販売拠点制（メーカーが，流通業者に対して，店舗等の販売拠点の設置場所を一定地域内に限定したり，販売拠点の設置場所を指定すること）

③　厳格な地域制限（メーカーが，流通業者に対して，一定の地域を割り当て，地域外での販売を制限すること）

④　地域外顧客への販売制限（メーカーが，流通業者に対して，一定の地域を割り当て，地域外の顧客からの求めに応じた販売を制限すること）

このうち①と②は，通常競争制限効果はほとんどないと考えられるため独占禁止法上問題とならず，独占禁止法上問題となるのは③と④の場合である。図示すると**図表4－8**のとおりである。

図表4－8　販売地域の制限

```
              ┌───────┐
              │メーカー│行為者
              └───┬───┘
           ┌──────┴──────┐
           ▼             ▼
      ┌───────┐     ┌───────┐
      │流通業者│     │流通業者│
      │   A   │     │   B   │
      └───┬───┘供給禁止└───┬───┘
          │  ＼  ／  │
          │   ╳    │
          │  ／  ＼  │
          ▼         ▼
      ┌───────┐     ┌───────┐
      │販売地域│     │販売地域│
      │  顧 客 │     │  顧 客 │
      └───────┘     └───────┘
```

③については，市場における有力なメーカーが行う場合には，これによって当該商品の価格が維持されるおそれがあるときに違法とされる。④については，メーカーが有力であると否とに関係なく，これによって当該商品の価格が維持されるおそれがある場合に違法とされる。これは，④の場合には，③の制限に加えて，地域外の顧客からの求めに応じて販売することも制限するものであり，③より価格維持効果が強いためである。なお，販売地域の制限の指定の

仕方としては，一定の地域について単一の販売業者を指定する場合（クローズド・テリトリー制）と複数の販売業者を指定する場合（オープン・テリトリー制）とがある。

(イ) 広告・表示の制限について，2つの類型がある。

① メーカーが小売業者に対して，店頭，チラシ等で表示する価格について制限し，又は価格を明示した広告を行うことを禁止すること。

② メーカーが自己の取引先である雑誌，新聞等の広告媒体に対して，安売り広告や価格を明示した広告の掲載を拒否させること。

競争手段として広告の果たす役割は非常に重要であることから，このような制限行為は，価格競争を阻害するものであり，これによって価格が維持されるおそれがあるため，原則として違法となる。

(ウ) 小売業者の販売方法に関する制限（商品の説明販売の義務付け，通信販売の禁止等）について，当該商品の適切な販売のための合理的な理由があり，差別なく行われている限り独占禁止法上問題とはならないが，メーカーが小売業者の販売方法に関する制限を手段として，小売業者の販売価格，競争品の取扱い，販売地域，取引先等についての制限を行っていると認められる場合（例えば，当該制限事項を遵守しない小売業者のうち安売りを行う小売業者に対してのみ，当該制限事項を遵守しないことを理由に出荷停止等を行う場合）には独占禁止法上問題とされる。

(3) 主な事例

ア 価格（商品の再販売価格以外）の拘束

① 小林コーセーが，パーマネントウェーブ液の販売に当たり，代理店，美容室に，同液使用に係るパーマネント料金の最低料金を定めていた小林コーセー事件（昭和58・7・6勧告審決・審決集30巻47頁）。

② 20世紀フォックスが，その配給した映画作品を上映する映画館の入場料金を定め，入場料の割引の可否を決定するなどしていた20世紀フォックス事件（平成15・11・25勧告審決・審決集50巻389頁）。

イ 取引先の制限――帳合取引の義務付け

① 保冷袋でシェア第1位，脱臭剤でシェア第2位のメーカーである白元が，再販売価格を拘束するとともに，これを維持させるため卸売業者に小売業者を取引先として登録させ，他の卸売業者の取引先として登録されている小売

業者とは取引させないようにしていた白元事件（昭和51・10・8勧告審決・審決集23巻60頁）。

② 育児用粉ミルクのシェア第2位の雪印乳業が，卸売価格及び小売価格の値崩れを防止するために，卸売業者間においてその販売先が競合しないように，卸売業者に対してその販売先である小売業者を特定し，小売業者に特定の一卸売業者以外のものとは取引できなくさせている制度を実施していた第2次育児用粉ミルク雪印乳業事件（昭和52・11・28審判審決・審決集24巻65頁）。

③ ②と同様の事例として明治乳業事件（昭和52・11・28審判審決・審決集24巻86頁）がある。

ウ 取引先の制限——仲間取引の禁止

再販売価格の拘束の項で言及したエーザイ事件（前記2(4)⑤）及びソニー・コンピュータエンタテインメント（SCE）事件（前記2(4)⑩）のケースがある。

エ 取引先の制限——廉売業者への販売禁止

日本水産の製造・販売する魚肉ハム・ソーセージについて，安売りの影響を受けた小売業者が卸売業者に値引きを要求したため，卸売業者は，メーカーの日本水産に対し善処方を要望し，日本水産が当該安売業者に魚肉ハム・ソーセージを供給していた卸売業者に対して当該安売業者との取引を中止させた日本水産事件（昭和39・11・7勧告審決・審決集12巻146頁）。

オ 販売地域の制限

① 国内のエックス線フィルムの約53％を供給している富士写真フィルムの完全子会社で，エックス線フィルムの販売業者である富士エックスレイが，専門特約店との間で締結した取引契約書の中で，専門特約店の販売地域，販売価格，競合品の取扱い制限などを定め，これを守らせていた富士フィルム事件（昭和56・5・11勧告審決・審決集28巻10頁）。

② ノウハウライセンス契約において，ライセンサーであるわが国の旭電化工業が，ライセンシーである台湾の事業者に対し，契約修了後もわが国向け輸出を制限していた旭電化工業事件（平成7・10・13勧告審決・審決集42巻163頁）。

カ 広告表示の制限

① ヤマハ発動機の関東甲信越地区の販社であるヤマハ東京が，モーターサイクルの滞留在庫車について，メーカー希望小売価格とは別に，実勢小売価格

を参考にして小売業者の販売価格の目安となる価格（小売目安価格）を順次定めるとともに，取引先小売業者及び同卸売業者に対し，一部の車種について，店頭ビラ，チラシ及びモーターサイクルの専門雑誌による広告において，同社の定めた小売目安価格を下回る価格表示を行わないこと並びに他の車種については，チラシ又は専門雑誌による広告では価格表示を行わないようにさせていたヤマハ東京事件（平成3・7・25勧告審決・審決集38巻65頁）。

② 家電メーカー4社（松下，日立，ソニー及び東芝）のそれぞれの販社が，新型家電製品を量販店と取引する際に，量販店に対し，量販店が行う新聞の折り込みチラシや店頭に掲げるビラに掲載する家電製品の販売価格は，販社の設定する価格とし，それよりも低い価格は掲載させないようにしていた家電製品価格表示制限事件（平成5・3・8勧告審決・審決集39巻236頁）。

③ 東北地区の携帯電話事業者である東北セルラーが，セルラーブランドの携帯電話機の販売に当たり，市場価格の安定を図るため代理店等が新聞折り込み広告，新聞広告，店頭等において表示するセルラーブランド電話機の販売価格について，機種ごとに下限価格を定め，これを下回る価格での価格表示を行わないようにさせ，違反した場合には新製品及び売れ筋商品の出荷を差し控えることとしていた携帯電話機価格表示制限事件（平成9・11・5勧告審決・審決集44巻275頁）。

④ カーオーディオ等の製造販売業者であるアルパインが，カーオーディオ等の販売に関し，直接又は地区販売会社を通じて取引先小売業者に対し，新聞折り込み広告，店頭表示等において同社が定めた標準小売価格を下回る価格による価格表示を行わないようにさせていたアルパイン事件（平成13・1・23勧告審決・審決集47巻336頁）。

キ　販売方法の制限

　化粧品の製造販売メーカーである資生堂の販社である資生堂東京販売とディスカウンターで小売業者の富士喜本店との間，同じく花王の販社である花王化粧品販売と化粧品の小売業者の江川企画との間で締結されていた特約店契約について，販社側がその解約を小売店側に申し入れたことに関する事件がある（資生堂東京販売事件（平成5・9・27東京地判・審決集40巻632頁，平成6・9・14東京高判・審決集41巻473頁，平成10・12・18最判・審決集45巻455頁），花王化粧品販売事件（平

成6・7・18東京地判・審決集41巻441頁，平成9・7・31東京高判・審決集44巻710頁，平成10・12・18最判・審決集45巻461頁））。

　両社の特約店契約はいずれも顧客に化粧品の使用方法等の説明・相談に応ずる対面販売（カウンセリング販売）や，在庫を維持するための在庫・売上げ状況調査への協力を小売業者に義務付けていたところ，富士喜本店，江川企画とも，これに反したため，両社が各契約を解除したところ，当該解約が信義則に反すること等を理由として，小売業者側が契約上の地位の確認と商品の引渡しを求めた民事事件である。

　第一審はいずれも小売業者側が勝訴したが，第二審では逆にいずれも販社側が勝訴し，上告審では，第二審と同じくいずれも販社側が勝訴した。両件の独占禁止法上の問題点は，特約店契約中の販売方法についての対面販売条項や対面カウンセリング販売条項，販売先についての卸売禁止条項が拘束条件付取引に該当するか否かである。

　これらの点に関し，上告審判決は，①対面販売条項，対面カウンセリング販売条項について，メーカーや卸売業者が，「小売業者に対して商品の販売に当たり顧客に商品の説明をすることを義務付けたり，……販売方法に関する制限を課することは，それが当該商品の販売のためのそれなりの合理的な理由に基づくものと認められ，かつ，他の取引先に対しても同等の制限が課されている限りそれ自体としては公正な競争秩序に悪影響を及ぼすおそれはなく」，前一般指定13項（一般指定12項）の拘束条件付取引に該当しないとし，②卸売禁止条項については，「被上告人（引用者注―花王化粧品販売）と特約店契約を締結しておらず，カウンセリング販売の義務を負わない小売店等に商品が売却されてしまうと，特約店契約を締結して販売方法を制限し，花王化粧品販売に対する顧客の信頼（いわゆるブランドイメージ）を保持しようとした本件特約店契約の目的を達成することができなくなるから被上告人と特約店契約を締結していない小売店等に対する卸売販売の禁止は，カウンセリング販売の義務に必然的に伴う義務というべきであって，カウンセリング販売を義務付けた約定が独占禁止法19条に違反しない場合には，卸売販売の禁止も同様に同条に違反しないと解すべきである」とし，③「販売方法に関する制限を課した場合，販売経費の増大を招くことなどから，多かれ少なかれ，小売価格が安定する効果が生ずるが，

右のような効果が生ずるというだけで，直ちに販売価格の自由な決定を拘束しているということはできない」とした。

ク　その他

米国マイクロソフト社が，わが国のパソコンメーカーとパソコン用基本ソフト・ウィンドウズを OEM 販売することを許諾する OEM 販売契約を締結するに当たり，上記 OEM 業者が当該基本ソフトによる自社の特許権侵害を理由に米国マイクロソフト社と他の被許諾者に対し訴訟を提起しないこと等を誓約する旨の条項（非係争条項＝NAP 条項）を含む契約の締結を余儀なくさせ，OEM 業者の事業活動を拘束したことが，パソコン AV 技術（デジタル化された音声・画像を視聴できる機能をパソコン上で実現できる技術）取引市場における公正な競争を阻害したとし，前一般指定13項（一般指定12項）に該当するとされたマイクロソフト社〔NAP〕条項事件（平成20・9・16審判審決・審決集55巻380頁）。

コラム　流通の系列化・生産の系列化

　第2次大戦後，1980年代までの間のわが国の産業組織の特徴の一つとして，流通・生産の系列化が挙げられる。流通の系列化とは，特定メーカーが，販売促進を目的として自社の流通経路を確保するために，流通（卸・小売業者）を組織化することであり，生産の系列化とは，特定メーカーと，そこに納入する部品，原材料メーカー（下請企業）を，自社向けに専属化することである。

　流通の系列化は，とりわけ自動車，家電や化粧品等の消費財の分野に多く見られ，大量生産と大量消費を効率的に行うことができ，このための手段として専売店制，テリトリー制等各種の垂直的取引制限行為が用いられた。生産の系列化もメーカー（親事業者）と部品メーカー等（下請企業）との間の継続的取引関係の下で，特定メーカーへの高い依存度（専属化）を基本とする。

　流通の系列化は，メーカーにとって効率的な販売方法というだけでなく，メーカーと系列化された販売業者により作られた当該メーカー・商品のブランドイメージを高めるとともに，安売り業者によるただ乗りを防止したり，需要動向の情報や流通費用・技術に関する情報を直接入手できたり，当該商品についてのメーカーと消費者の間の情報の非対称性に対するリスク分散という面から正当化する論もあるが，他方で，系列化によりメーカーが販売業者を囲い込み，外国企業を

含めた新規参入を阻止したり，系列に属さない販売業者を差別するという弊害が生じる場合がある。独占禁止法の不公正な取引方法として問題とされるのはこうした場合である。

　しかしながら，1980年代後半以降，スーパー，コンビニ，ディスカウントストア等様々な業態が出現・拡大するとともに，90年代以降の長期にわたる低成長の時代を経過する中で，流通分野における系列化は縮小・崩壊をたどりつつある。

　他方で，生産の系列化は，長期の継続的な取引関係の下で，安定的な受注（供給）の確保とともに，親事業者と下請事業者とが専門的技術を利用し合い，相互に密接な関係を維持しつつ，戦後のわが国製造業の高い国際競争力を支えてきたといわれている。ただ，流通の系列化の場合と同じく，これにより閉鎖的，排他的な弊害も見られ，さらには継続的であるがゆえに，親事業者の下請事業者への不当な行為（優越的地位の濫用や下請法違反行為）をも引き起こしがちである。

　1980年代以降の円高による親事業者の海外生産や90年代以降の長期的不況の下で，生産系列（特に下請取引）をめぐる環境は大きく変化しているとの論調も見られるが，下請事業者の特定親事業者への依存度は依然として高く，また下請法違反行為も減少していない。さらには最近では，大規模小売業者による納入業者，PB商品生産者らに対する優越的地位の濫用行為が多く見られることに留意する必要がある。

第4節　不当な競争手段となる諸類型

1　不当顧客誘引行為

(1)　ぎまん的な顧客の誘引

　顧客の勧誘・争奪は，自由競争の本質であり，事業者は顧客を獲得するため様々な競争手段を用いる。しかし，いかなる競争手段を用いて顧客を獲得しようともかまわないとしたのでは，顧客が良質廉価な商品又は役務を適正かつ自由に選択するのを歪めることにもなりかねない。このようなことは，公正な競

争秩序に悪影響を及ぼし，市場メカニズムの正常な働きを妨げるものであり，その競争手段自体不公正さが強いものといわなければならない。このため，独占禁止法2条9項6号ハは，顧客を不当に誘引することを不公正な取引方法の行為類型の一つとし，これに基づき公正取引委員会は，一般指定8項においてぎまん的顧客誘引を不公正な取引方法として指定している。

一般指定8項の規制の対象となる行為は，虚偽・誇大表示，不当表示による誤認行為，不当な特殊販売（マルチ商法等）などである。これらのうち表示について，一般消費者に誤認されるおそれのあるものは，景品表示法により規制されるので，実務上本項の対象となるのは，これ以外のもの，例えば事業者に対するもの，マルチ商法など表示以外の方法により誤認させる行為である。また，フランチャイズ・システムにおいて，フランチャイザー（本部）が，フランチャイジー（加盟者）の募集に当たり，その誘引手段として，重要な事項について十分な開示を行わず，又は虚偽・誇大な説明を行ったときは，本項に該当する。

このように，ぎまん的顧客誘引は，競争手段としての不公正さ（質的側面）に公正競争阻害性の主たる側面を求めることができるが，これが独占禁止法による排除の対象となるには，当該行為の相手方の数，当該行為の反復継続性，当該行為の伝播性等行為の広がり（量的側面）についても考慮されなければならない。

事件例としては，民事事件で，ベルギーダイヤモンド事件（平成5・3・29東京高判・審決集39巻608頁）がある。本件は，ベルギーダイヤモンド社がいわゆるマルチまがい商法の販売組織を開設し，顧客に対して，その問題点や新規勧誘の困難性について一切告知を行わず，特異な成功例のみを用いて，あたかも簡単にあるいは努力次第で誰でもが高額の収入を得られるかのように誤信させるような勧誘行為を行っていたものであり，判決は，その活動はぎまん的・詐欺的な商法であって，前一般指定8項（一般指定8項）に該当するとした。

(2) 不当な利益の供与

景品，供応等の経済上の利益の提供は，顧客を誘引する手段として通常用いられやすいが，このような行為は，価格・品質とは別の要因によって顧客を誘引しようとするものであり，これが激化すればするほど，競争が経済上の利益

の多寡又はその内容に影響され，前述のぎまん的顧客誘引と同様，顧客の適正かつ自由な商品選択を歪めることとなる。このため，公正取引委員会は，独占禁止法2条9項6号ハの規定に基づき，一般指定9項において不当な利益による顧客誘引を不公正な取引方法として指定している。

一般指定9項の対象となる行為は，過大な景品付販売，供応，過大な見本品の配布などである。これらのうち，取引に付随する過大な景品類の提供であって景品表示法で規制されているものについては，同法が適用される。

不当な利益による顧客誘引の公正競争阻害性は，能率競争の観点からみて競争手段として不公正である点に求められ，問題となるか否かは，経済上の利益の程度，提供の方法が当該業界における正常な商慣習に照らして不当であるか否かにより判断される。また，行為の質的側面だけではなく，その量的側面も考慮されることは，ぎまん的顧客誘引の場合と同様である。

審決例では，ホリディ・マジック社事件（昭和50・6・13勧告審決・審決集22巻11頁）がある。本件は，化粧品の販売を行う同社のいわゆるマルチ商法を問題としたものであり，審決は「消費者に対して，報奨金等の利益をもって，ディストリビューターとなるように誘引していること」が旧一般指定6（一般指定9項）に該当するとした。

また，大手証券4社損失補塡事件（平成3・12・2勧告審決・審決集38巻134頁）では，大手証券4社が，顧客との取引関係を維持・拡大するため，一部の顧客に対して損失補塡等を行っていたところ，これは証券投資における自己責任原則に反し，証券取引の公正性を阻害するものであって，前一般指定9項（一般指定9項）に該当するとされた。

2 不当な取引妨害

(1) 概　説

自由経済社会は，事業者が市場において相互に顧客を奪い合うことを前提としており，ある事業者の顧客の獲得が競争者の顧客の喪失をもたらし，結果として当該競争者の事業活動を妨害することとなったとしても，それゆえに直ちに非難されるべきものではない。ある事業者が良質廉価な商品又は役務を提供することにより，能率の劣る競争者の事業活動が妨げられるとしても，これ自

体独占禁止法上なんら問題とならないばかりか，むしろ法は，このような価格と品質による能率競争を公正な競争として，維持・促進しようとしているのである。

しかし，このような競争によるのではなく，自己の競争者の取引を，公正かつ自由な競争の維持・促進という観点からみて不当に妨害し，又は会社内部の攪乱を行うことは，市場メカニズムの正常な働きを阻害する。このため，独占禁止法2条9項6号ヘは，競争者に対する事業活動の妨害行為を不公正な取引方法の行為類型の一つとして挙げ，これに基づき公正取引委員会は，一般指定14項において競争者に対する取引妨害を，15項において競争会社に対する内部干渉を不公正な取引方法として指定している。

このような妨害行為は，社会的倫理的にみて非難に値する場合が少なくなく，また，私的紛争として，民法，商法，不正競争防止法等により解決が図られるものがあるほか，刑法等において禁止されるものもある。しかし，独占禁止法においてある行為を規制するか否かは，このような反社会性，反倫理性や私的紛争とかかわりなく，当該行為自体が有する目的，効果からみて，それが放置されるならば，独占禁止法1条が目的とする価格・品質による競争を歪め，顧客の商品選択が妨げられるおそれがあるか否かにより判断される。一般指定14項及び15項にいう「不当に」とは，競争手段として不公正である，あるいは自由な競争を減殺するおそれがあるという公正競争阻害性を有する場合をいう。

取引妨害及び競争会社への内部干渉であって公正競争阻害性のある事例としては，次のようなものが考えられる。

① ある商品の価格維持を目的として安売業者の取引を妨害し，あるいは内部干渉するような場合
② カルテルの実効を確保したり，新規参入を阻止するためにアウトサイダーや新規参入業者の取引を妨害し，あるいは内部干渉するような場合
③ 中傷，誹謗，物理的妨害，内部干渉等の価格・品質によらない競争手段がある事業者によって組織的・計画的に用いられ，あるいはその可能性があり，また，一般的にも広く行われる可能性がある場合

(2) 競争者に対する取引妨害

一般指定14項の競争者に対する取引妨害とは，①自己と国内において競争関係にある他の事業者，又は，②自己が株主若しくは役員である会社と国内において競争関係にある事業者と，その取引の相手方との取引を不当に妨害することをいう。①の場合の「自己」は，事業者を指すが，②の場合の「自己」は，事業者のときと事業者でない者（個人又は団体）のときがある。ところで，独占禁止法19条の規定により禁止される不公正な取引方法の行為主体は，事業者に限られるので，事業者でない株主又は役員の行為に対して同条の適用はない。しかし，これらの者が本項に該当する行為により競争会社の株式取得を行った場合には，同法14条が適用されることに注意しなければならない。

取引妨害には，競争者がその取引の相手方との間で行っている取引を解消させたり，減少させる場合のほか，新規に取引を開始しようとすることを妨げる場合を含む。また，当該取引の相手方が競争者にとって需要者であるか，供給者であるかを問わない。

また，取引妨害の手段・方法も問うところではなく，一般指定14項においては「契約の成立の阻止，契約の不履行の誘因その他いかなる方法をもってするかを問わず」とされている。しかし，不当な取引妨害の手段・方法のうち，間接ボイコット，不当な差別取扱い，不当対価，不当顧客誘引・取引強制，拘束条件付取引等に該当するものは，独占禁止法2条9項1号から4号まで又は一般指定の他の項で規制されるので，一般指定14項（前一般指定15項，旧一般指定11）の対象となる取引妨害の手段としては，次のようなものがある。

① 取引先に対し競争者との取引をやめるよう申し入れ，これに従わない場合に不利益を与えること

全国麻袋工業協同組合連合会事件（昭和38・12・4勧告審決・審決集12巻44頁），柏崎魚市場事件（昭和38・12・11勧告審決・審決集12巻48頁），神奈川生コンクリート協同組合事件（平成2・2・15勧告審決・審決集36巻44頁），第一興商事件（平成21・2・16審判審決・審決集55巻500頁），ディー・エヌ・エー事件（平成23・6・9排除措置命令・審決集58巻第1分冊189頁）ほか。

これらのうち，第一興商事件の概要は，次のとおりである。

通信カラオケ機器事業者である第一興商は，その子会社であるレコード制作

会社2社をしてこれらの管理楽曲の使用を自己の競争者であるエクシングに対して承諾しないようにさせ，並びにその旨を又はエクシングの通信カラオケ機器では本件管理楽曲が使えなくなる旨を通信カラオケ機器の卸売業者等に告知していた。

② 競争者の取引の相手方を脅迫，威圧して，当該競争者との取引をできないようにすること

熊本魚事件（昭和35・2・9勧告審決・審決集10巻17頁）。

③ 競争者とその取引の相手方との取引を物理的に妨害すること

熊本魚事件（前掲）

④ 競争者の取引の相手方に払込済みの掛金の全部又は一部の値引きを申し出て，自己と契約させること

東京重機工業事件（昭和38・1・9勧告審決・審決集11巻41頁）。

⑤ 事業者団体の会員がいっせいに非会員の顧客に営業活動を行って，非会員の顧客を奪取すること

関東地区登録衛生検査所協会事件（昭和56・3・17同意審決・審決集27巻116頁）。

⑥ 競争者の新規参入を阻止するため，その取引先に圧力を加えること

山脇酸素ほか酸素販売業者7名事件（昭和50・4・2勧告審決・審決集22巻1頁），奈良県生コンクリート協同組合事件（平成13・2・20勧告審決・審決集47巻359頁）。

⑦ 競争者とその取引の相手方との契約を自己と締結させるため，競争者が必要とする部品の納期を遅延させること

東芝昇降機サービス事件（平成5・7・30大阪高判・審決集40巻651頁），三菱電機ビルテクノサービス事件（平成14・7・26勧告審決・審決集49巻168頁），東急パーキングシステムズ事件（平成16・4・12勧告審決・審決集51巻401頁）。

⑧ 競争者が並行輸入しようとするのを妨害するため，その取引先に対し圧力を加える等の行為を行うこと

後記(3)参照。

⑨ 競争者の商品又は役務を中傷・誹謗すること

⑩ 競争者の商品が自己又は第三者の知的財産権を侵害するものであり，これを取り扱うならば出訴するとして，競争者の取引先を脅かすこと

⑪ 競争者がその商品を安売りする場合に，その商品を買い占めること

⑫　業界内の協力関係等を利用して，競争者の事業が成り立たないようにすること
⑬　競争関係にある員外者に対して組合員を通じて受注希望物件を自己に申請させ，自己から割当てを受けた場合にのみ受注させることにより，員外者の受注活動を妨害すること
　　東京地区エー・エル・シー協同組合事件（平成15・1・31勧告審決・審決集49巻261頁）。
⑭　取引先小売業者が自己と競争関係にある輸入販売業者が販売する輸入品を取り扱うことを妨害すること
　　ヨネックス事件（平成15・11・27勧告審決・審決集50巻398頁）。

(3)　輸入総代理店と並行輸入
　ア　規制の趣旨
　外国事業者が自己の商品を供給するに当たって，ある事業者に対して国内市場全域を対象として一手販売権を付与する契約を「輸入総代理店契約」といい，このような一手販売権を付与される事業者が，「総発売元」ないし「輸入総代理店」と呼ばれる。
　輸入総代理店制度は，製品差別化が比較的進み，いわゆるブランドイメージが定着している商品についてとられることが多い。例えば，時計，万年筆，ウィスキー，バッグ，スポーツ用品等の海外有名ブランド商品については，ほとんどすべて輸入総代理店制度がとられている。
　輸入総代理店制度には，次のような経済的メリットがあると考えられる。
　㋐外国企業にとっては，商品をわが国で販売していこうとする場合，商慣習や法制度などが異なることによって生ずる各種の困難を，実情に明るい総代理店を通じてマーケティングすることにより比較的容易に解決でき，わが国市場への参入が容易になること，㋑国内の輸入総代理店にとっては，契約対象商品の継続的かつ安定的な供給が保証される結果，その商品の広告宣伝を活発に行うなど組織的，合理的な販売活動が可能になること，㋒特に，国内の中小企業にとっては，海外の有名ブランド商品のわが国における輸入総代理店に指定されることは，市場に参入する際の極めて有力な手段となること。これらの諸点は，わが国市場における競争を促進する効果をもたらすものであり，競争政策

の観点からみてもメリットとして評価できる面が多いといえる。

　しかし，他面では輸入総代理店制度は，特定の代理店がわが国市場における独占的販売権を持つことによって，その流通を支配し，また，販売数量の調整や価格の操作などを行うことを容易にするといった問題があり，実態としては，必ずしも競争の促進や流通の合理化に役立っていない面が見受けられる。

　総代理店制度の弊害面は，独占禁止法の規制の対象となる。輸入総代理店契約を締結している契約当事者が，契約対象商品及びこれと同種の商品について，わが国市場において支配的地位を有している場合に，その地位を利用して取引数量の制限，価格操作，不当な取引拒絶，競合商品の輸入阻害などの競争制限行為あるいは競争阻害行為を行えば，独占禁止法3条前段又は19条に違反するものとして規制されるであろうし，また輸入総代理店契約などの国際的契約の中に，不公正な取引方法に該当する条項があれば，独占禁止法6条に違反することとなる。

　一方，輸入総代理店契約が行われる場合に，第三者が契約当事者間のルートとは別のルートで契約対象商品を輸入することがある。契約対象商品について，海外での価格と国内の価格とに有意な差がある場合には，海外で安く買いつけて輸入し，国内で輸入総代理店ルートの価格より安く販売して利鞘を稼ぐ価格裁定行動が生じる。これが並行輸入である。

　並行輸入は，かつては商標法との関係で，これを行うことは問題があると考えられていた。すなわち，商標法では，商標権者に商標を使用する独占権を付与し，第三者が同一又は混同する程度に類似するマークを類似商品に用いることを差し止める権限を与えているからである。したがって，他国において登録された商標を付した商品であっても，自国において商標が登録されていれば，そのような外国商品の輸入は，自国の商標権を侵害するものとして，輸入を差し止めることができるとされていた。しかしながら，フレッドペリー事件（平成15・2・27最判・民集57巻2号125頁）は，並行輸入について，(1)当該商標が外国における商標権者又は当該商標権者から使用許諾を受けた者により適法に付されたものであり，(2)当該外国における商標権者とわが国の商標権者とが同一人であるか又は法律的若しくは経済的に同一人と同視し得るような関係があることにより，当該商標がわが国の登録商標と同一の出所を表示するものであっ

て，(3)わが国の商標権者が直接的に又は間接的に当該商品の品質管理を行い得る立場にあることから，当該商品とわが国の商標権者が登録商標を付した商品とが当該登録商標の保証する品質において実質的に差異がないと評価される場合には，いわゆる真正商品の並行輸入として，商標権侵害としての実質的違法性を欠くとした。

並行輸入は，一般に当該ブランド商品をめぐる価格競争を促進する効果を有するものであり，したがって，価格を維持するためにこれを阻害する場合には，独占禁止法上問題となる。特に円高進行期に円高差益還元等として規制が行われた。

なお，総代理店契約は，排他取引の一類型（受入れ）ではあるが，これまで，同契約に関連して並行輸入の不当阻害事件が多くみられ，これに対して一般指定14項（前一般指定15項）が適用されてきているので，便宜上本項で解説することとする。

イ　輸入総代理店ガイドラインの概要

輸入総代理店契約及び並行輸入に関する独占禁止法上の考え方を明らかにするため，公正取引委員会は，昭和47年11月に「輸入総代理店契約等における不公正な取引方法に関する認定基準」を，昭和62年4月に「並行輸入の不当阻害に関する独占禁止法上の考え方について」をそれぞれ策定し公表した。

その後，公正取引委員会は，これら2つの基準を見直し，より明確で具体的なものにしていくため，また，内外無差別の観点からも輸入総代理店契約だけでなく，国内事業者間の国内市場全域を対象とする総発売元契約についても同一の基準で規制していくため，平成3年7月，「流通・取引慣行に関する独占禁止法上の指針」の第3部として，「総代理店に関する独占禁止法上の指針」（ただし，実態上輸入総代理店の場合が多いので，以下「輸入総代理店ガイドライン」という）を策定し公表した。

輸入総代理店ガイドラインは，次のとおり並行輸入の不当阻害について考え方を示している。

並行輸入は，「一般に価格競争を促進する効果を有するものであり，したがって，価格を維持するためにこれを阻害する場合には独占禁止法上問題となる」。具体的には，次の類型のものである。①，②，③，⑦は一般指定12項又

は14項に該当し，④，⑤，⑥は一般指定14項に該当する。

　①海外の流通ルートからの真正商品の入手の妨害　　例えば，並行輸入業者が海外の取引先に購入申込みをした場合に，当該取引先に対して並行輸入業者への販売を中止するようにさせたり，並行輸入品の入手経路を探知し，これを海外の取引先に通知するなどして，並行輸入業者への販売を中止するようにさせること。

　②販売業者に対する並行輸入品の取扱い制限　　例えば，総代理店が並行輸入品を取り扱わないことを条件として販売業者と取引すること。

　③並行輸入品を取り扱う小売業者に対する契約対象商品の販売制限　　例えば，卸売業者である販売業者に対し，並行輸入品を取り扱う小売業者には，契約対象商品を販売しないようにさせること。

　④並行輸入品を偽物扱いすることによる販売妨害　　例えば，十分な根拠もなしに並行輸入品を商標権侵害と称してその販売の中止を求めること。

　⑤並行輸入品の買占め　　例えば，並行輸入品を販売している小売業者の店頭に出向いてこれを買い占めてしまうこと。

　⑥並行輸入品の修理等の拒否　　例えば，並行輸入品であることのみを理由に修理や補修部品の供給を拒否すること。

　⑦並行輸入品の広告宣伝活動の妨害　　例えば，広告媒体に対して並行輸入品の広告を掲載しないようにさせること。

　一方，「商標の信用を保持するために必要な措置を採ることは，原則として独占禁止法上問題とはならない」とされている。例えば，①商品仕様や品質の異なる商標品であるにもかかわらず，虚偽に出所表示をすること等により，一般消費者に総代理店が取り扱う商品と同一であると誤認されるおそれがある場合，②海外で適法に販売された商標品を並行輸入する場合に，その品質が劣化して消費者の健康・安全性を害すること等により，総代理店の取り扱う商品の信用が損なわれることとなる場合である。いずれも契約対象商品の価格を維持するためにではなく，商標の信用を保持するために行われるものだからである。

　　ウ　規制事例

　並行輸入に関する最初の事件として，オールドパー事件（昭和53・4・18勧告

審決・審決集25巻1頁）がある。同事件において，オールドパーは，並行輸入量の増加に対処し，同社が販売する商品の価格を維持するため，特約店に対して，並行輸入品を取り扱っている販売業者には，商品を納入しないこと等の指示を行った。これに対して，審決は，オールドパーは特約店とこれから供給を受ける2次卸売業者等との取引を拘束する条件を付けて特約店と取引していたものであるとして，旧一般指定8（一般指定12項）に該当するとした。

並行輸入阻害事件については，一般指定12項又は14項が適用され得るが，オールドパー事件以降は，すべて一般指定14項（前一般指定15項）が適用されている。例えば，ミツワ自動車事件（平成10・6・19審判審決・審決集45巻42頁）では，ミツワ自動車は，自己と国内において競争関係にあるポルシェ社製の自動車を取り扱う並行輸入業者とその取引の相手方である海外販売業者との取引を不当に妨害していたとして，前一般指定15項に該当するとされた。並行輸入阻害事件としては，上記のほか，次のものがあるが，いずれも前一般指定15項が適用されている。①ヤシロ事件（平成2・9・5勧告審決・審決集37巻29頁），②ラジオメータートレーディング事件（平成5・9・28勧告審決・審決集40巻123頁），③星商事事件（平成8・3・22勧告審決・審決集42巻195頁），④松尾楽器商会事件（平成8・5・8勧告審決・審決集43巻204頁），⑤ハーゲンダッツジャパン事件（平成9・4・25勧告審決・審決集44巻230頁），⑥ホビージャパン事件（平成9・11・28勧告審決・審決集44巻289頁），⑦グランドデュークス事件（平成10・7・24勧告審決・審決集45巻119頁）。

(4) **競争会社に対する内部干渉**

競争会社の株主又は役員に対しその会社の不利益となる行為をするよう誘引等を行い，それが公正かつ自由な競争の維持・促進という観点からみて不当と判断される場合には，独占禁止法上許されることではない。このため，公正取引委員会は，このような行為を，独占禁止法2条9項6号への規定に基づき，一般指定15項において不公正な取引方法の一つとして指定している。

同項に規定する行為は，①自己と国内において競争関係にある会社，又は，②自己が株主若しくは役員である会社と国内において競争関係にある会社の株主又は役員に対して，その会社の不利益となる行為をするように，不当に誘引し，そそのかし，又は強制することである。不当な内部干渉を行う行為主体と

独占禁止法19条適用との関係は，一般指定14項の場合と同様である。また，ここでの競争者は会社である場合に限られ，対象となる相手は会社の株主又は役員である。

競争会社の株主又は役員をして行わせる内部干渉手段は，一般指定15項に例示的に挙げられている株主権の行使，株式の譲渡，秘密の漏洩のほか，「その他いかなる方法をもつてするかを問わず」とされているように，その内容のいかんを問わない。公正競争阻害性を有する限り，あらゆる内部干渉手段が本項による規制の対象となる。したがって，競争会社の役員に金銭等を提供して，当該競争会社の方針に反して，例えば同社を自己と合併するようにさせたり，重要な事業資産を譲渡させたり，経営陣の有力者を他に引き抜かせたりすることは，本項に該当すると考えられる。また，いわゆる会社の乗っ取り，産業スパイについては，競争会社の株主又は役員に金銭，地位等を提供してこれを行うよう不当に誘引し，同社の不利益となるようにすれば，本項に該当すると考えられる。さらに，競争会社の株式を自己の関係者に保有させ，彼らに競争会社に不利益な行為，例えば同社の工場新設を断念させるようにすることも本項に該当すると考えられる。

一般指定14項の不当な取引妨害が，競争者の外部的な事業活動を妨害するものであるのに対して，一般指定15項の競争会社に対する不当な内部干渉は，競争会社の内部関係を通じて，その会社の不利益となる行為をするように誘引したり，強制したりする点に特徴がある。なお，本項が適用された事例はない。

第5節　取引上の優越的地位の濫用となる諸類型

1　規制の意義

取引当事者間において，取引上の地位に格差があることは通常であり，その結果，当事者の一方が他方に比し取引条件，内容等において不利になったとしても，そのこと自体問題とするに足りない。しかし，取引上の地位が優越している事業者が，その地位を利用して相手方に不当な不利益を与える場合には，取引主体が取引の諾否及び取引条件について自由かつ自主的に判断することに

より取引が行われるべき自由競争の基盤を侵害することにもなりかねない。このため，独占禁止法2条9項5号イからハは，優越的地位の濫用となる行為類型を列挙し，また，同項6号ホの規定に基づき，一般指定13項は，優越的地位の濫用の一類型として，取引の相手方の役員選任への不当干渉を指定している。これらの行為は，いずれも前一般指定において，その14項に優越的地位の濫用行為として指定されていたものである。平成21年法改正により，不公正な取引方法にも課徴金制度が導入されたことに伴い，その対象とされた行為類型は，独占禁止法2条9項5号により具体化して列挙され，残る行為類型が一般指定13項に指定されることとなった。

　これら優越的地位の濫用となる行為類型は，次のとおりである。
〈独占禁止法2条9項5号に基づくもの（課徴金の対象）〉
　イ　いわゆる押し付け販売のように，継続的取引の対象外の商品又は役務を購入させること
　ロ　協賛金，従業員の派遣の強要のように，継続的取引において経済上の利益を提供させること
　ハ　商品の受領拒否，返品，支払遅延，支払代金の減額，その他取引の相手方に不利益となるような取引条件の設定・変更又は実施
〈一般指定13項に基づくもの〉
　相手方の役員選任について，不当に干渉を行うこと

　独占禁止法2条9項5号に該当する優越的地位の濫用であって，一定の条件を満たすものが課徴金の対象となったので，法運用の透明性，事業者の予見可能性を向上させる観点から，公正取引委員会は「優越的地位の濫用に関する独占禁止法上の考え方」（優越的地位濫用ガイドライン）（平成22・11・30）を策定した。

　公正競争阻害性は，問題となる不利益の程度，行為の広がり等を考慮して判断される。例えば，①行為者が多数の取引の相手方に対して組織的に不利益を与える場合，②特定の取引の相手方に対してしか不利益を与えていないときであっても，その不利益の程度が強く，又はその行為を放置すれば他に波及するおそれがある場合には，公正競争阻害性が認められやすい（優越的地位濫用ガイドライン第1の1）。

　取引の一方当事者（甲）が他方の当事者（乙）に対し，取引上の地位が優越

しているというためには，市場支配的な地位又はそれに準ずる絶対的に優越した地位である必要はなく，取引の相手方との関係で相対的に優越した地位であれば足りると解される。甲が取引先である乙に対して優越した地位にあるとは，乙にとって甲との取引の継続が困難になることが事業経営上大きな支障を来すため，甲が乙にとって著しく不利益な要請等を行っても，乙がこれを受け入れざるを得ないような場合である（優越的地位濫用ガイドライン第2の1）。

優越的地位の判断に当たっては，乙の甲に対する取引依存度（乙全体の売上高に占める甲に対する売上高の割合），甲の市場における地位（甲の市場シェアの大きさ，その順位等），乙にとっての取引先変更の可能性（他の事業者との取引開始や取引拡大の可能性，甲との取引に関連して行った投資等），その他甲と取引することの必要性を示す具体的事実（甲との取引の額，甲の今後の成長可能性，取引の対象となる商品又は役務を取り扱うことの重要性，甲と取引することによる乙の信用の確保，甲と乙の事業規模の相違等）を総合的に考慮する（優越的地位濫用ガイドライン第2の2）。

なお，独占禁止法2条9項5号及び一般指定13項による規制とは別に，特定の分野における優越的地位の濫用行為に対する規制として，特殊指定である「大規模小売業者による納入業者との取引における特定の不公正な取引方法」（以下「大規模小売業特殊指定」という），「特定荷主が物品の運送又は保管を委託する場合の特定の不公正な取引方法」（以下「物流特殊指定」という）及び「新聞業における特定の不公正な取引方法」（以下「新聞業特殊指定」という）がある。

これらのうち大規模小売業特殊指定は，大規模小売業者による納入業者に対する不当な返品，不当な値引き，納入業者の従業員等の不当使用，不当な経済上の利益の収受等を，物流特殊指定は，一定の要件を満たす荷主による物流事業者に対する代金の支払遅延，減額，買いたたき，不当な経済上の利益の提供要請，不当なやり直し等を，新聞業特殊指定は，日刊新聞発行業者による販売業者に対するいわゆる押し紙を，それぞれ禁止している。

2　ガイドラインと規制事例

(1) ガイドライン

公正取引委員会は，事業者等のいかなる行為が独占禁止法上問題となるかについて明らかとするため，各種ガイドラインを策定しているが，これらのう

ち，優越的地位の濫用に関する内容を含む主なものは，次のとおりである。

優越的地位濫用ガイドラインは，以下の優越的地位の濫用となる行為類型について具体例を示している。①独占禁止法2条9項5号イ関係　押し付け販売，②同5号ロ関係　協賛金等の負担の要請・従業員等の派遣の要請・その他経済上の利益の提供の要請，③同5号ハ関係　受領拒否・返品・支払遅延・減額・その他取引の相手方に不利益となる取引条件の設定等（取引の対価の一方的決定・やり直しの要請・その他）。

「役務の委託取引における優越的地位の濫用に関する独占禁止法上の指針」（平成10・3・17公取委）は，役務の委託取引において継続的な取引が行われ，受託者側が取引先を変更することが困難な場合に，取引上優越した地位にある委託者が，受託者に対し，①代金の支払遅延，②代金の減額要請，③著しく低い対価での取引の要請，④やり直しの要請，⑤協賛金等の負担の要請，⑥商品等の購入要請，及び⑦役務の成果物に係る権利等の一方的取扱いを行うことは，委託者による優越的地位の濫用行為として問題となることがあるとしている。

「フランチャイズ・システムに関する独占禁止法上の考え方について」（フランチャイズガイドライン）（平成14・4・24公取委）は，取引上優越した地位にあるフランチャイズ本部が，加盟者に対して，フランチャイズ・システムによる営業を的確に実施する限度を超えて，不利益な取引条件を設定し，これを実施したりすることは，優越的地位の濫用に該当するとしている（フランチャイズガイドライン3の(1)）。

(2)　規制事例

優越的地位の濫用の審決例（前一般指定14項，旧一般指定10）としては，①日本興業銀行事件（昭和28・11・6勧告審決・審決集5巻61頁），②第2次大正製薬事件（昭和30・12・10勧告審決・審決集7巻99頁），③三菱銀行事件（昭和32・6・3勧告審決・審決集9巻1頁），④雪印乳業事件（昭和52・11・28審判審決・審決集24巻65頁），⑤明治乳業事件（昭和52・11・28審判審決・審決集24巻86頁），⑥三越事件（昭和57・6・17同意審決・審決集29巻31頁），⑦全国農業協同組合連合会事件（平成2・2・20勧告審決・審決集36巻53頁），⑧ローソン事件（平成10・7・30勧告審決・審決集45巻136頁），⑨ユニー事件（平成16・12・9勧告審決・審決集51巻543頁），⑩三井住友銀行事件（平成17・12・26勧告審決・審決集52巻436頁），⑪ドン・キホーテ事件（平成

19・6・22同意審決・審決集54巻182頁），⑫セブン－イレブン・ジャパン事件（平成21・6・22排除措置命令・審決集56巻第2分冊6頁）等がある。独占禁止法2条9項5号が適用された事件としては，⑬山陽マルナカ事件（平成23・6・22排除措置命令・審決集58巻第1分冊193頁），⑭トイザらス事件（平成23・12・13排除措置命令・審決集58巻第1分冊244頁），⑮エディオン事件（平成24・2・16排除措置命令・審決集58巻第1分冊278頁），⑯ラルズ事件（平成25・7・3排除措置命令・課徴金納付命令・審決集60巻登載予定），⑰ダイレックス事件（平成26・6・5排除措置命令・課徴金納付命令・公取委審決等DB）がある。これらのうち主なものは，次のとおりである。

〈独占禁止法2条9項5号イ〉

　三井住友銀行は，その融資先に対し，金融派生商品の一種である金利スワップの購入を提案し，これを購入することが融資の条件である旨等を明示し又は示唆することにより，金利スワップの購入を余儀なくさせていたが，この行為が前一般指定14項1号に該当するとされた（三井住友銀行事件）。

〈独占禁止法2条9項5号イ及びロ〉

　三越は，その納入業者に対して，自己の販売する商品又は役務を購入させ，また，自己の店舗の売場改装費，各種催物等の費用を負担させていたが，この行為が旧一般指定10に該当するとされた（三越事件）。

〈独占禁止法2条9項5号ロ〉

　全国農業協同組合連合会は，青果物用段ボール箱の購入先である指定メーカーに対し，市況対策費と称する名目のもとに金銭を提供させていたが，この行為が前一般指定14項2号に該当するとされた（全国農業協同組合連合会事件）。

　ローソンは，日用雑貨品納入業者に対し，金銭を提供させ，また，ローソンチェーン店に対し日用雑貨品を1円で納入させていたが，この行為が前一般指定14項2号に該当するとされた（ローソン事件）。

　ドン・キホーテは，納入業者に対し，自社の棚卸し，棚替え等のためにその従業員等を派遣させて役務を提供させており，また，自己のために金銭を提供させていたが，この行為が前一般指定14項2号に該当するとされた（他に，大規模小売業特殊指定7項）（ドン・キホーテ事件）。

〈独占禁止法2条9項5号ハ〉

　雪印乳業及び明治乳業は，育児用粉ミルクの販売代金を回収するに当たり，

卸売業者及び小売業者の売買差益の一部をメーカーに積み立てさせ，数か月間保管した後，これら販売業者に払い戻すという，いわゆる払込み制を採用していたが，この行為が旧一般指定10に該当するとされた。なお，本件では，両社は，旧一般指定8（一般指定12項）に該当する違反行為（一店一帳合制）も行っていた（雪印乳業事件，明治乳業事件）。

セブン-イレブン・ジャパンは，加盟店で廃棄された商品の原価相当額の全額が加盟店の負担となる仕組みの下で，品質が劣化しやすい食品等について値引販売を行おうとし又は行っている加盟店に対し，その取りやめを余儀なくさせていたが，この行為が前一般指定14項4号に該当するとされた（セブン-イレブン・ジャパン事件）。

山陽マルナカは，納入業者の責めに帰すべき事由がなく，合意により返品の条件を定めておらず，かつ納入業者から返品を受けたい旨の申出がないにもかかわらず，独自に定めた販売期限を経過した商品を返品しており，また，割引販売した商品について納入業者の責めに帰すべき事由がないにもかかわらず代金を減額していたが，この行為が独占禁止法2条9項5号ハの「返品」及び「減額」に該当するとされた（山陽マルナカ事件）。

〈一般指定13項〉

三菱銀行は，近江絹糸紡績に融資するに当たり，同社の全役員の辞表を要求して人事権を収め，また同行から2名を代表取締役に選任させ，取締役会の権限と自主性を無視して代表取締役相互申合せ事項を決定する等近江絹糸の経営権を掌握したが，これらのうち役員選任に関する部分が旧一般指定9に該当するとされた（三菱銀行事件）。ほかに，興銀事件がある。

一方，民事事件としては，岐阜商工信用組合事件（昭和52・6・20最判・審決集24巻291頁）がある。本件は，岐阜商工信用組合が宮川に対して，貸付額の約50％にも達する拘束預金を求めていたものであり，このような過度の拘束預金は，旧一般指定10に該当して，独占禁止法19条に違反するとされた。本件で特に問題となったのは，独占禁止法に違反する契約の私法上の効力についてであり，この点に関して，無効説，有効説，相対的無効説があるが，本件最高裁判決では，公序良俗に反するとされるような場合は格別として，直ちに無効と解すべきではないとしている。

第6節　下請代金支払遅延等防止法

1　規制の趣旨

　下請取引における下請代金の支払遅延等の行為は，独占禁止法の不公正な取引方法のうち優越的地位の濫用行為（2条9項5号）に該当し，同法19条の規定に違反するおそれがあるが，同法による規制を行う場合には，当該行為における取引上の地位の優越性，不当性，不利益性等について個別に認定していかなければならない。また，これが争いとなったときには，決着までに相当の期間を要し問題解決の時機を失することも考えられた。これでは，親事業者と下請事業者の継続的取引関係をむしろ悪化させ，結果として下請事業者の利益を損なうことにもなりかねない。また，下請取引の性格上，下請事業者が親事業者の違反行為を公正取引委員会に申告することは，さほど期待できない。

　このため，このような不当な行為をより迅速かつ効果的に規制し得るよう，昭和31年に独占禁止法の補完法として，「下請代金支払遅延等防止法」（以下「下請法」という）が制定された。同法では，①規制対象事業者（親事業者）の範囲を資本金等の形式的区分により明確化し，②親事業者の義務，及び③親事業者の禁止行為を明定し，事案の処理の迅速化を図っている。

　わが国においては，大規模生産企業（親事業者）を核としてこれに部品等を納入する下請事業者らにより形成されるピラミッド型の生産系列が多くみられる。このような生産系列は，経済の二重構造等をその問題点として指摘されながらも，親事業者と下請事業者相互の密接な協力体制の下，わが国製造業の国際競争力を支えてきた。生産系列は，生産活動における継続的取引関係としてそれなりの合理性を有するものの，他方で，閉鎖的に作用し，新規参入を阻止することにもなりかねない。また，生産系列内部においては，ややもすれば長年の取引関係の中で取引条件が文書化されず，さらに，親事業者による下請事業者に対する各種優越的地位濫用行為が生じやすい。このため，取引条件を透明にし，このような濫用行為を規制する下請法の役割は重要となる。

　下請法は，物品の製造及び修理における下請取引の公正化並びに下請事業者

の利益の保護を図るため，下請代金の支払遅延等の親事業者の不当な行為を規制すること等を内容として，長く運用されてきた。

しかし，その後のわが国経済におけるサービス化・ソフト化の進展に伴い，役務（サービス）に係る下請取引についても，その公正化を図ることが重要となりつつあった。

このため，平成15年に下請法が改正され，情報成果物作成委託や役務提供委託についても規制対象に加えられたことにより，一層充実した内容のものとなっており，運用体制の拡充と合わせて，規制の強化が図られている。

2 適用範囲

下請法は，その適用範囲を①取引内容と②取引当事者の資本金（又は出資金）の区分により定めており（下請法2条），これら双方の条件を満たす場合に同法が適用される。

(1) 取引内容

下請法の適用対象となる取引内容は，次に述べる①製造委託，②修理委託，③情報成果物作成委託，及び④役務提供委託の4種類である。

これらのうち，①及び②は，法制定以来のものであり，③及び④は，平成15年法改正により追加されたものである。

①製造委託（下請法2条1項）
〔類型Ⅰ〕 事業者が業として行う販売の目的物たる物品又はその半製品，部品，附属品若しくは原材料又はこれらの製造（加工を含む。以下同じ）に用いる金型の製造を他の事業者に委託すること
〔類型Ⅱ〕 事業者が業として請け負う製造の目的物たる物品又はその半製品，部品，附属品若しくは原材料又はこれらの製造に用いる金型の製造を他の事業者に委託すること
〔類型Ⅲ〕 事業者が業として行う物品の修理に必要な部品又は原材料の製造を他の事業者に委託すること
〔類型Ⅳ〕 事業者がその使用し又は消費する物品の製造を業として行う場合にその物品又はその半製品，部品，附属品若しくは原材料又はこれらの製造に用いる金型の製造を他の事業者に委託すること

②修理委託（下請法2条2項）
〔類型Ⅰ〕　事業者が業として請け負う物品の修理の行為の全部又は一部を他の事業者に委託すること
〔類型Ⅱ〕　事業者がその使用する物品の修理を業として行う場合にその修理の行為の一部を他の事業者に委託すること

③情報成果物作成委託（下請法2条3項）
〔類型Ⅰ〕　事業者が業として行う提供の目的たる情報成果物の作成の行為の全部又は一部を他の事業者に委託すること
〔類型Ⅱ〕　事業者が業として請け負う作成の目的たる情報成果物の作成の行為の全部又は一部を他の事業者に委託すること
〔類型Ⅲ〕　事業者がその使用する情報成果物の作成を業として行う場合にその情報成果物の作成の行為の全部又は一部を他の事業者に委託すること

なお，ここにいう情報成果物とは，次のものをいう（下請法2条6項）。
　(ア)　プログラム
　(イ)　映画，放送番組その他影像又は音声その他の音響により構成されるもの
　(ウ)　文字，図形若しくは記号若しくはこれらの結合又はこれらと色彩との結合により構成されるもの
　(エ)　上記のほか，これらに類するもので政令で定めるもの（現在のところ，政令で定めたものはない）

④役務提供委託（下請法2条4項）
〔類　型〕　事業者が業として行う提供の目的たる役務の提供の行為の全部又は一部を他の事業者に委託すること（ただし，建設業者における建設工事の下請負は，除外）

(2)　取引当事者の資本金等

　下請法は，取引当事者を親事業者と下請事業者に区分し，両者の資本金（又は出資金）が次の関係にある場合に，同法が適用されることとしている。

　なお，いわゆるトンネル会社をつくって資本金等についてのこの規制を免れようとするのを封ずるため，所要の規定が設けられている（下請法2条9項）。

①製造委託及び修理委託(下請法2条7項1号・2号・8項1号・2号)
　・情報成果物作成委託のうち政令で定めるもの(プログラム)
　・役務提供委託のうち政令で定めるもの(運送,物品の倉庫における保管,情報処理)

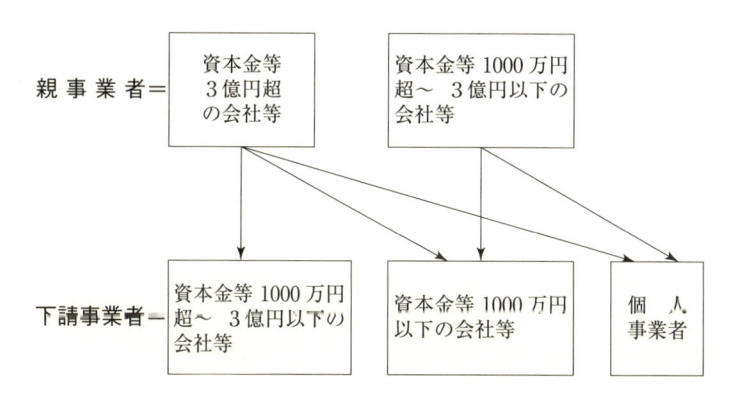

| 親事業者＝ | 資本金等3億円超の会社等 | 資本金等1000万円超〜3億円以下の会社等 |

| 下請事業者＝ | 資本金等1000万円超〜3億円以下の会社等 | 資本金等1000万円以下の会社等 | 個人事業者 |

②情報成果物作成委託及び役務提供委託(上記①に該当するものを除く)(下請法2条7項3号・4号・8項3号・4号)

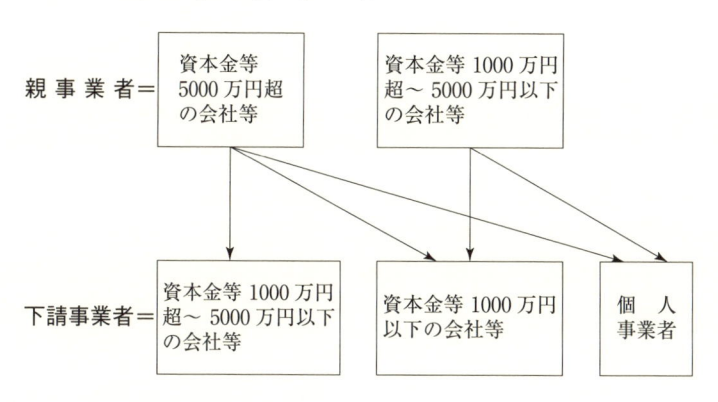

| 親事業者＝ | 資本金等5000万円超の会社等 | 資本金等1000万円超〜5000万円以下の会社等 |

| 下請事業者＝ | 資本金等1000万円超〜5000万円以下の会社等 | 資本金等1000万円以下の会社等 | 個人事業者 |

3　親事業者の義務と禁止行為

(1)　親事業者の義務

下請法は,下請取引の公正化及び下請事業者の利益保護のため,親事業者に

対して4つの義務を課している。これらの内容は，次のとおりである。
　　ア　書面の交付義務（下請法3条）
　親事業者は，発注に際して，取引内容に関する具体的事項をすべて記載した書面を，直ちに下請事業者に交付しなければならない。ただし，必要記載事項のうちその内容が定められないことにつき正当な理由があるものについては，その記載を要しない。この場合には，親事業者は，当該事項の内容が定められた後直ちに，当該事項を記載した書面を下請事業者に交付しなければならない。
　　イ　支払期日を定める義務（下請法2条の2）
　親事業者は，下請事業者との合意のもとに，下請代金の支払期日を物品等を受領した日から起算して60日以内でできる限り短い期間内で定めなければならない。
　　ウ　書類の作成・保存義務（下請法5条）
　親事業者は，下請事業者に対し製造委託等をした場合は，給付の内容，下請代金の額等について記載した書類を作成し，2年間保存しなければならない。
　　エ　遅延利息の支払義務（下請法4条の2）
　親事業者は，下請代金をその支払期日までに支払わなかったときは，下請事業者に対し，物品等を受領した日から起算して60日を経過した日から実際に支払をする日までの期間について，その日数に応じ当該未払金額に公正取引委員会規則で定める年率14.6％を乗じた額の遅延利息を支払わなければならない。
　(2)　**親事業者の禁止行為**
　下請法は，親事業者が下請事業者に対してしてはならない行為を定めており（下請法4条），この禁止規定は，同法の中核をなす部分となっている。これらの内容は，次のとおりである。
　　ア　受領拒否の禁止（下請法4条1項1号）
　親事業者は，下請事業者に製造委託等をした物品等について，下請事業者がこれを納入してきた場合に，その物品等に瑕疵があるなど下請事業者の責めに帰すべき理由がないのに受領を拒否してはならない。
　　イ　下請代金の支払遅延の禁止（同項2号）
　親事業者は，物品等を受領した日から起算して60日以内に定めた支払期日ま

でに，下請代金を全額支払わなければならない。
　ウ　下請代金の減額の禁止（同項3号）
　親事業者は，発注時に決定した下請代金について，下請事業者の責めに帰すべき理由がないのに，発注後に減額してはならない。
　エ　返品の禁止（同項4号）
　親事業者は，下請事業者が納入した物品等について，下請事業者の責めに帰すべき理由がないのに返品してはならない。仮に，当該物品等に瑕疵があるなどの理由によりこれを返品する場合には，受領後速やかに行わなければならない。
　オ　買いたたきの禁止（同項5号）
　親事業者は，発注に際して下請代金を決定するに当たり，当該物品等と同種又は類似の物品等に対して通常支払われる対価に比べて著しく低い額を不当に定めてはならない。
　カ　購入・利用強制の禁止（同項6号）
　親事業者は，下請事業者に注文した物品等の品質を維持するためなどの正当な理由がないのに，親事業者の指定する製品，原材料などを下請事業者に強制的に購入させたり，その指定するサービスを下請事業者に強制的に利用させたりしてはならない。
　キ　報復措置の禁止（同項7号）
　親事業者は，下請事業者が親事業者の下請法違反行為を公正取引委員会又は中小企業庁に知らせたことを理由として，その下請事業者に対して取引数量を減じたり，取引を停止したり，その他不利益な取扱いをしてはならない。
　ク　有償支給原材料等の対価の早期決済の禁止（下請法4条2項1号）
　親事業者は，下請事業者の給付に必要な原材料等を有償で支給している場合に，下請事業者の責めに帰すべき理由がないのに，この有償原材料等を用いて製造等をした物品等の下請代金の支払期日より早い時期に，当該原材料等の対価を下請事業者に支払わせたり下請代金から控除してはならない。
　ケ　割引困難な手形の交付の禁止（同項2号）
　親事業者は，下請事業者に対して下請代金を手形で支払う場合に，一般の金融機関で割り引くことが困難な手形を交付してはならない。ここにいう割引困

難な手形とは，運用上，手形期間が長期のもの（一般には120日を超えるもの）とされている。

コ 不当な経済上の利益の提供要請の禁止（同項3号）

親事業者は，下請事業者に対して，労務の提供を強制したり協賛金を要請するなど，経済上の利益の提供を強要してはならない。

サ 不当な給付内容の変更及び不当なやり直しの禁止（同項4号）

親事業者は，下請事業者の責めに帰すべき理由がないのに，下請事業者に製造委託等をした物品等の内容を変更させたり，受領後にやり直しをさせてはならない。

4 規制手続

下請法は，親事業者の同法違反行為を規制するため，次のような規定を置いている。

(1) **立入検査等**（下請法9条）

公正取引委員会は，必要があると認めるときは，親事業者等に対して，立入検査を行い，また，報告を求めることができる。

(2) **勧告等**（下請法7条）

公正取引委員会は，親事業者が下請法4条（親事業者の禁止行為）の規定に違反していると認めるときは，親事業者に対して，当該違反行為の取りやめ及び原状回復措置並びに再発防止等のための必要な措置を勧告し，これを公表することができる。

(3) **罰則**（下請法10条～12条）

書面の交付義務違反及び書類等の作成・保存義務違反並びに検査忌避等に対しては，罰金が科されることとなっている。

(4) **中小企業庁長官の措置請求**（下請法6条）

下請法は，中小企業庁においても運用されており（下請法9条2項），中小企業庁長官は，下請法違反行為があると認めるときは，公正取引委員会に対し，適当な措置をとるべきことを求めることができる。

下請法について，その適用範囲，親事業者の義務及び禁止行為を図示すれば，次のとおりである。

◎**適用範囲**
　○製造委託・修理委託
　　情報成果物作成委託・役務提供委託の一部

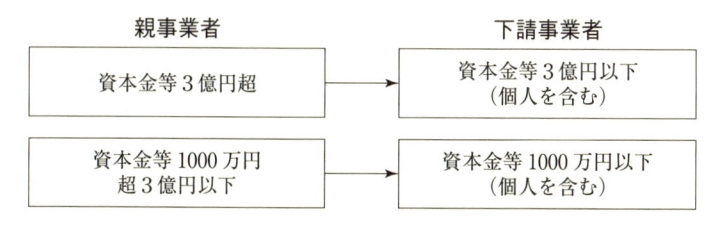

親事業者	下請事業者
資本金等3億円超	資本金等3億円以下（個人を含む）
資本金等1000万円超3億円以下	資本金等1000万円以下（個人を含む）

　○情報成果物作成委託・役務提供委託（上記を除く）

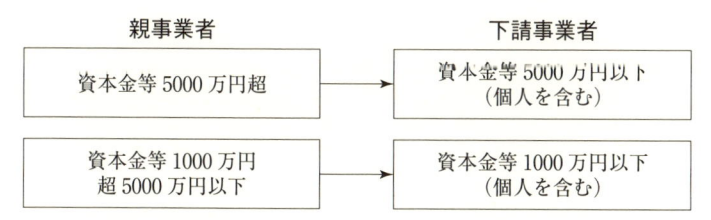

親事業者	下請事業者
資本金等5000万円超	資本金等5000万円以下（個人を含む）
資本金等1000万円超5000万円以下	資本金等1000万円以下（個人を含む）

◎**親事業者の義務**
　(ア)　書面の交付義務（下請法3条）
　(イ)　下請代金の支払期日を定める義務（同2条の2）
　(ウ)　書類の作成・保存義務（同5条）
　(エ)　遅延利息支払義務（同4条の2）

◎**親事業者の禁止行為**
　(ア)　受領拒否の禁止（下請法4条1項1号）
　(イ)　下請代金の支払遅延の禁止（同項2号）
　(ウ)　下請代金の減額の禁止（同項3号）
　(エ)　返品の禁止（同項4号）
　(オ)　買いたたきの禁止（同項5号）
　(カ)　購入・利用強制の禁止（同項6号）
　(キ)　報復措置の禁止（同項7号）

(ク) 有償支給原材料等の対価の早期決済の禁止（同4条2項1号）
(ケ) 割引困難な手形の交付の禁止（同項2号）
(コ) 不当な経済上の利益の提供要請の禁止（同項3号）
(サ) 不当な給付内容の変更及び不当なやり直しの禁止（同項4号）

第7節　不当景品類及び不当表示防止法

1　規制の趣旨

　不当な顧客誘引の防止は，独占禁止法に基づく一般指定8項及び9項により行われているが，このような行為のうち過大な景品類の提供や虚偽・誇大広告等は，①主として消費者を対象として短期間に行われやすいこと，②波及性が強く，一事業者がこれを行えば他の事業者も直ちに追随しがちであること，③反復性が強く，その程度や規模は拡大しやすいこと等の理由から，これらの規制を独占禁止法の慎重な手続により行うのは必ずしも効果的ではない。そこで，このような行為に対して迅速かつ効果的に規制を行い得るようにするため，昭和37年に「不当景品類及び不当表示防止法」（以下「景品表示法」という）が制定された。同法は，商品及び役務の取引に関連する不当な景品類及び表示による顧客の誘引を防止するため，規制内容をできるだけ明確にし，かつ，事件処理手続を簡素化しており，これを通じて，公正な競争を確保し一般消費者の利益を保護することを目的としていた。

　その後，景品表示法は，昭和47年に消費者保護の立場から，消費者との関わりの深い都道府県においても同法を運用し得るよう，都道府県知事が違反行為を行っている事業者に対してこれを取りやめるように指示することができることとする等の改正が行われた。

　さらに，平成15年には，効果・性能に関する表示に対する消費者の不信感が根強いことから，それらの表示の裏付けとなる合理的な根拠を示す資料の提出を義務付けることができるようにすることなどを内容とする改正が行われた。

　一方，平成21年に至り，消費者行政を円滑に推進するため，新たに消費者庁が設置され，景品表示法は，他の多くの消費者関連の法律とともに，同庁に移

管されることとなった。これに伴い、同法は、独占禁止法の特例法から消費者法へとその性格を変え、その目的も、公正な競争を阻害する行為を規制するとの考え方から、一般消費者による自主的かつ合理的な選択の阻害自体に着目して規制するとの考え方へと変更された。ただし、この改正にもかかわらず、景品表示法の規制対象範囲に、実質的変更は加えられていない。さらに、平成26年春、食品表示の不正事案が多発したので、監視指導体制の強化のため同法の改正が行われ、同年秋には、優良誤認表示及び有利誤認表示を課徴金の対象とする同法の改正が行われた（以下、本節において景品表示法を引用する場合は、平成26年法律第118号〔施行は公布日から1年6月以内〕による改正後のものとする）。

コラム　ニセ牛缶事件

不当表示規制の端緒となった事件である。

　昭和35年のある日、都内の一主婦から東京都衛生局に対し、購入した缶詰「ロースト大和煮」の中にハエが入っていたとの届出があった。同衛生局が調査したところ、この缶詰は、沼津市内の食品会社の商標をまね、神奈川県内のデタラメの製造所名を入れたヤミ製品であることが判明した。ところが更に調査したところ、このヤミ製品のみならず、本物の商標を付した商品も、牛缶のように見せかけながら、実は中身が鯨肉であることが明らかとなった。この事件をきっかけに、都衛生局が大がかりな実態調査を行った結果、全国の大手肉類缶詰メーカー20余社中、牛肉を100％使用した缶詰を製造しているものはわずか2社、他は牛缶と表示しながら輸入馬肉を使用している事実が明るみに出た。

　これまで、消費者は、牛の絵のラベルの付された缶詰の中身は当然牛肉であると思っていただけに、この事実は、消費者とりわけ主婦らに大きなショックを与え、日刊紙や週刊誌もこれを問題にし、消費者運動を大いに燃え上がらせることとなった。

　当時、このような行為に対し、検察庁では詐欺罪と不正競争防止法の立場から、農林省では農林物資規格法の立場から、厚生省では食品衛生法の立場からそれぞれ取締りをすることができないか検討したが、いずれも十分な規制を行うことは困難であった。

　一方、公正取引委員会では、このようなぎまん的取引方法を排除して公正な競

争秩序を確立するため，昭和36年に「畜肉・鯨肉等の缶詰業における特定の不公正な取引方法」及び「食品かん詰または食品びん詰業における特定の不公正な取引方法」を特殊指定とし，これらの製品の販売に当たり，その内容を不正に表示し又は広告等を行うことを禁止した。

さらに，公正取引委員会では，このような不当表示のほか過大な景品類の提供をも含め不当な顧客誘引行為を規制するため，独占禁止法の特別法の制定作業を行い，昭和37年に至り景品表示法が制定された。

2　過大な景品類の提供に対する規制

過大な景品類の提供に対する規制は，景品表示法4条の規定を根拠に，内閣総理大臣が指定する告示により行われている。景品表示法4条は，内閣総理大臣が景品類の価額の最高額若しくは総額，種類若しくは提供の方法その他景品類の提供に関する事項を制限し，又は景品類の提供を禁止することができるとしている。

景品類とは，商品又は役務の取引に付随して提供される経済上の利益であって（景表法2条3項），値引き，アフターサービス及び商品又は役務に附属するものを除いたものをいう。その具体的内容は，内閣総理大臣の告示により定められている。

現在，景品表示法4条の規定に基づき内閣総理大臣が指定した告示として，「懸賞による景品類の提供に関する事項の制限」及び「一般消費者に対する景品類の提供に関する事項の制限」があり，さらに特定の業種に対してのみ適用されるものが6件ある。

(1)　懸賞による景品類の提供に関する事項の制限（懸賞制限告示）

懸賞制限告示は，事業者が一般消費者又は他の事業者に対して，懸賞の方法により提供することができる景品類の最高額及び総額を定めている。

懸賞とは，①くじその他偶然性を利用して定める方法，又は②特定の行為の優劣若しくは正誤により定める方法で，景品類の提供の相手方又は提供する景品類の価額を定めることをいう。例を挙げれば，①に当たるものとしては，㋐

抽選券を用いる方法，④レシート，商品の容器包装等を抽選券として用いる方法，㋒すべての商品に景品類を添付するが，その価額に差等があり，購入の際には相手方がその価額を判別できないようにしておく方法などがあり，②に当たるものとしては，㋐応募の際一般には明らかでない事項について予想を募集し，その回答の優劣又は正誤によって定める方法，④キャッチフレーズ，写真，商品の改良の工夫等を募集し，その優劣によって定める方法などがある。

このような懸賞により景品類を提供する場合の景品類の最高額及び総額は，次のとおりである。

〈最高額〉
　　　取引価額　　5000円未満　取引価額の20倍まで
　　　　　　　　　5000円以上　10万円まで

〈総　額〉
　　　取引予定総額の2％まで

なお，懸賞による景品類の提供が共同懸賞により行われる場合には，上記の制限にかかわらず，景品類の最高額は，30万円，景品類の総額は，取引予定総額の3％までとされている。

ここにいう共同懸賞とは，①一定の地域における小売業者又はサービス業者の相当多数が共同して行う場合，②一の商店街に属する小売業者又はサービス業者の相当多数が共同して行う場合，及び③一定の地域において一定の種類の事業を行う事業者の相当多数が共同して行う場合をいう。

次に，相手方に対して取引に付随しないで新聞等により一定の行為等を求める広告を行い，官製はがきなどで応募させ，懸賞により商品又は賞金を提供する，いわゆるオープン懸賞といわれるものがあるが，このような企画は，取引に付随しないため，景品表示法の適用対象とはならない。しかし，ある企画において，取引に付随する景品類の提供と取引に付随しないオープン懸賞を併用する場合には，両者が一体のものとみなされ，その全体が1個の企画として懸賞制限告示の適用を受けることとなる。

(2)　**一般消費者に対する景品類の提供に関する事項の制限（総付景品制限告示）**

総付景品制限告示とは，事業者が一般消費者に対して懸賞によらないで景品類を提供する場合の制限告示である。この場合には，景品類の最高額が定められており，その額は，次のとおりである。

〈最高額〉

取引価額　　1000円未満　　200円まで

　　　　　　1000円以上　　取引価額の20％まで

なお，この方法による場合には，たとえ景品類に該当するものであっても，商品の販売若しくは使用のため又は役務の提供のため必要な物品又はサービスなど一定の範囲のものであって，正常な商慣習に照らして適当と認められる経済上の利益や自己の供給する商品・役務の取引において用いられる割引券・ポイントカード等については，上記最高額の制限は適用されない。

また，商品又は役務とともに提供されるものがもともと景品類に該当しない場合には，制限の対象とはならない。しかし，総付景品制限告示の適用におい

図表4－9　景品類提供に対する規制の概要

	懸賞による取引の価額	景品類限度額	
		最高額	総額
	5000円未満	取引価額の20倍	懸賞に係る取引予定総額の2％
	5000円以上	10万円	

（共同懸賞）

懸賞による取引の価額	景品類限度額	
	最高額	総額
取引価額にかかわらず30万円		懸賞に係る取引予定総額の3％

取引価額	景品類の最高額
1000円未満	200円
1000円以上	取引価額の20％

景品表示法4条（景品類の制限及び禁止）
├ 懸賞制限告示
└ 総付景品制限告示

て解釈上生ずる微妙な問題は，商品又は役務とともに提供されるものが景品類又は値引きのいずれに当たるかの点である。この点について，例えば，実質的に同一と認められる商品の付加は，値引きに当たるとされているので，コーヒーを5回飲んだ者に対するコーヒー1杯の無料券の提供は値引きとなるが，ジュース1杯の無料券の提供は景品類に当たるとされる。

以上の景品類提供に対する規制の概要を図示すれば，**図表4－9**のとおりである。

3 不当表示に対する規制

景品表示法5条は，不当表示について禁止している。過大な景品類の提供に対する規制が同法4条の規定に基づき内閣総理大臣の告示により行われるのに対し，不当表示に対する規制は，5条の規定自体により行われる。

(1) 表示と表示主体

ア 表示

表示の具体的内容は，景品類の場合と同様，内閣総理大臣の告示により定義されている。この定義告示は，表示を次のとおり定めている。①商品，容器又は包装による広告その他の表示等，②見本，チラシ，パンフレット，説明書面等による広告その他の表示等，③ポスター，看板等による広告等，④新聞紙，雑誌等，放送等による広告，⑤情報処理の用に供する機器による広告等（インターネット等によるものを含む）。

イ 表示主体

不当表示をした事業者とは，「一般消費者に伝達された表示内容を主体的に決定した事業者はもとより，当該表示内容を認識・認容し，自己の表示として使用することによって利益を得る事業者も，表示内容を間接的に決定したものとして，これに含まれる」（輸入ズボン不当表示事件のうちビームス事件（平成19・10・12東京高判・審決集54巻661頁））。したがって，取引先の説明をそのまま信用して表示を作成したり，取引先に表示の作成を委託した者も不当表示の規制対象となる。輸入ズボン不当表示事件とは，輸入ズボンの小売業者5名が当該商品の原産国について不当表示をしたのは表示内容を決定した輸入卸売業者のみであって自らは関与していないと主張して，審判及び審決取消訴訟となった一連

(2) 不当表示

景品表示法5条は，不当表示を3つの類型に分けて禁止しており，これらは，①品質，規格その他の内容に関する不当表示，②価格その他の取引条件に関する不当表示，及び③内閣総理大臣の指定による不当表示である。

これら3つの類型は，いずれも，不当に顧客を誘引し，一般消費者による自主的かつ合理的な選択を阻害するおそれがあるものである。

ア 品質，規格その他の内容に関する不当表示（優良誤認表示）

景品表示法5条1項1号は，「商品又は役務の品質，規格その他の内容について，一般消費者に対し，実際のものよりも著しく優良であると示し，又は事実に相違して当該事業者と同種若しくは類似の商品若しくは役務を供給している他の事業者に係るものよりも著しく優良であると示す」不当表示を禁止している。

また，平成15年法改正においては，合理的な根拠なく著しい優良性を示す不当表示を効果的に規制するため，7条2項（前4条2項）が新設された。景品表示法が消費者庁に移管された平成21年9月以降は，消費者庁長官（内閣総理大臣から権限を受任）は，商品の内容（効果・性能）について著しく優良であると示す表示につき，期間を定めて，事業者に表示の裏付けとなる合理的な根拠の提出を求めることができ，事業者がこれを提出しない場合には，不当表示とみなして規制することとされている。

景品表示法5条1項1号が規制対象とする品質に関する不当表示とは，原材料，純度，添加物，効能，鮮度，栄養価などに関するものをいい，規格に関する不当表示とは，品質その他の内容について，国，公共団体又は民間団体が定めた規格，等級，基準などに関するものをいう。また，その他の内容に関する不当表示とは，間接的に品質又は規格に影響を及ぼすもの，例えば原産地，有効期限，製造方法などに関するものをいう。

本号に違反する事例は，実に多種多様であるが，これらの中からあえていくつか例を挙げれば，①10万キロ以上走行した車に「3万5千キロ走行」と表示する場合，②外国で製造された商品に国内の有名産地の「伝統工芸品」と表示する場合，③「この新技術は日本で当社だけ」と表示したが，実際には競争業

者も同じ技術を使用していた場合などがこれに該当する。

イ　価格その他の取引条件に関する不当表示（有利誤認表示）

景品表示法5条1項2号は，「商品又は役務の価格その他の取引条件について，実際のもの又は当該事業者と同種若しくは類似の商品若しくは役務を供給している他の事業者に係るものよりも取引の相手方に著しく有利であると一般消費者に誤認される」不当表示を禁止している。

ここにいう取引条件とは，商品又は役務の内容を除く狭義の取引条件を指し，例えば，価格，数量，アフターサービス，保証期間，支払条件などがこれに当たる。

本号違反事件の圧倒的多くは，不当な二重価格表示事件である。二重価格表示とは，実売価格とともに，市価，メーカー希望小売価格，自店旧価格等の比較対照価格を併記して表示するものである。その企図するところは，実売価格よりも高いこれらの比較対照価格を併記することにより，実売価格の安さを強調することにあるが，その内容が適正な場合には，一般消費者の適正な商品選択と事業者間の価格競争の促進に資する面がある。しかし，二重価格表示においては，比較対照価格として用いられる価格が実際のものと異なったり，又はあいまいなものであったりして，不当に高く表示されることが少なくない。このような場合には，実売価格が著しく有利であると一般消費者に誤認されることとなり，不当な二重価格表示となる。

不当な二重価格表示以外に本号に違反する事例としては，例えば，優待旅行ではないのに優待旅行と表示する場合などがある。

なお，景品表示法制定当初，観光土産品の内容量を実際よりも多く見せかける事件が多発した。このような事例は，商品の内容そのものの不当表示ではなく，単位量当たりの価格を著しく有利であると誤認させるものであり，景品表示法5条1項1号違反ではなく，本号違反となる。

ウ　内閣総理大臣の指定による不当表示

景品表示法5条1項3号は，上記ア及びイのほか，「商品又は役務の取引に関する事項について一般消費者に誤認されるおそれがある表示であって，不当に顧客を誘引し，一般消費者による自主的かつ合理的な選択を阻害するおそれがあると認めて内閣総理大臣が指定するもの」を，不当表示の第3の類型とし

て規定している。

上記ア及びイは，法律自体で禁止する不当表示の類型であるが，これら以外に，本号により内閣総理大臣が指定するものをも不当表示として追加し得ることとしたのは，景品表示法が規制すべき表示が複雑かつ変転きわまりない広告宣伝活動を対象としているため，景品表示法5条1項1号及び2号の規定のみでは捕捉できないものが生ずる事態に備えるためである。

本号の規定に基づき，現在，次の6つの指定が行われている。

①無果汁の清涼飲料水等についての表示　果汁や果肉が入っていない清涼飲料水の容器等に，果実の名称，絵，果汁や果肉を連想させる着色等の表示をした場合に，果汁が入っていない旨を明瞭に記載しない表示。

②商品の原産国に関する不当な表示　国内産の商品について，外国産であるかのような表示。外国産の商品について，当該原産国以外の産品であるかのような表示。

③消費者信用の融資費用に関する不当な表示　消費者信用の融資費用に関する表示であって，実質年率が明瞭に記載されていないもの。

④不動産のおとり広告に関する表示　不動産について顧客を誘引するためのおとりとしての表示。

⑤おとり広告に関する表示　顧客を誘引するためのおとりとしての表示。

⑥有料老人ホームに関する不当な表示　有料老人ホームが提供する各種サービスの内容等に関して誤認されるおそれのある表示。

以上のとおりの不当表示に対する規制の概要を図示すれば，**図表4－10**のとおりである。

エ　平成26年法改正

平成25年秋，ホテルや百貨店，レストラン等における食品表示等の不正事案が次々と表面化した。このため，食品表示等問題関係府省庁等会議は，同年12月，食品表示等適正化対策を決定した。この対策には，①景品表示法のガイドラインの作成，②行政の監視指導体制の強化のための景品表示法の改正，③違反事案に対する課徴金等の措置の検討等が盛り込まれた。これを受けて，平成26年3月，消費者庁は「メニュー・料理等の食品表示に係る景品表示法上の考え方について」を作成・公表し，同年6月，行政の監視指導体制の強化等のた

図表 4 − 10　不当表示に対する規制の概要

景品表示法 5 条（不当表示の禁止）
- 商品又は役務の品質，規格その他の内容についての不当表示（1項1号）
  - 消費者庁長官による資料提出要求（7条2項）
- 商品又は役務の価格その他の取引条件についての不当表示（1項2号）
- 内閣総理大臣の指定による不当表示（1項3号）
  ① 無果汁の清涼飲料水等についての表示
  ② 商品の原産国に関する不当な表示
  ③ 消費者信用の融資費用に関する不当な表示
  ④ 不動産のおとり広告に関する表示
  ⑤ おとり広告に関する表示
  ⑥ 有料老人ホームに関する不当な表示

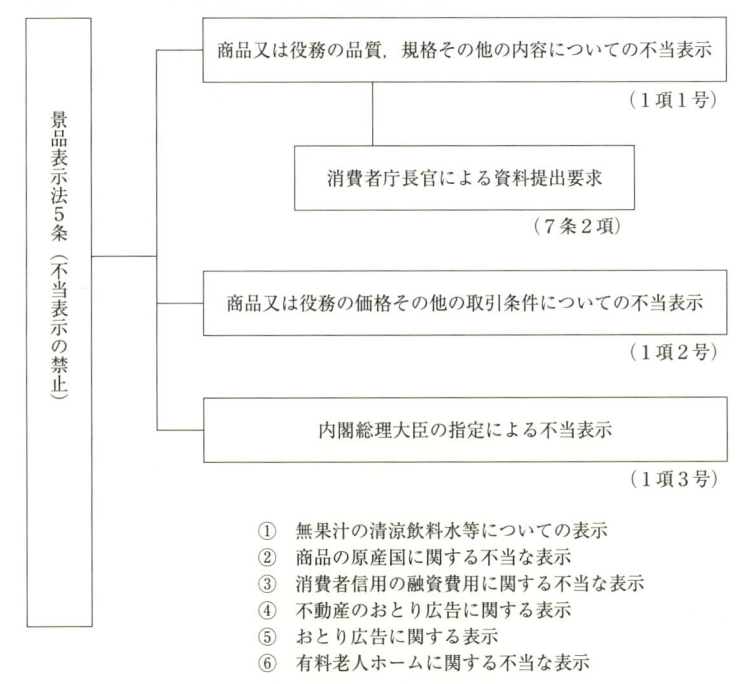

めの次のような内容の景品表示法の改正が行われた。①事業者のコンプライアンス体制の確立（景表法26条～28条）。内閣総理大臣はそのために必要な「指針」を作成する。②都道府県知事に措置命令権を与える（政令による）。

　平成26年11月には，優良誤認表示及び有利誤認表示に対し，課徴金を賦課することを内容とする次のような改正が行われた（施行は公布日から1年6月以内）。①課徴金額は違反期間（最長3年間）における売上額の3％とする。②違反について相当の注意を払った者に対しては命じない。③課徴金額が150万円未満（売上額が5000万円未満）のときは命じない（以上，景表法8条）。④調査前に違反行為を自主申告した事業者については50％の減額をする（景表法9条）。⑤事業者が所定の手続に沿って対象消費者に自主返金したときはその額を課徴金額から減額する。

4 協定又は規約制度

　景品表示法における協定又は規約（公正競争規約）とは，事業者又は事業者団体が，景品類又は表示に関する事項について，不当な顧客の誘引を防止し，一般消費者による自主的かつ合理的な選択及び事業者間の公正な競争を確保するため，景品表示法31条の規定に基づき，消費者庁長官（内閣総理大臣から権限を受任）及び公正取引委員会の認定を受けて自主的に設定する業界のルールである。
　消費者庁長官及び公正取引委員会の認定要件は，景品表示法31条２項に定められており，それによれば，次のとおりである。

　ア　不当な顧客の誘引を防止し，一般消費者による自主的かつ合理的な選択及び事業者間の公正な競争を確保するために適切なものであること
　イ　一般消費者及び関連事業者の利益を不当に害するおそれがないこと
　ウ　不当に差別的でないこと
　エ　当該協定又は規約に参加し，又はこれから脱退することを不当に制限しないこと

　協定又は規約で定め得る内容は，景品類又は表示に関する事項であるが，このほか，規約を運用するために必要な組織や手続に関する規定も置かれる。協定又は規約の主な内容は，例えば表示に関するものであれば，一般に，必要表示事項，特定事項の表示基準，不当表示の禁止などである。

5 規制手続

(1) 消費者庁等による執行

　景品表示法の規定に違反して過大な景品類の提供や不当表示の疑いがあるときは，消費者庁長官，公正取引委員会又は事業所管大臣等（内閣総理大臣又は消費者庁長官からそれぞれ権限を受任）は，立入検査や報告命令等を含む事件の調査を行う。その結果，違反があると認められれば，消費者庁長官（内閣総理大臣から権限を受任）は，これを行っている事業者に対して，当該行為の差止め等を内容とする措置命令を行う（景表法７条）。措置命令の内容は，違反行為の差止めのほか，訂正広告，再発防止のための必要事項，事業者が採った措置の報告等である。この措置命令は，当該行為が既になくなっている場合においても，す

ることができる。措置命令に対して不服がある場合は，消費者庁長官に対する異議申立て又は処分の取消しを求める訴訟を提起することができる。

(2) 都道府県知事による執行

景品表示法は，消費者庁のほか，都道府県においても運用されており，都道府県知事は，同法に違反する行為があるときは，これを行っている事業者に対し，措置命令をすることができる（景表法33条11項）。

(3) 適格消費者団体による差止請求

このほか，消費者契約法に基づく適格消費者団体は，商品又は役務について優良誤認表示又は有利誤認表示が不特定かつ多数の一般消費者に対して行われているとき等には，これを行っている事業者に対し，その行為の差止め等を裁判所に請求することができることとされている（景表法30条）。

第8節 消費税転嫁対策特別措置法

1 本法の趣旨と概要

「消費税の円滑かつ適正な転嫁の確保のための消費税の転嫁を阻害する行為の是正等に関する特別措置法」（本節において，以下「特措法」という）は，平成26年4月1日及び平成27年10月1日に予定されている消費税率の引上げに際し，以下の特別措置を講ずることにより，消費税の円滑かつ適正な転嫁を確保することを目的として制定された。

①消費税の転嫁拒否等の行為の是正に関する特別措置　消費税の転嫁拒否等の行為を取り締まり，当該行為を是正又は防止するための措置。

②消費税の転嫁を阻害する表示の是正に関する特別措置　消費者の誤解を招き，他の事業者による円滑な転嫁を阻害する宣伝・広告等を是正又は防止するための措置。

③価格の表示に関する特別措置　消費税の総額表示義務について，表示する価格がその時点における税込価格であると誤解させないための措置を講じている場合に限り，税込価格を表示することを要しないための措置。

④消費税の転嫁及び表示の方法に係る共同行為に関する特別措置　事業者

又は事業者団体が行う転嫁カルテル及び表示カルテルについて，消費税導入当時と同様の独占禁止法の適用除外制度を設ける。

2 消費税の転嫁拒否

(1) 事業者の遵守事項（特措法3条）

特定事業者（①大規模小売事業者，②特定供給事業者から継続して商品又は役務の供給を受ける法人事業者等）は，特定供給事業者（①大規模小売事業者に継続して商品又は役務を供給する事業者，②資本金等の額が3億円以下である事業者，③個人事業者）に対し，①減額・買いたたき，②購入強制・役務の利用強制，不当な利益提供の強制，③税抜価格での交渉の拒否，④報復行為を行ってはならない。

(2) 転嫁拒否等の行為に対する検査，指導等

公正取引委員会，主務大臣又は中小企業庁長官は，特定事業者等に対して報告徴収，立入検査を行い（特措法15条1項），特定事業者に対して違反行為を防止又は是正するために必要な指導・助言を行う（特措法4条）。主務大臣又は中小企業庁長官は，公正取引委員会に対して，措置請求ができる（特措法5条）。公正取引委員会は，違反行為があると認めるときは，特定事業者に対して速やかに消費税の適正な転嫁に応じることその他必要な措置をとるよう勧告し，その旨を公表する（特措法6条）。

3 消費税の転嫁を阻害する表示

事業者は，以下に掲げる消費税の転嫁を阻害する表示をしてはならない（特措法8条）。

①取引の相手方に消費税を転嫁していない旨の表示　　例えば，「消費税は転嫁しません」，「消費税は当店が負担しています」等の表示。

②取引の相手方が負担すべき消費税を対価の額から減ずる旨の表示であって消費税との関連を明示しているもの　　例えば，「消費税上昇分値引きします」等の表示。

③消費税に関連して取引の相手方に経済上の利益を提供する旨の表示であって②に掲げる表示に準ずるものとして内閣府令で定めるもの　　例えば，「消費税相当分，次回の購入に利用できるポイントを付与します」等の表示。

消費税の転嫁を阻害する表示に対する勧告，指導等については，内閣総理大臣（消費者庁長官）等が実施する（特措法9条）。

4　転嫁カルテル・表示カルテル

事業者又は事業者団体が行う転嫁カルテル及び表示カルテルは，公正取引委員会に届け出ることにより，独占禁止法の適用除外とされる（特措法12条）。

(1)　転嫁カルテル

転嫁カルテルは，消費税の転嫁の方法の決定に係る共同行為であり，参加事業者の3分の2以上が中小事業者であることが必要である。例えば，①事業者がそれぞれ自主的に定めている本体価格に消費税分を上乗せする旨の決定や，②消費税分を上乗せした結果，計算上生じる端数を切上げ，切捨て，四捨五入等により合理的な範囲で処理することの決定が転嫁カルテルに該当する。しかし，本体価格を統一することの決定は，適用除外の対象にはならない。

(2)　表示カルテル

表示カルテルは，消費税についての表示の方法の決定に係る共同行為である。例えば，「消費税込み価格」と「消費税額」とを並べて表示したり，「消費税込み価格」と「消費税抜き価格」とを並べて表示するように，税率引上げ後の価格について統一的な表示方法を用いる旨の決定が表示カルテルに該当する。

5　運用状況

平成25年10月から平成26年12月までの公正取引委員会及び中小企業庁の指導件数の合計は1493件である。また，同期間の公正取引委員会の勧告件数の合計は13件である。

違反行為類型別では，買いたたきが1204件，税抜価格での交渉の拒否が241件，役務利用・利益提供の要請が66件及び減額が31件となっている（合計1542件）。

第5章

企業結合の規制

この章のポイント

　企業は独立に経営することをやめ，他の企業と合併する道を選ぶことがある。独立に経営する企業の数が合併により減少していくと，産業における競争の程度は徐々に減少していく。合併が繰り返されて産業に存在する企業が最終的に1つだけになってしまうと，競争はなくなってしまう。この懸念から合併規制が設けられる。しかし，企業の数が減るほど競争も減少するとは限らない。日本の自動車・パソコン・鉄鋼などの主要産業では，企業数は10に満たないが，競争は活発に行われている。合併には経営効率をすばやく高める効果がある。合併件数と規模が世界的に上昇してきたが，これは経営効率を高める企業努力の現れとみることができる。企業活動がますますグローバルに展開されるようになったので，効率化をすばやく進めなければ国際競争に生き残れない。

　現代の合併規制は，市場に存在する企業数が多ければ多いほど望ましいという見方は採用していない。「市場支配力」をもたらす合併を阻止することが合併規制の目的である。「市場支配力」とは，合併企業が対抗企業からの牽制を受けずに，価格（及びその他の市場条件）を左右できる力を指す。市場競争が成立していれば，合併企業が価格を引き上げると，顧客は対抗企業に購入先を移す。合併企業は価格引上げを撤回せざるを得ない。しかし，合併企業の他には勢力の弱い企業しか残されていない場合には，顧客が購入先を移そうとしても移しきれないので，価格引上げが通ってしまう（この状態が「市場支配力」である）。

市場支配力は，企業間の協調によってもたらされることもある。合併企業の価格引上げを牽制できるだけの力のある対抗企業が残っていたとしても，その企業が合併企業と協調して価格を引き上げる道を選択するのなら，価格引上げが実現する。

　本章の主要なねらいは，「市場支配力」を阻止するための合併規制を説明することにある。「合併」とは，会社法において，複数企業が合体，あるいはどちらかがもう一方を吸収して，1社だけが会社として存続することを指す。しかし，会社法上は合併といえない場合でも，一方の企業の独立性が失われるような固い結合関係が形成される場合には，独占禁止法上の合併規制を及ぼす必要がある。株式取得と役員派遣への規制がその代表である。第1節と第2節ではこのような広義の合併（「企業結合」）全般を対象とする規制を説明する。

　合併（企業結合）規制は，他の独占禁止法分野が企業行為の後の規制（事後規制）であるのとは異なり，合併が実行される前に行われる規制（事前規制）である。事前に規制を実施するため，合併を実施する企業（一定規模を超えるものに限定）は計画段階で公正取引委員会（以下「公取委」という）に届け出る義務（事前届出義務）がある。第3節は，事前届出とそれに続く公取委の合併審査手続を説明する。

　合併規制のねらいは各市場における市場支配力の形成（市場集中）を阻止することである。しかし，個別市場において市場支配力を獲得しなくても，日本経済全体を通じて大きな比重を占める企業集団あるいは企業グループが形成されると，経済全体の集中増大による弊害がもたらされるとする見方が存在する。この見方に基づく「一般集中」規制を第4節で説明する。

　企業は他企業と合併しなくても，独力で成長することにより，市場支配力を獲得できる。自己成長により獲得した企業の市場支配力に対して，市場に弊害を及ぼしているとの見方から，企業分割を公取委が命じることは妥当だろうか。第5節「独占的状態の規制」はこの点を説明する。

第1節　合併（企業結合）による市場支配力形成の「事前規制」

　合併規制以外の独占禁止法規制（「不当な取引制限」・「私的独占」・「不公正な取引方法」の規制）は，競争制限を生じさせる行為が実施された後に規制する「事後規制」である。これとは異なり合併規制は，市場支配力を生じさせる合併が実現する「事前」に公取委が合併を阻止する規制である。公取委の規制を企業が裁判に訴えることがほとんどないため，合併規制はほとんど全面的に公取委による規制である。ただし，公取委が阻止あるいは改善させる合併は全体の一部であり，大多数の合併を公取委は独占禁止法上問題がないとしてきている。

図表 5 − 1　公正取引委員会の合併（企業結合）規制のフローチャート

```
┌─────────────────────────────┐
│ 企業結合関係がもたらされることの認定 │───┐
└─────────────────────────────┘   │
          ↓                        ↓
┌─────────────────────────────┐  ┌──────────────────────────┐
│     市場（一定の取引分野）の画定    │  │ 企業結合を生じない株式取得は規制しない │
└─────────────────────────────┘  └──────────────────────────┘
          ↓
┌─────────────────────────────┐
│ セーフハーバー（一定以下の市場集中度） │───┐
│   に該当する合併を規制から除外する   │   │
└─────────────────────────────┘   ↓
          ↓                   ┌──────────────────────────┐
                              │ セーフハーバー枠内の合併は規制しない │
                              └──────────────────────────┘
┌─────────────────────────────┐
│ 画定した市場において合併により市場    │
│ 支配力（競争の実質的制限）が       │──┐
│    形成されるかを審査する         │  │
├─────────────┬───────────────┤  ↓
│ 合併企業単独による │ 企業間協調による │  ┌──────────────────────────┐
│   市場支配力   │   市場支配力   │  │ 市場支配力を形成しない合併は規制しない │
└─────────────┴───────────────┘  └──────────────────────────┘
          ↓
┌─────────────────────────────┐
│ 市場支配力が生じる場合に「問題解消措置」 │──┐
│      を合併企業が実施する        │  │
└─────────────────────────────┘  ↓
                              ┌──────────────────────────┐
                              │ 「問題解消措置」を合併企業が実施しない │
                              │ 場合には公正取引委員会が「排除措置」 │
                              │          を命じる          │
                              └──────────────────────────┘
```

［出所］公正取引委員会・企業結合ガイドラインの図を編集・簡略化した。

1 規制対象とする企業結合の種類

市場で独立に意思決定する企業の数が減少し，市場支配力が形成されるのを阻止するために，公取委は合併を規制する。独占禁止法の「合併」規制における「合併」は，A社とB社が合体してC社になる（あるいはA社がB社を買収してA社が残る）場合だけを指すのではない。合併規制の目的は，市場で意思決定する企業の数が減少して市場支配力が形成されるのを阻止することである。会社法上の意味での合併（狭義の合併）には至らない場合でも，合併に相当するような固い結合関係をもたらす企業提携に対しては，狭義の合併に対するのと同じ規制を適用しなければならない。このような広義の合併を公取委は「企業結合」と名付けている。

A社とB社がそれぞれ法律上の法人格を維持していても（A社とB社が存続していても），B社の経営上の意思決定がA社に支配される状態になれば，独占禁止法の目的から広義の合併とみなして，企業結合規制の対象とする。株式取得と役員兼任への企業結合規制がこれに該当する。相手企業の重要な資産を買収する等の場合にも公取委は企業結合規制を実施する。

(1) 合併（狭義）に対する企業結合規制——15条規制

「合併」は一般用語としては，どちらかの会社の経営上の独立性がなくなる程度の固い結合関係が成立する場合を広く指して用いられる。アメリカとEUの独占禁止法は広義の合併を1つの条文により規制している。この方式とは異なり日本の独占禁止法は，「合併」の用語を会社法などの法律で用いられている狭い意味に限定して用いている。つまり，①A社がB社を吸収してA社だけが残る，あるいは②A社とB社が合体してC社になる場合，に限定している。この意味での合併に企業結合規制が適用されることは当然である（15条の規制）。

(2) 株式取得に対する企業結合規制——10条規制

上記の狭い意味での「合併」を実施せず，A社とB社が会社法上の存在として存続していても，A社がB社の株式の多数を取得し，B社経営をコントロールできるようになれば，狭義の合併と同様の企業結合関係がもたらされる。

「共同出資会社」による事業統合も，株式取得による企業結合として10条規制の対象になる。「共同出資会社」は事業提携（あるいはジョイントベンチャー）

の一種であり，複数の会社が共同出資して新会社を設立する。出資元の会社が出資分に応じて新会社の株式を所有する。

　企業結合規制により共同出資会社の設立を許容された場合においても，共同出資会社を舞台として出資元の会社同士が協調する場合には，カルテル（不当な取引制限）規制が適用される（日本油脂等（四国アンホ）事件・昭和50・12・11勧告審決・審決集22巻101頁）。

　企業結合は，Ａ社とＢ社の経営陣が合意して行われる場合（友好的買収）と，Ｂ社経営陣が反対するにもかかわらずＢ社株主にＡ社経営陣が直接働きかける場合（敵対的買収）に分かれる。敵対的買収の方法として，株式の「公開買付け」（Takeover Bid: TOB あるいは Tender Offer）が用いられることが多い。

　このような企業結合をもたらす株式取得には企業結合規制を適用しなければならない（10条の株式取得規制）。株式取得を複数企業が共同して実施する場合（共同株式移転）にも企業結合規制は適用される（15条の３）。

　株式取得の規制については，どの程度の割合の株式を取得する（所有する）場合に企業結合関係が生じたとみなすのかが問題になる。Ａ社がＢ社株式の50％を超える割合を取得すれば，Ａ社はＢ社の株主総会における議決を左右する力を常に有し，結合関係が生じる。50％を超える率の株式取得は狭義の合併と実質的に同じである（例えば，パナソニックは三洋の「友好的買収」を株式取得により実施した）。

　相手企業の株式総数の50％未満しか取得しない場合においても，株式は多くの人々と会社に分散して所有されているので，20％程度の株式取得により相手会社の経営を支配できる場合がある（株式所有の分布に左右される）。20％以下の場合でも諸般の状況によっては相手会社の経営に相当の影響力を及ぼせる。

　この見方から公取委の「企業結合審査に関する独占禁止法の運用指針」（企業結合ガイドライン）は，企業結合規制の対象とする株式取得として次の３つの場合を規定している。取得の結果，①株式所有比率が50％を超える場合，②20％を超え，しかも株式取得会社が単独筆頭株主である場合には結合関係が認められ，また，③10％を超え，しかも株主順位が第３位以内の場合は，株主分散状況や取引関係を総合的に判断して結合関係を判断する。

　審決例として日本楽器事件（昭和32・１・30勧告審決・審決集８巻51頁）がある。

日本楽器が河合楽器の24.5％の株式を所有したことに対して，両社を合わせた市場シェアがピアノで70％になることを主な判定要素として，ピアノ，オルガン，ハーモニカの各市場での「競争を実質的に制限することとなる」と認定した。このため公取委は日本楽器に対し，河合楽器への株式所有比率が約9.5％（推定）以下になるように保有株式を処分することを命令した。株式所有比率が約9.5％以下となれば，両者間の株式取得による結合関係は解消すると考えられたからである。

株式取得は，経済全体の集中（市場集中とは区別する）を防止する観点からも規制される。一般集中規制としての株式取得規制については第4節において説明する。

> （注）「株式」の中には，議決権（株主総会において投票する権利）を有しないものが一部存在する（配当を優先する株式）。会社を支配するための株式として意義のあるのは，議決権を有する株式だけである。独占禁止法の株式取得に関する規定は，会社の支配権に着目した規定なので，「株式」ではなく「議決権（株式）」と規定することが法の趣旨に沿っている。このため，平成13年の独占禁止法改正（商法改正に伴う改正）により，企業結合に関する条文における「株式」の文言が「議決権」に改められた。本章の「株式」は「議決権」を意味する。

(3) 役員兼任に対する企業結合規制——13条規制

会社の「役員」とは，理事・取締役その他に準じるものや支配人などを指している（2条3項）。会社経営の最高意思決定に参画する人物が役員である。A社の役員がB社の役員も兼任すると，A社はB社の経営をかなりの程度左右できる。役員兼任に対して企業結合規制を及ぼすことがこのため必要になる（役員兼任規制。13条）。

どのような役員兼任が企業結合を生じるとみなすのかについて，企業結合ガイドラインは，役員が兼任先において代表権を有するか，全役員のどの程度の割合を兼任役員が占めるかなどの状況から総合的に判断するとしている。

日本の企業社会では，「役員兼任」ではなく「役員派遣」により，派遣先企業に影響を及ぼす場合がしばしば見られる。A社の役員・従業員がB社の役員も兼ねるのが「役員兼任」であり，A社の役員・従業員がA社を退職してB社の役員になるのが「役員派遣」である。銀行員の場合が典型例であるが，退職して取引先企業の役員になっても，その役員は元の勤め先の意向を受けて行動

しやすい。「役員派遣」が実質的に「役員兼任」と同じ働きをしている。しかし，退職した役員・従業員は元の勤め先と法的には関係がないので，独占禁止法の「役員兼任」規制は「役員派遣」には及ばないとされてきている。企業結合ガイドラインは，「会社の役員又は従業員が退職手続を経て他の会社の役員に就任する場合は，兼任規制の対象とはならない」と明記している。

　役員兼任に公取委が審決等の措置をとった例は，これまでに1件だけである。広島電鉄事件（昭和48・7・17同意審決・審決集20巻62頁）であり，電鉄会社が競争相手であるバス会社の株式を所有するとともに役員兼任を行ったことが，独占禁止法10条と13条の双方に違反するとした。このため公取委は電鉄会社に対し，株式の処分とともに役員の辞任を命じた。

(4) **事業譲渡に対する企業結合規制――16条規制**

　A社がB社の1部門（例：自動車会社におけるトラック事業部）を買収すれば，買収される部門の市場（例の場合はトラック市場）においてA社が市場支配力を獲得する場合が生じる。したがって，相手会社全体ではなく1部門だけを対象とする買収に企業結合規制を及ぼす必要がある。このための規定が独占禁止法16条による「事業の譲受け」規制である（「譲受け」は無料で譲ってもらうことではなく，買収を意味する）。16条が「資産」に限定せず「事業」としているのは，工場などの有形資産だけではなく，知的財産権・ノウハウ・ブランド，などの無形資産も含ませるためである。

(5) **共同の会社分割と吸収分割に対する企業結合規制**

　独占禁止法が合併を広義に定義していれば，結合関係を生じさせる企業間取引は自動的に合併規制の対象となる。しかし，独占禁止法は合併を狭義に定義（15条）しており，それ以外の企業結合はそれぞれ別に条文を設けて規制対象としている。窮屈な法形式を採用しているので，新しい企業結合方式（共同での会社分割のような）が出現するたびに新たに条文を設けなければいけない。

　合併だけでなく企業分割により，企業が自社組織を柔軟に再編成する必要性が高まっている。グローバルに展開される市場競争に対応して自社組織の効率を高めるためである。企業分割には，新設分割（企業の特定の事業部門を分離し，他企業の同一事業部門と統合して会社を設立する場合）と吸収分割（当該事業部門を既存企業に移転する場合）の2種がある。平成12年に国会は，会社分割による企業組

織の再編成を容易にするための「会社分割法制」を商法の一環として制定した。

「会社分割法制」に対応して,第1に,複数会社が共同で「新設分割」を実施すれば企業結合が生じるので,企業結合規制の対象となることを独占禁止法に規定した(15条の2)。具体例として,日立製作所と三菱電機がそれぞれの半導体部門を分割し,それを統合した(平成15年事例)。第2に「吸収分割」は,事業譲渡と同じ効果を有するので,独占禁止法の企業結合規制の対象となることを規定した(15条の2)。

2　合併の形態——水平・垂直・混合

合併(企業結合)形態として,①水平型,②垂直型,③混合(コングロマリット)型の3種類がある。

水平合併はもっともよく見られる合併であり,競争関係にある企業間の合併である。自動車企業間の合併や銀行間の合併がこれに当たる。

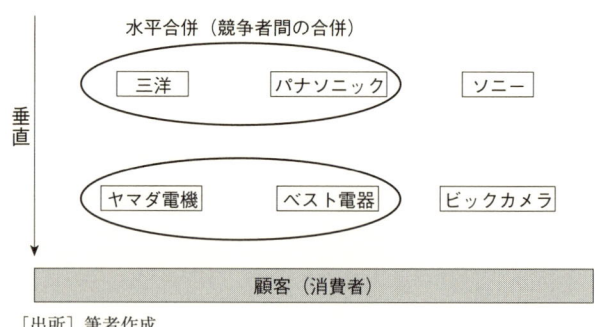

図表5-2　水平合併の事例

水平合併(競争者間の合併)

垂直

三洋　パナソニック　ソニー

ヤマダ電機　ベスト電器　ビックカメラ

顧客(消費者)

[出所]筆者作成

これに対し垂直合併とは,同一産業には属するが取引段階が異なるために競争関係にはない企業間の合併である。例えば自動車産業においては,完成車メーカー段階での競争が行われているとともに,販売店(ディーラー)段階でも競争が行われており,部品メーカー段階でも競争が行われている。しかし,完成車メーカーと販売店間,完成車メーカーと部品メーカー間では相互に垂直的な

第1節　合併（企業結合）による市場支配力形成の「事前規制」　247

図表 5 − 3　垂直合併による「市場閉鎖」の仮定例

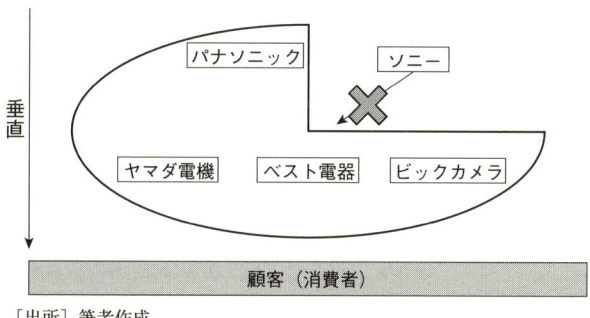

```
                    ┌──────────────────────────┐
                    │  パナソニック      ソニー  │
         垂                              ✗
         直         │                            │
                    │ ヤマダ電機  ベスト電器  ビックカメラ │
                    └──────────────────────────┘
                    ┌──────────────────────────┐
                    │       顧客（消費者）        │
                    └──────────────────────────┘
```

［出所］筆者作成

取引関係（売買取引の関係）はあるが，互いに競争はしていない。

　このような垂直取引関係にある企業間の合併（「垂直合併」）の競争制限性は水平合併の場合よりも一般的には低い。企業結合ガイドライン第3の2によれば，「垂直型企業結合及び混合型企業結合は，一定の取引分野における競争単位の数を減少させないので，水平型企業結合に比べて競争に与える影響は大きくなく，一定の場合を除き，通常，一定の取引分野における競争を実質的に制限することとなるとは考えられない」。

　垂直合併の競争制限性は（水平合併とは質的に異なり），典型的には，有力メーカーが販売店（あるいは部品メーカー）を合併することにより，販売店（あるいは部品メーカー）との取引を競争相手のメーカーが獲得することを妨げる（「市場閉鎖」性を強める）ところから生じる。川下に位置する市場の企業が生産のために必要とする川上の原材料・部品などの「投入物」の購入機会が，垂直合併により閉鎖される場合（「投入物閉鎖」）も市場閉鎖の一種である。

　「垂直型企業結合が行われると，当事会社グループ間でのみ取引することが有利になるため，事実上，他の事業者の取引の機会が奪われ，当事会社グループ間の取引部分について閉鎖性・排他性の問題が生じる場合がある」（企業結合ガイドライン第5の1(1)）。「有力なメーカーと有力な流通業者とが合併した場合も，他のメーカーが新規参入をするに当たって，自ら流通網を整備しない限り参入が困難となるときには，競争に及ぼす影響が大きい」（同前）。

この競争制限性は，メーカーが販売店（あるいは部品メーカー）と「排他条件付取引」（競争メーカーとの取引を禁止する専属取引）を結ぶ場合の競争制限と同じ性格を有している（第4章第2節7「排他条件付取引」を参照）。したがって，メーカーの市場シェアと順位が主な判断要素となる（企業結合ガイドライン第5の2）。

株式取得による垂直型企業結合を違法とした審決として，日本石油運送事件（昭和26・6・25同意審決・審決集3巻73頁）がある。日本石油運送が行うタンク貨車による石油・精製品の輸送において，日本石油分が63％，日本鉱業分が20％，昭和石油分が17％を占めているところ，日本石油は日本石油運送の株式を7万株保有し，他の大株主としては，日本石油運送社長の3万4千株等であり，日本石油運送の事業経営に対する日本石油の発言力は著しく大きいと認められた。そして日本石油は，これによって，日本石油運送の有するタンク貨車の使用を，日本鉱業，昭和石油に優先して享受することができることになり，これら3石油精製会社の石油製品の販売分野における競争を実質的に制限することになるとされた。

垂直合併は，企業効率を高める効果を発揮する場合が多い（異なる取引段階を1社内に統合することによる）。したがって，合併を阻止するか否かを検討する際に，効率効果に配慮することが水平合併の場合以上に重要である（効率効果の考慮方法については第2節3を参照）。

〈垂直合併の審査事例〉（以下，事例は公取委ホームページ各年度「主要な企業結合事例」による）

ASMLホールディング／サイマー・インク（平成25年度事例）　半導体製造において垂直的関係（両者を組み合わせないと半導体を製造できない）にある「露光装置」メーカーと「光源」メーカーの合併事例である。合併後には「露光装置」メーカーが世界で3社だけ（合併企業以外の2社は日本企業）になり，「光源」メーカーは2社だけになる（合併企業でない1社は日本企業）。

「露光装置」市場と「光源」市場の双方において，合併会社が自社以外の会社に対して販売（あるいは購入）を拒絶することによる市場閉鎖の問題が生じると公取委は合併企業に伝えた。これに対し合併会社が，対抗企業に対し自社部門向けと同等条件で供給する旨を申し出たので，公取委は合併を規制しなかった。

図表 5－4　垂直合併：ASML ホールディング／サイマー・インク

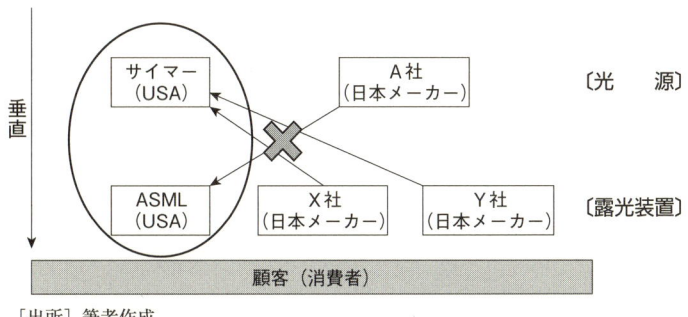

```
        ┌─────────┐   ┌──────────┐
        │ サイマー │   │   A社    │     〔光　　源〕
        │  (USA)  │   │(日本メーカー)│
        │         │ ╳ │          │
        │  ASML   │   │   X社    │   Y社       〔露光装置〕
        │  (USA)  │   │(日本メーカー)│(日本メーカー)
        └─────────┘   └──────────┘
   ┌────────────────────────────────────┐
   │         顧客（消費者）              │
   └────────────────────────────────────┘
```
(縦軸：垂直)

［出所］筆者作成

大建工業／C&H（平成25年度事例）　この企業結合では垂直取引関係が「MDF（床材の素材）メーカー」（川上市場）と「床材メーカー」（川下市場）の間に成立している。両社の結合により，MDF 市場における大建／C&H の市場シェアが65％に上昇する（残る対抗メーカーは１社だけでシェアが35％）。

MDF 購入において，「床材」市場における大建／C&H の対抗メーカーが大建／C&H から不利な取扱いを受けることによる投入閉鎖効果を公取委は懸念した。これに対し大建／C&H が，対抗企業への供給条件を自社向けと同等にする旨を申し出たので，公取委は合併を規制しなかった。

上記２件はいずれも，合併企業側が早期に問題解消措置を申し出ることによって解決した。閉鎖効果が市場支配力をもたらす程度に至っているのか，そして効率効果をどう考慮するのかについて公取委は検討していない。

混合合併（「コングロマリット合併」とも呼ばれる）は，異なった産業に属する企業間の合併（例えば，自動車メーカーとコンピュータ・メーカー間の合併）である。競争制限の影響はあるとしても間接的なので，規制の必要性は薄い。本来は独力で新規参入するべき企業が既存企業の買収により参入すると，そうでない場合よりも相対的に競争が制限されるとの見方からの規制が，アメリカでは行われたことがある。日本ではこれまで混合合併の規制例はない。

合併の競争制限性は水平合併の場合が際だって重要であり，公取委の規制例も水平合併に集中している。以下「合併」は水平合併を指す。

3　市場（一定の取引分野）の画定

　市場支配力は市場ごとに判定されるので，市場の範囲を画定する必要がある。市場とは，互いに競争している企業が構成する場を意味する。「市場」は独占禁止法条文では「一定の取引分野」と表現されている。「一定の取引分野における競争を実質的に制限することとなる場合……合併をしてはならない」(10条・15条・16条など)。「競争を実質的に制限する」というのは，市場支配力を形成すること，つまり，競争市場で成立するレベルよりも価格を引き上げる力を獲得することを意味している。

　合併規制のために市場範囲を画定するように条文が規定しているのは，「競争の実質的制限」（市場支配力）の有無を直接に測定するのは，多様な要素が絡むので困難だからである。合併企業がその属する市場においてどの程度高い市場占拠率（市場シェア）を獲得することになるのか（あるいは合併後の市場集中度がどの程度高くなるのか）を測り，その数値の高低により市場支配力を推定する。

　市場画定の結果によって，「競争を実質的に制限することとなる」か否かの判断（市場支配力が形成されるかの判断）が左右される。例えば，自動車メーカー同士の合併について，市場（一定の取引分野）を自動車全体とする場合と，小型自動車に限定する場合とでは，合併企業のシェアと市場集中度（上位数社への累積シェア集中度）が異なってくる。また地理的市場については，競争企業が存在する地域を日本全体とするのか，関東地域に限定するのか，あるいは世界全体に広げるのかに応じて，シェアと市場集中度が変化する。商品市場（製品市場）及び地理的市場を広く画定した場合の方が，合併企業の市場シェアと市場集中度が低くなることが多いので，合併が認められやすくなるのが通常である。

　合併を阻止するか否かの最終的指標は「市場支配力（競争の実質的制限）」なので，市場支配力の判定に役立つ程度を超えて市場画定を精密に実施する必要はない。公取委は市場を狭く認定する傾向があるが，市場支配力判定の際に「隣接市場からの競争圧力」を考慮することにより画定市場の狭さを補ってきている。

(1)　市場画定の理論

　競争している企業の集合が市場なので，市場範囲の画定は，①商品（製品）

市場，②地理的市場の2つについて，競争関係にある企業の範囲を画定することによって行われる。競争には様々な程度があるので，互いに競争しているか否かを線引きするのは容易ではない。例えば飲料水について，コーラ飲料のメーカー同士（コカコーラとペプシ）が競争していることは明らかであるが，コーラ飲料メーカーとスポーツ飲料メーカー（ポカリスエット）は競争しているのか。また，コーラ飲料メーカーとビール・メーカー間ではどうなのか。このような市場線引きの困難性を克服する方法をアメリカの反トラスト当局が最初に開発した。公取委の市場画定方法（企業結合ガイドライン）はアメリカのガイドラインをモデルとしている。

　市場の範囲を画定する考え方の基本は，消費者（顧客）の購入目的（例えば，のどの渇きをいやして爽快になる効用を得る目的）から判断される商品の代替性である。A製品とB製品の代替性は，A製品の価格がどの程度引き上げられた場合に，どの程度の割合の消費者がB製品に移行するかによって測られる（経済学における「需要の価格交叉弾力性」）。

　このような需要の価格交叉弾力性についての判断から市場を画定する考え方を示したアメリカでの判決として，セロファン事件最高裁判決 (United States v. E. I. Dupont de Nemours & Co. 351 U. S. 377 (1956)) がある。本事件では，市場をセロファンとすれば，合併企業のシェアは75％となるが，市場を「柔軟性のある包装紙」に広げれば，シェアは20％に低下した。セロファンと他の柔軟性のある包装紙間の価格交叉弾力性が高いことから，「柔軟性のある包装紙」を裁判所は対象市場として認定した。

　この判決を先例として，需要の価格交叉弾力性についての判断から市場の範囲を画定するとしているのが，アメリカ司法省反トラスト局・連邦取引委員会共同の水平合併ガイドライン（1992年，1997年改定，2010年最新改定）である。例えば，コーラ飲料とスポーツ飲料が同じ市場に含まれるかを判断するためには，コーラ飲料の独占企業が存在すると仮定し，その独占企業が「小幅ではあるが実質的かつ一時的ではない価格引上げ (Small but Significant and Non-transitory Increase in Price: SSNIP)」（通常は5％）を実施した場合に，その値上げによる利益を帳消しにする以上の数の顧客がスポーツ飲料に移行するかを調査する。それだけの顧客移動が生じると判定されれば，コーラとスポーツ飲料を

同一市場に含める。この検討方法を他の代替製品にも繰り返し，SSNIP値上げにより利益が出る最小範囲を市場として画定する。顧客移動の調査は，スーパーマーケットのレジ端末データや業界関係者からの聞き取りなどによる。

SSNIPの5％値上げ数値は目安であって絶対的なものではないが，あまりにも高すぎるか低すぎると市場の画定が不合理なものになる。例えば，コーラ飲料メーカーとビールのメーカーが競争しているとは通常考えられない。しかし，市場画定のために50％の値上率を使用すると，コーラからビールに乗り換えようとする消費者がかなり現れるだろうから，コーラとビールが同じ商品市場であるとの結論を導きかねない。

地理的な市場画定の考え方も同じである。A製品の独占企業を仮定し，とりあえず考えられる狭い地理的市場において仮定独占企業が5％程度値上げした場合に，値上げ利益を帳消しにする程度の顧客が隣接地域の企業に購買先を移行させれば，その隣接地域を地理的市場に含める。この分析を次の隣接地域にも繰り返して，地理的市場の範囲を画定する（この市場画定方法を「仮定独占者テスト」あるいは「SSNIPテスト」と呼んでいる）。

「仮定独占者テスト」などによる市場画定では，市場の枠外に位置する企業は合併企業と全く競争していないとみなされる。このため，合併企業の市場支配力を市場シェアで測れば，その市場支配力が実際の力より過大評価される傾向がある。例えば，映像のネット配信会社の合併の場合，該当サービス市場の範囲に入るサービスの候補として，ネット配信・DVDレンタル・映画館などが考えられる。「仮定独占者テスト」の結果，サービス市場が「ネット配信」と画定されると，DVDレンタルや映画館もいくぶんかの競争圧力をネット配信会社に及ぼしているにもかかわらず，市場支配力の検討において無視されることになる。市場画定がもたらすこの欠点を補うため，公取委は市場支配力の分析においてしばしば，「隣接市場からの競争圧力」を考慮して，市場シェアから導かれるよりも合併企業の市場支配力を割り引いてきている。

値上げに対する消費者側の反応だけでなく，製品を供給する企業側の反応（供給の価格交叉弾力性）も検討する必要がある。例えば，コピー用紙の値上げに応じて，生産方法が似通った段ボール紙を生産する企業がコピー用紙生産に容易に転換できるのであれば，コピー用紙と段ボール紙を同一市場に含めなけれ

第1節　合併（企業結合）による市場支配力形成の「事前規制」　253

ばならない。

　ただし，顧客の製品乗り換えは値上げに応じて直ちに発生するのに対して，メーカー側の反応には時間がかかることが普通である。生産ラインを変更しなければならないので，そのための設備投資が必要なためである。生産の転換に長期間を要する場合には供給代替性を認定すべきではない。

> **コラム**　「仮定独占者テスト」における「クリティカル・ロス（臨界損失）」
>
> 　価格を5％程度引き上げた場合に，値上げ利益を帳消しにする程度の顧客が隣接製品（あるいは地域）の企業に購買先を移行させるかどうかを調べるのが「仮定独占者テスト」のポイントである。値上げすると，商品1個当たりの利益は上昇する。他方，顧客の一部分が隣接製品に逃げるので，その分利益は減少する。この見方から，「値上げから得る増加利益」≦「隣接製品への顧客シフトにより生じる利益減」となるか，つまり，値上げしても利益は増えないことになるかどうかを市場調査（アンケート調査など）する。
>
> 　例えばコーラ飲料の場合，コーラ製品全体を独占する「仮定独占者」が5％値上げすると，どの程度のパーセンテージの顧客がスポーツ飲料等に移れば，値上げ利益がゼロになるかを検討する。利益が増加も減少もしないことになる「顧客移動パーセンテージ」を「クリティカル・ロス」（Critical Loss：CL）（臨界損失）と名付ける。
>
> 　次いで，実際に市場調査した結果，実際の顧客移動のパーセンテージはAだったとする。もしA（実際損失）＞CL（臨界損失）なら，コーラ全体を5％値上げすれば，利益は減少する。したがって，「コーラ飲料」は合併規制の対象市場として狭すぎるので，範囲を広げる（市場範囲を広げるほど，隣接市場に逃げる顧客数が減るので，A〔実際損失〕が減少していく）。A＜CLになるまで，「商品市場」あるいは「地理的市場」を段階的に広げていく。「コーラ飲料」⇒「スポーツ飲料及びコーラ飲料（発泡性飲料）」⇒「清涼飲料」というように広げていく。

(2)　市場画定の実践——企業結合ガイドラインと審査事例

　市場（一定の取引分野）画定について公取委は，旧ガイドライン（平成10年企業

結合ガイドライン）までは，商品市場は「機能及び効用が同種である商品」により画定し，地理的市場は「事業区域における競争関係の具体的態様に応じて」画定していた。この基準では，公取委による裁量的判断の余地が大きいので，市場範囲が公取委にとって都合のよいように判定されやすいと批判されてきた。これを改善するため公取委は，平成16年（同19年改定）企業結合ガイドラインにおいて，アメリカと同じ仮定独占者テストを採用した。ただし企業結合ガイドラインは，用途や価格動向などの諸要素からも市場を画定するとしている。現在のガイドライン基準は，旧来からの「機能及び効用」基準と仮定独占者テストの併用である。

ア　商品市場

商品（製品）市場は「需要者からみた商品の代替性という観点から画定される。商品の代替性の程度は，当該商品の効用等の同種性の程度と一致することが多く，この基準で判断できることが多い」（企業結合ガイドライン第2の2）。これだけでは旧来の「機能及び効用」基準と同じである。しかし次の説明により，仮定独占者テストを（「機能及び効用」論に加えて）採用した。「甲商品と乙商品が存在する場合，需要者にとって両商品の効用等の同種性の程度が大きければ大きいほど，甲商品の価格引上げにより需要者が甲商品に代えて乙商品を購入する程度が大きくなり，当該価格引上げが甲商品の供給者の利潤の拡大につながらないことが予測されることから，乙商品が甲商品の価格引上げを妨げることとなると考えられる。このような場合，甲商品及び乙商品は同一の商品の範囲に属することとなる」（企業結合ガイドライン第2の2）。

公取委による実際の合併審査はほとんどの場合「機能及び効用」基準により，需要の代替性を検討することにより市場を画定してきている。ただし仮定独占者テストの見方を表明した審査例（後記ウ，地理的市場についての新日鉄／住友金属合併）も近年には現れてきている。

〈商品市場画定の事例〉

新日鉄／住友金属（平成23年度事例）　公取委は商品市場を「熱延鋼板」（自動車製造など用）・「無方向性電磁鋼板」（家電モーターなど用）・「鋼矢板」（土木工事など用）などに分けて画定した。「用途及び製造方法に違いがあり，需要の代替性及び供給の代替性がない」という観察から商品市場を画定しており，仮定独

占者テストは用いなかった。

BHPビリトン／リオ・ティント（平成22年度事例）　鉄鉱石をオーストラリアで生産・販売する外国企業2社が生産部門の事業統合を計画した。鉄鉱石の中で，「塊鉱」・「粉鉱」・「ペレット」を別々の商品市場として公取委は認定した。各製品間の需要代替性については，高炉への投入比率に差異があり，価格交渉においても別商品として扱われていることなどから否定した。供給代替性については，生産技術的に転換が困難なことなどから否定した。

ヤマダ電機／ベスト電器（平成24年度事例）　家電の流通業者として，「家電量販店」・「総合スーパー」・「ディスカウントストア」・「地域小売店」・「通販」が存在する。この中で「家電量販店」に限定して，合併企業が属する流通サービス市場を画定した。このように限定する理由として，「総合スーパー」・「ディスカウントストア」・「地域小売店」は「家電量販店」に比べて品揃えが劣ること，また「通販」（アマゾンなど）は家電量販店とは販売方法が異なり，アフタサービスを提供していないことが挙げられている。

イ　地理的市場

「地理的範囲についても，商品の範囲と同様に，まず，需要者からみた各地域で供給される商品の代替性の観点から判断される」（企業結合ガイドライン第2の3）。この需要者（顧客あるいは消費者）は，独占禁止法は日本の消費者のための法律なので，日本の個人あるいは法人の需要者を指す（外国の消費者は対象外）。

「各地域で供給される商品の代替性は，需要者及び供給者の行動や当該商品の輸送に係る問題の有無等から判断できることが多い。例えば，甲地域における供給者が，ある商品について価格を引き上げた場合に，甲地域の需要者が，当該商品に係る輸送上の問題を生ずることなく乙地域の供給者から当該商品を購入することが予測されるために，甲地域における価格引上げが妨げられることとなるときは，甲地域と乙地域は同一の地理的範囲に属することとなる」（企業結合ガイドライン第2の3）。

この判定に当たっては，需要者の買い回る範囲（消費者の購買行動等）や，供給者の販売網，商品特性，輸送費用等を考慮して，市場範囲を判定する（企業結合ガイドライン第2の3(1)ア〜ウ）。

製造業の合併に対して公取委は，日本全国を地理的市場として画定する場合

がほとんどである（世界市場を認定する場合については次項参照）。流通業の合併では，合併企業の各店舗を中心として顧客が買い回れる範囲に限定して地理的市場を画定してきている。

〈地理的市場画定の事例〉

ヤマダ電機／ベスト電器（平成24年度事例）　ヤマダ電機／ベスト電器の店舗から「半径10キロメートル以内」を地理的市場として画定した。ヤマダ電機／ベスト電器及び他の家電量販店からのヒアリングに基づく。ただし，地方ではクルマを利用して半径10キロメートルを超えて買い回る消費者が少なくないので，この点は「隣接市場からの競争圧力」として市場支配力の検討に際して考慮した。

ウ　外国に所在する企業を地理的市場に含める場合――世界市場の認定

　国際貿易・投資の拡大により経済のグローバル化が進行している。グローバル経済化に伴って，合併規制において検討する市場を日本国外に広げなければならない場合が増大している。まず，既に日本に輸入されている外国製品については，その輸入量を合併審査における競争者の市場シェアとして扱うことは当然である。それに加えて，当該製品を販売する外国企業の外国における販売量（そして生産能力）のかなりの割合についても市場シェアとして算入する必要がある。合併企業が日本国内で価格を引き上げた場合に，外国企業は，それに応じて外国での販売量を日本への輸出に振り向けることができるからである。

　仮定独占者テストによれば，論理的に，日本国内を越える地域を含む地理的市場を画定する（つまり外国に所在する企業を市場に含める）場合が生じる。日本の消費者に対する価格引上げに反応して，日本の消費者に商品を売り込んでくる企業であれば，日本に所在する企業だけでなく外国に所在する企業も市場範囲に含めなければいけないからである。地理的市場に外国企業を含める場合，外国企業の市場シェアは，現在日本に輸入している量に限定するのではなく，外国での生産量の中で日本に振り向けることが可能な供給能力により測る。

　独占禁止法は日本の法律なので，日本以外の地域は地理的市場の対象外であるとする議論があるが，これは誤りである。独占禁止法は日本の消費者（顧客）を守るための法律である。外国に所在する企業であっても，合併企業が価格を引き上げた場合に日本の消費者に売り込んでくる企業は，市場支配力判断の対

象に含める必要がある。

公取委は平成16年の企業結合ガイドラインにおいて初めて外国に所在する企業を地理的市場に含める場合があることを表明した――「ある商品について，内外の需要者が内外の供給者を差別することなく取引しているような場合には，日本において価格が引き上げられたとしても，日本の需要者が，海外の供給者にも当該商品の購入を代替し得るために，日本における価格引上げが妨げられることがあり得るので，このような場合には，国境を越えて地理的範囲が画定されることとなる」(企業結合ガイドライン第2の3)。

企業結合ガイドラインの説明における「内外の供給者を差別することなく」については，日本の消費者が日本企業を外国企業よりも好む場合においても，低価格の魅力により消費者選好上の不利を外国企業が克服できる場合には，地理的範囲は国境を越えて画定されなければならない。ただし，外国に所在する企業は，流通網，輸送費などのために，日本での価格上昇に対応して，迅速に商品を送り込んでくることができない場合が少なくない。この場合には，地理的市場の範囲を日本国外に広げる(外国企業を市場に含める)程度を縮小しなければならない。

公取委の審査事例では，国際的に取引されている製品(アルミなど)についても，消費者が「内外の競争者を差別」して取引している場合には，日本国内(国内に所在する企業)だけを地理的市場としてきている。ただし，「隣接市場からの競争圧力」として，市場支配力(競争の実質的制限)判定において市場支配力を割り引いて判定してきている。

世界市場を認定することの妥当性が高いのは，消費者が内外企業を選別せず，また，流通網・輸送費などの制約がほとんどない産業である。この性格を有する産業は，半導体・化学製品・航空機などである。地理的市場を日本国外に広げるのを日本に近い東アジアだけに限定すべき場合も生じる。日本の消費者(顧客)に売り込んでくる企業が東アジア(特に中国と韓国)企業に限定される場合があるためである。

〈外国所在企業を含めた地理的市場の事例〉

村田製作所／東光(平成25年度事例)　携帯電話等に使用する電子部品(コイル及びフィルタ)について，内外(国内・国外)顧客(携帯電話メーカー等)が内外メ

ーカーを差別することなく調達しており,さらに,内外メーカーが世界全体の需要者に同等価格で販売していた。このため公取委は「世界全体」を地理的市場として画定した。

ASMLホールディング／サイマー・インク（平成24年度事例）［両社は米国籍］半導体製造のための露光装置メーカーが世界全体において同等価格で販売しており,内外の顧客（半導体メーカー）が内外のメーカーを差別せず取引していることから,世界市場を認定した。

HDD企業（ウェスタンデジタル等）統合（平成23年度事例）　HDD（ハードディスクドライブ）はデータ記憶装置であり,PCや家電製品などに用いられる。複数の外国企業がHDD事業の統合（株式取得と事業譲受け）を計画した。HDDメーカーが世界全体で実質的に同等価格で販売しており,内外顧客が内外メーカーを差別なく取引していることから世界市場を認定した。

BHPビリトン／リオ・ティント（平成22年度事例）　鉄鉱石をオーストラリアで生産・販売する外国企業2社が生産部門の事業統合を計画した。鉄鉱石の顧客（日本等の鉄鋼会社）は世界各地の供給者から購入している。海上輸送費がかかるものの,供給者は世界中の顧客にほぼ同一価格で販売している。顧客と供給企業双方にとって世界中の製品に代替性があるので,公取委は地理的市場を「世界海上貿易市場」と認定した。

古河スカイ／住友軽金属（平成24年度事例）　アルミ板製品の合併企業側は「東アジア」を地理的市場として主張した。しかし公取委は,アルミ板製品について日本の顧客が日本製と輸入品には品質差があると考えており,日本メーカーの市場シェアが日本に比べて東アジア諸国で低いことなどから,地理的市場を日本国内に限定した。ただし,東アジアからの輸入品が日本国内での競争に影響を及ぼしていることを,市場支配力の検討において考慮した。

新日鉄／住友金属（平成23年度事例）　「無方向性電磁鋼板」製品についての地理的市場に東アジア（そこに所在する外国メーカー）を含めることを,公取委は次の見方から否定し,「日本国内」を地理的市場として認定した。「国内ユーザー……価格が5から10％上昇した場合でも海外メーカー品に切り替えないとする［顧客の］意見が多く見られた」（この見方は簡便な「仮定独占者テスト」に相当する）。「東アジア……価格と国内……価格は連動して」いない。したがって海外

メーカーは地理的市場には含めない。ただし公取委は，市場支配力の検討において海外メーカー品を輸入圧力として評価した。

エ　供給代替性の考慮

以上はいずれも需要上の代替性からの市場画定である。しかし，需要上の代替性（消費者にとっての代替性）がない甲商品と乙商品（例えばコピー用紙と段ボール）であっても，乙の生産者が生産ラインを変更するなどして，短期間（1年程度以下）で甲商品に生産を転換できるのであれば，甲の生産者と乙の生産者は競争関係にあると認められる（したがって同一市場に属する）。

企業結合ガイドラインの説明では，「供給者が多大な追加的費用やリスクを負うことなく，短期間のうちに，ある商品から他の商品に製造・販売を転換し得るか否かについても考慮される。例えば，供給に要する設備等の相違や切替えに要する費用の大きさ等を検討した結果，甲商品と乙商品について，甲商品の価格が上昇した場合に，乙商品の広範な範囲の供給者が乙商品の生産設備や販売網等を，多大な追加的費用やリスクを負うことなく，短期間のうちに，甲商品へ切り替えることが可能であると認められるときには，甲商品及び乙商品をもって商品の範囲が画定される場合がある」（企業結合ガイドライン第2の2）。

〈供給代替性を考慮した事例〉

日清食品／明星食品（平成18年度事例）　「袋麺」や「カップ麺」などに分かれる即席麺は，需要代替性の面からは別々の商品市場に区分すべきか否かが明らかではない。しかし「袋麺やカップ麺等，商品の形状が同じ場合には，中華麺，焼そば等いずれの麺であっても製造設備は基本的に共通していることから，各商品の間には供給の代替性がある」。このため公取委は商品の形状ごとに商品市場を画定した。また「各商品間の競合関係については，隣接市場からの競争圧力として勘案することとした」。

日立製作所／IBMのHDD事業統合（平成14年度事例）　ハードディスク・ドライブ（HDD）の中で両社間が競合している3.5インチ型SCSIと2.5インチ型のそれぞれに公取委は商品市場を認定した。ただし，HDDメーカーは生産切替えにより他種HDD市場に容易に参入できる点を，本件合併を規制しない要因として考慮した。

4　セーフハーバー（安全圏）

　公取委は，市場（一定の取引分野）を画定した後に，その市場における合併が市場支配力を形成すると認定した場合にその合併を規制する。市場支配力判定のためには複雑な市場分析を必要とするので，公取委の「企業結合ガイドライン」が参考にはなるものの，企業は，自社立案の合併が公取委に阻止されるか否かを予測しがたい。他方，現代の合併（M＆A）は企業の死命を制する重要性を有するようになってきている。これを考慮して公取委は「企業結合ガイドライン」において規制の安全圏（通称「セーフハーバー」）を市場集中度の数値により示した。企業は，自社合併がこのセーフハーバー数値を下回る場合には，公取委が規制しないものと安心して合併を推進できる（企業結合ガイドラインは「競争を実質的に制限することとなるとは通常考えられ」ないと表現しているので，公取委が規制する可能性は残されている。しかし規制実施例が皆無なので「セーフハーバー」とみなせる）。

　セーフハーバー数値は，この数値以下の合併は規制しないと公取委が宣言して，企業に安心感を与えるためのものである。したがって，セーフハーバー数値を超える集中度が危ない（市場支配力を公取委が認定する可能性が高い）ことを示しているわけではない。セーフハーバー数値を超える合併は，第2節で説明する基準により市場支配力の有無を公取委が総合的に判定する。

　企業結合ガイドラインはセーフハーバーを市場全体の「集中度」で示しており，合併企業の「市場占拠率（シェア）」では示していない。これは，協調による市場支配力が市場シェアではなく，市場集中度により左右されるためである（第2節参照）。

　市場集中度として企業結合ガイドラインは，ハーフィンダール・ハーシュマン指数（HHI）を採用した。HHIとは，市場に存在する各企業のシェア数値の2乗を足した総和で表される数値である。数値の直感的把握として，〔HHI 1000：シェア10％企業が10社〕，〔HHI 2000：シェア20％企業が5社〕である。

　以前には市場集中度として「上位3社累積市場シェア」などが用いられていたが，現在ではHHIが専ら用いられる。上位企業の累積市場シェアは上位数社しか見ていないのに比べ，HHIは市場に存在する全企業のシェアのばらつ

きを単一数値に集約している。合併規制において企業の協調関係の検討が重要である（後述の「協調効果」）。協調関係は市場シェアではなく市場全体の集中度により左右される。市場集中度を示す数値としてHHIが用いられる。

企業結合ガイドラインが示すセーフハーバー数値は次の3つである。①合併後のHHIが1500以下である場合，②合併後のHHIが1500超2500以下であって，かつ，HHI増分が250以下である場合，③合併後のHHIが2500を超え，かつ，HHI増分が150以下である場合（企業結合ガイドライン第4の1(3)）（垂直合併及び混合合併には異なるセーフハーバー数値が示されている）。

なお，市場シェアa企業と市場シェアb企業の合併によるHHI増分は，常に2abである。つまり，$(a+b)^2-(a^2+b^2)=2ab$となる。

第2節　市場支配力を形成する合併（企業結合）の阻止

合併（企業結合）する企業が属する市場を画定した後に，その市場において当該合併が「競争を実質的に制限することとなる」（10条・13条〜15条・15条の2・15条の3・16条）と認定する場合に，公取委は合併を規制する。つまり，公取委は「排除措置」（合併阻止あるいは改善策）を合併企業に命令する。ただし実際の審査においては，合併企業が市場支配力を自発的に解消する措置（問題解消措置）をとれば，公取委は排除措置命令を発動しない（第3節「企業結合審査の手続」参照）。

1　「競争を実質的に制限することとなる」の意味

事業を拡大させるため，規模の利益を得るため，あるいは市場支配力を強めるためなど様々な目的から企業は他の企業と合併する。競争関係にある企業同士が合併すると，競争する企業の数が減少するので，市場競争の程度が弱まる。このため独占禁止法による合併規制が必要になる。ただし合併には，規模の利益を達成する，新規事業分野に進出するなど，経営効率を向上させる効果もある。それに加えて敵対的企業買収には，無能な経営者を追い出すことにより経営効率を向上させる効果がある。競争制限規制の必要性と経営効率上の要請とのバランスをとった合併規制基準を形成しなければならない。

このバランスについて，世界の主要国・地域（日本・アメリカ・EU・中国）の独占禁止法はいずれも，合併により市場支配力（market power）が形成される場合に合併を阻止する立場をとっている。「市場支配力」とは，単独あるいは複数の企業が市場での価格（品質等のその他市場条件も関係するが，価格で代表できる）を左右する力を持つ状況を指している。例えば，ソニーが液晶テレビの価格を引き上げて利益を上げようとしても，液晶テレビは競争市場なので，顧客（消費者）が東芝などの対抗企業に購入先を移す。このためソニーの売上が減少し，結果として利益は減少する。このためソニーは価格を引き上げることができない（つまりソニーは市場支配力を有しない）。しかしソニーが東芝やサムスンなどの有力企業と合併すれば，合併企業の値上げに応じて顧客が対抗企業に購入先を移そうとしても，生産能力の乏しい企業しか残っていないので，価格引上げが通る（つまり合併企業が市場支配力を獲得した）。

独占禁止法15条（10条・13条・14条・15条の2・15条の3・16条も同じ）が「（合併によって）一定の取引分野における競争を実質的に制限することとなる場合」に合併を禁止しているのは，市場支配力を形成する合併を阻止することを意味している。

判例は次のように説明している。「競争を実質的に制限することとなる」かの判定は，合併により対象市場の市場構造がより競争制限的になり，特定の企業（あるいは企業のグループ）が「その意思で，ある程度自由に，価格，品質，数量，その他の各般の条件を左右する」（東宝・新東宝事件・昭和28・12・7東京高判・審決集5巻118頁）状態がもたらされるかについての判断である（企業結合ガイドラインはこの判例により「競争の実質的制限」を説明している）。近年の最高裁判決（多摩入札談合（新井組ほか）事件・平成24・2・20最判・民集66巻2号796頁）も東宝・新東宝事件の考え方を引き継いでおり，「競争の実質的制限」を「価格をある程度自由に左右することができる状態」とする。

東宝・新東宝事件判決は価格以外の市場状況も含めているが，価格に集約する方が簡明である。値上げと値下げは客観的数値として観察できるので，市場支配力の指標として用いやすい。競争市場で成立するレベルよりも価格を引き上げる能力のことを「市場支配力（market power）」と呼ぶ。ただし，競争価格からわずかしか（あるいは短期間の間しか）引き上げないような力はわざわざ規制

する意味がない。合併規制として公取委が規制する必要があるのは実質的な程度の市場支配力であり，これが「競争の実質的制限」の意味である。実質的程度について上記判例では「ある程度自由に」という曖昧な表現にとどまっており，企業結合ガイドラインの説明も同じである。より具体的には，競争価格を実質的程度（5～10％程度）上回る価格引上げを実質的期間（6か月程度）維持する力が実質的な市場支配力（つまり「競争の実質的制限」）であると考えられる（アメリカでの合併規制基準による）。

「一定の取引分野における競争を実質的に制限する」との合併規制条文（15条など）は，私的独占（2条5項）そして不当な取引制限（2条6項）の条文と同じである。ただし15条（及び10条など）には，「こととなる」がその後に加わっている。これは合併が事前規制（合併計画企業は事前に公取委に届け出る義務がある。第3節参照）として実施されるからである。合併が市場支配力を形成するか否かを公取委は合併が実現する前に予測しなければならない。公取委は，合併がもたらす「こととなる」市場構造（市場集中度など）から，市場支配力形成の有無を合併実現の前に予測する。予測はできるだけ正確であることを要する。合併規制は，競争の実質的制限の単なる「可能性」があるだけで公取委が合併を阻止できる「予防規制」ではない。

15条（及び10条など）はまた，「合併が不公正な取引方法による場合」にも合併を禁止している。しかし，不公正な取引方法（第4章参照）として合併が規制された例はこれまでにない。重要なのは「競争を実質的に制限することとなる」場合における規制（市場支配力基準の合併規制）である。

2　合併企業単独あるいは他企業との協調による市場支配力の阻止

市場支配力を形成する（「競争を実質的に制限することとなる」）合併を阻止することが，合併規制の目的である。市場支配力には，①合併企業が単独で行使する市場支配力［単独効果による市場支配力］，②合併企業とその他企業との間で協調関係が生じることによる市場支配力［協調効果による市場支配力］の2種類がある。

企業結合ガイドラインは，合併が「競争を実質的に制限することとなる」場合について，上記①「単独効果による市場支配力」，②「協調効果による市場

支配力」,の2種類に分けて判定基準を説明している。

「単独効果による市場支配力」については,合併企業の市場シェアが高いことが市場支配力認定に結びつきやすい。「協調効果による市場支配力」については,合併後の市場集中度が高くなることが市場支配力認定に結びつきやすい。しかし公取委は,市場シェア・集中度だけではなく,市場状況の総合判断により市場支配力を判定する。そのため企業結合ガイドラインは,市場支配力の指標とする市場シェア・集中度数値を示していない（その代わりにセーフハーバー数値を上記のとおり示している）。公取委の審査事例では,市場シェア・集中度が極めて高い場合でも,「隣接市場からの競争圧力」等を考慮して,市場支配力形成を否定した事例がかなり見られる。

(1) 単独効果による市場支配力

合併した企業が単独で（市場に存在する他企業と協調せずに）市場支配力を獲得するのは,市場（一定の取引分野）において飛び抜けて大きい市場シェアを合併企業が獲得する場合である。合併企業以外の諸企業はすべて小さいシェアしか持たないので,生産設備が小規模であり,増産するのに限界がある。合併企業が価格を引き上げると,消費者は他企業に購入先を移そうとする。しかし他企業は需要増に応じて増産してもすぐフル操業になってしまうので,需要増に応じきれない（設備投資をして増産するには1年以上かかる）。このため,合併企業が単独で価格を引き上げることができる（つまり市場支配力を発揮できる。したがって,各企業の力を測るための市場シェアは販売量ではなく「供給能力」で測る方が市場支配力の検討には適している。ただし,供給能力データは入手できない場合が多いので,販売量で市場シェアを測ることが通常である）。

企業結合ガイドラインは,次のように表現している。「当事会社グループ[合併企業を指す]の生産・販売能力が大きいのに対し,他の事業者の生産・販売能力が小さい等の事情から,当事会社グループが当該商品の価格を引き上げた場合に,他の事業者が当該商品の価格を引き上げないで売上げを拡大することや,需要者が購入先をそのような他の事業者に振り替えることができないときがある。このような場合には,当事会社グループが当該商品の価格等をある程度自由に左右することができる状態が容易に現出し得るので,水平型企業結合が,一定の取引分野における競争を実質的に制限することとなる」（企業結

合ガイドライン第4の1(1)ア)。

　公取委は，市場に「有効な牽制力ある競争者」が存在することを，合併企業が市場支配力を獲得しないことの理由として用いることがしばしばある。「有効な牽制力ある競争者」とは，合併企業単独での価格引上げを妨げるに足りるだけの市場シェア（供給能力における）を有する対抗企業を指す（なお，「有効な牽制力ある競争者」が存在しても，その競争者が合併企業と協調することを選べば，協調効果による市場支配力がもたらされる——次項参照）。

〈差別化商品の場合〉

　上記の通常の「単独効果」に加えて，企業結合ガイドラインは，「商品が差別化されている場合」には別の考慮が必要であるとしている。「差別化商品」とは，顧客が商品を会社あるいは商品のブランドによって選択する商品を指す。通常の商品（同質的商品）とは異なり，1つの商品市場が複数のブランドによって分割されているような市場である。この場合には，顧客にとって代替性の高いブランドを有する企業間の合併が市場支配力を生じさせる（競争を実質的に制限することとなる）。

　1番人気のブランド（例えば高級乗用車におけるBMW）の値上げが行われると消費者が最も多く購入先を移すのは2番人気ブランド（メルセデスベンツ）なので，1番人気ブランドメーカーと2番人気ブランドメーカーの合併が市場支配力を生じさせやすい。したがってブランド商品の場合には，合併企業の市場シェアが低い場合でも，市場支配力を認定する場合がある。

　差別化商品についてこのように特別な分析をする必要があるのは，商品市場の画定が既に見たように，市場の内側の商品はすべて同等に競争しており，外側の商品は全く競争していないとみなしているためである。実際には，商品市場の内側に位置する商品であっても競合程度に大きな差がある。例えば「高級乗用車」という商品市場が画定された場合，「BMW／日産」と「BMW／メルセデスベンツ」の合併は同じに扱われ，市場シェアが計算される。しかし，後者の合併がもたらす市場支配力は市場シェアから推定されるものよりはるかに高い。

〈市場支配力の判断要素〉

　単独による市場支配力（競争の実質的制限）を合併が生じさせるか否かについ

ては，次の諸要素などから判断する（企業結合ガイドライン第4の2）。①市場シェアと順位（合併企業のシェアと順位が高く，合併による上昇度が高いほど，競争への影響が大きい），②シェア格差（合併企業と競争企業のシェア格差が大きいほど，競争企業が合併企業の価格引上げを牽制する力が弱い），③輸入圧力（輸入圧力が十分働いていれば，競争を制限することとなるおそれは小さい），④新規参入（参入が容易であれば，合併企業による競争の実質的制限を妨げる），⑤需要者からの競争圧力，⑥総合的な事業能力，⑦効率性（この点は3で後述），⑧当事会社グループの経営状況（この点は4で後述）。

(2) 協調効果による市場支配力

市場に存在する企業数が企業結合により減少し，寡占市場になると，企業間に協調的な関係が生じやすいので，価格が引き上げられやすい（つまり市場支配力が形成されやすい）。もっとも，企業が合意して価格を引き上げることは独占禁止法違反のカルテルとして禁止されている。しかし，**第2章**「不当な取引制限（カルテル）の禁止」で説明したように，寡占市場では，カルテルが目に触れにくい形で行われやすくなる。その上，各企業が値上げについて合意しなくても，プライス・リーダーシップ（首位企業の値上げに下位企業が追随すること）により，並行的な価格引上げを実施することが可能となる。

合併が独占的な首位企業を生じさせない場合でも，高度に寡占的な市場構造を生じさせる場合には，合併企業とその他企業が協調するので，市場支配力が形成される。したがって合併により協調関係が形成される場合には，その合併を阻止する必要がある。

企業結合ガイドラインは，次のように表現している。「水平型企業結合によって競争単位の数が減少することに加え，当該一定の取引分野の集中度等の市場構造，商品の特性，取引慣行等から，各事業者が互いの行動を高い確度で予測することができるようになり，協調的な行動をとることが利益となる場合がある。このような場合，事業者甲の価格引上げに追随して他の事業者が商品の価格を引き上げたときに，例えば，事業者乙が当該商品の価格を引き上げないで売上げを拡大しようとしても，他の事業者が容易にそれを知り，それに対抗して当該商品の価格を元の価格まで引き下げ，あるいはそれ以上に引き下げて，奪われた売上げを取り戻そうとする可能性が高い。したがって，事業者乙

が当該商品の価格を引き上げないことにより獲得できると見込まれる一時的な利益は，事業者甲に追随して価格を引き上げたときに見込まれるものより小さなものとなりやすい。このような状況が生み出される場合には，各事業者にとって，価格を引き上げないで売上げを拡大するのではなく互いに当該商品の価格を引き上げることが利益となり，当事会社とその競争者が協調的行動をとることにより当該商品の価格等をある程度自由に左右することができる状態が容易に現出し得るので，水平型企業結合が一定の取引分野における競争を実質的に制限することとなる」(企業結合ガイドライン第4の1(2))。

協調効果による市場支配力を判定する要素は，市場シェア，参入など，単独効果による市場支配力の場合と共通である。ただし，それらの要素を「競争者と協調的な行動をとる誘因」の観点から判断する(企業結合ガイドライン第4の3)。

競争している企業が協調できる可能性は次の3要素により左右される。(1)価格(及びその他の競争要素)について合意できるか。(2)合意を破る企業を他企業が発見(モニター)できるか。(3)合意を破った企業を他企業が制裁できるか。これら要素は市場の多様な状況により影響を受ける。企業結合ガイドラインによれば，「市場シェアや価格の変動があまりない場合には，他の事業者がどのような行動をとるか予測しやすく，競争者と協調的な行動がとられる可能性がより高いと考えられる。また，例えば，価格改定について協調的行動がとられたことがある場合には，当該商品について協調的行動がとられやすい取引実態等がある可能性が高いと考えられる」(企業結合ガイドライン第4の3(2)ウ)。

業界秩序に反抗的な企業(マベリック)が買収(合併)されれば，業界が協調しやすくなる。マベリックの合併は特に厳しく審査する必要がある。例えば航空業界におけるスカイマークのシェアは小さいものの，ANAとJALの協調的行動に従わない実績を有している。ANAあるいはJALによるスカイマークの買収が計画された場合，公取委は阻止すべきと考えられる。

合併企業単独での市場支配力に比べて協調関係による市場支配力は，より低い市場シェアと集中度において形成されるので，合併を阻止すべき場合が大幅に拡大する。ただし，次に示す諸事例が示すように公取委は，単独の市場支配力を認定した場合に，併せて協調による市場支配力を認定してきている。

〈市場支配力（競争の実質的制限）を認定した事例〉

新日鉄／住友金属（平成23年度事例）　「無方向性電磁鋼板」（家電のモータなどの用途）の商品市場について，単独効果については「シェア40％の有力な競争事業者……当事会社は約55％の市場シェアを占めることになる」。「製造設備の稼働率は各事業者とも高い」。したがって「単独で価格等をある程度自由に左右することができる状態が出現するおそれがある」。協調効果については，「事業者数が3社から2社になることから……協調的行動をとることにより，価格等をある程度自由に左右することができる状態が出現するおそれがある」。

ハードディスク・ドライブ（HDD）企業（ウェスタンデジタル等）統合（平成23年度事例）　「PCと家電向け3.5インチHDD」製品について，統合企業（WD／HGST）の市場シェアが50％となり，市場集中度（HHI）は5000になる。単独効果について，統合企業が自らHDD供給量を減らすことにより市場に影響を及ぼすことが容易になる。協調効果について，統合企業とただ1社残った競争相手（同じ50％シェア）間で，相互の行動を高い確度で予測しやすくなる。

キリン／協和発酵（平成20年度事例）　協和発酵の50％を超える株式をキリンが取得するとともに，医薬品部門の両社子会社が合併した。両社が競争している遺伝子組換え製剤（G-CSF）など4製品について公取委は市場を画定した。G-CSF市場での両社合算市場シェア・順位は約60％・第1位となる。HHIは約5200，HHI増分は約1200である。医薬品の承認に時間がかかり，開発費用が高額なため，参入障壁が極めて高い。輸入についても国内販売のため検査・承認が必要なため参入障壁が高い。

このため，企業結合後の単独効果により競争が実質的に制限されるおそれがある。協調効果については，競争事業者が3社から2社へと減少することから，協調効果によって競争が実質的に制限されることとなるおそれがある。この旨を公取委が伝えたところ，両社は問題解消のための措置として，製造販売の権利を他社に譲渡することを申し出た。この問題解消措置により，市場支配力形成は回避されると公取委は判断した。

ヤマダ電機／ベスト電器（平成24年度事例）　公取委が地理的市場として画定した「半径10キロメートル以内」でヤマダ電機とベスト電器の店舗が競合するのは253地域である。この中で10地域において，ヤマダ電機／ベスト電器以

外の家電量販店が存在しない。新規参入の圧力も存在しない。したがって10地域市場において市場支配力が形成されると公取委は認定した（単独効果のみによる認定と考えられる）。

日本航空（JAL）／日本エアシステム（JAS）（平成13年度事例）　本事件は，協調効果による市場支配力の観点からの合併規制の代表的事件である。本件合併の主要な地理的市場（羽田発の主要路線）では，3社（ANA・JAL・JAS）の寡占に新規企業が参入（スカイマークとエアドゥであり，路線は別々）してきたが，小シェアにとどまっている。この状況において，3社寡占中の第2位（JAL）と第3位（JAS）が合併を計画した。主要企業を3社から2社にする合併である。

合併により上位3社累積シェアは100％になる。公取委は，「大手航空会社が3社から2社に減少することにより，これまでも同調的であった大手航空会社の運賃設定行動が更に容易になる」と合併会社に指摘した。合併前に既に競争制限的状況が生じていることを示すものとして公取委は，「就航企業数が少ない路線ほど特定便割引運賃が全便に設定される割合及びその割引率が低くなって」いることを指摘した。さらに，「競争を実質的に制限することとなるおそれ」を強める事情として，「混雑空港における発着枠の制約等により，新規参入等が困難であることから，新規参入が同調的な運賃設定行動に対する牽制力として期待できない」ことも公取委は指摘した（平成14・4・26公取委新聞発表）。

この指摘に合併会社は次のように対応した——①発着枠返上・機体整備協力などによる新規参入会社援助，②主要路線の運賃引下げ等の価格措置。また，国土交通省が，発着枠配分見直しなどの競争促進策をとることを表明した。これらの措置を評価して公取委は次の理由から合併を許容した。①発着枠の新規割り当てなどのため，「新規航空会社が，国内航空運送分野において大手航空会社に対して有効な競争を行うことが可能な競争事業者となる蓋然性は高いものと考えられる」。②合併会社による運賃引下げなどについて，「本件統合による合理化効果を一般消費者の利益となるよう用いるものとして，一定の評価を行うことができる」。

公取委の本件合併許容は説得性に欠けるところがある。特に，主要企業2社（周辺小企業1社）の高度寡占市場において，協調が生じないことの説明を公取委はしていない。

PSジャパン／大日本インキ化学ポリスチレン（平成16年度事例）　石油化学製品であるポリスチレン（PS）は包装用・発泡用などに使用される。PSの製造販売分野が商品市場であり，地理的市場は日本全国である。両社統合後の市場シェアは約50％で第1位となる。PSメーカーの稼働率は非常に高く，供給余力はほとんどない。

　PS市場は寡占であり，競争業者が互いの行動を高い確度で予測できる。平成16年に国内PSメーカー各社によって同時期に3回のPS価格の値上げが行われた。PSの輸入は，内外価格差の大小にかかわらず大きな変動はなく，輸入比率はおおむね3〜6％程度で推移している。PSの多くが中国向けに輸出されるので，日本向けの輸出が増えない。

　以上の状況から，単独効果による市場支配力については，「単独でPSの価格等をある程度自由に左右することができる状態が容易に現出することとなると考えられる」。協調効果による市場支配力についても，統合前に既に「高度に寡占的な市場であるところ，各社は相互に生産能力を容易に知り得る状況にあると同時に，生産費用に占める共通の原材料の割合が大きく，費用構造が類似しているため，競争業者が互いの行動を高い確度で予測することが可能な状況にある。〔合併により〕一層高度に寡占的な市場となるため，当事会社とその競争業者が協調的行動をとることによりPSの価格等をある程度自由に左右することができる状態が容易に現出することとなると考えられる」。これを公取委が伝えたところ，両社は合併をとりやめた。

〈市場支配力（競争の実質的制限）を否定した事例〉

北越紀州製紙／東洋ファイバー（平成22年度事例）　「バルカナイズドファイバー」（絶縁・研磨用の繊維素材）製品について統合会社の市場シェアが100％になる。しかし，隣接市場の製品が代替品となっており，当該製品の価格が引き上げられれば顧客が代替品に移行するので，価格引上げは行われないとみられる。このため公取委は市場支配力を認定しなかった。

パナソニック／三洋電機（平成21年度事例）　ニッケル水素電池（自動車用）の商品市場において合併会社は100％の市場シェアを有することになる。しかし，ニッケル水素電池（自動車用）より高性能の「リチウムイオン二次電池」を合併会社を含む複数企業が開発中であり，これが「隣接市場からの競争圧

力」として働いている。さらに，ユーザー（自動車メーカー）からメーカーへの価格引下げ要請が厳しいので「需要者からの競争圧力」が存在する。このため当該合併が市場支配力を形成することはないと公取委は判定した。

日立製作所／IBM の HDD 事業統合（平成14年度事例）　両社は共同出資会社の設立により，ハードディスク・ドライブ（HDD）事業を統合する。両社間で競合している3.5インチ型 SCSI と2.5インチ型のそれぞれに一定の取引分野が成立する。統合による合算シェアは前者製品において40％（世界では25％），後者製品において35％（世界では60％）である。しかし HDD ユーザーの価格交渉力は強く，HDD メーカー間の競争が激しくなっており，実際にも HDD の価格は低下している。また HDD ユーザーは分散発注を採用しているので，統合会社がシェアを維持することは難しい。さらに，各 HDD メーカーは他社の販売価格を把握することが困難なので，メーカー間で協調的な価格設定が行われにくい。その上，HDD メーカーは生産切替えにより，他種 HDD 市場に容易に参入できる。これらの総合判断から公取委は統合を許容した。

第一勧業銀行／富士銀行／日本興業銀行（みずほホールディングス）（平成12年度事例）　主な対象市場は，①預金業務市場，②貸出業務市場である。預金市場について，都市銀行・長期信用銀行・信託専業銀行が全国市場を構成する。統合する3行のシェア合算は20数％である。順位は第1位になり，第2位の都市銀行との格差は8％強になる。貸出業務市場における3行のシェア合算は25％強である。順位は第1位になり，第2位の都市銀行との格差は約14％になる。しかし，預金・貸出の両市場とも，金融自由化の進展により，隣接市場（株式投資信託，インターネット専業銀行，社債，コマーシャル・ペーパーなど）からの競争圧力が高まる。郵便貯金は現に強い競争圧力を及ぼしている。この認定から公取委は持株会社による統合を許容した。

3　合併がもたらす効率性に対する配慮

　市場支配力を形成する合併であっても，競争制限の弊害を上回る経営効率向上をもたらす合併は，消費者利益を増進するので認めるべきではないだろうか。しかし，市場支配力が形成された市場では競争圧力が弱まる。効率化努力を企業が迫られなくなるので，長期的に消費者利益は損なわれるだろう。その

上，企業には合併でなく自己成長により効率性を達成する道が開かれている。少なくとも，合併規制における効率性への配慮は，私的独占規制や不公正な取引方法規制における行為の「正当化事由」より狭めて実施されなければならない（10条・15条などの合併規制条文には，効率性・正当性・公益に配慮する旨の規定は設けられていない）。ただし，合併による効率性の達成（生産の大規模化など）は，自己成長に比べて早く達成できるという利点があり，スピードの早い現代経済においてはこの点を無視できない。

企業結合ガイドラインは，合併がもたらす効率性（「規模の経済性，生産設備の統合，工場の専門化，輸送費用の軽減，研究開発体制の効率化等」）は，「競争に与える影響を判断する」際に「加味」するとしている。

効率効果は計測が困難なので，合併企業側が説得的な証拠を示す必要がある。企業結合ガイドラインによれば，「効率性については，①企業結合に固有の効果として効率性が向上するものであること，②効率性の向上が実現可能であること，③効率性の向上により需要者の厚生が増大するものであることの3つの観点から判断する。なお，独占又は独占に近い状況をもたらす企業結合を効率性が正当化することはほとんどない」（企業結合ガイドライン第4の2(7)）。

日本航空（JAL）／日本エアシステム（JAS）（平成13年度事例）　公取委は，合併が市場支配力を形成すると認定したが，合併会社が問題解消措置をとる旨約束したので，合併を阻止しなかった。問題解消措置には，合併会社による運賃引下げ表明が含まれている。これについて公取委は「本件統合による合理化効果を一般消費者の利益となるよう用いるものとして，一定の評価を行うことができる」とした。しかし，合併を公取委に許容してもらうための方便として合併会社が一時的に運賃を引き下げただけではないかとも考えられる。この場合には「合理化効果」としての値下げではないので，長期的な消費者利益とはならない。

4　破綻（不振）会社の取扱い

合併（買収）される企業が倒産に瀕した不振企業（「破綻会社」）である場合には，合併により倒産を救済することが雇用維持などの国民利益になるので，合併を認めるべきとする論が存在する（「破綻会社論」）。破綻会社論に対しては，

競争を制限して消費者利益を損なうとする反対論が一般的である。市場経済において倒産は企業の新陳代謝のために有益な役割を果たしているからである。

ただし，破綻会社は市場シェアから推測される力よりも実際の競争力は弱いので，この点の考慮から，合併を容認する方向の配慮を行うのは合理的である（アメリカとEUでの競争法基準）。この立場を企業結合ガイドラインも採用した。「当事会社の一方が……実質的に債務超過に陥っているか，運転資金の融資が受けられない状況であって，近い将来において倒産し市場から退出する蓋然性が高いことが明らかな場合において，これを企業結合により救済することが可能な事業者で，他方当事会社による企業結合よりも競争に与える影響が小さいものの存在が認め難いとき」などは，当事会社間の企業結合は一定の取引分野における競争を実質的に制限することとなるおそれは小さいと考えられる（企業結合ガイドライン第4の2(8)）。

ヤマダ電機／ベスト電器（平成24年度事例）　ベスト電器の業績が不振なので「その事業能力は限定的」と公取委は評価した（つまり，ベスト電器の市場シェアから推測されるより，合併が市場支配力を増加させる程度は低いと評価した）。

第3節　企業結合審査の手続

企業結合（役員兼任を除く）を計画する企業（法定規模以下の企業を除く）は，企業結合を実施する事前に公取委に届け出る義務がある。その反面として，届出受理後の一定期間以内に公取委は企業結合規制を完了する義務がある。

1　企業結合の事前届出

合併（狭義）（15条）あるいは株式取得（10条）を計画する企業（一定規模以上に限定）は，合併・株式取得の実施前に公取委に届け出ること（事前届出）を義務付けられている。共同新設分割及び吸収分割（15条の2），そして事業譲受け（国内売上額合計が200億円を超える場合）（16条）についても事前届出義務がある（したがって企業結合の種類中で事前届出が不要なのは，役員兼任と会社以外の者の株式保有である）。

先進国にほぼ共通に，一定規模以上の企業結合は事前届出が義務付けられて

いる。法的混乱を避け，企業結合規制を有効に実施するために事前届出義務が課されている。企業が結合してしまうと複雑な法律関係が形成されるので，企業結合を元に戻すことを公取委が命令すると混乱が生じるからである。

(1) **届出義務がある「企業結合集団」の売上額**

国内売上高が一定規模以上（主導企業は200億円超，被結合企業は子会社を含め50億円超）の企業（「企業結合集団」）に事前届出義務がある（15条2項・10条2項）。

事前届出義務の指標となる売上高は「企業結合集団」（親子関係にある企業グループ）を単位として計算する（平成21年法改正による新設規定。10条2項）。同一の「企業結合集団」に所属する企業間の結合は届出を要しない。

(2) **企業結合の待機期間と「届出前相談」**

届出から30日間以内に公取委は企業結合規制の措置手続を開始しなければならない（15条3項・10条8項～10項）。届出から30日間（短縮が可能）を経るまでは，届出企業は企業結合を実行してはならない。したがって，公取委が30日以内に措置手続を開始しなければ，企業は，届出から30日後に企業結合を実施できる。

〈株式取得に特有の条件〉

株式取得についても事前届出義務が規定されている（平成21年法改正による新設規定であり，改正前は事後報告であった）。合併届出の場合と同じ国内売上高要件を満たす企業であって，かつ，株式取得対象会社の総株式数に対する取得割合が20％超（取得前に20％を超えている場合は50％超）の場合に事前届出義務がある（10条2項）。

〈届出前相談〉

平成22年までは，合併計画企業が「事前届出」前に公取委の担当官と相談し，計画の問題点を相談により解決する慣行（「事前相談」）が定着していた。「事前相談」は便利な方法として企業側が歓迎していた。公取委にとっても合併審査のタイムスイッチが押されない点が便利であった。しかし事前相談による合併処理は正式の審査ではないため，規制の透明性に欠ける。更に近年には，合併を迅速に実現することが益々重要になってきた。「事前相談」ではなく，タイムリミットが設けられている正式審査を求める声が企業側から高まってきた。このため公取委は平成23年に正式の審査手続（次項参照）を整備し，

図表 5－5　企業結合審査——手続のフローチャート

```
                        届出前相談（任意）
                               │
                               ▼
                    ┌─────────────────────┐ ┄┄┄┄┄┄┄┄┄┄┄┄┄┄┄┄┐
                    │ 企業結合計画の届出受理 │                    │
                    └─────────────────────┘                    │
                       │     │       │                        30日以内
                       │     │       │                       （第1次審査）
                       ▼     ▼       ▼                          │
                  ┌──────┐ ┌───────────┐ ┌──────────┐           │
                  │事前通知│ │・審査に必要な│ │排除措置命令を│           │
                  │      │ │ 報告等の要請 │ │行わない旨の│ ┄┄┄┄┄┄┄┤
                  └──────┘ │・第三者意見の│ │通知     │           │
                           │ 受付      │ └──────────┘          │
                           └───────────┘                        │
                               │                               │
                               ▼                              （注）
                         ┌──────────┐                           │
                         │ 報告等の受理 │ ┄┄┄┄┄┄┄┄┄┄┄┄┄┄┄┄┄┄┄┄┤
                         └──────────┘                           │
                               │                          （第2次審査）
                               │                               │
                         ┌─────┴─────┐                        90日以内
                         ▼           ▼                         │
                    ┌──────┐  ┌──────────┐                      │
                    │事前通知│  │排除措置命令を│ ┄┄┄┄┄┄┄┄┄┄┄┄┄┄┘
                    └──────┘  │行わない旨の│
                       │      │通知     │
                       │      └──────────┘
                       ▼
              ┌─────────────────┐
              │意見申述・証拠提出の機会│
              └─────────────────┘
                  │          │
                  ▼          ▼
           ┌──────────┐  ┌──────────┐
           │ 排除措置命令 │  │排除措置命令を│
           └──────────┘  │行わない   │
              │          └──────────┘
              ▼              │
       ┌──────────┐          ▼
       │排除措置命令取消│      ┌────┐
       │しの訴え（訴訟）│      │確定│
       └──────────┘      └────┘
```

（注）　公正取引委員会は，審査期間において，届出会社から説明を求められた場合又は必要と認める場合には，その時点における論点等について説明する。また，届出会社は，審査期間において，いつでも意見書又は必要と考える資料（問題解消措置を含む。）を提出することができる。

［出所］公取委ホームページ
　　　　<http://www.jftc.go.jp/dk/kiketsu/guideline/guideline/taiouhoushin.html>

「事前相談」は廃止した。

ただし,事前相談を部分的に代替するものとして「届出前相談」を公取委は設けた。企業結合(株式の所有,合併,共同新設分割,吸収分割,共同株式移転及び事業等の譲受けをいう)を計画する企業は,「届出書の記載方法」以外に「一定の取引分野」に関する考え方などについて公取委の担当官に相談ができる(「企業結合審査の手続に関する対応方針」平成23年,公取委)。

2 「第1次審査」と「第2次審査」

公取委は平成23年に,従前の「事前相談」を廃止し,「第1次審査」と「第2次審査」により構成される企業結合の審査手続を整備し,公表した(前頁図表5-5参照)。

「第1次審査」(企業結合計画の届出から30日間)の間に公取委は,①規制しない企業結合と②詳細調査を実施する企業結合の2種に企業結合を選別する。圧倒的に多数の企業結合は「第1次審査」段階において,規制されないことが決定する(届出総件数349件中の340件[平成24年度])。規制しない場合,排除措置命令を行わない旨の通知を公取委が届出会社に交付する(私的独占の禁止及び公正取引の確保に関する法律第九条から第十六条までの規定による認可の申請,報告及び届出等に関する規則〔以下「届出規則」という〕9条)。

第1次審査の「30日間」は,企業結合計画企業が企業結合を実施せずに待機しなければならない法定期間に対応している。ただし禁止期間を公取委は短縮できる(法10条8項)。

詳細調査の対象とする結合会社に対して公取委は,「第1次審査」期間中に,詳細情報の報告要請を行う(届出規則8条1項)。この報告すべてを結合企業から公取委が受理した時点で,公取委は「報告等受理書」を結合会社に交付する(同条2項)。この交付時点から「第2次審査」の90日間が開始する。この「90日間」を公取委が延長あるいは一時停止できる法規定は設けられていない。ただし,結合企業が報告作成中の期間はタイムリミットから除かれるので,第1次審査と第2次審査を合計した審査期間は120日(30日プラス90日)を超えることが通常である。また公取委は,第2次審査の90日間終了より以前に審査決定を下すことがある。

3 問題解消措置と排除措置

　「第2次審査」の結果，公取委が市場支配力を認定した場合には，公取委は違反状態を解消するための措置（「排除措置」）を企業結合会社に命令する（法17条の2）。排除措置は，企業結合禁止だけに限定されるわけではなく，「条件付き承認」の「条件」を内容とする排除措置もある。つまり，資産の一部売却などの排除措置を命令することにより市場支配力を解消できるのであれば，企業結合自体は許容する。

　しかし公取委の実際の審査では，「排除措置」を公取委が結合企業に命令したのは，昭和44年の八幡製鉄／富士製鉄合併（新日鉄）事件の1件だけである。公取委が「排除措置命令」を出す前に，公取委による問題点指摘に対して結合企業側が違反状態を解消する措置を公取委に提案することが定着している（平成23年に事前相談を廃止した後も変わっていない）。結合企業がとる措置が「問題解消措置」である。結合企業の側はできるだけ軽い内容の問題解消措置を提案するだけで合併を許してもらおうとする。しかし，十分に競争を回復させない問題解消措置であれば，公取委はその措置を拒否する。

　「問題解消措置」による事件解決は，法律で規定された正式措置ではないため，事件処理の正式な記録が残らず，審査例が蓄積しないという問題がある（「問題解消措置」を公取委が排除措置として命令すればこの問題は解決されるが，公取委はこの方法を採用したことがない）。ただし公取委は「問題解消措置」に至る企業結合審査のかなり詳しい内容を公取委ホームページ上に公開してきている（これを毎年まとめたものが各年度の「主要な企業結合事例」）。

　「問題解消措置」（あるいは「排除措置」）は「構造措置」と「行動措置」の2種類に分かれる。「構造措置」というのは，結合企業の一部門を他企業に売却する措置を指す（企業部門の売却措置を「事業譲渡」と呼ぶ）。企業結合規制は市場支配力をもたらす市場構造の発生を阻止するための規制なので，「問題解消措置」は構造措置であることが望ましい。

　これに対し「行動措置」は，競争を促進するための行動を結合企業に実施させることを指す。対抗企業を助ける措置が典型であり，結合企業の製品を安くライバルに提供するなどの行動が実施される（下記「問題解消措置の実施事例」参

照)。

　「行動措置」では，結合企業の行動遵守を公取委が監視し続けなければならない。企業行動の自由を縛るにとどまらず，行政コストがかさむ。ただしテクノロジー変化の早いハイテク産業では問題解消措置は5年程度実施するだけで十分な場合が多い。このような場合には行動措置が適している（下記 ASML ホールディング／サイマー・インク合併の例）。

〈問題解消措置の実施事例〉

　［構造措置の例］

　ヤマダ電機／ベスト電器（平成24年度事例）　10地域市場において市場支配力を公取委は認定した。この10地域市場においてヤマダ電機／ベスト電器の店舗を他企業に譲渡（売却）することをヤマダ電機が申し出たので，公取委は合併規制を実施しなかった。

　HDD 企業（ウェスタンデジタル等）統合（平成23年度事例）　HDD（ハードディスクドライブ）はデータ記憶装置であり，PC や家電製品などに用いられる。複数の外国企業が HDD 事業の統合（株式取得と事業譲受け）を計画した。単独効果と協調効果の双方において市場支配力が形成されると公取委は判定した。3.5インチ HDD 市場シェアの約10％分相当量の製造設備を他社に譲渡するなどの問題解消措置を統合企業が公取委に伝えたので，公取委は合併を規制しなかった。

　パナソニック／三洋電機（平成21年度事例）　円筒形二酸化マンガンリチウム電池（住宅用火災警報器用）の商品市場において合併会社が市場支配力を形成すると公取委は認定した。しかし三洋の鳥取工場を対抗企業に譲渡する問題解消措置を合併企業が申し出たので，公取委は合併を規制しなかった。

　［行動措置の例］

　新日鉄／住友金属（平成23年度事例）　「無方向性電磁鋼板」商品市場について新日鉄／住友金属が問題解消措置として，「5年間……住友商事に対し……住友金属が現在販売している……製品……国内年間販売数量の最大限を上限として，……平均生産費用に相当する価格で供給する」。この問題解消措置が実施されれば，市場支配力は形成されないと公取委は認め，本件審査を終了した。

東京証券取引所／大阪証券取引所（平成24年度事例）　「新興市場」（ベンチャー企業などを対象とする株式市場であるマザーズとJASDAQ）における「上場関連業務」・「株式の売買関連業務」・「株価指数先物取引の売買関連業務」の各サービス市場について，「当事会社の独占に近い状態となり，その市場支配力に対する有効な牽制力が存在しない」ので市場支配力が形成される旨を公取委が指摘した。統合会社は問題解消措置として（「上場関連業務」について），「新興市場での上場関連手数料を外部の有識者が決定する」旨の行動措置を申し出た。公取委はこれを了承し，合併を規制しなかった。構造措置について公取委は，現在東証又は大証に上場している企業が他市場に上場替えすると予想されることなどから，現実的でないと判断した。

ASMLホールディング／サイマー・インク（平成24年度事例）及び**大建工業／C&H**（平成24年度事例）　この垂直合併2例の双方とも，市場閉鎖を解消するための行動措置として，川下あるいは川上市場の対抗企業向けの供給条件を自社向けと同等にすることを合併企業が公取委に申し出たので，公取委は合併を規制しなかった。

第4節　企業結合による一般集中の規制

1　一般集中規制の意義と種類

　企業は他企業の株式を所有することにより，その企業の経営に影響を及ぼすことができる。株式所有による企業結合が個別市場における「競争を実質的に制限することとなる」（市場支配力を形成する）場合には，第3節でみたように10条による株式取得規制が発動される。しかし，市場支配力の形成には至らない場合においても，株式取得による企業間のネットワーク関係が拡大すると，日本経済全体の競争を減退させることが懸念される。この見方から，市場支配力基準による規制とは別の株式取得規制が設けられている。市場支配力基準以外の企業結合規制を総称して「一般集中規制」と呼ぶ。

　第1に，金融機関や総合商社は取引相手に対し優越的立場を有しやすいので，これらの企業を中心として企業グループが形成されやすい。企業グループ

に入る企業が株式取得を通じて拡大すれば，金融機関と総合商社を核とする企業グループに経済力が集中する。それにより，日本経済全体の競争活力が減退するとともに，自由と民主主義による政治体制をも脅かすことが懸念される。

この懸念は敗戦前までの日本に存在した「財閥」によって現実化していた。「財閥」とは，岩崎家（三菱財閥）などの大資本家一族が，その支配する持株会社を頂点とするピラミッド型組織により日本経済の主要産業を支配した仕組みを指している。ピラミッド型組織というのは，親会社がいくつかの子会社を株式取得（及び役員派遣）により支配し，それらの子会社がまたそれぞれいくつかの孫会社を支配するという連鎖的な企業支配方式である。この方式を利用して，少額の資本で多くの企業を支配することができた。この財閥形式あるいはそれに類似した株式取得により日本産業全般にわたる集中（「一般集中」）が進行することを防止するため，戦後の独占禁止法制定時に，10条とは別個に，特別の株式取得規制を設けた。

第2に，異なった産業分野（市場）に属する企業が株式の相互保有（「株式持ち合い」）によりネットワーク関係を形成すれば，それにより形成される企業グループは，外部企業に対して閉鎖的集団になりやすい。更にグループ全体としての取引上の交渉力を利用して競争制限的行動をとるおそれがある。このおそれが三菱・三井・住友等の「企業集団」に見受けられる。三菱・三井・住友等の財閥は敗戦後に占領軍により解体させられたが，その後に「企業集団」として復活した。

企業集団は，株式持ち合いと相互取引により結び合わされた異業種間の企業グループである。グループ行動をとっているものの，各企業は経営の独立性を保持しているので，企業集団は後述の「持株会社グループ」とは異なる。企業集団には銀行と総合商社が中心的な役割を果たしており，グループ内各社の社長からなる「社長会」を定期的に開催している。企業集団の弊害については，以前から一部の経済学者（奥村宏など）が指摘していたが，1980年代以降に貿易摩擦上の重要問題になった。1990（平成2）年に最終報告書が出された日米構造問題協議（SII）は，日本への外国企業の進出を妨げる企業慣行の一つとして企業集団を取り上げた。

企業集団による競争制限効果として指摘される第1点は，異業種間の取引を

グループ内で行うことにより外部からの参入を阻害する点である。例えば，自動車会社が原材料の鉄鋼・化学製品などを同じグループ内企業から購入する一方で，鉄鋼会社と化学会社は社用の自動車をその自動車会社から購入する取引方法（「相互取引」あるいは「互恵取引」）により，グループ外の企業はそのグループ内への売り込みを阻まれる。

　企業集団の弊害として指摘される第2点は，外国企業の参入を妨げる点である。外国から日本市場に参入するためには日本企業を買収することが効率的な方法である。しかし，企業集団内の企業が株式を持ち合い，売却しないことを暗黙の中に約束している。このため敵対的買収（テイクオーバー）による市場参入が困難である。

　一般集中，特に企業集団によるこれらの競争制限上の弊害に対処するため，株式取得の特別規制が設けられている。株式取得規制として，①「事業支配力の過度集中」の規制（9条），②金融会社による株式取得制限（11条），の2つの特別規制が独占禁止法の中に設けられている。

　市場支配力基準による株式取得規制に比べて，一般集中規制としての株式取得規制は，持株会社の規模，金融会社の保有株割合などの画一的数値により禁止事項を定めていることが特徴である。市場支配力基準による株式取得規制と比べて，硬直的で柔軟性を欠いている。経済のグローバル化により，日本の経済構造の独自性が失われてきている。株式持ち合いの解消が進んでおり，企業集団の垣根が低くなった（三井住友銀行の誕生などの例）。日本独自の制度である一般集中規制はその意義が乏しくなってきている。公取委は，政府レベルの「規制改革推進計画」の中で，一般集中規制の見直しを継続してきている。

2　「事業支配力の過度集中」の禁止（9条規制）

　戦後一貫して持株会社（会社の事業活動を支配することを主たる事業とする「純粋持株会社」）の設立を独占禁止法9条が禁止していた。しかし，平成9年の9条改正により全面禁止を部分的規制に変更し，「事業支配力が過度に集中することとなる持株会社」だけを禁止することにした。平成14年に再度の法改正が行われ，持株会社を対象としていた9条規制を，株式取得による企業結合全般に拡大した。これに伴い，持株会社以外の大規模事業会社が保有する株式総額に限

度を定めていた9条の2を廃止した。

現在の9条1項は,「他の国内の会社の株式……を所有することにより事業支配力が過度に集中することとなる会社は,これを設立してはならない」と規定する。持株会社による企業結合に限定せず,株式取得による企業結合一般により,異なった諸産業（市場）を横断する大企業グループが形成されることを阻止するための規制である。「事業支配力が過度に集中することとなる会社」の中核を占める「持株会社」は,総資産に占める子会社資産の割合が50％を超える会社と定義されている。この「持株会社」に限定せず,株式取得により結合されている会社グループの中で,一定要件を満たすもの（「事業支配力が過度に集中することとなる会社」）を9条は禁止する。

独占禁止法9条と公取委の「事業支配力が過度に集中することとなる会社の考え方」（事業支配力ガイドライン）（平成14年,平成22年改定）が,事業支配力の過度集中規制を説明している。このガイドラインは,総資産と事業分野の数値により「事業支配力が過度に集中することとなる会社」を画一的に定めている。画一数値基準を超える会社新設あるいは企業結合が禁止される。

3　金融会社の株式取得規制（11条規制）

事業支配力の過度集中規制についての金融規制として,独占禁止法11条（金融会社の株式取得規制）が設けられている。

(1) 11条規制の意義と内容

戦前の財閥そして現代の企業集団に見られるように,銀行を代表とする金融会社が企業グループのリーダー的役割を果たしている。事業経営に必要な資金の融資を通じて,金融会社は事業会社の経営に関与しやすいためである。金融会社が事業会社に融資するだけでなく,事業会社の株式を所有すると,金融会社による産業支配が強まる。このため,金融会社による事業会社の株式取得を独占禁止法により規制している。規制対象の金融会社は銀行と保険会社に限定される（11条）。

①　[株式取得規制の内容]　金融会社以外の会社（事業会社）の株式をその発行済み株式（議決権）総数の5％（保険会社が所有する場合は10％）を超えて所有してはならない。

② ［適用除外と例外認可規定］担保権行使又は代物弁済の受領による株式取得，その他4つの場合（11条1項1号～5号参照）は，11条適用から除外される（期間が1年を超える場合には公取委の認可を受ける必要がある）。それ以外に，「他の国内の会社の事業活動を拘束するおそれがない場合として公正取引委員会規則で定める場合」にも11条適用から除外される（11条1項6号）。

11条が定める5％（10％）株式取得限度規制は，その除外（あるいは免除認可）が三重に規定されており，複雑な内容になっている。①11条1項1号から5号の除外規定，②11条1項6号：公正取引委員会規則による除外，③公取委「11条ガイドライン」による認可（次述）。

(2) 11条ガイドライン

11条規制は，公取委が銀行又は保険会社に認可を与えることにより禁止規定を免除できることになっている（11条1項）。適用免除の認可権限を公取委に広く与えていることが，9条とは異なる11条規制の特徴である。この認可基準を公取委は「11条ガイドライン」（「独占禁止法第11条の規定による銀行又は保険会社の議決権の保有等の認可についての考え方」平成14年，平成26年最新改定）により説明している。

公取委の認可を受けずに5％を超える株式取得を行った金融会社を違反とした勧告審決として，野村證券事件（平成3・11・11勧告審決・審決集38巻115頁）がある。野村證券は野村土地建物株式会社の株式の5％を所有していた。それに加えて野村證券は，その他の野村土地建物の株式を，自社と友好関係にある会社に所有させた。それらの会社に対し野村證券は，自己の承諾なしには株を他社に譲渡しないことを覚書により約束させていた。この取決めについて公取委は，野村證券が野村土地建物の5％を超える株式を所有しているのと同様なので，11条の制限を免れる行為であるとした。このため17条（株式取得制限の脱法行為を禁ずる規定）違反を認定した。

第5節　独占的状態の規制

市場支配力をもたらす合併は合併規制により阻止することができる。しかし，企業は合併によらず，設備投資と優れた経営により市場シェアを伸ばすこ

とができる。企業努力による成長であっても，市場集中度が上昇し，高度寡占が形成されると，企業は競争を抑制し，協調的行動をとりやすい。このため価格が引き上げられやすく引き下げられにくくなる。さらに，イノベーション（技術革新）のための企業活動も消極的になるため，経済発展も損なわれるとの見方もある。

このため，高度寡占産業の企業を分割することにより競争的市場構造を回復すべきとする主張が現れた。その一方でこの主張に対しては，企業分割はコストが大きすぎる（分割に伴う経営再編成上のコスト，経営者の成長意欲を削ぐことによるコストなど）とする消極論があり，また，高度寡占は長期的には新規参入により崩されるとの考え方からも企業分割への反対が唱えられてきた。

両論の対立がアメリカでは実際の独占禁止政策に反映されてきた。アメリカの独占行為規制（シャーマン法2条）では，通常の企業であれば正当な行為（例えば積極的な設備投資）であっても，市場支配的企業によるものであれば独占行為とみなす考え方が判例により形成されてきた。このように広く解釈された独占行為に従事している支配的企業を，独占行為を解消させるための排除措置として企業分割することが試みられた。これによる企業分割が最も活発に試みられたのは1970年代である。コンピュータ・朝食用シリアル・石油精製・電気通信の各市場において，首位企業を分割（施設の一部譲渡を含む）するための訴訟と審判手続が行われた。これらの審理はいずれも長期間を要したが，結局，電気通信分野だけにおいて企業分割（1982年同意判決によるAT＆Tの分割）が実現した。

日本では，1970年代半ばに物価問題が大きな政治問題になった時期に，寡占産業における価格引上げへの対策として独占禁止法による企業分割措置が検討された。この検討の結果，「価格の同調的引上げに対する報告の徴収」規定（平成17年独占禁止法改正により廃止）とともに，「独占的状態に対する措置」が1977（昭和52）年法改正により成立した。「独占的状態に対する措置」（法8条の4・2条7項）規定は，企業分割について上記の対立する考え方を折衷した規定になっている。

企業分割（「事業の一部の譲渡その他当該商品又は役務について競争を回復させるために必要な措置」）を公取委が命じるためには，対象企業とその企業が属する市場

が，①市場構造と，②企業行動上の弊害に関する諸要件，の双方を満たすことを認定しなければならない。行動上の弊害要件（一定規模の大企業において，価格が硬直的であり，かつ，過大な利益を得ているか又は過大な販売費・一般管理費を支出している場合）を満たさなければ企業分割できないので，「独占的状態に対する措置」の実質は弊害規制である。措置を公取委が命令し得るものの，何重にも歯止めがかかっており，極めて発動しにくいものになっている（これまでに発動した例はない）。

第6章 知的財産権と独占禁止法

この章のポイント

　知的財産制度は，研究開発や創作活動の成果に対する排他的な支配と利用を認めることにより，そうした活動の経済的インセンティブを生み出し，その活発化を促して経済発展を図るための法制度である。これに対し，独占禁止法（世界的には「競争法」と呼ばれる）は，市場競争を制限・阻害する行為を規制することにより，研究開発を含む企業の事業活動における公正かつ自由な競争を維持促進することを通して経済発展を目指す法制度である。排他権を創出する知的財産法と「独占」を禁止する独占禁止法とは，一見，対立・矛盾するもののようであるが，活発な研究開発活動とその成果の利用を促進することを通して経済発展を目指すという究極の目的を共有しており，その実現に向けて協働することが求められている。

　ところで，独占禁止法21条は，「この法律の規定は，著作権法，特許法，実用新案法，意匠法又は商標法による権利の行使と認められる行為にはこれを適用しない」と定めており，知的財産法に基づく「権利の行使」に対しては独占禁止法の適用が全面的に除外されているかのごとくである。この規定を巡っては様々な議論が行われてきたが，現時点では，この規定が知的財産権の行使に対する独占禁止法の適用を妨げるものとは解されていない。知的財産制度の趣旨を逸脱し，その目的に反すると認められる場合には，「権利の行使と認められる行為」には該当せず，独占禁止法が適用される。そして，知的財産の特質を考慮しつつ，独占禁止法違反行為の要件に沿った分析をすることで，違反の

有無は判断される。

　また，研究開発やその成果である知的財産の利用がグローバルに行われることから，知的財産を巡る独占禁止法問題も国際的な脈絡で生じることが少なくない。そして，単に技術取引（ライセンス契約）における拘束・制限の問題にとどまらず，特許の集積やライセンス拒絶のような単独行為，特許プールやマルティプルライセンスのような共同行為まで，幅広い独占禁止法問題が生じている。公正取引委員会（以下「公取委」という）が平成19年に公表した「知的財産の利用に関する独占禁止法上の指針」（知的財産ガイドライン）は，こうした知的財産権に関わる多様な独占禁止法問題についての考え方を体系的に示している。

　現代の経済社会にとって，研究開発やその成果である技術が持つ意味合いは大きく，また，企業の競争力を大きく左右する。そして，研究開発やその成果の利用も競争的な環境においてこそ，よりよく実現され，効果を発揮する。知的財産権に関わる独占禁止法の解釈運用は，こうした研究開発や成果の利用の在り方に大きな影響を及ぼすものであり，予測可能性を確保することが特に重要である。

第1節　知的財産権の行使と独占禁止法

1　知的財産制度と競争政策

　「知的財産」とは，「発明，考案，植物の新品種，意匠，著作物その他の人間の創造的活動により生み出されるもの（発見又は解明がされた自然の法則又は現象であって，産業上の利用可能性があるものを含む。），商標，商号その他事業活動に用いられる商品又は役務を表示するもの及び営業秘密その他の事業活動に有用な技術上又は営業上の情報」（知的財産基本法2条1項）をいう。知的財産法は，知的財産の排他的な支配と利用を可能にすることで研究開発や創作活動の経済的なインセンティブを生み出し，その活発化を図るための法制度であり，具体的な知的財産権の範囲（対象や期間の限定，例外的に認められる他者の利用等）はそれぞれの法律によって定められている。

なお，知的財産権は一般に，発明や著作物のような知的創作を保護する権利（特許法や著作権法等で保護される）と，商標，商号のような営業標識を保護する権利（商標法等で保護される）に分けられる。独占禁止法との関係が問題となりやすいのは前者であり，本章の記述も主として前者を念頭に置いている。

　研究開発や創作活動により生み出される新しい技術や情報（「財産的情報」と呼ばれることがある）は，それ自体が経済社会や消費者にとって有益であることはもちろん，既存の技術等と組み合わせて補完的・相乗的な効用をもたらすとともに，後続する開発・創作を刺激して更なる成果を生み出す。加えて，知的財産は広く利用されることでより大きな効用をもたらすものであるから，成果の保護と合わせて利用の促進を図ることが求められる。その際には，研究開発等にはリスクを伴うことから，その投資を回収できるような仕組みが必要であり，特に知的財産が模倣・複製等が容易であって，不正な利用に対して脆弱であることから，その防止を図ることが不可欠である。さらに，研究開発や創作も競争的な環境において切磋琢磨する中でこそ，よりよく行われ得るものであり，そうした環境を整えることも重要な課題である。

　ところで，独占禁止法が保護する市場競争の促進にとって，既存の商品や技術同士の「静態的な」競争を維持することに加えて，研究開発や創作活動の成果である新しい商品や技術がもたらす「動態的な」競争を喚起することが重要である。「静態的」とは，一時点における効率性を維持向上させる観点であり，「動態的」とは，時間的な変化，特に研究開発への影響や技術革新の効果を考慮する観点である。独占禁止法1条の目的規定に「技術……の不当な制限……を排除することにより，……事業者の創意を発揮させ」と明記されているとおり，独占禁止法は競争の動態的な側面にも目を向けている。

　また，技術革新には，起点となる重要な（ブレークスルーの）技術革新と，そうした革新を受け継いで継起的に行われる改良的な（ピースミールの）技術革新とがある。重要な技術革新を行った事業者に対して，その利用が不可欠であることを理由に，当該技術に対する第三者のアクセスを義務付けるといった措置（例えば，利用関係を理由とする強制実施許諾）を採ると，それによって新たに重要な技術革新を成し遂げようとするインセンティブを阻害するおそれがある。他方，重要な技術（代替性のない技術）へのアクセスを確保しないと，それを用い

た継続的な改良が行われないことになるおそれもある。どちらの技術革新を重要と考えるかは，産業や製品ごとに，あるいは時代によっても異なり，また，正に産業政策的な視点とも密接に関連している。

　このように，知的財産と競争を巡る問題は多面的であり，法と政策，制度設計と解釈運用とが不即不離の関係にある。知的財産法・知的財産政策と競争法・競争政策とが総体として，研究開発とその成果の利用を促進することを通した経済発展を目指すという高次の共通目的に向けて相互補完的に協働することが求められている。このことは，知的財産制度の制度設計や解釈運用に対して競争法・競争政策が大きな関心を持つべきことを意味すると同時に，競争法の解釈運用に際しては研究開発やその成果である知的財産の利用の促進という観点を考慮する必要があることを示している。前者の視点を明示的に規定するのが知的財産基本法10条であり，「知的財産の保護及び活用に関する施策を推進するに当たっては，その公正な利用及び公共の利益の確保に留意するとともに，公正かつ自由な競争の促進が図られるよう配慮するものとする」と定めている。また，後述する独占禁止法21条の規定が意味するところも，結局は同法の解釈において知的財産制度の趣旨や知的財産の特質を考慮に入れるという後者の視点を求めることにある。

コラム　知的財産権と独占禁止法についての誤解

　知的財産権の本質が排他権であり，知的財産法が「独占」を付与する外観を呈することから，「独占」を禁止する独占禁止法との対立・抵触が様々に議論されてきた。そうした議論の中には，知的財産権と独占禁止法についての誤解に基づくものも含まれており，注意が必要である。

　①独占禁止法は「独占」を禁止するものではない。

　独占禁止法は「行為規制」法であり，競争制限をもたらす「行為」が独占禁止法違反として禁止されるのであって，競争が制限されている「状態」や独占している「地位」自体は違反ではない（なお，「独占的状態」〔2条7項〕に対する規制〔8条の4〕は，「状態規制」であって例外的なものであるが，発動事例はない）。法令により独占権を付与されている事業者のその「独占」自体が独占禁止法に違反するものではないのと同様に，知的財産法により認められる「独占」が独

占禁止法で禁止されるわけではない。

　②知的財産権も一般の財産権と基本的に異なるところはない。

　知的財産権も財産権の一種であるところ，財産権の行使（例えば，自己のネットワーク施設の利用拒絶や競争会社の株式取得）が独占禁止法の規制対象になり得ることは当然であり，知的財産権の行使についても同様である。ただし，知的財産権には，大きな社会的便益があり，相互補完的な利用が重要であり，また，研究開発投資のリスクが大きい反面，不正利用・ただ乗りが容易であることから，独占禁止法違反の検討においても，知的財産制度の趣旨を踏まえ，こうした特質を適切に考慮することが必要である（独占禁止法21条は，こうした考慮を求める規定である）。

　③知的財産権による「独占」は通常，「市場における独占」を意味しない。

　知的財産権は，対象となる当該財産的情報に限られた独占権（排他権）であって，通常，独占禁止法が検討対象とする「市場における独占」を意味するものではない。例えば，甲建設工事のために利用できる工法として，従来からの普及したA工法に加えて，新たに特許化され，採用され始めたB工法があり，また，研究中のC工法があるとする。この場合に，特許によるB工法の独占は，独占禁止法上検討対象となる甲建設工事の独占を意味するものではない（ただし，A工法が陳腐化して実際上採用されなくなり，また，C工法が実用化には程遠いとすると，B工法の独占は甲建設工事の独占につながるおそれがあり，また，B工法の利用における競争が別途検討対象とされることもあるので，注意を要する）。また，知的財産権を有する者がそのライセンスを希望する者やライセンスを受けている者に対して常に優位な地位にあるというものでもない。

　④独占禁止法は知的財産権を敵視するものではなく，尊重している。

　知的財産法は研究開発のインセンティブを高めることで研究開発を促進し，得られた新商品・新技術は動態的な競争の活発化に大きく貢献するし，その第三者へのライセンスは競争主体を直接的に増やすものである。独占禁止法が目的とする競争の促進にとって，研究開発による新商品・新技術の創出とその利用の普及が極めて重要な手段となる。そのため，独占禁止法は，知的財産の保護と利用を尊重こそすれ，敵視するものではない。

　⑤知的財産権のライセンスは通常，競争促進的である。

知的財産権のライセンスには通常，競争促進効果がある。例えば，ライセンス対象技術が他の技術やその他のリソースと結合して利用されることで相乗効果をもたらし，投資回収を容易にすることで研究開発が促進される。また，対象技術を利用できる主体が直接的に増加し，競争単位を増やすことになる。したがって，独占禁止法の適用に際しても，知的財産権のライセンスを促進するような解釈が必要であり，ライセンス契約の個々の条項を取り出して形式的に判断することは避けるべきである。もちろん，ライセンス条件によっては競争制限効果をもたらすことがあり，例えば，ライセンサーの競争者を排除する場合，ライセンシーの競争行動を制約する場合，ライセンサーの地位を不当に強化する場合等が考えられるが，こうした弊害が生じるのは例外的である。

⑥独占禁止法21条は知的財産権を独占禁止法の「聖域」とするものではない。

知的財産制度は，知的財産の創造と利用の両面にバランスのとれた仕組みと運用であることが重要であり，知的財産法と独占禁止法とを全体としてバランスよく機能させる発想が求められる。そして，知的財産制度の趣旨・目的に沿わない濫用的行為に対しては，知的財産法自身がそれを容認しないように解釈運用され，更には適切な制度を構築することが求められるとともに，必要に応じて独占禁止法による規律が有効に機能する必要がある。「プロ・パテント」の時代には，独占禁止法によるカウンター・バランスが不可欠であって，知的財産基本法10条が競争促進への配慮を定めていることは当然のことである。知的財産権の行使に対する独占禁止法の適用に関する21条についても，こうした考え方に立脚した解釈運用が求められている。

2　独占禁止法21条の解釈論と実務上の意義

独占禁止法21条は，「この法律の規定は，著作権法，特許法，実用新案法，意匠法又は商標法による権利の行使と認められる行為にはこれを適用しない」と定めている。この規定は，第6章の「適用除外」の章に置かれており，文言上も知的財産権の行使行為に対する独占禁止法の全面的な適用除外を定めているかのようにみえる。しかし，この規定が知的財産権の濫用的な行使に対する

独占禁止法の適用を排除するものとは解されていない。

　本条の解釈として公取委の実務や判例が採っている考え方は，知的財産法と独占禁止法が究極目的を共通にし，相互に補完関係にあることを強調して，知的財産権の「権利の行使と認められる行為」には独占禁止法が適用されないことを確認的に定めるものであるとし（この意味で「確認説」と呼ばれることがある），その上で，問題となっている行為が知的財産制度の趣旨を逸脱するものである場合には正当な権利行使とは評価されず，独占禁止法が適用されると解するものである（「趣旨逸脱説」と呼ばれる）。公取委の知的財産ガイドラインが示す解釈を敷衍すれば，次のように分説できる。

　①　本条の規定により，知的財産法による「権利の行使と認められる行為」は独占禁止法の適用除外となり，独占禁止法の適用を受けない。

　①'　なお，本条に列挙されている法律は，例示であって，本条に挙げられていない種苗法，半導体集積回路配置法等により保護される知的財産権についても同様である。また，不正競争防止法により保護される営業秘密についても，その特質を考慮しつつ，実質的に同様に扱われる。

　②　「権利の行使」に当たるか否かについては，知的財産法により保護される権利の排他的利用を認められた者がそれを実現する行為といえるかという観点から判断される。

　②'　したがって，そもそも権利の行使とはいえない行為に対しては独占禁止法が直截に適用される。権利の存続期間終了後や譲渡による権利消尽後の行為のような知的財産法による保護範囲の外にある行為や，権利者間の共同行為が典型例である。また，有効な権利であることが前提になる。

　③　権利者が他の者に利用させないようにする行為（侵害に対する差止請求，ライセンスの拒絶等）や利用できる範囲を制限する行為は，外形上「権利の行使とみられる行為」に該当する。

　④　しかし，「権利の行使とみられる行為」に該当するものであっても，知的財産制度の趣旨を逸脱し又はその目的に反すると認められる場合には，「権利の行使と認められる行為」には該当せず，本条の適用はなく，したがって，独占禁止法の適用を受ける。

　④'　この判断に際しては，競争に与える影響も考慮される（知的財産基本法10

条参照)。

⑤　以上の検討により，独占禁止法の適用を受けると判断される行為について，独占禁止法違反の要件を満たすか否かが更に評価されることになる。

　以上のような解釈は，ソニー・コンピュータエンタテインメント（SCE）事件審決（平成13・8・1審判審決・審決集48巻3頁）において採用されている。同事件では，中古ゲームソフトの取扱い禁止行為が「映画の著作物」に認められる「頒布権」（著作権法26条1項・2条1項19号）の行使として独占禁止法21条による適用除外が認められるかどうかが争点となった。審決は，中古ソフト取扱い禁止行為が再販売価格の拘束行為と一体的に，それを補強するものとして機能しており，同行為を含む全体としての再販売価格の拘束行為が公正競争阻害性を有するものである以上，仮に中古ソフト取扱い禁止行為が「外形上頒布権の行為とみられる行為に当たるとしても，知的財産保護制度の趣旨を逸脱し，あるいは同制度の目的に反するものである」として，適用除外となることを否定した（なお，その後，中古ゲームソフト事件〔平成14・4・25最判・民集56巻4号808頁〕により，ゲームソフトの頒布権は適法な譲渡により消尽すると判断されたことから，知的財産法の解釈としても「権利の行使」に当たらないことが明らかとなった）。その後の第一興商事件（平成21・2・16審判審決・審決集55巻500頁）においても，同様の解釈が示されている。

　また，下級審判決の中にも，同様の趣旨を述べるものがある。パチスロ機特許プール事件（平成15・6・4東京高判・裁判所HP）では，特許プール自体は「特許権等の行使」であって，独占禁止法21条により原則として同法の適用を受けないとしつつ（この点の判示は正しくないと考えられる），「パテントプールの運用の方針，現実の運用が，特許法等の技術保護制度の趣旨を逸脱し，又は同制度の目的に反すると認められる場合には，特許法等による権利の行使と認められる行為に該当せず，独禁法違反の問題が生ずることがある」と述べている。また，日之出水道機器事件（平成18・7・20知財高判・判例集等未登載）は，特許権等の実施許諾数量の制限が問題となった民事事件であるが，「独占禁止法21条……の趣旨は，……特許権等の権利行使と認められる場合には，独占禁止法を適用しないことを確認的に規定したものであって，発明，考案，意匠の創作を奨励し，産業の発達に寄与することを目的……とする特許制度等の趣旨を逸脱

し，又は上記目的に反するような不当な権利行使については，独占禁止法の適用が除外されるものではないと解される」と述べている。

　趣旨逸脱説は，独占禁止法21条の文言を尊重しつつ，次のような学説の対立を止揚するものであり，巧みな解釈論といえる。すなわち，一方で，21条の規定を文言どおりに理解すれば，列挙された知的財産法の解釈から導かれる知的財産権の行使行為である限りは創設的に適用除外とされ（いわゆる「権利範囲論」），その範囲で独占禁止法の規律は全面的に及ばないことになり，僅かに民事法の一般原則としての権利濫用の法理（民法1条3項）による制約が働くにとどまる。こうした解釈は，特に独占禁止法の初期の段階で，主に知的財産法関係者から主張され，公取委自身も一時期採っていたとされる。他方，知的財産権も財産権の一種として特別扱いを必要とするものではなく，21条の規定には特段の意味を見出せないとする学説も有力であり，独占禁止法違反の判断に際して正当化事由の一要素として位置付ければ足りるとする見解もある。しかし，前者は，前述したような知的財産権と独占禁止法に関する考え方からは受け入れ難いし，また，民事上の権利濫用の法理では，民事事件では有効な場合があるとしても，公取委による行政的執行の局面では不都合である。他方，後者は，理論的に明快であるが，21条の存在を全く無視することになる。

　趣旨逸脱説に対しては，「権利の行使とみられる行為」と「権利の行使と認められる行為」の2つの概念を立てることへの疑問やそれぞれの概念の分かりにくさが指摘され，また，「権利の行使と認められる行為」該当性の判断でも競争への影響を考慮し，次いで独占禁止法違反要件の充足を評価するという2段階の検討を要し，煩瑣であるという批判もある。しかし，独占禁止法21条という適用除外規定がある以上，それを無視することなく，その不当な拡張を防止し，独占禁止法の的確な解釈運用を確保する上で趣旨逸脱説は有効なものであると一般に評価されている。その意味で，本条は，解釈・立場の違いはあれ，知的財産法と独占禁止法の関係について注意を促し，知的財産権が関わる独占禁止法問題に対して慎重な判断を求める規定として機能している。今後は，本条の抽象的な解釈論から脱却し，権利の行使とは認められない態様や制限の内容を類型化するとともに，独占禁止法違反要件に関する判断基準を具体化・明確化することが重要である。

296　第6章　知的財産権と独占禁止法

第2節　知的財産に関わる独占禁止法ガイドライン

1　知的財産に関わるガイドラインの概要

(1)　知的財産に関わるガイドラインの歴史

　独占禁止法6条の規定により，一定の国際契約について公取委への事後届出が義務付けられていたこともあり（平成9年まで），知的財産に関わる独占禁止法問題の太宗は，国際的技術導入契約における不当条項の規制にあった。特に，海外の知的財産権の権利者（ライセンサー）が強い立場にあり，国内のライセンス希望者（ライセンシー）が不当な契約条項を押し付けられるとの懸念から，ライセンス契約における不当条項を不公正な取引方法の観点から審査するための基準が昭和43年に策定され，必要に応じ，契約の修正等を指導する実務が長年行われてきた。

　その後，国際契約に特化した審査に対する批判が高まり，公取委は平成元年に，特許・ノウハウライセンス契約全般を対象とし，問題となり得る契約条項を不公正な取引方法の観点から「白」（原則として不公正な取引方法に該当しないと認められる事項），「灰」（該当するおそれのある事項），黒（該当することとなるおそれが強い事項）に3区分する運用基準を作成し，次いで平成11年に，アメリカやEUにおける知的財産と競争法に関するガイドラインを参考に，私的独占や不当な取引制限の観点を含めた包括的なガイドラインを作成した。さらに，かねてからソフトウェアライセンスについての考え方を明確化することが要望されてきたこと，わが国でも知的財産を戦略的に活用する動きが強まってきており，新しい類型の競争制限行為が現れてきていること等を考慮して，公取委は平成19年に，「知的財産の利用に関する独占禁止法上の指針」（知的財産ガイドライン）を策定した。このガイドラインについては，項を改めて詳述する。

(2)　知的財産に関わるその他のガイドライン

　知的財産に関わるその他のガイドラインとして，平成5年の「共同研究開発に関する独占禁止法上の指針」（共同研究開発ガイドライン），平成17年の「標準化に伴うパテントプールの形成等に関する独占禁止法上の考え方」（パテントプー

ルガイドライン）がある。

　複数の事業者による共同研究開発については，共同研究開発ガイドラインによることになる。研究開発の共同化自体については，参加者の合計市場シェアが20％以下では通常問題にならないが，それを超える場合には，シェア等の要素の他に，研究の性格，共同化の必要性，対象範囲や期間等を総合的に考慮して判断されることになる。なお，シェアが高く，規格の統一・標準化等の不可欠な技術の共同研究開発において，他の事業者の参加が制限され，それにより当該事業者が市場から排除される場合には，私的独占の問題となることがあり得るし，また，製品市場において競争関係にある事業者間での共同研究開発において，価格，数量等の制限を行う場合には，不当な取引制限の問題となり得るとする。さらに，共同研究開発の実施に伴う取決めについて，①研究開発の実施に関する事項，②その成果である技術に関する事項，③当該技術を利用した製品に関する事項に分けて，不公正な取引方法の観点からの考え方を詳細に示している（この共同研究開発の実施に伴う取決めに関する不公正な取引方法の観点からの考え方については，知的財産ガイドラインが制限類型横断的な記述を充実させ，制限類型による色分けを緩和したことに鑑みれば，適時の見直しが期待される）。

　また，パテントプールガイドラインは，平成11年ガイドラインを補足する目的で，標準化活動及びそれに伴うパテントプールの形成・運用に関する独占禁止法上の考え方を更に明確化するために策定されたものであり，その位置付けは知的財産ガイドラインに対しても同様に当てはまる。

　なお，「役務の委託取引における優越的地位の濫用に関する独占禁止法上の指針」（平成23年最終改正）においては，コンピュータ・ソフトウェアや映像・音楽等のコンテンツ等の情報成果物に係る権利等の一方的な譲渡の要求や二次利用の制限について，優越的地位の濫用に関する考え方が示されている。

2　知的財産ガイドライン

(1)　知的財産ガイドライン作成の経緯

　独占禁止法による知的財産を巡る課題への取組は，長年，国際的技術導入契約の審査に集中していたのであり，公取委のガイドラインも，契約条項を不公正な取引方法の観点から色分けするという役割を期待されてきた。新たなガイ

ドラインが作成される度に，そうした契約拘束的な機能は薄れてきたものの，制限類型に共通する分析手法を提示する観点からは不十分な記述にとどまっていたのであり，特に，平成11年ガイドラインでは，後述するとおり，黒・灰黒・灰・白という複雑な分類を用いていたこともあり，分かりにくくなっていた。

　また，平成11年ガイドラインの問題点として，第1に，対象を特許・ノウハウに限定しており，産業上重要なプログラム著作物等の取扱いが明確ではないこと（「権利の性格に即して可能な範囲内で……準用される」としていた），第2に，長年のライセンス契約審査の残滓から，不公正な取引方法の観点からの個別条項の審査基準を提示する側面が重視されすぎていること，その反面として，第3に，知的財産権の行使に関わる独占禁止法上の（特に効果要件に関する）分析手法が提示されていないこと，第4に，知的財産権を戦略的に活用する中で，新たな類型の競争制限行為が生じているにもかかわらず，考え方が的確に示されていないこと等が指摘されてきた。平成19年の知的財産ガイドラインは，こうした問題点に応えることを意図して策定されており，併せて，日本における新たな違反事件等による知見を取り込むとともに，アメリカやEUにおける違反事例やガイドライン等を参照することで，特に技術取引にとって重要な国際的な規制基準の平準化の要請にも応えようとしたものである。

　このように，知的財産ガイドラインでは，競争効果の横断的な分析手法を提示する機能を重視することで，欧米競争当局のガイドラインに近似したものになってきたと評価できる。それは一面で，制限類型ごとの色分け機能（分かりやすさや予測可能性）の低下を意味するが，この点はセーフハーバーを設定することで補っている。

(2)　知的財産ガイドラインの構成

　知的財産ガイドラインは，次のような構成となっている。大きな項目自体は平成11年ガイドラインと変わっていないが，第2の「基本的な考え方」の記述は実質的に全面的な書下ろしであり，第3の「私的独占及び不当な取引制限」についても「技術を利用させないようにする行為」（ライセンスの拒絶や特許の買い集め行為等）の追加をはじめとして，大きく拡充されている。逆に，第4の「不公正な取引方法」では，各行為類型に共通する分析方法に関する総論的な

記述が充実し，また，「技術を利用させないようにする行為」の追加はあるものの，行為類型別の記述はむしろ簡素化されている。

> 第1　はじめに
> 第2　独占禁止法の適用に関する基本的な考え方
> 　　1　独占禁止法と知的財産法
> 　　2　市場についての考え方
> 　　3　競争減殺効果の分析方法
> 　　4　競争に及ぼす影響が大きい場合の例
> 　　5　競争減殺効果が軽微な場合の例
> 第3　私的独占及び不当な取引制限の観点からの考え方
> 　　1　私的独占の観点からの考え方
> 　　　(1)　技術を利用させないようにする行為
> 　　　(2)　技術の利用範囲を制限する行為
> 　　　(3)　技術の利用に制限を付す行為
> 　　2　不当な取引制限の観点からの検討
> 　　　(1)　パテントプール
> 　　　(2)　マルティプルライセンス
> 　　　(3)　クロスライセンス
> 第4　不公正な取引方法の観点からの検討
> 　　1　基本的な考え方
> 　　2　技術を利用させないようにする行為
> 　　3　技術の利用範囲を制限する行為
> 　　4　技術の利用に関し制限を課す行為
> 　　5　その他の制限を課す行為

(3)　知的財産ガイドラインの特徴（平成11年ガイドラインとの相違点）

　知的財産ガイドラインの特徴として，次のような点を指摘できるが，特に③，④に関しては批判的な見解もある。

① 対象となる知的財産の範囲の拡大

平成11年ガイドラインは，特許，実用新案及びノウハウを対象としていたが，知的財産ガイドラインは，「知的財産のうち技術に関するもの」全般を対象とし，「技術の利用に係る制限行為に対する独占禁止法の適用に関する考え方を包括的に明らかにする」（第1の2(1)）。ここで「技術」とは，「特許法，実用新案法，半導体集積回路の回路配置に関する法律，種苗法，著作権法及び意匠法によって保護される技術並びにノウハウとして保護される技術」をいう。「技術」という観点から対象を限定しつつ，特許技術と著作権法で保護されるプログラム著作物とを同一に扱っている。

② 市場についての考え方の明記

知的財産ガイドラインは，独占禁止法上の評価に当たっては，「当該制限行為の影響の及ぶ取引を想定し，当該制限行為により当該取引の行われる市場における競争が減殺……されるか否かを検討する」旨述べ，こうした分析手法が競争減殺の観点から不公正な取引方法の適用を検討する場合にも当てはまることを明記している（第2の2）。不公正な取引方法についても，競争減殺が問題となる限り，市場画定が必要であることを公取委が公式に表明したことは特筆すべき点である（不公正な取引方法に係る排除措置命令書においても，画定した市場を明記することが適切である）。また，「技術市場」と当該技術を用いた「製品市場」に分けて，技術取引の特性に応じた市場画定の考え方を示している。なお，アメリカで実務上採用されている「研究開発市場」については，研究開発自体に取引や市場を想定できないとして，研究開発の成果である技術や当該技術を利用した製品の市場について評価するという立場を採っている。

③ 競争減殺効果の分析に関する記述

知的財産ガイドラインは，競争減殺効果の分析方法を横断的に記述し（第2の3），併せて，競争への影響が大きい場合の例（第2の4），競争減殺効果が軽微な場合の例（第2の5）を示している。競争減殺効果の分析方法として，制限の内容及び態様，当該技術の用途や有力性のほか，対象市場ごとに，当該制限に係る当事者間の競争関係の有無，当事者の占める地位（シェア，順位等），対象市場全体の状況（当事者の競争者の数，市場集中度，取引される製品の特性，差別化の程度，流通経路，新規参入の難易性等），制限を課すことについての合理的理由

の有無並びに研究開発意欲及びライセンス意欲への影響が総合的に勘案される。競争への影響が大きい場合としては，競争者間の行為の場合，有力な技術の場合が挙げられている。また，競争減殺効果が軽微な場合として，製品市場においては製品シェア合計20％以下，技術市場においては製品シェア合計20％以下又は代替技術4以上に該当する場合をセーフハーバーとして設定しており，これらの基準は欧米との国際的整合性にも配慮したものである。ただし，セーフハーバー基準に該当する場合にも，不公正な取引方法のうち競争手段の不当性及び自由競争基盤の侵害の観点からの評価を別途受けることに注意が必要である。

また，こうした横断的な記述は，私的独占及び不当な取引制限（第3）や不公正な取引方法（第4）の記述においても拡充されており，特に不公正な取引方法については，公正競争阻害性に関する基本的な考え方（昭和57年の独占禁止法研究会報告書で示されて以来，公取委及び通説が採っている考え方）が明快に示されている（第4の1）。

こうした横断的な分析手法を提示するガイドラインの在り方については，企業実務の観点からは使い勝手が悪く（予測可能性を確保されない），理論倒れであるという指摘もある。また，一つの制限行為が特に私的独占と不公正な取引方法の両方の観点からの評価を受けることになるが，ガイドラインからは両者の関係や区別の基準が必ずしも明らかではない（これは，知的財産に関わる場合に限った問題ではなく，独占禁止法全体に関わる問題である）。私的独占が課徴金の対象とされたことから，この点は従来に増して重要な意味を持つはずである。

④ 「技術を利用させないようにする行為」の追加

平成11年ガイドラインにおいても，特許プール，特許の集積等について，一定の状況下でライセンス拒絶が私的独占に該当し得ることが示されていたが，知的財産ガイドラインでは，私的独占と不公正な取引方法の両方において「技術を利用させないようにする行為」という項を立てて詳細に記述している（私的独占の観点から第3の1(1)，不公正な取引方法の観点から第4の2）。権利者がライセンスを行わない行為や無権限者に対して差止請求訴訟を提起する行為は，権利の行使そのものであり，通常それ自体が独占禁止法上問題となることはない。しかし，ⓐ特許プールを形成する事業者がライセンスを拒絶する場合，ⓑ有力

な技術を多数の者が利用している場合に，一部の者が当該技術に関する権利を取得して他の事業者にライセンスを拒絶するとき（横取り行為），ⓒ利用可能な技術を集積し，自身では利用せずにライセンスを拒絶する場合（買い集め行為），ⓓ不当な手段を用いて自己の技術を規格に採用させ，規格が確立された後にライセンスを拒絶する場合等には，知的財産制度の趣旨を逸脱するものであり，権利の行使とは認められず，独占禁止法が適用され，私的独占又は不公正な取引方法に該当し得ることが明記されている。

　単独のライセンス拒絶がごく例外的な状況下で独占禁止法違反になり得ることに異論はないと思われるが，問題はその例外の要件である。知的財産に関わる独占禁止法ガイドラインがライセンス契約審査の基準として作成され機能してきた歴史を踏まえると，極めて例外的と考えられるにもかかわらず，ライセンス拒絶が違反になり得ることを一般化して記述していることに対しては，過剰な対応につながりかねないとして疑問も示されている。

⑤　個別の制限行為・条項に関する取扱い

　平成11年ガイドラインでは，公取委の多くのガイドラインや運用基準で採用されている黒（原則として不公正な取引方法に該当する）・灰（不公正な取引方法に該当する場合がある）・白（原則として不公正な取引方法に該当しない）の3分法ではなく，「黒」・「灰黒」（不公正な取引方法に該当するおそれが強い）・「灰」・「白」の4分法を採り，複雑化していたが，知的財産ガイドラインでは，従来の3分法に戻している。ガイドラインでは，多様な制限行為を，ⓐ技術を利用させないようにする行為，ⓑ技術の利用範囲を制限する行為，ⓒ技術の利用に関し制限を課す行為，ⓓその他の制限を課す行為に大別し，制限行為ごとに不公正な取引方法の観点からの評価を示している。「技術を利用させないようにする行為」や「技術への機能追加」といった制限類型が追加されており，また，従来の「灰黒」条項が「黒」条項又は「灰」条項に区分し直されているほか，原案では白条項とされていた不争条項が灰条項に戻されているが，基本的には従来からの評価分類を踏襲しているものといえる。

　制限行為・条項ごとの黒・灰・白の区分は，**次表**の分類のとおりであるが，数少ない黒条項を別にすれば，多くの制限行為は灰条項に該当し，また，白条項も例外があり得るのであるから，ほとんどの条項は個別判断を要することに

なる。制限行為の外形から違法性を判断できないことは当然であり，実質的な分析の枠組みや手法を提示することが求められている。

　知的財産ガイドラインの公表後，EUにおいて「技術移転協定一括適用免除規則」及び「技術移転協定ガイドライン」が改正され，2014年5月から施行されている。この改正は，基本的には従来からの分析枠組みと制限類型ごとの取扱いを踏襲しているが，排他的グラントバックや不争条項・解約条項の取扱いを厳格化し，特許プールや知的財産紛争の和解協定に関する記述を拡充するなどの変化もみられる。公取委においては，こうした動きも踏まえつつ，今後も必要に応じてガイドラインの改定を行うことが期待される。

Ⅰ　黒条項（原則として不公正な取引方法に該当する制限行為）
　①販売価格・再販売価格・輸出価格（国内市場に影響する場合）
　②研究開発活動の制限
　③改良技術の譲渡義務・独占的ライセンス義務
Ⅱ　灰条項（不公正な取引方法に該当する場合がある制限行為）
　①技術を利用させないようにする行為
　②最高製造数量（技術の利用回数，輸出数量，販売数量）の制限
　③原材料・部品に係る制限
　④販売の相手方の制限・指定する者を通じて輸出する義務
　⑤競争品の製造・販売又は競争者との取引の制限
　⑥不争義務（ライセンス技術に係る権利の有効性を争わない義務）
　⑦一方的解約条件
　⑧技術の利用と無関係なライセンス料の設定
　⑨権利消滅後の制限
　⑩一括ライセンス
　⑪技術への機能追加
　⑫非係争義務（ライセンシーの権利をライセンサー又はその指定する者に対して行使しない義務）
Ⅲ　白条項（原則として不公正な取引方法に該当しない制限行為）
　①区分許諾

②技術の利用期間の制限

③技術の利用分野の制限

④製造地域の制限・販売地域の制限

⑤最低製造数量（技術の利用回数，販売数量）の制限

⑥製品の輸出の制限

⑦輸出し得る地域の制限

⑧サブライセンス先の制限

⑨特定の商標の利用の義務付け（例外あり）

⑩最善実施努力の義務

⑪ノウハウの秘密保持義務

⑫改良技術の非独占的ライセンス義務（例外あり）

⑬取得知識，経験の報告義務（例外あり）

第3節　知的財産権が関わる独占禁止法違反事例等

1　知的財産権が関わる独占禁止法問題

　知的財産権が関わる独占禁止法問題は多様である。知的財産自体が違反行為の対象商品である場合もあれば，知的財産を用いて製造した商品や提供する役務が対象である場合もあり，また，違反行為の態様が知的財産権の行使の外観を呈する場合もある。しかし，その独占禁止法上の考え方は，他の財産権の場合と基本的に異なるものではなく，一般的な分析手法や判断基準を当てはめることになるが，その際に，知的財産の特質やその競争上の意味合いを適切に考慮し，市場効果を的確に判断することが重要になる。

　知的財産権が関わる独占禁止法違反事例は必ずしも多くはないが，法的措置には至らなかった警告等の事例を含めれば相当数に上っており（本章末尾の**表6－1**参照），さらに事前相談事例を含めて考えると，相当の蓄積があるという評価もできる。また，数は少ないものの，知的財産権を巡る民事事件（侵害訴訟

等）で独占禁止法問題が争点となっているものもある。以下では，①水平的制限行為（不当な取引制限又は事業者団体の活動であって，共同ボイコット以外のもの），②共同ボイコット（不当な取引制限，私的独占若しくは不公正な取引方法又は事業者団体の活動），③排除型私的独占，④排除型の不公正な取引方法，⑤競争回避型の不公正な取引方法，⑥ライセンスに伴うその他の制限に分類し，公取委による法的措置事件，警告等の非公式措置事件，民事事件に区分して，知的財産権が関わる独占禁止法事例を紹介する。

2　水平的制限行為

共同行為は，知的財産権の「権利の行使と認められる行為」に該当しないことが明らかであり，不当な取引制限又は事業者団体の違反行為として検討すれば足りる。

(1) 法的措置事件

①　コンクリートパイル事件（昭和45・8・5勧告審決・審決集17巻86頁）：コンクリートパイルの製造に係る有力な特許権や実用新案権を有する製造業者6社が，各社のライセンス先を含めた製品の出荷比率，個別の需要者ごとの受注予定者，ライセンスの条件（6社が定める市場安定策を遵守すること）を共同して決定していた事案である。6社の特許権等のライセンスを受けなければ，新たにコンクリートパイルの製造業を開始することはかなり困難であると認定されている。

②　公共下水道用鉄蓋カルテル事件（平成5・9・10審判審決・審決集40巻3頁・29頁）：日之出水道機器の公共下水道用鉄蓋の実用新案による仕様が，他の事業者にも非独占的にライセンスすることを条件に地方公共団体によって採用されたが，日之出水道機器を含む関係事業者が販売価格，販売数量比率（日之出水道機器の販売数量を一定比率とし，残りを他社で均等配分すること）等を取り決めていた事案である。日之出水道機器は，販売数量比率については同社が実用新案権の正当な権利行使として他社にライセンスしたものであって，協議して定めたものではないと主張したが，審決では，独占禁止法21条に言及することなく，関係事業者間の決定によるものであり，不当な取引制限に該当すると判断している。なお，後述する4(2)②及び(3)②の日之出水道機器事件も参照。

(2) 警告事件

① 日本かいわれ協会事件（平成6・2・17警告）：かいわれ大根の製造設備の特許を有する製造業者による事業者団体が，かいわれ大根の市況安定を図るために，栽培方法等に関する特許権等の専用実施権を取得して構成事業者との間でライセンス契約を締結し，各構成事業者の生産数量の限度を定めるとともに，限度を超えて生産したときには契約を解除できる旨定めていた事案であり，独占禁止法8条1項1号（現8条1号）の規定に違反するおそれがあるとして警告された。

② 群馬県GBX工業会事件（平成23・1・19警告）：事業協同組合である群馬県GBX工業会が，群馬県型暗渠側溝（GBX側溝）に係る知的財産権の実施許諾に当たり，組合員であることを条件とした上で，GBX工業会を介した取引に許諾範囲を限定し，製造されるGBX側溝の全量がGBX工業会を通じて販売されるようにし，また，販売価格の目安となる価格等を決定していた事案であり，8条1号の規定に違反するおそれがあるとして警告された。

3 共同ボイコット

共同ボイコットについても，共同性のゆえに知的財産権の権利の行使とは認められない。不当な取引制限，通謀による私的独占，不公正な取引方法（法2条9項1号又は一般指定1項）のいずれにも該当し得る類型であるが，不当な取引制限としての適用事例は見当たらない。事業者団体の活動であれば，独占禁止法8条各号の問題となる。

(1) 法的措置事件

① ぱちんこ機特許プール事件（平成9・8・6勧告審決・審決集44巻238頁）：ぱちんこ機の製造販売業者10社が，その所有する特許権等の管理を委託する特許プール会社を設立し，ライセンスの意思決定に実質的に関与しており，当該会社が管理する特許権等のライセンスを受けることなくぱちんこ機を製造することは困難な状況にあったところ，10社及び特許プール会社が結合及び通謀をして，ぱちんこ機の製造分野（川下市場）への参入を排除する旨の方針に基づき，その管理する特許権等の集積を図り，そのライセンスに係る市場（川上市場）において，既存のぱちんこ機製造業者以外の者に対してはライセンスを拒絶す

ることにより，ぱちんこ機を製造しようとする事業者の事業活動を排除しており，ぱちんこ機の製造分野における競争を実質的に制限しているとして，私的独占に該当するとされた事案である。審決の「法令の適用」には，当該行為が「特許法又は実用新案法による権利の行使とは認められないものであ」る旨記載されているが，具体的な理由は示されていない。

② 着うた事件（平成17・4・26勧告審決・審決集52巻348頁〔東芝EMI〕；平成20・7・24審判審決・審決集55巻294頁，平成22・1・29東京高判・審決集56巻2号498頁〔ソニー・ミュージックほか〕）：原盤権を保有するレコード会社5社が共同して，携帯電話の着うた配信サービスに関して，5社の共同出資により運営される配信会社以外の事業者には原盤権のライセンスをしないこととしたことが共同の取引拒絶（前一般指定1項1号→法2条9項1号イ）として不公正な取引方法に該当するとされた事案である。私的独占や不当な取引制限の構成が採られなかった理由として，5社の合計シェアが50％に達していないことから，競争の実質的制限の認定に難があると判断されたものと考えられる。審判では，専ら共同性の有無が争点となっており，独占禁止法21条との関係やライセンス拒絶の正当化事由等に関する直接的な判断は示されていない。ライセンス拒絶についての5社間の黙示の意思の連絡を認定した審決は，東京高裁により支持された。

(2) 警告事件

① 日本レコード協会事件（昭和57・12・15警告）：貸レコード業の著作権法上の位置付けがなされていなかった時期に，レコード製作会社を会員とする日本レコード協会が，急速に増加してきた貸レコード店対策として，取引先販売業者に対して，貸レコード店にレコードを供給しないようにさせること等を申し合わせて実施している疑いがあるとされた事案であり，独占禁止法8条1項4号又は5号（現8条4号又は5号）に違反するおそれがあるとして，同協会に警告がなされた。

② 群馬県GBX工業会事件（前掲2(2)②）：知的財産権の実施許諾に当たり，組合員であることを条件としており，共同ボイコットの側面を有する事案である。

4 排除型私的独占

代替性のない有力な技術の場合や特許プールのような技術の集積の場合には，極めて強力な排除効果を有することがあり，排除型私的独占の観点からの検討が必要になる。特に単独の事業者による一方的な行為の場合には，「権利の行使」との境界線が不分明のままである。

(1) 法的措置事件

① パラマウントベッド事件（平成10・3・31勧告審決・審決集44巻362頁）：医療用ベッドについて極めて大きなシェアを有するパラマウントベッドが，東京都立病院向けの入札において，東京都が複数のメーカーの製品が入札に参加できるような仕様書による入札を実施する方針であることを承知していたにもかかわらず，自社が実用新案権等を有していることを伏せて，入札仕様書に自社の仕様を盛り込むよう入札事務担当者に働きかけ，自社のベッドのみが納入できる仕様書による入札を実現して，競争業者の事業活動を排除していた事案であり，私的独占に該当するとされた（このほか，実際に入札に参加する取引先販売業者に対して落札予定者，入札価格等を指示していたことが販売業者の事業活動の支配に当たり，これも私的独占に該当するとされた）。

② 北海道新聞社事件（平成12・2・28同意審決・審決集46巻144頁）：北海道全域や函館地区で日刊紙の総発行部数の過半を占める北海道新聞社が，函館地区で夕刊紙を発刊しようとした函館新聞社の参入を妨害するため，新聞題字対策（自ら使用する計画がないにもかかわらず，「函館新聞」など9つの題字について商標登録を出願），通信社対策（ニュース配信の妨害），広告集稿対策（低料金での広告集稿），テレビコマーシャル対策（テレビコマーシャルの放映妨害）を一連の「函館対策」として実施したことが函館新聞社の事業活動の排除に当たり，私的独占に該当するとされた事案である。商標登録の出願という商標法に基づく手続を採ることを排除行為の内容として認定したものであり，政府手続における濫用行為としても捉えることができる。なお，北海道新聞社の商標出願に対しては，特許庁も，公序良俗を害するおそれのある商標（商標法4条1項7号）に該当することを理由に拒絶査定している（特許庁平成11・3・10審決）。また，函館新聞社が北海道新聞社に損害賠償請求訴訟を提起していたが，2億2000万円の和解金を支

払うことで和解したと報道されている（平成18年10月）。

③　日本音楽著作権協会事件（平成21・2・27排除措置命令・審決集55巻712頁，平成24・6・12審決〔排除措置命令取消〕・審決集59巻第1分冊59頁，平成25・11・1東京高判〔審決取消〕・判時2206号37頁〔公取委が上告受理申立て〕）：音楽著作物の著作権等管理事業において事実上独占の地位にある日本音楽著作権協会（JASRAC）が，放送事業者から包括徴収の方法により徴収する放送等使用料の算定において，放送等利用割合が当該放送等使用料に反映されないような方法を採用して他の管理事業者の事業活動を排除しており，私的独占に該当するとして排除措置命令が行われた事案である。JASRACが審判請求したところ，審決は，本件行為が「放送事業者が被審人以外の管理事業者の管理楽曲を利用することを抑制する効果を有」することを認めつつ，「放送等利用に係る管理楽曲の利用許諾分野における他の管理事業者の事業活動を排除する効果を有するとまで断ずることは，なお困難である」として，排除措置命令を取り消した。これに対し，本件行為により排除されたと主張する第三者が取消訴訟を提起したところ，東京高裁は，本件の事情の下で当該第三者（排除されたと主張する競争業者）の原告適格を認め，さらに，本件行為が他の管理事業者の事業活動を排除する効果を有する行為であると認められ，したがって，本件審決の認定は実質的証拠に基づかないものであり，排除型私的独占のその他の要件を充足するか否かについて認定判断をすべきであるとして，審決を取り消す判決を下した。これに対し，公取委が最高裁に上告受理を申し立てている。

(2)　警告等事件

①　メトクロプラミド事件（昭和57・4・23警告）：医療用消化器官用薬であるメトクロプラミド製剤について，日本における製法特許を有するフランスの会社から専用実施権を得ていた藤沢薬品が，他の3社が同製剤の製造販売を開始したことから，3社に対し特許侵害のおそれがあるとして和解を提案し，ⓐ双方がお互いの特許権について異議を唱えないこと（不争条項），ⓑ3社が藤沢薬品に販売高の7％相当の尊重料を支払うこと，ⓒ双方が同製剤市場での競争者の出現阻止に協力すること，ⓓ双方が同製剤の市場安定及び流通秩序維持に協力すること（附属覚書で販売価格及び販売シェアを決定）等を内容とする契約を締結し実施していることについて，独占禁止法3条の規定に違反するおそれがある

として，双方に警告が行われた事案である。警告においては明記されていないが，ⓒは私的独占に，ⓓは不当な取引制限に，それぞれ該当するおそれがあると考えられる。また，本件は，特許紛争の和解が競争制限効果を有し得ることを示す事案である。

② 日之出水道機器事件（平成18・12・12公表〔審査打切り〕）：日之出水道機器が，地方公共団体に対し，その保有する知的財産権の実施を要する下水道用鉄蓋の仕様を採用させる一方，他の下水道用鉄蓋製造販売業者に対し，ライセンス製品についての販売数量の制限，販売先の制限，販売価格の制限等を行っている疑い（私的独占又は前一般指定13項〔一般指定12項〕違反の疑い）で審査を行ったが，疑いを裏付ける事実を認定するに至らず，審査が打ち切られた事案である（なお，日之出水道機器は，本件審査開始後，地方公共団体に対し，仕様を設定する上で性能規定に移行することが望ましいとの見解を示すとともに，移行期間には製造許諾数量の上限設定を行わない旨通知したとされている）。最高製造数量の制限について，知的財産ガイドラインでは，「製造数量又は使用回数の上限を定めることは，市場全体の供給量を制限する効果がある場合には権利の行使とは認められず，公正競争阻害性を有する場合には，不公正な取引方法に該当する（一般指定第12項）」として灰条項とされているところ，審査の結果，どのような事実が認められたのか，どの要件を満たさないと判断されたのかが不明である。ガイドラインの記述を具体的に当てはめる上で適例であったと思われるだけに，具体的な事実や解釈を公表することが求められる事案であった。

(3) **民事事件**

① パチスロ機特許プール事件（平成15・6・4東京高判・裁判所HP）：本件は，公取委が取り上げたぱちんこ機特許プール事件と同様のパチスロ機の特許プールに関して，権利者であるアルゼが競争業者に対して自己の特許権の侵害を理由に提起した損害賠償請求事件である。アルゼは，当該特許プールが新規参入の阻止を目的とするものであって，独占禁止法に違反するものであるから，アルゼと特許プール会社との間の実施許諾契約にいう「契約を継続し難い特段の事由」があり，契約は既に終了していると主張したが，東京高裁は，独占禁止法21条について，趣旨逸脱説と同趣旨の一般論を述べた上で，本件特許プールは特許法等の技術保護制度の趣旨を逸脱するものではなく，独占禁止法に違反

しないと判示した。本件特許プールとぱちんこ機特許プールとでは，プールの目的，プールが管理する特許権の範囲，業界の特性，製品価格の制限行為の有無等の点で違いがあることを判決は述べているが，この結論に対しては批判もある。

② 日之出水道機器事件（平成18・1・16大阪地判・判時1947号108頁，平成18・7・20知財高判・判例集等未登載）：公取委が審査打切りとした事案（前掲(2)②）と同様の争点の民事事件であり，日之出水道機器が提起した債務不履行を理由とする損害賠償請求事件において，ライセンス数量を超えて製造した被告競争業者が原告日之出水道機器による最高製造数量の制限が独占禁止法に違反すると主張したものである。知財高裁判決では，日之出水道機器が「その支配的地位を背景に許諾数量の制限を通じて市場における実質的な需給調整を行うなどしている場合には，その具体的事情によっては，特許権等の不当な権利行使として，許諾数量制限について独占禁止法上の問題が生じ得る可能性がある」と述べつつ，「需給調整効果が現実に実現されているとか，業者間の公正な競争が実際に阻害されているといった事情を認めるに足りる的確な証拠はなく，本件各契約における許諾数量の制限が，本件特許権等の不当な権利行使に当たり，独占禁止法に違反すると認めるには足りない」とされた。民事事件としての限界はあるが，この結論に対しては異論もある。

5　排除型の不公正な取引方法

知的財産が関わるか否かを問わず，排除型私的独占としての法適用が困難である場合に，不公正な取引方法として法適用されることが少なくない。特に，ライセンス取引上の制限・拘束の場合には，抱き合わせ（一般指定10項），排他条件付取引（一般指定11項），拘束条件付取引（一般指定12項）等の適用が考えられる。

(1)　法的措置事件

① マイクロソフト〔エクセル〕事件（平成10・12・14勧告審決・審決集45巻153頁）：日本法人であるマイクロソフトが，パソコンメーカーに対し，表計算ソフトの分野において第1位の地位を占めていた「エクセル」をパソコンへのプリインストール用にライセンスするに当たり，ワープロソフトの分野でジャス

トシステムの「一太郎」に比べて劣位にあった自社の「ワード」を抱き合わすことにより，競合するワープロソフトを排除しているものであり，抱き合わせ（一般指定10項）として不公正な取引方法に該当するとされた。本件は，米国マイクロソフトの日本法人による応用ソフト同士の抱き合わせを違反としたものである。これらの応用ソフトが別途パッケージで広く流通していることから，不公正な取引方法としての法適用にとどまったものと考えられる。

② 第一興商事件（平成21・2・16審判審決・審決集55巻500頁）：通信カラオケ事業における有力事業者である第一興商が，関連レコード会社の有する管理楽曲について，競争業者であるエクシングにはライセンスさせないようにし，その旨取引先・ユーザーに周知したことが競争者に対する取引妨害（前一般指定15項→一般指定14項）として不公正な取引方法に当たるとされた事案である。独占禁止法21条との関係については，本件行為が知的財産権制度の趣旨・目的に反しており，著作権法による権利の行使と認められる行為とはいえないとされている。

(2) **警告等事件**

① マイクロソフト〔ブラウザ〕事件（平成10・11・20警告）：アメリカにおけるマイクロソフト事件と類似の内容の行為であり，米国マイクロソフトがインターネット接続業者との間で，市場支配的な自社の基本ソフト（ウィンドウズ）で会員獲得サービスを提供することと引換えに，競合ブラウザソフトの配布・宣伝等を制限する内容の契約を締結している疑いがあり，排他条件付取引（一般指定11項）として不公正な取引方法に該当するおそれがあるとして，米国マイクロソフト及び日本法人のマイクロソフトに対して警告が行われた事案である。警告にとどまった理由として，日本では当時，ブラウザソフトの大部分がCD等に収載されパソコン雑誌に添付されて流通していたという事情がある。

② NTTドコモ事件（平成11・4・27公表〔問題指摘〕）：NTTドコモが，日本電気等の携帯電話端末機の製造委託先とのライセンス契約において，自社技術を用いた商品の競争業者向け販売（外販）に際して同社の許諾を得ること（外販許諾）を義務付けており，これに基づき外販許諾を遅らせ，競争業者向けの製品の販売開始時期を制限している行為が拘束条件付取引（前一般指定13項→一般指定12項）として不公正な取引方法に該当するおそれがあると指摘された事案

である。NTTドコモの改善措置により問題点は解消されているとして，特段の措置は求められていない。

③　コナミ事件（平成15・4・22警告）：ゲームソフトのメーカーであるコナミが，日本野球機構が所有するプロ野球12球団の球団名，選手名等の知的財産権の独占的許諾契約を締結しているところ，他のソフトメーカーとの再許諾契約の締結を遅延させたこと等がその他の取引拒絶（一般指定2項）として不公正な取引方法に該当するおそれがあるとして，警告された事案である。プロ野球ゲームの制作・販売には本件知的財産権の使用が不可欠であるとされている。

6　競争回避型の不公正な取引方法

知的財産を利用して製造した商品に係る再販売価格の設定に対する制限のような，権利消尽後の行為を制限・拘束する行為が「権利の行使と認められる行為」に該当しないことは当然である。

(1)　法的措置事件

①　ヤクルト本社事件（昭和40・9・13勧告審決・審決集13巻72頁）：ヤクルト本社が，その有するヤクルトの製法特許の実施権及び商標権の使用権を加工業者にライセンスするに当たり，小売価格・小売地域・小売数量の遵守及び競争品の販売禁止を内容に含む小売契約を締結した者以外の者にヤクルトを販売せず，小売業者に小売価格等を遵守させる内容のものであったことが拘束条件付取引（旧一般指定8→一般指定12項）として不公正な取引方法に該当するとされた事案である。小売価格の拘束を含む行為であるが，転々と流通する商品の再販売価格を拘束する行為（法2条9項4号）とはいえないので，拘束条件付取引として法適用されることになる。

②　ソニー・コンピュータエンタテインメント（SCE）事件（平成13・8・1審判審決・審決集48巻3頁）：SCEが，家庭用テレビゲーム（プレイステーション）用ソフトの販売に関して，再販売価格維持行為，中古品取扱い禁止及び横流し禁止を三位一体として行っているとして審判が行われた事案である。再販売価格維持行為（前一般指定12項→法2条9項4号）については，ゲームソフトが「著作物」であり，著作物の再販適用除外（23条4項）の対象となるか否かが争点となったが，審決は，著作物再販の対象が書籍，雑誌，新聞，音楽用レコード，

音楽用テープ及び音楽用CDの6品目に限定する運用が確立しており、ゲームソフトは含まれないと判断している。また、中古品取扱い禁止に関しては、映画の著作物に認められる頒布権との関係が問題となるが、独占禁止法21条の解釈の箇所（第1節2）で紹介した。

　③　20世紀フォックス事件（平成15・11・25勧告審決・審決集50巻389頁）：映画の配給会社である20世紀フォックスが、配給先の映画館の入場料金を制限したことが拘束条件付取引（前一般指定13項→一般指定12項）として不公正な取引方法に該当するとされた事案である。これも、商品の再販売価格を拘束するものではないので、このような法適用になっている。

(2)　**警告事件**

　東映及び東宝事件（昭和63・9・16警告）：東映及び東宝が、主に自社製作した邦画作品をビデオ化し、ビデオレンタル店等に供給するに当たり、最低レンタル料金を制限している行為が拘束条件付取引（前一般指定13項→一般指定12項）として不公正な取引方法に該当するおそれがあることから、警告された事案である。

7　ライセンスに伴うその他の制限

　知的財産権が関わる問題に限らず、渉外的な要素を持つ事案に対して国内法たる独占禁止法を適用するに際しては、種々の追加的な問題が生じ得る。

(1)　**国際取引に係る6条適用事件**

　①　天野製薬事件（昭和45・1・12勧告審決・審決集16巻134頁；昭和50・11・28最判・民集29巻10号1592頁〔ノボ社審決取消請求事件〕）：天野製薬がデンマークのノボ社と締結したアルカリ性蛋白分解酵素製品の継続的購入契約において、天野製薬が契約終了後3年間当該製品の製造・販売を行わず、日本を含むアジアにおいては無期限に競合する製品を取り扱わないことが規定されていた事案であり、それぞれ拘束条件付取引（旧一般指定8→一般指定12項）、排他条件付取引（旧一般指定7→一般指定11項）に該当するとされた。国際契約の一方当事者である天野製薬のみに不公正な取引方法を内容とする国際契約を禁止する6条を適用したところ、他方当事者のノボ社が審決取消訴訟を提起したが、勧告審決の性格上、契約の他方当事者には原告適格がないと判断された。

② 小松ビサイラス事件（昭和56・10・26審判手続打切決定・審決集28巻79頁）：小松製作所，三井物産，米国ビサイラス社との間で，合弁会社の設立・技術援助・製造販売に関する契約がなされていたが，小松は合弁事業の対象製品と競合する製品の販売を禁止されていたため，改良技術による製品の販売ができず，その技術のビサイラス社への譲渡義務が課される等，ビサイラス社に一方的に有利な契約条項が含まれており，これが優越的地位の濫用（旧一般指定10→法2条9項5号）に当たり，6条違反として審判手続が開始された事案である。ビサイラス社も被審人となっていたが，審判の進行中に和解が成立したため，審判手続が打ち切られている。その後，知的財産権が関わるか否かを問わず，国際契約に係る事案に対して6条を適用することは行われておらず，3条又は19条違反として法適用されている（次の(2)，(3)参照）。

(2) 国際取引に係る19条適用事件

旭電化工業事件・オキシラン化学事件（平成7・10・13勧告審決・審決集42巻163頁・166頁）：わが国の旭電化工業とオキシラン化学がそれぞれ，台湾の長春石油化学との間において，エポキシ系可塑剤に係る長期の製造ノウハウの供与契約を結んでいたところ，関連する覚書において，契約終了後も契約対象商品を日本市場向けに供給することを禁止していたことが拘束条件付取引（前一般指定13項→一般指定12項）として不公正な取引方法に該当するとされた事案である。日本からの技術供与契約における対日輸出制限条項であり，日本の独占禁止法が適用されることは明らかであるが，ノウハウ供与契約の終了後も一定の制限を課すことに合理性・必要性が認められることも考えられ，契約終了後の制限であることから直ちに公正競争阻害性が認められるわけではない。

(3) グローバル企業によるライセンス条件に係る19条適用事件

① マイクロソフト〔NAP条項〕事件（平成20・9・16審判審決・審決集55巻380頁）：米国マイクロソフトが，パソコンメーカーにパソコン用基本ソフト「ウィンドウズ」をライセンスするに当たり，ライセンシーに，自社，他のライセンシー等に対して，ウィンドウズによる特許侵害を理由に訴訟を提起しないこと等を誓約する旨の条項（非係争〔NAP（non-assertion of patent）〕条項）を含む契約の締結を余儀なくさせていたことが拘束条件付取引（前一般指定13項→一般指定12項）として不公正な取引方法に該当するとされた事案である。本件審判で

は，本件非係争条項の公正競争阻害性が大きな争点となり，審決は，パソコンメーカーのパソコン AV 技術に対する研究開発意欲が損なわれる高い蓋然性があったと認めたが，審査官が主張したパソコン市場における公正な競争秩序への悪影響を認定・判断するに足りる証拠は十分とはいえないと判断している。また，マイクロソフトは，ウィンドウズが社会的に広く利用されるプラットホームであり，その権利義務に関する安定性が社会的に強く要請され，本件非係争条項がこうした安定性をもたらしており，競争促進的であると主張したが，認められなかった。

② クアルコム事件（平成21・9・28排除措置命令・審決集56巻第2分冊65頁〔審判係属〕）：米国クアルコムが，第三世代携帯無線通信規格に適合する携帯電話端末等の製造，販売等を行うために必須の知的財産権について，適切な条件の下に非排他的かつ無差別にその実施権等をライセンスする旨を明らかにしてきたにもかかわらず，国内端末等製造販売業者に対してその保有し又は保有することとなる実施権等を一括してライセンスする契約を締結するに当たり，国内端末等製造販売業者等が保有し又は保有することとなる知的財産権について実施権等を無償でライセンスすること及び権利主張を行わない旨を約することを余儀なくさせていることが拘束条件付取引（前一般指定13項→一般指定12項）として不公正な取引方法に該当するとされたが，同社が審判を請求し，現在，係属中である。排除措置命令では，「国内端末等製造販売業者等の CDMA 携帯電話端末等に関する技術の研究開発意欲が損なわれ，また，クアルコムの当該技術に係る市場における有力な地位が強化されることとなり，当該技術に係る市場における公正な競争が阻害されるおそれがある」とされている。

第4節 知的財産権に関わる独占禁止法上の課題

1 知的財産ガイドラインと予測可能性

知的財産権に関わる独占禁止法問題は多様であり，公取委も知的財産権の不当な行使に対する関心を強めているとはいえ，こうした独占禁止法違反事件がそれほど多いわけではなく，公取委の法執行方針の予測可能性が十分確保され

ているとはいえない状況にある。ここでは，近年の知的財産権が関わる独占禁止法違反事件（表6－1）や公取委の事前相談事例を踏まえ，公取委が特に関心を持っていると思われる分野・問題を整理するとともに，知的財産ガイドラインの下での公取委の法運用の課題を指摘する。

2 研究開発の阻害につながる制限行為

公取委が特に関心を持っていると思われる問題の一つは，広い意味で研究開発の阻害につながる制限行為である。これには，研究開発活動を直接的に制限するライセンス条項のほか，改良技術の取扱い制限，不争条項（権利の有効性を争わない義務を課す条項），非係争条項（権利の行使ないしは訴訟の提起をしない義務を課す条項）等が含まれる。違反事件として，マイクロソフト事件及びクアルコム事件（いずれも非係争条項）があるほか，知的財産ガイドライン公表後の技術取引に関する相談事例5件のうち独占禁止法上問題があると回答された2件がいずれも，契約当事者の一方が他方に課す研究開発の制限に関するものである。

研究開発活動そのものを制限することは，研究開発の促進という知的財産法の目的に反し，また，研究開発面における競争への悪影響の観点からも看過できない。さらに，こうした制限を行う合理的な目的・必要性も，ノウハウの流出防止といったこと以外には考えにくい。また，改良技術の取扱い制限のうち，譲渡義務や排他的なライセンス義務を課すものについても，伝統的に原則として不公正な取引方法に該当するという取扱いがなされてきている。しかし，こうした制限であっても，ライセンサーにとって，ライセンス技術の陳腐化や改良技術を根拠とするライセンシーからの侵害訴訟リスクの回避といった合理性があり，こうした制限によってライセンスのインセンティブが確保される面もあることから，形式的に一律「黒」の取扱いをすることは適切ではないと考えられる。

これに対し，不争条項や非係争条項については，権利状況の早期の確定や紛争の回避を通して円滑な技術取引を促し，競争促進につながる面を有するが，技術の利用を制限し，研究開発を阻害したり，関係技術を集積して優位な地位を形成・維持するための手段となったりする場合もあり，競争促進効果と競争

制限効果を慎重に見極めることが必要である。

3　水平的な競争回避効果を有する制限行為

公取委が特に関心を持っていると思われるもう一つの問題として，水平的な競争回避効果を有する制限行為を挙げることができる。これには，①事業者が共同して，あるいは事業者団体が知的財産権のライセンスをする際に，競争業者間の競争回避を内容とする制限を付すもの，②単独のライセンサーが複数の相手方にライセンスをする際に，ライセンサー及び複数のライセンシーの間の競争回避をもたらす制限を付すもの，③クロスライセンスにおいて相互の競争回避（例えば，市場分割）を内容とする制限を含むもの等があり，特許プールやマルティプルライセンス，クロスライセンスといったマルチパーティー・ライセンスの形態を採ることが多い。事例としては，日之出水道機器事件や群馬県GBX工業会事件を挙げることができる。

こうしたマルチパーティー・ライセンスは，複数事業者による相互性や組織性を伴うことから，一面では，技術を共有する仕組みとして効率的であり，紛争の回避や解決にとって有効であるなど，競争促進的な側面はあるものの，同時に，累積的な効果や協調的な弊害を伴いやすく，競争制限的に機能する面がある。これらがハードコア・カルテルとしての実態を有する場合には，ハードコア・カルテルとして扱われることになる。問題は，ハードコア・カルテルとして扱うことが適切ではない場合である。こうした場合の競争効果の分析は，通常の分析枠組みや手法と基本的に異なるものではないが，特に対象となる特許等の性格が重要であり，「相互補完的な (complementary)」ものか，「代替的な (substitute)」ものか，また，ある製品の商品化に「必須の (essential)」ものか否かが大きな意味を持つ。知的財産ガイドラインにおいては，この面の記述が欠けており，改善が望まれる。

4　優越的地位の濫用の観点からの知的財産取引規制

最後に，近年，その規制が強化されてきている優越的地位の濫用の観点からの知的財産取引に対する規制を考える。まず，知的財産の権利者が，その利用を求める者に対して「取引上の地位が……優越している」のではないかという

問題がある。「知的財産権は市場支配力を推定させない」という原則は，世界の競争法で広く共有されている考え方であるが，日本の独占禁止法における「優越的地位」とは，市場支配的な地位又はそれに準ずる絶対的に優越した地位である必要はなく，取引の相手方との関係で相対的に優越した地位にあれば足りると解されている。したがって，ライセンサーは，市場支配力を有していないとしても，ライセンシーに対して相対的に優位な地位にあることが十分考えられ，ライセンス契約中の具体的な制限条項が「濫用」に該当すると認定されると，優越的地位の濫用として不公正な取引方法に該当し，更に課徴金対象となってしまう（20条の6）。このような形で優越的地位の濫用と判断され，課徴金が課された事例はこれまで出てきていないが，潜在的にはそのリスクを伴っている。

　知的財産ガイドラインにおいては，不公正な取引方法の規制が，競争減殺の観点のほか，「競争手段として不当かどうか，また，自由競争基盤の侵害となるかどうかを検討すべき場合があ」るとし，これらの場合には市場シェアによるセーフハーバーが適用されないことを明記している（第4の1(3)）。そして，この自由競争基盤の侵害となるかどうかの観点が主として優越的地位濫用規制に関わるものであり（他には抱き合わせ販売等〔一般指定10項〕が問題となり得る），不公正な取引方法の規制の観点から取り上げられている行為類型について，競争減殺の観点のほか，「個別の事案によっては，自由競争基盤の侵害となるか否かについても検討する場合がある」ことになる。

　優越的地位濫用規制が知的財産取引に広範囲に及び得ることについては，いくつかの批判が可能である。まず，知的財産権が市場支配力の存在を推定させるものではないという原則が実質的に潜脱されることになりかねない。公正競争阻害性を効果要件とする不公正な取引方法の規制が必要かつ有効な場合があり得るとしても，知的財産取引について優越的地位濫用規制が安易に適用されることは，知的財産制度を根底から揺るがすおそれがある。公正競争阻害性について，極力，競争減殺の観点からのアプローチが必要であって，取引上の地位の相対的な格差による自由競争基盤の侵害という曖昧な観点に依拠することは，公正競争阻害性の立証を弛緩させることになり，また，事業者にとっての予測可能性を失わせることとなる。それは同時に，当事者間の利益の均衡を確

保することに傾斜した法運用につながる（競争の保護ではなく，競争者の保護になる）とともに，画期的な研究開発や知的創作に対して厳しい制裁を課すこととなりかねない。加えて，「濫用」の類型として，「取引の相手方に不利益となるように取引の条件を設定し，若しくは変更し，又は取引を実施すること」（法2条9項5号ハ）が明記されているが，これは取引条件そのものへの介入を意味し，例えば，画期的な特許について高いライセンス料を要求すること自体が，取引上優位な地位にあるライセンサーによるライセンシーに対する濫用行為として評価されてしまうおそれがある。このような法運用は，途上国におけるライセンス規制に対して悪しき先例を提供することにもなり，好ましいものではない。

したがって，公取委は，知的財産取引に対して優越的地位の濫用の観点からの規制を行うことには慎重であるべきであろう。

> **コラム** 特許と競争法を巡るグローバルな課題
>
> 　近年，世界的に問題となっている知的財産と競争法を巡る重要課題として，標準（規格）設定と「標準（規格）必須特許（SEP〔standards-essential patents〕）」を巡る問題を紹介しよう（以下では「標準」と「規格」を代替的に用いる）。
> 　技術進歩に応じて新たな規格を設定することは，他の規格との競争をもたらすだけでなく，共通の競争基盤を構築することにより規格内の競争を促進し，また，互換性を確保して消費者利便に資するものである。「標準必須特許（SEP）」とは，採択された規格に準拠した製品を製造し，あるいはサービスを提供する上で必要不可欠な特許をいう。特に，無数の技術が集積され，ネットワークでつながるスマートフォンやタブレットのようなモバイル製品やそれを通じたサービスに典型的にみられる。製品・サービス提供企業は，新技術の開発や新規格の設定，そして相互の技術取引を通して，製品・サービス提供上の競争優位を得ようとする。他方，研究開発に特化した企業（あるいは，技術に係る権利の実現のみを目的とする企業）では，自己の技術の経済的価値を高めることに注力する（こうした知的財産権を自らは実施しない企業のことを NPE〔non-practicing entities〕，あるいは積極的に権利を主張する企業の意味で PAE〔patent assertion entities〕という）。

こうした規格設定やその実施過程においては，様々な競争法問題が生じ得る。新規格の採択に向けて関係企業が共同して研究開発と規格設定を行うから，水平的制限の問題が生じる（開発の成果が特許プールによって管理されることもある）。新規格が普及してから，SEP の保有者がライセンスの拒絶や差止請求権の行使といった手段に出ると，競争に大きな影響が生じ得る。不当なライセンス料の請求も同様である。製品・サービス提供企業間では，クロスライセンス等により解決を図りやすいが，NPE の場合には容易ではない。また，紛争に備えて特許ポートフォリオを強化するために行われる特許保有企業の買収が企業結合事案として問題になることもある。

こうした事態に備えて，規格設定団体においては，特許保有企業に対して「FRAND（fair, reasonable, and non-discriminatory）宣言」を求める実務慣行が広く行われている。FRAND 宣言とは，規格の採択前に，関連する保有特許の開示と採択時における FRAND 条件によるライセンスを確約することであり，規格設定団体では，FRAND 宣言が得られない場合には当該特許を用いることを回避し，あるいは当該規格の採択を断念することになる。しかし，開示が不十分であったり，確約に曖昧さが残ったりすることが不可避的に生じ，また，確約を遵守しない機会主義的な行動を完全に抑止できるものでもない。

アメリカ連邦取引委員会（FTC）は，規格設定過程においては自己の特許を秘匿し，規格が採択され普及した後になって，ライセンス拒絶・差止請求を背景にして不当なライセンス料を請求する行為に対して，1990年代中ごろから積極的に取り上げてきた。1996年の Dell Computer 事件を嚆矢として，2004年の Unocal 事件，2006年の Rambus 事件（ただし，裁判所により FTC 審決は取り消された），2008年の N-Data 事件（FRAND 宣言をした事業者から，それと知りつつ特許を譲り受けたケース），2012年の Bosch 事件がある（Rambus 事件を除き，同意審決である）。

また，アメリカ司法省も，SEP を巡る問題の少なくとも一部は規格設定団体が FRAND 宣言を確実に取り付けることで防止できるとして，規格設定団体に注意を促している。

ところで，近年，アップルとサムスンの間で，スマートフォンの知的財産権を巡って侵害訴訟を相互に提起し合う事態が世界各国で生じており，「特許戦争」と

も呼ばれている。特に，サムスンの差止請求訴訟の提起については，FRAND 宣言をしている SEP に基づくものであり，そうした差止請求は競争法違反に当たるのではないかという議論がある。そして，欧州委員会は，サムスンが FRAND 宣言済みの SEP に基づき，多くの加盟国裁判所においてアップルに対して差止請求訴訟を提起していることについて，EU 競争法102条（市場支配的地位の濫用）違反の疑いで2011年から審査してきたが，2014年 4 月29日，サムスンとの間で和解のための確約決定（commitment decision）を行っている。これによりサムスンは，今後 5 年間，当該 SEP について FRAND 条件の交渉に応じる用意がある事業者に対して差止請求訴訟を提起することが禁止される（その後，アップルとサムスンは，米国外の訴訟をすべて取り下げることとした）。また，欧州委員会は，同日，モトローラに対しても，同様の行為が支配的地位の濫用に当たるとする決定を行っているが，新しい類型の違反行為であることから，制裁金を科すことはしていない。

　日本でも，アップルとサムスンの間で多数の特許侵害訴訟が提起されているが，SEP に関するものを紹介する。本件は，アップルがサムスンに対し，サムスン保有の特許権の侵害行為には当たらないとして損害賠償請求権の不存在確認を求めた訴訟である。多数の主張の一つが SEP に関わるものであり，アップルは，サムスンの FRAND 宣言により黙示の実施許諾を受けたこと，損害賠償請求が権利の濫用に当たることを主張していた。東京地裁は，サムスンが，FRAND 宣言済みの本件 SEP のライセンス契約の締結準備段階において重要な情報を相手方に提供して誠実に交渉を行うべき信義則上の義務に違反していること等を認定し，信義則上の義務を尽くすことなく，アップルに対し，本件製品について本件 SEP に基づく損害賠償請求権を行使することは，権利の濫用に当たるものとして許されないと判示した（平成25・2・28東京地判・判時2186号150頁）。この判決の控訴審で，知財高裁は，原審判決を基本的に支持しつつ，FRAND 条件に基づくライセンス料の額の範囲内では権利の濫用に当たらないと判断し，原審判決を一部変更した（平成26・5・16知財高判・判時2224号146頁）。

　このように，SEP の権利行使が知的財産法と競争法の両面から規律されており，法域ごとの違いもあって，その統一的・総体的な把握は容易ではない。特に日本では，知的財産法からの研究が多角的に行われているのに対し，競争法から

の検討が進んでいないように感じられる。代替性のない技術に対する権利付与や侵害に対する救済の在り方を含め，望ましい知的財産制度に関する競争法・競争政策からの取組が期待される。

表6－1　知的財産権が関わる主要な独占禁止法違反事件

番号	件名(措置等年月日)	違反行為の概要（関係法条）	知的財産権との関わり
1	ヤクルト本社事件（昭和40・9・13勧告審決）	加工業者との間の特許実施権・商標使用権の許諾契約において，小売業者の小売価格，小売地域，競争品販売等に関する条項を規定し，実施（旧一般指定8）	・製法特許権及び商標権を有する者による行為
2	コンクリートパイル事件（昭和45・8・5勧告審決）	6社からの特許等の技術の供与がないとパイル製造業への参入が困難な状況の下で，6社が共同して，各社別の出荷比率及び引合いの割当方法を定めるとともに，技術供与の条件（市場安定策の遵守）を決定（不当な取引制限）	・6社がパイル製造に関わる有力な特許権・実用新案権を所有
3	メトクロプラミド事件（昭和57・4・23警告）	藤沢薬品が，他の3社と共同して，メトクロプラミド製剤に関する特許紛争の和解の一環として，第三者の市場参入を阻止するとともに，販売価格及び市場シェアを決定した疑い（私的独占及び不当な取引制限のおそれ）	・仏社から専用実施権を許諾されていた藤沢薬品が，3社に特許侵害のおそれを主張して和解を提案したことがきっかけ
4	日本レコード協会事件（昭和57・12・15警告）	貸レコード店へのレコード供給を遮断するための活動（8条1項4号又は5号（前一般指定2項）違反のおそれ）	・貸レコード業の著作権法上の位置付けがなされる前の行為
5	東映及び東宝事件（昭和63・9・16警告）	主に自社製作した邦画作品をビデオ化し，ビデオレンタル店等に供給するに当たり，最低レンタル料金を制限している疑い（前一般指定13項のおそれ）	・映画ビデオのレンタルが対象
6	公共下水道用鉄蓋事件（平成5・9・10審判審決）	共同して，公共下水道用鉄蓋の販売価格，販売数量比率，受注方法等を決定（不当な取引制限）	・被審人の1社は，販売数量比率は実用新案権の権利行使として他社に実施許諾したものであると主張
7	日本かいわれ協会事件（平成6・2・17警告）	特許権等の専用実施権を取得した協会が，構成事業者に通常実施権を許諾し，実施量を制限する方式により，生産数量を制限（8条1項1号違反のおそれ）	・ライセンス契約上の数量制限の形を採った事業者団体による生産数量制限
8	旭電化工業事件・オキシラン化学事件（平成7・10・13勧告審決）	台湾の事業者とのエポキシ系可塑剤の製造ノウハウのライセンス契約において，ライセンス契約終了後における同製品のわが国向けの供給を制限（前一般指定13項）	・外国事業者へのノウハウ供与契約における契約終了後の対日輸出制限
9	ぱちんこ機特許プール事件（平成9・8・6勧告審決）	ぱちんこ機製造に必要な特許権等を所有する製造販売業者と特許プール会社が結合・通謀して，特許プールに集積した特許権等の通常実施権を第三者に許諾しないことにより，ぱちんこ機製造分野への参入を阻止（私的独占）	・関係特許権等の実施許諾を受けることなく法令に適合するぱちんこ機を製造することは困難な状況 ・特許プールの形成と関連特許等の集積，共同のライセンス拒否

10	パラマウントベッド事件（平成10・3・31勧告審決）	自社のベッドのみが納入できる仕様書による入札を実現して，競争メーカーの製品を排除（私的独占）	・自社が実用新案権等を有していることを伏せて，入札仕様書に自社の仕様を盛り込むよう入札担当者に働きかけ
11	マイクロソフト〔エクセル〕事件（平成10・12・14勧告審決）	表計算ソフト（エクセル）とワープロソフト（ワード）との抱き合わせ（前一般指定10項）	・コンピュータ・ソフトが対象
12	マイクロソフト及びマイクロソフト・コーポレーション〔ブラウザ〕事件（平成10・11・20警告）	（マイクロソフト）パソコンメーカーに対し，競合ブラウザソフトを取り外すことを条件に，市場支配的な自社の基本ソフトのライセンス料を引下げ（マイクロソフト・コーポレーション）マイクロソフトを通じて，インターネット接続業者との間で，市場支配的な自社の基本ソフトで会員獲得サービスを提供することと引換えに競合ブラウザソフトの配布・宣伝等を制限する内容の契約を締結（前一般指定11項のおそれ）	・11事件の勧告と同時に警告（米国マイクロソフト・コーポレーションにも警告）・ブラウザソフトの流通経路の当時の主流はパソコン雑誌に添付されるCDであったことから，代替的流通経路の閉鎖とまではいえないと判断
13	NTTドコモ事件（平成11・4・27公表）【改善措置により問題解消】	携帯電話端末機の製造委託先に対し，自社技術を用いた製品の競争業者向け商品化の時期を遅らせる行為（外販許諾問題）（前一般指定13項との関係）	・ライセンス契約における「時間的制限」
14	北海道新聞社事件（平成12・2・28同意審決）	新聞題字対策（新規参入者が使用すると目される複数の新聞題字を商標登録出願），通信社対策，広告集稿対策及びテレビコマーシャル対策により，新規参入業者を排除（私的独占）	・特許庁も商標法により出願拒絶査定・審決（平成11・3・10）
15	ソニー・コンピュータエンタテインメント（SCE）事件（平成13・8・1審判審決）	プレイステーション用ゲームソフトの再販売価格の拘束，横流し禁止（前一般指定12項・13項）（中古品取扱い禁止については違反を認定せず）	・著作物再販適用除外（23条4項）との関係・「映画の著作物」の頒布権と中古ソフト売買（平成14・4・25最判）
16	コナミ事件（平成15・4・22警告）	日本野球機構が所有するプロ野球12球団の球団名，選手名等の知的財産権の独占的許諾契約を締結したところ，他のソフトメーカーとの再許諾契約の締結を遅延させたこと等（前一般指定2項のおそれ）	・プロ野球ゲームの制作・販売には本件知的財産権（プロ野球12球団の球団名，選手名，球団マーク等の知的財産権）の使用が不可欠
17	20世紀フォックス事件（平成15・11・25勧告審決）	映画館との上映契約に基づき，入場料の具体的金額を定める等入場料を制限（前一般指定13項）	・映画の上映権・頒布権の範囲を超える行為
18	日之出水道機器事件（平成18・12・12公表）【審査打切り】	日之出水道機器が，地方公共団体に対し，その有する知的財産権の実施を要する下水道用鉄蓋の仕様を採用させる一方，他の下水道用鉄蓋製造販売業者に対し，実施許諾製品についての販売数量の制限，販売先の制限，販売価格の制限等を行っている疑い（私的独占又は前一般指定13項の疑い）⇒疑いを裏付ける事実を認定するに至らなかった	・パラマウントベッド事件（排除行為）と類似・製造数量制限は，知的財産利用ガイドライン上は灰色条項・別途，民事事件（平成18・7・20知財高判）あり

第4節　知的財産権に関わる独占禁止法上の課題　**325**

19	マイクロソフト〔NAP条項〕事件（平成20・9・16審判審決）	パソコンメーカーとのパソコン用OSの実施許諾契約において，特許侵害を理由に訴訟を提起しない旨の条項の受入れを余儀なくさせていた（前一般指定13項）	・ライセンス契約における非係争（NAP）条項 ・研究開発意欲の阻害
20	着うた事件（1社に17・4・26勧告審決；4社に平成20・7・24審判審決→平成22・1・29東京高判〔請求棄却〕）	共同して，共同出資子会社であるレーベルモバイル以外の着うた提供業者に原盤の利用許諾を拒否（前一般指定1項1号）	・レコード制作会社が有する送信可能化権等の原盤権のライセンスの共同拒否
21	第一興商事件（平成21・2・16審判審決）	関連レコード会社の有する管理楽曲について，競争業者には許諾させないようにし，その旨取引先・ユーザーに周知（前一般指定15項）	・楽曲の著作権の範囲を超える行為
22	日本音楽著作権協会事件（平成21・2・27排除措置命令→平成24・6・12審判審決〔命令取消〕→平成25・11・1東京高判〔審決取消〕→上告受理申立て）	音楽著作物の著作権に係る著作権等管理事業を営むに当たり，放送事業者から包括徴収の方法により徴収する放送等使用料の算定において，放送等利用割合が当該放送等使用料に反映されないような方法を採用することにより，他の管理事業者の事業活動を排除（私的独占） ⇒排除措置命令を取り消した審決について，排除されたと主張する競争業者が取消訴訟を提起したところ，東京高裁は，競争業者の原告適格を認めるとともに，排除該当性を否定した審決を取り消す判決を下したため，公取委が上告受理を申し立てている	・音楽著作権管理団体の行為
23	クアルコム事件（平成21・9・28排除措置命令→審判係属）	国内端末等製造販売業者にCDMA携帯無線通信に係る知的財産権の実施権等を一括して許諾する契約を締結するに当たり，国内端末等製造販売業者等が保有し又は保有することとなる知的財産権について，実施権等を無償で許諾すること及び権利主張を行わない旨を約することを余儀なくさせている（前一般指定13項）	・ライセンス契約における拘束条件（無償条項・非係争条項）
24	事業協同組合群馬県GBX工業会事件（平成23・1・19警告）	群馬県型暗渠側溝（GBX側溝）に係る知的財産権の実施許諾に当たり，組合員であることを条件とした上で，GBX工業会を介した取引に許諾範囲を限定し，また，販売価格の目安となる価格等を決定（8条1号違反のおそれ）	・協同組合の適用除外（22条）とも関係

(注)1　公取委が取り上げた事件に限る。また，必ずしも網羅的ではない。
　　2　違反が確定している事件のほか，係属中の事件，警告・打切り等の事件を含む。

第7章

政府規制と独占禁止法

この章のポイント

　伝統的に「規制」によって「競争」が代替されていると考えられてきた規制産業では，事実上独占禁止法の守備範囲外にあるという受けとめ方が一般的であった。多数の事業者が存在する競争型の産業（金融や運輸）では，規制によって新規参入が抑制されるとともに，既存の事業者間では協調的な行動が行われ，規制当局はそれを容認し，更には助長してきた。また，規模の経済性が働くような独占型の産業（電気通信や電力・ガス）では，法的な独占を認めて，厳重な規制（供給義務を含む）の下に置く仕組みが採られてきた。そうした状況下では，独占禁止法が機能する余地は乏しかった。

　しかし，次第に，直接的には規制が及んでおらず競争の余地がある限り，独占禁止法の適用があると考えられるようになり，さらには，1990年代以降の本格的な規制緩和・撤廃により，競争が可能な領域が飛躍的に拡大し，また，新規参入を促進するための政策的措置が講じられ，かつての規制産業も「普通の産業」へと変わりつつある（自然独占事業に固有の行為に関する適用除外を定めた独占禁止法（旧）21条の規定が平成12年改正により削除されたことに象徴されている）。こうした規制改革を引き続き推進するとともに，個々の産業ごとの独占禁止法問題の検討と積極的な法適用を実施することが重要である。

　規制産業における独占禁止法問題として，かつては運輸業を中心に事業者団体による運賃・料金等の制限行為が散発的に取り上げられてきたが，認可制等との関係で特殊な法適用上の問題が存在していた。しかし，規制緩和により，

認可制が届出制等に移行し，規制の運用も基本的に競争を容認・歓迎する方向に変わってきている。したがって，規制産業における価格カルテル等の行為に対する独占禁止法適用上の問題は解消し，一般の産業におけるのと同様に取り扱うことができるようになってきている。

他方，電気通信，エネルギー等の分野では，かつての「法的独占」が競争導入により崩壊した後も，旧独占事業者が引き続き大きな市場支配力を保持しているのが通例であり，また，新規参入者を含めて競争が活発に行われているとは必ずしもいえない状況が続いている。こうした独占型産業では，既存の支配的事業者（incumbent）が新規参入者に対して排他的行動を採る能力とインセンティブを有していることも考慮して，事業ごとの規制法による特別規制が設けられており，事業法規制と独占禁止法規制との関係が重要な論点となる。実効的な独占禁止法規制が期待されるが，同時に，支配的事業者による正常な競争行動から非効率な新規参入者を過剰に保護することとならないようにし，また，積極的な投資や技術革新を阻害することがないようにすることも必要である。

また，規制産業における独占禁止法の適用についての予測可能性を高め，違反行為を未然に防止する上で，分野ごとに独占禁止法ガイドラインを作成していくソフトな手法も有用ではあるが，個別の事例に対して積極的に取り組むことが必要であり，そうした独占禁止法適用問題を解決する中から，分野横断的な独占禁止法規制の法理を発展させることが可能になる。併せて，公正取引委員会（以下「公取委」という）には，参入を促進するとともに競争行動を行いやすくするために，規制の見直し・改革に向けた調査研究や提言を積極的に行うこと（競争唱導）が期待されている。

第1節　政府規制と競争政策

1　政府規制の役割と弊害

政府は，様々な政策目的の下に多様な手段を用いて経済活動に介入することがある。政策目的としては，例えば，国民生活に不可欠な商品・サービスの提

供の確保，規模の経済性等による独占の弊害防止，信用秩序の維持，国民の生命・安全の確保等が考えられ，政策手段としては，参入・退出や価格設定その他の事業活動に関わる許認可制や基準の設定・履行確保のほか，補助金等による誘導，指導・情報提供等のソフトな手法，公営企業による直接提供など，様々である。こうした広義の政府規制は，現代社会において不可欠なものであり，実効的なものとなるようにする必要があるとともに，技術的条件や消費者ニーズの変化を含む経済社会の環境変化に対応したものとなるように，常に見直すことが求められる。政府による規制は，とかく環境変化への対応に遅れたり，被規制側との情報の非対称性により実効性を欠き，更には被規制側の虜になったり，規制のプロセスが不透明で恣意的なものになったりするおそれもある（規制の失敗）。特に，市場への参入・退出や価格設定等の事業活動に対して規制を及ぼす場合には，新規参入を抑制し，あるいはカルテル的行動を容認・助長して，非効率な既存事業者を保護する結果となりがちであり，政府による競争制限の弊害をもたらし，消費者の利益を損なうこととなる。

　市場メカニズムを活用し，事業者間の活発な競争によって望ましい経済成果を達成しようとする競争政策の観点からは，政府規制を継続的に見直し，規制の目的や手段の必要性や合理性を審査し，常に規制の革新を図ることが必要であり，これは行政管理・行政評価の観点からも求められることである（政策評価法に基づく「競争評価」）。また，独占禁止法の執行の観点からも，事業者による競争制限行為が政府による競争制限の仕組みを前提に，あるいは政府規制の助力を得て行われているような場合には，事業者の競争制限行為に対して独占禁止法を適用することに加えて，その大本にある政府規制の仕組みやその運用を改善することが必要になる。その意味で，独占禁止法の適用と政府規制の見直しは，競争政策の推進にとって車の両輪にも例えることができ，公取委には両方の役割が求められている。

2　規制改革と競争政策の展開

　1980年代に主として行政簡素化等の観点から開始された政府規制の見直しにおいては，政府規制を主として規制目的の観点から，産業・経済の発展や国民生活の安定を図ること等を目的とする「経済的規制」と，消費者・労働者の生

命・安全の確保，環境の保全，災害の防止等を目的とする「社会的規制」に分けて議論されてきた（第二次臨時行政改革推進審議会「公的規制の緩和等に関する答申」〔昭和63年12月1日〕）。そして，「経済的規制は原則廃止，社会的規制は必要最小限度」とする基本方針の下に見直し作業が継続的に行われ，特に経済的規制に関しては，需給調整規制としての参入規制については原則廃止の方針が相当程度貫徹されてきたし，料金その他の事業活動規制の緩和も各分野で着実に行われてきた。また，電気通信や電力・ガスのような法的独占が容認されていた産業でも，新規参入促進策が推進されてきた。他方，社会的規制に関しては，安全や環境といった非経済的価値の前に見直しは容易ではなく，また，経済的規制との截然とした区別が困難である中で，経済的規制と目されるものを社会的規制と位置付けること等の方法によって見直しを免れようとする動きもみられた。こうした政府全体として推進されてきている政府規制の見直しにおいて，公取委も競争政策の観点から，規制産業の実態調査や政府規制・独占禁止法適用除外の見直しの提言等を積極的に行ってきた。

　競争政策の観点からは，政府による規制を伝統的な「競争制限としての規制」と新しい「競争促進のための規制」に分けることができる。かつての政府規制は，事業者に「競争させない」ことを本旨とし，そのために事業者の参入や事業内容に介入するものであったが，こうした規制は過去のものになりつつある。安全性の確保や消費者保護の観点からの規制はむしろ拡充されるべきであるが，競争が可能な領域では競争させることが良好な経済成果と消費者利益をもたらす。他方，独占型の産業・分野では，参入規制や価格規制等を緩和しただけでは競争は生まれないばかりか，支配的な既存事業者に活動の自由を与えるだけであり，新規参入の排除や消費者の犠牲につながるおそれがある。したがって，新規参入を促進し，また，既存事業者に効率化努力を促すような規制，すなわち「競争させる」ことを目指した規制を実装することが必要であり，それが支配的事業者に対する「非対称規制」（ドミナント規制）や「インセンティブ規制」である。典型的には，支配的事業者が保有するネットワーク（NTTの地域通信網や光ファイバ網，電力会社の送電線等）の開放義務を定める電気通信事業法や電気事業法による規制が該当する。

　このように，政府規制の見直しは，単なる被規制事業者の負担の軽減や政府

の規制費用の節減を狙った「規制緩和」ではなく，競争促進を目指した積極的な規制，効率化へのインセンティブを高める革新的な規制，安全性の確保等のための実効的な規制が一体となった，総合的な規制制度の確立を目指す「規制改革」でなければならない。

3 競争唱導

公取委には，規制産業に対する独占禁止法の実効的な適用という法執行活動に加えて，総合的な規制改革に向けた提言活動を強化することが求められる。こうした「競争唱導 (competition advocacy)」活動は，事業者間の活発な競争の前提となる競争環境の抜本的な改善をもたらし得るものであり，独占禁止法の執行に先行させる必要がある。公取委は，1990年代から2000年代初めにかけて，電気通信・郵便，エネルギー，運輸等の経済的規制分野を中心に競争唱導活動を積極的に行ってきたが，この時期に規制分野に対する独占禁止法の適用も活発化したことは偶然ではない。

公取委の競争唱導は，規制当局による経済的規制の見直しが一定程度進展していることもあり，近年においては低調に推移しているように見受けられる。しかし，規制改革が進んできている分野でも，電力のように供給システム全体の見直しが進められ，タクシー事業のように再規制の動きがみられるのであり，また，既存の産業の融合や新たな業種・業態の開発が進展する中で，競争唱導の意義は失われていない。

また，医療，福祉・介護，教育・保育等の社会的規制分野においては，競争制限的な規制や規制当局による制限的な運用が残っており，安全性やサービス水準の確保や労働条件等への悪影響の懸念もあって，その改革は容易ではない。こうした社会的規制分野では，日本経済の現状や今後の見通しを踏まえれば，競争促進を通した効率化や参入拡大なしには持続的なサービス提供自体が困難となるおそれがあり，サービス提供の仕組みそのものを見直していく必要がある。公取委が平成26年6月に保育分野に関する包括的な報告書を公表し，改善策を提言したことは，その意味で大きな意義を有するものであり，今後もこのような活動を強化することが期待される。また，事業者の競争制限行為に対しては，積極的に独占禁止法を適用することが求められる。

第2節　規制法と競争法の関係

1　規制法・政策と競争法・政策

(1)　規制改革による規制法と競争法との関係の変化

　規制当局による厳重な規制によって競争させないことを基本としてきた規制産業においても，次第に競争が導入されるようになると，必然的に独占禁止法問題が生じる。運輸産業を例に取れば，認可制の下での「同一地域・同一運賃」規制の廃止（運賃競争の容認），認可申請における事業者団体の介在の廃止（個別申請の受入），認可制から届出制への変更等が行われると，運賃カルテル問題が顕在化するが，元々競争的な産業であるから，基本的には「普通の産業」と同様に法適用すれば足りる。

　また，電気通信やエネルギーといった独占型産業においても，民営化や競争導入により新規参入が可能になると，競争者排除問題が生じてくるが，これは正に独占禁止法問題である。ただし，独占型産業では，事業ごとの規制法自体が旧独占事業者に対する特別規制を導入し，新規参入促進策を講じていることもあり，規制法と競争法（独占禁止法）の重複適用の問題が生じる。

(2)　規制法・政策（規制当局）と競争法・政策（競争当局）との「相互浸透」

　規制緩和・規制改革を通して，規制法は，「競争制限」法から「競争促進」法へと変質してきている。特に，「競争促進的規制」が導入され，積極的に新規参入を手助けする政策が採られている。例えば，電気通信や航空では，従来の料金認可制を届出制に改めるとともに，事後的な変更命令が可能な仕組みが設けられているが，その要件として「不当な競争」の防止といった，一般競争法に類似した要件が設定されている。また，いわゆる「不可欠施設 (essential facilities)」（先行する既存事業者が保有する，事業を行う上で不可欠の投入要素であって，新規参入者が重複投資することが実際上不可能なものをいい，電気通信事業における地域通信網や光ファイバ網，電気事業における送電線が典型例である）へのアクセスを確保し，新規参入を促進するための規制が制度化されている。また，アクセス規制を含め，支配的事業者には特別の規制が課されており（例えば，電気通信分野で

NTTに対してのみ課されている公正競争ルール),「非対称規制(ドミナント規制)」と呼ばれる。このほか,新規参入者への優遇措置(例えば,空港発着枠や周波数帯といった希少資源の新規参入者に対する優先配分)といった手法が用いられることもある。こうした「競争促進」のための規制法上の手段・方法についての評価は難しいが,長期的には一般競争法である独占禁止法による規律へと移行する過渡期にあるものといえる。

　こうした新たな競争環境においては,規制法・規制政策(規制当局)と競争法・競争政策(競争当局)との「相互浸透」とも呼ぶべき状況が生じている。一方では,前述したように,競争環境下での独占禁止法の適用領域の実質的な拡大や公取委による積極的な競争唱導活動が行われており,競争法・競争政策の規制分野への進出現象がみられる。

　他方,規制法・規制政策においても,次のような大きな変化がみられ,競争政策の導入,競争法規制への接近という側面を有しており,規制法は個別分野の競争法としての性格を併有するようになってきている。第1には,規制政策の実現手段・手法の変化である。規制当局が伝統的な法的強制力を有する手法(義務規定,行政処分)を用いる場合には,「政府による強制」として独占禁止法との抵触は生じにくい。しかし,政策実現手法の多様化・ソフト化が進む中で,誘導的・助言的手法(行政指導を含む)が多用されるようになり,その受入は事業者の判断に委ねられることになると,独占禁止法との抵触のおそれが生じる(行政指導により誘発された事業者の行為に対しても,独占禁止法は適用される)。また,行政による事業者・事業者団体の活用(「私人による行政」:指定機関による行政事務代行)が広く行われており,代行機関の行為には独占禁止法が適用される。

　第2に,実体的な規制内容の変化が挙げられる。事業ごとの規制法における料金届出制の導入と変更命令権の留保においては,「不当な差別的取扱いをするものであるとき」,「不当な競争を引き起こすこととなるおそれがあるものであるとき」といった一般競争法規制に類似した要件が設定されている。また,競争促進的規制(非対称規制,インセンティブ規制)においては,一定の要件を満たす支配的事業者に対する特別規制を設けており,独占禁止法による規制との実体的な重複が生じる。

第3には，事前裁量型規制から事後チェック型規制への転換という手続面である。規制法の運用において，事前のルール設定と事後のルール適用・裁定，中立的な第三者裁定組織の創設・裁定手続の整備という方向に不十分ながら向かっているが，これは独占禁止法の執行と手続や手法，更には組織において類似しており，競争法との親和性が高い。

こうした規制法・規制政策と競争法・競争政策との「相互浸透」は，技術的条件の変化等とも相まって，中長期的には両者の融合をもたらし，最終的には一般競争法（独占禁止法）が個別規制法を併呑するに至ると思われる（ここで「個別規制法」とは，事業者間競争に関わる規制をいうのであって，安全性確保や技術面での規制を含むものではない）。しかし，その過程では，規制内容の矛盾・抵触や重複，両当局間の権限争議が生じ，また，被規制側には予測可能性の欠如，重複規制による過重負担といった問題が生じることは不可避である。また，個別分野ごとの規制法が個別競争法としての性格を併有することから，競争法規制が「領域化」する。現状がそうした過渡期にあることを認識し，最適な規制を実現することが必要である。電力・ガスや電気通信の分野では，競争当局たる公取委と規制当局たる経済産業省（電力・ガス），あるいは総務省（電気通信）との連名によるガイドラインが作成されているが，こうした過渡期の困難を克服しようとする努力の現れでもある。そうした努力の中から分野横断的な規制法理と実務を発展させていくことが求められている。

2 独占禁止法適用除外制度と独占禁止法

(1) 独占禁止法適用除外制度の概要

独占禁止法は，業種や分野を問わず，広く「事業者」や「事業者団体」を適用対象とし，あらゆる経済活動に対して規律を及ぼしている。しかし，他の法令や政策との関係から，独占禁止法の適用を例外的に除外する取扱いが必要であり，あるいは独占禁止法上問題がないことを確認的に規定しておくことが適切であると判断されることがある。独占禁止法第6章には，こうした適用除外として，知的財産法による権利行使（21条），組合の行為（22条），再販売価格の拘束（23条）の3つの条文を置いている。なお，平成12年の独占禁止法改正により，自然独占事業に固有の行為，事業法令に基づく正当な行為，不況に対処

するための共同行為（不況カルテル），企業合理化のための共同行為（合理化カルテル）に関する規定が削除され（不況カルテル及び合理化カルテルに関する規定は，昭和28年改正により設けられたものであった），現在のような規定になったものである。

また，独占禁止法自体ではなく，他の法令中に独占禁止法の適用を除外する旨の規定が置かれていることがある。こうした個別法による適用除外は，1950年代から1960年代にかけて，主として一定の要件と手続の下にカルテルを容認するために制度化されたものである。しかし，平成11年の適用除外制度の見直しにより，多くの制度が廃止されており，現存する主要なものとしては，損害保険に関する保険業法，損害保険料率算出団体に関する法律，運輸業に関する海上運送法，道路運送法，航空法等に限られている。なお，消費税の円滑かつ適正な転嫁のために，中小事業者による転嫁カルテルや表示カルテルが時限的に容認されている（消費税転嫁対策特別措置法〔平成29年3月末まで〕）。

(2) 適用除外カルテルとその例外

適用除外カルテル制度は，破滅的な競争の回避，中小企業の保護，輸出取引や国際取引における秩序維持等を目的として制度化されてきたものであり，例外的にカルテルの結成を容認し，場合によってはアウトサイダーにも参加を強制するものであるが，大きな弊害を伴うおそれがある。したがって，その実施に当たっては，公取委（廃止された独占禁止法による不況カルテル・合理化カルテルの場合）又は主務官庁（個別法に基づく適用除外カルテルの場合）への認可申請や届出等の手続を定めて要件充足の審査を行うとともに，主務官庁が認可等を行う際には公取委との協議，通知等の手続を設けている。また，適用除外とならない場合として，不公正な取引方法を用いる場合，一定の取引分野における競争を実質的に制限することにより不当に対価を引き上げることとなる場合を法定して，弊害防止を図るのが通例である。

前述のとおり，こうした適用除外カルテル制度は，1950年代から1960年代に多数設けられ，活用されてきた。しかし，1980年代後半以降は中小企業によるものを除き，活用されなくなり，1990年代末の見直しにより，ほとんどの制度は廃止されており，現在では，損害保険，国際航空・海上運送等の分野で例外的に残されているにとどまる。

(3) 適用除外カルテルに該当しない行為

最近，公取委が取り上げたカルテル事件に，自動車海上運送業務に係る運賃カルテルがある（平成26・3・18排除措置命令・課徴金納付命令・審決集60巻登載予定）。本件の対象は，わが国に所在する荷主（荷送人である自動車メーカー又は商社）を需要者とし，新車の自動車をわが国の港で荷積みし，外国の港に荷揚げする業務であり，海運会社が北米航路等4航路において，安値により他社の取引を相互に奪わず，荷主ごとに運賃を引き上げ又は維持する運賃カルテルを行っていた事案である。海上運送法により，船舶運航事業者が，本邦の港と本邦以外の地域の港との間の航路において，他の船舶運航事業者と締結する運賃等の協定等には独占禁止法は適用されない。この協定等は，あらかじめ国土交通大臣に届け出なければならず，国土交通大臣は，届出を受理した旨を公取委に通知することとされている。本件対象の航路では，海上運送法に基づく適用除外カルテルが国土交通大臣に届出されているが，本件審査の結果，本件違反事業者は，届出を行っている適用除外カルテルとは異なる内容の本件違反行為を行っていたものであり，このような行為は独占禁止法の適用除外の対象にはならないと判断された。また，公取委は，本件審査の結果，当該適用除外カルテルは適用除外の要件に適合しないおそれがあるとして，国土交通省に対し，現行の適用除外カルテルの廃止等の必要な措置を採るよう要請している。

3 事業法規制と独占禁止法

(1) 事業法と独占禁止法の関係

政府規制が厳重で，事業者の自由な活動が制約され，競争の余地がない場合には，実質的に独占禁止法の出番はないようにみえる。こうした場合に，あらゆる産業・分野に適用される「一般法」たる独占禁止法に対し，特定の産業・分野における規制の仕組み（したがって，競争の仕組み）を定めている規制法（事業ごとに法律が制定されていることから，「事業法」，あるいは「業法」と呼ばれることがある）は「特別法」に当たり，特別法が特別のルールを明示的に定めている以上，一般法たる独占禁止法は適用されないという考え方（「一般法・特別法」論）が主張されることがある。また，このような実質的に独占禁止法が適用されないとする考え方について，明示的な適用除外規定がなくても「黙示の適用除

外」に当たると説明されることもある。

　これに対しては，ある産業・分野（さらには，そこでの個別具体的な事業者の行為）に対して複数の関係する法律が適用されることは広くみられることであり，事業者としてそれらの複数の法律を同時に遵守する必要があるのは当然であり，同時に遵守することができない例外的な場合（事業法の規定やそれに基づく行政措置を遵守しようとすると，必然的に独占禁止法の規定に違反することとなるような場合）の取扱いの問題は別にして，事業法も独占禁止法もともに適用されるとする考え方もある。

　次に紹介する NTT 東日本事件最高裁判決（平成22・12・17・民集64巻8号2067頁）は，基本的に事業法と独占禁止法が重複適用されるという解釈を採っていると考えられる。この解釈自体は適切であるが，独占禁止法の適用に当たって，事業法による規制の存在を考慮に入れることも必要であり，事業法による規制が実効的に行われている限り，独占禁止法の適用を自制することがあってよいと考えられる。特に支配的事業者の行為規制に関しては，市場効果を要件とする独占禁止法に比べ，事業法では市場効果を必ずしも要件とせずに，早い段階での形式的な規制が可能な仕組みを採っていることが多く，的確な事業法規制が行われていれば，独占禁止法規制は事実上不要になる（むしろ，余りに形式的な規制がかえって競争を損なうおそれがあることに注意する必要がある）。もちろん，何らかの理由で事業法規制が的確に行われなかったり，実効性を欠いたりする場合には，独占禁止法規制が期待されることになる。

(2) 事業法と独占禁止法の関係に係る先例

　事業法と独占禁止法の関係が争点となった事件として，大阪バス協会事件と NTT 東日本事件がある。前者は，バス運賃認可制の下での事業者団体によるカルテル事件であり，後者は，電気通信事業法に基づく厳重な規制下にある旧独占事業者による競争者排除行為（排除型私的独占）の事案である。

　① 大阪バス協会事件（平成7・7・10審判審決・審決集42巻3頁）では，貸切バス事業者の事業者団体が行った，道路運送法に基づく幅認可運賃制の下での幅認可の下限未満の実勢運賃を下限に近づけるための運賃引上げカルテルが問題となった。道路運送法上，幅運賃の範囲を逸脱する運賃は違法とされ，刑事罰が設けられており，問題となった行為は実勢運賃が幅運賃の下限を大きく下回

るという違法状態を解消しようとするものともいえる。審決は、被審人が主張した一般法・特別法論を否定した上で、価格協定は原則として違法であるが、「価格協定が制限しようとしている競争が刑事法典、事業法等他の法律により刑事罰等をもって禁止されている違法な取引（典型的事例として阿片煙の取引の場合）又は違法な取引条件（例えば価格が法定の幅又は認可の幅を外れている場合）に係るものである場合に限っては、……特段の事情のない限り、独占禁止法第2条第6項、第8条第1項第1号〔現行8条1号〕所定の『競争を実質的に制限すること』という構成要件に該当せず、したがって同法による排除措置命令を受ける対象とはならない」とし、「特段の事情」の例として、「事業法等他の法律の禁止規定の存在にもかかわらず、これと乖離する実勢価格による取引、競争が継続して平穏公然として行われており、かつ、その実勢価格による競争の実態が、……独占禁止法の目的の観点から、その競争を制限しようとする協定に対し同法上の排除措置を命ずることを容認し得る程度までに肯定的に評価されるとき」を挙げている（結論としては、この点の立証がなされていないとして、特段の事情を認めなかった）。なお、この審決の直後に策定された事業者団体ガイドライン（平成7・10・30）は、本件を引用しつつ、同様の考え方を記述している。

　本審決は、石油価格カルテル刑事事件の最高裁判決（昭和59・2・24最判・刑集38巻4号1287頁）における不当な取引制限に関する独占禁止法2条6項の「公共の利益に反して」要件の解釈と同様の結論を、この要件が設けられていない同法8条1号について「競争の実質的制限」の解釈として導いたものである。ただし、事業法が禁止する違法な取引条件に係る競争を一律に（特段の事情による例外を認めるものの）独占禁止法上「保護に値しない」として事業者や事業者団体の価格カルテルを容認することとなる審決の結論には批判もある。本件の詳細な紹介として、**第2章**第2節の**コラム**「政府規制とカルテル——大阪バス協会事件」参照。

　②　NTT東日本事件（平成19・3・26審判審決・審決集53巻776頁；平成22・12・17最判〔前掲〕）は、電気通信事業法により認可された約款に定められた接続料金で他の電気通信事業者に接続する義務を負うNTT東日本による排除型私的独占の事案である。同社が、FTTHサービス（光ファイバ設備を用いた通信サービス）

について，届出制の下にあるユーザー向けサービス料金が認可制の下にある接続料金を下回ることがないようにする旨の行政指導を総務省から受けていたところ（総務大臣は，所定の要件の下に，認可約款について変更認可申請命令ができ，また，届け出られたユーザー料金について料金変更命令をすることができるが，本件では行われていなかった），サービス料金と接続料金を逆ざやにし，サービス提供市場において同等に効率的な新規参入者であっても対等に競争できないようにしたことが排除行為に該当すると判断された。NTT東日本は，電気通信事業法を所管し，情報通信政策に専門知識を有する総務省が変更命令を発していないという事実を独占禁止法の解釈においても重視すべきであり，特段の事情がない限り，同社の認可を受けた接続料金や届け出たユーザー料金によるFTTHサービスの提供が競争の実質的制限をもたらすことはないと考えるべきであると主張したが，最高裁は，「総務大臣が……電気通信事業法に基づく変更認可申請命令や料金変更命令を発出していなかったことは，独禁法上本件行為を適法なものと判断していたことを示すものでないことは明らかであり，このことにより，本件行為の独禁法上の評価が左右される余地もない」と判断している。

本判決は，事業法と独占禁止法の関係には明示的には言及していないものの，両法がともに適用されることを前提としていると考えられる。ただし，規制当局による事業法上の判断がなされている場合に，独占禁止法上その判断を考慮すべきかどうかについては判断していない。

第3節　政府規制分野における独占禁止法の適用

1　政府規制分野における不当な取引制限・事業者団体活動規制

(1)　料金規制の下における価格カルテル

独占禁止法違反の第1号事件が銀行間の金利協定であったことはよく知られているが（銀行金利協定事件・昭和22・12・22同意審決・審決集1巻1頁），本件を契機に臨時金利調整法が制定され，金利統制が行われるようになったのであり，ここでは除外して考えると，規制産業における独占禁止法の適用は，競争型の産業（トラック運送，タクシー等の運輸が典型）における不当な取引制限や事業者団体

の競争制限活動に対する規制から始まったといえる。規制当局に対する運賃，料金等の認可申請を事業者団体が一括して代行し，認可申請する運賃等を統一するカルテルが長年行われており，また，規制当局も「同一地域・同一運賃」政策を採ってきた。実勢運賃が認可運賃を下回る場合に，事業者団体が実勢運賃引上げカルテル，あるいは認可申請運賃カルテルを行って，実勢運賃の底上げを図ることが慣行的に行われており，届出制になっている場合にも認可制と同様の運用が行われてきた。

認可申請の内容（運賃・料金のほかに，車両台数等を含む）を統一する共同行為や事業者団体の活動について，規制当局による認可行為によって違法性が中断されるという考え方をかつて公取委は採っていた。しかし，昭和50年代後半から，タクシー，トラック等の事業者団体による運賃，台数等の認可申請内容の決定行為を独占禁止法8条4号違反に当たるとする審決が相次いで出ている（新潟市ハイヤータクシー協会事件〔昭和56・4・1勧告審決・審決集28巻3頁：増車申請の制限〕，群馬県ハイヤー協会事件〔昭和57・12・17勧告審決・審決集29巻82頁：タクシー運賃の決定〕，岡山県トラック協会事件〔昭和58・3・31勧告審決・審決集29巻100頁：増車等の事業計画変更申請等の制限〕）。平成に入ると，運賃・料金に関する事業者団体の決定行為に対しては8条1号を適用する（これは課徴金対象となることを意味する）審決も出てきた（三重県バス協会事件〔平成2・2・2勧告審決・審決集35巻35頁：貸切バス運賃に係る幅運賃の範囲内での最低運賃の決定〕）。ただし，この時期の同様の事業者団体による運賃カルテルについて8条4号を適用している審決もあり（福島県トラック協会事件〔平成8・2・29勧告審決・審決集42巻189頁：実際の市場価格への影響が認定できなかったとされている〕），また，日本冷蔵倉庫協会事件（平成12・4・19審判審決・審決集47巻3頁）では，事業者団体が冷蔵倉庫料金に係る届出料金の決定を行ったことについて，届出料金の決定が実勢料金の引上げにつながることが主観的にも客観的にも認められないこと等を理由に，8条1号ではなく，同条4号違反としている。このほか金融分野でも，認可制の下にある機械保険の保険料率カルテルに8条1号を適用した事例として，日本機械保険連盟事件（平成9・2・5勧告審決・審決集43巻339頁）がある。大蔵省（当時）による保険料率引下げの行政指導を契機として，事業者団体が機械保険料率の認可申請内容を決定するとともに，個別に引き受ける際の基本料率，割引率等を決定し

た事案である。

なお，事業者団体が認可申請の代行の名目で申請内容を統一することについて，単なる申請の代行にとどまる限り独占禁止法違反にはならないのではないかという考え方が主張されたこともある。しかし，前掲日本冷蔵倉庫協会事件では，届出制の下での届出内容の統一を事業者団体が決定した行為に8条4号が適用された事案であるが，どの程度の引上げであれば届出が受理されるかを規制当局に打診したにすぎないという被審人の主張は退けられている。

また，認可運賃の遵守義務の下で，認可運賃の遵守を決定する行為が独占禁止法に違反するのかという問題がある。「法律を守ろう」というカルテルは違法とはいえないのではないかという疑問であり，具体的には，幅運賃制が採られている場合に，認可幅の範囲内の水準での運賃カルテルと，下限未満の水準での運賃カルテルとで独占禁止法上の取扱いに違いがあるかが大阪バス協会事件（平成7・7・10審判審決・審決集42巻3頁）で争点となった。下限未満の運賃収受は違法である（刑事罰まで規定されている）から，「違法な運賃を収受しない」ことを決定しても独占禁止法違反とはいえないという理屈である。審決は，前述のとおり，一般法・特別法論は退けつつ，刑事罰等をもって禁止される違法な取引に係る競争を制限しようとする価格協定は，特段の事情のない限り，「競争を実質的に制限すること」には該当しないと判断した。

なお，現在審判中の事件として，新潟交通圏タクシー事件（平成23・12・21排除措置命令・課徴金納付命令・審決集58巻第1分冊251頁・358頁）がある。本件では，道路運送法によりタクシー運賃について導入されている自動認可運賃制度（一定の範囲内の運賃の認可申請であれば，原価計算書の提出を要することなく自動認可される運賃制度であり，下限未満の運賃の認可申請は可能である）に基づき設定されている運賃の下限額の引上げに合わせて，関係タクシー事業者がタクシー運賃を当該下限額に合わせること等を合意したとされている。

(2) **行政指導により誘発されたカルテル**

行政機関が様々な政策目的から，事業者や事業者団体に対して，価格や数量・設備等に関する競争制限的な「行政指導」を行うことがかつて広くみられた。特に，経済官庁が所管物資等の需給見通しを立てて，いわゆる「過当競争」を防止するとともに関係事業者の経営の安定を確保し，業界秩序を維持す

るという名目で行われることが多かった。1950年代に通産省（当時）が繊維産業において繰り返し実施した「勧告操短」や，第1次石油ショックを契機とする通産省による石油製品の生産・販売に係る行政指導がその典型であり，行政指導を契機に，関係事業者間，あるいは事業者団体において競争制限的な合意が形成されることになる。こうした場合に，行政指導によって誘発されたカルテルについて独占禁止法上の責任を問われるのは当該事業者や事業者団体である。

なお，行政手続法2条6号で定義された「行政指導」は，強制力がないものであるが，行政指導が事実上の強制力を持つことが考えられないわけではない。そうした場合には，政府により強制されたカルテルとして，独占禁止法違反とはならない可能性は残されている。

第1次石油ショック時の石油価格カルテル事件は，石油業法を根拠とする通産省の行政指導により，原油価格の上昇に伴う石油製品の値上げの幅と実施時期について業界全体の状況を説明して同省の了承を得ることが求められていた状況下で，石油元売会社が，値上げの上限に関する業界の希望案を合意するにとどまらず，希望案に対する通産省の了承が得られることを前提に，限度一杯まで一斉に値上げすることを合意していた事案である。通産省の行政指導の適法性や行政指導に従った共同行為の違法性阻却の有無が争点となったが，最高裁（昭和59・2・24最判・刑集38巻4号1287頁）は，価格に関する事業者間の合意が形式的に独占禁止法に違反するようにみえる場合であっても，適法な行政指導に従い，これに協力して行われたものであるときは，その違法性が阻却されると解釈し，また，当時の異常事態の下では通産省の当該行政指導が違法なものとはいえないと判断したが，事業者間の合意が行政指導の範囲を超えるものであって，行政指導に従ってなされたものとはいえないとして，不当な取引制限罪の成立を認めた。最高裁は，適法な行政指導であるためには独占禁止法の究極目的に実質的に抵触しないことが必要としており，市場メカニズムの活用が重視され，独占禁止法が経済活動に関する基本法として広く認識されている今日，競争制限的な行政指導が適法とされる余地は極めて小さいと考えられる。したがって，競争制限的な行政指導に従った事業者間の合意が独占禁止法上の違法性を阻却される可能性も実際上考えにくい。

石油価格カルテル事件を契機に，公取委は「行政指導に関する独占禁止法上の考え方」（行政指導ガイドライン）を公表している（平成6・6・30）。ガイドラインでは，「独占禁止法の適用除外規定がない限り，当該行政指導によって誘発された行為であっても独占禁止法違反行為の要件に該当する場合には，当該行為に対する同法の適用が妨げられるものではない」こと，特に「内容に具体性のある行政指導は，事業者が他の事業者もこれに従うことを前提としてのみ従おうとする場合が多いので，事業者団体を通じて行う場合，独占禁止法違反行為を最も誘発しやすい。個別事業者に対する行政指導であっても，例えば，特定の事業分野における主導的な事業者に対して行う場合，特定の事業分野に属する相当数の事業者に対して画一的な基準を定める等の方法により行う場合，事業者間に競争制限について暗黙の了解又は共通の意思が形成されやすい状況において行う場合には，独占禁止法違反行為を誘発するおそれがある」ことを指摘し，競争制限的な行政指導の態様と問題点を具体的に整理している。そして，累次の規制緩和推進計画において，「規制緩和後において，規制に代わって競争制限的な行政指導が行われることのないよう，『行政指導に関する独占禁止法上の考え方』の趣旨を踏まえ，関係省庁は，公正取引委員会と事前に所要の調整を図る」ことが閣議決定されている。

こうした競争制限的な行政指導は，決して過去のものではない。現在でも，例えば，地方公共団体が実施する住宅の耐震診断・リフォームやエコ対策に係る助成事業に際して，地方公共団体が安易にこれらの料金の目安を提示したり，事業者団体にその設定を要請したりすることがある。近年，こうした地方公共団体との調整や地方公共団体からの相談の事例が増えており，公取委は，「地方公共団体からの相談事例集」（平成19・6・20）を公表している。

(3) **規制産業における共同事業・自主規制活動**

ハードコア・カルテル以外の各種の共同行為は，様々な目的により，多様な方法・態様において行われており，その独占禁止法上の取扱いは，競争制限効果と競争促進効果を比較衡量して判断される必要がある。特に，社会公共的な目的から行われることも多く，競争者間の共同行為という外形から安易に競争制限的と判断することは避ける必要がある。もちろん，個々の共同行為が基本的には独占禁止法上問題がないとしても，その具体的な内容や実施方法におい

て競争上の問題がより少ないものに改善できる可能性はあるから，慎重な検討が必要である。

　そうした共同行為の一例として，高速バスの共同運行がある。単独のバス会社では集客能力上の不安や運行回数の確保に問題があって参入が難しいとしても，複数のバス会社（特に，路線の両端に所在するバス会社）が共同することにより新規参入が可能になることが考えられる。こうした共同事業は，単独では実施できない事業を可能にするものであり，明らかに競争促進的な面を有する。共同化することで費用を節減でき，撤退を回避できるような場合も同様である。しかし，運賃設定や運賃収入の配分の方法によっては，競争制限的な面が出てこないとも限らない。こうしたバスの共同運行は，道路運送法上の適用除外に該当しない限り，独占禁止法上問題となり得るが，公取委は「高速バスの共同運行に係る独占禁止法上の考え方」（平成 $16\cdot 2\cdot 24$）を公表している。

　また，携帯電話の番号ポータビリティの導入に当たっては，その運用ルール，費用の回収方法，接続料金の精算方法等について電気通信事業者間で協議を行う必要があり，独占禁止法上の問題が生じ得る。しかし，番号ポータビリティは携帯電話事業者間の競争の共通の基盤となるものであり，その導入は，携帯電話事業者間の競争を一層促進し，携帯電話の利用者料金や端末価格の低廉化，サービス内容の多様化等により利用者利便の向上に資するものであり，こうした電気通信事業者間の協議が円滑に，かつ，独占禁止法上の疑義を招くことなく実施されることが望ましい。このため，公取委は「携帯電話の番号ポータビリティに関する独占禁止法上の考え方」（平成 $16\cdot 11\cdot 1$）を公表している。

　電気事業においては，電力自由化の一環として，各電力会社が所有する電力系統の広域運営を図る見地から，送配電利用における公平性・透明性・中立性を確保することを目的とする中立機関として，電気事業者により「電力系統利用協議会」が平成16年2月に設立されている。協議会は，電力の送配電部門の公平性・透明性確保のための基本指針の策定，送配電業務の円滑な実施を確保するための相談，苦情の処理，あっせん等，送電線空き容量等の系統情報公開システムの開発・運用等を行っているが，こうした活動が独占禁止法上の問題を生じさせないように留意する必要がある。なお，現在進められている大震災

後の電力システム改革の第1弾として，広域系統運用を拡大する見地から，平成27年に「広域的運営推進機関」が創設されることとなっている。

2　政府規制分野における私的独占・不公正な取引方法規制

(1) 規制産業における競争者排除問題

規制産業においては，競争者（新規参入者を含む）排除型の行為についても，特殊な問題が生じ得る。例えば，料金規制が行われており，規制当局の認可を得ている場合には，不当廉売の問題は生じないのであろうか（認可料金であっても不当廉売となる可能性があることは，都営芝浦と畜場事件〔平成元・12・14最判・民集43巻12号2078頁〕で認められている）。あるいは，参入規制が行われている場合に，規制による参入困難状態にすぎないのか，既存事業者による参入阻止行動なのかの区別がつきにくいことがある（例えば，参入規制の運用に当たり，規制当局が既存事業者の意見を聴取している場合）。

また，かつては法的独占が認められていた独占型産業では，競争導入後も旧独占事業者が不可欠施設を所有するなど，大きな市場支配力を保持し，参入阻止行動を執る能力とインセンティブを有するから，事業法による特別規制が設けられていることがあるが，併せて，独占禁止法による実効的な規制が求められ，特に排除型私的独占規制が活用されるべき領域である。

(2) 支配的事業者による排除型行為

独占型産業における規制改革が進展した1990年代以降，支配的事業者による排除型行為に対する独占禁止法規制が特に重要になってきたと考えられる。しかし，実際の独占禁止法の運用をみると，審査事例（次頁の表参照）は少なからず出てきているものの，警告等の事例が多く，最終的な法適用に至った事例はNTT東日本私的独占事件（前掲）に限られており，また，その後に新規の事件がほとんど出てきていない。警告等の非公式な措置にとどまったことについて，公取委では迅速に競争回復措置を講じさせることを優先した結果であると説明しているが，規制産業に対する法適用に及び腰であったことは否めない。また，公取委では，規制当局との連名で次のようなガイドラインを作成・公表しており（なお，国内航空については作成されていない），競争者排除として独占禁止法上問題となるおそれがある行為態様を網羅的に示しており，関係事業者に

とって有益であるが、これも法適用を慎重にする一因になってきたと思われる。

「適正な電力取引についての指針」（平成11・12・20。その後累次の改正）

「適正なガス取引についての指針」（平成12・3・23。その後累次の改正）

「電気通信事業分野における競争の促進に関する指針」（平成13・11・30。その後累次の改正）

なお，金融分野の規制改革に伴う業態間競争・金融グループ間競争の活発化により生じ得る問題を不公正な取引方法の観点から整理したガイドラインとして，「金融機関の業態区分の緩和及び業務範囲の拡大に伴う不公正な取引方法について」（平成16・12・1。その後累次の改正）が作成されている。

以下では，主要な規制産業における規制改革の動向を簡単に紹介しつつ，競争者排除型行為を中心に独占禁止法事例を概観する。

規制産業における競争者排除型行為に係る主要な審査事件

番号	事件名（措置等年月日）	行為者	競争者排除型行為の内容
1	NTT東日本私的独占警告事件（平成12・12・20警告）	NTT東日本	【DSL業者の事業活動の排除】NTT東日本がほぼ独占している加入者回線への接続を希望するDSL業者に対し，制限的な提供条件，接続交渉，営業担当者の関与により，DSLサービスへの新規参入を制限し，円滑な事業活動を困難にさせている疑い
2	NTT東日本・NTT西日本不公正な取引方法警告事件（平成13・12・25警告）	NTT東日本 NTT西日本	【自己のユーザーに対する不当な利益提供・競争者に対する取引妨害】ADSLサービスの提供に当たり，保安器の取替工事及びメタルケーブルへの収容替工事について，自己のユーザーには無料で実施しつつ，競争者のユーザーには有料で行っている疑い
3	北海道電力私的独占警告事件（平成14・6・28警告）	北海道電力	【新規参入電力供給業者の事業活動の排除】新規参入者等に対抗するため，自由化対象の大口需要家との間で締結する契約期間に応じた契約保証電力に係る基本料金の割引等を内容とする「長期契約」において，途中解約等の場合の違約金条項を定め，新規参入者への切替えの場合にはその支払を求めることとしていること
4	大手航空3社対抗運賃設定事件（平成14・9・26, 30自主的改善措置の要請・公表）	全日空 日本航空 （日本エアシステム）	【新規参入航空会社の事業活動の排除】新規参入者が運航している東京－福岡・宮崎・鹿児島路線について，特定便割引運賃として，新規参入者の設定している割引運賃等と同額又はこれを下回る運賃を設定していること，一部路線の運賃水準がコストからみても低いものとなっており，さらに，東京－宮崎・鹿児島路線のみを対象としたマイレージの優遇を行っていること

5	高速バス参入妨害事件（平成15・5・14注意；平成17・2・3公表）	高速バス共同運行3社	【新規参入バス会社の参入排除】高速バス路線を共同運行する3社が，新規参入するバス会社の運賃に対抗して低い運賃を設定し，また，バス・プールの利用に同意を与えず，独自の設置を余儀なくさせている疑い
6	NTT東日本私的独占事件（平成19・3・26審判審決→平成21・5・29東京高判→平成22・12・17最判）	NTT東日本（FTTHサービス業者）	【自己の加入者光ファイバに接続して戸建て住宅向けFTTHサービス事業を行う事業者の事業活動の排除】実質的に加入者光ファイバ接続料金を下回るユーザー料金を設定することにより，NTT東日本の加入者光ファイバに接続して戸建て住宅向けFTTHサービスを提供しようとする事業者の事業活動を排除

(3) 国内航空

　長年，大手航空3社の寡占体制が続いてきた国内航空において，平成12年の航空法改正により参入規制・運賃規制が緩和され，路線ごとの認可制となり，運賃規制は変更命令権の留保の下の届出制とされた。運輸省（当時）は，独占禁止法の不公正な取引方法（差別価格，不当廉売等）の要件と類似した運賃変更命令の要件について，「航空輸送サービス懇談会」を開催して検討している。そして，混雑路線にスカイマーク，エアドゥ等が低運賃で参入し，既存3社は割引運賃の設定等で対抗したことにより，運賃水準の低下がみられた。

　その際，既存3社の対抗的割引運賃の設定が当初，新規参入路線における新規参入者の運航便の時間帯に限定されていたこともあり，支配的事業者による価格設定を手段とする競争者排除型行為ではないかという問題が指摘された。公取委は，違反事件としてではなく，実態調査という方法で取り組み，その結果を公表している（平成11・12・14，平成13・7・11）。公取委の結論は，大手3社の対抗措置が「独占禁止法上問題であるとするものではない」が，「単なる競争対抗行為とは認め難く，新規2社の排除につながりかねないものであって，公正かつ自由な競争を確保する観点から問題となるおそれがある」という分かりにくいものであった。

　その後，日本航空と日本エアシステムの事業統合計画に関する企業結合審査（後記3参照）が行われ，2社複占体制への移行を目前に控えた平成14年夏に，羽田空港と九州各地の空港を結ぶ路線で同様の問題が生じた。公取委は，大手3社による対抗的運賃設定について，今度は審査事件として取り上げ，「大手航空3社の市場における地位・状況，当該運賃水準，新規参入者に及ぼす影響等からみて独占禁止法第3条（私的独占の禁止）の規定に違反するおそれがあ

る」とし，その旨の「問題点の指摘を行い，自主的な改善措置を採ることを求めた」ところ，大手3社が対抗的運賃を撤回したことから，当面，問題は解消したと判断された。公取委では，迅速性を優先させる観点からこのように対応したと説明している。他方，航空法による運賃変更命令を行う権限を有する国土交通省は，特段の措置を講じておらず，不当な競争につながるとは考えなかったことを示している。

さらに，公取委は平成20年にも，大手2社による新規参入航空会社の運航便の時間帯に限定した低運賃の設定行為について審査を行っているが，「現時点においては，大手航空2社の設定する3路線における運航便の割引運賃は，その供給に要する費用を著しく下回るもの，不当に低いもの又は不当に差別的なものとは認められず，当該割引運賃の設定が現時点で独占禁止法に違反するものとは認められなかった」として審査を終了している（平成20・6・12公表）。

不当廉売，ないしはそれを手段とする排除型私的独占の規制を行う上では，「供給に要する費用」の算定が重要な意味を持つが，旅客運送においては，コスト計算が容易ではないし，また，一般に可変費用（乗客が1人増えることによる追加費用）が小さいことから，相当低い運賃であっても企業行動としては合理的である（可変費用さえ賄える運賃であれば，不当なものではない）と判断されがちである。既存の大手航空会社が新規参入航空会社に対抗して低運賃や割引運賃を設定する行為が競争法違反事件として審査される事例は世界中で生じているが，実際に違反と認定された例はほとんどない。既存の航空会社が新規参入に対抗するからこそ競争が生まれ，運賃水準の低下や選択肢の拡大という消費者利益が得られるのであり，参入促進策を講じることこそが重要であるともいえる。

その後，日本航空が平成21年に経営破綻し，各種の公的支援を受けて再生するという事態が生じたが，同社が公的再生支援により財務内容の改善を含めて競争力を急速に高め，他の航空会社との競争上不当に有利になっており，航空業における競争環境が歪められているのではないかという問題が指摘された。こうした問題は，金融業等の他の分野でも生じ得るものであり，平成26年8月，内閣府に「競争政策と公的再生支援の在り方に関する研究会」が設けられ，EU競争法による国家補助の規制も参考にしつつ，競争政策の観点からの

公的再生支援の在り方について検討が行われ，同年12月，中間取りまとめが行われた。中間取りまとめでは，公的再生支援が市場メカニズムへの介入を通じて競争のゆがみを生み，様々な非効率を生じさせる可能性があることを踏まえ，補完性，必要最小限，透明性の3原則に留意して，競争への影響をあらかじめ注意深く考慮した上で実施すべきであると指摘している。

(4) **電気通信**

昭和60年の電電公社の民営化（NTTの誕生），電気通信事業法の制定による競争導入が行われた電気通信分野では，郵政省（当時）が逸早く「競争政策」を標榜し，規制緩和・競争促進政策を展開してきた。NTTに対しては，NTT法による特別規制が行われるとともに，公正競争条件確保のための措置が講じられてきた（NTT法の運用方針を示す公正競争ガイドラインの策定）。民営化後の電気通信規制とは，NTTに対する特別規制の維持を求める新規参入事業者とNTTとの公正競争条件をいかに確保するか，NTTに対する特別規制を緩和し，その活動範囲を拡大するに際してはどのような公正競争条件を設定し，NTTの行動を規律するかという問題でもあった。また，NTTの経営形態問題は民営化当初からの課題であり，先送りされてきたが，平成11年7月に持株会社方式の下で再編が行われ，地域通信はNTT東西が全国を二分して担当することとされた。さらに，移動通信の急速な発展により，固定と移動との競合と融合という問題が生じてきている。NTTはこれまで固定の料金と移動の料金のセット割引を禁止されてきたが，これを解禁しようとする動きが出ている。

また，NTT再編の時期に，NTTドコモによる外販許諾問題が生じている。NTTドコモが，同社から技術供与を受けた携帯端末メーカーが開発した端末を他の通信キャリア向けに販売する際には同社の許諾を得なければならない（外販許諾）という条件を付け，新技術の採用を遅らせていることが不当な拘束条件付取引に該当するおそれがあるとして，公取委の是正指導を受けたものである（平成11・4・27公表）。

2000年代初頭には，地域固定通信網という不可欠施設を保有するNTT東西が，様々な手段を用いてDSL事業を巡る新規参入者の事業活動を妨害する行為を繰り返し行うという問題が生じ，公取委の警告を複数回受けている。総務

省が設定している公正競争ガイドラインや独占禁止法による規制が実効性を欠いていたことは否めない。

そうした中で，公取委は平成15年10月に「独占禁止法研究会」の報告書を公表し，不可欠施設保有事業者に対する特別規制を独占禁止法に導入することを提案するとともに，NTT東日本によるFTTHサービスを巡る料金設定を手段とする新規参入排除行為について，私的独占に当たるとして排除勧告を行った（平成15・12・4）。この時期の公取委は規制産業における排除型行為に対する規制強化を目指していたことがうかがわれる。その後，独占禁止法による特別規制の提案については，現行規定で対応できるのではないかという指摘があり，また，カルテル規制強化のための改正事項を優先するという判断から，公取委は平成16年3月にこの提案を撤回している。また，NTT東日本事件について，公取委は審判を経て違法宣言審決（排除型私的独占という違反行為を認定しつつ，特段の措置を命じないとする審決）を行い（平成19・3・26審判審決〔前掲〕），これに対してNTT東日本が審決取消訴訟を提起したが，前述のとおり，最高裁は審決を支持する判決を下した（私的独占事件では初めての最高裁判決）。

また，平成21年には，NTT西日本の子会社が競争業者のADSLサービスや番号ポータビリティを巡る顧客情報を営業目的で不正に利用するという問題が発生し，これにはNTT西日本も関与していたことが明らかとなり，総務大臣がNTT西日本に対して業務改善命令を行い（平成22・2・4命令），同じ顧客管理システムを用いているNTT東日本にも行政指導を行った。競争業者からは，このような公正競争条件に違反する行為は日常的に行われていると指摘されており，NTTに対する特別規制や公正競争条件確保措置の緩和に対しては批判的な見解も少なくない。他方，NTT各社の市場支配力は低減してきているとする競争評価もあり，見解は分かれる。

しかるに，公取委による電気通信事業に対する取組は，後述する電気事業と比較しても低調である。電気通信や放送を含む情報通信分野の規制法体系全般の見直しに向けた検討が行われてきているにもかかわらず，公取委の目立った動きはなく，また，新たな違反事件も出てきていない。

なお，ソフトバンクは平成23年10月，NTT東西に対して，その保有する光ファイバアクセス回線について，8分岐単位での接続しか認めず，1分岐単位

での接続を拒否する行為が電気通信事業法に基づく接続義務に実質的に違反し，かつ，独占禁止法上も単独の取引拒絶，優越的地位の濫用に当たり，不公正な取引方法に該当するとして，独占禁止法24条に基づく差止請求訴訟を提起していた。しかし，東京地裁は，認可されていない条件による接続をしてはならない義務を負うNTT東西に，認可されていない条件による接続を独占禁止法により義務付けることは，NTT東西に相互に矛盾する法的義務を課すことにほかならず，独占禁止法によるこのような請求はできないとして，請求を棄却した（ソフトバンク差止請求事件・平成26・6・19東京地判・判例時報2232号102頁：確定）。

(5) **電気事業**

電気事業における規制改革は，電気料金の内外価格差に対する批判を背景にして，1990年代央に始まった。電気事業法の平成7年改正により，発電事業への競争導入・電力会社による入札制度（「卸供給」制度）が開始された。次いで，平成12年改正により，小売託送制度（託送義務，託送料金，裁定制度）が創設され，送電線利用ルールが整備されて，大口需要家向けの小売供給が自由化されたことから，大口需要家の中には入札等による競争的な電力調達を行うものも出てきた（平成12年8月の通産省が皮切り）。

独占禁止法との関係についても，自然独占事業に固有の行為の適用除外を定めた独占禁止法旧21条が同法の平成12年改正で削除され，また，公取委と通産省との連名で，独占禁止法及び電気事業法の解釈を具体化した「適正な電力取引についての指針」（電力取引ガイドライン）が平成11年12月に作成され，その後も，制度改正や新たな事例の発生に対応して，累次の改正がなされてきている。

その後，電気事業法が更に改正され（平成16年4月一部施行，平成17年4月全面施行），①行為規制（会計分離，差別的取扱いの禁止）の拡充による送電ネットワーク利用の透明性・公平性の確保，②卸電力取引所の創設（平成17年4月取引開始）による広域流通・新規参入の促進，③中立の監視機関（電力系統利用協議会）の設置（平成16年6月）による送電ネットワーク利用ルールの策定・監視が行われた。世界的には，OECDで「規制産業における競争的部門及び非競争的部門の分離に関する理事会勧告」（2001年）が採択されるなど，送配電部門の分離が主流であるが，日本では，安定供給の確保を最優先に，発送電一貫体制が維持

されてきたのである。

　大口自由化の範囲は漸次拡大され，現在では，電力使用量ベースで約3分の2が自由化されているが，新規参入者のシェアは自由化部門の4％程度にとどまっている。電力取引所における取引も低調であり，新規参入業者が電力を調達する卸市場が発達していない。また，電力会社も自由化された大口需要家に対しては供給区域を問わずに供給できる仕組みになったにもかかわらず，そうした事例はこれまで1件しかないとされている。所管する経済産業省のほか，公取委においても，電力規制改革の検証作業が行われてきたが（公取委「電力市場における競争状況と今後の課題について」〔平成18・6・7〕），具体的な成果にはつながってこなかった。

　しかし，平成23年3月の東日本大震災・原発事故は，わが国の電力供給システムの脆弱性を如実に示すものであった。電力システムの抜本改革の検討が進められ，総合資源エネルギー調査会電力システム改革専門委員会における「電力システム改革の基本方針」（平成24年7月）の策定を受けて，「電力システムに関する改革方針」が閣議決定され（平成25・4・2），その工程に沿って電気事業法の改正が段階的に進められている。

　平成25年の第1弾の改正では，電力系統の広域的な運営を拡充するための「広域的運営推進機関」の創設を定めるとともに，改革の段階的な実施のためのプログラムが附則に規定された。平成26年の第2弾の改正では，小売の全面自由化の実施（平成28年を目途に実施するが，需要家保護のために一定期間料金規制を継続）と発電・送配電・小売という事業区分に応じた規制体系への移行を定めるとともに，安定供給の確保のための各種の措置を整備することとしている。さらに，第3弾として，垂直統合された電力会社の「法的分離」（資本関係は維持することができ，持株会社方式などが想定されている）により送配電部門の中立性を一層確保することとされており，「発送電分離」を平成32年に実施するために，平成27年の通常国会に改正法案が提出される予定である。

　また，送配電ネットワークの公正中立的な運用を確保する上では，規制当局による監視がより重要になることから，規制当局の組織・権限等についても抜本的な整備・強化が必要になる。さらに，独占禁止法上の問題が一層表面化すると考えられ，電力取引ガイドラインの改定を含め，公取委の取組の強化も求

められる。

　公取委は，自由化された大口需要家向け電力市場に関わる独占禁止法違反事件を度々取り上げてきているが，法的措置につながったものはなく，警告や電力取引ガイドラインの改正にとどまっている。

　新規参入業者は不測の事態に備える等のために電力会社からバックアップ電力を受ける必要があるところ，電力会社がバックアップの料金その他の条件面で新規参入を妨害しているのではないかという問題が平成13年から平成14年にかけて相次いで生じたことがある。これらの事件は，いずれも違反事実は認められないとして審査打切りになっているが（平成13・11・16，平成14・3・26公表），ガイドラインの改定につながっている。

　また，平成14年には，自由化対象需要家との長期契約における違約金条項が新規参入を排除する効果を有し，私的独占に該当する疑いがあるとして，北海道電力に警告がなされた（北海道電力事件〔平成14・6・28警告〕）。同様の契約条項は他の電力会社でも用いられている可能性があることから，全電力会社を対象に実態調査が行われ，改善措置が採られている（平成14・10・16公表）。

　このほか，電力会社によるオール電化住宅を巡る営業方法についても独占禁止法上の問題が生じた。家庭用熱源を巡る電力と都市ガスとの競争が激しい関西地区において，関西電力が，オール電化のマンションや戸建て住宅を建設・販売する住宅開発業者に対し，受電設備の設置や電柱の地中化に関して優遇措置を講じていたものであり，取引条件の差別的取扱いに該当するおそれがあるとして，警告が行われた（関西電力事件〔平成17・4・21警告〕）。

　自由化された大口需要家向け市場においては，電気事業法による料金規制はなく，独占禁止法による規制に委ねられている。大震災後の電力供給費用の増大に対応して，東京電力が平成24年1月から3月にかけて，取引先の大口需要家に対して十分な説明をすることなく，同年4月からの料金引上げを一方的に通告し，受け入れさせていることが優越的地位の濫用に当たるのではないかという申告が公取委になされた。公取委は，東京電力の行為が優越的地位の濫用につながるおそれがあるとして，同社に独占禁止法違反となるような行為を行うことのないよう文書で注意した（平成24・6・22公表）。

3 規制産業における企業結合規制

(1) 規制産業における企業結合規制

規制産業における企業結合も，基本的には一般の産業と同様の考え方により審査されるが，規制に伴う特有の問題がある。例えば，規制により営業地域や取扱商品等の範囲に制限があることによって一定の取引分野の画定に影響することがあり得る。また，輸入や参入は競争制限効果の判断において重要な意味を有するが，制度的な参入障壁として機能する参入規制は最重要の考慮要因となる。

例えば，地域独占が保証されていた電力会社間では，実際上企業結合を行うことは従来想定されていなかったと思われる。しかし，今後，自由化が一層進展し，各種の事業者が電力供給（発電・送配電・小売）を多様な形で担うようになると，水平型・垂直型・混合型を問わず，様々な企業結合が立案・実施されることも考えられる（企業結合ではないが，平成26年10月に東京電力と中部電力は包括的アライアンスに係る基本合意を公表した）。規制と競争の実態を踏まえた的確な企業結合審査ができるように，公取委は規制産業の実態把握と分析手法の鍛錬に努める必要がある。また，総務省が電気通信分野独自の企業結合規制の導入を予定しているところ，規制当局による審査との調整の在り方についても検討する必要がある。

(2) 規制産業における企業結合事例

公取委は毎年度における主要な企業結合事例を公表しており，規制産業における企業結合事例も少なくない。以下では，規制当局の政策上の措置や監督が公取委の結論に関係していると考えられる近年の事案を紹介する。

日本航空と日本エアシステムの事業統合（主要な企業結合事例10〔平成13年度〕）は，国内の主要な航空会社3社のうちの2社が統合するものであり，統合後の2社のシェアは同程度となり，同調的な運賃設定が容易になり，同一路線に就航する会社数が少なくなるなど，交渉力を有しない一般利用者に不当に不利益となるおそれがあるとして，協調的行動による市場支配力の行使が懸念された事案である。当事会社が羽田発着枠を一部返上すること等と併せて，国土交通省が各種の新規参入促進策を採ることとしていることから，新規参入航空会社

が大手航空会社に対して有効な競争を行うことが可能な競争事業者となる蓋然性が高いと評価されたものである。

　また，東京証券取引所と大阪証券取引所の統合（主要な企業結合事例10〔平成24年度〕）は，証券取引所の統合であり，新興市場における上場関連業務の取引分野における統合後の当事会社のシェアが約95％に達する事案である。当事会社における上場関連手数料の決定に対する第三者の関与を制度化し，当事会社だけで引上げができないようにするという問題解消措置について，所管する金融庁による監督等と相まって，不適当な価格引上げに対する牽制力となり得ると評価されたものである。

第8章

公正取引委員会による執行及び私人による執行

この章のポイント

　独占禁止法の目的を達成するために，公正取引委員会が置かれている。公正取引委員会は，独立の行政委員会であり，その権限の行使に関し，内閣総理大臣の指揮下にない。毎年，国会に対し，独占禁止法の施行状況を報告する義務がある。

　公正取引委員会は，違反事件の調査のための調査権限を有し，職員にその権限を行使させることができる。公正取引委員会は，告示により不公正な取引方法の行為類型の指定を行うことができ，また，内部規律や事件処理手続について規則を定めることができる。

　調査の結果，違反事実が認められた場合は，違反行為者に対し，排除措置命令又は課徴金納付命令が出される。その際，事前手続として意見聴取が行われ，命令の名宛人は公正取引委員会に対し，証拠の閲覧・謄写を求めることができる。

　公正取引委員会の行った排除措置命令・課徴金納付命令に不服のある者は，抗告訴訟を提起することができる。受訴裁判所は東京地方裁判所のみであり，3人又は5人の合議体で審理・判断することとされている。

　公正取引委員会は，違反被疑行為については，刑事訴追を求めて犯則調査を行うこともでき，また，裁判所に対し緊急停止命令の申立てをすることもできる。

　独占禁止法違反行為の被害者については，独占禁止法は，差止請求訴訟の制

度及び無過失損害賠償制度を設け，その被害の救済を図っている。

また，これら制度によらず，一般則である民法，会社法，地方自治法の規定を用いて，被害を受けた事業者や消費者のほか，違反企業の株主，被害自治体の住民が損害賠償請求等を行うこともある。

被害者等がこれら訴訟を提起することは，独占禁止法違反行為を抑止する効果を有することから，公正取引委員会は，これら訴訟の当事者に対し，違反事件の調査の過程で収集した資料を提供することとしてこれら訴訟の支援を行っている。

第1節　公正取引委員会の組織と権限

1　公正取引委員会の組織

(1)　公正取引委員会の設置

独占禁止法の目的を達成するために，公正取引委員会が置かれている。

独占禁止法27条1項では，「内閣府設置法……第49条第3項の規定に基づいて，第1条の目的を達成することを任務とする公正取引委員会を置く」と規定されている。独占禁止法が公正取引委員会の設置法である。

独占禁止法制定当初は，27条において，「この法律の目的を達成するため，公正取引委員会を置く」とシンプルに規定され，国家行政組織法3条に定める委員会の一つであり，総理府の外局とされていた。平成11年の中央省庁再編の際に，「第1条の目的」，「任務とする」という語が加わったほか，総務省の外局に移った。さらに，平成15年に「よりふさわしい体制に移行する」として27条1項が再度改正され，内閣府の外局に移行した。

その際，内閣府設置法において，内閣府の任務として「事業者間の公正かつ自由な競争の促進」が挙げられ（内閣府設置法3条2項），所掌事務として「（独占禁止法）第27条の2に規定する事務」が挙げられ（内閣府設置法4条3項58号），内部部局の規定など所要の整備がされた。公正取引委員会の組織と権限は，それぞれ内閣府設置法の授権に基づき独占禁止法で定められるという形を採っている。

なお，中央省庁再編時に内閣府は国家行政組織法の適用を受けないこととなったため，その後に内閣府に移行した公正取引委員会も国家行政組織法から離れ，条文上は，いわゆる「3条委員会」には当たらなくなった。

内閣府の長は内閣総理大臣であるので，公正取引委員会は「内閣総理大臣の所轄に属する」とされる（27条2項）。ただし，後記(2)で述べるように，独占禁止法に基づく権限の行使に当たっては，内閣総理大臣の指揮監督を受けない。

中央省庁再編の際には，公正取引委員会の事務の帰属について議論があり，中央省庁等改革基本法21条10号において「独占禁止政策を中心とした競争政策については，引き続き公正取引委員会が担うものとし，経済産業省の所管としないこと」とわざわざ法定された。

(2) 公正取引委員会の役割と位置付け

公正取引委員会の所掌事務は，独占禁止法27条の2に「私的独占の規制に関すること」，「不当な取引制限の規制に関すること」，「不公正な取引方法の規制に関すること」，「所掌事務に係る国際協力に関すること」など6項目が挙げられている。

公正取引委員会は，委員会の形を採る行政機関であり（後記コラム「行政委員会と審判制度」参照），これら所掌事務についての政策の企画立案及び法執行を担う。

28条に「公正取引委員会の委員長及び委員は，独立してその職権を行う」とあり，通常の行政庁であれば，内閣総理大臣の指揮監督の下に内閣一体として行政事務を遂行するところ，公正取引委員会は，独占禁止法に基づく職務（公正取引委員会が所掌することとされる他の法律に基づく職務を含む）の遂行については，内閣総理大臣の指揮下にない。例えば，独占禁止法の解釈とその具体的適用がこれに当たる。この職権行使の独立性は，公正取引委員会の職務の性質に由来するものとされる（昭和50・6・27参議院本会議〔内閣法制局長官答弁〕）。政治的な配慮を排して公正中立に行うべきとの趣旨である。

通常の行政庁と同様の業務，すなわち政策の企画立案，予算，人事，政策評価などの面では，内閣のコントロールを受ける。その場合の担当大臣としては，官房長官のほか，最近では，内閣府特命担当大臣のうちの1人が公正取引委員会担当とされることもある。

(3) **委員長及び委員の任免と規律**

　公正取引委員会は，委員長及び委員4人をもって組織される合議制の機関である。

　委員長及び委員は，年齢が35歳以上で，法律又は経済に関する学識経験のある者のうちから，内閣総理大臣が，両議院の同意を得て，任命する。委員長は，委員の中から選ばれるのではなく，最初から委員長として任命される。委員長のみ認証官である（29条）。

　委員長は公正取引委員会の会務を総理し，公正取引委員会を代表する。委員長が故障のある場合に委員長を代理する委員を，あらかじめ決めておかなければならない（33条）。

　委員長及び委員の任期は5年であり，定年の定め（70歳）がある（30条）。任期途中で退任した場合などの補欠の委員長及び委員の任期は前任者の残任期間とし，合議体としての継続性に配慮している。公正取引委員会発足時に，委員の任期をずらして任命した（5年の者，4年の者，3年の者など）こともその表れである（注―当時は7人委員会であった）。

　委員長及び委員は，在任中は身分保障があり，破産手続開始等の場合以外は，その意に反して罷免されることはない（31条）。特別職の公務員としての報酬は法定され，在任中，その意に反して減額することができない（36条）。

　公正取引委員会の会議の定足数は委員長（故障のときは委員長代理委員）及び委員2名，議事は出席者の過半数で決する。可否同数のときは委員長の決するところによる（34条）。

　前記(2)で見た独立性の規定，意思決定を合議で行うこと及び身分・報酬の保障が合わさって，公正取引委員会の法執行への他者の介入が防止されることとなる。

　委員長及び委員は，政治活動及び兼業が禁止され，事件に関する意見の発表は禁止されている（37条・38条）。罰則はない。

　委員長及び委員は，退任後も含め，事業者の秘密を他に漏らし，又は窃用してはならない（39条）。違反した場合は，1年以下の懲役又は100万円以下の罰金が科される（93条）。「事業者の秘密」とは，「非公知の事実であって，事業者が秘匿を望み，客観的に見てもそれを秘匿することにつき合理的な理由がある

もの」とされる（エポキシ樹脂秘密漏洩事件・昭和53・7・28東京地判・刑裁月報10巻6〜8号1162頁）。

(4) 事務総局

公正取引委員会の事務処理のため，事務総局が置かれている。事務総局の長は事務総長である。内部組織は，官房及び局であり，その総数は3以内とされる（35条）。

事務総局の地方機関として地方事務所が置かれる（35条の2）。沖縄については，沖縄総合事務局が公正取引委員会の指揮監督の下で地方事務所に相当する役割を果たす（内閣府設置法44条2項1号）。

平成26年度末の事務総局の定員は，830名である。

2　公正取引委員会の権限

(1) 違反事件に関する権限

公正取引委員会の権限の中心となるものは，独占禁止法違反行為に対する行政処分（排除措置命令・課徴金納付命令）である（違反行為に対する措置の体系については**第9章**参照）。

例えば，3条の規定に違反する行為があるときは，公正取引委員会は，独占禁止法所定の手続に従い，事業者に対し，当該行為の差止め等，違反行為を排除するために必要な措置を命ずることができる（7条）。

独占禁止法違反を認定するに当たっては，調査が必要であり，そのため，公正取引委員会には，事件関係人・参考人に対する出頭命令・審尋，報告命令，鑑定人に対する鑑定命令，物件の所持者に対する物件の提出命令・留置，事件関係人の営業所等への立入検査の各権限が認められている（47条1項）。

これら調査権限については，公正取引委員会の職員を審査官に指定してその処分をさせることができる（同条2項）。

上記の調査に係る処分に違反した者に対しては，1年以下の懲役又は300万円以下の罰金が科される（94条）。いわゆる間接強制の認められる行政調査手続である。両罰規定により，法人にも罰則がある（95条）。

47条1項の権限は，犯罪捜査のために認められたものと解釈してはならない（47条4項）。排除措置命令等の行政処分を行うための調査権限であるので，当

然のことを念のため規定しているとされる。

公正取引委員会は，行政調査権限のほか，裁判所の令状を得て強制的な臨検，捜査，差押えをすることができる犯則調査権限を有している（**第9章**第3節参照）。これは平成17年の独占禁止法改正により与えられたものである。

(2) その他の調査権限

公正取引委員会には，その職務を行うために必要があるときは，公務所，事業者等に対し，出頭を命じること，必要な報告，情報，資料の提出を命じること（40条），必要な調査を嘱託すること（41条）ができる。これらの権限は，事件調査に関する権限ではないが，事件調査において用いることもできる。40条の規定による処分に違反した者に対しては，20万円以下の罰金が科される（94条の2）。

(3) コミュニケーションに係る権限

公正取引委員会は，その職務を行うために必要があるときは，公聴会を開いて一般の意見を求めることができる（42条）。

公正取引委員会は，独占禁止法の適正な運用を図るため，事業者の秘密を除いて必要な事項を一般に公表することができる（43条）。公表は行政の透明性の確保に資することになり，また行政処分の公表であれば，他の事業者の同種の違反行為の未然防止につながることが期待される。

公正取引委員会は，外国競争当局に対し，その職務の遂行に資する情報の提供を行うことができる。ただし，わが国の利益を侵害するおそれがあると認められる場合を除く。情報の提供の際は，相手当局からも情報提供が可能であること，秘密情報については相手国において秘密が保持されること，目的外使用されないことを確認しなければならない。公正取引委員会は提供した情報が相手国において刑事手続に使用されないようにする義務も負う（43条の2）。

公正取引委員会は，内閣総理大臣を経由して，国会に対し，毎年独占禁止法の施行の状況を報告しなければならない。独立して職権を行使することに対応した報告義務である。国会に対しては，意見を提出することもできる（44条）。

関係のある公務所等は，公共の利益を保護するため，公正取引委員会に対して意見を述べることができる（67条）。

裁判所は，24条の規定による差止請求訴訟（第2節参照）が提起されたとき

は，公正取引委員会に対し，その旨を通知しなければならず，必要な事項について意見を求めることができる（79条）。

裁判所は，25条の規定による損害賠償請求訴訟（第2節参照）が提起されたときは，公正取引委員会に対し，損害額について意見を求めることができる(84条)。

(4) 規則制定権及び不公正な取引方法の指定

公正取引委員会は，その内部規律，事件処理手続等について規則を定めることができる。いわゆる規則制定権である。事件処理手続について規則を定めるに当たっては，排除措置命令・課徴金納付命令の名宛人となるべき者が自己の主張を陳述し，及び立証するための機会が十分に確保されること等当該手続の適正の確保が図られるよう留意しなければならない（76条）。

公正取引委員会は不公正な取引方法の行為類型の指定を行うことができるが（2条9項6号），その指定は告示によって行うこととされ（72条），特定の事業分野における特定の取引方法を指定しようとするときは，同業者の意見を聴き，かつ，公聴会を開催して一般の意見を求め，それらを十分に考慮しなければならない（71条）。

以上につき，公正取引委員会の準立法的権限ということがある。

コラム　行政委員会と審判制度

公正取引委員会は，競争政策の企画立案，独占禁止法の執行に当たる行政機関として，アメリカの連邦取引委員会に倣って置かれた独立の行政委員会である。

独占禁止法が制定された昭和20年代には，同様の行政委員会（行政処分を行う，いわゆる3条委員会）は他の分野においても多数設置されたが，現在まで残る組織は少ない。内閣から独立して権限を行使する必要があるとされる職務はあまり類例がないということであろうか。

一方，平成25年独占禁止法改正により廃止された審判制度は，行政委員会の準司法的機能の現れとされる。

わが国における行政審判（法律用語としての「審判」は，通常は，少年審判，労働審判など，裁判所の行う判断の呼称として用いられる）の手続としては，独占禁止法以外に，電波監理審議会の行う不服審理，公害等調整委員会の行う不服の裁定，特許庁の不服の審判，国税不服審判所の行う不服審判，中央労働委員会

の行う救済審判、金融庁の行う課徴金審判、海難審判所の行う懲戒処分の審査が挙げられる。

つまり、審判手続は必ずしも行政委員会に置かれているとは限らない。行政委員会であっても審判手続を有さない組織もある（国家公安委員会、特定個人情報保護委員会）。また、上記審判手続には、行政処分の前の手続であるものも、行政処分を見直す手続であるものもある。審判の結果（審決・裁決・裁定・議決等）についての取消訴訟において、審級省略と実質的証拠法則が認められているもの（電波監理審議会の議決、公害等調整委員会の裁定、廃止前の公正取引委員会の審決）、審級省略は認められているが実質的証拠法則は認められていないもの（特許庁の審決、海難審判所の裁決）、いずれも認められていないものがあり、行政委員会かどうかと直接関係していない。

したがって、審判制度の位置付けは、行政委員会という組織自体よりも、それぞれの法律が担う役割に鑑み、適切な形式が選択されているものと考えられる。

第2節　公正取引委員会による法執行

1　手続の概要

(1) 法執行手続の近時の変遷

独占禁止法違反行為に対する措置としては、公正取引委員会の行う行政処分（排除措置命令・課徴金納付命令）のほか、刑事訴追、私人による訴訟がある（違反行為に対する措置体系の全体及び行政処分として認められる措置の内容や罰則については**第9章**参照）。

ここでは、公正取引委員会の行政処分の手続を述べ、第3節で私人による法執行の手続と内容を述べる。

公正取引委員会の行政処分の手続は、近年、目まぐるしく変遷した。

平成17年独占禁止法改正前の手続は、次のとおりである。

公正取引委員会は、独占禁止法に違反する行為があると認める場合には、当

該違反行為者に対し，適当な措置を採るべきことを勧告することができ，相手方が当該勧告を応諾したときは排除措置を命ずる勧告審決（行政処分）を行うことができ，また，勧告の有無を問わず，違反行為者に対し（通常は勧告を応諾しない事業者に対し），審判手続の開始を行うことができる。審判手続を経た後，審決により，違反事実が認定され，必要があれば排除措置が命じられる。審判中に相手方が審判開始決定書記載の事実及び法律の適用を認めて排除措置計画を申し出た場合は，公正取引委員会は同意審決を行うこともできる。課徴金納付命令は，違反行為に係る審決（審判が行われれば審判審決又は同意審決）の後に行われ，それ自体行政処分であるが，不服があれば，審判手続が開始され，その際は，課徴金納付命令は失効し，審判手続の後，改めて課徴金の納付を命ずる審決が行われる。この審判手続は，公正取引委員会が行政処分を慎重に行うため，相手方に防御の機会を与える，いわゆる事前審判である。審決（課徴金の納付を命ずる審決を含む）に不服がある者は，東京高等裁判所に取消訴訟を提起することができる。東京高等裁判所においては，5人の裁判官による特別の合議体で審理・判断される。

　平成17年改正により，勧告手続は廃止され，代わりに排除措置命令（行政処分）が行われることとなり，処分前手続として，相手方に処分内容を事前に通知し，意見申述・証拠提出の機会を付与することとなった。そして，審判手続は，排除措置命令に不服がある者が請求した場合に行われる手続となり，審判手続を経た後，審決により，審判請求の棄却又は原処分の取消変更が行われる，いわゆる事後審判となった。排除措置命令も課徴金納付命令も行政処分であるが，取消訴訟は審決に対してしか提起することができない，いわゆる裁決主義が採られていた。審決取消請求訴訟が東京高等裁判所の専属管轄であり，5人の特別の合議体で審理・判断される点は従来と同様である。

　また，課徴金納付命令については，平成17年改正により，違反行為に係る行政処分を待たずに行うことができることとされた。つまり，違反行為が課徴金対象行為であれば，通常は，排除措置命令と課徴金納付命令の両方について同時に処分前手続が行われ，行政処分も同時に行われる。課徴金納付命令は審判開始によっても失効せず，課徴金は納期限までに納付しなければならない。

　事前審判であれば，審判中は公正取引委員会としては未だ違反行為の存否が

定まらないところ，事後審判であれば，排除措置命令・課徴金納付命令という公正取引委員会としての判断は審判中にも存在することになる。

次いで，平成25年独占禁止法改正（平成27年4月施行）により，審判制度が廃止され，排除措置命令・課徴金納付命令に不服がある者は，行政事件訴訟法の定めに従い，抗告訴訟を提起すべきこととされた。審判手続については，事前審判の時代から「公正取引委員会が検察官役と裁判官役を兼ねている」との批判があり，審査官と審判官の職能分離により三面構造が採られてきたが，特に事後審判化により「自分が行った処分を自分で見直す」手続となったため，公正らしさの外観からの批判が止まず，平成17年改正前のような事前審判に戻すこともなく，廃止することとされたものである（平成21・4・24衆議院経済産業委員会附帯決議，平成21・6・2参議院経済産業委員会附帯決議）。

審判制度の廃止に伴い，取消訴訟における実質的証拠法則や新証拠提出制限の規定は廃止され，また，排除措置命令・課徴金納付命令が公正取引委員会としての最終の意思決定となることから，処分前手続が意見聴取手続として整備された。平成25年改正法に基づく手続は，改正法の施行日以降に意見聴取手続が開始された事件から適用される。施行日前に処分前手続が開始された事件については，排除措置命令・課徴金納付命令に不服がある者は審判請求を行い，審決に不服があるときに，その取消しの訴えを東京高等裁判所に提起することになる。

(2) 調査・処分の流れ

独占禁止法違反行為に対する行政処分の手続の流れは下記のとおりである。
なお，このほか，刑事訴追を目的とする犯則調査手続があり，通常は，立件時に分けられる（**第9章**参照）。

違反事件の調査（端緒処理→立件→審査報告・処分案の決定）
↓
意見聴取手続（事前通知→証拠の閲覧・謄写→意見聴取）
↓
排除措置命令・課徴金納付命令
↓
確定又は司法審査手続（東京地方裁判所→東京高等裁判所→最高裁判所）

(3) 一般の行政処分に係る手続との異同

　審判制度は，公正取引委員会の行政委員会としての性格を色濃く表す制度であった（コラム「行政委員会と審判制度」参照）。また，公正取引委員会の専門性の尊重の現れとして，刑事告発に係る第一審，審決取消訴訟の第一審及び25条に基づく損害賠償請求訴訟の第一審は，いずれも東京高等裁判所の専属管轄であった。これらの規定は，これまでにすべて見直され，公正取引委員会の行う排除措置命令・課徴金納付命令に係る手続は，一般の行政処分に係る手続に近付いている。しかし，従前の制度の趣旨を踏まえ，いくつかの点で一般の行政処分に係る手続と取扱いの異なるところがある（後記コラム「行政手続という側面から見た独占禁止法」参照）。

　まず，排除措置命令及び課徴金納付命令，事件調査における調査権限の行使等については，行政手続法の不利益処分に関する事前手続の規定は適用しないこととされている（70条の11）。行政手続法に規定する手続よりも慎重な手続が独占禁止法に定められているからである（後記3参照）。行政手続法では，金銭の支払を求めるのみの不利益処分については弁明の機会の付与を要しないが，独占禁止法の課徴金納付命令については，排除措置命令と同様の事前手続が規定されており，平成25年改正の後も同様である（行政手続法における行政指導に係る規定及び処分等の求めに係る規定は適用される。後記2(1)参照）。

　次に，排除措置命令及び課徴金納付命令，事件調査における調査権限の行使等については，行政不服審査法による不服申立てをすることができない（70条の12）。公正取引委員会及びこれら処分の性格に鑑み，公正取引委員会の判断の結果としての行政処分については，司法審査に服させることとしたと考えられる（平成26年に制定された新しい行政不服審査法の下でも，公正取引委員会の処分及び不作為について，審査請求できないこととされている。施行日未定）。ちなみに，審査官による調査権限の行使については，公正取引委員会規則（後記(4)）により異議申立ての制度がある。

　最後に，排除措置命令・課徴金納付命令に対する抗告訴訟については，その第一審が東京地方裁判所の専属管轄とされ，かつ，合議体での審理・判断を義務付けられ，さらに被告は国ではなく公正取引委員会であり，訴訟追行には法務大臣の指揮権が及ばない（後記5参照）。

(4) 審査規則

規則制定権（第1節2(4)参照）に基づき，公正取引委員会は，違反事件調査手続に関し，「公正取引委員会の審査に関する規則」（以下「審査規則」という）を，意見聴取手続に関し，「公正取引委員会の意見聴取に関する規則」（以下「意見聴取規則」という）を，それぞれ定めている。

なお，審査手続に関しては，政令への委任事項もある（70条の10・75条）。

2 違反事件調査手続

(1) 端　　緒

違反事件の端緒には，一般からの報告（45条1項），課徴金減免申請（7条の2第10項ほか。詳細は**第9章**参照），公正取引委員会の職権探知（45条4項）及び中小企業庁からの措置請求（中小企業庁設置法4条7項）がある。

一つの端緒情報により1件の違反事件が特定されるのではなく，通常は，公正取引委員会において，いくつかの端緒情報を組み合わせ，また追加の情報収集を行うなどして，違反被疑事件の輪郭や調査着手の優先度合が総合判断されていく。ただし，課徴金減免申請については，その順位確定の必要から，申請ごとに当該申請に係る事件の対象範囲が，ある程度特定される。

一般からの報告については，誰でも，違反事実があると思料するときは，公正取引委員会に対し，その事実を報告し，適当な措置を採るべきことを求めることができる（45条1項）。口頭でも書面でも電子メールでもよい。匿名でも差し支えない。違反事実に接するのは，取引先，同業者などの被害者や違反行為の当事者であることが多く，報告は主としてこれら事業者及びその従業員から行われる。独占禁止法はいわゆる公益通報の対象法律であり，違反行為者の従業員の内部告発等については，公益通報者保護法により不利益取扱い等が禁止される。

この報告があったときは，公正取引委員会は，必要な調査をしなければならない（45条2項）。ここでいう「調査」は後記(2)に述べる調査権限を用いた調査を意味するのではなく，被疑事実の存否について所要の検討を行うことで足りる。

報告が，報告者の氏名・住所，違反行為者の名称，違反行為の具体的な事実を記載した文書により行われたときは，公正取引委員会は処理結果を報告者に

対して通知しなければならない（45条3項，審査規則33条）。

独占禁止法45条1項の規定の解釈について，最高裁は，「公正取引委員会の審査手続開始の職権発動を促す端緒に関する規定であるにとどまり，報告者に対して，公正取引委員会に適当な措置をとることを要求する具体的請求権を付与したものであるとは解されない」と述べ，公正取引委員会が措置を採らないとの決定を行ったとしても，それを行政処分として取消しを求めることはできないとした（エビス食品企業組合事件・昭和47・11・16最判・審決集19巻215頁）。

45条3項の通知も行政処分に当たらず，不服があっても抗告訴訟の提起はできない（公正取引委員会不作為違法確認請求事件・昭和55・8・26東京地判・審決集27巻255頁）。通知結果に納得のいかない報告者があるときは，実務上，公正取引委員会において，その疑問，苦情等を受け付け，内部に設けられた審理会において点検することとされている。

平成26年行政手続法改正により，法令違反事実がある場合に行政庁に対し処分等の求めがあったときは，行政庁は，必要な調査を行い，その結果に基づき必要があると認めるときは当該処分・行政指導をしなければならないとされており（行政手続法36条の3），この規定は独占禁止法違反行為にも適用される。

一般からの報告や課徴金減免申請がなくても，公正取引委員会は，自ら調査を開始することができる（45条4項。職権探知）。新聞・雑誌の情報により違反被疑事実を把握する場合などがある。

(2) 審　査

公正取引委員会は，端緒情報を検討した結果，独占禁止法に基づく調査権限（47条1項）を用いて調査を開始することとしたときは，事件ごとに審査官を指定して当該事件の審査に当たらせる（同条2項。事件についての調査を「審査」と呼ぶ）。犯則事件については，独占禁止法47条1項の権限は用いず，犯則調査手続により調査を行う（第9章参照）。

第1節2(1)のとおり，調査権限の内容は，出頭命令・審尋，鑑定，提出命令・留置，立入検査であり，出頭命令等に違反した場合は罰則のある，いわゆる間接強制権限である。

事件審査は，通常，立入検査から始まる。立入検査は，「事件関係人の営業所その他必要な場所に立ち入り，業務及び財産の状況，帳簿書類その他の物件

を検査すること」(47条1項4号)であり，審査官が，違反被疑行為者や取引先の事業所等に立ち入って，書類等を検査する。必要があれば事件関係人の役員・従業員の自宅も対象となる。立入検査の結果，違反事実の認定に必要と考えられる書類等があれば，その所持者に対し，提出を命じ，また留め置く(同項3号)。

立入検査に当たっては，審査官は，事件名，被疑事実の要旨及び関係法条を記載した文書を交付する。物件の提出を命じられた者は，当該物件を閲覧・謄写することができる。提出物件を留め置くときは目録が作成される。留置の必要がなくなった物件は，還付される(審査規則9条・16条～18条・20条)。

立入検査は，事前に通知することなく行われる。裁判所の令状なく行われることについては，刑事責任の追及を目的とする調査ではないこと等から憲法上の問題はないと考えられている(川崎民商事件・昭和47・11・22最判・刑集26巻9号554頁)。

審査官は，事件関係人の代表者，役員，従業員等に出頭を命令して審尋を行い，その調書を作成する。カルテルなどでは，意思連絡の存在を示す物証は残っていないことが多く，営業担当者等の記憶に基づく供述が重要な証拠となる。審尋調書の作成者は審査官であるが，作成に当たっては，供述人に読み聞かせ，又は閲覧させて誤りがないかどうか確認を求め，誤りがないとしたときはその供述人に署名押印を求めることができる(審査規則11条)。

審査官は，課徴金の算定に必要な売上額等について，事件関係人に対し報告命令を行う。

審査官が，出頭命令，報告命令，鑑定命令，提出命令(立入検査時に限らない)を行う場合には，それぞれ文書を送達して行う(審査規則9条)。

参考人の出頭や鑑定人の鑑定については，旅費・手当の定めがある(公正取引委員会の審判費用等に関する政令)。

47条1項の処分については，その年月日と結果を記録しなければならない(48条)。処分ごとに審査官が作成すべき調書が定められている(審査規則10条～12条・14条・15条・21条)。

審査官が行った，これら調査のための処分を受けた者は，処分に不服があるときは，公正取引委員会に対し，異議の申立てをすることができる(審査規則22条)。

47条1項の権限を用いて調査することとした事件において，事件関係人や参考人の任意の協力を得て供述録取や資料収集が行われることも多い。この場合もそれぞれ所要の記録が作成される（審査規則13条・19条）。

平成25年改正において，以上の調査手続について，事件関係人が十分な防御を行うことを確保する観点から検討を行い，1年を目途に結論を得て，所要の措置を講ずることとされた（平成25年改正法附則16条）。このため内閣府に「独占禁止法審査手続についての懇談会」が設置され，平成26年12月24日に報告書が取りまとめられた。同報告書では，立入検査において，事業者は弁護士を立ち会わせることができる，弁護士依頼者間秘匿特権を現段階で導入することは適当ではない，供述聴取時の弁護士の立会い及び供述聴取過程の録音・録画を認めるべきとの結論には至らなかった，などとされ，公正取引委員会は標準的な行政調査手続についての指針等を策定し，公表することとされた。

(3) **審査報告・処分案の決定**

公正取引委員会は，事件について必要な調査をしたときは，その要旨を調書に記載する（48条）。

立件審査が終了したときは，審査官は，端緒，審査経過，事案の概要，関係法条，審査官の意見をまとめた審査結果を公正取引委員会に報告する（審査規則23条）。

公正取引委員会によれば，平成25年度において法的措置を採った全18件の平均事件処理期間（審査開始から事前手続を経て処分の日までの期間）は，約14か月である。

公正取引委員会は，審査結果を踏まえ，違反事実の有無及び処分内容について検討し，排除措置命令又は課徴金納付命令をすべきかどうか判断する。

公正取引委員会は，審査の結果，証拠不十分その他の理由で行政処分を行わずに被疑行為を取りやめること等の行政指導（警告）を行うこともある。この場合は，行政手続法の規定に基づき，行政指導に従わなかったことを理由として不利益取扱いをしてはならない，責任者を明示するなどの規制を受ける。公正取引委員会は，警告をしようとするときは，相手方に事前に警告の趣旨・内容を通知し，意見申述及び証拠提出の機会を付与する（審査規則31条）。

3 意見聴取手続

(1) 意見聴取手続の趣旨

　公正取引委員会は，排除措置命令又は課徴金納付命令をしようとするときは，事前に名宛人について意見聴取を行わなければならない（49条・62条4項。以下，課徴金納付命令についての準用規定の引用を省略する。意見聴取規則23条についても同様）。

　この手続は，不利益処分を行うに当たって相手方の弁明を聴取し，反対証拠があればそれを検討して処分の適正を期すという趣旨であり，行政手続法第3章に規定する事前手続の趣旨と共通である。

　手続の具体的内容のうち，名宛人となるべき者に対し，予定される処分の内容とその原因となる事実を通知し，期日を設けて意見を聴取すること，当該事実を立証する証拠の閲覧を認めることは，行政手続法に定める聴聞と同様であり，名宛人以外の利害関係者の参加は認めないこと，一部証拠の謄写を認めること，意見聴取手続主宰者は自己の意見を報告しないこと，が主な相違点である。

　平成25年改正前においても，処分前に名宛人に対し，意見を述べ，証拠を提出する機会を付与しなければならない（改正前の49条3項等）とされ，その実施において，予定される処分の内容，公正取引委員会の認定事実，その認定事実を基礎付けるために必要な証拠を説明する（平成25年改正法施行前の審査規則24条～27条）こととされていたが，平成25年改正により審判制度が廃止されて，排除措置命令及び課徴金納付命令が公正取引委員会としての最終判断となるため，口頭の意見聴取を原則とすることに改められ，加えて，証拠の閲覧・謄写に係る規定が新設された。

　ちなみに，独占的状態に対する競争回復措置命令（8条の4。**第5章**第5節参照）についても，この意見聴取の手続が準用される（64条4項，意見聴取規則24条）。独占禁止法11条の認可の取消し又は変更（**第5章**第3節参照）についても同様である（70条の3第2項，意見聴取規則25条）。

(2) 事前通知

　まず，排除措置命令又は課徴金納付命令の名宛人となるべき者に対して，書面による事前通知が行われる。事前通知には，事件名，予定される排除措置命

令・課徴金納付命令の内容，公正取引委員会の認定した事実及び法令の適用，証拠の標目，意見聴取の期日・場所などが記載され，証拠の閲覧・謄写を求めることができる旨も記載される（50条，意見聴取規則9条）。

　事前通知を受けた者（当事者）は，やむを得ない理由がある場合には，意見聴取の期日・場所の変更を申し出ることができる（意見聴取規則10条）。

　当事者は，代理人を選任することができる。代理人は，当事者のために意見聴取に関する一切の行為をすることができる（51条）。

　代理人の定めがあるのは，証拠の閲覧や意見聴取手続の出席が当事者本人（代表者）に限られるのは現実的ではないからである。代理人の属性に限定はなく，弁護士のほか，当事者の役員，従業員が考えられるが，代理人であることは，書面で証明しなければならない（意見聴取規則11条）。

(3) 証拠の閲覧・謄写

　事前通知を受けた者は，公正取引委員会の認定した事実を立証する証拠について，閲覧・謄写を求めることができる。公正取引委員会は，第三者の利益を害するおそれがあるときその他正当な理由があるときは，その閲覧・謄写を拒むことができる。例えば，他社の企業秘密や従業員のプライバシーにわたる場合である（52条）。

　証拠のうち謄写できるのは，いわゆる自社証拠のみであり，他社に係る提出物や供述調書は対象外である（52条）。具体的には，以下の4類型である（意見聴取規則13条）。

①　当事者又はその従業員が提出した物件（47条1項により提出を命じて提出された物件及び任意に提出した物件）
②　犯則調査手続において当事者又はその従業員から領置又は差し押さえた物件
③　当事者又はその従業員の審尋調書及び供述調書
④　犯則調査手続における当事者又はその従業員の質問調書

　証拠の閲覧・謄写は，事前通知から意見聴取の終結までの間，書面により，複数回求めることができる。公正取引委員会は，証拠の閲覧・謄写について，日時・場所・方法を指定することができる。公正取引委員会は，その指定に当たって，当事者の意見陳述の準備を妨げることのないよう配慮する（52条，意

見聴取規則12条・13条)。

(4) 意見聴取期日

意見聴取は，公正取引委員会が事件ごとに指定する職員（指定職員）が主宰する。当該事件について審査を行ったことのある職員を指定することはできない（53条)。

指定職員は，前記(2)の事前通知のときまでに指定され，当事者に対しその氏名が通知される（意見聴取規則14条)。

「事件ごとに」とあるのは，指定に当たって事件が特定されるとの意であって，事件1つについて1人指定されるとは限らず，談合事件のように違反行為者が多数のときは，複数の職員が指定されることがあり得る。この場合でも，事前通知を受けた者にとっては，自社を担当する指定職員は特定される。

意見聴取の期日は，事前通知において「相当な期間をおいて」（50条）定められる。当日，冒頭に，審査官から，予定される排除措置命令・課徴金納付命令の内容，公正取引委員会の認定した事実，認定した事実を立証する証拠のうちの主要な証拠，法令の適用の説明があり，事前通知を受けた者は，意見聴取期日に出頭して，意見を述べ，証拠を提出し，指定職員の許可を得て審査官に対し質問することができる。

指定職員は，意見聴取の期日において，必要があると認めるときは，事前通知を受けた者に対し，質問し，意見の陳述や証拠の提出を促し，また，審査官に説明を求めて，手続を進める。

期日における意見聴取は公開されない（54条）。

指定職員は，意見聴取の期日に先立って，当事者に対し，期日において陳述しようとする事項，提出しようとする証拠又は質問しようとする事項を記載した書面の提出を求めることができる（意見聴取規則16条)。

指定職員は，意見聴取の期日において，意見聴取の適正な進行を図るためにやむを得ないと認めるときは，意見聴取に出頭した者の意見陳述・証拠提出を制限することができるほか，意見聴取の進行を妨害し，又はその秩序を乱す者に対し退場を命ずる等，秩序を維持するために適当な措置を採ることができる（意見聴取規則17条)。

意見聴取の期日において，違反行為の被害者その他の利害関係人，鑑定人な

ど，第三者の参加を求める規定はない。平成17年改正前の事前審判のように，証拠の評価を一からやり直す手続ではないからである。第三者の意見書や鑑定書を証拠として提出することは妨げられないと考えられる。取消訴訟における第三者の参加について後記5(2)参照。

　指定職員は，意見聴取の期日における意見陳述等の結果，なお意見聴取を続行する必要があると認めるときは，さらに新たな期日を定めることができる（56条）。

　事前通知を受けた者は，意見聴取の期日に出頭する代わりに，意見聴取の期日までに，指定職員に対し，陳述書及び証拠を提出することができる（55条）。

　指定職員は，事前通知を受けた者が正当な理由なく意見聴取の期日に出頭せず，代わりの陳述書又は証拠を提出しないときは，意見聴取を終結することができる。このほか，事前通知を受けた者の出頭が相当期間見込めない場合には，期限を定めて陳述書・証拠の提出を求め，当該期限が到来したときに意見聴取を終結することができる（57条）。

(5) 調書及び報告書

　指定職員は，意見聴取の期日ごとに，意見聴取手続の経過を記載した調書を作成する。当該調書においては，事件名，当事者名，意見聴取の期日・場所，出席者，当事者が出頭しなかった場合は出頭しなかったことについての正当な理由の有無，当事者の意見陳述の要旨，証拠の標目を記載し，提出された陳述書・証拠及び事前に提出された書面を添付する（58条，意見聴取規則20条）。

　また，指定職員は，意見聴取の終結後速やかに，当該事件の論点を整理した報告書を作成し，意見聴取期日の調書とともに，公正取引委員会に提出する（58条）。

　指定職員は，意見聴取の調書及び報告書を作成したときは，その旨を当事者に通知する（意見聴取規則21条）。当事者は，当該調書・報告書の閲覧を求めることができる（58条）。

　調書においても報告書においても，指定職員の評価や意見は記載されない。

　公正取引委員会は，意見聴取の終結後に生じた事情に鑑み必要があると認めるときは，指定職員に対し，報告書を返戻して，意見聴取の再開を命ずることができる（59条）。

4 排除措置命令・課徴金納付命令

(1) 意思決定

排除措置命令及び課徴金納付命令は，委員長及び委員の合議によらなければならない（65条）。公正取引委員会の合議は公開されない（66条）。議決方法については，第1節1(3)参照。

排除措置命令・課徴金納付命令の議決に当たっては，意見聴取に係る調書及び報告書の内容を十分に参酌してしなければならない（60条）。

(2) 形　式

排除措置命令・課徴金納付命令は，文書によって行い，委員長及び合議に出席した委員が記名押印する。

排除措置命令書には，違反行為を排除し，又は違反行為が排除されたことを確保するために必要な措置，公正取引委員会の認定した事実及び法令の適用を記載する（61条1項）。

課徴金納付命令書には，納付すべき課徴金の額，課徴金の計算の基礎，課徴金に係る違反行為，納期限を記載する。納期限は，謄本を発する日から7か月後である（62条1項・3項）。

排除措置命令・課徴金納付命令は，即日公表される。公表の根拠は43条であり，行政の透明性を確保するとともに同種違反行為の未然防止につながることが期待される。排除措置命令についてはその全文が公表される（第1節2(3)参照）。

(3) 効　力

排除措置命令及び課徴金納付命令は，その名宛人に謄本を送達することによってその効力を生ずる（61条2項・62条2項）。

送達については，民事訴訟法の関係規定が準用され，公正取引委員会職員・郵便による交付送達（出会送達，補充送達，差置送達を含む）及び領事送達ができる（70条の7）。また，一定の場合は，公示送達によることもできる（70条の8）。

公正取引委員会は，経済事情の変化その他の事由により排除措置命令を維持することが不適当であると認めるときは，決定でこれを取り消し，又は変更することができるとされる。ただし，名宛人の利益を害することとなる場合を除

く（70条の3第3項）。排除措置命令の内容については**第9章**で説明されるが，例えば，商慣行の変化などにより排除措置命令中の不作為命令の規定が違反行為を抑止するために必ずしも適切でなくなった場合などがこれに当たると考えられる。

　課徴金納付命令については，同一事件について罰金刑が確定したときには，公正取引委員会は，決定で，罰金の2分の1の額を差し引いた額に課徴金額を変更しなければならない。当初の課徴金納付命令の額が罰金の額の2分の1以下である場合及び差し引いた後の額が100万円未満となる場合には，課徴金納付命令を取り消さなければならない（63条1項）。

　これらの決定も文書によって行い，その謄本を名宛人に送達することによって，その効力を生ずる（63条3項・4項・70条の3第4項。排除措置命令・課徴金納付命令に対する取消訴訟が確定した際の効力については後記5(7)参照）。

(4)　**執 行 力**

　排除措置命令に違反したものは，50万円以下の過料が科される（97条）。この裁判は東京地方裁判所の専属管轄である（85条）。

　平成25年改正により，裁判所に保証金を供託して確定前の排除措置命令の執行を免れることができる制度は廃止され，取消訴訟を提起した場合は行政事件訴訟法に基づく執行停止の制度によることとなった（後記5(8)参照）。

　確定した排除措置命令に従わないものには，2年以下の懲役又は300万円以下の罰金が科される（90条）。

　公正取引委員会は，排除措置命令をした後に特に必要があると認めるときは，排除措置命令において命じた措置が講じられているかどうか確かめるために，47条の調査権限を行使することができる（68条）。

　課徴金納付命令の名宛人は，納期限までに課徴金を納付しなければならない。納付しない場合は，国税滞納処分の例によって徴収される（課徴金の督促，延滞金などの徴収の手続については**第9章**参照）。

5　司法審査

(1)　排除措置命令・課徴金納付命令に対する不服審査

　排除措置命令・課徴金納付命令に不服のある者は，行政事件訴訟法の定めに

従い，抗告訴訟を提起することができる。手続の一部につき，独占禁止法において特別の定めがある。

「抗告訴訟」とは，「行政庁の公権力の行使に関する不服の訴訟」（行政事件訴訟法3条1項）をいい，処分の取消しの訴えのほか，無効確認の訴え，処分の義務付けの訴え，差止めの訴え等があるが，以下では取消しの訴えについて述べる。

公正取引委員会は，排除措置命令・課徴金納付命令を行うに当たって，相手方に対し，取消訴訟を提起する場合の被告及び出訴期間の定めについて教示しなければならない（同法46条）。

(2) 原告・被告

取消訴訟を提起することができる者は，処分の取消しを求めるにつき法律上の利益を有する者であり（行政事件訴訟法9条1項），排除措置命令・課徴金納付命令の名宛人に限られない。名宛人以外の者についての法律上の利益の有無の判断に当たっては，処分の根拠となる法令の文言のみでなく，法令の趣旨・目的及び当該処分において考慮されるべき利益の内容・性質を考慮するものとするなど，裁判所の考慮事項が法定されている（同条2項）。

被告は公正取引委員会であり（法77条），訴訟追行に当たり法務大臣の指揮権は及ばない（法88条）。独占禁止法の執行に当たり，公正取引委員会の意思決定は内閣とは独立に行われるからである。

裁判所は，申立てにより，又は職権で，取消訴訟の結果により権利を害される第三者を訴訟に参加させることができる（行政事件訴訟法22条）。「権利を害される第三者」とは，原告適格にいう「法律上の利益」を害される者と同旨であろう。

裁判所は，申立て又は職権により，他の行政庁を訴訟に参加させることができる（同法23条）。

(3) 管　　轄

排除措置命令・課徴金納付命令に対する取消訴訟は，東京地方裁判所の専属管轄である（85条）。平成25年改正前の公正取引委員会における審判が訴訟の第一審に相当するとの位置付けであったことを踏まえ，東京地方裁判所に抗告訴訟の第一審を集中させ，判断の合一性を確保するとともに，裁判所における専門的知見の集積を図るとの趣旨であるとされる。

取消訴訟は，3人の裁判官の合議体により審理・裁判を行うこととされ，5人の裁判官の合議体ですることもできる（86条）。

東京地方裁判所の判決に対する控訴審となる東京高等裁判所においては，5人の裁判官の合議体により審理・裁判を行うことができる（87条）。通常の3人の合議体により行うことも可能である（平成25年改正前は，公正取引委員会の審決取消請求訴訟は，東京高等裁判所の専属管轄であり，5人の裁判官の特別の合議体により審理・裁判を行うこととされていた。前記1(1)参照）。

(4) 出訴期間

取消訴訟の出訴期間は，処分があったことを知った日から6か月以内，かつ，処分から1年以内であり，いずれも正当な理由があるときは延長される（行政事件訴訟法14条）。

(5) 請求の併合

取消訴訟には関連請求に係る訴えを併合することができる（行政事件訴訟法16条・18条・19条）。例えば，同一の名宛人についての排除措置命令に対する取消訴訟と課徴金納付命令に対する取消訴訟の併合や，同一のカルテル事件についての複数の名宛人による取消訴訟の併合が考えられる。

排除措置命令・課徴金納付命令に対する国家賠償法に基づく国に対する損害賠償請求訴訟をする場合は，被告が異なるが，改めて別個の請求を行うのではなく，共同訴訟（同法17条）の制度又は取消訴訟の訴えの利益がなくなっているときには国に対する請求への訴えの変更（同法21条）の制度が利用可能と考えられる。

(6) 審　理

取消訴訟の審理については，釈明処分の特則（行政事件訴訟法23条の2），職権証拠調べ（同法24条）等の規定があり，弁論主義が一部修正されている。例えば，裁判所は，被告である公正取引委員会に対し，処分の理由を明らかにする資料の提出を求めることができる。特に規定がない事項については，民事訴訟の例による（同法7条）。

裁判所は，公正取引委員会の法解釈及び事実認定に拘束されず，独自の法解釈の下で全面的に審理することになる（平成25年改正により実質的証拠法則は廃止された）。

審理対象となる争点は原告次第であるが、立証責任の分配については、独占禁止法違反を認定して排除措置命令・課徴金納付命令を行った公正取引委員会が、処分の根拠についての立証責任を負うと考えられる。

原告はいつでも請求を取り下げることができる。被告について処分権主義が妥当するかというと、公正取引委員会は、公益目的で法執行しているのであるから、和解や請求の認諾には一定の制約があると考えられる。

取消訴訟において提出される書面・証拠は、民事訴訟法91条の訴訟記録となり、何人も閲覧を請求でき、当事者及び利害関係者は謄写できる。プライバシー及び営業秘密については、裁判所は、当事者の申立てにより閲覧・謄写を当事者に限ることができる（民事訴訟法92条）。

(7) 判　決

審理の結果、裁判所は、当該排除措置命令・課徴金納付命令が違法かどうか判断し、違法であれば請求認容判決（取消判決）、違法でなければ請求棄却の判決を行う。一部認容・一部取消判決もあり得る。

独占禁止法に規定する要件に照らし、違反行為がない、課徴金の算定の根拠となる売上額が誤りであるなどの場合に、取消判決・一部取消判決が行われることとなろう。

排除措置の必要性や措置の内容については、公正取引委員会に相当の裁量があると考えられ、裁量権の範囲を超え、又はその濫用があった場合に限り、裁判所は取り消すことができることとなる（行政事件訴訟法30条）。

排除措置命令・課徴金納付命令が適法か違法かという審理は処分時について行われ、取消判決が確定したときは、処分は処分時に遡って失効する。

確定判決は既判力があると解され、請求を棄却された原告は、他の理由を挙げて再度取消訴訟を提起することはできない。

処分を取り消す判決は、第三者に対しても効力を有する（同法32条）。

処分を取り消す判決は、公正取引委員会その他の関係行政庁を拘束する（同法33条）。行政庁は判決の趣旨に沿った行動が義務付けられ、課徴金納付命令が取り消されれば、既に納付された課徴金は、金利相当の一定の金額を付加して還付される。

確定判決には反復禁止効があるとされ、排除措置命令・課徴金納付命令を取

り消された公正取引委員会は，同一事情の下で，同一事実により，再度同一処分を行うことはできない。

処分を取り消す判決により権利を害された第三者は，落ち度なく訴訟に参加できなかった等の一定の場合に，確定判決に対し，再審の訴えをもって不服の申立てをすることができる（同法34条）。

その他の再審，控訴，上告は民事訴訟法の定めるところによる。

(8) **執行停止**

取消訴訟が提起されても，処分の効力・執行には影響がない。しかし，処分の執行等により生ずる「重大な損害を避けるため緊急の必要があるとき」は，裁判所は，申立てにより，決定をもって処分の全部又は一部の執行停止をすることができる。裁判所は，損害の回復の困難の程度を考慮するものとし，損害の性質・程度，処分の内容・性質も勘案して判断する。執行停止は，公共の福祉に重大な影響を及ぼすおそれがあるとき，又は本案について理由がないとみえるときは，することができない。決定は疎明に基づいて行う。決定に際しては当事者の意見を聴かなければならない。当該決定に対しては即時抗告をすることができる（行政事件訴訟法25条）。

執行停止の理由が消滅した等の場合は，裁判所は相手方の申立てにより，執行停止の決定を取り消すことができる（同法26条）。

執行停止の決定は，第三者に対しても効力を有し，公正取引委員会その他の関係行政庁を拘束する（同法32条・33条）。

なお，排除措置命令・課徴金納付命令については，通常の行政処分同様，民事保全法による仮処分をすることはできない（同法44条）。

6　緊急停止命令

(1) **趣　旨**

独占禁止法違反被疑行為者に対して，緊急の必要があると認めるときは，裁判所は，公正取引委員会の申立てにより，当該行為等を一時停止すべきことを命ずることができる。当該裁判は，非訟事件手続法により行う（70条の4）。

緊急停止命令は，違反行為について公正取引委員会が排除措置命令を行うまでの間放置すると競争秩序に回復し難い侵害を与えると考えられるときに用い

られる制度である。

(2) 対　　象
　緊急停止命令の対象となる違反行為は，私的独占，不当な取引制限，不公正な取引方法，企業結合規制等の実体規定違反全般である（70条の4）。

(3) 申立て
　緊急停止命令の申立ては，公正取引委員会しか行うことはできず，被害者から申し立てることはできない。民事保全法の仮処分の制度と類似し，被害の広がりを防止する効果はあるが，公益目的のために行使すべき制度であるからである。

　申立てに際し，公正取引委員会は，違反被疑行為が存在すること及び緊急の必要があることを疎明する。

(4) 管　　轄
　緊急停止命令の裁判は，東京地方裁判所の専属管轄である（85条）。

　裁判体については，3人の裁判官の合議体により審理・裁判を行うこととされ，5人の裁判官の合議体ですることもできる（86条）。

(5) 効　　力
　緊急停止命令の裁判（終局決定）は，裁判を受ける者に告知することによって効力を生ずる（非訟事件手続法56条）。

　終局決定により権利又は法律上保護される利益を害された者は，2週間以内に即時抗告をすることができる（同法66条・67条）。

　即時抗告が提起されると，終局決定の確定は遮断される（同法56条）。

　抗告裁判所の終局決定に対しては，一定の場合に，更に即時抗告をすることができる（同法74条）。

(6) 執行力
　緊急停止命令の裁判に違反した者は30万円以下の過料が科される（98条）。

　当該裁判は，保証金等を供託して，その執行を免れることができるが，当該裁判が確定したときは，供託金の全部又は一部が没取されることがある（70条の5）。

　この執行免除の裁判も，同じく非訟事件手続法により，当事者の申立てを受けて裁判所が判断する枠組みである緊急停止命令の裁判自体が緊急の必要があ

って行為の一時停止を命じるものであるので，執行免除が認められる場合は限定的であろう。

> **コラム** 行政手続という側面から見た独占禁止法
>
> 　審判制度の廃止により，公正取引委員会の行政処分に係る手続は，聴聞類似の事前手続→行政処分→地裁からの司法審査という形になり，かなり通常の行政処分に近付いた。
>
> 　平成25年独占禁止法改正前は，排除措置命令に不服のある者は審判開始請求を行うしかなく，三面構造による審判手続を経た審決に対してのみ取消訴訟を提起でき，受訴裁判所は東京高等裁判所，すなわち，審判が一審相当という位置付けであった。これは，三面構造による審理，公正取引委員会という合議体による判断，という手続の性格と公正取引委員会の専門性によるものと考えられる。
>
> 　平成25年改正により審判制度が廃止されると，行政処分についての審級省略がなくなり，実質的証拠法則や新証拠申出制限，事件記録の裁判所への送付，独自の執行停止制度・執行免除手続等の特別な手続はなくなり，同時に，25条訴訟及び緊急停止命令の申立ても，東京高等裁判所から東京地方裁判所の専属管轄になり，裁判所との関係では公正取引委員会の判断の位置付けが一気にダウングレードされた。
>
> 　実はこのダウングレードは平成25年改正の前から進行していた。平成17年改正において，刑事告発の後の裁判の東京高等裁判所の専属管轄がはずれ，全国どの地方裁判所でも公判請求ができるようになったり，平成21年改正において，25条訴訟の審理の際の裁判所から公正取引委員会への求意見の制度が，義務から任意になったりしていた。
>
> 　逆に，一般の行政手続が独占禁止法に近付いた面もある。
>
> 　まず，平成17年改正前の審判は昭和22年の独占禁止法制定時に糾問手続として設計されたものであり，処分前に相手方の意見を聴く制度であった。行政手続法が制定される半世紀近く前に処分前手続が整備されていたのである。行政手続法における処分前手続は独占禁止法における審判手続の普及版といってもよい。
>
> 　また，独占禁止法には公聴会の制度があるが，これもパブリックコメントの先駆であろう。公聴会は口頭で，パブリックコメントは書面で，という違いはある

> が，政策判断の前に関係方面ないし一般の意見を聴くという趣旨は共通である。
>   さらに，違反事実の報告に関する独占禁止法45条については，平成26年行政手続法改正により「処分等の求め」の規定が導入され，一般化された。
>   このように見ると，独占禁止法は，行政手続としては，異質なもの，特別なもの，というより，かなり先駆的なものであったといえよう。

第3節　私人による独占禁止法の執行

1　独占禁止法以外の手続の活用

(1)　抑止力としての私人の役割

　独占禁止法は長く公正取引委員会中心主義が採られ，違反の認定も排除も救済も，後記2の差止請求訴訟制度が導入されるまでは，すべて公正取引委員会がイニシアティヴを採る形で執行されてきた。現在でも，実体規定違反の刑事訴追は公正取引委員会の専属告発とされていること，25条の無過失損害賠償請求訴訟は公正取引委員会の行政処分が確定してからでなければ提訴できないこと，というような制度がある。また，当然のことながら，公正取引委員会には調査のリソースの制約があり，すべての独占禁止法違反被疑行為について調査を開始し，すべての違反行為を排除することまでは期待できない。申告に係る45条の規定の趣旨について第2節2(1)で述べたように，被害者からの求めがあっても，どのような事件について立件して調査を開始するかは，公正取引委員会の裁量に属する。

　さらに，公正取引委員会が調査を開始し，行政処分により違反行為を排除したとしても(事案によっては課徴金納付命令を行ったとしても)，将来に向けて問題がなくなるだけであって，被害者にとってはそれだけでは被害の回復にはならない。

　したがって，独占禁止法違反行為の被害者から見ると，公正取引委員会に対して申告を行い，調査と措置を求めて待つ以外の救済の方法があることが望ましい。

これまで，被害者により，いろいろな方法が模索されてきた。例えば，公正取引委員会の措置を待たずに，独占禁止法違反被疑行為者に対して，民法の一般則を用いて，差止請求や損害賠償請求をしたり，公正取引委員会の措置の後に，民法の一般則により損害賠償請求訴訟や不当利得返還請求訴訟を提起したりしている。また，入札談合については，地方公共団体が不当に高価な調達を行ったとして，住民が地方自治法に基づく住民監査請求や住民訴訟を行ったり，発注者自身が契約時に違約金の定めを置いたりしている。

さらに，独占禁止法違反行為自体の被害者ではないが，独占禁止法違反行為により会社に損害がもたらされたとして，株主により，取締役に対し，会社法に基づく損害賠償請求訴訟（株主代表訴訟）が提起されるようになった。

これらの動きを受け，平成12年には，損害賠償だけでは被害の回復が十分に行えない事案があるということで，独占禁止法自体にも，被害者の差止請求訴訟の制度が追加された。

様々な立場の私人が制度を駆使して独占禁止法違反行為による損害の回復を求めていくことは，個別の救済にとどまらず，他の違反行為の抑止に大いに貢献すると考えられる。このため，公正取引委員会としては，行政処分に至る調査の過程で収集した資料を提供して，原告を支援することにしている。

以下，根拠法ごとに私人の法執行を紹介する。

(2) 民法上の請求

前記のように，これまで提起された民法上の請求は，公正取引委員会が当該事案を取り上げていない場合と，公正取引委員会の行政処分の後の場合の両方がある。そのいずれの場合においても，独占禁止法違反行為の私法上の効力が問題となる（後記コラム「独占禁止法違反行為の私法上の効力」参照）。

公正取引委員会が取り上げていない段階での訴訟には，取引先の行為が独占禁止法に違反するので無効であるとして，金銭債務不存在確認や契約上の地位確認・商品引渡しを求めるもの，競争者の行為が独占禁止法に違反するとしてその差止めを求めるもの，さらに被った被害について損害賠償請求をするものなどがある。

岐阜商工信用組合事件（昭和52・6・20最判・審決集24巻291頁）では，最高裁は，金銭消費貸借契約において，十分な物的・人的担保があるにもかかわら

ず，いわゆる即時両建預金などの形態を利用し，名目額の約半分を留保するなどの方法により高利を得ることは不公正な取引方法（優越的地位の濫用）に当たるとしたが，独占禁止法に違反する契約が直ちに無効であるとはいえないとした（結論的には利息制限法上の制限利率を超える限度で約定の一部が無効になるとの判断を示した）。

東芝昇降機サービス事件（平成5・7・30大阪高判・審決集40巻651頁）では，メーカー系保守業者が，エレベータの保守部品の注文に対し，取替調整工事込みでなければ注文を受けない，納期は3か月後であるとした行為について，エレベータの保守部品とその取替調整工事はそれぞれ独立して取引の対象とされており，このような商品と役務を抱き合わせて取引することは不当な取引強制に当たり，手持ち部品の納期を3か月も先に指定することは不当な取引妨害に当たり，それぞれ独占禁止法に違反すると判断された。

日本遊戯銃協同組合事件（平成9・4・9東京地判・審決集44巻635頁）では，エアーソフトガンのメーカーの団体が，取引先の問屋の団体を通じるなどして，小売店に対し，特定のアウトサイダーの販売するエアーソフトガン及びBB弾を仕入れないよう要請したことが，共同の取引拒絶に当たり，独占禁止法に違反するとし，民法上の不法行為が成立するとした（損害賠償請求は一部認容したが，差止めは認めなかった）。

このほかの事案においては，独占禁止法違反行為が認められていないものが多い。

公正取引委員会の行政処分後の民法上の請求には，損害賠償請求（民法709条）や不当利得返還請求（同法703条）がある。

公正取引委員会が排除措置を講じた違反行為については，独占禁止法において，後記3の無過失損害賠償制度がある。しかし，カルテルについて，昭和40年代の石油カルテルの被害者のうち，山形県の生協等から灯油を購入した消費者により，初めて民法709条に基づく損害賠償請求訴訟が提起された（いわゆる鶴岡灯油訴訟）。この事件で，最高裁は，「（独占禁止法26条が）損害賠償の請求権は所定の審決が確定した後でなければ裁判上これを主張することができないと規定しているのは，これによって個々の被害者の受けた損害の填補を容易ならしめることにより，……同法違反の行為に対する抑止的効果を上げようとする

目的に出た附随的制度に過ぎないものと解すべきであるから，この方法によるのでなければ，同法違反の行為に基づく損害の賠償を求めることができないものということはできず，同法違反の行為によって自己の法的利益を害された者は，当該行為が民法上の不法行為に該当する限り，これに対する審決の有無にかかわらず，別途，一般の例に従って損害賠償の請求をすることを妨げられない」とした（鶴岡灯油訴訟・平成元・12・8最判・審決集36巻115頁。前記第2節2(1)のエビス食品企業組合事件最高裁判決においても，傍論ではあるが「その行為が民法上の不法行為に該当するかぎり，審決の有無にかかわらず，別に損害賠償の請求をすることができる」と判示しており，この判決で解釈が明確にされた）。

　本件は，違反行為について公正取引委員会の勧告審決のあった事案であるが，その場合でも公正取引委員会による違反行為の存在の認定が裁判所を拘束するわけではない。特に本件では，勧告の応諾が違反行為の存否とかかわりなく行われたことが窺われるため，勧告審決のみから独占禁止法違反行為の存在を推認することは許されないとされた。さらに，違反行為の存在と当該違反行為による損害の存在（因果関係の存在と損害額）の立証は原告が行わなければならず，本件では，損害額の立証がないとされ，損害賠償は認められなかった。

　民法703条に基づく不当利得返還請求訴訟は，入札談合の発注者が提起している。入札談合に基づく調達の契約は無効であるとして，支払った額から目的物の客観的価額を差し引いた額の返還を求める訴訟であり，当該調達契約は公序良俗に反し，無効であるとした判決がある（社会保険庁発注シール入札談合不当利得返還請求事件・平成13・2・8東京高判・審決集47巻690頁，ジェット燃料不当利得返還請求事件・平成23・6・27東京地判・審決集58巻第2分冊395頁）。

(3) 住民訴訟

　地方自治法においては，普通地方公共団体の住民は，住民監査請求をした後，監査結果に不服がある場合等は，当該自治体に対し，損害賠償請求をすること等を求める訴訟を提起することができる（地方自治法242条の2）。いわゆる提訴義務付け訴訟である。

　この訴訟で住民側の勝訴が確定したときは，当該地方公共団体の長は一定期間内に損害賠償金を支払うよう請求しなければならず，支払われないときは，損害賠償請求訴訟を提起しなければならない（同法242条の3）。地方自治体の損

害賠償請求権自体は，民法709条に規定する不法行為による損害賠償責任に基づく。

例えば，地方公共団体の発注する財・サービスについて入札談合があったとき，住民は，独占禁止法違反行為により高く調達したことが損害であるとして，住民訴訟を提起することができる。この場合において，住民は，提訴義務付け訴訟の請求が認容されても，経済的見返りは何もない。その後の損害賠償請求において得られる賠償金は，当然，地方公共団体に帰属する。

平成14年の地方自治法改正前においては，242条の2は，地方公共団体に代わって住民が直接，加害者に対して損害賠償請求訴訟を提起することができるとする規定であった。いわゆる住民代位訴訟である。この規定に基づき，各地の入札談合について多くの住民代位訴訟が提起された。

これら住民訴訟において，違反行為の存在及び当該違反行為による損害の存在について立証が必要であることは，公正取引委員会の行政処分の有無にかかわらず，民法709条に基づく他の損害賠償請求訴訟と同様である。

いずれの場合においても，価格カルテルについて一般消費者が損害賠償を請求する場合と異なり，入札談合による発注者の損害は直接的に発生するものであるので，因果関係の立証は比較的容易といえる。ただし，公正取引委員会が認定する入札談合に係る違反行為は，通常，あるルールに基づく一連の受注調整行為であり，特定の発注物件についての個別調整行為やそれによる損害と直接対応しない場合がある。

損害額については，多くの判決が民事訴訟法248条（裁判所による相当な損害額の認定）を活用している。

(4) 株主代表訴訟

会社法は，取締役等について，その任務を怠ったときは，会社に対し，これによって生じた損害を賠償する責任を負わせている（会社法423条）。民法上の善管注意義務違反・忠実義務違反による損害賠償責任を強化した制度である。株主はこの責任を追及する訴えを会社のために提起することができる。これが株主代表訴訟の制度である（会社法847条）。会社の損害であるから会社が提訴するのが本来の姿であるが，会社が提訴するかどうかの判断は経営体において行うため，取締役の責任を追及するような事案において取締役や監査役のみにその

判断を委ねるのは適切でないため，株主にもその役割を担わせることとなっている。提訴に際しては，株主は，まず，会社に対し，取締役等に対し責任追及の訴えを提起するよう請求しなければならない。

これまで，違反行為そのものによる損害，違反行為により公正取引委員会から課徴金納付命令を受けたことによる損害などについて提訴されている。

責任の性質は過失責任であり，取締役会決議のある行為など責任を有する取締役等が複数存在する場合は連帯責任である。また，いわゆる経営判断原則が及ぶこと，違反行為時に善管注意義務違反があったかどうかが問題となることに注意を要する。独占禁止法違反行為はあったが，取締役に故意・過失がなかったとして責任が否定された事案がある（野村證券株主代表訴訟・平成12・7・7最判・民集54巻6号1767頁）。

住民訴訟と同様，勝訴しても株主は賠償金を手にすることはない。

会社に対する損害賠償請求と異なり，被告は取締役等の個人であるので，責任が認定されれば個人で賠償しなければならず，CEOや取締役会メンバーにとっては大きな抑止力となると考えられる。

(5) 公正取引委員会の訴訟支援（資料提供）

公正取引委員会は，独占禁止法違反行為の被害者による損害賠償請求訴訟を支援するため，排除措置命令・課徴金納付命令の写しを被害者に提供するほか，行政処分確定後であって，かつ，損害賠償請求訴訟提起後に受訴裁判所からの民事訴訟法に基づく文書送付嘱託があったときは，行政処分までの過程で取得，作成した資料のうち，違反行為の存在と違反行為による損害の存在の立証に関連するものを裁判所に提供することとしている。ただし，事業者の秘密や個人のプライバシーは除かれる。

このほか，後記2(6)及び3(6)の裁判所からの求意見の制度（84条）も公正取引委員会による訴訟支援の仕組みといえる。

2　不公正な取引方法の差止請求訴訟制度

(1) 趣　旨

不公正な取引方法により被害を受ける者は，一定の場合に，行為者に対して差止請求を行うことができる（24条）。この規定は，平成12年改正により導入さ

れた。

　不法行為に係る損害賠償請求と異なり，不法行為の差止請求は，民法には一般則はない（不法行為の法理を用いるなどして差止請求が行われることがあるのは前記のとおりである）。被害の救済は，事後的に金銭賠償によるのが基本である。本規定は，民法の特例として，被害者たる私人に対し，差止請求権を創設する制度である。類似の立法例としては，特許法100条や不正競争防止法3条がある。

　濫訴の防止，審理の促進等のため，担保提供制度，公正取引委員会への通知・求意見，文書提出命令の特則，秘密保持命令などの規定が置かれている。

　本制度のもう一つの特色は，公正取引委員会の行う行政処分とは無関係に直接裁判所が判断する制度であるという点である。すなわち，公正取引委員会が独占禁止法違反としていない行為についても，違反が裁判所により認定され，（原告との関係に限られるとしても）違反行為が排除されることが当然に想定される。本制度の導入により，独占禁止法の措置体系における公正取引委員会中心主義が修正されたといえる。本制度は被害者の救済の充実を図る制度ではあるが，同時に，被害者からの差止請求の可能性があることは違反行為の抑止効果を有すると考えられ，独占禁止法の措置体系としては，抑止力が高められることとなった。

(2) 対　　象

　差止めの対象となる違反行為は，事業者の用いる不公正な取引方法（19条違反）及び事業者団体が事業者に不公正な取引方法に該当する行為をさせるようにすること（8条5号違反）である。不当な取引制限，私的独占，企業結合等の違反行為は対象にならない。ただし，例えば，私的独占に該当するとみられる行為が同時に不公正な取引方法にも該当するとみられる場合に，当該行為を不公正な取引方法の違反として構成し，差止めを請求することは可能である。

　平成12年改正時は，不公正な取引方法に限定する理由として，差止請求訴訟制度が創設されるに当たって，不公正な取引方法は被害者と加害者が特定しやすく被害者による訴訟になじみやすいこと，被害者にとって比較的事実関係の詳細を承知していたり，違反行為の存在を証明するのに役立つ資料を入手しやすかったりすることが多いと考えられること，等の事情が挙げられていた。

(3) 要　件

　差止請求訴訟を提起し得る者は，不公正な取引方法により，「その利益を侵害され，又は侵害されるおそれがある者」(24条) である。具体的には，取引の相手方である消費者，事業者や，競争相手である事業者が考えられる。「利益」とは取引によって得られる利益であり，取引主体でない消費者団体，事業者団体は，自らの利益を侵害されるとはいえない。

　さらに，これらの者において，不公正な取引方法により「著しい損害を生じ，又は生ずるおそれがある」ことが必要である。

　「著しい」とは，個々の被害者における損害の質・量により判断される。違反行為の存在それ自体と，個々の被害者の損害とを区別するこの要件の趣旨から，当該被害者における損害を注視することになる。

　「著しい損害」としては，「例えば，当該事業者が市場から排除されるおそれがある場合や新規参入が阻止されている場合等独占禁止法違反行為によって回復し難い損害が生ずる場合や，金銭賠償では救済として不十分な場合等」が該当するとされる (日本郵政公社事件・平成19・11・28東京高判・審決集54巻699頁)。

　これを行為者側から見ると，不公正な取引方法を用いた (すなわち独占禁止法違反行為を行った) と認定されることと，差し止められることとの間には乖離がある。「著しい」要件による加重は，差止請求が民事法において例外的な救済方法であることを踏まえたものとされるが，金銭賠償では回復不可能であることを要件とするものではない。

　本稿執筆時において差止めが認められ，かつ，覆っていない判決は 1 件のみである (神鉄タクシー事件・平成26・10・31大阪高判・判例集等未登載)。

(4) 内　容

　請求内容としては，「その侵害の停止又は予防」とされ，違反行為の取りやめを求めることのほか，必要に応じて，違反行為の実効を確保するための措置の取りやめを求めることや，違反行為が不作為によるものである場合は，不作為による損害を停止又は予防するための作為を求めることを含む (ソフトバンク差止請求事件・平成26・6・19東京地判・判例時報2232号102頁)。この点は，公正取引委員会の行政処分である排除措置命令の内容と共通するところがある。

　ただし，原告に関する侵害の停止又は予防であるので，違反行為全体の停止

又は予防が認められるとは限らない。

　なお，被告の行為により原告が市場から排除されるおそれがあるような場合には，本請求とは別に，民事保全法に基づき仮処分の申立てがなされることがある（ドライアイス仮処分事件・平成23・3・30東京地決・判例集等未登載）。

(5) 管　　轄

　本条の規定による差止請求訴訟は，民事訴訟法の原則による各地方裁判所のほか，各高等裁判所の所在地の地方裁判所又は東京地方裁判所に提起することができる（84条の2）。

　また，同一又は同種の行為に係る多数の訴訟が提起された場合において，相当と認めるときは，裁判所は，申立てにより，又は職権で，当該訴訟の全部又は一部を上記の裁判所に移送することができる（87条の2）。

　独占禁止法違反行為についての審理・判断に専門性を要することから，特定の裁判所に事案を集中させ，知識・経験の集積を図ることができるようにするための制度である。

(6) 公正取引委員会への通知・求意見

　裁判所は，本条の規定による差止請求訴訟が提起されたときは，公正取引委員会にその旨を通知しなければならない。

　裁判所は，公正取引委員会に対し，当該事件に関する独占禁止法の適用その他について意見を求めることができる。

　公正取引委員会は，裁判所の許可を得て，当該事件に関する独占禁止法の適用その他について意見を述べることができる（79条）。

　前記のとおり，本規定に基づく訴訟は，公正取引委員会の行政処分とは無関係に提起される。そうすると，同じ事案について，公正取引委員会に対する情報の提供（申告）と裁判所に対する差止請求訴訟の提起が並行して行われ，結果として，公正取引委員会と裁判所のそれぞれが違反行為の有無を判断することが起こり得る。その際に，なるべく違法性の判断基準が異ならないようにするための制度である。

(7) 担保の提供

　本条の規定による差止請求訴訟が提起されたときは，不正の目的による訴えであると疎明した被告の申立てにより，裁判所は相当の担保を立てるべきこと

を原告に命ずることができる（78条）。類似の立法例として，会社法の株主代表訴訟に関する規定がある（会社法847条7項・8項）。

(8) **書類提出命令**

裁判所は，当事者の申立てにより，当事者に対し，当該侵害行為を立証するため必要な書類の提出を命ずることができる。書類の所持者は，正当な理由があるときはその提出を拒むことができ，裁判所は，必要があるときはインカメラ手続（当事者やその代理人・従業員に開示して意見を求めることを含む）により正当な理由の有無を判断する（80条）。

この制度は，民事訴訟法による文書提出命令（民事訴訟法223条）の特則であり，類例として，特許法の規定（特許法105条）がある。

検証の目的の提示にも準用される。

差止請求訴訟の制度を機能させるための規定であることから，「正当な理由」とは，営業秘密（(9)参照）であることのみでは足りず，営業秘密を開示することにより書類の所持者（通常は被告）が受ける不利益と，書類が提出されないことにより訴訟当事者（通常は原告）が受ける不利益とを比較衡量して判断されることとなる。

(9) **秘密保持命令**

当事者の申立てにより，裁判所は，当事者の保有する営業秘密について，当事者等に対し，秘密保持を命ずることができる（81条）。

営業秘密の保護を図りつつ営業秘密を訴訟に顕出することを容易にするための制度とされ，平成21年改正において，80条とともに導入された。

「営業秘密」とは，「秘密として管理されている生産方法，販売方法その他の事業活動に有用な技術上又は営業上の情報であって，公然と知られていないもの」（不正競争防止法2条6項）である。

秘密保持命令の内容は，当該訴訟の追行の目的以外の目的で使用することの禁止と，他者に開示することの禁止の2点である。

秘密保持命令の対象は(8)の書類提出命令により提出された書類に限られないが，インカメラ手続に書類提出命令の申立人が立ち会う場合なども想定される。

秘密保持命令に違反した場合は，5年以下の懲役又は500万円以下の罰金が

科される（94条の3）。ただし，親告罪である。

秘密保持命令は，当事者の申立てにより取り消すことができる（82条）。秘密保持命令の申立てを認容する裁判に対する即時抗告等は認められず，また秘密保持命令の効力は無期限であるため，事後的に取消しを求めることができることとされている。

3 無過失損害賠償請求制度

(1) 趣　旨

独占禁止法違反行為をした事業者・事業者団体は，被害者に対し，損害賠償責任を負い，その責任は故意・過失がなかったときも免れることができない（25条）。

いわゆる無過失損害賠償責任であり，民法の損害賠償責任の特例である。違反行為者に故意・過失を要件としない責任を課すに当たり，確定した行政処分を前提として請求を認める仕組みとなっている（26条）。

この制度は，独占禁止法違反行為の個々の被害者の受けた損害の填補を容易にすることにより，公正取引委員会による行政処分と相まって，独占禁止法違反行為の抑止を図るものである（鶴岡灯油訴訟・平成元・12・8最判・審決集36巻115頁）。

民法の規定に基づく損害賠償請求が妨げられないことは，前記1(2)のとおりであり（なお上記最判参照），同じ違反行為に対し，独占禁止法25条と民法のそれぞれの損害賠償請求訴訟を提起することもできる（熱海市ごみ処理施設談合損害賠償請求事件・平成25・3・15東京高判・審決集59巻第2分冊311頁）。

(2) 対　象

本条の責任を負うのは，3条，6条又は19条の規定に違反する行為をした事業者及び8条の規定に違反する行為をした事業者団体である。企業結合規制に係る違反行為は対象とならない。

ただし，6条の違反行為者にあっては，自身で不当な取引制限をし，又は不公正な取引方法を用いた事業者に限られ，当該国際的協定・契約の単なる相手方は除かれる（25条1項）。

8条の違反行為については，事業者団体のみが責任を負い，その構成事業者は課徴金納付命令を課されたとしても，本条の責任を負わない。

被害者たる原告としては，差止請求訴訟と同様，取引の相手方や競争事業者が考えられる。カルテルの場合は販売先，入札談合の場合は発注者，排除行為の場合は排除された者などであり，取引の相手方には間接購入者も含まれる(鶴岡灯油訴訟・平成元・12・8最判・審決集36巻115頁)。

(3) **裁判上の主張の制限**

本条の損害賠償の請求権は，排除措置命令・課徴金納付命令が確定した後でなければ裁判上主張することができない(26条1項)。

公正取引委員会の行った行政処分の確定を前提とする制度であり，当該行政処分と同一の行為について請求することになる。本規定の趣旨は，公正取引委員会の判断を尊重し，公正取引委員会の命令等と判決の矛盾・抵触を回避しようとすることにあるとされる(日本道路公団鋼橋上部工事談合損害賠償請求事件・平成23・8・30東京高判・審決集58巻第2分冊275頁)。

しかし，公正取引委員会の事実認定が裁判所を拘束するわけではなく(石油価格カルテル審決取消請求事件・昭和53・4・4最判・審決集25巻59頁，ニプロ損害賠償請求事件・平成24・12・21東京高判・審決集59巻第2分冊256頁)，原告は，違反行為の存在と損害の存在(因果関係と損害額)を主張立証しなければならないが，違反行為の存在については，事実上の推定が働くとされる(鶴岡灯油訴訟・平成元・12・8最判・審決集36巻115頁)。被告は反論反証することにより違反行為の存在を争うこととなる。

一方，違反行為の存在について争いがなかったとしても，原告は，自身の損害との因果関係を主張立証するに当たり，違反行為の具体的実施状況について，例えば個別の受注調整行為など，行政処分において認定された事実よりも詳しい事実を主張立証する必要がある場合もある(原告の発注物件について，個別談合が行われた証拠がないとして原告の請求を認めなかった事案として，中巨摩地区ごみ処理施設談合損害賠償請求事件・平成24・11・16東京高判・審決集59巻第2分冊239頁等がある)。

この点は，違反行為と損害との間の因果関係の立証の問題ともいえる。因果関係については，損害額の評価とは異なり，被告の違反行為により原告に何らかの損害(例えば，違反行為がなければ価格が下落したであろうこと)が生じたことを立証すれば足りる(ニプロ損害賠償請求事件・平成24・12・21東京高判・審決集59巻第2分冊256頁)。

不当な取引制限事件においては，課徴金減免申請を行った事業者について排除措置命令及び課徴金納付命令のいずれも行われないことがあるが，その場合は，行政処分の確定がないので，当該事業者に対しては25条の規定に基づく損害賠償請求訴訟は提起できない。

(4) 消滅時効

排除措置命令・課徴金納付命令が確定した日から3年を経過したときは，この請求権は時効によって消滅する（26条2項）。

(5) 管　　轄

本条の損害賠償請求訴訟の第一審の裁判権は，東京地方裁判所に属する（85条の2）。

排除措置命令に対する抗告訴訟と同様，東京地方裁判所は，本条の訴訟については，3人の裁判官の合議体で審理・判断をしなければならない（86条。5人の裁判官の合議体で審理・判断することもできる）。

東京地方裁判所の判決に対する控訴が提起された東京高等裁判所においては，5人の裁判官の合議体で審理・判断することができる（87条）。

なお，平成25年改正前は，本条の訴訟の第一審の裁判権は東京高等裁判所にあり，本条の訴訟及び審決取消訴訟のみを扱う5人の裁判官の特別の合議体が設置されていた。

(6) 公正取引委員会への求意見

受訴裁判所は，公正取引委員会に対し，違反行為によって生じた損害の額について，意見を求めることができる（84条）。平成21年改正前は求意見が義務であった。

求意見に対して，公正取引委員会は，損害額の算定の考え方等について意見を提出している。

求意見の制度は，裁判所として，当初の行政処分を行った公正取引委員会の専門的判断を尊重する趣旨の規定であるが，公正取引委員会の意見は裁判所を拘束しない（東京灯油訴訟・昭和62・7・2最判・審決集34巻119頁）。

(7) 損害額の考え方

損害額の考え方の基本は，被害者が購入者であれば，実際に支払った代金と，違反行為がなければ形成されたであろう価格に基づく購入額との差である。

後者の価格は,現実には存在しない価格であるので,立証が難しい。違反行為直前の価格や直後の価格を想定購入価格として用いるのが一案である(前後理論)が,当然のことながら違反行為時とは時点が異なるため,価格形成に影響を与える需給関係,コストの変動や市場環境の変化がないことが前提となる。直接の取引先でない場合は,中間業者の思惑など行動の変動も影響し,さらに困難である。このほか,違反行為の影響を受けていない地域や事業者の価格をベンチマークとすること(物差理論)や,市場占拠率理論,回帰分析手法等も考えられる。

排除行為の場合は,排除された事業者が失った取引に係る利益額などが考えられる。

損害額には,財産的損害以外に,社会的経済的信用の侵害といった無形の損害も認められる(奈良県高山茶筌事件・平成19・3・30東京高判・審決集53巻1072頁,ニプロ損害賠償請求事件・平成24・12・21東京高判・審決集59巻第2分冊256頁)。損害賠償請求訴訟の弁護士費用が認められることもある(熱海市ごみ処理施設談合損害賠償請求事件・平成25・3・15東京高判・審決集59巻第2分冊311頁)。

入札談合による損害賠償請求訴訟においては,民事訴訟法248条に基づき,落札価格の5%などと,裁判所が相当な損害額を認定する手法が多く採られているが,その際も,前後理論や物差理論を用いた算定根拠が示されることがある。

コラム 独占禁止法違反行為の私法上の効力

独占禁止法は公の秩序に関する法律であるから,取締法規か強行法規かといえば強行法規に当たる。そうすると,独占禁止法違反行為は私法上も無効となるのか,無効となるのはどのような場合か,違反行為は無効だとしても,違反行為に基づいて行われた第三者との契約(例えば,カルテルに基づいて値上げした商品の売買契約)も無効になるのか,という問題がある。特に,独占禁止法制定時に「各規定施行の際現に存する契約で,当該規定に違反するものは,当該規定の施行の日からその効力を失う」(附則2条)と定められたことは,違反行為の効力を否定する趣旨であり,その解釈が問題となる。

これについては,昭和20年代以来の民事訴訟の集積があり,おおむね次のように整理できる。

まず，基本的考え方は，岐阜商工信用組合事件の最高裁判決（昭和52・6・20・審決集24巻291頁）の後の伊予鉄道事件高松高裁判決（昭和61・4・8・審決集33巻125頁）に集約される（岐阜商工信用組合事件の名古屋高裁差戻判決（昭和61・10・15・審決集33巻161頁）も同旨）。

　「独禁法の規定の性格は，その内容によってかなり異なっており，効力規定的要素が強いものから行政取締法的要素が強いものまで種々様々であるから，独禁法違反の契約，協定であっても一律に有効または無効と考えるのは相当でなく，規定の趣旨と違反行為の違法性の程度，取引の安全確保等諸般の事情から具体的契約，協定毎にその効力を考えるのが相当である」としている。

　具体的事案としては，私法上有効であるとしたものとして，10条に違反する行為により取得した株式を取得者に帰属するとしたもの（白木屋事件・昭和28・12・1東京高判・審決集9巻193頁），19条に違反する不当顧客誘引行為であるが，公序良俗に反するものであるとはいえないとしたもの（野村證券株主代表訴訟・平成7・9・26東京高判・審決集42巻481頁）があり，一部無効としたものとして，優越的地位の濫用に当たる貸付契約のうち利息制限法に違反する利息等について無効としたもの（上記岐阜商工信用組合事件・昭和52・6・20最判・審決集24巻291頁）があり，これらは違法性の程度や取引の安全を勘案した結果であると考えられる。

　また，無効としたものとしては，入札談合に基づく契約（社会保険庁発注シール入札談合不当利得返還請求事件・平成13・2・8東京高判・審決集47巻690頁，ジェット燃料不当利得返還請求事件・平成23・6・27東京地判・審決集58巻第2分冊395頁等），私的独占に該当する協定（上記伊予鉄道事件・昭和61・4・8高松高判・審決集33巻125頁）等があり，当該違反行為が反社会性の強い行為であること，第三者が介在せず，取引の安全を考慮する必要がないことを考慮した結果であると考えられる。

第9章

独占禁止法違反に対する措置体系

この章のポイント

　独占禁止法違反行為が行われた場合に，公正取引委員会は，それらの違反行為を排除し競争を回復させるための措置を講じ，及び同様の違反行為が再び行われないようにするための措置を講ずる。これらを大別すると，第1に，行政上の排除措置命令，第2に，行政上の金銭的不利益措置である課徴金納付命令，第3に，検事総長に対する刑事告発である。これらの独占禁止法の執行体制は，平成2年「日米構造問題協議報告書」の提出以降，特に第2及び第3の措置が強化された。それは，第1の排除措置命令が行われても，入札談合等の違反行為が後を絶たない実態があったからである。

　第1の排除措置命令は，競争制限的な協定，拘束等の行為を排除し，競争を回復させるための措置である。協定，拘束等の行為の破棄・差止め等を命ずることによって，自由な競争の回復を期待するものである。従来，違反行為がある場合には，まず勧告を行い，勧告が応諾されればそれと同趣旨の勧告審決を行い，勧告不応諾の場合は審判手続に付されていたが，平成17年法改正で勧告制度が廃止され，初めから執行力のある排除措置命令が行われることとなった。

　第2の課徴金制度は，価格に関連するカルテルに対し協定の破棄命令を講じても，価格引下げが起こらず，価格引下げ命令は困難であるとの理由で行われず，カルテルは「やり得」になっているとの批判から，カルテルによる経済的利得を徴収し，違反行為者がそれを保持し得ないようにすることによって社会

的公正を確保するとともに，違反行為の抑止を図りカルテル禁止の実効性を確保するために昭和52年に導入されたものである。この制度については，その後平成3年に課徴金算定率の引上げが行われ，平成17年に更に大幅な強化改正がなされた。それは，①課徴金算定率の更なる引上げ，②私的独占の支配型行為への適用対象の拡大，③違反行為を早期にやめた場合の軽減措置，④違反行為を繰り返し行った場合の加算措置である。さらに，「課徴金減免制度」（リニエンシー）が導入された。これは，違反行為者が公正取引委員会に自らの違反行為に係る情報提供等を行うことにより調査に協力した場合に課徴金を減免する制度であり，企業の法令遵守のインセンティブを与えるとともに，違反行為の解明の容易化を図ることを目的とするものである。

課徴金制度については，平成21年法改正によっても強化改正が行われた。課徴金の適用対象が，①私的独占の排除型行為，②不公正な取引方法のうちの共同の取引拒絶等の5類型の行為にまで拡大され，さらに，カルテルの主導者に対する加算も行われることになった。また，課徴金減免制度についても減免対象者数の拡大等の改正が行われた。

第3の刑事告発は，独占禁止法違反の反社会性ないし反道徳性に対して制裁を科すべきものとして行われるものである。刑事告発は，公正取引委員会が平成2年「独占禁止法違反行為に対する刑事告発に関する方針」を発表して以来活発に行われるようになってきている。また，平成17年法改正においては，公正取引委員会に犯則調査権限が与えられた。

第1節　行政上の排除措置

1　不当な取引制限（カルテル）

(1)　現に行われているカルテルに対する排除措置

カルテルが認定された場合，公正取引委員会は，独占禁止法7条1項の規定に基づき，「事業者に対し，当該行為の差止め，……その他これらの規定に違反する行為を排除するために必要な措置を命ずる」。また，事業者団体によるカルテルの場合は，同法8条の2第1項及び3項の規定に基づき，「事業者団

体に対し，当該行為の差止め，当該団体の解散その他当該行為の排除に必要な措置を命」じ，「特に必要があると認めるときは，……当該団体の役員若しくは管理人又はその構成事業者……に対しても，……必要な措置を命ずる」。

この排除措置命令は，カルテルによってもたらされている違法状態を除去し，公正かつ自由な競争秩序を回復させることを目的とする行政上の措置である。したがって，刑事事件の場合と異なり，行為者の故意・過失を要件とせず，違法性の認識の有無も問わない。また，カルテルが行政指導に基づいて行われた場合であっても，カルテルが事業者（事業者団体）の主体的行為によることが認定される以上，排除措置命令を行うことの妨げとなるものではない。

排除措置の内容は，現に存在する違法状態を排除することを主眼とするが，それにとどまらず，競争を回復させるための措置やカルテルが再び行われることを防止する措置も含まれる。すなわち，①カルテル協定（決定）の破棄（実効性確保手段の破棄・禁止を含む），②カルテル協定を破棄したこと及び今後同様な行為を行わない旨の取引先，自社の従業員，場合により，併せて一般消費者を含む需要者への周知徹底，その方法については，あらかじめ，公正取引委員会の承認を受けなければならないこと，③今後同様な行為を行ってはならないこと（不作為命令），④以上の①，②に基づいて採った措置の公正取引委員会への報告が主要なものとなっている。②を実施する場合に，取引先へは個別の通知により行うことができるが，一般消費者を含む需要者へは新聞広告等により行うことになる。これら以外にも，取引先別の販売価格・数量を一定期間（6か月間とか1年間）公正取引委員会に報告することを命じたもの（塩化ビニル樹脂価格カルテル事件・昭和49・2・12勧告審決・審決集20巻275頁など），取引先との販売価格の再交渉を命じたもの（コーテッド紙価格カルテル事件・昭和48・12・26勧告審決・審決集20巻197頁など），事業者間のカルテルでカルテルの温床となった事業者団体の解散を命じたもの（酢酸エチル価格・数量カルテル事件・昭和48・10・18勧告審決・審決集20巻118頁），構成事業者から徴収した販売価格の引上げの実施に伴う過怠金の返還を命じたもの（日本石膏ボード工業組合事件・昭和48・5・10勧告審決・審決集20巻22頁など）がある。

価格引上げ協定の場合，排除措置として，原状回復命令すなわち価格引下げ命令をなし得るか否かについては，これを肯定する見解もあるが，否定する見

解もある。肯定する見解の論拠とするところは，価格引上げ協定についての「共同認識」には，価格引上げについての合意とともに，引き上げられた価格を維持することの共同認識も含まれるから，競争制限的状態をもたらしている行為を排除するためには，この「共同認識」がなかった状態に戻すことが必要であるというところにあり，この考え方は，競争があったときの状態に復帰させる目的を持つものである。これに対し否定する見解は，仮に「協定以前の額」にまで引き下げさせるとしても，協定以前の額を確定することが困難であり，命令の遵守を確保することが困難である，協定時から命令時までの時間的経過により一般物価に変動を生じている場合に，協定以前の額への復帰を命ずることが非現実的な価格を強制する結果となりかねない等とするものであり，後者の見解が有力である。公正取引委員会による具体的措置としても，価格引下げ命令が行われたことはない。排除措置命令の目的は，協定による事業者間の拘束を排除して公正かつ自由な競争秩序を回復させることにあることは前述のとおりであるが，カルテル協定の破棄が命じられるにとどまる場合には，事業者が自らの判断で従来の価格を維持していれば，依然として価格競争は回復しないという問題は残る。しかし，協定が破棄された時点で，事業者は自主的に販売価格を決定できる状態になったわけであり，それ以降の競争の状態や物価の変動等により価格競争が回復するのを期待する以外にないであろう。公正取引委員会による措置において，協定の破棄以外に競争を回復させるための様々な補完措置が採られているのはそのためである。価格に関するカルテルに対して破棄命令を行っても価格引下げが起こらず多分にやり得になっているとの批判に応えるため課徴金制度が導入されたことについては，後述する。

公正取引委員会が排除措置命令をしようとするときは，当該排除措置命令の名宛人となるべき者について，公正取引委員会の「指定職員」による意見徴取が行われる（49条～61条）。その手続の詳細については**第8章**第2節3参照。

(2) 既往の違反行為に対する措置

違反行為が既になくなっている場合においても，排除措置命令が行われることがある。これは，「公正取引委員会は，……違反する行為が既になくなっている場合においても，特に必要があると認めるときは，……〔事業者（事業者団体）〕に対し，当該行為が既になくなっている旨の周知措置その他当該行為

が排除されたことを確保するために必要な措置を命ずることができる」(7条2項・8条の2第2項・3項)との規定に基づく。カルテル協定が破棄され、あるいはカルテルの実効性が失われ事実上消滅しているような場合においても、そのことが取引先などに周知徹底されず、依然としてカルテルの影響が残っているような場合においては、周知措置などを命ずる必要があるからである。

受命者は、当該違反事業者である。ただし、違反事業者が違反行為の終了後排除措置命令が行われるまでの間に合併や分割又は譲渡された場合には、次のように取り扱われる。その事業者が合併した場合には合併後存続又は新設されたもの、その事業者が分割された場合には事業の全部又は一部を承継したもの、その事業者が事業を譲渡した場合には事業の全部又は一部を譲り受けたものである。事業の一部を承継し又は譲り受けたものは、違反事業者とともに措置を受ける。また、違反行為に係る事業の全部を分割又は譲渡した場合であっても、必要に応じ、違反事業者と承継事業者の双方に排除措置命令が行われる場合があり得る。最後の場合は、違反事業者が同一の部署で複数の事業を行っているような場合に、違反行為に係る事業の全部を分割又は譲渡した場合等が考えられる。

上記の「特に必要があると認めるとき」の解釈を示したものとして、郵便区分機入札談合審決取消請求事件がある。東京高裁判決(平成16・4・23・審決集51巻857頁)は、「7条2項は、『特に必要があると認めるとき』は、審決をもって、当該行為が既になくなっている旨の周知措置その他当該行為が排除されたことを確保するために必要な措置を命じなければならないと規定している。これは、審決の時点では既に違反行為がなくなっているが、当該違反行為が将来繰り返されるおそれがある場合や、当該違反行為の結果が残存しており、競争秩序の回復が不十分である場合などには、なお、違反行為の排除措置を命ずる必要があることから、上記のような場合を『特に必要があると認めるとき』として排除を命ずべきものとしたものと解される」、「命ずることができる措置は、当該違反行為が排除されたことを確保するために必要な措置に限られることは法文上明らかであるから、これを当該違反行為を離れて、およそ競争秩序の維持・回復を阻害する行為が排除されたことを確保するために必要な措置と解することはできない。したがって、上記規定により排除措置を命ずることが

できるのは，当該違反行為と同一ないし社会通念上同一であると考えられる行為が行われるおそれがある場合に限定されると解するのが相当である」と，その解釈基準を示した上，本件については，「特に必要があると認めるとき」の理由の記載を欠くため違法であるとして審決を取り消した。しかし，最高裁判決（平成19・4・19・審決集54巻657頁）は，「審決書の記載を全体としてみれば，認定されている諸事実から，一般的にみて違反行為が行われやすい状況にあったこと等の各認定事実を基礎として『特に必要があると認めるとき』の要件に該当する旨判断したものであることを知り得るという事情の下では，審決書には上記判断の基礎となった認定事実が示されているということができる」旨を述べて原判決を破棄差戻しした。

この最高裁判決以降，公正取引委員会の排除措置命令において既往の違反行為に対する措置が命じられる場合には，「法令の適用」等において，「特に必要があると認めるとき」の事情が示されるようになっている。

なお，従来でもカルテルについて公正取引委員会の調査が開始された場合，カルテル協定が自発的に破棄されたり，その実行が中止されたりすることがあったが，昭和52年法改正により，価格に関するカルテルに対して課徴金制度が導入されたのを契機として，カルテル協定が破棄されない限り，カルテルの「実行期間」が継続し，課徴金の額が増加することになるため，公正取引委員会の調査が開始された場合にはカルテル協定が破棄される場合が多くなっている。近年では，立入検査等の調査開始により違反行為が事実上消滅していると認定される事案がほとんどである。

既往の違反行為に対する措置は，昭和52年の導入当初当該行為がなくなった日から1年を経過したときは，命ずることができないとされていたが，平成17年法改正により3年に，さらに平成21年法改正により5年に延長された。

2 私的独占

私的独占に該当する行為（以下「独占行為」という）に対しても，違法なカルテルに対する場合と同様に，独占禁止法7条の規定に基づき排除措置命令が行われる。それは，独占行為を形成する「排除行為」及び「支配行為」に対し，「違反する行為を排除するために必要な措置を命ずる」ことである。排除行為

や支配行為は，不公正な取引方法や株式所有，役員兼任等の手段によっても行われるため，それらの手段を排除の対象にすることが中心となる。東洋製罐事件では，支配行為の対象となった北海製罐の株式の一部の処分及び排除行為の差止めを命じた（**第3章第2節・3節参照**）。

　7条1項では，「事業の一部の譲渡」を命じることができると規定している。この規定の解釈をめぐっては，独占的状態に対する排除措置として8条の4が「事業の一部の譲渡」を命ずることができると規定し，事実上の企業分割を命ずることができると解されていることから，独占行為に対しても事実上の企業分割ができると解することができるかという問題があり，これを積極に解する考え方が有力である。消極説は，排除措置は，排除行為又は支配行為と因果関係にある限度において認められるというべきであるから，行為と関係のない市場支配力そのものの排除を命じ得ないことはいうまでもなく，不公正な取引方法等の手段行為及びそれによってもたらされる違法状態を除去すれば足りるから，企業分割のような措置まで命じなければならないような場合は想定できないとするものである。これに対し，積極説は，文理上明確であること，及び理論上も，独占行為が市場の構造を媒介として間接的に行われる場合には，行為自体を排除しても違反行為を排除することはできず，その市場支配的企業の間接的「支配」を排除するためには，その市場構造を変化させるほかはないという考え方である。ただし，これまでに7条1項の規定に基づき事実上の企業分割が命じられた審判決は存在しない。

　独占行為に対しても，公正取引委員会は，「特に必要があると認めるときは」既往の違反行為に対し，「当該違反行為が排除されたことを確保するために必要な措置を命ずることができる」（7条2項・8条の2第2項・3項）。

> **コラム**　「構造的排除措置について」
>
> 　実方謙二教授は，その著書『寡占体制と独禁法』（有斐閣，1983年）において，寡占的経済の下における市場支配力を規制することが必要であり，それがどの程度可能かについて，アメリカでの法運用の実際を参考にしながら研究されている。これは，反トラスト法の解釈に関する裁判所の判決においては顕著な変更がなされていないにもかかわらず，「市場構造規制」を軽視する傾向にある「シカゴ

学派」理論への安易な同調に対する1つの警鐘を鳴らされたものと受け取ることができる。

教授の寡占的な市場支配力の規制の考え方においては，競争制限的な市場構造については，企業分割をも辞すべきでないとの基本的考え方の下に，①「寡占的市場構造の規制」として，企業結合規制を強化すべきこと，私的独占に対しては，市場支配力の存在が競争制限的な市場構造を背景にする場合には，事業譲渡や株式処分によりその改変を命ずることが必要であること，②「協調的行動の規制」として，協定の認定要件を緩和すべきこと，③「流通系列化の規制」として，規制を強化すべきことを主張されている。

近年，競争圧力の大きな市場ではシカゴ学派の主張が当てはまるのに対し，競争圧力の小さい市場で市場支配力の存在に基づき超過利潤が発生している分野については，競争制限圧力を効果的に排除することが必要であるとする「ポスト・シカゴ学派」が有力となっているのも，経済のグローバル化や規制緩和の進展という近年の経済実態の変革を考慮に入れるとしても，その底流として寡占的な市場支配力の規制の重要性が改めて認識されるべきことを物語っているように思える。

3 不公正な取引方法

不公正な取引方法があるときは，「公正取引委員会は，……事業者に対し，当該行為の差止め，契約条項の削除その他当該行為を排除するために必要な措置を命ずる」（20条1項）。

排除措置命令の具体的な内容としては，①違反行為を排除（撤回・廃止）すること，②違反行為を排除したこと及び今後同様な行為を行わない旨の取引先，自社の従業員への周知徹底，その方法については，あらかじめ，公正取引委員会の承認を受けなければならないこと，③今後同様な行為を行ってはならないこと（不作為命令），④将来同様の違反行為が再び行われるのを防止するための措置（行動指針の作成・改定，役員・従業員に対する定期的な研修，法務担当者による定期的な監査など）を行わなければならず，その内容については，あらかじめ，公正

取引委員会の承認を受けなければならないこと，⑤以上の①，②，④に基づいて採った措置の公正取引委員会への報告が主要なものとなっている。①は，当該違反行為が事実行為によるときはその差止め，協定・契約等によるときはその協定等の破棄，契約条項の削除・変更等が命じられる。不公正な取引方法を行ったこと自体に対しては罰則の規定はないが，排除措置命令違反に対しては罰則があること（90条3号）等から，繰返し行為の禁止を命ずる場合には，その必要性が慎重に判断される必要がある。

　不公正な取引方法の既往の違反行為に対しても，公正取引委員会は，「当該行為が排除されたことを確保するために必要な措置を命ずることができる」（20条2項）。

　不公正な取引方法のうちでも，2条9項1号〜5号に規定する共同の取引拒絶等の違法性の強い行為に対しては，課徴金が課せられるが，この点については後述する。

　6条の規定に違反して，不当な取引制限又は不公正な取引方法に該当する事項を内容とする国際的協定等をしたときには，7条の規定に基づく排除措置命令が行われる（事業者団体が8条2号の規定に違反して6条に規定する国際的協定等をしたときは，8条の2の規定に基づいて排除措置命令が行われる）。この場合特に注意すべきことは，6条が，協定又は契約を「してはならない」と規定していることである。このことは，不公正な取引方法の行為者だけではなく，被拘束者のごとき被害者の立場にある事業者であっても国際的協定・契約をした当事者として排除措置命令の受命者とされるということである。6条がこのような立場にある事業者をも受命者としていることは，わが国において国際的協定・契約により不公正な取引方法が行われる場合には，わが国の事業者の事業活動が拘束を受けることによりわが国における公正な競争が阻害されるからであり，行為者たる外国事業者を受命者とすることは可能であるが，相手方が外国事業者であることから，排除措置命令を当該外国事業者に対して行うことによっては有効に侵害行為を除去することができない場合があると考えられるからである。わが国の事業者が被害者の立場にある場合にその事業者に対して排除措置命令が行われた事件として，天野製薬事件（昭和45・1・12勧告審決・審決集16巻134頁）がある。

第2節　行政上の課徴金の賦課

1　課徴金制度の趣旨

　課徴金制度は，価格に関するカルテルを行った事業者からカルテルによる利得を課徴金として徴収することにより，カルテル禁止の実効性を確保するため昭和52年法改正で導入されたものである。改正前は，カルテル協定の破棄が命じられても，カルテルによって引き上げられた価格はそのまま存続しているため，カルテルは多分にやり得となっていると批判され，カルテルの累犯事件が後を絶たなかった。このため，公正取引委員会が一定のカルテル（①商品若しくは役務の対価に係るもの，又は②実質的に商品若しくは役務の供給量を制限することによりその対価に影響があるもの）を行った事業者又は事業者団体の構成事業者に対し，行政上の措置として，カルテルによる経済的利得を国庫へ納付することを命ずることとしたものである。平成3年の独占禁止法改正により課徴金の算定率が大幅に引き上げられたが，課徴金の法的性質を変えるものではないとされた。
　課徴金は制裁的効果を有するものの，カルテル行為者の責任の追及を目的とする刑罰ではない。したがって，課徴金と刑罰の両者を併科しても憲法39条に定める二重処罰の禁止に触れることはないものと解されている。なお，その後，課徴金の法的性格が「行政上の制裁」に変質したことは，後述する。
　業務用ストレッチフィルム価格カルテル刑事事件で，被告人側が「独占禁止法による課徴金納付命令により課徴金を納付した事業者らに対し，更に独占禁止法による刑事罰を科すことは，二重処罰の禁止を規定する憲法39条に違反する」と主張したのに対し，東京高裁判決（平成5・5・21・審決集40巻731頁）は，「独占禁止法による課徴金は，一定のカルテルによる経済的利得を国が徴収し，違反行為者がそれを保持し得ないようにすることによって，社会的公正を確保するとともに，違反行為の抑止を図り，カルテル禁止規定の実効性を確保するために執られる行政上の措置であって，カルテルの反社会性ないし反道徳性に着目しこれに対する制裁として科される刑事罰とは，その趣旨，目的，手続等を異にするものであり，課徴金と刑事罰を併科することが，二重処罰を禁

止する憲法39条に違反するものでないことは明らかである」と述べている。

また，社会保険庁発注シール入札談合事件では，課徴金の納付を命ずる審決を受けた関係4社は，一方では，本件カルテル行為に対し刑事罰として罰金各400万円に処するとの判決を東京高裁から受けこれが確定していたところ，国（社会保険庁）から，国と締結した本件シール納入契約は無効であるとして各社に対し不当利得返還請求訴訟が東京地裁に提起された。この事件の判決は，平成12年3月31日に行われ（審決集46巻695頁），国の請求が全面的に認容され，また，東京高裁の平成13年2月8日判決（審決集47巻690頁）で控訴は棄却された。

このように，社会保険庁発注シール入札談合事件では，関係4社に対して課徴金納付命令，刑事告発，国による不当利得返還請求が行われた。この事件の課徴金納付命令審決取消請求訴訟において，原告らは，本件カルテルに対する課徴金納付命令について，①原告らに対する刑事罰が確定していることから，課徴金の賦課は，二重処罰を禁止する憲法39条の規定に違反する，②国から不当利得返還請求訴訟が提起されている下では，課徴金はもはや「不当な利益の剥奪」という原状回復的措置たる性質を超えるものであって，その実質は懲罰的制裁にほかならないから，課徴金の賦課は，同様に憲法39条の規定に違反する旨を主張した。これに対し東京高裁判決（平成9・6・6・審決集44巻521頁）は，①の点については，前記業務用ストレッチフィルム価格カルテル刑事事件判決と同様の趣旨の判示を行い，また，②の点については，「独占禁止法が課徴金によって剥奪しようとする不当な経済的利得とは，あくまでカルテルが行われた結果，その経済効果によってカルテルに参加した事業者に帰属する不当な利得を指すものであり，しかも，同法は，現実には，法政策的観点から，あるいは法技術的制約等を考慮し，具体的なカルテル行為による現実の経済的利得そのものとは一応切り離し，一律かつ画一的に算定する売上額に一定の比率を乗ずる方法により算出された金額を，いわば観念的に，右の剥奪すべき経済的利得と擬制しているのである（同法7条の2参照）。これに対し，民法上の不当利得に関する制度は，正当な法律上の理由がないのに経済的利益を得て，これによって他人に損失を及ぼした者に対し，公平の理念に基づいて，その利得の返還を命ずる制度であり，この場合，返還を命ぜられる利得の額は，損失の範囲に限られる。右のように，民法上の不当利得に関する制度は，専ら公平

の観点から権利主体相互間の利害の調整を図ろうとする私法上の制度であって，前示の課徴金制度とはその趣旨・目的を異にするものであり，両者がその法律要件と効果を異にするものであることはいうまでもない」と述べた。この判決は，最高裁判決においても支持された（平成10・10・13・審決集45巻339頁）。ただし，後述するように，平成17年法改正で，同一事件について罰金刑の確定判決があったときは課徴金額から罰金額の2分の1に相当する金額を控除することとされた。

課徴金制度については，平成17年法改正により大幅な改正が行われた。その内容は，①課徴金の対象範囲の拡大・明確化，②課徴金算定率の引上げ，③課徴金の軽減措置及び加算措置，④課徴金減免制度（リニエンシー）の導入である。

①の課徴金の対象範囲の拡大・明確化としては，近年私的独占事件が増大していることに鑑み，事業者が私的独占行為を行った場合（ただし，支配行為を行った場合に限る）に，対価に係るもの及び対価に影響することとなるものが追加された（事業者団体が私的独占に相当する行為を行った場合は対象とされていない）。また，カルテルを行った場合も，供給カルテルのみならず購入カルテルが対象となること，シェア・カルテルなどが含まれることが明確化された。

次に，②の課徴金算定率の引上げは，課徴金を算定するために実行期間の売上額又は購入額に乗ずる「一定率」について，従来原則6％であったものが10％に引き上げられた。従来の一定率は業種別の平均的な営業利益率を参考にして定められていたが，一定率が引き上げられたことにより，営業利益率を基本的に参考にすることには変わりはないが，それを超えるもの，すなわち不当な経済的利得を超えるものを徴収することとなり，違反行為を行ったことにより生じた不当な経済的利得の剥奪という従来の課徴金制度の法的性格が「行政上の制裁」に変質したものと考えられている。なぜなら，純粋に不当な経済的利得の徴収であれば裁量の余地なくその剥奪を命じなければならないものであるが，③の違反行為を早期にやめた場合の軽減措置や違反行為を繰り返し行った場合の加算措置，並びに④の課徴金減免制度が導入されることによって，これら全体を整合的に説明するためには，そのように考えざるを得ないものである。

課徴金の法的性格について国会における審議では，次のように説明されている。「見直し後の課徴金制度は，不当利得相当額以上の金銭を徴収する仕組み

とすることで行政上の制裁としての機能をより強めたものでありますが，これまでもその法的性格は，違反行為を防止する為に行政庁が違反事業者等に対して金銭的不利益を課すというものであり，この点は今回の見直し後も変わりはなく，課徴金という仕組みを残すことが適当であると考えます」（平成16・11・4衆議院本会議〔細田官房長官〕）。

　課徴金の法的性格が「行政上の制裁」に変質したとはいえ，課徴金は基本的には経済的利得の徴収を目的とするものであることから，原則として，刑罰の量刑原則のような裁量は許されず，一定の違反行為を行った事業者に対しては，公正取引委員会は裁量の余地なく課徴金を課さなければならないことになっている（7条の2第1項・2項・4項・8条の3・20条の2〜20条の6。課徴金納付命令の発出について公正取引委員会に裁量の余地がないことにつき，大石組課徴金審決取消請求事件・平成20・7・11東京高判・審決集55巻864頁）。

　判例は，課徴金制度の趣旨について，「カルテルの摘発に伴う不利益を増大させてその経済的誘因を小さくし，カルテルの予防効果を強化することを目的として，既存の刑事罰の定め（独禁法89条）やカルテルによる損害を回復するための損害賠償制度（独禁法25条）に加えて設けられたものであり，カルテル禁止の実効性確保のための行政上の措置として機動的に発動できるようにしたものである」と述べている（日本機械保険連盟課徴金審決取消請求事件・平成17・9・13最判・審決集52巻723頁）。

　課徴金制度については，平成21年法改正により，更に課徴金の対象範囲の拡大等が行われた。その内容は，排除型私的独占に対する課徴金，不公正な取引方法のうち公正競争阻害性が強い共同の取引拒絶等5類型の行為に対する課徴金であり，更にカルテルの主導的事業者に対する加算措置も行われた。

　不公正な取引方法を課徴金の対象とすることについては，積極・消極の両論があったが，「私的独占に至らなくても競争上の弊害は生じている，私的独占の予防規制と位置づけられない不公正な取引方法（優越的地位の濫用）については排除型私的独占を課徴金の対象としても抑止効果は及ばない」との考え方に基づき積極説が採用された（小俣栄一郎ほか「排除型私的独占及び不公正な取引方法に関する規制の強化等について」公正取引706号8頁）。

　課徴金納付命令の対象事業者は，事業者が一定の違反行為を行った場合は，

当該違反行為の参加事業者であり（7条の2第1項），事業者団体によるカルテルの場合には，当該事業者団体の構成事業者である（8条の3）。事業者団体のカルテルによって経済的利得を得るものは当該事業者団体の構成事業者であるからである。

事業者が「共同企業体」（複数の事業者がJV契約により出資割合などを決めて結成するもので法人格はない）を結成して，共同企業体が入札談合を行った場合の課徴金の対象事業者については，「不当な取引制限を行ったのは事業者であるから，それらが共同企業体を結成して入札に参加し落札した場合であっても，違反行為者は，共同企業体ではなくその構成員である事業者であり，売上額は，共同企業体の受注金額を当該構成員の出資比率に応じて按分して算定する」とされている（大建建設事件・平成18・9・21課徴金納付命令審決・審決集53巻430頁）。

2 課徴金の賦課対象及び算定方法

(1) カルテルを行った場合

ア 課徴金の賦課対象

課徴金の対象となるカルテルは，課徴金制度がカルテルによる経済的利得を徴収することを目的として設けられたものであることから，次のいずれかに該当するものを行った場合である（7条の2第1項・8条の3）。①商品又は役務の対価に係るもの，②商品又は役務について，(i)供給量又は購入量，(ii)市場占有率，(iii)取引の相手方のいずれかを実質的に制限することによりその対価に影響することとなるもの。

カルテルは，国内でカルテルを行った場合に限らず，外国事業者と国際カルテルを行った場合にも対象とされる。

対価に係るカルテルには，価格を新たに決定するカルテル，価格引上げカルテル，価格維持カルテル，最低販売価格又は目標販売価格を決定するカルテル，入札談合（入札に際してあらかじめ落札予定者を決定し，その者の入札価格が最低となるよう入札参加者間で入札価格を調整するもの），輸入品について通貨の換算レートを決定するカルテルなどが含まれる。また，購入価格を決定するカルテルも含まれる。

「その対価に影響することとなるもの」とは，当該行為によって具体的に対

価に影響を及ぼしたという結果の発生を必要とするものではなく，また，影響することの立証が求められるものでもない。当該行為によって必然的（定性的）に対価に影響する蓋然性がある場合という意味である。このような行為によっても対価に影響する蓋然性がないことが確認される場合は課徴金の対象にはならない。しかし，このような行為によって対価に影響する蓋然性がない場合はまれであろうから，結局このような類型の行為が課徴金の適用対象になることを明確にしたという意味合いが強い。

　実質的に供給量を制限することによりその対価に影響があるカルテルとは，生産数量制限カルテル，販売数量制限カルテルを典型とするが，これらにとどまらず，間接的に供給量の制限をもたらす操業日数・時間や操業率を決定するカルテル，中間製品の生産制限カルテル，設備使用を制限するカルテル，設備投資制限カルテルなどもこれに含まれると解される。また，実質的に購入量を制限することによりその対価に影響があるカルテルとは，購入数量制限カルテルのほか，購入数量比率，購入時期を制限するカルテルなども含まれる。

　次に，市場占有率を制限するカルテルも，結果的に供給量を制限することにより対価に影響することとなる場合は課徴金の対象となる（鋳鉄管シェア協定課徴金事件・平成21・6・30課徴金納付命令審決・審決集56巻第1分冊111頁）。また，取引の相手方の制限カルテルは，参加事業者それぞれの販売先又は仕入先を固定化することにより，参加事業者の販売競争又は仕入れ競争を制限する場合のほか，参加事業者が共同販売機関を設立し，参加事業者が同機関を通じてのみ販売することにより対価に影響することとなる場合は課徴金の対象となる。

イ　課徴金の算定方法

　(i)　事業者が課徴金の対象となる違反行為を行った場合の課徴金の額は，実行としての事業活動を行った日（始期）から，実行としての事業活動がなくなる日（終期）までの期間（実行期間）における違反行為対象商品又は役務の売上額又は購入額に「一定率」を乗じた額である。ただし，実行期間が3年を超えるときは，終期から遡って3年間とされる。この場合の売上額は，損益計算書における「売上高」に当たるものであり，そこから売上原価や販売費・一般管理費を控除したものではない。最高裁は，「個別の取引による実現収益として，事業者が取引の相手方から契約に基づいて受け取る対価である代金ないし

報酬の合計額から費用項目を差し引く前の数値である」とする（日本機械保険連盟課徴金審決取消請求事件・平成17・9・13最判・審決集52巻723頁）（この事件で被上告人らは，売上額の算定に当たっては，営業保険料から被上告人らの支払保険金の額を控除すべきであると主張した）。課徴金制度が基本的に違反行為による経済的利得を徴収することを目的とするものと考えても，課徴金の対象となる違反行為は広範なものである上，それぞれの事業者について実際の利得を算出することは不可能に近いことから，政策的，技術的理由から上記のような方法で算出した額を不当な利得とみなすという方法をとっているものである。したがって，カルテルが価格カルテルであれ（それが価格引上げカルテルであれ，この場合の引上げ幅がいくらであれ，また，価格維持カルテルであれ），販売数量制限や購入数量制限カルテルであれ，市場占有率カルテルであれ，取引の相手方を制限するカルテルであれ，その種類や内容のいかんにかかわりなく，同一の算定方法により算出される。

「一定率」は，従来業種別の平均的な営業利益率を参考にして定められていたが，これが平成17年法改正により引き上げられたため，基本的に営業利益率を参考とすることには変わりがないが，それを反映するものとはなっていない。中小企業については，大企業に比し原則として低い率とされる。中小企業に軽減率が適用されるのはカルテルの場合（7条の2第1項・8条の3）であり，私的独占や不公正な取引方法の場合には適用されない（「中小企業」については，7条の2第5項を参照されたい）。「一定率」は，**次表**のとおりである（7条の2第1項・5項）。

「一定率」		
業種	大企業	中小企業
卸・小売業以外	10%	4%
卸売業	2%	1%
小売業	3%	1.2%

なお，違反行為に係る取引について，卸売業又は小売業に認定されるべき事業活動とそれ以外の事業活動の双方が行われている場合に，当該事業活動全体

でどの業種の事業活動の性格が強いかにより業種を決定し，実行期間における違反行為に係る取引において過半を占めていたと認められる事業活動に基づいて業種を決定するのが相当であるとされている（昭和シェル石油課徴金事件・平成23・2・16審判審決・審決集57巻第1分冊440頁，平成24・5・25東京高判・審決集59巻第2分冊1頁。この事件においては，軽油のみについて卸売業の1％が適用され，その他の油種については原則の6％が適用されている）。

課徴金の対象となる違反行為が行われた場合には，違反行為者又は事業者団体の構成事業者のそれぞれについて，「実行期間」の認定，実行期間における「売上額」又は「購入額」の算出が行われ，これに基づいて課徴金の額が算定される。

【課徴金の算定方法】

課徴金＝実行期間の売上額又は購入額×一定率

なお，課徴金の額が100万円未満であるときは納付命令は行われない（7条の2第1項ただし書）。また，課徴金の額に1万円未満の端数があるときは，その端数は切り捨てられる（7条の2第23項）（以下，私的独占及び不公正な取引方法の場合について同じ）。

(ii) 違反行為の「実行期間」は，事業者が違反行為の実行としての事業活動を行った日（始期）から，実行としての事業活動がなくなる日（終期）までの期間である。

「実行としての事業活動を行った日」（始期）とは，違反行為の内容を現実の事業活動において最初に実現した日である。従来の審決では，例えば，価格引上げカルテルの場合には，値上げは通常，取引先への通知，交渉という過程を経て実現されるが，値上げ価格で最初に引き渡した日，あるいは値上げ価格で最初に受注した日であった（この場合，値上げ幅が協定どおりでなくても，また，多数の取引先のうち一部について実施された場合であっても，漸次値上げ幅がカルテルの内容に即して拡大され，また，値上げを実施する取引先が増加しているような場合には，最初の取引先に対して値上げ価格で引き渡した日が，当該事業者の始期となる）。したがって，「実行期間」は，違反行為が行われた期間とは必ずしも一致せず，また，違反行為参加事業者間でも必ずしも一致するものではないと解釈されていた。

しかし，最近の審決では，「始期」については，実施期日（値上げの場合は値上げを実施する日，数量制限の場合は数量制限を実施する期日）に変更されている。その理由として，「『実行としての事業活動を行った日』の趣旨は，不当な取引制限の合意の拘束力の及ぶ事業活動が行われた日以降について，具体的に実現された値上げの程度等を捨象して，当該合意に基づく不当な利得の発生を擬制し，これを違反行為者から課徴金として剥奪しようとするものである。かような課徴金制度における実行期間の趣旨にかんがみれば，値上げカルテルの合意により値上げ予定日が定められ，その日から値上げへ向けて交渉が行われた場合には，当該予定日以降の取引には，上記合意の拘束力が及んでいると解され，現実にその日に値上げが実現したか否かに関わらず，その日において当該行為の実行としての事業活動が行われたものとするのが相当である」と述べられている（日本ポリプロ・チッソ課徴金事件・平成19・6・19課徴金納付命令審決・審決集54巻78頁）。この取扱いは，その後の審決においても踏襲されている。こうした取扱いが行われているのは，カルテル参加の事業者ごとに具体的な値上げ開始状況を調査するという作業を省略できるという点にあろう。

　しかし，これに対しては，「実行としての事業活動」を素直に文理解釈すれば，値上げカルテルの場合は値上げすることであり，実施期日が到来しても値上げが実現されていなければ利得は生じていない，といった批判がなされている（波光巌「課徴金額算定に係る実行期間の『始期』・『終期』」ジュリスト1354号277頁）。

　「実行としての事業活動がなくなる日」（終期）は，違反行為の実行としての事業活動を最後に行った日である。一般的には，排除措置命令に基づき違反行為を中止した日（例えば，カルテル協定を破棄した日）が終期である。しかし，排除措置命令が行われる前に事業者が自発的に違反行為を中止したり，違反行為の実効性が失われ事実上消滅したりしたような場合は，その日が終期となる。また，特定の事業者が違反行為から脱退した場合は，当該事業者については，その日が終期となる。現実においては，公正取引委員会による立入検査等の調査が開始された時点で協定等が破棄され，又は事実上崩壊して終期が到来している事件がほとんどである。このような事件では，排除措置命令と課徴金納付命令とが同時に行われている（排除措置命令を受けて協定を破棄したため終期が到来した場合には，課徴金納付命令は排除措置命令の後となる）。

なお，実行としての事業活動は，基本合意が解消されても基本合意に基づく事業活動（契約の締結）が終了するまでは終了しないとの審決がある（アベ建設工業事件・平成16・6・22課徴金納付命令審決・審決集51巻68頁）。この事件では，入札談合による受注調整行為は，公正取引委員会の立入検査が行われたために平成13年11月13日に基本合意を他の事業者とともに破棄したが，受注調整が同日以前に行われ，発注者との受注契約が同月19日に行われた物件があった。被審人は，課徴金納付命令に関する審判手続において，実行期間の終期は基本合意を破棄した同月13日であるから，その日が終期であり，同月19日に契約の締結が行われた物件は課徴金の対象とならないと主張した。これに対し，審決は，同社の違反行為の実行としての事業活動は契約の締結が終了するまでは終了せず，終期は同月19日であり，当該物件は課徴金の対象であるとした。

(iii) カルテルを行った場合の課徴金額の算定の基礎となる実行期間における違反行為の対象商品又は役務の「売上額」又は「購入額」の算定方法は，独占禁止法施行令5条又は6条に基づく。

同施行令5条は，原則的な算定方法として，企業会計原則に基づき，事業者が実行期間において引き渡した商品又は提供した役務の対価の額を合計する方法により，又は，実行期間において引渡しを受けた商品又は提供を受けた役務の対価の額を合計する方法によることを定めている。また，6条は，受注カルテルが行われた場合に，例外的に，実行期間において締結した契約により定められた商品の販売又は役務の提供の対価の額を合計する方法により，又は，実行期間において締結した契約により定められた商品の購入又は役務の提供の対価の額を合計する方法によることを定めている（その理由は，受注カルテルの場合に引渡額で算定すると，実行期間前に契約されたものが含まれることになり，逆に実行期間中に契約されたものであっても実行期間後に引き渡されるものが含まれないことになるからである）。

なお，「売上額」又は「購入額」には，消費税相当額が含まれる（社会保険庁発注シール入札談合課徴金審決取消請求事件・平成10・10・13最判・審決集45巻339頁）。

ウ 当該商品又は役務

売上額算定の対象となるのは，いうまでもなく違反行為対象の商品又は役務に係るものであるから，例えば，値上げカルテルが関東地区を対象として行わ

れた場合には，関東地区向けの売上額が算定される。同地域向けのすべてについて値上げが実現していなくても，同地域向け全体の売上額が課徴金算定の基礎とされる。

福田種鶏場事件（平成14・9・25課徴金納付命令審決・審決集49巻69頁）では，「中国四国地区の素びなの供給分野」が一定の取引分野とされ，素びなの供給業者が取引先販売業者を経由して同地区外に所在する養鶏業者等の需要者に販売されるものは課徴金の対象にはならないが，逆に同地区外に所在する取引先販売業者を経由して同地区内の需要者に販売されるものは課徴金の対象になるとされた。

追加工事の売上額については，追加工事が発注者の通常の運用に従い当初工事との関連で発注された工事であって，当初工事の追加工事として発注されるべき関連性があったと認めることができるものについては，当初工事との場所的関係，契約金額の多寡及び工事の内容等にかかわらず，課徴金の算定の基礎となるとされている（高木工業所ほか16名事件・平成18・4・28課徴金納付命令審決・審決集53巻99頁）。

課徴金の対象となる「当該商品又は役務」については，次のような審判決がある。

当該商品とは，「違反行為の対象商品の範疇に属する商品については，当該行為を行った事業者又は事業者団体が明示的又は黙示的に当該行為の対象からあえて除外したこと，あるいは，これと同視し得る合理的な理由によって定型的に当該行為による拘束から除外されることを示す特段の事情がない限り，独占禁止法7条の2第1項にいう『当該商品』に該当し，課徴金の算定対象に含まれると推定される」と述べた上で，本件商品の組合員向けについては，協同組合による共同購買事業として，役員に自家消費と認識され，また，原価供給されていることから，「当該行為の対象からあえて除外したことと同視し得る合理的な理由によって定型的に当該行為による拘束から除外されることを示す特段の事情があると認められ，課徴金の算定対象から除外すべきである」とした（東京無線タクシー協同組合事件・平成11・11・10審判審決・審決集46巻119頁）。

同じカルテル事件で，前記判示の「特段の事情」が認められなかった事件としては，協和孵卵場事件（平成14・7・25審判審決・審決集49巻37頁）〈同一企業内事

業者に対する販売〉やポリプロピレン価格カルテル事件（平成22・2・24審判審決・審決集56巻第1分冊577頁）〈全額出資会社及び50％出資の関連会社への販売〉がある。

　次に，入札談合事件における受注調整において，「当該商品又は役務」に含まれるか否かの点につて，判例は，「基本合意の対象となった商品又は役務全体のうち，個別の入札において，当該事業者が基本合意に基づいて受注予定者として決定されて受注するなど，基本合意による競争制限効果が及んでいるものをいうと解すべき」であり，「個別の入札について，当該事業者が受注予定者として，決定されるに至った具体的な経緯までは認定することができないとしても，……基本合意の対象の範囲内であり，これにつき受注調整が行われたこと及び事業者である原告が受注したことが認められれば，特段の反証がない限り，原告が直接又は間接に関与した受注手続の結果，競争制限効果が発生したものと推認するのが相当である」としている（JFEエンジニアリング課徴金審決取消請求事件・平成23・10・28東京高判・審決集58巻第2分冊37頁）。

　また，受注調整に失敗したケースについて，①「基本合意に基づいて受注事業者として決定され，受注するなど，受注調整手続に上程されることによって具体的に競争制限効果が発生するに至ったものを指すと解すべき」であり，②「当該事業者が直接又は間接に関与した受注調整手続の結果，競争制限効果が発生したことを要するというべきである」と述べた上で，都市計画道路工事については，受注を希望する原告とT社T社2社の話合いは決裂し，原告は他の指名業者と連絡をとったり協力を要請することは全くなかったのであるから，T社が原告以外の指名業者に協力要請して受注調整手続が進められていたとしても，原告が直接又は間接に関与した受注調整手続によって具体的な競争制限効果が発生するに至ったものではないとして，これを対象から除外した（土屋企業課徴金審決取消請求事件・平成16・2・20東京高判・審決集50巻708頁）。

(2) 私的独占を行った場合
〈支配型私的独占の場合〉
ア　課徴金の賦課対象
　支配型の私的独占を行った場合に課徴金の対象となるのは，事業者が独占禁止法3条に違反して他の事業者（以下「被支配事業者」という）に対して「支配」行為を行った場合で，被支配事業者が供給する商品又は役務について次のいず

れかの行為を行った場合であり，供給に係るものである（7条の2第2項）。①その対価に係るもの，②(i)供給量，(ii)市場占有率，(iii)取引の相手方のいずれかを実質的に制限することによりその対価に影響することとなるもの，購入に係るものは課徴金の対象とはならない。また，事業者団体が8条1号に違反して支配型私的独占に相当する行為を行った場合には，課徴金の対象とはならない。

「その対価に係るもの」とは，当該事業者が支配行為によって被支配事業者の販売価格を自己に従わせる場合である。

「その対価に影響することとなるもの」とは，カルテルの場合と同様に，当該行為によって必然的（定性的）に対価に影響する蓋然性があるものという意味であり，当該行為によって具体的に対価に影響を及ぼしたという結果の発生を必要とするものではなく，また，影響することの立証が求められるものでもない。

供給量の制限は，被支配事業者に対する支配行為によって被支配事業者の供給量を制限することによりその対価に影響することとなるものである。また，被支配事業者に対する支配行為によって被支配事業者の供給量や購入量の市場占拠率を制限したり，取引の相手方を制限する場合も，それにより対価に影響することとなるものは課徴金の対象となる。以上のような支配行為は，必ずしも支配事業者と被支配事業者との間に商品供給等の取引関係があることを要しない。

イ　課徴金の算定方法

事業者が支配型私的独占を行った場合には，違反行為の実行期間（3年を超えるときは，終期から遡って3年間）における

①　当該事業者が被支配事業者に供給した当該商品又は役務（当該被支配事業者が当該行為に係る一定の取引分野において当該商品又は役務を供給するために必要な商品又は役務を含む）

②　当該一定の取引分野において当該事業者が供給した当該商品又は役務（当該被支配事業者に供給したものを除く）

の政令で定める方法により算定した売上額の合計額が対象となる（7条の2第2項）。

売上額は，独占禁止法施行令7条及び8条により算定される。同施行令7条では，原則的な算定方法として，企業会計原則に基づき，支配事業者が実行期間において被支配事業者に引き渡した商品又は提供した役務の対価の額を合計する方法によることが定められ，また，8条では，例外的に，支配事業者が実行期間において被支配事業者と締結した契約により定められた商品の販売又は役務の提供の対価の額を合計する方法によることが定められている。
　課徴金の額は，売上額に一定率を乗じた額とされる。一定率は，卸・小売業以外10％，卸売業2％，小売業3％である。中小企業に対する軽減率は適用されない。

〈排除型私的独占を行った場合〉

ア　課徴金の賦課対象

　排除型の私的独占を行った場合にも，独占禁止法3条に違反する事業者に対して課徴金の納付が命じられる（7条の2第4項）。事業者団体が8条1号に違反して排除型私的独占に相当する行為を行った場合には，課徴金の対象とはならない。排除型私的独占については，支配型のように，課徴金の対象行為が，被支配事業者が供給する商品又は役務の対価に係るもの等と限定されていないから，すべての排除型に対して課されることになる。ただし，供給に係るものに限られ，購入に係るものは含まれない（支配型私的独占と同様）。
　排除型私的独占が課徴金の対象となったことも考慮して，公正取引委員会は，「排除型私的独占に係る独占禁止法上の指針」（平成21・10・28公取委）を公表した（その主要な内容は，**第3章**第2節2(1)参照）。
　同一事件で支配行為と排除行為の双方が行われた私的独占については，7条の2第4項が「(他の事業者の事業活動を排除することによるものに限り，第2項の規定に該当するものを除く。)」と規定していることから，支配型私的独占に対する課徴金の規定が適用されると解される。

イ　課徴金の算定方法

　事業者が排除型私的独占を行った場合には，当該行為をした日から当該行為がなくなるまでの期間（当該期間が3年を超えるときは，当該行為がなくなる日から遡って3年間。以下「違反行為期間」という）における，当該行為に係る一定の取引分野において

① 当該事業者が供給した商品又は役務（当該商品又は役務を供給する他の事業者に供給したものを除く）

② 当該商品又は役務を供給する他の事業者に供給した当該商品又は役務（当該他の事業者が当該商品又は役務を供給するために必要な商品又は役務を含む）

の政令で定める方法により算定した売上額の合計額が対象となる（7条の2第4項）。

売上額は，独占禁止法施行令9条及び10条に基づき，引渡額又は契約額で算定される。

課徴金の額は，売上額に一定率を乗じた額とされる。一定率は，卸・小売業以外6％，卸売業1％，小売業2％である。中小企業に対する軽減率は適用されない。支配型の10％（卸売業2％，小売業3％）に比し低率である理由として，独占又は寡占業界における平均的な営業利益率を参考にしたものとされている。

事業者が，支配型私的独占と排除型私的独占とを同一事件で行った場合には，前述したように，10％（卸売業2％，小売業3％）が適用されると解される。

(3) 不公正な取引方法を行った場合

ア　課徴金の賦課対象

不公正な取引方法については，共同の取引拒絶（法2条9項1号），差別対価（同項2号），不当廉売（同項3号），再販売価格の拘束（同項4号），優越的地位の濫用（同項5号）を行った場合に課徴金が課される（法20条の2～20条の6）。いずれも供給に係る行為に限定されている。

不公正な取引方法については，従来，独占禁止法2条9項に基づき，不公正な取引方法の一般指定（昭和57・6・18公取委告示15号）によりすべて指定されていたが，不公正な取引方法のうちの前記5類型を課徴金の対象とすることとされたため，これらの5類型を2条9項1号ないし5号において法定し，それ以外の不公正な取引方法については2条9項6号に基づき公正取引委員会が指定することとなった（従来の指定の改正・平成21・10・28公取委告示18号）。

イ　課徴金の算定方法

(i) 共同の取引拒絶の場合

事業者が競争者と共同して，独占禁止法2条9項1号に該当する共同の取引

拒絶を行った場合に，

① 47条1項4号に基づく立入検査が最初に行われた日（以下「調査開始日」という）から遡り10年以内に，2条9項1号違反で排除措置命令若しくは20条の2の規定により課徴金納付命令（当該命令が確定している場合に限る。以下，本項において同じ）又は違法宣言審決（66条4項）を受けたことがある者（当該審決が確定している場合に限る。以下，本項において同じ）又は，

② 47条1項4号に基づく立入検査が行われなかった場合において，当該違反行為について排除措置命令の「事前通知」を受けた日から遡り10年以内に，①に該当する者

に対して，課徴金納付命令が行われる（20条の2）。

この10年以内というのは，平成21年法改正前の規定によって排除措置命令又は違法を認定する審決を受けている場合を含む（平成21年改正法附則8条。以下，(iv)の再販売価格の拘束の場合まで同じ）。

課徴金の額は，違反行為期間（この期間が3年を超えるときは，違反行為がなくなった日から遡って3年間。以下，(v)の優越的地位の濫用の場合まで同じ）における違反対象商品又は役務の売上額に一定率を乗じた額である。

売上額は，次のようにして算出される。

ⓐ 供給拒絶又は制限する場合（共同の直接取引拒絶）（2条9項1号イの場合）
供給を拒絶又は制限した事業者の競争者に対し供給した同一の商品又は役務

ⓑ 他の事業者に供給拒絶又は制限させる場合（共同の間接取引拒絶）（2条9項1号ロの場合）

(a) 他の事業者（拒絶事業者）に供給した同一の商品又は役務（当該拒絶事業者が同一の商品又は役務を供給するために必要な商品又は役務を含む）

(b) 拒絶事業者が供給を拒絶又は制限した事業者の競争者に対し供給した同一の商品又は役務

(c) 拒絶事業者が当該事業者に供給した同一の商品又は役務

のそれぞれの政令で定める方法により算定した売上額の合計額である。

共同の直接取引拒絶の場合の売上額　共同の間接取引拒絶の場合の売上額

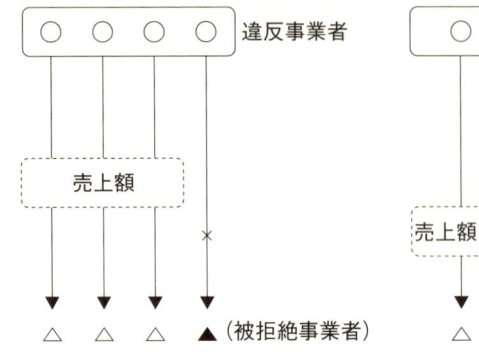

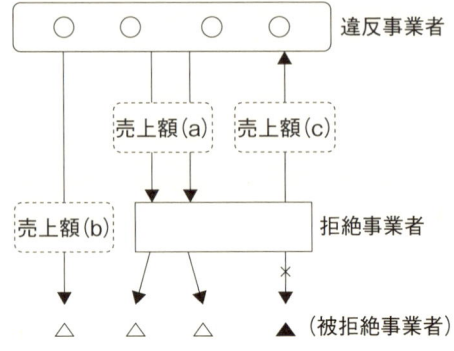

売上額は，独占禁止法施行令22条及び23条に基づき，引渡額又は契約額で算定される。

一定率は，卸・小売業以外3％，卸売業1％，小売業2％である。この一定率は，過去の違反事件における事業者の業種別の平均的な売上高営業利益率を参考として定められたとされている。中小企業に対する軽減率は定められていない（以下，(iv)の再販売価格の拘束の場合まで同じ）。

ただし，当該事業者が同一事件で，私的独占（支配型及び排除型の双方を含む），不当な取引制限又は事業者団体の違反行為で課徴金納付命令を受けたときは，納付命令は行われない（当該命令が確定している場合に限る。この点も，以下，(iv)の再販売価格の拘束の場合まで同じ）。

(ii) 差別対価の場合

事業者が，独占禁止法2条9項2号に該当する差別対価を行った場合に，(i)の①，②と同様に，10年以内に2条9項2号違反で排除措置命令若しくは課徴金納付命令又は違法宣言審決を受けたことがある者に対して，課徴金納付命令が行われる（20条の3）。

課徴金の額は，違反行為期間における差別的な対価（廉価である場合と高価である場合とがある）で供給した違反対象商品又は役務の売上額（通常の対価での売上額は含まれない）に一定率を乗じた額である。

売上額は，当該違反行為において当該事業者が供給した同一の商品又は役務について，独占禁止法施行令24条及び25条に基づき，引渡額又は契約額で算定される。

(iii) **不当廉売の場合**

事業者が，2条9項3号に該当する不当廉売を行った場合に，(i)の①，②と同様に，10年以内に2条9項3号違反で排除措置命令若しくは課徴金納付命令又は違法宣言審決を受けたことがある者に対して，課徴金納付命令が行われる（20条の4）。

課徴金の額は，違反行為期間における廉価で供給した違反対象商品又は役務の売上額に一定率を乗じた額である。

売上額は，当該違反行為において当該事業者が供給した同一の商品又は役務について，独占禁止法施行令26条及び27条に基づき，引渡額又は契約額で算定される。

(iv) **再販売価格の拘束の場合**

事業者が，独占禁止法2条9項4号に該当する再販売価格の拘束を行った場合に，(i)の①，②と同様に，10年以内に2条9項4号違反で排除措置命令若しくは課徴金納付命令又は違法宣言審決を受けたことがある者に対して，課徴金納付命令が行われる（20条の5）。

課徴金の額は，違反行為期間における違反対象商品又は役務の売上額に一定率を乗じた額である。

売上額は，当該違反行為において当該事業者が供給した同一の商品又は役務について（直接の価格拘束の場合も間接の価格拘束の場合も変わりはない），独占禁止法施行令28条及び29条に基づき，引渡額又は契約額で算定される。

(v) **優越的地位の濫用の場合**

事業者が，独占禁止法2条9項5号に該当する行為を継続して行っているときに課徴金納付命令が行われる（20条の6）。この場合は，共同の取引拒絶等の場合と異なり，10年以内に繰り返し行ったことが要件とされておらず，直ちに課徴金納付命令が行われる。

課徴金の額は，違反行為期間における当該濫用行為を受けた相手方との取引における商品又は役務の売上額又は購入額（違反行為の対象となった取引か否かを

問わない)に一定率を乗じた額である。

売上額又は購入額は,
① 商品又は役務を供給している場合には,当該行為の相手方との間における売上額(相手方が複数あるときはそれらの合計額)
② 商品又は役務の供給を受けている場合には,当該行為の相手方との間における購入額(相手方が複数あるときはそれらの合計額)
について,独占禁止法施行令30条及び31条に基づき,引渡額又は契約額で算定される。

一定率は,一律に,1％である。この一定率は,過去の違反事件における事業者の平均的な売上高営業利益率を参考として定められたとされている。また,優越的地位の濫用は,取引上の地位の優位性を背景に行われるものであるから,中小企業に対する軽減率は定められていない。

不公正な取引方法に対する課徴金納付命令は,唯一,優越的地位の濫用に対し,20条の6に基づき,次のとおり行われている。山陽マルナカ事件〔取引商品以外の商品の購入強制,金銭・役務の不当提供,不当返品・減額〕(平成23・6・22審決集58巻第1分冊312頁),トイザらス事件〔不当返品・減額〕(平成23・12・13審決集58巻第1分冊352頁),エディオン事件〔役務の不当提供〕(平成24・2・16審決集58巻第1分冊384頁)。

下請法8条では,「20条の6の規定は,公正取引委員会が前条第1項から第3項までの規定による勧告をした場合において,親事業者がその勧告に従ったときに限り,親事業者のその勧告に係る行為については,適用しない」と定められている。つまり,下請法7条の規定による勧告が行われ,親事業者がその勧告に従って違反行為を是正した場合には,独占禁止法20条の6に基づく課徴金納付命令は行われないことになる。このことは,公正取引委員会に,下請法に基づく勧告を行うか,独占禁止法に基づく課徴金納付命令を行うかの裁量があることを意味する。下請法に基づく勧告の場合には,回復措置(例えば,下請代金の減額の場合には,その減じた額を支払うべきこと)を命ずることができるが,独占禁止法に基づく課徴金納付命令の場合は,これができないことになり,下請事業者の救済の観点からは下請法に基づく措置の方が優れているようにみえる。なお,勧告が行われたにもかかわらず,親事業者がこれに従わない場合には,上記の要件を満たす限り課徴金納付命令を行い得る。

3　課徴金の軽減措置及び加算措置

(1)　違反行為を早期にやめた場合の軽減措置

違反行為を早期にやめ，違反状態を早く解消するためのインセンティブを与えるために，**次表**のとおり違反行為を早期にやめた者には，2割程度減じられた一定率が適用される。この軽減措置が適用になるのは，カルテルの場合（7条の2第1項・8条の3）だけで，私的独占や不公正な取引方法の場合は適用されない。これが適用されるのは，実行期間が2年未満である場合に限られ，また，独占禁止法7条の2第7項ないし9項により加算される場合は除かれる（7条の2第6項）。

①　当該違反行為に係る事件について，47条1項4号に基づく立入検査又は102条1項に基づく犯則調査のための臨検等が最初に行われた日（以下「調査開始日」という）の1か月前までに当該違反行為をやめた者

②　①の処分が行われなかった場合には，50条1項に基づく課徴金納付命令の事前通知の1か月前までに当該違反行為をやめた者

軽減された「一定率」		
業種	大企業	中小企業
卸・小売業以外	8%	3.2%
卸売業	1.6%	0.8%
小売業	2.4%	1%

この制度が適用されるのは，違反行為を早期にやめた場合であるが，カルテルを「やめた」あるいはカルテルから「離脱した」といえるためにはどのような事実が存在することが必要であるかについて，東京高裁判決（岡崎管工事件・平成15・3・7・審決集49巻624頁）は，次のように述べている。「受注調整を行う合意から離脱したことが認められるためには，離脱者が離脱の意思を参加者に対して明示的に伝達するまでは要しないが，離脱者が自らの内心において離脱を決意したにとどまるだけでは足りず，少なくとも離脱者の行動等から他の参加者が離脱者の離脱の事実を窺い知るに十分な事情の存在が必要である」。つ

まり，離脱したといえるためには，離脱の意思を他の参加者（その一部でもよい）に伝達した場合のほか，離脱者がカルテルの会合に出席しなくなるなど外部的行動によって他の参加者に離脱の意思が明らかに認識される場合である。

この軽減措置の対象となるのは，後述する課徴金減免制度と異なり，対象となる事業者の数に制限はなく，また，軽減措置を受けた事業者が課徴金減免制度の対象となることも可能である。

事業者団体がカルテルを行った場合に，構成事業者が違反行為を早期にやめた場合には，当該構成事業者に対して軽減率が適用される。この場合，7条の2第7項ないし9項により一定率が加算される場合であっても差し支えない（もっとも，実行期間は2年未満である必要がある）（8条の3）。

(2) 違反行為を繰り返し行った場合の加算措置

違反行為を繰り返し行った次のいずれかに該当する者に対しては，5割の加算された一定率が適用される（7条の2第7項）。この措置が適用されるのは，カルテルを行った場合（7条の2第1項）及び私的独占（支配型及び排除型の双方を含む）（7条の2第2項・4項）を行った場合である。これは，違反行為が繰り返し行われるのを抑止しようとする目的を持つ。違反行為を繰り返し行った場合に加算措置を講ずる理由として，公正取引委員会の見解では，「一般の違反行為の場合よりも不当利得の水準が高いとみられること等を勘案したもので，繰返し違反行為を行った事業者がより悪質であるということを評価したものではない」とされている。しかしながら，この措置は制裁的意味合いがあるといえよう。

① 調査開始日から遡り10年以内に，

(i) 課徴金納付命令を受けたことがある者

(ii) 公正取引委員会に違反行為に係る事実の報告等を行ったために，又は課徴金額から罰金額の2分の1に相当する金額を控除したために課徴金の納付が免除される旨の通知を受けたことがある者

(iii) 課徴金納付命令が行われた後，同一事件について罰金刑の確定判決があったため課徴金額から罰金額の2分の1に相当する金額を控除した結果納付命令の取消しの決定を受けたことがある者

② 47条1項4号に基づく立入検査又は102条1項に基づく犯則調査のた

の臨検等が行われなかった場合において，当該違反行為について課徴金納付命令の「事前通知」を受けた日から遡り10年以内に，①の(i)ないし(iii)に該当する者

前記①の(ii)及び(iii)に該当する者は，免除ないし控除を受けていなければ課徴金納付命令を受けるべき者であったからである。

課徴金の加算制度は，違反行為者に同一性があればよく，対象となる取引分野や違反行為の対象商品・役務や種類のいかんにかかわらない。

上記①及び②の場合には，平成17年改正法施行前の規定によって排除措置命令又は違法を認定する審決を受けている場合を含む（平成21年改正法附則7条。当初は平成17年改正法附則6条で規定されていたが，これが削除され改めて規定されたもの）。

カルテルの場合

加算された「一定率」		
業種	大企業	中小企業
卸・小売業以外	15%	6%
卸売業	3%	1.5%
小売業	4.5%	1.8%

私的独占の場合

加算された「一定率」		
業種＼行為類型	支配型	排除型
卸・小売業以外	15%	9%
卸売業	3%	1.5%
小売業	4.5%	3%

なお，事業者団体が違反行為を繰り返し行った場合には，その構成事業者に対し課徴金の加算措置は行われない（8条の3は，7条の2第7項を準用していない）。

(3) カルテルの主導的事業者に対する加算措置

事業者によるカルテルで，次のいずれかに該当する者に対する課徴金は，5割増しとされる（7条の2第8項）。すなわち，売上額又は購入額に乗じられる一定率は，**上表**（カルテルの場合）のとおりとなる。

ア 単独で又は共同して，当該違反行為をすることを企て，かつ，他の事業者に対し当該違反行為をすること又はやめないことを要求し，依頼し，又は唆すことにより，当該違反行為をさせ，又はやめさせなかった者

イ 単独で又は共同して，他の事業者の求めに応じて，継続的に他の事業者に対し当該違反行為に係る商品又は役務に係る対価，供給量，購入量，市場占

有率又は取引の相手方について指定した者

　ウ　上記ア，イのほか，単独で又は共同して，次のいずれかに該当する行為であって，当該違反行為を容易にすべき重要なものをした者

　①　他の事業者に対し当該違反行為をすること又はやめないことを要求し，依頼し，又は唆すこと

　②　他の事業者に対し当該違反行為に係る商品又は役務に係る対価，供給量，購入量，市場占有率又は取引の相手方その他当該違反行為の実行としての事業活動について指定すること（専ら自己の取引について指定することを除く）

　事業者が，上記に掲げられている行為を超えて，他の事業者に違反行為をすることを強要し又は違反行為をやめることを妨害した場合には，カルテルの主導者として加算の対象となることはもちろん，課徴金減免対象ともされない（7条の2第17項）。

　(4)　カルテルにおいて違反行為を繰り返し行った者が主導者であった場合

　事業者が繰り返し違反行為を行った者である場合，すなわち，調査開始日から遡り10年以内に不当な取引制限・私的独占に係る課徴金納付命令等を受けたことがある事業者が，カルテルで主導的役割を果たした場合には，**次表**のとおり，更に加算された一定率となる（7条の2第9項）。

業種	加算された「一定率」	
	大企業	中小企業
卸・小売業以外	20%	8%
卸売業	4%	2%
小売業	6%	2.4%

4　課徴金減免制度

　課徴金減免制度（リニエンシー；Leniency）は，一定の要件に基づき自発的に自らの違反事実に係る情報提供を行った事業者に課徴金を減免する制度であり，この制度は，従前からアメリカ，EU等で導入されており，OECDも各国に導入を推奨している。近年違反行為は，秘密裏に行われるために事件として

発見されにくく，また，物証が残されないために事件の解明が困難になるという傾向が強まっている中で，この制度には，違反行為の発見を容易にするという機能のほか，事件処理を容易化するという機能があるため，平成17年法改正によりわが国にも導入された。

　一方，事業者側にとっても，法令遵守体制を整備し，違反行為を発見しても，当局に申告するインセンティブがないことから，この制度の導入が行われることとなったものである。この制度の導入によって，カルテルの崩壊を早めたり，参加者の中からこの制度を利用する者が出現するリスクがあることからカルテルの締結自体が困難になるため，カルテル抑止効果があるとも考えられている。

　この制度は，違反行為が秘密裏に行われるために証拠収集が特に困難な入札談合等カルテルが行われた場合に適用され，私的独占や不公正な取引方法の場合は適用されない。

　減免の対象となるためには，「当該違反行為に係る事実の報告及び資料の提出」（7条の2第10項1号参照）を行う必要があるが，提供した情報の内容については，「調査を開始するに十分な情報」ないし「違反行為を立証するに足る証拠」であることまでは要求されておらず，違反行為に関する自己が知り得る情報及び入手し得る資料で足りるとされている。

　減免の対象となる事業者は従来3事業者に限られていたが，平成21年法改正で，5名にまで拡げられた。

ア　課徴金の納付免除

　次のいずれにも該当する事業者（事業者団体の構成事業者を含む。以下本項において同じ）については，課徴金の納付が免除される（7条の2第10項・8条の3）。

　①　単独で，当該違反行為をした事業者のうち最初に公正取引委員会に当該違反行為に係る事実の報告及び資料の提出を行った者（当該報告及び資料の提出が調査開始日又は課徴金納付命令についての事前通知日以後に行われた場合を除く）であること

　②　当該違反行為に係る事件についての調査開始日又は課徴金納付命令についての事前通知日以後において，当該違反行為をしていた者でないこと

　独占禁止法違反行為に対しては刑事罰の適用があるため，刑事告発を恐れて

減免制度の利用をためらう事業者がいないとも限らない。この点を考慮し，公正取引委員会は，納付免除される事業者及びその事業者の役員，従業員等については，刑事告発しないことを後述する平成17年10月「独占禁止法違反に対する刑事告発及び犯則事件の調査に関する公正取引委員会の方針」で明らかにした。独占禁止法違反の刑事告発が公正取引委員会の専権事項であるとしても，違反事業者が複数存在する場合，いわゆる告訴不可分の原則により，告発されない1番目の事業者やその役職員についても理論上検察官が起訴することは可能であり，また，談合罪等の刑法上の罪で起訴される可能性もあるが，国会での法案審議の過程において，法務当局は，「一部の事業者を被疑者とする告発がなされた場合，告発されなかった被疑者につきましては，検察官において，その訴追裁量権の行使に当たり，専属告発権限を有する公正取引委員会があえて刑事告発を行わなかったという事実を十分に考慮することになると考えられますので，措置減免制度は有効に機能するものと考えております」（平成17・3・11衆議院経済産業委員会〔法務省刑事局長〕）と述べている。

イ 課徴金の減額

① 次のいずれにも該当する事業者については，課徴金（中小企業者である場合の一定率の減額（7条の2第5項）・違反行為を早期にやめた場合の一定率の軽減（同6項）・違反行為を繰り返し行った場合の一定率の加算（同7項）・違反行為者が主導者であった場合の一定率の加算（同8項）・違反行為を繰り返し行った者が主導者であった場合の一定率の加算（同9項）により調整済みのもの。以下本項において同じ）の額が50％減額される（7条の2第11項1号・4号）。

（i）単独で，当該違反行為をした事業者のうち2番目に公正取引委員会に当該違反行為に係る事実の報告及び資料の提出を行った者（当該報告及び資料の提出が調査開始日又は課徴金納付命令についての事前通知日以後に行われた場合を除く）であること。

（ii）当該違反行為に係る事件についての調査開始日又は課徴金納付命令についての事前通知日以後において，当該違反行為をしていた者でないこと。

② 次のいずれにも該当する事業者については，課徴金の額が30％減額される（7条の2第11項2号～4号）。

（i）単独で，当該違反行為をした事業者のうち3番目，4番目又は5番目に

公正取引委員会に当該違反行為に係る事実の報告及び資料の提出を行った者（当該報告及び資料の提出が調査開始日又は課徴金納付命令についての事前通知日以後に行われた場合を除く）であること。ただし，4番目又は5番目の者についての報告等は，1番目から3番目までの事業者によって報告される情報に比べて，違反行為の発見及び解明への有用性が低くなるという事情があることから，45条1項による報告又は同条4項による職権探知で既に公正取引委員会によって把握されている事実に係るもの以外でなければならない。

（ⅱ）当該違反行為に係る事件についての調査開始日又は課徴金納付命令についての事前通知日以後において，当該違反行為をしていた者でないこと。

③　7条の2第10項又は11項により報告及び資料の提出を行った者の数が5に満たないとき（上記アで免除を受ける事業者並びにイの①及び②で減額を受ける事業者の数が5に満たないとき）は，次のいずれにも該当する事業者（7条の2第10項又は11項により報告及び資料の提出を行った者と本項により報告及び提出を行った者の数の合計が5以下であり，かつ，本項により報告及び提出を行った者が3以下である場合に限る）については，課徴金の額が30％減額される（7条の2第12項）。

すなわち，公正取引委員会の立入検査等前に報告等することにより課徴金の免除又は減額を受ける者の数と公正取引委員会の立入検査等以後に報告等することにより本項の規定により課徴金の減額を受ける者の数の合計は最大5名とされ，公正取引委員会の立入検査等以後に報告等することにより本項の規定に基づき課徴金の減額を受ける者の数は最大3名とされる。

（ⅰ）当該違反行為に係る事件についての調査開始日又は課徴金納付命令についての事前通知日以降一定の期日までに（平成17年公取委規則7号「課徴金の減免に係る報告及び資料の提出に関する規則」5条で，20日以内とされている），単独で，公正取引委員会に当該違反行為に係る事実の報告及び資料の提出（47条1項各号の処分又は102条1項に基づく犯則調査のための臨検等その他により既に公正取引委員会によって把握されている事実に係るものを除く）を行った者。

（ⅱ）当該報告及び資料の提出を行った日以後において当該違反行為をしていた者以外の者。

この調査開始後の減額の場合の事実・資料の報告・提出については，調査開始前の減額の場合と異なり，行政調査や犯則調査その他により既に公正取引委

員会によって把握されている事実以外のものでなければならない。そうでなければ，違反行為の発見及び事実の解明に役立たないからであり，したがって，報告・提出された事実・資料が公正取引委員会によって把握されている事実以外のものでない場合には減額の対象とはならない。

　課徴金減免制度の運用方法については，前記規則で定められており，①はじめは専用のファクシミリ（番号：03-3581-5599）を利用して簡易な報告書を提出させて仮の順位を定め，②その後提出期限を定めて正規の報告書を提出させることとしている。また，「課徴金減免管理官」が置かれ，報告等の対象事案であるか，自己が減免対象者であるか等について，匿名により相談を受けることができる。

ウ　違反行為の報告者の数の取扱い

　平成21年法改正により，公正取引委員会に当該違反行為に係る事実の報告及び資料の提出を行う者について，2以上の会社によるグループ会社を1名とカウントする取扱いとすることとされた。すなわち，2以上の会社によるグループの報告を違反行為の報告に限り「単独」に行ったものとして取り扱われる。これは，例えば，2以上の会社のグループ会社が共同して報告等を行った場合には，それらの会社により5名の枠の相当部分を使うことになるため，グループ以外の会社に配慮して，違反行為に係る事実の報告等を行う場合に限り，1グループを1名とカウントすることにしたものである。また，同一のグループの会社からは，通常，実質的に同一内容の情報しか得ることができないため，同一グループの会社にそれぞれ別個の順位を割り当てると，公正取引委員会が入手し得る情報の範囲が限定されてしまうということもある。

　どのような場合をグループとして取り扱うかについては，次による（7条の2第13項・14項）。すなわち，次の①に該当し，かつ，②又は③に該当する場合である。

　①　同一グループに属する2以上の会社が報告等を行う時点で，相互に子会社等（子会社若しくは親会社又は兄弟会社である会社をいう）の関係にあること

　②　同一グループに属する者が共同して当該違反行為をしていた場合には，当該複数の事業者がともに違反行為をしていた全期間（当該報告等を行った日から遡り5年以内の期間に限る）において相互に子会社等の関係にあったこと

③　同一グループに属する者が共同して当該違反行為をしていない場合には，当該複数の事業者間において，違反行為に係る事業の譲渡又は分割があり，当該事業を引き継いだ事業者が当該事業を引き継いだ日から違反行為を開始したこと

　したがって，上記に該当する2以上の事業者が報告等を行った場合には，単独で行ったものとみなされるから，2名以上の事業者が課徴金を免除される場合があり得る。課徴金減免の対象者は5名であるが，複数の事業者が共同申請した場合には，絶対数としては，5名を上回る数の事業者が対象となることがある。

エ　報告等の受理通知

　公正取引委員会は，7条の2第10項ないし12項の報告及び資料の提出を受けたときは，当該報告及び資料の提出を行った事業者に対し，速やかに文書をもってその旨を通知しなければならない（7条の2第15項）。

オ　報告等の追加依頼

　公正取引委員会は，前記ア及びイの事業者に対し，課徴金納付命令又は課徴金を納付免除することを7条の2第18項の規定に基づき通知するまでの間，当該違反行為に係る事実の報告又は資料の提出を追加して求めることができる（7条の2第16項）。

カ　減免の適用除外

　前記ア及びイの課徴金の減免当事者について，課徴金納付命令又は納付免除することを通知するまでの間に，次のいずれかに該当する事実があると認められるときは，減免は適用されない（7条の2第17項）。

① 当該事業者が行った報告又は提出した資料に虚偽の内容が含まれていたこと
② 7条の2第16項に基づく報告等の追加依頼に対して，報告若しくは資料の提出をせず，又は虚偽の報告若しくは資料の提出をしたこと
③ 当該事業者がした当該違反行為に係る事件において，当該事業者が他の事業者に対し，7条の2第1項に規定する違反行為をすることを強要し，又は他の事業者が当該違反行為をやめるのを妨害していたこと

　この場合，7条の2第13項の規定により複数の事業者が共同して報告等を行

っている場合には，そのいずれかの事業者に上記の事実があっても適用される。

キ 減免対象事業者の公表

公正取引委員会は，当初，課徴金減免対象の事業者名は公表しないとしていた。しかし，「公共工事入札契約適正化指針」（平成18・5・23閣議決定）において，「独占禁止法違反行為に対する指名停止に当たり，課徴金減免制度の適用があるときは，これを考慮した措置につとめるものとする」とされ，及び「中央公共工事契約制度運用連絡協議会モデルの運用申し合わせ」（平成18・7・4最終改正）において，「課徴金減免制度が適用され，その事実が公表されたときの指名停止の期間は，当該制度の適用がなかったと想定した場合の期間の2分の1の期間とする」とされたことを受け，公正取引委員会は，課徴金減免制度の適用を受けた事業者から申出がある場合には，平成18年9月以降，課徴金納付命令を行う際に，事業者名及び免除の事実又は減額の率を公表することとしている。したがって，課徴金減免対象の事業者名として公表された場合には，官公署が独占禁止法違反による指名停止を行う場合には，その期間が通常の場合の2分の1とされる。2分の1とされるために，事業者にとっては，課徴金減免制度を利用するインセンティブが更に増大したということができる。

〔参考〕課徴金減免申請件数の推移

年度（平成）	19	20	21	22	23	24	25	累計
申請件数	74	85	85	131	143	102	50	775

（累計は課徴金減免制度が導入された平成18・1・4～平成26・3・31までの件数の累計）

課徴金の減免が行われた事業者のうち事業者名が公表された事業者の数は，平成18年9月8日から平成27年1月20日まで合計241名である（いずれも，公取委HPによる）。

5 罰金額との調整

前述したとおり，課徴金は一定の違反行為による経済的利得を国が徴収し，違反行為者がそれを保持し得ないようにすることによって，社会的公正を確保するとともに，違反行為の抑止を図り，違反行為禁止規定の実効性を確保する

ために採られる行政上の措置であって，違反行為の反社会性ないし反道徳性に着目しこれに対する制裁として科される刑事罰とは，その趣旨，目的，手段等を異にするものであり，課徴金と刑事罰を併科することが，二重処罰を禁止する憲法39条に違反するものでないことは最高裁判決（社会保険庁発注シール入札談合課徴金審決取消請求事件・平成10・10・13・審決集45巻339頁）も認めるところである。

しかし，平成17年法改正によって，課徴金算定のための「一定率」が引き上げられ，事業者の違反行為による不当な経済的利得を超えるものが課徴金として徴収されることになるなど，課徴金制度の法的性格が「行政上の制裁」に変質したと考えられるところから，同一事件について罰金刑の確定判決があるときは，罰金額の2分の1に相当する金額を課徴金額から控除することとされた（7条の2第19項）。

この点に関する国会における審議では，「本法案における課徴金と刑事罰の併科は，基本的には二重処罰の問題が生ずることはないと考えますが，両者は違反行為を防止するという機能面で共通する部分があるため，併科する場合には，この共通する部分に係る調整として，罰金額相当額の2分の1を課徴金額から控除することが政策的に適当であると判断したもの」（平成17・11・4衆議院本会議〔細田官房長官〕）とされている。つまり，課徴金と罰金刑とは，その趣旨，目的，手続等を異にするものであるが，いずれも国が強制的に課す金銭的不利益であり，刑事罰には違反行為の懲罰機能と抑止機能とがあり，課徴金には違反行為の抑止機能があり，この抑止機能の部分において共通する点があることから，両者が併科される場合に，機能面において共通する部分について政策的に調整することとされたものと解することができる。

この制度は，カルテルが行われた場合（7条の2第1項・8条の3）及び私的独占が行われた場合（7条の2第2項・4項）の双方に適用される。

本規定により，同一事件について当該事業者に対し罰金刑の確定判決があるときは，7条の2第1項，2項，4項から9項，11項又は12項の規定により計算した額に代えて，その額から罰金額の2分の1に相当する金額を控除した額が課徴金の額とされる。上記の額が罰金額の2分の1に相当する額を超えないとき，又は控除後の額が100万円未満であるときは，公正取引委員会は納付命令をすることができない（7条の2第19項・20項）。

納付命令後に同一事件で納付命令を受けた者に対し罰金刑の確定判決があったときは、公正取引委員会は決定で、課徴金額から罰金額の2分の1を控除した額に変更しなければならない。そして、はじめの課徴金額が罰金額の2分の1に相当する金額を超えないとき、又は変更後の額が100万円未満であるときは、公正取引委員会は決定で、納付命令を取り消さなければならない（63条1項～4項）。

以上のような措置によって、課徴金額が変更され又は納付命令が取り消されたことにより納付された金額から還付すべきものがあるときは、遅滞なく還付される（63条5項）。

6 課徴金の賦課手続

課徴金の対象となる違反行為が行われた場合には、公正取引委員会は、違反行為を行った事業者又は事業者団体の構成事業者に対し、課徴金納付命令を行わなければならない（7条の2第1項・2項・4項・8条の3・20条の2～26条の6）が、この場合、違反行為について排除措置命令を行う場合には、違反行為の排除措置命令と課徴金納付命令とを同じタイミングで行うことができる。課徴金納付命令は、実行期間又は違反行為期間の終了によって売上額又は購入額が確定しなければ行えないが、公正取引委員会の立入検査等によって違反行為が終了し終期が確定することが多いので、ほとんどの事件について課徴金納付命令と排除措置命令とが同じタイミングで行われている。

課徴金の対象となる違反行為については、それまで存続していた違反行為のみならず、既往の違反行為も対象となるが、実行期間又は違反行為期間が終了した日から5年を経過したときは課徴金の納付を命ずることができない（7条の2第27項・20条の7）。

課徴金納付命令の対象事業者に承継があった場合は、次のように処理される。合併により消滅したときは、合併後存続し又は合併により設立された法人に対し課徴金納付命令が行われる（7条の2第24項・20条の7）。また、当該事業者が調査開始日以後に、違反行為に係る事業の全部について分割又は譲渡によって消滅しており（違反事業者が存続している場合には、当該違反事業者に対して課徴金納付命令を行うことは可能である）、子会社等に違反行為に係る事業を承継させて

いる場合には，違反行為に係る事業を承継した事業者（特定事業承継子会社等，これが複数あるときは複数の会社）に対し，違反行為者が納付すべきであった課徴金の納付命令が行われる（7条の2第25項・20条の7）。特定事業承継子会社等は別会社ではあるが，それらは，通常，同一企業グループ内の法人として，統一的な事業方針の下で活動しているから，これに対して負担を命ずべきであるとの考え方に基づくものである。

　公正取引委員会が，課徴金納付命令をしようとするときは，当該課徴金納付命令の名宛人となるべき者について，公正取引委員会の「指定職員」による意見聴取が行われる（62条4項・49条～60条）。

　課徴金納付命令は，納付すべき課徴金の額，課徴金の計算の基礎及び課徴金に係る違反行為並びに納期限を記載した課徴金納付命令書の謄本の送達によって行われる（62条1項・2項）。納期限は，課徴金納付命令書の謄本を発送する日から7か月後の日が定められる（同条3項）。

第3節　犯則調査・刑事告発と罰則の賦課

1　専属告発と告発の実施

(1)　専属告発制度

　独占禁止法に違反した場合には，刑事罰を科すことができることが規定されており，それらは，行政処分ないし行政的制裁としての排除措置命令や課徴金納付命令と相まって，独占禁止法の執行力を高め，同法の目的の実現のために重要な役割を担っている。

　私的独占又は不当な取引制限，事業者団体の競争の実質的制限行為，国際的協定等の制限，確定排除措置命令違反，株式保有等の制限の違反（89条～91条）の罪は，独占禁止政策を一元的に遂行する公正取引委員会の専属告発とされている（96条1項）。これらの罪は，公正取引委員会による告発を訴訟条件とし，これがなければ公訴を提起できない。これは，独占禁止法の実体規定違反の罪，排除措置命令違反の罪等は，同法の運用とのかかわりにおいて重要な罪であるから，同法の運用についての責務を有する公正取引委員会の判断を尊重す

ることとされているものである。公正取引委員会は犯則調査権限による調査で犯則の心証を得たときは，検事総長に告発しなければならないとされている（74条）。ただし，この規定は，義務規定ではなくいわば訓示規定と解され，この点は旧73条（現74条）の解釈を示した判例（石油価格カルテル審決取消請求事件・昭和50・9・29東京高判・審決集22巻220頁）も認めている。

公正取引委員会が告発した違反事件としては，昭和24年に，3件の軽微な違反について告発されており，昭和45年には，確定した審決とみなされる景品表示法に基づく排除命令に違反して不当表示を繰り返し行っていた三愛土地及び同社代表取締役が告発されており（被告会社を罰金20万円・被告人を懲役1年（執行猶予3年）との判決，昭和46・1・29東京高判・審決集17巻232頁），昭和49年には，石油製品の販売価格カルテルを行った石油元売会社12社及び同社ら役員15名並びに原油処理量の制限を行った石油連盟及び同役員4名が告発されている（被告会社10社を罰金250万円～150万円・被告人13名を懲役10月～4月（いずれも執行猶予2年）に処し，その他は無罪とするとの判決，昭和55・9・26東京高判・審決集28巻別冊299頁，昭和59・2・24最判・審決集30巻244頁）。

しかし，昭和52年法改正によりカルテルに対する課徴金制度が導入され，独占禁止法の執行は公正取引委員会による行政措置（排除措置と課徴金）によって専ら行われる時期が続いた。

(2) 刑事告発に関する方針

公正取引委員会は，その後，日米構造問題協議等を受けて，刑事告発を強化する方針を示した。すなわち，違反行為に対する抑止力強化の観点から，積極的に刑事処分を求めて告発を行っていくこととし，平成2年6月「独占禁止法違反行為に対する刑事告発に関する方針」を公表した。これによれば，公正取引委員会は，今後，①一定の取引分野における競争を実質的に制限する価格カルテル，供給制限カルテル，市場分割協定，入札談合，共同ボイコットその他の違反行為であって国民生活に広範な影響を及ぼすと考えられる悪質かつ重大な事案，②違反を反復して行っている事業者・業界，排除措置に従わない事業者に係る違反行為のうち，公正取引委員会の行う行政処分によっては独占禁止法の目的が達成できないと考えられる事案について，積極的に刑事処分を求めて告発を行う方針であるとした。さらに，平成3年1月，検察当局と公正取引

委員会の間で「告発問題協議会」を設置し，公正取引委員会が独占禁止法違反事件を告発するに当たり，その円滑・適正を期するため，個別事件に係る具体的問題点等について意見・情報の交換を行うこととした。

前記告発方針は，平成17年法改正で課徴金減免制度及び犯則調査権限が導入されたのに伴い，平成17年10月「独占禁止法違反に対する刑事告発及び犯則事件の調査に関する公正取引委員会の方針」に改められた。これによれば，前記①及び②の部分は変わりないが，③として，ただし，課徴金減免制度の適用により，公正取引委員会の調査開始日前に最初に違反行為に係る事実の報告及び資料の提出を行ったことにより，課徴金の納付が免除される事業者及びその事業者の役員，従業員等については，告発を行わないことが追加明記された。さらに，平成21年法改正により，①の部分に私的独占が追加され，また，③の部分に課徴金減免を共同して申請した者についても告発されないことが明記された。

(3) 犯則調査権限

行政調査のための処分の権限は犯罪捜査のために認められたものと解してはならないとの規定（47条4項，旧46条4項）があるにもかかわらず，旧46条1項（47条1項）の規定に基づく調査の結果刑事告発がされることについては，令状主義の潜脱ではないかとの指摘があった。そこで，国税犯則取締法や証券取引法でも認められていることでもあり，独占禁止法においても，平成17年法改正により，犯則事件について犯則調査権限が認められることになった。これにより，公正取引委員会の証拠収集力が強化されるとともに，刑事告発相当事件における調査対象者に対する適正手続の保障が確保されることになった。

「犯則事件」とは，公正取引委員会の専属告発となっている89条から91条までの罪をいう（101条）。公正取引委員会の職員（以下「委員会職員」という）は，犯則事件を調査するために必要があるときは，犯則嫌疑者・参考人に対して出頭を求め，それらに対して質問し，それらが所持若しくは置き去った物件を検査し，又はそれらが任意に提出若しくは置き去った物件を領置することができる（同条）。また，委員会職員は，犯則事件を調査するために必要があるときは，地方裁判所又は簡易裁判所の裁判官が発行する許可状により，臨検，捜索，差押えをすることができる。委員会職員は，許可状を請求する場合におい

ては，犯則事件が存在すると認められる資料を提供しなければならない（102条）。委員会職員が臨検等を行う場合には，許可状を提示しなければならず（105条・106条），その場所への出入り禁止措置を行うことができ（108条），人の住居等での臨検の場合にはその所有者等を立ち会わせなければならず（109条），必要があるときは警察官の援助を求めることができる（110条）。実務上は，行政調査の初期の段階で犯則の端緒が得られた場合に犯則調査手続に切り換えられることになろう。

　以上のような犯則調査の結果，公正取引委員会がその事件について犯罪事実の存在の心証を得た場合は，検事総長に告発が行われる（74条1項）。その際，犯則調査の結果公正取引委員会において作成された供述調書や領置物件・差押物件は，そのまま検察庁へ引き継がれる（116条）。

　実務上，委員会職員が犯則調査権限を行使するに当たっては，犯則調査部門と行政調査部門との間にファイアーウォールが設けられる必要がある。この点について，公正取引委員会事務総局組織令の改正により，犯則調査部門と行政調査部門とは組織上明確に分離されて「犯則審査部」が設けられており，また，「公正取引委員会の犯則事件の調査に関する規則」（平成17年公取委規則6号）では，犯則事件調査職員は，事務総局審査局犯則審査部の職員に限り指定すること（同規則2条），47条2項の規定に基づいて同条1項に規定する処分をした事件において接した事実が犯則事件の端緒となると思料される場合には，審査官は，直ちに事務総局審査局長に報告しその指示を受けることとし，当該事実を直接に犯則事件調査職員に報告してはならないこと（同規則4条4項），審査局長は，犯則事件の端緒となる事実に接したときは，委員会に報告しなければならないこと（同条1項）等が規定されている。

　行政調査の権限は犯則調査のために認められたものではないが（47条4項），犯則調査の結果を行政処分に用いることは，犯則調査の手続が行政調査におけるよりも相手方保護に手厚いことから，これは許されると解されている。法人税更正処分取消等請求事件において，最高裁判決（昭和63・3・31・訟務月報34巻10号2074頁）は，「国税犯則取締法に基づく調査により収集された資料を課税処分及び青色申告承認取消処分を行うために利用することは許される」と述べている。もっとも，当初から刑事告発を目的とせず，行政処分に用いる資料を得

るために，より強力な犯則調査権限を行使することは認められないと解すべきであろう。

2　罰則規定の概要

　独占禁止法の実体規定に違反する行為については，若干の例外を除いて罰則の定めがあり，刑事制裁によりその抑止が図られるとともに，手続違反に対しても，罰則の定めにより法の運用の担保が図られている。

　刑罰の最も重いのは，私的独占，不当な取引制限（3条）及び事業者団体による一定の取引分野における競争の実質的制限の禁止規定（8条1号）違反に対するもので，5年以下の懲役又は500万円以下の罰金であり，未遂罪も罰せられる（89条）。懲役は，従来は「3年以下」であったが，平成21年法改正で「5年以下」とされた。3年を上回る懲役刑を受けたときには執行猶予に付すことができない（刑法25条）。

　なお，懲役刑の上限が5年に引き上げられたことに伴い，不当な取引制限等の罪を犯した個人に係る公訴時効は5年である（刑事訴訟法250条2項5号）。これにより，違反行為がなくなった日から排除措置命令・課徴金納付命令を行うことができる期間を5年に延長する改正と相まって，これらの期間が一致することになっている。このため，悪質かつ重大な事件について，行政処分は行えるが告発はできない，又は告発はできるが行政処分はできないといった状況は生じないことになっている。また，法人に対する刑事罰については罰金刑のみが規定されているため刑事訴訟法250条2項6号の規定によりその公訴時効は3年となるが，個人に対する公訴時効と不均衡が生じないよう，独占禁止法95条4項で公訴時効5年とされている。

　89条で規定する違反の両罰規定では，平成4年法改正により，行為者に対する罰金刑と切り離し，当該法人，人又は事業者団体に対し1億円以下の罰金刑が科せられることとなり，更にこの金額は，平成14年法改正により5億円に引き上げられた（95条）。

　3条は，「事業者は，私的独占又は不当な取引制限をしてはならない」，8条柱書は，「事業者団体は，次の各号のいずれかに該当する行為をしてはならない」と規定し，3条違反は「事業者」，8条違反は「事業者団体」たる身分犯

である。したがって，自然人事業者が3条に違反すれば89条1項1号により処罰されることになる。しかし，法人又は自然人事業者の従業者若しくは法人でない団体の従業者が違反行為を行った場合（現実には従業者が違反行為を行う場合がほとんどである）には，この従業者には「事業者」又は「事業者団体」たる身分が欠けるため，89条1項のみによっては処罰されない。

　そこで，95条の両罰規定との関連において解釈する必要がある。95条は，「法人の代表者又は法人若しくは人の代理人，使用人その他の従業者」又は「法人でない団体の代表者，管理人，代理人，使用人その他の従業者」（以下「従業者等」という）が，その法人又は人若しくは法人でない団体の業務又は財産に関して89条等の違反行為をしたときは，「行為者を罰するほか」その法人又は人若しくは法人でない団体をも罰することを定めている。この95条の規定によって，89条に定める刑罰が自然人である行為者に対して科されているものと解することができる。独占禁止法3条又は8条1号の趣旨からしても，従業者等といえどもその事業者又は事業者団体が同条に違反したことになるような行為をすることは，同条によって禁止されていると解され，したがって，このような場合，89条1項は，このような行為をする自然人を処罰する趣旨であるといわなければならないと解される。95条が前記の文言を設けているのは，この趣旨を明らかにするとともに，89条1項により処罰される自然人の人的範囲及び要件についての構成要件を補充したものと解するのが相当であり（石油価格カルテル刑事事件・昭和55・9・26東京高判・審決集28巻別冊407頁），このように解しても拡大解釈であるとはいえない（右事件において，弁護人らは，95条の規定のみを理由として89条1項1号により被告人らを処罰できるとすることは，刑罰法規の厳格解釈の原則上許されない拡大解釈であると主張した）。

　かくして，法人事業者・事業者団体又は自然人事業者の従業者等若しくは法人でない事業者団体の従業者等が3条又は8条1号違反の行為を行ったときは，法人事業者・事業者団体，自然人事業者，法人でない事業者団体は95条により，また，それらの従業者等は95条及び89条により処罰されることになる。「従業者等」とは，「法人若しくは人の代理人，使用人その他の従業者」又は「法人でない団体の管理人，代理人，使用人その他の従業者」（95条）であり，これらの者は，事業者あるいは事業者団体の行為に関与したすべてを含むもの

ではなく，それぞれの意思決定について責任のある者をいうと解すべきである。上司の指揮命令に従って違反行為に関与した者ではなく，この場合は指揮命令を下した上司である（正田彬『全訂独占禁止法Ⅱ』（日本評論社，1981年）660頁）。

一種の監督責任を求めたものとして，その違反の計画を知り，その防止に必要な措置を講ぜず，又はその違反行為を知り，その是正に必要な措置を講じなかった当該法人の代表者又は当該事業者団体の役員，管理人若しくはその構成事業者に対しても，各本条の罰金刑を科す規定（95条の2・95条の3）がある。

このほか，上記以外の禁止行為違反，排除措置命令違反，株式保有の制限違反等に対しする罰則が90条及び91条において規定されているほか，届出義務等に関する規定違反，虚偽の陳述又は鑑定，検査妨害等に対する罰則が91条の2から94条の2まで定められている。平成17年法改正より，検査妨害等に対する罰金額の上限の引上げが行われた。

また，平成21年法改正により，24条に基づく差止請求訴訟にかかわる証拠についての裁判所の秘密保持命令（81条）に違反した者に対する罰則が設けられた（94条の3）。

公正取引委員会の委員長，委員及びその職員並びにそれらであった者が秘密保持義務に違反した場合の罰則も平成21年法改正により強化された（93条）。

なお，不公正な取引方法を用いた場合については，罰則の定めはない。

独占禁止法89条から91条までの罪に係る訴訟の第一審の裁判権は，従来東京高裁に専属するものとされていたが，平成17年法改正により，通常の刑事事件の場合と同様に第一審の裁判権は地方裁判所に属することとし（84条の3），併せて各高等裁判所所在地の地方裁判所及び東京地裁にも管轄が付与されることとなっている（84条の4）。

3　告発事例

公正取引委員会による刑事告発は，昭和49年に石油価格カルテル刑事事件について行われて以来行われていなかったが，平成2年6月に刑事告発に関する方針の公表が行われてから，平成3年に塩化ビニル製業務用ストレッチフィルム価格カルテル刑事事件について16年ぶりに行われた。以降，告発はかなり活発に行われるようになった。刑事告発に関する方針の公表後の告発事件は，次

のとおりである。

(1) **業務用ストレッチフィルム価格カルテル刑事事件**

①告発年月日及び対象者：平成3年11月6日及び同年12月19日，8社及び同社ら営業担当責任者15名。

②判決：東京高裁平成5年5月21日，8社を罰金800万円～600万円，15名を懲役1年～6月（いずれも執行猶予2年）（審決集40巻731頁）。

(2) **社会保険庁発注シール入札談合刑事事件**

①告発年月日及び対象者：平成5年2月2日，4社。

②判決：東京高裁平成5年12月14日，4社を罰金各400万円（審決集40巻776頁）。

本件の実行行為者である4社の営業担当責任者10名については，平成4年10月に刑法の談合罪で東京地裁に起訴されていたため（平成6年3月7日に全員に有罪判決），業務主たる4社が告発されたものである。

社会保険庁は，3社に対して談合による不当利得返還請求訴訟を東京地裁に提起し，東京地裁は，平成12年3月31日，3社に対して総額約14億6000万円の返還を認める判決を行った（審決集46巻695頁）。

(3) **日本下水道事業団発注電気工事入札談合刑事事件**

①告発年月日及び対象者：平成7年3月6日，9社及び同社ら営業担当責任者17名，同年6月7日，事業団の発注業務責任者1名（同違反行為の幇助の罪）。

②判決：東京高裁平成8年5月31日，9社を罰金6000万円～4000万円，17名を懲役10月（いずれも執行猶予2年），事業団の発注業務責任者を懲役8月（執行猶予2年）（審決集43巻579頁）。

(4) **第1次東京都発注水道メーター入札談合刑事事件**

①告発年月日及び対象者：平成9年2月14日，25社及び同社ら営業実務責任者34名。

②判決：東京高裁平成9年12月24日，25社を罰金900万円～500万円，34名を懲役9月～6月（いずれも執行猶予2年）（審決集44巻753頁）。

(5) **防衛庁発注石油製品入札談合刑事事件**

①告発年月日及び対象者：平成11年10月13日及び同年11月9日，11社及び同社ら営業担当責任者9名。

②判決：東京高裁平成16年3月24日，10社（1社は告発後吸収合併された）を罰金8000万円～300万円，9名を懲役1年6月～6月（いずれも執行猶予3年～2年）（審決集50巻915頁）。

うち3社4名は上告したが，最高裁は，平成17年11月21日，上告棄却の決定を行った（審決集52巻1135頁）。

(6) ダクタイル鋳鉄管シェア協定刑事事件

①告発年月日及び対象者：平成11年2月4日及び同年3月1日，3社及び同社ら営業担当責任者10名。

②判決：東京高裁平成12年2月23日，3社を罰金1億3000万円～3000万円，10名を懲役10月～6月（いずれも執行猶予2年）（審決集46巻733頁）。

(7) 第2次東京都発注水道メーター入札談合刑事事件

①告発年月日及び対象者：平成15年7月2日，主導的役割を果たした4社及び5名。

②判決：東京高裁平成16年3月26日，同年4月30日及び同年5月21日，4社を罰金3000万円～2000万円，5名を懲役1年2月～1年（いずれも執行猶予3年）（審決集50巻972頁・51巻1029頁・1033頁）。

(8) 国交省発注鋼橋上部工事入札談合刑事事件

①告発年月日及び対象者：平成17年5月23日及び同年6月15日，26社及び同社らで受注業務に従事していた8名。

②判決：(9)との併合罪としての判決：東京高裁平成18年11月10日，平成19年9月21日及び同年12月7日，26社を罰金6億4000万円～1億6000万円，10名を懲役2年6月～1年（いずれも執行猶予4年～3年），公団元理事を懲役2年（執行猶予3年）（審決集53巻1133頁・54巻773頁・809頁）。

(9) 日本道路公団発注鋼橋上部工事入札談合刑事事件

①告発年月日及び対象者：平成17年6月29日，同年8月1日及び同月15日，6社及び同社らで受注業務に従事していた公団元理事1名を含む6名並びに公団元副総裁1名（同違反行為の幇助の罪）。

②判決：東京高裁平成20年7月4日，公団元副総裁を共同正犯として懲役2年6月（執行猶予4年）（審決集55巻1057頁）。

(10) し尿処理施設建設工事入札談合刑事事件

①告発年月日及び対象者：平成18年5月23日及び同年6月12日，11社及び同社ら従業員11名。

　②判決：大阪地裁平成19年3月12日，同月15日及び同年5月17日，3社を罰金1億6000万円～1億2000万円，2名を懲役1年4月（いずれも執行猶予3年），1名を罰金170万円（審決集53巻1146頁・1149頁・54巻769頁）。

(11)　**名古屋市発注地下鉄工事入札談合刑事事件**

　①告発年月日及び対象者：平成19年2月28日及び同年3月20日，5社及び同社ら従業員5名。

　②判決：名古屋地裁平成19年10月23日，5社を罰金2億円～1億円，5名を懲役3年～1年6月（いずれも執行猶予5年～3年）（審決集54巻788頁）。

(12)　**緑資源機構発注林道調査設計業務入札談合刑事事件**

　①告発年月日及び対象者：平成19年5月24日及び同年6月13日，4社及び同社ら従業員5名並びに緑資源機構元職員2名。

　②判決：東京地裁平成19年11月1日，4社を罰金9000万円～4000万円，7名を懲役2年～6月（いずれも執行猶予4年～2年）（審決集54巻799頁・805頁）。

(13)　**溶融亜鉛めっき鋼鈑価格カルテル刑事事件**

　①告発年月日及び対象者：平成20年11月11日及び同年12月8日，3社及び同社ら従業員6名。

　②判決：東京地裁平成21年9月15日，3社を罰金1億8000万円～1億6000万円，6名を懲役1年～10月（いずれも執行猶予3年）（審決集56巻第2分冊675頁）。

(14)　**軸受価格カルテル刑事事件**

　①告発年月日及び対象者：平成24年6月14日，3社及び同社ら従業員7名。

　②判決：東京地裁平成24年12月28日，平成25年2月25日，2社を罰金3億8000万円及び1億8000万円，5名を懲役1年2月～1年（いずれも執行猶予3年）（審決集59巻第2分冊419頁・422頁）。

(15)　**北陸新幹線融雪・消雪基地機械設備工事入札談合刑事事件**

　①告発年月日及び対象者：平成26年3月4日，8社及び同社ら従業員8名。

　②判決：東京地裁平成26年11月14日，1社を罰金1億4000万円，1名を懲役1年6月（執行猶予3年）（判例集等未登載）。

コラム　オイルショックと石油価格カルテル刑事事件

　第１次オイルショックは、昭和48年10月に勃発した第４次中東戦争でアラブ諸国がとった原油の禁輸措置が原因で、原油の輸出価格が１バレル当たり約３ドルから同年末には約12ドルまで値上げされたことにより起こった。わが国では、原油処理量の制限カルテル及び石油製品の値上げカルテルが起因となり、カルテルによる値上げは、多くの生産物資、消費物資に波及し、次々とカルテルによる値上げやトイレットペーパーの買占め騒ぎなどが起きた。

　石油連盟による原油処理量の制限カルテルは、昭和47年度下期分、昭和48年度上期分、同年度下期分について行われたことが認定され、石油製品の値上げカルテルは、昭和47年1月、昭和48年1月、同年5月、同年9月、同年11月の5回の協定が行われ、特に昭和48年11月の協定においては、原油価格の大幅な上昇に伴い、石油製品の価格が大幅に引き上げられたことが認定された。

　石油カルテルに対して、公正取引委員会は、昭和49年2月、石油連盟及び石油元売12社に対し、協定を破棄するよう勧告し、勧告が応諾されたため、それぞれ勧告審決を行った。次いで公正取引委員会は、石油連盟及び同役員4名並びに石油元売12社及び同社ら役員15名を、昭和49年2月、カルテル事件では初めて検事総長に刑事告発した。

　石油連盟及び同役員2名並びに石油元売12社及び同社ら役員14名は、昭和49年5月に起訴され、東京高裁の判決は、昭和55年9月に行われた。その内容は、石油元売12社らに対しては、石油製品の値上げに関して通産省の若干の行政指導は認められるが、業界の協定による主体的な値上げであったことが認められるから違法は免れないとして、12社に対し罰金250万円～150万円、役員14名に対し懲役10月～4月（執行猶予2年）に処するというものであり、また、石油連盟らに対しては、違法性は存するが、多年にわたり行政指導の下に行われていた行為について公正取引委員会が何らの措置をとらなかったことにより、被告人らに違法性の認識がなかったため責任がないとして全員無罪とするというものであった（確定）。有罪とされた石油元売12社らのうち、11社及び役員11名は、昭和55年10月、最高裁へ上告し、最高裁は、昭和59年2月、2社及び役員1名につき原判決を破棄・無罪、9社及び役員10名につき上告棄却の判決を下した（石油価格カルテル

刑事事件・昭和55・9・26東京高判・審決集28巻別冊299頁，昭和59・2・24最判・審決集30巻244頁)。

第10章

独占禁止法の国際的執行

この章のポイント

　グローバル化した経済においては，競争制限行為もグローバル化し，その影響・弊害もグローバルに生じ得る。例えば，外国で行われた日本向けの輸出カルテルや国際的な市場分割カルテルが日本市場に大きな影響を及ぼし，また，世界的に活動する巨大企業の濫用行為や国際的な合併が日本を含む世界中の消費者に不利益をもたらす。逆に，日本の独占禁止法規制の在り方が外国企業の日本市場へのアクセスを大きく左右するかもしれない。また，グローバルに活動する企業の効率的な事業展開を独占禁止法が不当に制約するものであってはならない。そして，独占禁止法が渉外的要素を有する事案を対象とする際には，国家法としての性格上，他国の重要な利益との衝突につながったり，執行上の限界に直面したりすることになる。こうした問題を回避するとともに実効的な法執行を行うためには，独占禁止法の国際的適用を巡る理論的・実務的課題を検討することはもとより，外国の競争当局との執行協力や競争法（わが国の独占禁止法に相当する法令の国際的な呼称）の国際的な普及と調和に向けた取組を強化していく必要がある。本章では，こうした独占禁止法の国際的執行を巡る諸問題を扱う。

　国家法としての独占禁止法が渉外的要素を有する事案に対してどこまで適用できるのか，また，そのためにどのような手続を用いるのか。いわゆる「域外適用」と呼ばれる問題であり，伝統的には「属地主義」の考え方が採られた時期もあるが，少なくとも競争法の分野では「効果主義」と呼ばれる考え方が主

流であり，自国市場に悪影響が及ぶ限り，外国で行われた行為であっても，自国の競争法を適用することができると考えられている。しかし，それは理論上適用が可能である（「管轄権」が及ぶ）というだけであって，直ちに適用できるとか，適用すべきであるということにはならない。外国の主権や重要な利益との衝突を回避する必要があり，また，法的手続を進めるためには書類の送達手続を踏む必要があり，その他調査の実施や処分の履行強制には様々な実務上の課題もある。そして，各国が一方的に法執行活動を行うのではなく，関係競争当局間での情報交換や執行活動の調整・協力を通して，執行活動により生じ得る利益抵触の回避・解決と競争法規制の実効性の確保を図る努力がなされている。

従来，わが国では，渉外的要素を有する独占禁止法問題が様々に提起されてきているにもかかわらず，法的措置が講じられた事例は極めて限られていた。しかし，書類送達規定の整備や二国間執行協力協定の締結など国際的適用のための仕組みが整いつつあり，新たな法適用の事例が現れている。今後も，特に国際カルテルに対する法執行の強化と国際的合併に対する規制の円滑化を進めていくことが求められている。

また，WTOを中心とする国際経済法が発展し，関税その他の国家による貿易・投資障壁は大幅に低減してきている中で，私的な障壁が貿易・投資の流れを阻害するという問題がある。私的障壁の代表例が企業による競争制限行為であり，各国が競争法により取り組むべき課題である。競争法の整備は今や国際経済社会に参画する上でのパスポートのようになっており，途上国もこぞって競争法の制定・執行に向けて努力している状況にある。こうした途上国の競争法整備を支援し協力していくことは，自由貿易体制を発展させる上で重要なことであり，また，わが国企業が外国市場での競争制限行為により排除・差別されることを防止するためにも必要なことである。東アジア地域においては，1990年代末以降，競争法整備の動きが高まっており，わが国としても，競争文化を育み活発な競争を通じた経済発展が達成されるように，各国・地域の特性を考慮しつつ，競争法の整備と実効的な運用に役立つ支援を強化していくことが求められている。

第1節　競争法の域外適用の理論と実務

1　域外適用を巡る考え方の変遷と現状

(1) 概　要

　わが国の独占禁止法が国内で行われた行為にのみ適用できるとすると，外国で行われる国際カルテルの影響が日本市場にも及ぶにもかかわらず規制できないことになるし，外国企業同士の合併も規制対象に入ってこないことになる。しかし，こうした限定的な仕組みでは，日本市場における公正かつ自由な競争を確保するという独占禁止法の目的は達成されない。反面，国外での行為に対して日本の独占禁止法を適用することが国家法としての性格上どこまで可能なのか，また，外国の主権や重要な利益との抵触が生じ得るのではないかという問題があり，さらに，外国企業に対してどのような手続により調査し法適用するのかという実務的な課題もある。このような国境を越える企業活動に対してわが国独占禁止法を適用しようとする際に直面する実体面及び手続面の課題が独占禁止法の「域外適用」と呼ばれる問題である。

(2) 属地主義と効果主義

　競争法の域外適用については，伝統的に2つの考え方が対立してきた。一つは，自国の競争法の適用は自国の領域内で行われた行為に限定すべきであるとする考え方（「属地主義」という）である。国内法の管轄権に関する国際法上の原則としては，伝統的に属地主義が一般的であったことから，従来，欧州諸国の多くがこの立場を支持し，自国の領域外における行為に自国法を適用することは不当な域外適用であると主張してきた。これに対しては，自国内に競争制限効果を及ぼす（それにより自国の競争法違反に該当する）行為には，行為地を問わず，自国の競争法を適用できるとする考え方（「効果主義」という）がある。競争法の目的は自国市場における競争を制限する行為を規制することにあるので，行為地にかかわらず，自国市場に悪影響が及ぶ限り自国の競争法に違反する行為を規制するのは当然であり，そうでなければ競争法の目的は達成できないと主張される。

効果主義による競争法の域外適用を最も活発に行ってきたのはアメリカであり，アメリカ反トラスト法の外国企業への適用を巡って当該外国企業や当該国政府との間で長らく対立・紛争が生じてきた。特に，外国企業が政府に所有されていたり，政府の政策的支援を受けていたりする場合には，外交的対立にまで発展した事例も少なくない。また，1970年代まで，競争法を厳格に執行してきた国は事実上アメリカに限られており，多くの国・地域ではむしろカルテル容認政策が採られてきたこと，アメリカ反トラスト法においては，違法カルテルを犯す企業と個人に対して厳しい刑事罰が科されるとともに被害者による3倍額賠償請求が可能であり，このため外国企業と企業幹部への影響が大きいことも，こうした対立の背景となっていた。

しかし，1980年代以降，一方で属地主義の拡張的解釈により，他方で効果主義の限定的運用により，両者の区別が相対化してきていることや，競争法が国際的に普及し，どの国・地域でも違反に対する措置を厳しくしていることから，こうした対立状況は大きく変わってきている。企業活動のグローバル化が進展した今日において，厳密な意味で自国の領域内の行為だけに自国競争法の適用を限定すれば，領域外での企業の行為により深刻な競争制限の弊害が自国内に生じ得る。属地主義を維持する場合にも，違反行為の一部が自国内で行われたことや違反行為が領域内で「実行」されたことを根拠に適用範囲を拡大していけば，効果主義との実質的な差はほとんどなくなる（EUにおける欧州裁判所の判例）。他方，アメリカでも，「1982年外国貿易反トラスト改善法（FTAIA: Foreign Trade Antitrust Improvements Act of 1982）」により判例法を成文化する形で「直接的，実質的かつ合理的に予見可能な効果（direct, substantial, and reasonably foreseeable effect）」を及ぼす行為に対して反トラスト法が適用されることが規定された。また，アメリカ政府は，関係国の利益を考慮した法執行を行う旨表明しており，私訴についても，ビタミン国際カルテルに係るエムパグラン事件（アメリカ国外のカルテル被害者によるアメリカ反トラスト法を根拠とする損害賠償請求事件）の最高裁判決（2004年）において管轄権を限定的に解する判断が示されている（同事件では，日本をはじめとする各国政府が管轄権の拡張的な解釈を批判する意見書を提出していた）。そして，主要国では，こうした考え方の変化を背景に，国際カルテルの横行や国際的合併の活発化に対して果敢に自国の競争法を適用する

ようになってきている。

　従来，属地主義の考え方が強かったわが国でも，公正取引委員会（以下「公取委」という）の独占禁止法渉外問題研究会が平成2年に，「国内市場の競争を阻害する行為については，我が国独占禁止法違反を構成するに足る事実があれば，外国所在企業も独占禁止法による規制の対象となると考えることが妥当である。ただし，……外国との協調関係等の配慮が必要」であるとする報告書を発表しており，この立場は「効果主義」に近いと考えられる。また，平成10年の独占禁止法改正により，従来，「国内の会社」に限られていた合併・株式保有等の規制について，「国内の」の文言が削除され，国際的企業結合についても規制できるようになった（一定規模以上の合併・株式取得等については，外国会社による場合にも事前届出の対象となる）。わが国でも，渉外的要素がある違反事件に対する実効的な独占禁止法の執行が求められている。

(3) 効果主義と国際礼譲

　競争法の管轄権が渉外的事案にも及ぶとはいっても，直ちに適用できるとか，適用すべきであるということにはならない。国際法においては一般に，国内法の管轄権について「立法管轄権（規律管轄権）」と「手続管轄権（執行管轄権）」とに分けて論じられる。前者は，国内法が自国の領域を越えてどこまで適用されるのかという国内法の場所的な適用範囲に関わる問題であり，後者は，立法管轄権が認められることを前提に具体的な適用を行う際の手続上の問題である。後者については次項で述べることとし，以下では，立法管轄権に関わる「国際礼譲（international comity）」の問題を扱う。

　競争法の域外適用について効果主義を採用する場合に，次の両面からの考慮を必要とする。一つは，管轄権の行使が関係国の主権を侵害し，あるいはその重要な利益に反するおそれがある場合に，国際礼譲を考慮してその行使を自制するという側面であり，「消極（伝統的）礼譲」と呼ばれる。外国の法令・政策との抵触の程度，当事者の国籍・事業地，法目的が達成される範囲，当該行為が及ぼす効果の重要度，当該行為の目的などを総合的に考慮するものとされるが，これらの考慮要因はアメリカ反トラスト法判例で発展してきたものであり，また，後述する二国間執行協力協定において明文化されているのが通例である。もう一つは，自国の競争法を執行する場合に，競争制限行為によって悪

影響を受けている国の政府からの要請を考慮するという側面であり，「積極礼譲 (positive comity)」と呼ばれている。例えば，外国企業が日本市場での国内企業による参入阻止行為によって日本市場への参入を妨げられているとして，当該国政府から日本政府（公取委）に独占禁止法の執行が要請される場合に，そうした要請をも考慮して法執行を進めることであり，これにより，独占禁止法の実効的な執行に役立つとともに，当該国の競争当局が当該国の競争法を域外適用する必要もなくなる。こうした両面からの考慮を前提とした効果主義が現時点での競争法の域外適用に関する主流の考え方である。

(4) 競争法の目的と「自国所在需要者」への着目

効果主義が支持されるとしても，それだけで問題が解決されるわけではない。例えば，全世界の需要者を対象とする価格カルテルが世界の主要な事業者間で行われたとする。この国際カルテルについて，日本の独占禁止法が適用され，公取委が取り上げることができることは明らかである。しかし，公取委がこの国際カルテルの全体に対して独占禁止法を適用でき，関係事業者の全世界向けの売上げが課徴金の対象になるのであろうか。仮にこうした法適用を世界中の競争当局が行うならば，関係事業者は，一つの行為に対して何重にも制裁を受けるということになる。

国家法としての競争法は，それぞれの法域における競争を維持し，最終的には当該法域の消費者の利益を保護することを目的としている。主権国家が併存する国際社会の現状においては，各法域の競争法は，その適用範囲を何らかの基準により抑制し，他の法域における競争法の執行と矛盾・抵触を招かないようにすることが求められる。現在，わが国において広く支持され，公取委が採っているとされる考え方は，わが国に所在する需要者に悪影響が生じる場合に，その範囲で独占禁止法を適用するというものである。上記の国際カルテルの例でいえば，生の事実としては世界中の需要者向けの価格カルテルが認められるとしても，日本の需要者に悪影響が生じる範囲で独占禁止法違反行為は成立し，その範囲で排除措置や課徴金納付が命じられる。このように抑制的に解釈・適用することで，競争法の多重適用を防止し，法域間の摩擦を回避することができる。

実際には，グローバルなサプライ・チェーンが構築され，部品が製造されて

完成品に組み込まれ，販売業者を経て最終需要者に販売されるという国際取引の過程で競争法違反が行われる場合に，どの範囲で各法域の競争法が適用されるのかについて混乱が生じている。特に，最終需要者の所在国の事業者が世界中に子会社等を有し，それらが部品や完成品の製造・販売を行う場合には，問題が更に複雑化する。例えば，海外で行われた部品の価格カルテルが完成品の価格を引き上げ，完成品が輸入されて最終需要者の利益を害するという場合に，最終需要者所在国の競争法は，どのような場合・条件で，当該部品カルテルに対して適用されるのか。これが電子部品や自動車部品を巡って現在生じている難問である。

2 手続規定の整備

(1) 概　要

　外国企業に対して競争法を適用しようとする場合に，当該外国企業をどのように調査するのか，関係書類をどのように送達するのか，さらに，排除措置命令等をどのように執行するのかという問題がある。他国の領域内で強制的な権限を行使することは当該国政府の了解がない限りできないのが国際法の大原則であり，そのため，司法手続においては，国際条約により証拠収集・送達・執行のための司法共助制度が設けられている。しかし，司法共助制度は行政機関である公取委が利用できるものではない。

　特に，独占禁止法に基づく法的手続を進める上で，一定の法律文書（報告命令書・提出命令書や排除措置命令書・課徴金納付命令書等）の「送達」が求められる（70条の6）。しかし，従来，独占禁止法には，外国での書類の送達についての規定が整備されていなかったのであり，外国事業者に対する送達はできないと一般に解釈されてきた。外国事業者への法適用事例が乏しかった理由として，この外国送達規定の不備も指摘されてきたのであり，現に三重運賃事件（昭和47・8・18審判開始決定取消決定・審決集19巻57頁）では，国内に営業所等を有していない外国事業者に対しては国内の代理店に審判開始決定書を送達したのであるが，適法な送達が行われていないとする主張を覆すことができず，一部の被審人について審判開始決定が取り消された。また，近年，外国事業者に対する法適用が行われた事件では，当該外国事業者が日本国内の弁護士に書類受領権

限を含む代理権を付与したことにより手続が可能となったものがある（ノーディオン事件・平成10・9・3勧告審決・審決集45巻148頁）。

(2) 外国送達規定の整備

独占禁止法は，送達について基本的に民事訴訟法の関係規定を準用しているが，従来，外国送達に関する規定（民訴108条）は準用していなかった。しかし，平成14年の独占禁止法改正により，外国における送達の規定も準用したほか（70条の7），公示送達に関しては独自の規定を設け（70条の8），外国事業者に対する送達手続が整備された。

この送達規定の改正により，外国における送達が一見容易になったようにみえる。しかし，独占禁止法上の書類の送達は命令的・強制的効果を発生させるものであることが多く（例えば，排除措置命令書について61条2項），こうした書類の送達は公権力の行使に該当し，他国の同意なしに行うことは主権侵害の問題を生じさせると考えられている。したがって，実際に在外企業に対して書類の送達を行うには，民事訴訟法108条の規定により，外交ルートを通じて相手国の同意を取り付け，日本の在外領事等を通じて在外者への送達を実施することが必要とされるのであって，こうした方法をとることなく公示送達（70条の8）によることはできないと解されている。

平成20年のBHP BillitonによるRio Tintoの買収計画に対する審査において，公取委はBHP Billitonに対して領事送達により報告命令書を送達しようしたが，同社が拒否したことから，公示送達による送達が行われた。また，ブラウン管国際カルテル事件（平成21・10・7排除措置命令・審決集56巻第2分冊71頁・173頁）では，平成21年から平成22年にかけて，韓国，インドネシア等に所在する事業者に対して排除措置命令書及び課徴金納付命令書が公示送達されている。

第2節　競争当局間の競争法執行協力

1　国際執行協力の概要

渉外的要素を有する事案に対する独占禁止法の適用については効果主義が妥

当であり，世界の大勢もそうなっていることは前述したとおりである。しかし，外国企業に必要以上の負担を課し，外国政府との対立を招きかねない域外適用には慎重を期す必要があること，また，自国市場における競争に悪影響を与える外国企業の行為であっても，自国競争法を域外適用するのではなく，外国企業の本拠地国の競争当局に規制を要請する方が多くの場合に実効的であることも広く認識されている。このため，各国競争法の国際的執行に伴う利害対立・摩擦を回避するとともに各国競争法の効果的な執行を確保する観点から，競争法の執行上の協力関係を定める二国間協定が締結・実施されている。こうした協力関係は，当初，摩擦の回避を主な目的に，OECDにおいて外国企業に対する調査等を行う際には関係国に事前通報（必要に応じて協議）する仕組みとして1967年に開始されたものである。OECD理事会勧告として制度化されている執行協力の枠組みは，その後数回の改定を経て，2014年9月16日の「競争法審査及び手続に係る国際協力に関する理事会勧告」として拡充強化されている。今回の勧告の特徴は，競争法の世界的普及を背景に，OECD加盟国だけでなく非加盟国を含めて勧告を支持する国を「賛同国（Adherents）」と定義し，賛同国間の協力の枠組みとして構築していることである。また，OECDには，1960年代から競争法・競争政策を扱う委員会が設けられており，競争当局の幹部が出席して，意見交換やピア・レビューを行ってきており，90年代以降は移行経済国・途上国向けの研修プログラムにも力を入れてきている。

その後，当事国の審査手続に即したオーダーメイドの協力内容と協力手続を規定できる二国間執行協力協定がアメリカ，EUを中心に多数締結されており，アメリカ，EUをハブとする実質的なマルチのネットワークが形成されている。また，より簡便な競争当局間の覚書（Memorandum of Understanding）により同様の協力関係を定める例も増えている。

2 わが国の二国間協力協定

(1) 経緯と現状

わが国では，1970年代央以降，主要国（アメリカ，EU，ドイツ，フランス，カナダ，韓国等）の競争当局との間で，定期的に意見交換を行うことで協力関係を構築してきたが，OECDの通報・協議制度のほかには，正式な独占禁止法の

執行に関する協力協定を締結してこなかった。その背景には，アメリカとの協力協定の締結によって域外適用に積極的なアメリカからの一方的な協力要請に応じなければならなくなることを懸念したという面があったと思われる。しかし，前述のような域外適用に関する状況の変化もあり，1999年にアメリカと，2003年にEUと，2005年にはカナダと相次いで協力協定を締結した。また，シンガポール，メキシコ，タイ，インドネシア，スイス，ペルー等との経済連携協定（Economic Partnership Agreement）にも競争に関する協力条項が盛り込まれており，実効的な独占禁止法の執行と摩擦の回避に向けた取組が強化されている。

また，近時，こうした政府間の協定ではなく，公取委と外国競争当局との覚書（あるいは取決め）の形式で，実質的に協定と同内容の協力関係を確認する例が出てきている。経済連携協定による協力関係を具体化する形でベトナム，フィリピンの競争当局との間で，また，経済連携協定の締結に至っていないブラジル，韓国の競争当局との間で，こうした覚書を締結している。

(2) 二国間協力協定の内容

こうした二国間協力協定は，大要，次のような協力の内容を共通に定めている（覚書も実質的に同じ内容である）。まず，①自国の競争法の執行が相手国の重要な利益に影響を及ぼし得る場合（例えば，相手国企業を調査しようとする場合）には，事前に「通報」すること，②関係当局間で情報交換等の「協力」をすることであり，また，③関係当局が関連する事件について執行活動を行う際に，執行活動の効率化や措置の矛盾の回避等のために「調整」を検討すること（調整の際の考慮事項が具体化されている），さらに，④相手側の領域内で行われた競争制限行為が自国の重要な利益に悪影響を及ぼす場合（例えば，相手国企業が自国企業による輸出を妨害・排除する行為を行っている場合）に，相手国競争当局に「執行活動の要請」を行い，被要請国ではこうした要請をも考慮して執行活動を行うこと（前述した「積極礼譲」である），⑤執行活動における紛争回避のために，他方の重要な利益に慎重な考慮を払うこと（考慮事項が具体化されている）である。こうした協力協定は，当事国の法令の範囲内での協力を義務付けるもの（いわゆる「行政協定」）であって，関係競争当局間での秘密情報の共有を容認するものではないが，国際的な広がりを有する競争制限行為に対して効果的に対処する

とともに，法執行活動を巡り関係国間で生じ得る摩擦を回避するために有効活用することが期待されている。

(3) **外国競争当局との情報交換に関する法令上の根拠**

独占禁止法の平成21年改正により，外国競争当局との情報交換に関する法令上の根拠や取扱いを明確化するための規定が確認的に設けられた（43条の２）。情報提供できる場合として，外国当局の職務遂行に資する情報に限り，独占禁止法の適正な執行に支障を及ぼさず，その他わが国の利益に反しない場合に限定されるほか，公取委には，相互性（提供先当局が同様の情報提供を公取委に行うことが可能であること），秘密性の担保（提供先国の法令により，わが国と同程度の秘密の保持が担保されていること），目的外使用の禁止を確認することが求められ，さらに，提供された情報が外国での刑事手続に使用されないよう適切な措置を採ることが規定されている。

(4) **競争当局間の情報共有**

競争当局は，それぞれの法域の競争法の規定に基づき，競争法を執行する責務を有しており，その権限も競争法の執行のために付与されている。そして，法的権限により収集した事業者情報の秘密性を保持する義務を負う。したがって，競争当局間の協力において一方が他方に提供し，あるいは共有できる情報とは，原則として，事業者の秘密にわたらないものに限定される。協力協定上も，法令によって禁止されている場合又は自己の重要な利益と両立しないと認める場合には，他方の当局に情報を提供することを要しないことが明記されており，また，提供される情報の取扱いについても，①競争法の効果的な執行のためにのみ使用するものとし，他の当局又は第三者に開示しないこと（ただし，法令に基づき義務付けられている限度において，情報が使用され又は開示されることはできる），②秘密として伝達された情報の秘密を保持すること，③刑事手続において使用されてはならないことが義務付けられている。

競争当局間で事業者の秘密情報の提供・共有が認められるのは，当該事業者の同意（ウェイバー）が得られる場合である。例えば，企業結合の当事会社には，複数競争当局が並行して進めている審査が迅速に進むように，関係当局間の届出情報の共有を容認するインセンティブを有することがある。また，グローバル企業の単独行為事件でも，所要の是正措置を採る用意がある企業にお

いては，関係当局間で矛盾のない措置が合意され，迅速に決着がつくことを望む場合があり得る。協力協定では，執行活動の「調整」の一環として，こうした秘密情報を提出した事業者に対し，その秘密情報を当局間で共有することに同意するか否かを照会することが定められている。

3　第二世代協定及び司法共助

　上記の二国間執行協力協定は，各国競争当局が負っている秘密保持義務を解除するものではなく，また，各国の重要な利益に反してまで協力を義務付けるものでもない。これに対し，アメリカは「1994年国際反トラスト執行援助法」を制定し，関係国との間で更に進んだ協力関係を確立するための仕組みを既に整備している。同法は，証券取引分野における協力枠組みに倣ったものであり，秘密保持義務を立法的に解除するものである。具体的には，相互主義の下で外国と協定を締結した上で，外国競争当局からの審査要請に基づき当該国の競争法に違反する疑いがある行為の調査のために強制調査権限を自国の競争当局（司法省及び連邦取引委員会）が発動できることとし，調査により入手した情報を外国競争当局に提供する権限を付与するものであり，これまでにオーストラリアとの協定が1999年に締結されている（こうした協定は「第二世代協定」と呼ばれる）。また，同様の仕組みがEUとスイスとの間でも2013年に締結されている（2014年12月発効）。わが国は，こうした第二世代協定を締結したことはない。

　また，前述した最新のOECD理事会勧告（2014年）には，従来の勧告にはない，秘密情報の共有や他国競争当局のための審査支援を行う手続を賛同国が整備するよう促す項目が含まれている。こうした高度な執行協力は各国の完全な裁量の下に任意に行われるものであるが，勧告では，実施上の考慮要因や留意点が詳細に提示されており，今後，各国が協力枠組みや手続を具体化する上での指針になるものと考えられる。

　このほか，ハードコア・カルテルを刑事手続で処理するアメリカは，各国と司法共助条約（MLAT）を締結し，犯罪捜査一般における協力取決めを反トラスト法違反事件の捜査にも活用する方針を採っており，特にカナダとの間で活用されている。日米間でも2003年に「日米刑事共助条約」が締結されており（2006年発効。その後，わが国は韓国，中国等との間でも締結・発効している）。わが国で

は「国際捜査共助等に関する法律」の定める要件及び手続により共助を行うことになる。

第3節　国際的事案に対する独占禁止法の適用

1　国際的事案に対する独占禁止法適用の概要

渉外的要素を有する事案に対して独占禁止法が適用された事例として，不公正な取引方法に該当する事項を内容とする国際契約に関する独占禁止法6条の規定を適用したものが多数ある。しかし，これらは国際的技術導入契約の日本側当事者に対して適用したものであり（代表例として，天野製薬事件〔昭和45・1・12勧告審決・審決集16巻134頁〕。ノボ社審決取消請求事件〔昭和50・11・28最判・民集29巻10号1592頁〕も参照），これら以外の事例は，一時期の輸出制限カルテルに対する独占禁止法6条適用事件を除くと，極めて限られていた。しかし，近時，国際カルテル，外国の支配的事業者による単独行為，国際的企業結合に対する規制事例が相次いで現れてきており，今後，こうした傾向が強まるものと考えられる。

2　国際カルテル

(1)　概　　要
独占禁止法による国際カルテルの規制は，諸外国に比べて大きく遅れていたが，外国送達規定の整備，措置期間・課徴金除斥期間の長期化，課徴金減免制度の導入等の制度面の改善とも相まって，近年，新たな動きがみられる（公取委は，平成22年4月に国際カルテルの審査を担当する組織を設けている）。質的にも量的にも十分なものとはいえないが，積極的な取組が期待される（**第2章**第4節も参照）。

(2)　独占禁止法6条の適用事例
初期の国際カルテル事件として，化合繊国際カルテル事件（昭和47・12・27勧告審決・審決集19巻124頁ほか）がある。本件は，日欧の事業者による国際的市場分割カルテルの一環であり，西独連邦カルテル庁からの情報提供により並行的な審査が行われた事案であるが，国内事業者による欧州向けの化合繊の輸出制

限カルテルとして構成し，不当な取引制限に該当する事項を内容とする国際契約に関する6条の規定を適用したものであり，欧州事業者による日本向けの輸出制限は対象外である。「日本からの輸出取引分野」を一定の取引分野として画定するという便法を用いたものであるが，各国とも伝統的に輸出カルテルを自国競争法の規制範囲外として扱ってきている中で，自国輸出業者による輸出カルテルを規制するという法適用方針は先駆的とも評価し得る反面，国際カルテルとしての全体像を把握できておらず，また，国内市場への悪影響に着目して不当な取引制限として法適用すべきであったとする批判がなされてきた。今後は，このような法適用がされることはないと思われる。

(3) **不当な取引制限としての規制の試み**

1990年代央以降，アメリカ司法省による積極的な国際カルテルの摘発を契機に国際カルテルに対する国際的な取組が強化されつつあり，OECDでは「ハードコア・カルテルに対する実効的な取組に関する理事会勧告」(1998年) が採択され，主要国ではハードコア・カルテルに対する制裁措置が強化されるとともに制裁措置減免（リニエンシー）制度が導入され，大規模な国際カルテルの摘発が相次いでいる。90年代末の代表的な事例はビタミン国際カルテル事件であり，アメリカ，EU，オーストラリア，カナダ，韓国等で，外国（域外）企業に対しても巨額の罰金又は制裁金が科された。しかし，わが国では，既往の違反行為に対する措置期間の限定（平成17年改正前は1年），証拠収集上の制約等により，日本企業2社に対して警告措置が採られたにとどまった（平成13・4・5公表）。その後，平成15年2月に樹脂改質剤の販売価格カルテルの疑いで，公取委のほか，アメリカ，EU，カナダの当局が立入検査等の調査を同時に開始した事案があり，その行方が注目されたが，公取委は国内市場での価格カルテル事件として日本企業に対して審決等を行っている（モディファイヤー価格カルテル〔カネカ・三菱レイヨン〕事件・平成21・11・9審判審決・審決集56巻第1分冊341頁，モディファイヤー価格カルテル〔クレハ〕事件・課徴金納付命令・審決集56巻第1分冊403頁）。

(4) **国際カルテル事例**

公取委が国際カルテルについて外国事業者に対して初めて法的措置を採った事例として，マリンホース事件（平成20・2・20排除措置命令・課徴金納付命令・審決集54巻512頁・623頁）がある。タンカーと石油備蓄基地施設等との間の送油に

用いられるゴム製ホースを巡る日米欧の8社による国際的受注調整・市場分割の事案であり，カルテルに参加していた日本企業が各国競争当局にリニエンシーを申請したことに端を発して，日本のほか，アメリカ，イギリス，EU，韓国等による措置につながった事件である。公取委は，国際的受注調整・市場分割の合意を認定した上で「我が国に所在する……需要者が発注するもの」に限定して不当な取引制限と構成しており，外国事業者を含めて排除措置命令を行ったが，課徴金納付命令は日本所在の需要者向けの売上げがあった日本企業1社に対して行うにとどまった（他の日本企業1社については課徴金免除）。これは，外国事業者には日本所在の需要者に対する売上げがなく，課徴金を課すことができなかったためである。

さらに，公取委は，ブラウン管事件（前掲：一部の事業者につき審判係属）において，日本，韓国及び台湾の親会社とその在外子会社の合計11社によるテレビ用ブラウン管の国際的価格カルテルについて，外国事業者に対して初めての課徴金納付命令を行った。本件でも，実際の合意の対象は全世界向けに販売されるテレビ用ブラウン管であったとみられるが，排除措置命令では，実質的に日本のブラウン管テレビ製造業者向けに販売されるブラウン管についての最低目標価格の合意として認定され，法適用されている。

こうしたマリンホース事件及びブラウン管事件における違反事実の認定・構成は，「自国所在需要者」に対する行為に限定することで，国家法としてのわが国独占禁止法が外国主権や外国競争法と抵触・重複することを回避しようとしたものと評価されている。

また，ブラウン管事件では，価格カルテルの対象がブラウン管テレビの主要部品であるブラウン管であり，その取引が形式的には，日本，韓国，台湾のブラウン管製造業者のマレーシア，インドネシア等に所在する製造子会社等と，日本のブラウン管テレビ製造業者の在外製造子会社との間で行われており，しかも，ほとんどのブラウン管テレビは日本国外で販売されていたという事情があり，このような事案に日本の独占禁止法の適用が及ぶのかが審判で争われている。同様の問題がアメリカにおいても争われており，特に競争当局ではなく，被害者が提起する私訴において，反トラスト法の適用範囲を限定的に解する控訴裁判所判決が近時出ており，注目されている。

3 外国の支配的事業者による単独行為

(1) 概　要

　グローバルに展開する支配的事業者は基本的に世界中で同一の戦略の下に事業を行うから，競争法違反の問題が世界中で生じ，各国の競争当局がそれぞれの競争法により取り組むこととなる。カルテル規制と異なり，単独行為規制においては規制の考え方やサンクションが法域により大きく異なることがあり，特にEUにおいては市場支配的事業者による濫用行為に対する規制に積極的である。わが国では，私的独占のほか，不公正な取引方法として規制する取組がみられるが，競争効果の慎重な分析が必要である。

(2) 個別事例

　ノーディオン事件（前掲）は，放射性医薬品の原料であるモリブデン99の世界的メーカーであるカナダのノーディオン社が日本の需要者2社との間で全量購入契約を締結した事案であり，これが競争メーカーの事業活動を排除しているとして，私的独占に該当するとされた。競争メーカーがベルギー所在企業であったこともあり，欧州委員会でも並行して調査を行っていた事案である。

　また，パソコンメーカーに対するCPUの供給に係る排他的リベートの供与が排除型私的独占に該当すると判断されたインテル事件（平成17・4・13勧告審決・審決集52巻341頁）は，米国インテル社の日本所在の子会社に対するものであるが，米国インテル社に対するEU，韓国，アメリカ等の競争当局による審査・処分の先駆けとなった事案である。公取委による措置は，制裁措置を伴っていないこともあり，世界的な注目を集めるには至らなかったが，その後の独占禁止法改正による排除型私的独占に対する課徴金の導入につながった。

　米国マイクロソフト社によるパソコンのOSライセンス契約における特許非係争条項（ライセンシーに対し，マイクロソフト社又は他のライセンシーに特許侵害訴訟を提起しないことを義務付ける条項）を巡る審判事件も，アメリカ企業に対する送達を日本国内の書類受領権限を有する代理人に対して行ったものであるが，拘束条件付取引として不公正な取引方法に該当するとした審決が確定している（平成20・9・16審判審決・審決集55巻380頁）。また，米国クアルコム社に対する同様の非係争条項等を巡る審判事件が係属中である（平成21・9・28排除措置命令・

審決集56巻第2分冊65頁〔審判係属〕）。両事件の詳細については，**第6章**第3節7(3)参照。

4　国際的企業結合

(1)　概　　要

　企業結合規制については，平成10年改正により，「国内の会社」による企業結合に限定していた規定が改正され，外国企業同士の合併や外国企業による株式取得も規制対象となった。例えば，アメリカとEUでの審査結果が食い違い，大きな問題となったボーイング社とマクダネル・ダグラス社の航空機メーカーの合併事件が生じた平成9年当時にはわが国独占禁止法による規制は及ばなかったが，エクソン社とモービル社という巨大石油会社同士の合併事件については公取委も審査し，問題なしとする結果を公表している（平成11・10・18審査結果公表）。

　さらに，平成21年改正により，一定規模以上の株式取得についても事前届出制とされ，株式取得による事業再編が通例である外国会社同士の企業結合に対する実効的な規制の仕組みが確立された。

(2)　国際的企業結合に対する取組

　公取委が外国会社間の企業結合について，問題解消措置を講じることを条件に容認した事例は少なくない。これだけをみると，独占禁止法による国際的企業結合に対する規制が実効的に行われているようにみえる。例えば，アメリカ企業間の株式取得の事案である「Johnson & JohnsonによるGuidant Corporationの株式取得について」（平成17・12・9公表）は，この株式取得により，わが国における一部の医療機器の市場において競争の実質的制限が生じるおそれがあると認められたが，当事会社が予定している措置が確実に履行されるのであれば，その問題は解消されると判断された。本件については，アメリカ連邦取引委員会や欧州委員会も審査を行ってきており，公取委は両当局とも情報交換を行いつつ審査を進めてきたとされているが，両当局の審査の過程で同様の問題が指摘され，それに対して当事会社が関係事業部門の第三者への売却を申し出たものであり，わが国向け販売事業もその対象に含まれていたことからわが国市場における問題点も自動的に解消したというのが実態である（「ア

ジレント・テクノロジーズ・インクによるバリアン・インクの株式取得について」〔平成22・6・9公表〕も同様)。アメリカやEUの市場では競争上の問題はないが，わが国市場では問題があるという事案が生じた場合にはじめて，外国会社による企業結合に対するわが国独占禁止法規制の真価が問われることになる。

　そして，平成19年に公表されたBHP Billiton（イギリスとオーストラリアに上場）によるRio Tintoの買収計画について，公取委が平成20年7月に正式に審査を開始したことから，その時がきたと思われたが，平成20年11月に買収計画が断念されたことから審査は中止された（平成20・12・3公表）。本件は，オーストラリアで鉄鉱石，石炭等の採掘・販売事業を営むBHP Billitonが同じく鉄鉱石，石炭等の採掘・販売事業を営むRio Tintoの発行済株式のすべてを取得する計画について，その実施により，海上貿易によって供給される鉄鉱石及びコークス用原料炭の取引分野における競争を実質的に制限することとなる疑いがあるとして，公取委が報告命令書を公示送達する等の手続を用いて審査を行っていたものである。公取委は，「今後とも，我が国の市場における競争に大きな影響を与えるような企業結合事案については，それが外国会社同士によるものであっても，積極的に対応していく」と表明した。

　その後，両社は，西オーストラリアにおける鉄鉱石の生産ジョイントベンチャー（以下「本件JV」という）を計画し，公取委に事前相談を申し出た。公取委は，平成22年9月27日に，海上貿易によって供給される鉄鉱石の塊鉱及び粉鉱の生産・販売事業について，本件JVの設立により競争が実質的に制限されることとなるおそれがある旨問題点の指摘を行ったところ，両社が本件JVの設立計画を撤回する旨を公表したため，事前相談に関する審査を中止している（平成22・10・18公表）。本件については，公取委のほか，オーストラリア，EU，ドイツ及び韓国の競争当局も審査を行っており，これら競争当局との間で情報交換を行いつつ審査を進めてきたとされている。

(3)　国境を越える市場画定

　地理的市場について，公取委の実務が当事会社の国内シェアのみを重視し，グローバルな競争の実態を適正に考慮していないと批判され，国境を越えた市場画定の必要性が主張されてきた。企業結合ガイドラインの平成19年改定において，初めて「国境を越えて地理的範囲が画定されること」があり得ることが

明記され，さらに，平成23年の見直しでは，「国境を越えて地理的範囲が画定される場合についての考え方」という小項目が立てられ，内外の需要者が内外の供給者を差別することなく取引しているような場合，内外の主要な供給者が世界中で実質的に同等の価格で販売しており，需要者が世界各地の供給者から主要な調達先を選定しているような場合には，国境を越える地理的市場が画定され得るとしている。

公取委は，ガイドラインの改定に先行して，ソニー・NECによる光ディスクドライブ事業に係る合弁会社の設立事案（主要な企業結合事例8〔平成17年度〕）において，初めて世界市場を画定している。これは，需要者である大手パソコンメーカーによる全世界需要の本社一括調達や世界中の主要な供給者を対象とする競争的な調達先の選定，供給者側における世界的な統一価格の設定といった取引実態を考慮したものである。その後も，制度上・輸送上の問題がない商品，国際的な価格指標が存在する商品等について，世界市場が画定された事例がみられる（磁気ディスク，液晶ディスプレイ等の電子・情報通信機器部品，半導体製造装置，大型タンカー，株価指数先物取引等の売買関連業務等）。

例えば，地理的市場を日本と画定しつつ，将来の韓国，中国等からの輸入による競争圧力を的確に考慮して得られる結論と，東アジアと画定しつつ，輸入に伴う不確実性を割り引いて評価して得られる結論とは，実は同じであるかもしれない。また，真にグローバルな市場が形成されているのであれば，当該グローバル市場における競争実態とその一部分である日本市場における競争実態とは，実質的に同じはずである。その意味で，市場画定の意義は相対化され，あるいは低下することになる。

第4節　競争法分野の国際協力

1　国際協力の現状と課題

(1)　概　要

競争法分野の国際協力としては，第2節で取り上げた競争法の執行協力のほかに，競争法整備支援や競争法・政策の国際的調和・収斂，更には国際競争法

の発展に向けた取組がある。こうした取組は，第2次大戦直後のハバナ憲章の制定（未発効）という先駆的な試みや1960年代から70年代にかけての国際連合等における「制限的商慣行（restrictive business practices）」の規制に向けた議論がみられたものの，具体的な成果には必ずしもつながらなかった。しかし，1990年前後の旧社会主義体制の崩壊と市場経済の普及，そして経済のグローバル化の進展，また，WTOの創設に代表されるような貿易・投資の分野における国際的規律の強化の中で，競争法分野における国際協力も進展しつつある。

(2) **競争法分野における国際協力の手法**

競争法分野における国際協力の内容や手法をいくつかの視点から分類してみよう。

第1に，マルチ（多国間）とバイ（二国間）という分類である。世界銀行やOECD，UNCTAD等の国際機関によるマルチの競争法整備支援活動には，参加国の利害やそれぞれの競争法の特徴に左右されない中立性が期待できる反面，抽象的・画一的になりがちであり，また，法制度の立案にとどまり，実際の運用にまで及ばないことがある。特に，理論先行の「モデルロー」の押し付けや法執行経験に基づかない理念的な支援にとどまる場合には十分な効果を挙げることは難しい。他方，バイの支援活動は，ドナー側の経済的利害が反映され，あるいは自国の法制を押し付けることになるおそれがある反面，実情に応じた協力が可能であり，特に当該競争当局の執行経験を活かした具体的・実際的な協力が行われる場合には有効なものとなる。

第2に，活動の対象として，競争法と競争政策を考えてみる。競争法は，競争的市場環境の下での競争制限行為を規制するという，いわば消極的な役割を担うものであり，積極的な競争創出は競争政策の役割である。所有権の明確化と市場メカニズムの尊重を前提に，国有企業の民営化，統制・規制の緩和，貿易・投資の自由化といった広範な競争政策を推進することなしには，競争法は十分に機能しない。その意味で，競争法整備支援を含めた国際協力は，競争政策の導入・展開や競争文化の醸成に向けた広範な活動の一環として行われる必要がある。

第3に，ハードとソフトという区分を考えてみる。ここで「ハード」とは，競争「法」の制定や改正をいい，「ハードロー」を立案し立法化する面での協

力をいう。これに対し，「ソフト」とは，「ソフトロー」による法の具体化を含み，また，運用面における協力をいう。さらに，「ハード」とは，拘束力を有する国際的な「ルール」の形成を意味し，他方，「ソフト」とは，拘束力のない，自主的・任意的で緩やかな「スタンダード」の形成を意味するものとして用いることができる。競争法の国際ルールは，現状では形成されておらず，近い将来に成立する見込みも乏しい。しかし，ハードコア・カルテルに対する厳正な措置，支配的事業者による濫用行為に対する適切な経済分析に基づく対処，国際的企業結合に対する実効的かつ円滑迅速な審査，そして，これらの審査・処分における適正手続の確保という国際的なコンセンサスは形成されつつあり，ソフトな協力は大きく進展しており，競争法による分析の枠組みや手法に関するスタンダードが形成されつつある。

　また，競争法分野における国際協力の成功例として注目されるのは，ICN の活動である（コラム参照）。ICN 活動への参画は，純粋に競争法・政策の観点による専門性に裏付けられた，（政府としてではなく）競争当局としてのものであり，競争当局としての専門的力量が問われる。後述する二国間，あるいは地域レベルの競争法整備支援に加え，ICN 等の国際組織を通した貢献も強化していく必要がある。

> **コラム** 国際競争ネットワーク（International Competition Network：ICN）
>
> 　競争法・政策に関する国際的課題に対するグローバルな取組として，「国際競争ネットワーク」（以下「ICN」）の活動について紹介しよう。ICN は，競争法に関する専門的知見の普及と競争法執行の手続面及び実体面の収斂を促進することを目的として2001年10月に発足した各国・地域の競争当局を中心としたネットワークである。元々，WTO における競争法問題の交渉を嫌ったアメリカの競争当局が主導して発足した面があり，そのアイディアはクリントン政権下の司法省が国際反トラスト問題の包括的かつ専門的な検討のために設けた「国際的競争政策諮問委員会（International Competition Policy Advisory Committee）」の最終報告書（2000年2月）において「グローバル競争イニシャティブ（Global Competition Initiative）」として提示されていたものである。当初14か国の競争当局で始まったが，2013年12月現在，114か国・地域から129の競争当局が参加し

ている。

　ICN の組織や運営上の特徴として，次のような点を挙げることができる。第１に，常設の事務局を持たないバーチャルな組織である。主要な17当局の代表者で構成される運営委員会（Steering Group）により，その全体活動が管理されている（ICN 発足当初から，公取委委員長はそのメンバーである）。第２に，WTO，OECD，UNCTAD といった国際機関や研究者，弁護士等も，非政府組織アドバイザー（Non-Governmental Advisors）として ICN の活動に参加している。第３に，プロジェクトごとの効率的な活動が工夫されている。現在，行為類型によるカルテル作業部会，企業結合作業部会，単独行為作業部会のほか，競争唱導作業部会及び競争当局有効性作業部会が設けられている。第４に，重要な法執行問題について「推奨実務慣行（recommended practices）」を取りまとめ，その採用を各国競争当局に勧奨するというソフトな手法を採っており，競争法の国際レジーム形成のためのフォーラムとして有効なものと評価できる。第５に，近年は，創設間もない競争当局やその職員の能力構築のための活動に力を入れており，各種のワークショップの開催や職員研修用マニュアル等の整備を進めている。

　当初，企業結合に重点を置いていた ICN の活動は，その対象を漸次拡大してきており，カルテル規制制度の構築，カルテル審査手法の情報交換，単独行為規制の概念整理，競争政策の有効性評価，競争当局の組織設計等の課題に取り組んできている。また，特に途上国では，競争法が機能する前提として，国有企業の民営化や規制改革を通して「政府による競争制限」を改善していくことが必要であるが，ICN では，競争当局による競争唱導活動の普及や競争評価の具体的手法の開発に向けた取組も進めている。さらに，歴史の浅い競争当局における競争法制度の整備や職員の能力向上のための活動を強化しており，途上国競争当局にとっての相互学習の場としての機能を高めていくことが期待されている。

　公取委は，2008年４月に第７回年次総会を京都で主催するなど，ICN の活動に取り組んでいるが，わが国からの弁護士等の参加を含め，今後も積極的に貢献することが求められる。

2 競争法整備支援と地域協力

(1) 競争法の国際ルールと法整備支援

1990年代以降の競争法の世界的普及という現状にもかかわらず，競争法に関する一般的な国際ルールは，条約，協定等の拘束力を有するものとしては，EUにおけるような地域的なものや個別分野のもの（WTOにおける電気通信サービス議定書の基本合意参照文書は，受諾国には法的拘束力があり，そこには反競争的行為の規制が定められている）を除くと，存在しないのが現実である。したがって，途上国が競争法を整備する際の自由度は大きいということができる。

しかし，国際ルールの形成を広く捉えると，拘束性のない勧告の採択やベスト・プラクティスの追求といった，法的拘束力を持たせない「ソフト」な手法による国際的収斂が様々なフォーラムにおいて生じつつあり，緩やかな国際ルールが先進国はもちろん，途上国に対しても影響を及ぼしてきている。そして，こうしたソフトな手法の多用は，ハードローの形成が容易ではないという現実の現れであるだけでなく，むしろ抽象的な実体規定を特定の市場環境の下で行われる個別具体的な競争制限行為に適用するという競争法の特質を反映していると考えられる。利潤動機に基づく経済活動を規律対象とする競争法は，普遍化する要素を本質的に有しているが，同時に，市場の特性・実態や関連法制度との関係を反映した土着性，固有性を備える必要がある。途上国における競争法の整備やその支援を推進する際にも，こうした両面を考慮する必要がある。

(2) 途上国における競争法整備の目的と支援の在り方

途上国が競争法を整備しようとする目的はどこにあるのであろうか。対内的な要因としては，途上国特有の問題点を解決するために競争法という手段を使って対策を講じていく必要が挙げられる。例えば，国営・国有企業，あるいは民営化されたかつての国営企業が大変強い市場支配力を有していて，それら企業による競争制限が跋扈している場合や，行政権と一体化した国営・国有企業による弊害，あるいは行政権の濫用による市場分割なり参入阻害が現に行われている場合である。また，競争法の制定を梃子として国内の経済改革に弾みをつけたいという内在的な要因も，一方にあると考えられる。

次に対外的な要因を考えてみると，WTO諸協定を始めとする現下の国際経

済法秩序の下では，例えば外国企業の参入や活動を規制できる正統な手段の一つとして競争法が考えられ，競争法を整備しておくことが「隠れた国内企業保護策」として必要ないしは有効であると考えられているのかもしれない（こうしたことが可能か，適切かは別問題である）。また，国境を越えたグローバルな支配的事業者による自国内での競争制限や市場支配に対応するためにはやはり競争法を用意しておく必要があるという考え方もあろう。さらに，競争法整備が国際的な圧力により求められることもあり得る。例えば，国際金融機関が経済危機に陥った途上国を支援する際に競争法整備を条件付けたり，FTA交渉や地域協定への参加の条件として競争法整備が求められたりすることがある（EUに加盟しようとする場合が典型）。

現時点では競争法の整備を義務付ける国際ルールは一般的には存在しないが，競争法の整備が国際経済社会に参画する上でのパスポートとなっており，いずれ競争法整備を義務付ける国際ルールができていく方向にある。未整備の途上国においても，既に競争法を制定すべきか否かの議論の段階ではなく，どのような内容の競争法を制定し，運用することが最も望ましいかを真剣に考えているのが現状であり，こうした競争法の整備を必要とする国内的・国際的要因を明らかにした上で，当該国に適合した競争法整備を進めることが課題となる。そして，競争法整備支援も，こうした途上国の個別事情を踏まえたオーダーメイドのものでなければならない。

競争法整備支援に際しては，モデルローを単純に移植しようとしたり，アメリカ反トラスト法やEU競争法のような先進国型競争法を模範にしたりするアプローチがあり得る。途上国における競争法の整備のための技術支援は，欧米諸国を中心に1980年代末以降，活発に行われるようになったが，競争法の「輸出」と呼ばれることにも示されているように，先進国の競争法の法制度を移植することに重点が置かれがちであった。しかし，前述のとおり，途上国が競争法を導入する目的には様々なものがあり，また，市場や取引の実態が異なる中で，解決されるべき競争問題は市場により異なるはずであり，さらに，他の法分野との関係で「競争法」に求められるものも国により異なり得ることも当然であろう。競争法整備支援を進める上では，こうした途上国の実情を的確に把握することが前提となる。

前述のとおり，競争法は市場経済を規律する法であり，経済分析を活用した違法性判断という普遍性を有すると同時に，市場の土着性を反映した多様性が求められるのであって，各国・地域の実態に応じた適切な法制度と運用が必要である。この観点からは，特定の競争法制を前提としないOECD，世界銀行等の国際機関による支援やICNにおける実地訓練が重要な役割を果たすことが期待される。

(3) 東アジア地域統合とわが国の競争法整備支援

東アジア地域でも，地域経済統合に向けた構想が提案され，具体的な自由貿易協定ないしは経済連携協定の交渉・締結も進展している。市場の力や企業間のネットワークにより経済関係を緊密化してきた東アジアにおいても，アジア通貨危機や近時の経済危機をも契機として，経済統合の制度化に向けた動きが急速に高まっている。市場統合された地域内では，市場参加する事業者は国籍を問わず，共通ないしは実質的に同一の競争法の適用を無差別に，かつ，公正な手続により受けるという法的環境が形成されることが必要である。また，競争法の整備と的確な執行は，地域市場の統合を先導・促進する（法が理想の実現に向けて現実を牽引する）とともに，地域統合の成果が損なわれないようにする（法が現状からの逆転・後退を防ぐ）効果がある。さらに，競争法その他の経済法制度・ルールの発展は，域外国におけるその受容を通して，地域統合の地理的拡大を促すことになる。EU競争法が欧州市場統合という壮大な実験を進める中で，市場統合目的に反する行為（例えば，地域分割，並行輸入制限）に対して特に厳格な規制を行ってきていることに示されるように，市場統合において競争法が果たす役割が重要であることはいうまでもない。このことは，東アジア地域において経済統合を推進していく上で競争法制度の整備と執行が不可欠であることを意味している。

日本政府としても，公取委や国際協力機構（JICA）が中心になって，東アジア地域を中心とするアジア諸国に対して研修プログラムの開催，専門家の派遣等の各種の支援プログラムを提供しているが，受入国の実態とニーズに適合した支援策を進めることが重要である。特に，今後わが国が競争法整備支援を推進する上では，第2次大戦直後にアメリカ反トラスト法を移植して独占禁止法を制定し，経済発展の過程で紆余曲折を経ながらも独占禁止法の運用及び競争

政策を展開してきた経験を活かした支援が重要であり，また，単なる競争法の制定支援にとどまらない，ソフトな手法を活用した競争法運用面に重点を置いた支援が効果的である。

ところで，緊密な経済関係を形成している東アジア地域では，必然的に国際的な競争法問題が発生していると思われるが（例えば，前述のブラウン管事件），関係当局間で具体的な事案の処理についてどのような協力が行われているのか不明である。従来，日本の執行協力の相手国はアメリカ，EU（及びその加盟国）を中心とする先進国であり，その他の諸国に対しては技術協力・支援の相手国として位置付けてきたように見受けられるが，今後，執行協力の面でも重要なパートナーとして位置付けることが必要になる。その第一歩として，2014年7月に韓国との間で競争法の執行協力に関する競争当局間の覚書が締結されたことは重要な意義を有する。

(4) 東アジア地域の競争法の現状と課題

日本との経済関係が緊密な東アジア地域では，1990年代末以降，競争法の制定・改正が相次いでいる（表参照）。

法域	制定年	競争法	担当機関
日本	1947	独占禁止法	公正取引委員会
韓国	1980	独占規制・公正取引法	公正去来委員会
台湾	1991	公平交易法	公平交易委員会
インドネシア	1999	独占禁止・公正競争法	事業競争監視委員会
タイ	1999	取引競争法	取引競争委員会（商務省）
シンガポール	2004	競争法	競争委員会
ベトナム	2004	競争法（2005年施行）	競争局・競争評議会（商業省）
ラオス	2004	取引競争令（未施行）	取引競争委員会（未設置）
中国	2007	独占禁止法（2008年施行）	独占禁止委員会；商務部・国家発展改革委員会・国家工商行政管理総局
マレーシア	2010	競争法（2012年施行）	競争委員会
香港	2012	競争令（2015年施行予定）	競争委員会

1980年に競争法を制定した韓国は，90年代以降，頻繁に法改正を行うとともに国際的な執行を強化してきている。ビタミンや黒鉛電極のような欧米で法的措置が採られた国際カルテルにいち早く果敢に取り組み，また，マイクロソフ

トやインテル，クアルコムといった支配的事業者の濫用行為に対しても積極的に取り上げていることが国際的にも高く評価されており，韓国公正去来委員会の国際的プレゼンスは高い。また，韓国は，各国競争当局との執行協力にも積極的である。

タイとインドネシアは，1997年のアジア通貨危機を契機に市場改革の一環として，ほぼ同時期の1999年に競争法を制定したが，その後の運用には大きな違いがみられる。タイでは，取引競争委員会が産業政策当局から必ずしも独立しておらず，目立った運用事例が無いのに対し，インドネシアでは，入札談合や支配的地位の濫用等に対して着実に取り組んでおり，規制改革の提言等にも積極的であるほか，近年は，企業結合の規制にも乗り出している。

東南アジアの10か国からなるASEAN（東南アジア諸国連合）では，経済共同体（AEC）の設立の一環として，2015年までにすべての加盟国が競争政策・競争法を導入するよう努力するという目標を掲げている。ASEAN競争法専門家グループを設けて，地域レベルの競争法ガイドラインの作成，ワークショップの開催等，活発な活動を行っているが，既に競争法を導入・施行済みの5か国（インドネシア，タイ，シンガポール，ベトナム，マレーシア）とその他の5か国（フィリピン〔カルテル規制はある〕，ラオス，カンボジア，ミャンマー，ブルネイ）との差が大きい。当面，フィリピンにおける包括的競争法の制定が期待される。

ところで，日本や韓国等を含め，東アジア地域の競争法や競争当局には，多くの共通し，あるいは類似した面があり，相互に協力・連携していくことの必要性やメリットが大きい。まず，東アジアの競争当局の多くは，合議制の行政委員会としての組織特性，政府部内で必ずしも強い地位を占めていないという現実，欧米の競争当局に比べて脆弱な専門性といった共通点を有している。また，実質的にも，東アジアにおける競争法は，非法的措置の多用，不公正な取引方法規制の重要性，主要産業における国有企業・政府関連企業の存在といった共通の課題を抱えている。競争法分野における東アジア域内協力は，こうした課題に取り組むものでなければならない。

東アジア各国の競争法の整備・執行の水準に相当の違いがみられる現状では，競争法の水準の全般的な底上げと手続的規律の強化を優先する必要があり，そのための域内協力が不可欠である。そうした過程を辿る中で，競争法の

目的や実体規定に関する調和が漸進的に実現されていくことが期待される。また，東アジア各国では法的・行政的規制による競争制限が依然として大きな問題となっている状況においては，規制改革に向けた競争唱導と地域統合の成果が「私的な」競争制限により損なわれないようにする役割が重視されることになる。日本の公取委の提唱により2004年から開始された「東アジア競争法・政策カンファレンス」や2005年から開始された「東アジア競争当局トップ会合」が，単なる儀礼的な，あるいは情報交換のための会合に終わることなく，こうした実質的な課題に取り組み，EUにおけるECN（European Competition Network）に比肩するEACN（East Asian Competition Network）として発展していくことが期待される。

　また，東アジア地域で事業を展開する日本企業においても，各国の競争法規制を十分理解し，遵守することが求められるとともに，競争法違反行為により市場から排除される等の被害を受ける場合には当該国の競争当局に報告する等，競争法を積極的に活用していくことも検討すべきである。また，競争法規制の内容や規制手続面の不備については，日本政府関係部局と協力して，粘り強く改善を求めていく努力も必要であろう。

コラム　国際的関心を集める中国の独占禁止法

　現在最も大きな関心を世界中から集めている競争法は，2008年8月に施行されたばかりの中国の独占禁止法である。中国独占禁止法は，EU競争法に類似した実体規定（独占〔水平及び垂直〕協定，支配的地位の濫用及び事業者集中〔企業結合〕を合わせて「独占行為」と総称）を有しており，3つの執行当局により分担される仕組みを採っている（商務部が事業者集中，国家発展改革委員会が価格独占行為，国家工商行政管理総局が非価格独占行為を担当）。いわゆる域外適用に関する規定もあり，「世界の工場」，あるいは「世界の市場」としての中国を目指す企業であれば，中国の独占禁止法を無視できない状況になっている。

　当初，法執行活動としては企業結合規制のみが表面化し，既に多数の禁止ないし条件付承認の事例が国際的事案について生じている（2014年12月までの26件中で，日本企業に関わる事案が5件ある）。そして，こうした企業結合規制に対しては，審査に時間がかかること，十分な規制根拠が示されていないことへの批判

とともに，外国企業による国内企業の買収を阻止することに重点を置いたものではないか，また，国内企業に有利になるような問題解消措置を求めているのではないか（競争法の産業政策的運用）という疑問も示されてきている。

また，近時は，独占協定や支配的地位濫用の事件も相次いで出てきている。カルテル規制については，施行当初は地域的な事件が散発的に取り上げられていたが，2013年以降，国際カルテルに対する積極的な取組がみられる。2014年8月には，自動車部品及びベアリングを巡る国際カルテル事件について，日本企業11社に合計で約200億円にも上る制裁金の賦課がなされている（リニエンシー申請による摘発とされている）。また，再販売価格拘束行為（垂直的価格独占協定）についても，粉ミルク，自動車等のブランド消費財を巡って，多数の海外メーカーが制裁金を賦課されている。

支配的地位の濫用規制についても，特に知的財産権の濫用として，海外と比較した中国企業に対する過大なライセンス料の設定を取り上げる事例が相次いでおり，外国企業に対する差別的な運用という批判も強い。また，国家工商行政管理総局では，知的財産権の行使に関わるガイドラインの策定作業を続けており，2014年6月に原案を公表して意見募集を行っているが，一定の知的財産権を「不可欠施設（essential facilities）」として位置付けるなど，多くの問題点が指摘されている。他方，中国では，多くの産業で国有企業が支配的地位を有しているが，こうした国有企業が取り上げられることは稀である。

ところで，中国独占禁止法の執行においては，企業結合を除くと，違反事例の簡単な概要のみ公表されることが通例であり，透明性に欠けると批判されている。また，違反の決定について，行政訴訟を提起しても勝訴の見込みがないと受けとめられている。2014年9月には，米国商業会議所が詳細な報告書を公表して産業政策的運用を批判し，改善を求めているほか，欧州諸国からも同様の批判がなされている。今後，3競争当局による独占禁止法の執行がどのように展開されるのか，注目される。

なお，アメリカやEUは，既に競争当局間協力のための覚書を中国競争当局と締結しているが，わが国はこの面で遅れを取っている。また，中国競争当局は未だICNに参加していないが，早期の参加が期待される。

第11章 独占禁止法運用のアメリカ・EUとの比較

この章のポイント

　企業の競争活動を規制する法律は日本では「独占禁止法」であるが，世界的には「競争法」と呼ぶことが定着している（アメリカは例外であり「反トラスト法」と呼ぶ）。世界最初の競争法として1890年にシャーマン法を制定して以来，アメリカは，反トラスト法施行による反トラスト政策を経済政策の中核に置いている。シャーマン法の理念を受け継ぐ競争法は，第2次大戦後に多くの自由主義経済諸国に広がった。ドイツをはじめとする欧州諸国と日本がその代表である。現在では，開発段階を脱した自由主義経済諸国のほとんどが競争法を制定している。自由主義経済を機能させるために競争制限の規制が不可欠であることを各国はアメリカ・ドイツ・日本など競争法保有国の経済発展から学んだ。

　アジア等の開発途上国は，自由主義経済体制に属する国が多いものの，1990年代までは産業育成の観点から社会主義的な統制経済を多くの国が採用してきた。しかし21世紀に入ってからほとんどの政府が経済発展のために市場メカニズムが重要と考えるようになり，競争法を制定する国が増加してきている。

　競争法は現代世界の普遍的な法律となりつつある。しかし競争法が備えるべき内容について世界的な統一見解はまだ確立していない。競争法発祥国アメリカの反トラスト法は世界各国の競争法に大きな影響を与え続けている。それにもかかわらず各国競争法の中にはアメリカ反トラスト法とは異なる基準を採用しているものが少なくない。アメリカ反トラスト法の基準自体が，制定以来120年経過する間に大きな変化を遂げた。

アメリカ反トラスト法と並んで欧州連合（EU）の競争法が各国競争法のモデル的存在となっている。EU競争法は，アメリカ反トラスト法の強い影響を受けてはいるものの，欧州（ドイツとフランス）の法律的伝統を背景として形成されたため，反トラスト法とは異なる特色を備えている。EU競争法が重要なのは第1に，世界最大の経済ブロックであるEUにおける共通競争法だからである。ドイツ等加盟国の競争法とEU競争法は併存しているが，加盟国は自国競争法を改正して，EU競争法の基準を採用した。第2に，EUの市場統合を推進するために，欧州委員会がEU競争法を強力に施行した。第3に，近年に自由主義化した東欧諸国そしてとりわけ中国がEU競争法をモデルとして自国競争法を制定した。中国は急速な経済成長により日本を抜き，アメリカとEUに次ぐ競争法大国となっている。

日本の独占禁止法は，敗戦後にアメリカ占領軍の主導により制定されたので，アメリカ反トラスト法をモデルとした。しかし何回かの改正により日本独自の規定を加え，運用においても日本独自の基準を形成してきた。日本の独占禁止法については前章まで学んできたが，今後の発展方向を探るためには，国際比較により独占禁止法の特色を評価する必要がある。

さらに，貿易と直接投資の進展により，企業活動がますます国境を越えて展開されるようになっている。輸出業務や現地での生産・販売活動のため，現代のビジネスマンには主要国競争法の知識が求められる。

第1節　競争法の規制目的と規制制度

1　競争維持による消費者利益目的と公共政策目的の対立

市場経済を機能させることを目的とする競争法は，政府統制により経済を運営することには反対の立場をとっている。政府の役人が経済をコントロールするよりも，市場メカニズムにより経済を運営する方が消費者利益を増進し，経済を発展させることができる。この自由主義理念に競争法は立脚している。競争を維持・促進することにより消費者利益を増進することが競争法の目的であり，それ以外の政策目的（産業政策など）を競争法の中に持ち込むべきではない。

この自由主義理念を最も忠実に維持してきているのがアメリカ反トラスト法であり，ドイツと日本の競争法（独占禁止法）もほぼ同様の立場を採用している。これに対し，フランス，英国などの競争法は，政府による広範な公共政策目的（産業振興，雇用維持，国際競争力強化など）を実現するための総合経済政策の一環として競争法を位置付けていた（1990年代前半頃まで）。価格カルテルについても，政府の公共政策上の目的に合致すると認めれば認可していた。
　国民利益の向上という究極目的を実現するためには，フランス・英国型競争法の方がアメリカ・ドイツ型競争法よりも優れていると思えるかもしれない。しかし，公共政策目的からの独占禁止政策は，競争を制限して結局は国民利益に反する結果を招きやすい。雇用保護などの社会政策的見地から，競争制限を許容しやすいためである。この反省から，1990年代後半以降は，英国等欧州諸国の競争法もアメリカ型の反トラスト法基準に近づいてきている。一方アメリカでは，経営効率の向上を「競争促進的利益」として，競争促進効果と同視するようになってきた。一見競争制限的に見えても，効率を促進する企業行為（共同事業，合併など）は寛容に扱うようになってきたのである。この点は，アメリカ反トラスト法が欧州的基準に接近したと見ることができる。
　公共政策を法目的とすれば，競争維持がもたらす消費者利益が損なわれる場合が生じる。ただし，日本の独占禁止法の目的規定（1条）は消費者利益だけでなく「国民経済の民主的で健全な発達」を規定している。また，「公共の利益」については最高裁判決が，「自由競争秩序」以外の国民経済上の利益が例外的に認められるとした（第1章参照）。したがって，アメリカとEUの反トラスト法・競争法の目的が消費者利益であるのに対し，日本の独占禁止法では，競争維持による消費者利益以外の国民経済上の利益が考慮される余地がある。
　競争法の基本目的自体は競争維持による消費者利益としていても，競争法からの適用除外という形で，競争維持以外の公共政策目的（特に産業政策目的）に配慮している国がかなり存在している。適用除外が拡大すると，競争法による競争維持の目的が骨抜きになり，競争制限的慣行が拡大する。日本の独占禁止法はアメリカとEUの競争法と比較して，1990年代終わり頃まで，適用除外分野の比重が際だって大きく，これが日本の独占禁止政策を弱めていた。しかし日本の適用除外は1990年代終わり頃以降，大幅に削減された。

2　競争法の施行制度の比較

　競争法を施行する方法は，①行政措置型と，②裁判制度型に大別できる。①行政措置型は，政府の役人が競争法を解釈してそれを運用する方法である。②裁判制度型は，裁判所が裁判制度により競争法を執行する方法である。欧州諸国では①型に重点を置いており，アメリカは②型に重点を置いている。主要国は①と②を組み合わせており，第1段階は政府機関が競争法を運用し，その運用に不服がある企業は裁判所に訴えて，裁判所が最終的な判断を行う形をとっている。

　競争法の背景にある自由主義理念は，政府機関による恣意的な判断よりも，競争維持目的からの厳格な法律判断を尊重する。したがって，裁判所による最終判断が確保されていることが重要である。日本において独占禁止法を施行する政府機関（公正取引委員会〔以下「公取委」という〕）は，独占禁止法施行を準裁判的な審判により実施していた。しかし平成17年法改正により審判制度は公取委の行政決定（排除措置）を事後的にチェックするものに変わり，平成25年改正では審判制度自体が廃止された。規制される企業の権利を審判に代わって保護するため，「聴聞官」制度（公取委事務局内に設けられる。法の規定では「指定職員」）を充実することが求められている。

　アメリカ反トラスト法では，政府機関（司法省反トラスト局と連邦取引委員会）による施行手続を経ずに，私人（市民と企業）が裁判所に直接に違反行為の差止めと損害賠償を求める道が広く開かれている。「私訴」による事件数が政府機関の発動による事件数の10倍程度に上る。アメリカ反トラスト法の活発な施行は私訴に負うところが大きい。

コラム　シャーマン法の成立と進化

　世界最初の競争法であるシャーマン法は，民衆の草の根民主主義的運動により制定された。アメリカは独立以後，自由経済制度によりめざましい経済発展を遂げた。しかし19世紀終わり頃から，大企業が企業買収やカルテルにより産業を支配する現象が広がった。あらゆる不当な特権に反対する伝統を持つアメリカの民衆は，これらの産業支配手段（「トラスト」と総称された）を規制する法律を制定

するよう議会に圧力をかけた。
　この動きを受けてどのような内容の規制を行うべきかについて，様々な議論が議会でなされた。規制目的を整理できないまま，極めて簡単な規定の条文（1条「取引制限の禁止」，2条「独占行為の禁止」）がシャーマン法として1890年に制定された。条文規定を漠然としたままにしておく方が，裁判所と規制機関が法適用を積み重ねることにより規制基準を改善していくためには良いと考えられたのである。この点でシャーマン法は，条文よりも判例による基準形成を重視する「コモン・ロー」の伝統に忠実な法律である。
　シャーマン法による反トラスト政策は，時代を経るにつれ進化を遂げた。しばらくの間は反大企業・中小企業保護的な政策が強調されていたが，経済効率目的が重視されるようになり，経済学の成果が取り入れられるようになった。現在ではシャーマン法基準の論議は経済学説の論争と結びついて繰り広げられている（次のコラム「アメリカ反トラスト法と経済学」を参照）。

第2節　行為類型別の規制基準の比較

1　水平的制限（水平的協調）の規制

(1)　ハードコア・カルテルとその他の協調の区分

　各国競争法に共通して，競争法違反行為の中で最も重視されているのは，競争している企業間の協調行為（次項2が扱う垂直的取引における競争制限と区別して「水平的制限」と呼ばれる）である。水平的制限については主要国でほぼ共通の規制基準が形成されつつある。
　競争している企業（例えば自動車メーカー同士）が協調して競争を停止すると，競争法が守ろうとしている競争市場が機能しなくなる。このため，各国競争法はこぞって水平的制限に対し厳しい態度をとっている。水平的制限の中で，競争制限性が最も明らかなのは価格カルテルである。業界全体が協調して価格を決定することは，独占企業による価格設定と同じ状態をもたらすので，消費者

利益と経済発展を明らかに損なう。アメリカ・EU・日本の競争法はいずれも価格カルテルを当然に（あるいは原則的に）禁止する。これに対しフランス，英国などの公共利益基準による国は，価格カルテルについても公共利益についての総合判断から違法性を判定してきた。しかし，これらの国も近年には，価格等のカルテルは当然に違法とし，制裁を課すようになった。

　価格カルテルを当然違法とする取扱いは，価格カルテル類似の協調行為にも及ぼされる。公共事業の落札者を協定して決める（それにより落札価格を引き上げる）入札談合は，価格カルテルと実質的に同じものである。また，生産量（あるいは販売量）を協定して決めることは価格カルテルと同じ効果をもたらす（供給量が減少すると価格が上がるので）。販売地域を分割するカルテルは，価格競争を廃止する点で，価格カルテルと同じ効果を発揮する。経済協力開発機構（OECD）メンバーの先進国は，競争制限性が明白で合理性が認められない価格カルテルや入札談合を「ハードコア・カルテル」と名付け，制裁付きで禁止することを国際公約とした（1998年 OECD 理事会勧告 C (98) 35/FINAL）。

　しかし，企業間の協調行為の中には競争を促進するように働くものもある。中小企業が大企業と対抗するための共同事業の中で，共同仕入れや共同販売を実施する場合が好例である。また，大規模投資を要するハイテク産業における共同研究開発も，市場の状況によっては競争を促進する場合がある。これらの協調行為は当然に禁止すべきカルテルではない。ハードコア・カルテル以外の企業間協調は，市場の競争状況を総合的に判断して違法性を判定する必要がある。違法と判定した場合でも，制裁を課すのではなく，改善策を指導することが競争当局に求められる。

　アメリカ反トラスト法では，上記2つの異なった性格の協調行為への規制基準が，「当然違法」基準と「合理の原則（rule of reason）」基準の使い分けという形で，判例により形成されてきた。「当然違法」とは，当該行為の経済的影響を検討せずに，その行為が行われただけで当然に違法とするものである。これに対し「合理の原則」においては，当該協調が市場競争と消費者利益に与える影響を総合的に判断して違法性を判定する。

　協調行為を対象とするアメリカ反トラスト法の条文（シャーマン法1条）は，「取引制限（restraint of trade）」を禁ずると規定しているだけである。このため

協調行為の合法・違法判定は，当然違法基準と合理の原則基準のどちらを適用するかの選別により左右される。1970年代後半頃までの判例は，「当然違法」として禁止する協調行為の範囲を極めて広く解していた（中小企業間の共同販売も違法とするなど）。しかしそれ以降の判例は「合理の原則」により審査する協調行為の範囲を拡大してきている（全米大学体育協会によるテレビ放映料協定についての判決——National Collegiate Athletic Association v. Board of Regents（NCAA），468 U.S. 85（1984）——など）。

当然違法とされる協調は，価格協調・数量協調などの違法性が明らかなハードコア・カルテルに限定される。さらに，価格協調であっても，正当な共同事業（ジョイントベンチャーなど）のために実施されるものであれば，合理の原則が適用される。

EU競争法において協調行為は，EU機能条約101条により規制される。競争を制限する目的あるいは効果を有する協調行為を禁止することを101条1項は規定している。競争制限の「目的」から行われる協調はそれだけで違法とできるので，アメリカでの当然違法と同様の規制がなされる。協調行為への当然違法適用が行きすぎないように，アメリカでは合理の原則の適用範囲が広げられてきた。同様にEU競争法でも，欧州委員会が101条1項の柔軟な適用（それに併せて101条3項の適用除外規定の利用）により，有意義な協調行為は合法とする。

アメリカとEUの競争法がハードコア・カルテルを当然に違法としているのに対比して，日本の独占禁止法において違法な協調行為（「不当な取引制限」）を定義する2条6項は，「競争を実質的に制限する」協定だけを違法にすると規定している。したがって，アメリカでの合理の原則基準及びEUでの一般的適用除外規定に相当する基準あるいは規定がなくても，有意義な協調行為を合法にできる。

その反面で日本の独占禁止法においては，価格カルテルや入札談合のようなハードコア・カルテルに対しても「競争の実質的制限」の認定を要するのだろうか。そうだとすれば，複雑な市場分析を公取委がしなければならないので，カルテル規制が難しくなる。これについて公取委は，価格カルテル（及びそれに類似の諸協定）は競争の実質的制限を生じることが明らかなので，合併の場合のような詳しい市場分析は必要とはしないとの見方を表明した（「流通・取引慣

行ガイドライン」平成3・7・11公取委事務局)。この見方から，価格カルテルを当然違法とするに近い基準を採用している(「原則的に違法」とする)。ただし裁判所はこの見方をそのままでは採用していないので，公取委はハードコア・カルテルに対してもかなり詳しい市場分析を実施している。

　アメリカ・EU・日本では，協調行為規制についての法律規定のあり方はそれぞれ異なるが，価格カルテルや入札談合などのハードコア・カルテルは当然(あるいは原則的)に違法とする立場が共通している。しかし日本では，独占禁止法規定による適用除外と個別産業立法(運輸分野・中小企業分野など)による適用除外のため，アメリカとEUに比べて格段に広い範囲のカルテルが許容されてきた。近年の政府レベルでの経済改革により，日本の独占禁止法適用除外は大幅に削減された。ただし部分的な適用除外が海運・航空・農業分野に維持されており，競争による産業効率化を妨げている。

(2) 「合意」の認定方法——並行価格の取扱い

　価格カルテルなどのハードコア・カルテルを当然(原則的)に違法とする場合でも，違法とするためには，企業間の「合意」(意思の一致)により協調が行われたことを競争当局が発見する必要がある。外形から見て価格引上げ額と時期が揃っていることは，合意の証拠の一つとはなるが，それだけでは違法にすることはできない。この点は各国競争法に共通している。

　協調についての合意をどのように認定するのか。この難問に先進国の競争当局が直面している。競争法の規制に企業が敏感になり，価格カルテルの会合メモなどの直接証拠を残さないようになってきた。カルテル合意を発見するのはどの国の競争当局にとっても困難である。プライス・リーダーシップによる暗黙の価格協調が行われやすい寡占市場では，この問題が特に深刻である。これに対処してアメリカとEUの競争当局は，幅広い状況証拠(値上げパターン，業界団体の役割，市場構造など)を総合的に判断して，並行価格の背後にあるカルテル合意を認定する方法を開発してきた。日本の公取委はアメリカとEUに比べると状況証拠の採用に従来消極的であった。しかし1990年代中頃より，アメリカ・EUと同様の状況証拠採用を実施してきている(東芝ケミカル事件・平成7・9・25東京高判・審決集42巻393頁が代表事例である)。

　しかしカルテルを隠すことに企業が極めて巧みになってきたので，状況証拠

採用によっても，競争当局がカルテルを摘発することが困難になってきた。これに対処する切り札として，アメリカとEUの競争当局は，カルテル情報を最初に提供した企業に制裁を免除する制度（リニエンシー制）を採用し，日本も追随した（「課徴金減免制度」）。アメリカ・EU・日本共通に，リニエンシー制はカルテル（談合）摘発に劇的効果を発揮してきている。

(3) 制裁の役割

　競争法違反をなくすためには，違法行為をやめることを競争当局が違反企業に命令するだけでは十分ではない。違反のやり得にならないように，違反した企業あるいは責任者の個人に制裁を課す必要がある。違反行為を行えばそれによる利益以上の不利益を制裁として課されると意識する場合に，企業・個人は違反行為を避けようとする。これが制裁の違反抑止効果である。

　ただし，制裁が設けられた種類の行為については，企業・個人はまちがって違法とされることを避けようとして，本来は競争促進的な行為までをも控えてしまいがちである。したがって制裁の対象は，違反であることが明確な種類の行為に限定する必要がある。このため，主要国で制裁が共通に設けられているのは，価格カルテルを代表とするハードコア・カルテルである。総合判断により違法性を判定する必要のある協調行為，そして単独行為に対しては，違反を認定する場合でも，違反行為を停止させる（「排除措置」命令を下す）だけで十分であり，制裁を課すのは行きすぎである（ただしEUと日本はこのような行為にも制裁を課すことがある）。

　価格カルテルへの制裁はアメリカ・EU・日本において異なっている。アメリカは，あからさまな価格カルテルを犯罪とみなし，刑事罰を適用する。違反責任者の会社幹部を刑務所に収監することが違反抑止のために最も効果的であるとアメリカ反トラスト当局は考えている（近年には日本企業の幹部も収監された）。罰金刑は会社幹部（個人）と会社（法人）の双方に科され，最高額はそれぞれ100万ドルと1億ドル（あるいは違反によって得た利益の2倍）である。またアメリカでは反トラスト法違反の被害者が損害賠償請求訴訟を提起することが容易であり，被った損害額の3倍額の支払を得ることができる（「3倍額賠償制度」）。

　EU競争法は刑事罰制度を併せず，行政罰的性格を有する「制裁金 (fine)」制度によっている。日本の課徴金制度とは異なって，悪質なカルテルに参加し

た企業には欧州委員会が裁量により極めて高額（違反企業の年間売上げの10％まで）の制裁金を課す（1社最高額の記録は約1200億円〔2008年〕）。それに加えて，EU加盟国中の英国やアイルランドなどは，アメリカと同様の刑事罰を違反責任者の個人に科す。

近年にはアメリカ・EUともに，リニエンシー制を利用して，カルテル（特に大型国際カルテル）を効果的に摘発してきている。日本も平成17年独占禁止法改正により，リニエンシー（課徴金減免）制を導入した。カルテルへの制裁が厳しいほど，リニエンシー制は効果を発揮する。

昭和51年以前の日本におけるカルテルに対する制裁は，アメリカと同様の刑事罰のみであった。公取委が告発をほとんど行わなかったために刑事罰制度が機能していなかった。改善策として行政罰（課徴金）が新設された（昭和52年法改正）。課徴金は刑事罰と併存している。課徴金の額はEUの場合とは異なり，カルテル対象商品の違反期間売上額の10％（原則であり，例外がある）と法定している。課徴金対象は，従前は，ハードコア・カルテルにほぼ限定してきた。しかし，平成17年独占禁止法改正により「支配型」私的独占にも課すようになり，更に平成21年法改正により，「排除型」私的独占，そして不公正な取引方法の一部（優越的地位の濫用など）にも拡大した。

行為の事前に違法・合法を企業が見分けることができない性格の行為にも課徴金が課されることになった。ハードコア・カルテル（及び再販売価格維持）以外の違反行為に対しては，課徴金が厳しすぎる制裁となる場合が生じている。課徴金制度を改正し，違反行為の悪質度に応じて公取委が金額を加減し，課徴金を課さないこともできるようにすることが望ましい。

アメリカ・EU・日本の中では，アメリカの罰則が厳しいことが際立っている（特に違反者個人を刑務所に収監することを重視している）。EUの制裁金も懲罰的な高額が課されるので，実効性を発揮している。アメリカ・EUともに違反抑止の観点からハードコア・カルテルには厳しい制裁を課すことが必要と考えている。日本の制裁はカルテルに対して，課徴金だけではアメリカ・EUと比べて見劣りがする。カルテル抑止のために刑事罰を併せて活用する必要がある。

2 垂直的制限の規制

「垂直的制限」とは，競争していない企業間における行為制限を指している。メーカー・販売店間取引のように取引段階が垂直的に分かれている企業間の取引が「垂直的取引」である。再販売価格維持，テリトリー制などが垂直的制限に該当する。企業間の取決めによる制限であることは，価格カルテルなどの「水平的制限」と同じであるが，競争関係にない（売り手・買い手の関係なので）企業間の取決めによる制限であることが「水平的制限」とは異なる。

垂直的制限による協調は水平的制限とは異なり，1メーカーの販売店の間での競争（ブランド内競争）制限にとどまる。その上，水平的制限に比べて垂直的制限には経営効率上の利点があるものが多い。このためアメリカでは，垂直的制限は，価格カルテルのように当然違法とはせず，合理の原則により判断する。EUでは一括適用除外規則とガイドラインにより，当然違法とする制限と柔軟に判断する制限とを区分している。

EUでは，EU機能条約101条3項に基づく「一括適用除外規則」が，専売店制とテリトリー制を代表とする流通上の垂直的制限を対象として設けられている。これらの規則は，対象とする流通制限（排他的流通など）を全面的に適用除外するものではなく，市場での地位が有力な企業による流通制限は違法とする基準を採用している（この点でアメリカと類似している）。欧州委員会は，「垂直的制限に関する一括適用除外規則」と「垂直的制限ガイドライン」により，アメリカに近い経済分析を導入した。アメリカ型に接近してきたものの，欧州委員会は，EUの市場統合を推進する目的から，EU域内の並行輸入制限を禁止し，厳格なテリトリー制も禁止するなど，流通制限に対して厳しい態度を維持している（アメリカや日本よりも厳しい）。

垂直的制限の中で価格制限（再販売価格維持）は，EUと日本では当然（原則的）に違法である。アメリカも同じであったが，2007年最高裁Leegin判決（551 U.S. 877）により，価格制限にも非価格制限と同じく合理の原則を適用することに転換した。

垂直的制限に対して日本の独占禁止法は不公正な取引方法規定を適用する。不公正な取引方法規定（2条9項と「一般指定」）は，公正競争阻害性の判断につ

いて大きな裁量の余地を公取委に与えている。規制範囲をいたずらに拡大しないために，公取委がガイドラインにより規制基準を明確にする必要がある。「流通・取引慣行ガイドライン」（平成3・7・11）は既に古くなっているので，現代化が求められる。

> **コラム　アメリカ反トラスト法と経済学**
>
> 　1970年代以降のアメリカ反トラスト法は，経済学の影響を強く受けて形成されてきている。政治・社会目的（中小生産者を保護してアメリカ民主主義を守る）による反トラスト法運用が後退し，経済効率の増進により消費者利益を拡大する経済目的から反トラスト法を運用するようになってきたためである。反トラスト政策に関するアメリカの経済学（産業組織論とミクロ経済学）においては，ハーバード学派とシカゴ学派と呼ばれる対立する理論があり，この両派の対立が反トラスト法適用に影響を及ぼしてきた。
>
> 　ハーバード学派と呼ばれるのは，ハーバード大学の経済学者を中心に形成されてきた伝統的な産業組織論であり，「市場構造→市場行動→市場成果」の因果関係を分析することにより，市場構造と市場行動に関する反トラスト政策を提言した。諸産業のデータ分析により，集中度が高い産業ほど利潤率が高いとの因果関係を見出し，これは市場支配力が形成されている産業の企業が超過利潤を得ているためであるとハーバード学派は考えた（「集中度―利潤率」仮説）。このため，市場支配的企業は分割すべきであり，合併規制も厳格に実施すべきとする反トラスト法基準を提唱した。
>
> 　このハーバード学派に挑戦する立場を打ち出したのがシカゴ学派である。シカゴ学派は，ハイエクやフリードマンに代表される自由主義経済学者（シカゴ大学など）の流れをくむミクロ経済学者と反トラスト法学者を中心とするグループである。シカゴ学派は，経済活動の自由を重視し政府介入に反対する立場から，反トラスト法の適用領域を限定した。ハーバード学派の「集中度―利潤率」仮説については，この因果関係は，効率的な企業が利潤を伸ばすと同時に市場シェアも伸ばすことにより生じたものだと解釈した。このため，企業分割政策に対しては，効率的企業を罰することになるとして反対した。反トラスト法で規制すべき競争制限は競争企業間の協調だけであるとの立場をシカゴ学派は掲げ，このため

反トラスト法の適用対象をカルテルと合併（高度寡占を形成する合併）に限定した。

　シカゴ学派の立場を1980年成立のレーガン政権が採用したので，1980年代の反トラスト行政は，シカゴ学派の立場から実施された。裁判所の判決もシカゴ学派の考え方を取り入れた。しかし，その後のアメリカ経済学（「ポスト・シカゴ経済学」）は，シカゴ学派の見方を修正し，企業組織や戦略的企業行動に関する新しいミクロ経済学の成果を取り入れてきている。これにより，市場競争の実態に対応する反トラスト政策を提唱している。

　「ポスト・シカゴ経済学」の見方によれば，マイクロソフトやインテルのような支配的企業による参入妨害行為を積極的に規制すべきことになる。このような政府介入は，純粋シカゴ学派の見方によれば，市場競争への不当な介入である。純粋シカゴ学派は政府介入に反対するので，アメリカ政治における保守主義（共和党の立場）によって支持される。

　これに対しリベラル派（政府の役割拡大支持者であり，民主党の大勢）は「ポスト・シカゴ」に共鳴する。2009年民主党オバマ政権誕生後に任命された反トラスト当局トップは，共和党時代の慎重姿勢を転換し，反トラスト法施行を強化することを表明した。これに伴い，「ポスト・シカゴ」の見方が影響力を増している。アメリカ反トラスト法・政策では経済学が政治と結びついて影響力を競い合っている。

3　排他行為（単独行為）の規制

(1)　市場支配的企業による排他行為の規制

　水平的制限は，競争している複数企業間の協調であり，競争制限効果が明確である場合が多い。これと対比して，単独の企業による排他的な行為（不当廉売，差別価格など）は，正当な競争活動との区別が困難である。このため主要国競争法は，単独の企業による行為（「単独行為」）に対しては，企業間協調に対するのとは異なった規制基準を設けている。アメリカとEUの競争法において，単独企業の行為が規制されるのは，市場で有力な立場にある企業がその地位を

利用して競争相手企業を市場から不当に排除しようとする場合（不利にする場合も含む）だけである。

この立場からのアメリカでの規制が，シャーマン法2条による「独占行為 (monopolization)」規制である。市場支配的地位にある企業が他の企業を不当に排除することにより，市場支配的地位を形成する（あるいは強化する）ことを禁止している。対抗企業の経営を苦しくさせる排他的行為であっても，優秀な経営の効果によるものであれば，市場支配的企業であっても違反とは認定されない。

アメリカのシャーマン法2条とほぼ共通の視点に基づくEU競争法条項がEU機能条約102条であり，「市場支配的地位 (dominance)」を有する企業による「濫用 (abuse)」行為を禁止する。競争相手への不当な排他行為が「濫用」行為とみなされる。

日本の独占行為規制条項である3条前段，2条5項（私的独占）は，アメリカのシャーマン法2条の考え方を受け継いだ条文である（したがって，市場支配的企業による排他行為であっても，正当な競争行為であれば違法とはされない）。ただし，「支配」による私的独占は日本独自の規制である。日本の独占行為規制は昭和48年以降実施されていなかったが，平成8年に23年ぶりの審決が出された。それ以降現在まで年1件程度の審決が出されてきている。

(2) 独占に対する「構造規制」

企業が市場支配的地位を獲得・保持することは，正当な競争行為の結果であれば，違法な独占行為とは判定されない。正当に市場支配力を獲得した企業が，その地位を利用して価格を引き上げ，高利潤を得たとしても独占行為規制の対象にはならない。このような市場支配力自体に対する対処方法として，企業分割措置を実施する「構造規制」が必要かについて，アメリカを中心として論議されてきた。

アメリカでは，シャーマン法2条の独占行為禁止規定に違反する市場支配的企業に対する「排除措置 (remedy)」の一環として企業分割を命令することにより，構造規制を実施したことがある（代表例は1982年同意判決によるAT&Tの企業分割）。しかし構造規制は企業の成長意欲を損なう弊害があるとの見方が有力となり，近年において構造規制は実施されていない。日本の競争法の独占行為

規制（法3条前段）においては，排除措置として企業分割措置は実施されたことがない。日本の構造規制として，独占的状態への措置規定を昭和52年に新設した（法8条の4）ものの，これまで適用例はない。

(3) 排他行為規制の支配的地位企業以外への拡大

競争相手を害する排他行為は，市場支配的企業による独占行為とはみなされない場合でも規制すべきと考える国もある。日本の独占禁止法における不公正な取引方法規制が，この立場からの規制の代表である。不公正な取引方法規制は，市場支配的企業による場合に限定せずに，不当な排他行為（及びその他の不当行為）を規制している。

排他行為の規制対象を市場支配的企業に限定しない場合には，規制対象をいたずらに拡大しないように留意する必要がある。価格引下げによる排他行為（不当廉売と差別価格　アメリカでは「略奪価格」と呼ぶ）の場合に明らかなように，競争上の正当な対抗活動と不当な排他行為の区分は極めて困難である。規制対象とする企業範囲を競争当局が広げすぎれば，正当な競争に介入することとなり，消費者利益を損なう。

(4) 支配的企業による「搾取」行為の規制

市場支配的企業（それに近い有力企業を含む）に対して，EU機能条約102条は，排他行為にとどまらず，様々の不当とみなす行為を「濫用」として規制する。排他行為以外の「濫用」とは，支配的企業が支配力を利用して消費者や取引先企業を「搾取（exploitation）」する行為を指している。小売価格の引上げや，納入業者からの納入価格の引下げが，不当な搾取として，102条違反とされる。

この搾取規制は，EU機能条約102条をモデルとして，途上国と中国の競争法が軒並み採用しており，世界の競争法において重要な位置を占めている。これに対して，アメリカ反トラスト法は搾取規制を採用していない。日本の独占禁止法規定と公取委の法適用は基本的にはアメリカ反トラスト法と同じ立場をとっている。ただし，不公正な取引方法中の「優越的地位の濫用」規制と「抱き合わせ」行為規制に搾取規制の視点が含まれている。

搾取規制をアメリカ反トラスト法が採用しないのは，第1に，市場支配力の行使をそれ自体で不当とはみなさないためである。正当な競争活動により市場支配力を獲得した企業が利益を上げるのは，事業を成功させた報酬なので，非

難すべきことではない。支配的企業が高利益を上げていることを「搾取」として，競争当局が価格引下げ命令をかければ，企業の成長意欲を消失させる。第2に，価格などの不当性を判定する客観的基準が見つからないので，搾取規制は役人の恣意的介入になりがちである。途上国競争法の搾取規制にその弊害が現れている。EU内においても搾取規制を有力学者が批判してきており，欧州委員会はEU機能条約102条の「搾取的濫用（exploitative abuse）」規制を控えている。

4 合併（企業結合）規制

合併（企業結合）規制は，アメリカ・EU・日本で基本的な考え方が一致している。市場支配力を形成する合併を禁止することが共通している。アメリカ・EU・日本に共通する課題は，①規制対象とする市場範囲の画定，そして②市場支配力認定の方法を改善することである。この点についてはアメリカ反トラスト法が最もすすんだ運用を実施しており，各国のモデル的存在になっている。

アメリカの合併ガイドラインは，経済学的方法により規制対象の市場（その範囲）を画定する。つまり，仮定独占企業による5％程度の価格引上げへの消費者の反応から市場を画定する（「仮定独占者テスト」あるいは「SSNIPテスト」）（最新の2010年合併ガイドラインは更に経済学的なアプローチを採用している）。EUの欧州委員会も1997年公表の「市場画定ガイドライン」により，「仮定独占者テスト」による市場画定方法を採用した。日本の公取委も，2004年企業結合ガイドラインにより，「仮定独占者テスト」を採用した（ただし公取委の実務では旧来からの「用途と効用」論による市場画定がほとんどを占めている）。

アメリカの競争当局（司法省と連邦取引委員会）は，1992年合併ガイドライン改定（2010年に最新改定）により，合併の効率向上効果を重視する見方を打ち出し，合併企業側の立証責任を緩めた。市場支配力を形成する合併であっても，それを上回る効率上の利益がある場合には合併を許容する立場を採用した。

EUは市場支配力だけの観点から合併を規制するので，アメリカよりもEUの方が合併に厳しい態度を示している。大企業のほとんどは多国籍企業なので，同一の合併がアメリカ反トラスト法・EU競争法双方の規制対象になる。

このため，大型合併の規制をめぐってアメリカ・EU 間の政治摩擦が生じた。1997年ボーイング／マクドネルダグラス合併，そして2001年の GE／ハネウエル合併がこれに当たる。いずれもアメリカは合併を許容したが，EU は合併を違法（前者合併は条件付き認容）とした。EU は，これら事件の後，2004年に新合併規則を制定した。新合併規則は，アメリカ型の合併規制に EU 合併規制を近づける内容である。

合併の事前届出制度があることも，アメリカ・EU・日本に共通している。日本の合併規制の特色として，合併規制が法律上の正式手続である審決（現行手続では排除措置命令）によって行われることが乏しく（1970年以降皆無），事前届出前の相談（「事前相談」）に対する回答により実施されてきていた。しかし，公取委は2009年に「事前相談」制を廃止し，アメリカ・EU と共通の「第１次審査」・「第２次審査」方式に移行した。

> **コラム** 欧州統合と EU 競争法
>
> EU（欧州連合）は欧州統合を目指す共同体であり，欧州の主要国がすべて参加している。第２次大戦後に英仏の有力政治家がヨーロッパ合衆国の構想を発表したことに始まり，1957年ローマ条約により欧州経済共同体（EEC）を設立した。それ以降も現在まで着々と統合を強化し，加盟国を増加させてきている。統合の中核をなすのは欧州市場の統合である。1999年より貨幣も共通化し，政治統合をも目指している。
>
> EU 競争法は，欧州市場の統合を目的とする EU 機能条約の一部である。このため EU 競争法は，日米競争法とは異なり，企業行為だけでなく EU 加盟国政府による競争制限的措置をも規制する。その中心が補助金規制と国有企業規制である。
>
> 企業行為規制（EU 機能条約101条・102条）においては，市場統合を最優先するため，流通上の制限行為（垂直的制限）に極めて厳しい基準を採用している。幅広い制限行為を違法とし，適用除外を欧州委員会が与える規制方式をとってきた。流通制限の類型ごとに作成された一括適用除外規則が重要な役割を果たしている。しかし，一括適用除外規則の内容が硬直的なので，欧州企業の経営効率化を妨げているとの批判が強まった。

この批判に応えて欧州委員会は，1999年から2001年にかけて水平的制限と垂直的制限に関する一括適用除外規則を大幅に改定し，これらに関するガイドラインを新設した。この新規制システムにより欧州委員会は，第1に一括適用除外規則の役割を低め，101条1項自体により，アメリカ型の総合的な競争制限性判断を実施する。第2に，一括適用除外規則による規制においても，画一的な形式基準による白黒判定を減少させている。

　EU の競争法については，EU 競争法だけでなく加盟国（ドイツ・英国・フランスなど）の競争法にも注目する必要がある。「加盟国間取引に影響する」企業行為が EU 競争法の対象であり，影響が加盟国内に限定される企業行為には加盟国の競争法が適用される。ただし合併については，一定規模以上の合併には EU 競争法だけが適用される。また，加盟国の競争当局は自国競争法だけでなく，EU 競争法を直接に適用することもできる。

　加盟国の中で英国・フランス等の国は従来，公共政策基準によりカルテルを容認するなど，EU 競争法とは異なる基準を採用していた。しかし現在では，加盟国の競争法は EU 競争法と基本的に同じ基準になっている。その代表が英国であり，「1998年競争法」制定により，EU 競争法の基準を全面的に取り入れた（カルテルの原則禁止など）。それに加えて英国は，同じ英語圏のアイルランドとともに，個人に対する刑事罰を採用（Enterprise Act of 2002）するなど，アメリカ反トラスト法にならった基準を積極的に採用してきている。

資料

不公正な取引方法の行為類型

類型	2条9項1号～5号及び一般指定（平成21・10・28公正取引委員会告示第18号〔平成22・1・1施行〕による改正後のもの）	前一般指定（昭和57・6・18公正取引委員会告示第15号）
不当な差別的取扱い	〔特定の共同の取引拒絶〕 一 正当な理由がないのに，競争者と共同して，次のいずれかに該当する行為をすること。 　イ ある事業者に対し，供給を拒絶し，又は供給に係る商品若しくは役務の数量若しくは内容を制限すること。 　ロ 他の事業者に，ある事業者に対する供給を拒絶させ，又は供給に係る商品若しくは役務の数量若しくは内容を制限させること。 (共同の取引拒絶) 1 正当な理由がないのに，自己と競争関係にある他の事業者（以下「競争者」という。）と共同して，次の各号のいずれかに掲げる行為をすること。 一 ある事業者から商品若しくは役務の供給を受けることを拒絶し，又は供給を受ける商品若しくは役務の数量若しくは内容を制限すること。 二 他の事業者に，ある事業者から商品若しくは役務の供給を受けることを拒絶させ，又は供給を受ける商品若しくは役務の数量若しくは内容を制限させること。 (その他の取引拒絶) 2 不当に，ある事業者に対し取引を拒絶し若しくは取引に係る商品若しくは役務の数量若しくは内容を制限し，又は他の事業者にこれらに該当する行為をさせること。 〔特定の差別対価〕 二 不当に，地域又は相手方により差別的な対価をもつて，商品又は役務を継続して供給することであつて，他の事業者の事業活動を困難にさせるおそれがあるもの (差別対価) 3 私的独占の禁止及び公正取引の確保に関する法律（昭和22年法律第54号。以下「法」という。）第2条第9項第2号に該当する行為のほか，不当に，地域又は相手方により差別的な対価をもつて，商品	(共同の取引拒絶) 1 正当な理由がないのに，自己と競争関係にある他の事業者（以下「競争者」という。）と共同して，次の各号のいずれかに掲げる行為をすること。 一 ある事業者に対し取引を拒絶し又は取引に係る商品若しくは役務の数量若しくは内容を制限すること。 二 他の事業者に前号に該当する行為をさせること。 (その他の取引拒絶) 2 不当に，ある事業者に対し取引を拒絶し若しくは取引に係る商品若しくは役務の数量若しくは内容を制限し，又は他の事業者にこれらに該当する行為をさせること。 (差別対価) 3 不当に，地域又は相手方により差別的な対価をもつて，商品若しくは役務を供給し，又はこれらの供給を受けること。

不公正な取引方法の行為類型　*501*

	若しくは役務を供給し，又はこれらの供給を受けること。	
	(取引条件等の差別取扱い) 4　不当に，ある事業者に対し取引の条件又は実施について有利な又は不利な取扱いをすること。	(取引条件等の差別取扱い) 4　不当に，ある事業者に対し取引の条件又は実施について有利な又は不利な取扱いをすること。
	(事業者団体における差別取扱い等) 5　事業者団体若しくは共同行為からある事業者を不当に排斥し，又は事業者団体の内部若しくは共同行為においてある事業者を不当に差別的に取り扱い，その事業者の事業活動を困難にさせること。	(事業者団体における差別取扱い等) 5　事業者団体若しくは共同行為からある事業者を不当に排斥し，又は事業者団体の内部若しくは共同行為においてある事業者を不当に差別的に取り扱い，その事業者の事業活動を困難にさせること。
不当対価取引	〔特定の不当廉売〕 三　正当な理由がないのに，商品又は役務をその供給に要する費用を著しく下回る対価で継続して供給することであつて，他の事業者の事業活動を困難にさせるおそれがあるもの	(不当廉売) 6　正当な理由がないのに商品又は役務をその供給に要する費用を著しく下回る対価で継続して供給し，その他不当に商品又は役務を低い対価で供給し，他の事業者の事業活動を困難にさせるおそれがあること。
	(不当廉売) 6　法第2条第9項第3号に該当する行為のほか，不当に商品又は役務を低い対価で供給し，他の事業者の事業活動を困難にさせるおそれがあること。	
	(不当高価購入) 7　不当に商品又は役務を高い対価で購入し，他の事業者の事業活動を困難にさせるおそれがあること。	(不当高価購入) 7　不当に商品又は役務を高い対価で購入し，他の事業者の事業活動を困難にさせるおそれがあること。
不当な顧客誘引・取引強制	(ぎまん的顧客誘引) 8　自己の供給する商品又は役務の内容又は取引条件その他これらの取引に関する事項について，実際のもの又は競争者に係るものよりも著しく優良又は有利であると顧客に誤認させることにより，競争者の顧客を自己と取引するように不当に誘引すること。	(ぎまん的顧客誘引) 8　自己の供給する商品又は役務の内容又は取引条件その他これらの取引に関する事項について，実際のもの又は競争者に係るものよりも著しく優良又は有利であると顧客に誤認させることにより，競争者の顧客を自己と取引するように不当に誘引すること。
	(不当な利益による顧客誘引) 9　正常な商慣習に照らして不当な利益をもつて，競争者の顧客を自己と取引するように誘引すること。	(不当な利益による顧客誘引) 9　正常な商慣習に照らして不当な利益をもつて，競争者の顧客を自己と取引するように誘引すること。
	(抱き合わせ販売等) 10　相手方に対し，不当に，商品又は役務の供給に併せて他の商品又は役務を自己又は自己の指定する事業者から購入さ	(抱き合わせ販売等) 10　相手方に対し，不当に，商品又は役務の供給に併せて他の商品又は役務を自己又は自己の指定する

	せ,その他自己又は自己の指定する事業者と取引するように強制すること。	事業者から購入させ,その他自己又は自己の指定する事業者と取引するように強制すること。
事業活動の不当拘束	(排他条件付取引) 11 不当に,相手方が競争者と取引しないことを条件として当該相手方と取引し,競争者の取引の機会を減少させるおそれがあること。	(排他条件付取引) 11 不当に,相手方が競争者と取引しないことを条件として当該相手方と取引し,競争者の取引の機会を減少させるおそれがあること。
	〔再販売価格の拘束〕 四 自己の供給する商品を購入する相手方に,正当な理由がないのに,次のいずれかに掲げる拘束の条件を付けて,当該商品を供給すること。 イ 相手方に対しその販売する当該商品の販売価格を定めてこれを維持させることその他相手方の当該商品の販売価格の自由な決定を拘束すること。 ロ 相手方の販売する当該商品を購入する事業者の当該商品の販売価格を定めて相手方をして当該事業者にこれを維持させることその他相手方をして当該事業者の当該商品の販売価格の自由な決定を拘束させること。	(再販売価格の拘束) 12 自己の供給する商品を購入する相手方に,正当な理由がないのに,次の各号のいずれかに掲げる拘束の条件をつけて,当該商品を供給すること。 一 相手方に対しその販売する当該商品の販売価格を定めてこれを維持させることその他相手方の当該商品の販売価格の自由な決定を拘束すること。 二 相手方の販売する当該商品を購入する事業者の当該商品の販売価格を定めて相手方をして当該事業者にこれを維持させることその他相手方をして当該事業者の当該商品の販売価格の自由な決定を拘束させること。
	(拘束条件付取引) 12 法第2条第9項第4号又は前項に該当する行為のほか,相手方とその取引の相手方との取引その他相手方の事業活動を不当に拘束する条件をつけて,当該相手方と取引すること。	(拘束条件付取引) 13 前2項に該当する行為のほか,相手方とその取引の相手方との取引その他相手方の事業活動を不当に拘束する条件をつけて,当該相手方と取引すること。
取引上の地位の不当利用	〔優越的地位の濫用〕 五 自己の取引上の地位が相手方に優越していることを利用して,正常な商慣習に照らして不当に,次のいずれかに該当する行為をすること。 イ 継続して取引する相手方(新たに継続して取引しようとする相手方を含む。ロにおいて同じ。)に対して,当該取引に係る商品又は役務以外の商品又は役務を購入させること。 ロ 継続して取引する相手方に対して,自己のために金銭,役務その他の経済上の利益を提供させること。 ハ 取引の相手方からの取引に係る商品	(優越的地位の濫用) 14 自己の取引上の地位が相手方に優越していることを利用して,正常な商慣習に照らして不当に,次の各号のいずれかに掲げる行為をすること。 一 継続して取引する相手方に対し,当該取引に係る商品又は役務以外の商品又は役務を購入させること。 二 継続して取引する相手方に対し,自己のために金銭,役務その他の経済上の利益を提供させること。

	の受領を拒み，取引の相手方から取引に係る商品を受領した後当該商品を当該取引の相手方に引き取らせ，取引の相手方に対して取引の対価の支払を遅らせ，若しくはその額を減じ，その他取引の相手方に不利益となるように取引の条件を設定し，若しくは変更し，又は取引を実施すること。	三　相手方に不利益となるように取引条件を設定し，又は変更すること。 四　前3号に該当する行為のほか，取引の条件又は実施について相手方に不利益を与えること。 五　取引の相手方である会社に対し，当該会社の役員（私的独占の禁止及び公正取引の確保に関する法律（昭和22年法律第54号）第2条第3項の役員をいう。以下同じ。）の選任についてあらかじめ自己の指示に従わせ，又は自己の承認を受けさせること。
	（取引の相手方の役員選任への不当干渉） 13　自己の取引上の地位が相手方に優越していることを利用して，正常な商慣習に照らして不当に，取引の相手方である会社に対し，当該会社の役員（法第2条第3項の役員をいう。以下同じ。）の選任についてあらかじめ自己の指示に従わせ，又は自己の承認を受けさせること。	
競争者に対する取引妨害・内部干渉	（競争者に対する取引妨害） 14　自己又は自己が株主若しくは役員である会社と国内において競争関係にある他の事業者とその取引の相手方との取引について，契約の成立の阻止，契約の不履行の誘引その他いかなる方法をもつてするかを問わず，その取引を不当に妨害すること。	（競争者に対する取引妨害） 15　自己又は自己が株主若しくは役員である会社と国内において競争関係にある他の事業者とその取引の相手方との取引について，契約の成立の阻止，契約の不履行の誘引その他いかなる方法をもつてするかを問わず，その取引を不当に妨害すること。
	（競争会社に対する内部干渉） 15　自己又は自己が株主若しくは役員である会社と国内において競争関係にある会社の株主又は役員に対し，株主権の行使，株式の譲渡，秘密の漏えいその他いかなる方法をもつてするかを問わず，その会社の不利益となる行為をするように，不当に誘引し，そそのかし，又は強制すること。	（競争会社に対する内部干渉） 16　自己又は自己が株主若しくは役員である会社と国内において競争関係にある会社の株主又は役員に対し，株主権の行使，株式の譲渡，秘密の漏えいその他いかなる方法をもつてするかを問わず，その会社の不利益となる行為をするように，不当に誘引し，そそのかし，又は強制すること。

（注）　網掛け部分が，独占禁止法2条9項1号から5号までの法定類型であり，その他の部分が公正取引委員会による指定類型である。また，法定類型の見出しは，編集上付したものである。

独占禁止法の運用ガイドライン等の一覧

1 不当な取引制限（カルテル）関連
(1) カルテル一般
  ・行政指導に関する独占禁止法上の考え方（平成6・6・30公取委）
  ・公共的な入札に係る事業者及び事業者団体の活動に関する独占禁止法上の指針（平成6・7・5公取委）
  ・リサイクル等に係る共同の取組に関する独占禁止法上の指針（平成13・6・26公取委事務局）

(2) 事業者団体
  ・事業者団体の活動に関する独占禁止法上の指針（平成7・10・30公取委）
  ・医師会の活動に関する独占禁止法上の指針（昭和56・8・8公取委）
  ・資格者団体の活動に関する独占禁止法上の考え方（平成13・10・24公取委事務局）

2 私的独占・不公正な取引方法関連
(1) 私的独占・不公正な取引方法一般
  ・排除型私的独占に係る独占禁止法上の指針（平成21・10・28公取委）
  ・流通・取引慣行に関する独占禁止法上の指針（平成3・7・11公取委事務局）

(2) 特定の行為類型
  ・不当廉売に関する独占禁止法上の考え方（平成21・12・18公取委）
  ・酒類の流通における不当廉売，差別対価等への対応について（平成21・12・18公取委）
  ・ガソリン等の流通における不当廉売，差別対価等への対応について（平成21・12・18公取委）
  ・家庭用電気製品の流通における不当廉売，差別対価等への対応について（平成21・12・18公取委）
  ・優越的地位の濫用に関する独占禁止法上の考え方（平成22・11・30公取委）
  ・役務の委託取引における優越的地位の濫用に関する独占禁止法上の指針（平成10・3・17公取委）

・大規模小売業者による納入業者との取引における特定の不公正な取引方法の運用基準（平成17・6・29公取委事務総長通達）
  (3) 個別業種関連
  ・適正な電力取引についての指針（平成23・9・5公取委・経済産業省）
  ・適正なガス取引についての指針（平成23・9・5公取委・経済産業省）
  ・電気通信事業分野における競争の促進に関する指針（平成24・4・27公取委・総務省）
  ・携帯電話の番号ポータビリティに関する独占禁止法上の考え方（平成16・11・1公取委）
  ・フランチャイズ・システムに関する独占禁止法上の考え方について（平成14・4・24公取委）
  ・金融機関の業態区分の緩和及び業務範囲の拡大に伴う不公正な取引方法について（平成16・12・1公取委）
  ・農業協同組合の活動に関する独占禁止法上の指針（平成19・4・18公取委）

3 知的財産権の行使行為への法適用関連
  ・知的財産の利用に関する独占禁止法上の指針（平成19・9・28公取委）
  ・共同研究開発に関する独占禁止法上の指針（平成5・4・20公取委）
  ・標準化に伴うパテントプールの形成等に関する独占禁止法上の考え方（平成17・6・29公取委）

4 企業結合等関連
  (1) 市場集中
  ・企業結合審査に関する独占禁止法の運用指針（平成16・5・31公取委）
  ・企業結合審査の手続に関する対応方針（平成23・6・14公取委）
  ・企業・産業再生に係る事案に関する企業結合審査について（平成15・4・9公取委）
  (2) 一般集中
  ・事業支配力が過度に集中することとなる会社の考え方（平成14・11・12公取委）
  ・独占禁止法第11条の規定による銀行又は保険会社の議決権の保有等の認可に

ついての考え方（平成14・11・12公取委）
　　・債務の株式化に係る独占禁止法第11条の規定による認可についての考え方（平成14・11・12公取委）
　(3)　独占的状態
　　・独占的状態の定義規定のうち事業分野に関する考え方について（昭和52・11・29公取委事務局）

5　その他
　(1)　事前相談制度
　　・事業者等の活動に係る事前相談制度（平成13・10・1公取委）
　(2)　刑事告発
　　・独占禁止法違反に対する刑事告発及び犯則事件の調査に関する公正取引委員会の方針（平成17・10・7公取委）
　(3)　民事訴訟原告への資料提供
　　・独占禁止法違反行為に係る損害賠償請求訴訟に関する資料の提供等について（平成3・5・15公取委事務局長通達）

経済法・独占禁止法の主要参考文献

(注) おおむね2006年以降に刊行された主要な文献を挙げている。

●入門書

村上政博『独占禁止法──公正な競争のためのルール』(岩波新書, 2005)

厚谷襄児『独占禁止法入門〔第7版〕』(日本経済新聞社, 2012)

●概説書

【入門的概説書】

川濵昇=瀬領真悟=泉水文雄=和久井理子『ベーシック経済法〔第4版〕』(有斐閣, 2014)

白石忠志『独禁法講義〔第7版〕』(有斐閣, 2014)

土田和博=栗田誠=武田邦宣=東條吉純『条文から学ぶ独占禁止法』(有斐閣, 2014)

岸井大太郎=向田直範=和田健夫=大槻文俊=川島富士雄=稗貫俊文『経済法──独占禁止法と競争政策〔第7版補訂〕』(有斐閣, 2015)

【経済法に関する概説書】

宮坂富之助=本間重紀=高橋岩和=近藤充代『現代経済法〔第2版〕』(三省堂, 2010)

根岸哲=杉浦市郎編『経済法〔第5版〕』(法律文化社, 2010)

松下満雄『経済法概説〔第5版〕』(東京大学出版会, 2011)

【独占禁止法に関する概説書】

泉水文雄=土佐和生=宮井雅明=林秀弥『リーガルクエスト経済法』(有斐閣, 2010)

谷原修身『新版独占禁止法要論〔第3版〕』(中央経済社, 2011)

菅久修一編著『独占禁止法』(商事法務, 2013)

久保成史=田中裕明『独占禁止法講義〔第3版〕』(中央経済社, 2014)

【独占禁止法に関する体系書】

白石忠志『独占禁止法〔第2版〕』(有斐閣, 2009)

根岸哲=舟田正之『独占禁止法概説〔第4版〕』(有斐閣, 2010)

村上政博『独占禁止法〔第6版〕』(弘文堂, 2014)

金井貴嗣＝川濵昇＝泉水文雄編著『独占禁止法〔第 5 版〕』（弘文堂，2015）
【手続に関する解説書】
　　白石忠志監修・西村ときわ法律事務所＝長島・大野・常松法律事務所編『独占禁止法の争訟実務』（商事法務，2006）
　　品川武＝岩成博夫『独占禁止法における課徴金減免制度』（公正取引協会，2010）
【実務的な解説書】
　　上杉秋則『カルテル規制の理論と実務』（商事法務，2009）
　　長澤哲也『優越的地位濫用規制と下請法の解説と分析』（商事法務，2011）
　　上杉秋則『独禁法国際実務ガイドブック』（商事法務，2012）
　　上杉秋則『独禁法による独占行為規制の理論と実務』（商事法務，2013）
　　田辺治＝深町正徳編著『企業結合ガイドライン』（商事法務，2014）
【ケースブック・演習書】
　　舟田正之＝金井貴嗣＝泉水文雄編『経済法判例・審決百選』（有斐閣，2010）
　　白石忠志『独禁法事例の勘所〔第 2 版〕』（有斐閣，2010）
　　金井貴嗣＝川濵昇＝泉水文雄編・宮井雅明＝和久井理子＝河谷清文＝武田邦宣＝中川寛子著『ケースブック独占禁止法〔第 3 版〕』（弘文堂，2013）
　　泉水文雄＝長澤哲也編『実務に効く公正取引審決判例精選』（有斐閣，2014）
　　川濵昇＝武田邦宣＝和久井理子編著『論点解析経済法』（商事法務，2014）
　　土田和博＝岡田外司博編『演習ノート経済法〔第 2 版〕』（法学書院，2014）
【独占禁止法の経済分析】
　　柳川隆＝川濵昇編『競争の戦略と政策』（有斐閣，2006）
　　小田切宏之『競争政策論―独占禁止法事例とともに学ぶ産業組織論』（日本評論社，2008）
　　岡田羊祐＝林秀弥編『独占禁止法の経済学―審判決の事例分析』（東京大学出版会，2009）
　　後藤晃『独占禁止法と日本経済』（NTT出版，2013）
●逐条解説書
　　根岸哲編『注釈独占禁止法』（有斐閣，2009）
　　白石忠志＝多田敏明編著『論点体系独占禁止法』（第一法規，2014）
　　村上政博編集代表『条解独占禁止法』（弘文堂，2014）

●研究書・講座

日本経済法学会編『経済法講座　第1巻～第3巻』(三省堂, 2002)

土田和博＝須網隆夫編著『政府規制と経済法——規制改革時代の独禁法と事業法』(日本評論社, 2006)

稗貫俊文『市場・知的財産・競争法』(有斐閣, 2007)

根岸哲＝川濱昇＝泉水文雄編『ネットワーク市場における技術と競争のインターフェイス』(有斐閣, 2007)

舟田正之『不公正な取引方法』(有斐閣, 2009)

林秀弥『企業結合規制』(商事法務, 2011)

土田和博編『独占禁止法の国際的執行』(日本評論社, 2012)

村瀬信也編集代表『国際経済法講座Ⅰ——通商・投資・競争』(法律文化社, 2012)

越知保見『独禁法事件，経済犯罪の立証と手続的保障』(成文堂, 2013)

川濱昇ほか編『競争法の理論と課題——独占禁止法・知的財産法の最前線』(有斐閣, 2013)

舟田正之編『電力改革と独占禁止法・競争政策』(有斐閣, 2014)

●諸外国の独占禁止法の解説書・研究書

井上朗『EU競争法の手続と実務』(民事法研究会, 2009)

渡邊肇『米国反トラスト法執行の実務と対策』(商事法務, 2009)

宮川裕光『米国・EU・中国 競争法比較ガイドブック』(中央経済社, 2010)

滝川敏明『日米EUの独禁法と競争政策〔第4版〕』(青林書院, 2010)

白石忠志＝中野雄介編『判例 米国・EU競争法』(商事法務, 2011)

松下満雄＝渡邉泰秀編『アメリカ独占禁止法〔第2版〕』(東京大学出版会, 2012)

●雑誌・関係資料等

公正取引協会・公正取引〔月刊雑誌〕

国際商事法研究所・国際商事法務〔月刊雑誌〕

日本経済法学会編・日本経済法学会年報（有斐閣）

日本国際経済法学会編・日本国際経済法学会年報（法律文化社）

公正取引委員会編・公正取引委員会年次報告（独占禁止白書）（公正取引協会）

公正取引委員会事務総局編・公正取引委員会審決集（公正取引協会）

公正取引委員会事務総局編・独占禁止法関係法令集（公正取引協会）

判審決等索引

昭和22・12・22同意審決・審決集1巻1頁〔銀行金利協定事件〕·················339
昭和23・3・27同意審決・審決集1巻10頁〔賠償施設梱包運輸組合事件〕·················117
昭和23・3・27同意審決・審決集1巻13頁〔木村利三郎ほか16名事件〕·················117
昭和24・8・30審判審決・審決集1巻63頁〔湯浅木材工業ほか合板入札価格協定事件〕·················53
昭和25・7・13同意審決・審決集2巻74頁〔埼玉銀行・丸佐生糸事件〕·················117, 127
昭和26・6・25同意審決・審決集3巻73頁〔日本石油運送事件〕·················248
昭和26・9・19東京高判・審決集3巻166頁〔東宝・スバル事件〕·················36, 61
昭和28・3・9東京高判・審決集4巻145頁〔新聞販路協定事件〕·················31, 50
昭和28・3・28審判審決・審決集4巻119頁〔第1次大正製薬事件〕·················121, 162
昭和28・5・18審判審決・審決集5巻5頁〔北海道新聞社事件〕·················176
昭和28・11・6勧告審決・審決集5巻61頁〔日本興業銀行事件〕·················150, 213
昭和28・12・1東京高判・審決集9巻193頁〔白木屋事件〕·················398
昭和28・12・7東京高判・審決集6巻118頁〔東宝・新東宝事件〕·················33, 36, 55, 57, 63, 64, 262
昭和30・4・6東京高決・審決集7巻163頁〔千葉新聞不買事件〕·················154
昭和30・12・10勧告審決・審決集7巻99頁〔第2次大正製薬事件〕·················162, 213
昭和31・7・28審判審決・審決集8巻12頁〔雪印乳業・農林中金事件〕·················117, 127
昭和31・11・9東京高判・審決集8巻65頁〔日本石油ほかによる石油製品価格協定事件〕·················63, 64
昭和32・1・30勧告審決・審決集8巻51頁〔日本楽器事件〕·················243
昭和32・3・7勧告審決・審決集8巻54頁〔浜中村主畜農業協同組合事件〕·················163
昭和32・3・18東京高決・審決集8巻82頁〔第2次北国新聞社事件〕·················160
昭和32・6・3勧告審決・審決集9巻1頁〔三菱銀行事件〕·················150, 213, 215
昭和32・10・31勧告審決・審決集9巻11頁〔家庭電機器具市場安定協議会ほか1名事件〕·················155
昭和32・12・25東京高判・審決集9巻57頁〔野田醤油事件〕·················30, 117, 125, 130
昭和35・2・9勧告審決・審決集10巻17頁〔熊本魚事件〕·················147, 204
昭和36・1・26最判・審決集10巻97頁〔北海道新聞社事件〕·················176
昭和38・1・9勧告審決・審決集11巻41頁〔東京重機工業事件〕·················147, 204
昭和38・12・4勧告審決・審決集12巻39頁〔全国販売農業協同組合連合会事件〕·················178
昭和38・12・4勧告審決・審決集12巻44頁〔全国麻袋工業協同組合連合会事件〕·················203
昭和38・12・11勧告審決・審決集12巻48頁〔柏崎魚市場事件〕·················203
昭和39・1・16勧告審決・審決集12巻73頁〔除虫菊需要者団体協議会事件〕·················162
昭和39・2・11同意審決・審決集12巻100頁〔長野県教科書供給所事件〕·················147, 171
昭和39・11・7勧告審決・審決集12巻146頁〔日本水産事件〕·················195
昭和40・9・13勧告審決・審決集13巻72頁〔ヤクルト本社事件〕·················180, 313
昭和40・10・5勧告審決・審決集13巻84頁〔大牟田薬業組合事件〕·················100
昭和43・5・10勧告審決・審決集15巻11頁〔富山県呉西魚商業協同組合事件〕·················102
昭和43・5・11勧告審決・審決集15巻15頁〔西日本特殊ゴム製版工業組合事件〕·················100
昭和43・8・10勧告審決・審決集15巻40頁〔大阪キッコーマン会事件〕·················99
昭和43・8・10勧告審決・審決集15巻45頁〔大阪東丸会事件〕·················99

昭和43・11・29勧告審決・審決集15巻135頁〔中央食品ほか6名事件〕·················38, 66
昭和45・1・12勧告審決・審決集16巻134頁〔天野製薬事件〕···················314, 407, 463
昭和45・8・5勧告審決・審決集17巻86頁〔コンクリートパイル事件〕···················305
昭和46・1・29東京高判・審決集17巻232頁〔三愛土地告発事件〕···················440
昭和46・3・12同意審決・審決集17巻187頁〔松下電器再販売価格維持事件〕···················183
昭和46・6・9勧告審決・審決集18巻26頁〔関西板硝子卸商協同組合事件〕···················102
昭和47・8・18審判開始決定取消決定・審決集19巻57頁〔三重運賃事件〕···················457
昭和47・9・18勧告審決・審決集19巻87頁〔東洋製罐事件〕···················30, 117, 122, 127, 131, 400
昭和47・11・16最判・審決集19巻215頁〔エビス食品企業組合事件〕···················369
昭和47・11・22最判・刑集26巻9号554頁〔川崎民商事件〕···················370
昭和47・12・27勧告審決・審決集19巻124頁〔化合繊国際カルテル事件〕···················114, 463
昭和48・5・10勧告審決・審決集20巻22頁〔日本石膏ボード工業組合事件〕···················401
昭和48・6・29勧告審決・審決集20巻41頁〔岡山県被服工業組合事件〕···················98
昭和48・7・17同意審決・審決集20巻62頁〔広島電鉄事件〕···················245
昭和48・10・18勧告審決・審決集20巻118頁〔酢酸エチル価格・数量カルテル事件〕···················401
昭和48・12・26勧告審決・審決集20巻197頁〔コーテッド紙価格カルテル事件〕···················401
昭和49・2・12勧告審決・審決集20巻275頁〔塩化ビニル樹脂価格カルテル事件〕···················401
昭和49・11・22勧告審決・審決集21巻148頁〔武藤工業事件〕···················176
昭和50・1・21勧告審決・審決集21巻329頁〔アサノコンクリート事件〕···················101
昭和50・3・7勧告審決・審決集21巻255頁〔日本ポリオレフィンフィルム工業組合事件〕···················99
昭和50・4・2勧告審決・審決集22巻1頁〔山脇酸素ほか酸素販売業者7名事件〕···················204
昭和50・4・30東京高判・審決集22巻301頁〔中部読売新聞社事件〕···················166
昭和50・6・13勧告審決・審決集22巻11頁〔ホリディ・マジック社事件〕···················201
昭和50・7・10最判・審決集22巻173頁〔第1次育児用粉ミルク（和光堂）事件〕···················182
昭和50・9・29東京高判・審決集22巻220頁〔石油価格カルテル審決取消請求事件〕···················440
昭和50・10・27勧告審決・審決集22巻73頁〔動物用生物学的製剤価格協定事件〕···················50
昭和50・11・28最判・民集29巻10号1592頁〔天野製薬事件（ノボ社審決取消請求事件）〕
···················314, 463
昭和50・12・11勧告審決・審決集22巻101頁〔日本油脂等（四国アンホ）事件〕···················243
昭和51・1・7勧告審決・審決集22巻115頁〔ピジョン事件〕···················177
昭和51・1・16勧告審決・審決集22巻121頁〔東京都電機小売商業組合玉川支部事件〕···················99
昭和51・2・20勧告審決・審決集22巻127頁〔フランスベッド事件〕···················177
昭和51・10・8勧告審決・審決集23巻60頁〔白元事件〕···················195
昭和52・6・20最判・審決集24巻291頁〔岐阜商工信用組合事件〕···················215, 385, 398
昭和52・11・28審判審決・審決集24巻65頁〔雪印乳業事件〕···················195, 213, 215
昭和52・11・28審判審決・審決集24巻86頁〔明治乳業事件〕···················195, 213, 215
昭和52・11・28審判審決・審決集24巻106頁〔森永乳業事件〕···················183
昭和53・4・4最判・審決集25巻59頁〔石油価格カルテル審決取消請求事件〕···················395
昭和53・4・18勧告審決・審決集25巻1頁〔オールドパー事件〕···················208
昭和53・7・28東京地判・刑裁月報10巻6〜8号1162頁〔エポキシ樹脂秘密漏洩事件〕···················361
昭和54・12・20同意審決・審決集26巻74頁〔学習研究社事件〕···················177

判審決等索引　513

昭和55・2・7勧告審決・審決集26巻85頁〔ビニルタイル事件〕……………………………………160
昭和55・8・26東京地判・審決集27巻255頁〔公正取引委員会不作為違法確認請求事件〕…………369
昭和55・9・26東京高判・審決集28巻別冊179頁・273頁〔石油カルテル（生産調整）刑事事件〕
　…………………………………………………………………………………………62, 64, 66, 87
昭和55・9・26東京高判・審決集28巻別冊299頁〔石油価格カルテル刑事事件〕………87, 440, 444, 449
昭和56・3・17同意審決・審決集27巻116頁〔関東地区登録衛生検査所協会事件〕……………99, 204
昭和56・4・1勧告審決・審決集28巻3頁〔新潟市ハイヤータクシー協会事件〕……………………340
昭和56・5・11勧告審決・審決集28巻10頁〔富士フィルム事件〕……………………………………195
昭和56・7・7勧告審決・審決集28巻56頁〔大分県酪農業協同組合事件〕……………………………178
昭和56・10・26審判手続打切決定・審決集28巻79頁〔小松ビサイラス事件〕………………………315
昭和57・3・9最判・審決集28巻165頁〔第1次石油連盟事件〕………………………………………69
昭和57・5・28勧告審決・審決集29巻13頁〔スーパー2社牛乳不当廉売事件〕……………………166
昭和57・6・17同意審決・審決集29巻31頁〔三越事件〕………………………………135, 213, 214
昭和57・9・8勧告審決・審決集29巻66頁〔静岡建設談合事件〕………………………………………80
昭和57・12・17勧告審決・審決集29巻82頁〔群馬県ハイヤー協会事件〕……………………94, 340
昭和58・3・31勧告審決・審決集29巻96頁〔大塚製薬事件〕…………………………………………184
昭和58・3・31勧告審決・審決集29巻100頁〔岡山県トラック協会事件〕…………………………340
昭和58・4・20勧告審決・審決集30巻3頁〔任天堂事件〕……………………………………………184
昭和58・7・6勧告審決・審決集30巻47頁〔小林コーセー事件〕…………………………180, 194
昭和59・2・17東京高判・審決集35巻15頁〔東洋精米機事件〕…………………………………176
昭和59・2・24最判・刑集38巻4号1287頁〔石油価格カルテル刑事事件〕
　…………………………………………………………41, 56, 66, 67, 92, 338, 342, 440, 449
昭和59・2・29勧告審決・審決集30巻68頁〔グリコ協同乳業事件〕…………………………………184
昭和59・6・4同意審決・審決集31巻7頁〔大阪兵庫生コンクリート工業組合事件〕………………97
昭和59・8・20勧告審決・審決集31巻22頁〔弘善商会ほか石油製品入札談合事件〕………………57
昭和61・4・8高松高判・審決集33巻125頁〔伊予鉄道事件〕………………………………………398
昭和61・10・15名古屋高判・審決集33巻161頁〔岐阜商工信用組合事件〕…………………………398
昭和62・7・2最判・審決集34巻119頁〔東京灯油訴訟〕…………………………………………396
昭和63・3・31最判・訟務月報34巻10号2074頁〔法人税更正処分取消等請求事件〕………………442
昭和63・5・17同意審決・審決集35巻15頁〔東洋精米機事件〕………………………………………177
平成元・12・8最判・審決集36巻115頁〔鶴岡灯油訴訟〕……………………………387, 394, 395
平成元・12・14最判・民集43巻12号2078頁〔都営芝浦と畜場事件〕…………………………27, 345
平成2・2・2勧告審決・審決集36巻35頁〔三重県バス協会事件〕………………………94, 340
平成2・2・15勧告審決・審決集36巻44頁〔神奈川生コンクリート協同組合事件〕…………………203
平成2・2・20勧告審決・審決集36巻53頁〔全国農業協同組合連合会事件〕…………158, 213, 214
平成2・9・5勧告審決・審決集37巻29頁〔ヤシロ事件〕……………………………………………209
平成3・7・25勧告審決・審決集38巻65頁〔ヤマハ東京事件〕………………………………………196
平成3・8・5勧告審決・審決集38巻70頁〔エーザイ事件〕……………………………………184, 195
平成3・11・11勧告審決・審決集38巻115頁〔野村證券事件〕………………………………………283
平成3・12・2勧告審決・審決集38巻134頁〔大手証券4社損失補填事件〕…………………………201
平成4・2・28審判審決・審決集38巻41頁〔藤田屋事件〕………………………………149, 172

平成 5・3・8 勧告審決・審決集39巻236頁〔家電製品価格表示制限事件〕………………………………196
平成 5・3・29東京高判・審決集39巻608頁〔ベルギーダイヤモンド事件〕…………………………………200
平成 5・5・14勧告審決・審決集40巻95頁〔沖縄県ビルメンテナンス協会事件〕……………………………93
平成 5・5・21東京高判・審決集40巻731頁〔業務用ストレッチフィルム価格カルテル刑事事件〕
　　……………………………………………………………………………………………408, 409, 446
平成 5・7・30大阪高判・審決集40巻651頁〔東芝昇降機サービス事件〕……………147, 172, 204, 386
平成 5・9・10審判審決・審決集40巻 3頁・29頁〔公共下水道用鉄蓋カルテル事件〕
　　………………………………………………………………………………………………………305
平成 5・9・27東京地判・審決集40巻632頁〔資生堂東京販売事件〕…………………………………………196
平成 5・9・28勧告審決・審決集40巻123頁〔ラジオメータートレーディング事件〕……………………209
平成 5・11・18勧告審決・審決集40巻171頁〔滋賀県生コンクリート工業組合事件〕………………96, 97
平成 5・12・14東京高判・審決集40巻776頁・793〜794頁〔社会保険庁発注シール入札談合刑事事件〕
　　…………………………………………………………………………………………31, 51, 62, 446
平成 6・5・30勧告審決・審決集41巻183頁〔全国モザイクタイル工業組合事件〕……………………………93
平成 6・7・18東京地判・審決集41巻441頁〔花王化粧品販売事件〕…………………………………………196
平成 6・9・14東京高判・審決集41巻473頁〔資生堂東京販売事件〕…………………………………………196
平成 7・4・24勧告審決・審決集42巻119頁〔東日本おしぼり協同組合事件〕………………………………99
平成 7・7・10審判審決・審決集42巻 3頁〔大阪バス協会事件〕………………………95, 337, 338, 341
平成 7・9・25東京高判・審決集42巻393頁〔東芝ケミカル事件〕……………………………32, 53, 488
平成 7・9・26東京高判・審決集42巻481頁〔野村證券株主代表訴訟〕………………………………………398
平成 7・10・13勧告審決・審決集42巻163頁・166頁〔旭電化工業事件・オキシラン化学事件〕
　　…………………………………………………………………………………………………195, 315
平成 7・11・30同意審決・審決集42巻97頁〔資生堂事件〕……………………………………………………185
平成 8・2・29勧告審決・審決集42巻189頁〔福島県トラック協会事件〕……………………………………340
平成 8・3・22勧告審決・審決集42巻195頁〔星商事事件〕……………………………………………………209
平成 8・5・8 勧告審決・審決集43巻209頁〔日本医療食協会事件〕……………………30, 123, 127, 131, 146
平成 8・5・8 勧告審決・審決集43巻204頁〔松尾楽器商会事件〕……………………………………………209
平成 8・5・31東京高判・審決集43巻579頁〔日本下水道事業団発注電気工事入札談合刑事事件〕
　　………………………………………………………………………………………………………446
平成 9・2・5 勧告審決・審決集43巻339頁〔日本機械保険連盟事件〕……………………………93, 340
平成 9・4・9 東京地判・審決集44巻635頁〔日本遊戯銃協同組合事件〕………………93, 96, 156, 386
平成 9・4・25勧告審決・審決集44巻230頁〔ハーゲンダッツジャパン事件〕………………………………209
平成 9・6・6 東京高判・審決集44巻521頁〔社会保険庁発注シール入札談合課徴金審決取消請求事件〕
　　………………………………………………………………………………………………………409
平成 9・6・24審判審決・審決集44巻 3頁〔広島県石油商業組合広島市連合会事件〕………………………94
平成 9・7・31東京高判・審決集44巻710頁〔花王化粧品販売事件〕…………………………………………196
平成 9・8・6 勧告審決・審決集44巻238頁〔ぱちんこ機特許プール事件〕……………123, 128, 306
平成 9・9・31課徴金納付命令・審決集43巻447頁〔東京都エルピーガススタンド協会事件〕……………72
平成 9・11・5 勧告審決・審決集44巻275頁〔携帯電話機価格表示制限事件〕………………………………196
平成 9・11・28勧告審決・審決集44巻289頁〔ホビージャパン事件〕………………………………………209
平成 9・12・16勧告審決・審決集44巻294頁〔NTTドコモ事件〕……………………………………………185

判審決等索引 515

平成 9・12・24東京高判・審決集44巻753頁〔第1次東京都発注水道メーター入札談合刑事事件〕
....59, 446
平成10・ 3・31勧告審決・審決集44巻362頁〔パラマウントベッド事件〕........30, 122, 128, 131, 146, 308
平成10・ 6・19審判審決・審決集45巻42頁〔ミツワ自動車事件〕..209
平成10・ 7・24勧告審決・審決集45巻119頁〔グランドデュークス事件〕..209
平成10・ 7・28勧告審決・審決集45巻130頁〔ナイキジャパン事件〕..185
平成10・ 7・30勧告審決・審決集45巻136頁〔ローソン事件〕..213, 214
平成10・ 9・ 3勧告審決・審決集45巻148頁〔ノーディオン事件〕..........................122, 128, 458, 466
平成10・10・13最判・審決集45巻339頁〔社会保険庁発注シール入札談合課徴金審決取消請求事件〕
....410, 417, 437
平成10・12・14勧告審決・審決集45巻153頁〔日本マイクロソフト社抱き合わせ事件〕........147, 172, 311
平成10・12・18最判・審決集45巻467頁〔お年玉付き年賀はがき事件〕..28
平成10・12・18最判・審決集45巻455頁〔資生堂東京販売事件〕..158, 196
平成10・12・18最判・審決集45巻461頁〔花王化粧品販売事件〕..196
平成11・ 1・25勧告審決・審決集45巻185頁〔浜北市医師会事件〕..100
平成11・ 2・24勧告審決・審決集45巻191頁〔日本ハム事件〕..186
平成11・11・ 2勧告審決・審決集46巻347頁〔教科書協会事件〕..100
平成11・11・10審判審決・審決集46巻119頁〔東京無線タクシー協同組合事件〕............................418
平成12・ 2・ 2勧告審決・審決集46巻390頁〔東京都自動車硝子部会事件〕..................................100
平成12・ 2・ 2勧告審決・審決集46巻394頁〔オートグラス東日本事件〕......................................162
平成12・ 2・23東京高判・審決集46巻733頁〔ダクタイル鋳鉄管シェア協定刑事事件〕..................447
平成12・ 2・28同意審決・審決集46巻144頁〔北海道新聞社事件〕........................30, 122, 128, 308
平成12・ 3・31東京地判・審決集46巻695頁〔社会保険庁発注シール入札談合不当利得返還請求事件〕
....409, 446
平成12・ 4・19審判審決・審決集47巻 3頁〔日本冷蔵倉庫協会事件〕......................................99, 340
平成12・ 4・26勧告審決・審決集47巻259頁〔石川県理容環境衛生同業組合金沢支部事件〕..........100
平成12・ 6・16勧告審決・審決集47巻273頁〔北海道上川支庁発注農業土木工事入札談合事件〕........82
平成12・ 7・ 7最判・民集54巻6号1767頁〔野村證券株主代表訴訟〕..389
平成12・ 7・17勧告審決・審決集47巻300頁〔トラック販売数量協定事件〕....................................74
平成12・10・31勧告審決・審決集47巻317頁〔ロックマン工法事件〕..154
平成13・ 1・23勧告審決・審決集47巻336頁〔アルパイン事件〕..196
平成13・ 2・ 8東京高判・審決集47巻690頁〔社会保険庁発注シール入札談合不当利得返還請求事件〕
....387, 398, 409
平成13・ 2・16東京高判・審決集47巻545頁〔観音寺市三豊郡医師会事件〕....................28, 97, 99
平成13・ 2・20勧告審決・審決集47巻359頁〔奈良県生コンクリート協同組合事件〕......................204
平成13・ 7・27勧告審決・審決集48巻187頁〔松下電器産業事件〕..158
平成13・ 8・ 1審判審決・審決集48巻 3頁〔ソニー・コンピュータエンタテインメント（SCE）事件〕
....186, 195, 294, 313
平成14・ 4・25最判・民集56巻4号808頁〔中古ゲームソフト事件〕..294
平成14・ 7・25審判審決・審決集49巻37頁〔協和孵卵場事件〕..418
平成14・ 7・26勧告審決・審決集49巻168頁〔三菱電機ビルテクノサービス事件〕................172, 204

平成14・9・17神戸地判・審決集49巻766頁〔マックスファクター事件〕	158
平成14・9・25課徴金納付命令審決・審決集49巻69頁〔福田種鶏場事件〕	418
平成14・12・4勧告審決・審決集49巻243頁〔日本道路公団四国支社発注道路保全工事入札談合事件〕	52, 57
平成14・12・5東京高判・判時1814号82頁〔ノエビア事件〕	158
平成15・1・31勧告審決・審決集49巻261頁〔東京地区エー・エル・シー協同組合事件〕	205
平成15・2・27最判・民集57巻2号125頁〔フレッドペリー事件〕	206
平成15・3・7東京高判・審決集49巻624頁〔岡崎管工事件〕	69, 427
平成15・3・11勧告審決・審決集49巻285頁〔岩見沢市入札談合事件〕	86
平成15・4・9勧告審決・審決集50巻335頁〔全国病院用食材卸売業協同組合事件〕	100
平成15・6・4東京高判・裁判所HP〔パチスロ機特許プール事件〕	294, 310
平成15・11・25勧告審決・審決集50巻389頁〔20世紀フォックス事件〕	180, 194, 314
平成15・11・27勧告審決・審決集50巻398頁〔ヨネックス事件〕	205
平成16・2・20東京高判・審決集50巻708頁〔土屋企業課徴金審決取消請求事件〕	419
平成16・3・24東京高判・審決集50巻915頁〔防衛庁発注石油製品入札談合刑事事件〕	446
平成16・3・26東京高判・審決集50巻972頁〔第2次東京都発注水道メーター入札談合刑事事件〕	447
平成16・4・12勧告審決・審決集51巻401頁〔東急パーキングシステムズ事件〕	148, 172, 204
平成16・4・23東京高判・審決集51巻857頁〔郵便区分機入札談合審決取消請求事件〕	403
平成16・4・30東京高判・審決集51巻1029頁〔第2次東京都発注水道メーター入札談合刑事事件〕	447
平成16・5・18勧告審決・審決集51巻433頁〔奥村組土木興業ほか舗装工事入札談合事件〕	57
平成16・5・21東京高判・審決集51巻1033頁〔第2次東京都発注水道メーター入札談合刑事事件〕	447
平成16・6・22課徴金納付命令審決・審決集51巻68頁〔アベ建設工業事件〕	417
平成16・7・12勧告審決・審決集51巻468頁〔三重県社会保険労務士会事件〕	99, 100
平成16・7・27勧告審決・審決集51巻471頁〔四日市医師会事件〕	99
平成16・10・13勧告審決・審決集51巻518頁〔有線ブロードネットワークス事件〕	123, 129, 160
平成16・12・9勧告審決・審決集51巻543頁〔ユニー事件〕	213
平成17・4・13勧告審決・審決集52巻341頁〔インテル事件〕	122, 129, 466
平成17・4・26勧告審決・審決集52巻348頁〔着うた(東芝EMI)事件〕	307
平成17・5・31東京高判・審決集52巻818頁〔日本瓦斯事件〕	160
平成17・9・13最判・審決集52巻723頁〔日本機械保険連盟課徴金審決取消請求事件〕	411, 414
平成17・11・21最決・審決集52巻1135頁〔防衛庁発注石油製品入札談合刑事事件〕	447
平成17・12・26勧告審決・審決集52巻436頁〔三井住友銀行事件〕	213, 214
平成18・1・16大阪地判・判時1947号108頁〔日之出水道機器事件〕	311
平成18・4・28課徴金納付命令審決・審決集53巻99頁〔高木工業所ほか16名事件〕	418
平成18・5・16排除措置命令・審決集53巻867頁〔濱口石油不当廉売事件〕	167
平成18・5・22排除措置命令・審決集53巻869頁〔日産化学工業事件〕	181
平成18・6・5審判審決・審決集53巻195頁〔ニプロ事件〕	122, 129
平成18・7・20知財高判・判例集等未登載〔日之出水道機器事件〕	294, 311

| 平成18・9・21課徴金納付命令審決・審決集53巻430頁〔大建建設事件〕…412
| 平成18・11・10東京高判・審決集53巻1133頁〔国交省発注鋼橋上部工事入札談合刑事事件〕…447
| 平成19・3・12大阪地判・審決集53巻1146頁〔し尿処理施設建設工事入札談合刑事事件〕…447
| 平成19・3・15大阪地判・審決集53巻1149頁〔し尿処理施設建設工事入札談合刑事事件〕…447
| 平成19・3・26審判審決・審決集53巻776頁〔NTT東日本事件〕…122, 130, 338, 345, 350
| 平成19・3・30東京高判・審決集53巻1072頁〔奈良県高山茶筌事件〕…397
| 平成19・4・19最判・審決集54巻657頁〔郵便区分機入札談合審取消請求事件〕…404
| 平成19・5・17大阪地判・審決集54巻769頁〔し尿処理施設建設工事入札談合刑事事件〕…447
| 平成19・6・18排除措置命令・審決集54巻474頁〔滋賀県薬剤師会事件〕…100
| 平成19・6・19課徴金納付命令審決・審決集54巻78頁〔日本ポリプロ・チッソ課徴金事件〕…416
| 平成19・6・22同意審決・審決集54巻182頁〔ドン・キホーテ事件〕…213, 214
| 平成19・6・25排除措置命令・審決集54巻485頁〔新潟タクシー共通乗車券事件〕…155
| 平成19・9・21東京高判・審決集54巻773頁〔国交省発注鋼橋上部工事入札談合刑事事件〕…447
| 平成19・10・12東京高判・審決集54巻661頁〔ビームス事件〕…229
| 平成19・10・23名古屋地判・審決集54巻788頁〔名古屋市発注地下鉄工事入札談合刑事事件〕…448
| 平成19・11・1東京地判・審決集54巻799頁・805頁〔緑資源機構発注林道調査設計業務入札談合刑事事件〕…448
| 平成19・11・27排除措置命令・審決集54巻502頁・504頁〔シンエネ・東日本宇佐美不当廉売事件〕…167
| 平成19・11・28東京高判・審決集54巻699頁〔日本郵政公社事件〕…391
| 平成19・12・7東京高判・審決集54巻809頁〔国交省発注鋼橋上部工事入札談合刑事事件〕…447
| 平成19・12・25排除措置命令・審決集54巻506頁〔緑資源機構発注林道調査設計業務入札談合事件〕…85
| 平成20・2・20排除措置命令・課徴金納付命令・審決集54巻512頁・623頁〔マリンホース事件〕…115, 464
| 平成20・4・4東京高判・審決集55巻791頁〔元詰種子価格カルテル事件〕…72
| 平成20・7・4東京高判・審決集55巻1057頁〔日本道路公団発注鋼橋上部工事入札談合刑事事件〕…447
| 平成20・7・11東京高判・審決集55巻864頁〔大石組課徴金審決取消請求事件〕…411
| 平成20・7・24審判審決・審決集55巻294頁〔着うた(ソニー・ミュージックほか)事件〕…155, 307
| 平成20・9・16審判審決・審決集55巻380頁〔マイクロソフト〔NAP条項〕事件〕…198, 315, 317, 466
| 平成20・9・26東京高判・審決集55巻910頁〔ごみ処理施設入札談合事件〕…77
| 平成20・10・17排除措置命令・審決集55巻692頁〔溶解メタル購入カルテル事件〕…74
| 平成20・12・18排除措置命令・審決集55巻704頁〔任天堂液晶モジュール価格協定事件〕…65
| 平成21・2・16審判審決・審決集55巻500頁〔第一興商事件〕…149, 203, 294, 312
| 平成21・2・27排除措置命令・審決集55巻712頁〔日本音楽著作権協会事件〕…130, 309
| 平成21・5・29東京高判・審決集56巻第2分冊262頁〔NTT東日本事件〕…35
| 平成21・6・22排除措置命令・審決集56巻第2分冊6頁〔セブン-イレブン・ジャパン事件〕…214, 215
| 平成21・6・30課徴金納付命令審決・審決集56巻第1分冊111頁〔鋳鉄管シェア協定課徴金事件〕…413
| 平成21・7・10排除措置命令・審決集56巻第2分冊48頁〔岡山市立中学校修学旅行代金協定事件〕…68

平成21・9・15東京地判・審決集56巻第2分冊675頁〔溶融亜鉛めっき鋼鈑価格カルテル刑事事件〕
....448
平成21・9・28排除措置命令・審決集56巻第2分冊65頁〔クアルコム事件〕...............316, 317, 466
平成21・10・7排除措置命令・審決集56巻第2分冊71頁・173頁〔テレビ用ブラウン管国際カルテル事件〕
....115, 458
平成21・11・9審判審決・審決集56巻第1分冊341頁〔モディファイヤー価格カルテル（カネカ・三菱レイヨン）事件〕
....464
平成21・11・9課徴金納付命令・審決集56巻第1分冊403頁〔モディファイヤー価格カルテル（クレハ）事件〕
....464
平成22・1・29東京高判・審決集56巻2号498頁〔着うた（ソニー・ミュージックほか）事件〕......307
平成22・2・24審判審決・審決集56巻第1分冊577頁〔ポリプロピレン価格カルテル事件〕..........419
平成22・3・19東京高判・審決集56巻第2分冊567頁〔多摩入札談合（新井組ほか）事件〕..........79
平成22・6・9審判審決・審決集57巻28頁〔ハマナカ事件〕..181
平成22・12・17最判・民集64巻8号2067頁〔NTT東日本事件〕.............................36, 337, 338
平成23・2・16審判審決・審決集57巻第1分冊440頁〔昭和シェル石油課徴金納付命令事件〕..........415
平成23・3・30東京地決・判例集等未登載〔ドライアイス仮処分事件〕..392
平成23・4・22東京高判・審決集58巻第2分冊1頁〔ハマナカ事件〕.................................181, 186
平成23・6・9排除措置命令・審決集58巻第1分冊189頁〔ディー・エヌ・エー事件〕..........203
平成23・6・22排除措置命令・課徴金納付命令・審決集58巻第1分冊193頁・312頁〔山陽マルナカ事件〕
....214, 215, 426
平成23・6・27東京地判・審決集58巻第2分冊395頁〔ジェット燃料不当利得返還請求事件〕
....387, 398
平成23・8・30東京高判・審決集58巻第2分冊275頁〔日本道路公団鋼橋上部工事談合損害賠償請求事件〕
....395
平成23・10・28東京高判・審決集58巻第2分冊37頁〔JFEエンジニアリング課徴金審決取消請求事件〕
....419
平成23・12・13排除措置命令・課徴金納付命令・審決集58巻第1分冊244頁・352頁〔トイザらス事件〕
....214, 426
平成23・12・21排除措置命令・課徴金納付命令・審決集58巻第1分冊251頁・358頁〔新潟交通圏タクシー事件〕
....341
平成24・2・16排除措置命令・課徴金納付命令・審決集58巻第1分冊278頁・384頁〔エディオン事件〕
....214, 426
平成24・2・20最判・民集66巻2号796頁〔多摩入札談合（新井組ほか）事件〕.........36, 62, 63, 78, 262
平成24・3・2排除措置命令・審決集58巻第1分冊284頁〔アディダスジャパン事件〕..........187
平成24・5・25東京高判・審決集59巻第2分冊1頁〔昭和シェル石油課徴金事件〕..........415
平成24・6・12排除措置命令取消審決・審決集59巻第1分冊59頁〔日本音楽著作権協会事件〕
....130, 309
平成24・11・16東京高判・審決集59巻第2分冊239頁〔中巨摩地区ごみ処理施設談合損害賠償請求事件〕
....395
平成24・12・21東京高判・審決集59巻第2分冊256頁〔ニプロ損害賠償請求事件〕...............395, 397
平成24・12・28東京地判・審決集59巻第2分冊419頁〔軸受価格カルテル刑事事件〕..........448

平成25・2・25東京地判・審決集59巻第2分冊422頁〔軸受価格カルテル刑事事件〕································448
平成25・3・15東京高判・審決集59巻第2分冊311頁〔熱海市ごみ処理施設談合損害賠償請求事件〕
··394, 397
平成25・3・22排除措置命令・審決集59巻第1分冊262頁〔自動車用ヘッドランプ等受注調整事件〕
··76
平成25・7・3排除措置命令・課徴金納付命令・審決集60巻登載予定〔ラルズ事件〕································214
平成25・7・29審判請求棄却審決・審決集60巻登載予定〔任天堂液晶モジュール価格協定事件〕················65
平成25・11・1東京高判〔審決取消〕・判時2206号37頁〔日本音楽著作権協会事件〕················130, 309
平成26・3・18排除措置命令・課徴金納付命令・審決集60巻登載予定〔自動車海上運送業務運賃カルテル事件〕
··88, 336
平成26・6・5排除措置命令・課徴金納付命令・審決集61巻登載予定〔ダイレックス事件〕················214
平成26・6・19東京地判・判例時報2232号102頁〔ソフトバンク差止請求事件〕················351, 391
平成26・10・31大阪高判・判例集等未登載〔神鉄タクシー事件〕································391
平成26・11・14東京地判・判例集等未登載〔北陸新幹線融雪・消雪基地機械設備工事入札談合刑事事件〕
··448
平成27・1・14排除措置命令・審決集61巻登載予定〔網走管内コンクリート製品協同組合事件〕················102
平成27・1・16排除措置命令・審決集61巻登載予定〔福井県経済農業協同組合連合会事件〕················30

事項索引

あ
アメリカ反トラスト法………481
暗黙の合意………53

い
EU 機能条約………497
EU 競争法………482, 497
域外適用………453
意見聴取手続………372
意思の連絡………54
委託販売………182
1次的ボイコット………154
著しい損害………391
著しく下回る対価………165
一括適用除外規則………491
一定の事業分野………96
一定の取引分野………34, 59, 250
──の画定………61
一定率………413
一手販売契約………174
一般指定………133
一般集中規制………279
一般消費者の利益………9
一般法・特別法論………336
違反行為期間………421
違反行為の私法上の効力………397
違法性阻却事由………66
違約金条項………353
インカメラ手続………393
インセンティブ規制………330

う
売上額………417
運賃認可制………94

え
役務提供委託………218

お
SSNIP テスト
（→仮定独占者テスト）

OEM 供給………111
大口需要者向け取引分野………64
おとり広告………232
おとり廉売………165
親事業者………216
──の義務………219
──の禁止行為………220
卸売禁止条項………197

か
外国送達………458
外国貿易反トラスト改善法………454
買占め売惜しみ行動………16
会社分割………245
改善措置要求………83
価格カルテル………70, 71
価格引下げ命令………401
加算措置………428
課徴金減免管理官………434
課徴金減免制度（リニエンシー）………430, 489
課徴金算定率………410
課徴金制度………408
課徴金納付命令………376
課徴金の対象範囲………410
課徴金の賦課手続………438
合　併………242
仮定独占者テスト（SSNIP テスト）………35, 61, 252
過度経済力集中排除法………14
株式取得………242
株式の相互保有………280
株式持ち合い………280

き
株主代表訴訟………388
カルテル………47
──からの離脱………69
──の終了………69
──の成立時期………67
勧　告………222
勧告審決………365
官製談合………78
官製談合防止法………82
間接強制………361, 369
間接支配………124
間接ボイコット………154, 155

既往の違反行為に対する措置………402
規格設定………112
規格の制限………100
企業結合………242
企業結合ガイドライン………243
企業結合集団………274
企業分割………284, 405
技　術………300
技術市場………300
技術を利用させないようにする行為………301
規制改革………331
規則制定権………363
機能及び効用基準………254
規模の経済性………9
基本合意………76
ぎまん的顧客誘引………199
求意見………392, 396
究極の目的………9
供給代替性………259
供給に要する費用………165
行政委員会………363
行政指導………87, 341

事項索引

行政指導ガイドライン
　　　　　　　　　　87, 343
　行政上の制裁…………410
　行政調査……………361
　行政手続法…………367
　行政不服審査法………367
競争会社に対する内部干渉
　　　　　　　　　　　209
競争関係………………50
競争者に対する取引妨害…203
競争手段の不公正さ…40, 148
競争唱導……………328, 331
競争政策………………3
競争促進的規制………332
競争入札………………74
競争の実質的制限…36, 63, 261
競争法…………………4
競争法整備支援………473
協調効果による市場支配力
　　　　　　　　　　　266
共同株式移転…………243
協同組合………………101
共同研究開発…………107
共同研究開発ガイドライン
　　　　　　　　108, 297
共同行為………………52
共同購入………………109
共同施設………………102
共同遂行………………55
共同性…………………52
共同生産………………109
共同の減免申請………434
共同の取引拒絶………153
共同販売………………109
共同ボイコット……121, 306
業務提携………………104
緊急停止命令…………381
金融会社の株式取得規制…282

く

組合の行為……………102

クローズド・テリトリー制
　　　　　　　　　　　194
クロスライセンス………318

け

軽減措置………………427
警告……………………371
経済憲法………………13
経済上の不利益………180
経済的規制……………329
経済民主化措置………13
経済連携協定…………460
刑事告発………………431
刑事告発に関する方針…440
継続犯…………………59
景品表示法……………224
景品類…………………226
結合……………………123
研究開発市場…………300
原状回復命令…………401
懸賞制限告示…………226
権利の行使と認められる行為
　　　　　　　　　　　293

こ

行為規制………………22
合意時説………………67
行為要件………………26
効果・性能……………230
効果主義………………453
効果要件………………27
合議制…………………360
公共財…………………12
公共政策………………483
公共の利益…………41, 66
広告・表示の制限………194
公示送達………………458
公正競争規約…………234
公正競争阻害性………144
　　——と競争の実質的制限の
　　差　　　　　　　　121

構成事業者……………89
　　——の機能又は活動の制限
　　　　　　　　　　　98
公正取引委員会………358
公正な競争……………144
　　——を阻害するおそれ…39
構造規制……………22, 494
構造措置………………277
構造的な排除措置……405
拘束……………………180
拘束内容の共通性……57
高速バスの共同運行…105, 344
拘束力…………………56
公訴時効………………443
公的再生支援…………348
公的執行………………23
行動措置………………277
購入額…………………417
購入カルテル…………70
公表……………………362
効率性…………………271
合理の原則…………48, 486
顧客争奪の制限………99
国際カルテル………113, 463
国際競争ネットワーク…471
国際礼譲………………455
告発問題協議会………441
国境を越える市場画定…468
個別調整………………76
混合合併………………249

さ

最高製造数量の制限…310, 311
最低制限価格制度……75
財閥……………………280
財閥解体………………13
再販売価格維持行為…179
搾取規制………………495
搾取的濫用……………496
差押え…………………441
差止請求………………389

事項索引 523

差別化商品……265
差別対価……158
3倍額賠償制度……489

し

シカゴ学派……492
始　期……415
事業活動の拘束……179
事業支配力の過度集中……281
事業者……27, 49
　──の数の制限……96
　──の秘密……360
事業者団体……28, 89
　──の届出制度……90
　──の内部における差別的
　　取扱い……163
　──への加入制限……97
事業者団体ガイドライン
　　……90, 93
事業者団体法……14
事業譲渡……245
事業の一部の譲渡……405
自国所在需要者……456
自主基準……112
自主規制……113
市　場……59
市場画定……250, 253
市場経済体制……3
市場シェア……250
市場支配的地位の濫用……120
市場支配力……36, 65, 250, 262
市場集中度……250
市場の失敗……12
市場分割協定……114
市場閉鎖……247
市場メカニズム……6, 10
私人による執行……25, 384
事前規制……241
事前相談……274
事前届出……273
下請法……216

実行期間……413, 415
執行停止……381
実行としての事業活動……415
実施時説……67
実質的競争関係……52
実質的証拠法則……366
実体規定の体系……22
指定商品……188
指定職員……374
指定による不当表示……231
指定類型……137
私的独占……119
支　配……30, 125
司法共助条約……462
司法審査……377
事務総局……361
指名停止……436
シャーマン法……484
社会的規制……330
終　期……416
自由業……49
自由競争基盤の侵害……40
自由競争減殺……39, 145
従たる商品……170
住民訴訟……387
重要産業統制法……13
修理委託……218
趣旨逸脱説……293
主体要件……26
主たる商品……170
受注調整ルール……77
受注予定者……74
主導的事業者……411, 429
需要代替性……259
需要の価格交叉弾力性……251
小規模の事業者……101
状況証拠……488
消極礼譲……455
証拠の閲覧・謄写……373
状態犯……58
消費者庁……224

消費税……235
商品市場……250, 254
情報交換活動……93, 106
情報成果物作成委託……218
所　轄……359
職権行使の独立性……359
職権探知……369
書面の交付義務……220
書類提出命令……393
書類の作成・保存義務……220
審査官……361
紳士協定……56
審　尋……370
真正商品……207
審判審決……365
審判制度……363

す

垂直合併……246
垂直的制限……491
水平合併……246
数量カルテル……70, 73

せ

制裁金……489
生産系列化……198
正常な商慣習に照らして不当
　に……144
製造委託……217
静態的な競争……289
正当な理由がないのに……144
セーフハーバー……260, 301
世界市場……256
責任地域制……193
石油価格カルテル刑事事件
　……449
積極礼譲……456
設備の新増設等の制限……99
専属告発……439
専門職……49
全量購入契約……175

そ

相互拘束 …………………………55
　——の内容 …………………57
相互取引（互恵取引）
　…………………………172, 281
捜　索 …………………………441
送　達 ……………………376, 457
総付景品制限告示 ……………227
属地主義 ………………………453
措置命令 ………………………234
ソフトロー ……………………471
損害額 …………………………396
損失補填 ………………………201

た

第1次審査 ……………………276
対価に影響することとなるも
　の ……………………………412
対価に係るもの ………………412
対抗的運賃設定 ………………347
代替性 ……………………………61
第2次審査 ……………………276
第二世代協定 …………………462
対面販売 ………………………197
抱き合わせ販売 ………………170
立入検査 …………………361, 369
縦のカルテル ………………50, 135
談合決別宣言 …………………82
談合罪 …………………………76
端緒 ……………………………368
単独行為 ………………………122
単独効果による市場支配力
　…………………………………264
単独の取引拒絶 ………………156
単独のライセンス拒絶 ………302

ち

地域外顧客への販売制限 ……193
地域経済統合 …………………475
知的財産 ………………………288

知的財産ガイドライン ………297
知的財産基本法 ………………290
地方公共団体 ……………………50
地方自治法 ………………………74
着手時説 …………………………67
中国独占禁止法 ………………478
中小企業庁長官の措置請求
　…………………………………222
帳合取引の義務付け …………191
調査開始日 ……………………427
直接ボイコット ………………154
著作物 ……………………187, 313
著作物再販 ……………………188
地理的市場 ………………251, 255

つ

通　謀 …………………………123

て

提出命令 …………………361, 370
低入札価格調査制度 ……………75
敵対的買収 ……………………281
適用除外カルテル ………88, 335
適用除外規定 ……………………23
適用除外制度 …………………187
テリトリー制 …………………193
転嫁カルテル ………………236, 237
転嫁を阻害する行為 …………235
電力取引ガイドライン ………351

と

同意審決 ………………………365
同一地域・同一運賃政策 ……340
統合型市場支配 …………………37
統制団体 …………………………89
当然違法 ………………………486
動態的な競争 …………………289
投入物閉鎖 ……………………247
特殊指定 ………………………138
独　占 …………………………119
独占禁止政策 ……………………3

独占禁止法基本問題懇談会
　…………………………………20
独占禁止法の目的 ………………5
独占行為 ………………………494
独占的状態 ……………………283
特段の事情 ………………………54
特に必要があると認めるとき
　…………………………………403
届出前相談 ……………………274
取引依存度 ……………………212
取引強制 ………………………168
取引拒絶型差別対価 …………160
取引先の制限 ……………191, 194
取引条件等の差別的取扱い
　…………………………………161
取引段階 …………………………51

な

内閣府設置法 …………………358
内部補助 ………………………165
仲間取引の禁止 ………………191

に

二国間協力協定 ………………460
2次的ボイコット ……………154
二重価格表示 …………………231
二重処罰の禁止 ………………408
ニセ牛缶事件 …………………225
日米構造問題協議 …………7, 17
入札談合 …………………………74
入札談合等関与行為 ……………83

は

ハードコア・カルテル
　………………………………48, 485
ハーバード学派 ………………492
ハーフィンダール・ハーシュ
　マン指数 ……………………260
排　除 ………………………29, 124
排除型私的独占ガイドライン
　…………………………………121

事項索引　525

排除措置の内容………401
排除措置命令………376
排他行為………493
排他条件付取引………173
排他的受入契約………174
排他的供給契約………174
破綻（不振）会社………272
罰金額との調整………436
発送電分離………352
パテントプール………126
パテントプールガイドライン
　………297
範囲の経済性………9
番号ポータビリティ………344
犯則事件………441
犯則事件調査職員………442
犯則調査権限………441
販売拠点制………193
販売地域の制限………195
販売方法の制限………194, 196

ひ

非価格制限行為………190
比較対照価格………231
非係争条項………198, 315, 317
非対称規制………330
非ハードコア・カルテル………48
秘密保持命令………393
表示カルテル………237
標準化………112
標準必須特許………320

ふ

不可欠施設………332
不況カルテル………88
不公正な競争方法………15
不公正な取引方法………133, 136
不作為命令………401
不争条項………317
不当高価購入………168
不当な取引制限………47

不当な取引妨害………201
不当な利益の供与………200
不当に………144
不当表示に対する課徴金………142
不当利得返還請求………387, 409
不当廉売………164
不当廉売ガイドライン………165
不当廉売型差別対価………160
部品カルテル………457
フランチャイズ・システム
　………200, 213
ブランド間競争………182
ブランド内競争………182
FRAND条件………321

へ

弊害要件………285
並行輸入………205
閉鎖型市場支配………37
弁護士依頼者間秘匿特権………371

ほ

ボイコット………153
法整備支援………473
法定類型………136
ポスト・シカゴ………493

ま

マベリック………267
マルチ商法………200

み

見えざる手………10
民需向けの入札談合………76

む

無過失損害賠償請求………394

も

黙示の適用除外………336
持株会社………282

モデルロー………470
monopoly………119
monopolization………119
問題解消措置………277

や

役員兼任………244

ゆ

優越的地位………212
優越的地位の濫用………211
有効競争………9
有利誤認表示………231
優良誤認表示………230
有力な事業者………157, 175
有力なメーカー………40
輸出取引分野………464
輸入総代理店………205

よ

予定価格………75

り

立証責任………380
リニエンシー（→課徴金減免制度）
略奪価格………495
略奪的価格設定………165
流通・取引慣行ガイドライン
　………150
流通系列化………198
両罰規定………443
臨　検………441

れ

廉売業者への販売禁止………192

■編者

波光　巖（弁護士）
栗田　誠（千葉大学大学院専門法務研究科教授）

解説 独占禁止法

2015年3月25日　初版第1刷印刷
2015年4月10日　初版第1刷発行

編者　波　光　　　巖
　　　栗　田　　　誠
発行者　逸　見　慎　一

発行所　東京都文京区本郷6丁目4の7　株式会社 青林書院
振替口座　00110-9-16920／電話03(3815)5897〜8／郵便番号113-0033
ホームページ☞ http://www.seirin.co.jp

印刷／藤原印刷株式会社　落丁・乱丁本はお取替え致します。
©2015　波光＝栗田　Printed in Japan
ISBN978-4-417-01650-2

[JCOPY] 〈(社)出版社著作権管理機構 委託出版物〉
本書の無断複写は著作権法上での例外を除き禁じられています。複写される場合は，そのつど事前に，(社)出版社著作権管理機構（TEL03-3513-6969，FAX03-3513-6979，e-mail：info@jcopy.or.jp）の許諾を得てください。